Privat- und kollisionsrechtliche Folgen der Verletzung von Kulturgüterschutznormen auf der Grundlage des UNESCO-Kulturgutübereinkommens 1970

Studien zum vergleichenden und internationalen Recht -
Comparative and International Law Studies

Herausgeber: Bernd von Hoffmann, Erik Jayme
und Heinz-Peter Mansel

Band 148

PETER LANG
Frankfurt am Main · Berlin · Bern · Bruxelles · New York · Oxford · Wien

Alice Halsdorfer

Privat- und kollisionsrechtliche Folgen der Verletzung von Kulturgüterschutznormen auf der Grundlage des UNESCO-Kulturgutübereinkommens 1970

PETER LANG
Internationaler Verlag der Wissenschaften

Bibliografische Information der Deutschen Nationalbibliothek
Die Deutsche Nationalbibliothek verzeichnet diese Publikation in der Deutschen Nationalbibliografie; detaillierte bibliografische Daten sind im Internet über <http://www.d-nb.de> abrufbar.

Zugl.: Köln, Univ., Diss., 2007

D 38
ISSN 0930-4746
ISBN 978-3-631-57503-1

www.peterlang.de

Vorwort

Dass die privat- und kollisionsrechtlichen Folgen der Verletzung von Kulturgüterschutznormen ein sehr interessantes, komplexes und nahezu unerschöpfliches Thema bilden, lässt sich aufgrund des Umfangs dieses Buches wohl schon auf den ersten Blick erahnen. Und so hoffe ich, dass alle Leser das Thema genauso spannend finden wie ich und sich nicht allzu leicht abschrecken lassen!

Hinzuweisen ist auf die besondere Aktualität aufgrund des Beitritts Deutschlands zum UNESCO-Kulturgutübereinkommen 1970:

Der im Februar 2006 veröffentlichte Entwurf des deutschen Ausführungsgesetzes diente mir als Grundlage für die umfassende Diskussion der Frage, wie sich die Rechtsfolgen durch die Erweiterung des KultGüRückG verändern werden. Besonders gefreut hat mich, dass dieser Entwurf am 1. Februar 2007 vom Bundestag verabschiedet wurde und am 9. März 2007 auch den Bundesrat passiert hat. Nach dem Erlass des Zustimmungsgesetzes am 20. April 2007 erfolgte am 18. Mai 2007 die Ausfertigung.

Um einen ständigen Vergleich mit der Entwurfsfassung zu vermeiden, habe ich die geringfügigen Änderungen im Laufe des Gesetzgebungsverfahrens eingearbeitet. Jedoch konnten, um nicht vom Lauf der Zeit überrollt zu werden, nur eingeschränkt Aktualisierungen erfolgen. Da die meisten Regelungen erst mit Inkrafttreten des UNESCO-Kulturgutübereinkommens 1970 drei Monate nach Hinterlegung der Ratifikationsurkunde in Kraft treten werden, gilt es weiterhin gespannt zu warten.

Dieses Buch ist von der Hohen Rechtswissenschaftlichen Fakultät der Universität zu Köln 2007 als Dissertation angenommen worden.

Mein ganz besonderer Dank gilt Prof. Dr. Heinz-Peter Mansel für seine engagierte Betreuung. Seine Anregungen haben mir immer wieder neue Impulse gegeben und dazu beigetragen, dass mir die Erarbeitung des Themas sehr viel Spaß gemacht hat. Daneben möchte ich Prof. Dr. Hanns Prütting für die Erstellung des Zweitgutachtens danken.

Mein größter Dank in privater Hinsicht gilt Sebastian Nestler, der dem mit der Dissertation verbundenen Stress am wenigsten entkommen konnte und es dennoch immer wieder erfolgreich geschafft hat, mich daran zu erinnern, dass es auch noch andere wichtige Dinge im Leben gibt.

Keineswegs vergessen werden darf die liebevolle Unterstützung, die ich meinen Eltern Doris und Herwart Halsdorfer zu verdanken habe, die mir nicht nur ein vielfältiges Studium ermöglicht haben, sondern mir darüber hinaus auch immer zur Seite standen.

München, den 07.07.2007
Alice Halsdorfer

Inhaltsverzeichnis

Kapitel II
Nichtigkeit nach §138 I BGB?

Kapitel III
Auswirkungen auf die Ansprüche aus dem Kaufvertrag

Teil C
Auswirkungen deutscher und ausländischer Kulturgüterschutznormen im deutschen Sachenrecht

Kapitel I
Nichtigkeit oder schwebende Unwirksamkeit nach §134 BGB?

Kapitel II
Nichtigkeit nach §138 I BGB?

Kapitel III
Auswirkungen auf den Eigentumserwerb

Kapitel IV
Herausgabe- und Rückgabeansprüche

Teil D
Kollisionsrechtliche Auswirkungen deutscher und ausländischer Kulturgüterschutznormen im Bereich des Schuldrechts

Teil E
Kollisionsrechtliche Auswirkungen deutscher und ausländischer Kulturgüterschutznormen im Bereich des Sachenrechts

Teil G
Gedanke der Reziprozität als Grundlage für eine Berücksichtigung ausländischer Kulturgüterschutznormen und eine Erweiterung der Rückgabeansprüche?

Teil A
Einleitung und allgemeiner Problemaufriss

1 Der Beitritt Deutschlands zum UNESCO-Kulturgutübereinkommen

Die Ratifizierung des UNESCO-Übereinkommens vom 14. November 1970 über Maßnahmen zum Verbot und zur Verhütung der rechtswidrigen Einfuhr, Ausfuhr und Übereignung von Kulturgut durch die Bundesrepublik Deutschland (im Folgenden: UNESCO-Kulturgutübereinkommen) wurde lange Zeit gefordert.[1]
Nun ist es soweit: In dem am 26. April 2007 in Kraft getretenen Gesetz zu dem UNESCO-Übereinkommen vom 14. November 1970 über Maßnahmen zum Verbot und zur Verhütung der rechtswidrigen Einfuhr, Ausfuhr und Übereignung von Kulturgut vom 20. April 2007[2] wurde die Zustimmung erklärt, sodass das UNESCO-Kulturgutübereinkommen entsprechend der Regelung in seinem Artikel 21 drei Monate nach der Hinterlegung der Ratifikationsurkunde für die Bundesrepublik Deutschland in Kraft treten kann.
Neben dem Zustimmungsgesetz wurde zur Umsetzung der Vorgaben das Gesetz zur Ausführung des UNESCO-Übereinkommens vom 14. November 1970 über Maßnahmen zum Verbot und zur Verhütung der rechtswidrigen Einfuhr, Ausfuhr und Übereignung von Kulturgut vom 18. Mai 2007 (im Folgenden: KGÜAG)[3] erlassen. Dieses umfasst in Artikel 1 das Gesetz zur Ausführung des UNESCO-Übereinkommens vom 14. November 1970 über Maßnahmen zum Verbot und zur Verhütung der rechtswidrigen Einfuhr, Ausfuhr und Übereignung von Kulturgut und zur Umsetzung der Richtlinie 93/7/EWG des Rates vom 15. März 1993 über die Rückgabe von unrechtmäßig aus dem Hoheitsgebiet eines Mitgliedstaats verbrachten Kulturgütern (im Folgenden: KultGüRückG n.F.), welches eine neue Fassung des bisherigen Kulturgüterrückgabegesetzes zur Umsetzung der Richtlinie 93/7/EWG des Rates vom 15. März 1993 über die Rückgabe von unrechtmäßig aus dem Hoheitsgebiet eines Mitgliedstaats verbrachten Kulturgütern darstellt (im Folgenden: KultGüRückG).
Insbesondere das Importverbot mit Genehmigungsvorbehalt des §14 I KultGüRückG n.F. sowie die Erweiterung der Rückgabeansprüche der Mitgliedstaaten durch eine nachträgliche Eintragungsmöglichkeit im Fall archäologischer Gegenstände in §6 I KultGüRückG n.F. und die Erstreckung der Rückgabeansprüche auf die UNESCO-Vertragsstaaten in §6 II KultGüRückG n.F. sind an dieser Stelle hervorzuheben. Die zentralen Regelungen sind trotz der regen Diskussionen im Laufe des Gesetzgebungsverfahrens nahezu unverändert geblieben.[4]
Bei den Rückgabeansprüchen wurde jedoch im Laufe des Gesetzgebungsverfahrens der Fristbeginn der Einjahresfrist für die nachträgliche Eintragungsmöglichkeit archäologischer Objekte verschoben: Anstelle der Kenntnis der zuständigen Behörde von dem illegalen Verbringen genügt nun die Möglichkeit der Kenntnisnahme. Dies begründet zwar einerseits eine stärkere Nachforschungsobliegenheit der Behörden, hilft aber andererseits Beweisschwierigkeiten zu vermeiden und die mit der nachträglichen

---

1 Reinhard Dietrich, „Cultural Property on the Move“, in: IntJCultProp 2002, S.302.
2 BGBl. 2007 II Nr.12 vom 25. April 2007, S.626ff.
3 BGBl. 2007 I Nr.21 vom 23. Mai 2007, S.757ff.
4 Zu den Veränderungen siehe Anhang und insbesondere Drucksache 92/07, S.2.

Eintragung verbundene Rechtsunsicherheit bei den Erwerbern von Kulturgütern einzuschränken. Um in besonders schwierigen Situationen die zuständigen Behörden zu entlasten, wurde gleichzeitig §6 KultGüRückG durch einem neuen Ansatz 2a ergänzt: Ist der Staat durch innere Unruhen, kriegerische Auseinandersetzungen oder vergleichbare Umstände an einer Eintragung gehindert, beginnt die Frist nun erst mit dem Wegfall dieser Umstände.
Zugleich wurde auch der Schutz öffentlicher Kulturgüter durch Artikel 2 KGÜAG und die dort geregelte Ergänzung des §18 des Gesetzes zum Schutz deutschen Kulturgutes gegen Abwanderung (im Folgenden: KultSchG) verbessert. In einem zweiten Absatz wird nun auch für öffentliche Kulturgüter eine Eintragungsmöglichkeit in das Verzeichnis national wertvollen Kulturgutes eröffnet. Diese Regelung wurde im Laufe des Gesetzgebungsverfahrens dahingehend verändert, dass für eine Eintragung nicht mehr zwingend ein Antrag des jeweiligen Eigentümers erforderlich ist, sondern diese auch von Amts wegen oder auf Antrag der oder des Beauftragten der Bundesregierung für Kultur und Medien erfolgen kann.
Diese Modifizierung erweitert den Schutz öffentlicher Kulturgüter ohne einen tiefgreifenden Nachteil mit sich zu bringen, da die weiteren Regelungen des KultSchG bei öffentlichen Kulturgütern auch weiterhin nicht anwendbar sein werden und nur der Schutz vor der Verbringung ins Ausland durch die entstehenden Rückgabeansprüche verbessert wird. Auch ist darauf hinzuweisen, dass bei der Eintragung privater Kulturgüter mit ihren weiterreichenden Konsequenzen der jeweilige Eigentümer ebenfalls nicht zustimmen muss.
Bereits am 19. Mai 2007, dem Tag nach der Verkündung, sind gem. Artikel 5 I KGÜAG die in Artikel 1 KGÜAG enthaltenen §§14 III, §16 II KultGüRückG n.F. in Kraft getreten, sodass die Grundlage für die Errichtung des vorgesehenen Verzeichnisses wertvollen Kulturgutes der Vertragsstaaten bereits besteht. Auch die Artikel 2 und 4 KGÜAG und somit die Änderungen der §18 und §19 KultSchG sind bereits wirksam.
Die übrigen Bestimmungen und damit auch die zentralen Regelungen des KultGüRückG n.F. werden nach Artikel 5 II KGÜAG aber erst mit dem Inkrafttreten des UNESCO-Kulturgutübereinkommens und damit drei Monate nach Hinterlegung der Ratifikationsurkunde wirksam. Stichtag für die Rückgabeansprüche des §6 II KultGüRückG n.F., die dann entstehen werden, ist aber nicht der Tag des Inkrafttretens des Übereinkommens, sondern der Tag des Inkrafttretens des Zustimmungsgesetzes, somit der 26. April 2007.

2 Zur Problematik des illegalen Handels mit Kulturgütern

Die Ratifikation des UNESCO-Kulturgutübereinkommens zeigt, dass die Bedeutung des Kulturgüterschutzes in Friedenszeiten nun auch in Deutschland verstärkt in das Bewusstsein rückt.[5] Auch in anderen Staaten, die vom Kunsthandel profitieren, wie beispielsweise in Großbritannien und der Schweiz, wächst die Bereitschaft, den Kul-

5 Spyridon Vrellis, „La Convention d'Unidroit sur les biens culturels volés ou illicitement exportés“, in: „La protection internationale des biens culturels“, S.45; Stephanie Schulz-Hombach und Katrin Schenk, „Der Gesetzentwurf zur Ausführung des UNESCO-Kulturgutübereinkommens“, in: KUR 2006, S.48.

turgüterschutz nicht nur als Schutz der gegenläufigen nationalen Interessen der Kulturgüter exportierenden Staaten zu begreifen, sondern als Schutz des kulturellen Erbes der gesamten Menschheit.[6] Dennoch bilden sich gleichzeitig neue Kunstmärkte, insbesondere in Ostasiens, heraus,[7] wo auch weiterhin Orte bestehen, die sich, wie Singapur als Umschlagsplatz asiatischer Kulturgüter, auf Export- und Importkontrollen beschränken, welche nicht über die Erhebung allgemeiner Zölle hinausgehen.[8]
Auch legt der Wirbel um das Getty Museum und die wegen ihrer Bemühungen um den Kulturgüterschutz und der Erarbeitung von Richtlinien für den musealen Erwerb von Antiquitäten lange Zeit als vorbildlich geltende,[9] ehemaligen Kuratorin Marion True den Verdacht nahe,[10] dass die in vielen Museen üblichen Selbstverpflichtungen zwar einen Hinweis auf allgemeine ethische Vorstellungen geben, aber von unzureichender Wirkung sind.[11] Auch scheint nicht ausgeschlossen, dass auf der Suche nach bedeutenden Kulturgütern selbst Kuratoren hinsichtlich der Herkunft der Objekte über Umstände hinwegsehen, die ihre Illegalität nahe legen.[12] Und das, obwohl klar ist, mit welchen Schäden der illegale Kunsthandel einhergeht.[13]
So führen illegale Ausgrabungen in wissenschaftlicher Hinsicht zu unwiederbringlichen Verlusten und machen eine Rekonstruktion des Fundkontextes nahezu unmöglich.[14] Mit der illegalen Entfernung der Kulturgüter gehen häufig Dynamitsprengungen und Bulldozereinsätze[15] und schwere Zerstörungen von archäologischen Fundstätten bis zu buddhistischen Klöstern einher.[16] Bei Skulpturen und Gemälden werden Teile zum besseren Transport abgetrennt und Leinwände zerschnitten.[17]

---

6 James A. R. Nafziger, „A Blueprint for Avoiding and Resolving Cultural Heritage Disputes", in: Art Antiquity and Law 2004, S.8; Catherine Phuong, „The Protection of Iraqi Cultural Property", in: IntCompLQuart 2004, S.991; Paul Roberts, „Barriers or Bridges?", in: Eleanor Robson u.a. (Hg.), „Who Owns Objects?", S.52; David Gaimster, „Recent UK Measures against the International Illicit Trade in Cultural Objects", in: Eleanor Robson u.a. (Hg.), „Who Owns Objects?", S93ff.

7 Neil Brodie, „Historical and Social Perspectives on the Regulation of the International Trade in Archaeological Objects", in: VandJTransnL 2005, S.1051.

8 Jack Tsen-Ta Lee, „Legal Protection of Cultural Objects in Singapore", in: Art Antiquity and Law 2004, S.244.

9 Molly A.Torsen, „Cultural Property Dispersion", in: Art Antiquity and Law, 2004, S.156.

10 Stefan Koldehoff, „Ende der Schonzeit für Maulwürfe", in: art 8/2006, S.60f.

11 Ildiko P. DeAngelis, „How Much Provenance Is Enough?", in: Barbara T. Hoffman (Hg.), „Art and Cultural Heritage", S.398; Neil Brodie, „Smoke and Mirrors", in: Eleanor Robson u.a. (Hg.), „Who Owns Objects?", S.9; Norman Palmer, „Painting the Wayside Flower", in: „Im Labyrinth des Rechts?", S.356.

12 Molly A.Torsen, „Cultural Property Dispersion", in: Art Antiquity and Law, 2004, S.149ff.; Neil Brodie, „The illegal trade in antiquities", in: KUR 2006, S.27; Katherine Jane Hurst, „The Empty(ing) Museum", in: Art Antiquity and Law, 2006, S.60; Stefan Koldehoff, „Ende der Schonzeit für Maulwürfe", in: art 8/2006, S.61ff.

13 Gitanjali Deb, „Stealing Gods", in: Art Antiquity and Law 2005, S.29ff.

14 Friedrich Krinzinger, „Schutz von archäologischem Kulturgut", in: Gerte Reichelt (Hg.), „Neues Recht zum Schutz von Kulturgut", S.52; Kurt Siehr, in: Ebling/Schulze, Teil 3, Rn.3.

15 Stefan Koldehoff, „Ende der Schonzeit für Maulwürfe", in: art 8/2006, S.63.

16 Neil Brodie, „An Archaeologist's View of the Trade in Unprovenanced Antiquities", in: Barbara T. Hoffman (Hg.), „Art and Cultural Heritage", S.54.

17 Marie M. Malaro, „A Legal Primer on Managing Museums Collections", S.89; Astrid Müller-Katzenburg, „Besitz- und Eigentumssituation bei gestohlenen und sonst abhandengekommenen Kunstwerken", in: NJW 1999, S.2554.

Dabei zählt der illegale Handel mit Kulturgütern mit dem Drogenhandel und dem Waffenhandel zu den lukrativsten Geschäften.[18] Nicht ohne Grund wird daher die These vertreten: „The origins of international cultural heritage law often lie in the battlegrounds of conflict and the underworld of crime.“[19] In Europa werden jährlich über 60.000 Kulturgüter gestohlen, wobei von einer hohen Dunkelziffer ausgegangen wird. In Italien ist im Zusammenhang mit der Verwüstung von mehr als 100.000 apulischen Gräbern durch tombaroli der Ausdruck der Archeomafia geprägt worden. Doch nicht nur die archäologischen Kulturgüter sind betroffen: So wird die Hälfte der Diebstähle in Italien aus Kirchen gemeldet. Auch außerhalb Europas sind die Probleme groß: So ist davon auszugehen, dass mehr als die Hälfte aller bekannten peruanischen Grabungsfelder geplündert worden sind.[20] Die weltweite Aufklärungsquote hinsichtlich aller offiziell als gestohlen gemeldeten Kulturgüter wird lediglich auf fünf Prozent geschätzt, wobei noch eine hohe Dunkelziffer an unbemerkt illegal ausgeführten, zuvor nicht katalogisierten Kulturgütern hinzukommt.[21]

Wegen der geringen Aufklärungsquote und den hohen Dunkelziffern greifen strafrechtliche Sanktionen nur in Einzelfällen ein. Eine umfassendere Eindämmung des illegalen Handels kann aber dadurch erreicht werden, dass über zivilrechtliche Folgen und staatliche Rückgabeansprüche die Lukrativität des Handels mit gestohlenen und illegal ausgeführten Kulturgütern beschnitten wird.[22] So profitiert der illegale Handel maßgeblich von einer unterschiedlichen Rechtslage in verschiedenen Staaten und einer mangelnden Anerkennung und Durchsetzungsfähigkeit von Kulturgüterschutznormen in anderen Staaten. Dies hat auch zur Folge, dass der Schutz vor einer Verbringung nationalen kulturellen Erbes zwingend im internationalen Kontext wahrgenommen werden muss.[23]

Dabei sollte die Einführung von Rückgabeansprüchen nicht darüber hinwegtäuschen, dass vorrangig der Schutz der Kulturgüter vor Ort erfolgen und in diesem Rahmen auch die Teilhabe der lokalen Bevölkerung an den damit verbundenen Werten erreicht werden muss.[24] Abgesehen davon, dass gerade finanziell armen Staaten trotz der Versuchung der dortigen Bevölkerung, durch illegalen Handel mit Kulturgütern zu Geld

---

18 Isabelle Fellrath Gazzini, „Cultural Property Disputes“, S.XVIff.; Spyridon Vrellis, „La Convention d'Unidroit sur les biens culturels volés ou illicitement exportés“, in: „La protection internationale des biens culturels“, S.20; Molly A.Torsen, „Cultural Property Dispersion“, in: Art Antiquity and Law 2004, S.152; Glaus, Bruno und Peter Studer, „Kunstrecht“, S.158; Hans Das, „Claims for Looted Cultural Assets“, in: „Resolution of Cultural Property Disputes“, S.198f.

19 James A. R. Nafziger, „A Blueprint for Avoiding and Resolving Cultural Heritage Disputes“, in: Art Antiquity and Law 2004, S.3.

20 Wolfgang Mantl, „Internationale Aspekte des Kunst- und Kulturrechts“, in: Dietmar Pauger (Hg.), „ART Goes LAW“, S.27; Manus Brinkman, „Reflexions on the Causes of Illicit Traffic in Cultural Property and Some Potential Cures“, in: Barbara T. Hoffman (Hg.), „Art and Cultural Heritage“, S.65; Katherine Jane Hurst, „The Empty(ing) Museum“, in: Art Antiquity and Law, 2006, S.57.

21 Astrid Müller-Katzenburg, „Internationale Standards im Kulturgüterverkehr und ihre Bedeutung für das Sach- und Kollisionsrecht“, S.57.

22 Astrid Müller-Katzenburg, „Internationale Standards im Kulturgüterverkehr und ihre Bedeutung für das Sach- und Kollisionsrecht“, S.315.

23 Jack Tsen-Ta Lee, „Legal Protection of Cultural Objects in Singapore“, in: Art Antiquity and Law 2004, S.280.

24 David Matsuda, „Subsistence Diggers“, in: Kate Fitz Gibbon (Hg.) „Who Owns the Past?“, S.263f.

zu kommen,[25] nur begrenzte Ressourcen zur Überwachung zur Verfügung stehen,[26] wird sich selbst in wohlhabenden Staaten durch präventive Maßnahmen nicht jegliches Verbringen verhindern lassen.[27]
Die Erfassung von Kulturgütern in behördlichen Inventaren und die Zusammenstellung entwendeter Kulturgüter in entsprechenden Datenbanken wie dem Art Loss Register, können die Bekämpfung des illegalen Kulturgütertransfers unterstützen, indem sie das Auffinden von Objekten und Eigentümern und die Überprüfung durch Marktteilnehmer erleichtern.[28] Sie können aber nur dann eine besondere Wirksamkeit entfalten, wenn wirksame Sanktionen bei Rechtsgeschäften mit solchen Objekten drohen und Herausgabe- oder Rückgabeansprüche eingreifen.

3 Zum Umfang und den Schwerpunkten der Arbeit

Da letztlich die notwendige Eindämmung der illegalen Praktiken in erster Linie über die zivilrechtliche Sanktionierung im Rahmen der Rechtsfolgen von mit Diebstahl und illegaler Verbringung zusammenhängenden Rechtsgeschäften zu erreichen ist, wird diesen Rechtsfolgen im Rahmen der Darstellung besondere Aufmerksamkeit gewidmet.
Zwar wird in nahezu allen Veröffentlichungen in diesem Themenbereich die Möglichkeit angesprochen, dass §134 BGB oder §138 I BGB sowohl hinsichtlich des Verpflichtungs- als auch hinsichtlich des Verfügungsgeschäftes eingreifen können. Vorliegend wird aber eine bislang fehlende umfassende Erörterung der Voraussetzungen eines Eingreifens von §134 und §138 I BGB sowie eine Differenzierung nach verschiedenen Fallkonstellationen vorgenommen und die sich daraus ergebenden Rechtsfolgen näher erörtert. Dabei wird auch untersucht, inwieweit sich eine Verbesserung durch das KGÜAG abzeichnet. So wurde die Billigung des Gesetzesentwurfs durch das Kabinett in der Presse nicht ohne Hintergrund als „Abschied vom Hehler-Staat“[29] betitelt.
Welche weiteren Auswirkungen dieses Ausführungsgesetz entfaltet, bildet einen weiteren Schwerpunkt dieser Arbeit. Mit dem Beitritt Deutschlands zum UNESCO-Kulturgutübereinkommen und dem KGÜAG haben sich bislang lediglich drei in der Zeitschrift KUR veröffentlichte Aufsätze auseinandergesetzt. Dabei ist jedoch darauf hinzuweisen, dass sich Kurt Siehr in seinem Aufsatz „Das UNESCO-Übereinkommen vom 14.11.1970 über Maßnahmen zum Verbot und zur Verhütung der rechtswidrigen Einfuhr, Ausfuhr und Übereignung von Kulturgut – Inhalt des Übereinkommens und dessen geplante Umsetzung in Deutschland“[30] noch nicht mit dem konkreten, im Feb-

25 David Matsuda, „Subsistence Diggers“, in: Kate Fitz Gibbon (Hg.) „Who Owns the Past?“, S.258; Gitanjali Deb, „Stealing Gods“, in: Art Antiquity and Law 2005, S.32.
26 Gitanjali Deb, „Stealing Gods“, in: Art Antiquity and Law 2005, S.32; Juan Antonio Valdés, „Management and Conservation of Guatemala's Cultural Heritage“, in: Barbara T. Hoffman (Hg.), „Art and Cultural Heritage“, S.98.
27 Astrid Müller-Katzenburg, „Internationale Standards im Kulturgüterverkehr und ihre Bedeutung für das Sach- und Kollisionsrecht“, S.249.
28 Susanne Spaun, „Der Herausgabeanspruch bei Diebstahl oder illegalem Export von Kulturgütern“, S.167.
29 So die Überschrift eines entsprechenden Artikels in der Süddeutschen Zeitung vom 16.02.2006.
30 Kurt Siehr, „Das UNESCO-Übereinkommen“, in: KUR 2005, S.33-46.

ruar 2006 veröffentlichten Gesetzesentwurf und seinen Regelungen auseinandersetzen konnte und sich daher auf allgemeine Regelungsvorschläge beschränkt.
Einen guten Überblick über die wichtigsten Regelungen des Gesetzesentwurfs sowie die gesetzgeberischen Motive gibt der Aufsatz der beiden Referentinnen beim Beauftragten der Bundesregierung für Kultur und Medien Stephanie Schulz-Hombach und Katrin Schenk „Der Gesetzentwurf zur Ausführung des UNESCO-Kulturgutübereinkommens: Der Regierungsentwurf eines Gesetzes zur Ausführung des UNESCO-Übereinkommens von 1970 über Maßnahmen zum Verbot und zur Verhütung der rechtswidrigen Einfuhr, Ausfuhr und Übereignung von Kulturgut";[31] auf die konkreten Auswirkungen der Regelungen im Zusammenhang mit Rechtsgeschäften wird jedoch nicht eingegangen.
Die Auswirkungen der Regelungen auf den Handel mit Kulturgütern stehen zwar stärker im Vordergrund des Aufsatzes von Michael Müller-Karpe, „Stellungnahme zum Gesetzentwurf zur Ausführung des UNESCO-Kulturgutübereinkommens".[32] Die Erörterung der Auswirkungen erfolgt jedoch in erster Linie im Hinblick auf seine Forderung nach einem umfassenden Handelsverbot aus archäologischer Sicht, ohne dass eine intensive Auseinandersetzung mit den juristischen Problematiken erfolgt.
Neben den Auswirkungen der Regelungen auf der materiellrechtlichen Ebene sollen in der vorliegenden Arbeit auch die Veränderungen auf der kollisionsrechtlichen Ebene mitberücksichtigt werden. Dabei ist insbesondere zu prüfen, ob das KGÜAG dem Anspruch des UNESCO-Kulturgutübereinkommens gerecht wird, nicht nur die rechtwidrige Einfuhr und Ausfuhr von Kulturgütern, sondern auch deren Übereignung zu verhindern.
Nach einem praktisch wichtigen Exkurs über die Rechtsordnungen New Yorks und der Schweiz im Kontrast zur italienischen Rechtsordnung erfolgt im letzten Teil eine allgemeine rechtsvergleichende Darstellung der Regelungsmöglichkeiten im Zusammenhang mit Importverboten und Rückgabeansprüchen und eine wertende Einordnung der entsprechenden Regelungen des KGÜAG.
Aufgrund der Orientierung an dem UNESCO-Kulturgutübereinkommen lässt die Arbeit die besonderen Probleme kriegsbedingter Verbringung von Kulturgütern ausgeklammert und beschränkt sich auf die Erörterung der Rechtslage in Friedenszeiten. Allerdings ergeben sich zwischen beiden Bereichen auch Überschneidungspunkte. So verpflichtet Art. 3 der UNESCO-Konvention vom 14. Mai 1954 zum Schutz von Kulturgut bei bewaffneten Konflikten bereits in Friedenzeiten zur Ergreifung von Maßnahmen zur Sicherung des Kulturgutes gegen Kriegsfolgen.[33]
Auch ist unter Verweis auf den sich auf Kulturgüterexporte während Besatzungszeiten beziehenden Art. 11 des UNESCO-Kulturgutübereinkommens[34] vorgeschlagen wor-

31 Stephanie Schulz-Hombach und Katrin Schenk, „Der Gesetzentwurf zur Ausführung des UNESCO-Kulturgutübereinkommens", in: KUR 2006, S.47-52.
32 Michael Müller-Karpe, „Stellungnahme zum Gesetzentwurf zur Ausführung des UNESCO-Kulturgutübereinkommens", in: KUR 2006, S.53-56.
33 Markus Kaltenborn, „Die Plünderung des Irakischen Nationalmuseums und das Völkerrecht", in: KUR 2004, S.99.
34 Jan Hladik, „The UNESCO Declaration concerning the Intentional Destruction of Cultural Heritage", in: Art Antiquity and Law 2004, S.234f.; Dieter Blumenwitz, „Rechtliche Schwierigkeiten bei der Rückgabe rechtswidrig nach Deutschland verbrachter Kunstschätze an die Herkunftsstaaten und künftige Lösungsansätze", in: Jürgen Bröhmer u.a. (Hg.), „Internationale Gemeinschaft und Menschenrechte", S.13.

den, die UNESCO-Konvention vom 14. Mai 1954 zum Schutz von Kulturgut bei bewaffneten Konflikten nicht als Gegenstück,[35] sondern als lex specialis anzusehen und nicht nur bei Kulturgüterexporten während Besatzungszeiten, sondern auch bei bewaffneten Konflikten ein unrechtmäßiges Verbringen anzunehmen und subsidiär auf Regelungen wie die des UNESCO-Kulturgutübereinkommens zurückzugreifen.[36]
Auch wenn zusammen mit den Änderungen des KultGüRückG im KGÜAG in Artikel 4 ein Gesetz zur Ausführung der Konvention vom 14. Mai 1954 zum Schutz von Kulturgut bei bewaffneten Konflikten enthalten ist, so ist doch die Regelung in zwei unterschiedlichen Gesetzen enthalten, sodass die systematische Trennung zwischen dem Kulturgüterschutz in Friedenszeiten und Kulturgüterschutz bei bewaffneten Konflikten[37] vom deutschen Gesetzgeber grundsätzlich weiterhin aufrechterhalten wurde.
Da die unrechtmäßige Verbringung von Kulturgütern im Vordergrund steht, ist im Folgenden ausschließlich von beweglichen Kulturgütern auszugehen. Obwohl die Denkmalschutzgesetze der Länder auch teilweise bewegliche Denkmäler umfassen, werden sie aufgrund ihrer unterschiedlichen Zielrichtung nur am Rande erörtert.
Wegen der engen Verbindung von privatrechtlichen mit völkerrechtlichen, gemeinschaftsrechtlichen und verwaltungsrechtlichen Aspekten werden auch letztere mitberücksichtigt. Ausgeklammert bleiben aber im Wesentlichen strafrechtliche Aspekte, insbesondere die Frage, inwieweit aus Verstößen gegen deutsche strafrechtliche Vorschriften Herausgabeansprüche resultieren können und die internationale Rechtshilfe in Strafsachen, insbesondere das deutsche Gesetz vom 23. Dezember 1982 und das europäische Auslieferungsabkommen vom 13. Dezember 1959, ein Instrumentarium für die Rückgabe gestohlenen und in Zukunft auch illegal verbrachten Kulturgutes an die Eigentümer im Herkunftsstaat bieten können.[38]
Diese Ausklammerung erfolgt in erster Linie im Hinblick auf den Umfang dieser Arbeit. Daneben ist jedoch darauf hinzuweisen, dass solche Herausgabeansprüche nur in Einzelfällen eingreifen können und ihre Voraussetzungen allein an den Bedürfnissen des Strafverfahrensrechts und nicht an den Bedürfnissen des Kulturgüterschutzes ausgerichtet sind.[39]

4 Zum Begriff des Kulturguts

Zentrale Bedeutung im Rahmen dieser Arbeit nimmt der Begriff des „Kulturguts" ein, welcher deshalb im Folgenden näher beleuchtet wird.

---

35 So Peter K. Tompa, „Ancient Coins as Cultural Property", in: JIntLeg Studies, 1998, S.77.

36 Elina N. Moustaira, „International Protection of Cultural Property in the Event of Armed Conflict", in: „La protection internationale des biens culturels", S.126; Gerte Reichelt, „La dimension de droit privé en matière de la protection des biens culturels", in: „La protection internationale des biens culturels", S.70.

37 Jan Hladik, „The UNESCO Declaration concerning the Intentional Destruction of Cultural Heritage", in: Art Antiquity and Law 2004, S.234f.; Manlio Frigo, „La protezione dei beni culturali nel diritto internazionale", S.111.

38 Dieter Blumenwitz, „Rechtliche Schwierigkeiten bei der Rückgabe rechtswidrig nach Deutschland verbrachter Kunstschätze an die Herkunftsstaaten und künftige Lösungsansätze", in: Jürgen Bröhmer u.a. (Hg.), „Internationale Gemeinschaft und Menschenrechte", S.6f.

39 Stephanie Schulz-Hombach und Katrin Schenk, „Der Gesetzentwurf zur Ausführung des UNESCO-Kulturgutübereinkommens", in: KUR 2006, S.50.

4.1 Bisherige gesetzliche Regelungen

Im internationalen Bereich ersetzte die Bezeichnung „bien culturel“ erstmals im Haager Abkommen vom 14. Mai 1954 für den Schutz von Kulturgut bei bewaffneten Konflikten die in den beiden Haager Abkommen von 1899 und 1907 verwendeten Begriffe „monument historique“ bzw. „œuvres d'art et de science“. In dem Haager Übereinkommen vom 14. Mai 1954 werden gem. Art. 1 als Kulturgüter bewegliche und unbewegliche Sachen umfasst, sofern sie „für das kulturelle Erbe aller Völker von großer Bedeutung“ sind. Beispielhaft wird verwiesen auf „Kunstwerke, Manuskripte, Bücher und andere Gegenstände von künstlerischem, historischem oder archäologischem Interesse sowie wissenschaftliche Sammlungen und bedeutende Sammlungen von Büchern, Archivalien oder Reproduktionen des oben bezeichneten Kulturguts“.[40]
Diese Begriffsbestimmung hat auch die Übereinkommen beeinflusst, die eine Ausdehnung des Schutzes von Kulturgütern auf die Abwanderung in Friedenszeiten zu erreichen versuchten. In Art. 1 des UNESCO-Kulturgutübereinkommens gilt als Kulturgut das von jedem Staat aus religiösen oder weltlichen Gründen als für Archäologie, Vorgeschichte, Geschichte, Literatur, Kunst oder Wissenschaft besonders bedeutungsvoll bezeichnete Gut. In lit. a bis k werden in 11 Kategorien beispielhaft u.a. mehr als hundert Jahre alte Antiquitäten oder Gut von künstlerischem Interesse wie Bilder, Gemälde, und Zeichnungen, aufgelistet. Daran angelehnt erfolgt auch die Bestimmung nach Art. 2 der UNIDROIT-Konvention vom 24.06.1995 über gestohlene oder rechtswidrig ausgeführte Kulturgüter.[41]
Nach Art. 1 Nr. 1 der Richtlinie 93/7/EWG des Rates vom 15. März 1993 über die Rückgabe von unrechtmäßig aus dem Hoheitsgebiet eines Mitgliedstaats verbrachten Kulturgütern, zuletzt geändert durch die Richtlinie 2001/38/EG des Europäischen Parlamentes und des Rates vom 5. Juni 2001, muss ein Objekt drei verschiedene Voraussetzungen erfüllen, um als Kulturgut einen geeigneten Gegenstand des Rückgabeverfahrens darzustellen: Es muss erstens im Sinne des Art. 30 EG zum „nationalen Kulturgut von künstlerischem, geschichtlichem oder archäologischem Wert“ gehören. Es muss zweitens nach dem Recht des Mitgliedstaats, in dem es zuvor belegen war, als nationales Kulturgut gelten. Es muss drittens zu einer der 14 Kategorien zählen, die im Anhang A zur Richtlinie aufgelistet werden, und den Wertgrenzen in Anhang B für die in Abschnitt A genannten Kategorien unterfallen.[42]

---

40 Sabine Schmeinck, „Internationalprivatrechtliche Aspekte des Kulturgüterschutzes“, S. 48; Marc Weber, „Unveräußerliches Kulturgut im nationalen und internationalen Rechtsverkehr“, S.7; Elina N. Moustaira, „International Protecton of Cultural Property in the Event of Armed Conflict“, in: „La protection internationale des biens culturels“, S.117f.; Patty Gerstenblith, „Art, Cultural Heritage, and the Law“, S.475; Markus Kaltenborn, „Die Plünderung des Irakischen Nationalmuseums und das Völkerrecht“, in: KUR 2004, S.99.

41 Kurt Siehr, „Das UNESCO-Übereinkommen“, in: KUR 2005, S.34; Marc Weber, „Unveräußerliches Kulturgut im nationalen und internationalen Rechtsverkehr“, S.7f; Andrea Cunning, „U.S. Policy on the Enforcement of Foreign Export Restrictions“, in: Houston JIntL 2004, S.465ff.; Gerte Reichelt, „Die Unidroit-Konvention 1995 über gestohlene oder unerlaubt ausgeführte Kulturgüter“, in: Gerte Reichelt (Hg.), „Neues Recht zum Schutz von Kulturgut“, S.61.

42 Frank Fechner, „Die Vorhaben der EG zum Kulturgüterschutz“, in: DÖV 1992, S.614ff.; Marc Weber, „Unveräußerliches Kulturgut im nationalen und internationalen Rechtsverkehr“, S.10; Kurt Siehr, „The Protection of Cultural Objects on a Regional Basis“, in: „La protection internationale des biens culturels“, S.87.

Trotz der Auflistung werden die Kategorien als unklar kritisiert: „Worin besteht z.B. der Unterschied zwischen 'Bild' und 'Gemälde' in Teil A Nr. 3? Warum nennt Teil A Nr. 14 Goldschmiedarbeiten, nicht aber Silberschmiedearbeiten?“[43] Teil A Nr. 14 wirft die Frage auf, ob auch solche Musikinstrumente oder Armband- und Taschenuhren erfasst sind, welche noch bestimmungsgemäß gebraucht werden, obwohl eine Ausführgenehmigung bei jeder Reise aufwändig erschiene. Bei Bestandteilen aus Denkmälern im Sinne des Teil A Nr. 2 werden sämtliche Objekte aus Palästen und Kirchen umfasst, da nur ein Mindestalter der Objekte festgelegt, nicht jedoch der maßgebliche Aufteilungszeitpunkt eingegrenzt wurde.[44] Wie hinsichtlich der Wertgrenzen zu verfahren ist, wenn mehrere Kategorien einschlägig sind, bleibt ebenfalls offen.[45]
Zumindest Konflikte hinsichtlich der Richtlinie und der Verordnung Nr. 3911/92 in Bezug auf den Umfang der erfassten Kulturgüter werden jedoch dadurch eingeschränkt, dass der Anhang der Verordnung (EWG) Nr. 3911/92 des Rates vom 09.12.1992 über die Ausfuhr von Kulturgütern mit dem der RL 93/7/EWG nahezu identisch ist.[46] Auch ermöglichen Art. 16 IV der RL 93/7/EWG und Art. 10 V der VO Nr. 3911/92 eine Überprüfung der Kategorien und Wertgrenzen durch den Rat auf Vorschlag der Kommission in Dreijahreszeiträumen, wobei in erster Linie eine den wirtschaftlichen Verhältnissen entsprechende Aktualisierung sichergestellt werden soll.[47]
In Deutschland wird in §1 I KultSchG auf eine beispielhafte Aufzählung verzichtet und mit der Formulierung „Kunstwerke und anderes Kulturgut“ nur ein Unterfall des Kulturgutes besonders hervorgehoben. Das Gesamtverzeichnis national wertvollen Kulturgutes, in welches geschütztes Kulturgut eingetragen werden muss und welches etwa alle vier Jahre herausgegeben wird, differenziert in Teil A jedoch nicht zwischen Kunstwerken und Kulturgut, sondern unterteilt in Gemälde, Glasmalereien, Handzeichnungen und Grafik, Bibliotheksgut, Skulpturen, Kunstgewerbe, Münzen und Medaillen, Sammlungen einschließlich Bibliotheken und Sonstiges.[48]
Trotz der verschiedenen Versuche, einen Bereich von schützenswerten Gegenständen abzustecken, muss festgestellt werden, dass in inhaltlicher Hinsicht eine gesetzliche Definition dessen, was von dem Begriff Kulturgut umfasst wird, nicht existiert.[49] So sind die in den Übereinkommen und Gesetzen vorgenommenen Eingrenzungen als Einschränkungen des jeweiligen Anwendungsbereichs anzusehen, aber nicht als Bestimmungen des Kulturgutbegriffs im abschließenden Sinne.[50]
Insbesondere die Anhänge der RL 93/7/EWG und der VO Nr. 3911/92 bieten keine eigenständige Begriffsdefinition, sondern grenzen nur den Bereich der Kulturgüter ein, die unter die gemeinschaftsrechtliche Ausfuhrkontrolle und das Rückgabeverfahren

43 Anette Hipp, „Schutz von Kulturgütern in Deutschland“, S.265.
44 Anette Hipp, „Schutz von Kulturgütern in Deutschland“, S.265f.
45 Wolfgang Eberl, „Probleme und Auswirkungen der EG-Vorschriften zum Kulturgüterschutz“, in: NVwZ 1994, S.730.
46 Marc Weber, „Unveräußerliches Kulturgut im nationalen und internationalen Rechtsverkehr“, S.10.
47 Anette Hipp, „Schutz von Kulturgütern in Deutschland“, S.267.
48 Marc Weber, „Unveräußerliches Kulturgut im nationalen und internationalen Rechtsverkehr“, S.39f; Anette Hipp, „Schutz von Kulturgütern in Deutschland“, S.8f.
49 Spyridon Vrellis, „La Convention d'Unidroit sur les biens culturels volés ou illicitement exportés“, in: „La protection internationale des biens culturels“, S.42.
50 Marc Weber, „Unveräußerliches Kulturgut im nationalen und internationalen Rechtsverkehr“, S.8ff.

fallen können. Denn nach Art. 1 der VO Nr. 3911/92 gelten die im Anhang aufgeführten Güter unbeschadet der Befugnisse der Mitgliedstaaten nach Art. 30 EG als Kulturgüter im Sinne der Verordnung, und auch die Präambel der RL 93/7/EWG bestimmt, dass aufgrund und im Rahmen von Art. 30 EG die Mitgliedstaaten auch nach 1992 das Recht haben, ihre nationalen Kulturgüter zu bestimmen und die notwendigen Maßnahmen zu deren Schutz zu treffen. So bleibt den Mitgliedstaaten ausdrücklich das Recht erhalten, weitere Gegenstände als nationales Kulturgut zu schützen.[51]

4.2 Rechtsprechung

Wegen des Rechts der Mitgliedstaaten, ihre schützenswerten Kulturgüter zu bestimmen, bleibt bislang ebenfalls offen, ob eine europarechtlich autonom vorzunehmende Auslegung des Kulturgutbegriffs durch den europäischen Gerichtshof vorgenommen werden könnte und wie sie angesichts des unterschiedlichen Verständnisses in den einzelnen Staaten auszusehen hätte.[52] So wird vertreten, dass bei der Qualifikation von Gegenständen als Kulturgut den Mitgliedstaaten ein Beurteilungsspielraum zusteht, da es letztlich um den Schutz ihres kulturellen Erbes gehe und eine abschließende autonome Definition den jeweiligen nationalen Besonderheiten nur unzureichend Rechnung tragen könnte.[53]
In der deutschen Rechtsprechung wird angenommen, dass sich nach allgemeinem Verständnis der Begriff Kulturgut auf alle Gegenstände bezieht, „in denen das Schaffen menschlichen Geistes im Laufe der historischen Entwicklung konkrete Gestalt angenommen hat", denn Kultur umfasst „jedes geistige Schaffen und Wirken des Menschen, mag es sich in Werken der Kunst, Musik, Literatur oder Wissenschaft dokumentieren oder seinen Ausdruck in der wertebewußten Prägung der Lebensverhältnisse und der Umwelt des Menschen finden."[54]

4.3 Literatur

In der Literatur wird häufig die Unterteilung der Definitionsmethoden anhand der formalen Aspekte herangezogen, obwohl zur Umgrenzung der geschützten Gegenstände häufig Mischformen Verwendung finden.[55] Bei der Enumeration werden in einer Liste alle Objekte aufgezählt, die geschützt werden sollen. Bei der Klassifizierung werden in einer Liste alle Objekte nach der Einzelentscheidung einer dazu ermächtigten Stelle eingetragen. Hingegen werden bei der Kategorisierung die geschützten Objekte und ihre Merkmale nur generell beschrieben.[56]

---

51 Stefanie Schmahl, „Die Kulturkompetenz der Europäischen Gemeinschaft", S.63ff.; Anette Hipp, „Schutz von Kulturgütern in Deutschland", S.267.

52 Marc Weber, „Unveräußerliches Kulturgut im nationalen und internationalen Rechtsverkehr", S.11.

53 Anette Hipp, „Schutz von Kulturgütern in Deutschland", S.227f.

54 VGH München NJW 1992, S.2585.

55 Nadine Christina Pallas, „Maritimer Kulturgüterschutz", S.83.

56 Lyndel Vivien Prott und Patrick Joseph O'Keefe, „Law and the Cultural Heritage: Volume 1, Discovery and Excarvation", S.184ff. Rn. 555ff.; Sabine Schmeinck, „Internationalprivatrechtliche Aspekte des Kulturgüterschutzes", S. 50ff.; Stefan Turner, „Das Restitutionsrecht des Staates nach illegaler Ausfuhr von Kulturgütern", S.157; Marc Weber, „Unveräußerliches Kulturgut im nationalen und internationalen Rechtsverkehr", S.11; Andrea Jaeger, „Internationaler Kulturgüterschutz", S.10.

Die Eintragungsverfahren können wegen ihrer Klarheit einen effektiveren Schutz gewährleisten und rechtsstaatlichen Grundsätzen besser entsprechen, weshalb sie gegenüber dem Verfahren der Kategorisierung nach dem Prinzip der Generalklausel als vorzugswürdig angesehen werden.[57] Allerdings besteht bei ihnen die Gefahr, dass bestimmte schützenswerte Objekte nicht erfasst werden. Auch bedürfen Auflistungen und Eintragungen einer ständigen Aktualisierung.[58]
Auch in der Lehre hat sich bislang keine einheitliche Bestimmung der wichtigsten Merkmale in inhaltlicher Hinsicht durchsetzen können. Dass der Kulturgüterbegriff künstlerische, kulturhistorische und kultursoziologische Komponenten enthält und technische Neuerungen zu immer neuen Ausdrucksformen führen, führt zu einer örtlichen und zeitlichen Wandelbarkeit und begünstigt unterschiedliche Auffassungen darüber, was als „Kulturgut" anzusehen ist.[59]
Dies führt nach überwiegender Auffassung letztlich dazu, dass „Kulturgut" als ein offener und dynamischer Begriff verstanden werden muss, den abschließend zu definieren weder möglich noch wünschenswert ist. Auch wenn eine klare Definition zur Rechtssicherheit beitragen könnte, so eröffnet nur eine flexible Definition den nötigen Beurteilungsspielraum und macht eine ständige Erweiterung des Kulturgutbegriffes zur Integration neuer Kategorien überflüssig.[60]

4.4 Kulturgüterrückgabegesetz n.F.

Zwar hat der Gesetzgeber eine Abgrenzung des von dem neuen Kulturgüterrückgabegesetz erfassten Kulturgutes unter Heranziehung der von dem UNESCO-Kulturgutübereinkommen und der RL 93/7/EWG erarbeiteten Kriterien vorgenommen. Hinsichtlich der Möglichkeit einer abschließenden Begriffsdefinition scheint er sich jedoch letztlich der in der Literatur überwiegend vertretenen Auffassung angeschlossen zu haben: So weist er darauf hin, im Rahmen der in §1 KultGüRückG n.F. getroffenen Begriffsbestimmungen auf eine allgemeine Definition des Begriffes „Kulturgut" bewusst verzichten zu wollen, weil eine feste Begriffsdefinition angesichts der Vielfältigkeit von Kultur nicht umfassend erfolgen könne.[61]

5 Zur Legitimation des Kulturgüterschutzes

Der Kulturgüterschutz in Friedenszeiten wird in erster Linie von widerstreitenden staatlichen Interessen bestimmt: Während die an Kulturgütern reichen, oft zugleich in finanzieller Hinsicht ärmeren Staaten, die sog. source states, die Folgen von Kolonialisierung, Globalisierung sowie zunehmender finanzieller Spaltung und der damit zu-

---

57 Marc Weber, „Unveräußerliches Kulturgut im nationalen und internationalen Rechtsverkehr", S.43.
58 Anette Hipp, „Schutz von Kulturgütern in Deutschland", S.267.
59 Marie Cornu, „Le droit culturel des biens", S.50ff.; Brigitte Schwadorf-Ruckdeschel, „Rechtsfragen des grenzüberschreitenden rechtsgeschäftlichen Erwerbs von Kulturgütern", S.34.
60 Brigitte Schwadorf-Ruckdeschel, „Rechtsfragen des grenzüberschreitenden rechtsgeschäftlichen Erwerbs von Kulturgütern", S.34; Marc Weber, „Unveräußerliches Kulturgut im nationalen und internationalen Rechtsverkehr", S.11; Anette Hipp, „Schutz von Kulturgütern in Deutschland", S.10; Nadine Christina Pallas, „Maritimer Kulturgüterschutz", S.30; Tommaso Alibrandi und Pier Giorgio Ferri, „Il diritto dei beni culturali", S.17f.
61 Begründung in Drucksache 155/06, S.33.

sammenhängenden Abwanderung ihrer Kulturgüter ins Ausland – ihren kulturellen „Ausverkauf"[62] – verhindern wollen, betonen die kulturgüterimportierenden Länder, die sog. market states, die Bedeutung des freien Welthandels und einer möglichst uneingeschränkten Verkehrsfähigkeit von Kulturgütern.[63] Jayme spricht gar von einem „clash of interests".[64]

Allerdings wird auch auf die Gefahren einer von Dichotomien geprägten Argumentation hingewiesen: Die Polarisierung der Interessen von kulturgutimportierenden Staaten bzw. market states auf der einen Seite und der kulturgutexportierenden Staaten bzw. source states auf der anderen Seite,[65] der Rechtfertigungsgründe mit dem Gedanken des Weltkulturerbes bzw. des kulturellen Internationalismus auf der einen Seite und dem nationalen Kulturerbe bzw. dem kulturellen Nationalismus auf der anderen Seite[66] sowie der Instrumente des freien Welthandels auf der einen Seite und des protektionistischen, nationalen Schutzes auf der anderen Seite,[67] dient zwar der Analyse und Systematisierung. Sie droht aber gleichzeitig den Blick auf kollaborationsfördernde gemeinsame Interessen und die Komplexität der Lösungsmöglichkeiten zu verstellen.[68]

Auch wenn häufig der kulturelle Nationalismus den source states und der kulturelle Internationalismus den market states zugeordnet wird, so darf nicht übersehen werden, dass die Grenzen zwischen source states und market states nicht immer klar zu trennen sind. So kann auch ein Staat, der wegen seines ausgeprägten Marktes und der hohen Nachfrage an Kulturgütern als market state eingeordnet wird, wie die USA, zur gleichen Zeit hinsichtlich bestimmter Kulturgüter als source state einzuordnen sein, beispielsweise hinsichtlich solcher der Native Americans.[69] Auch im Hinblick auf Deutschland, das herkömmlich zu den kulturimportierenden Staaten gezählt wird, zeichnet sich zunehmend ab, dass es sich bei Berücksichtigung zeitgenössischer Kunstwerke zu einem Exportstaat für Kulturgüter entwickelt.[70]

Zudem wird zur Legitimation des Kulturgüterschutzes auch von den source states nicht ausschließlich auf nationale Ziele verwiesen, sondern parallel dazu verstärkt der

---

62 Haimo Schack, „Kunst und Recht", S.217, Rn. 517.

63 Kurt Siehr, „Das UNESCO-Übereinkommen", in: KUR 2005, S.33; Haimo Schack, „Kunst und Recht", S.217, Rn. 517; Lyndel V. Prott, „Kulturgüterschutz nach der UNIDROIT-Konvention und nach der UNESCO-Konvention", in: ZVglRWiss 95 (1996), S.188f.; Isabelle Fellrath Gazzini, „Cultural Property Disputes", S.5; Gitanjali Deb, „Stealing Gods", in: Art Antiquity and Law 2005, S.31; Mark J. Petr, „Trading Places", in: Hastings IntCompLRev, 2005, S.503, S.517.

64 Erik Jayme, „Globalisation in Art Law", in: VandJTransnL 2005, S.941.

65 John Henry Merryman, „Thinking About the Elgin Marbles", in: John Henry Merryman (Hg.), „Thinking About the Elgin Marbles: Critical Essays on Cultural Property, Art and Law", S.32.

66 Kerstin Odendahl, „Kulturgüterschutz", S.182; John Henry Merryman, „Two Ways of Thinking About Cultural Property", in: John Henry Merryman (Hg.), „Thinking About the Elgin Marbles: Critical Essays on Cultural Property, Art and Law", S.66ff.; Catherine Phuong, „The Protection of Iraqi Cultural Property", in: IntCompLQuart 2004, S.988f.; Kate Fitz Gibbon, „The Elgin Marbles: A Summary", in: Kate Fitz Gibbon (Hg.) „Who Owns the Past?", S.116f.

67 John Henry Merryman, „A Licit International Trade in Cultural Objects", in: John Henry Merryman (Hg.), „Thinking About the Elgin Marbles: Critical Essays on Cultural Property, Art and Law", S.181ff., sowie S.186ff.

68 James A. R. Nafziger, „A Blueprint for Avoiding and Resolving Cultural Heritage Disputes", in: Art Antiquity and Law 2004, S.8.

69 Andrea Cunning, „U.S. Policy on the Enforcement of Foreign Export Restrictions", in: Houston JIntL 2004, S.455.

70 Andreas Johannes Wiesand, „Kunst ohne Grenzen?", S.128.

Gedanke des Weltkulturerbes hervorgehoben. Denn der Gedanke des Weltkulturerbes kann aufgrund seiner Ambiguität, wenn es um die Rückgabe von Kulturgütern an die Herkunftsstaaten geht, von jeder Seite geltend gemacht werden:[71] Zwar können einerseits Rückgabeansprüche mit dem Argument, dass eine Aneignung dem Austauschgedanken und eine nationale Zuordnung dem Gedanken des Weltkulturerbes widerspricht, zurückgewiesen werden.[72] Andererseits kann die Ablehnung der Rückgabe als Perpetuierung einer früheren Aneignung und als Verstoß gegen den aus dem Gedanken des Weltkulturerbes ableitbaren Respekt fremden nationalen Kulturerbes angegriffen werden.[73] Dass gerade auch die source states auf den Gedanken des Weltkulturerbes zurückgreifen, hängt mit einer abnehmenden Akzeptanz eines als veraltet geltenden nationalstaatlichen Denkens und einer zunehmenden Akzeptanz supranationaler Aufgaben zusammen.[74] Auch kann gerade das Verständnis des Kulturgüterschutzes als supranationale Aufgabe Einschränkungen des Territorialitätsprinzip und des staatlichen Souveränitätsgedankens rechtsfertigen.
Jedoch führen national und international ausgerichtete Begründungsansätze nur teilweise zu sich deckenden Zielsetzungen. So kann der Schutz des Weltkulturerbes auch dazu dienen, Forderungen nach weltweiter Zugänglichmachung und bestmöglicher Erhaltung von Kulturgütern zu legitimieren, die den nationalen Interessen der sog. source states entgegenstehen.[75] Insbesondere wird in diesem Zusammenhang als zeitnahes Beispiel auf die weitgehenden Zerstörungen von Kulturgütern durch die Taliban in Afghanistan verwiesen,[76] aber auch auf Gefahren durch Geldmangel[77] oder zufällige Zerstörungen aufgrund von Feuer, Fluten, Vulkanausbrüchen und anderen Naturkatast-

---

71 Barbara Genius-Devime, „Bedeutung und Grenzen des Erbes der Menschheit im völkerrechtlichen Kulturgüterschutz", S.430.

72 James Cuno, „Museums, Antiquities, Cultural Property, and the US Legal Framework for Making Acquisitions", in: Kate Fitz Gibbon (Hg.) „Who Owns the Past?", S.155; John Henry Merryman, „The Nation and the Object", in: John Henry Merryman (Hg.), „Thinking About the Elgin Marbles: Critical Essays on Cultural Property, Art and Law", S.171ff.

73 Barbara Genius-Devime, „Bedeutung und Grenzen des Erbes der Menschheit im völkerrechtlichen Kulturgüterschutz", S.430; Folarin Shyllon, „The Nigerian and African Experience on Looting and Trafficking in Cultural Objects", in: Barbara T. Hoffman (Hg.), „Art and Cultural Heritage", S.143f.

74 Frank Fechner, „Die Vorhaben der EG zum Kulturgüterschutz", in: DÖV 1992, S.610; Sabine Schmeinck, „Internationalprivatrechtliche Aspekte des Kulturgüterschutzes", S. 45; Brigitte Schwadorf-Ruckdeschel, „Rechtsfragen des grenzüberschreitenden rechtsgeschäftlichen Erwerbs von Kulturgütern", S.41f.; Haimo Schack, „Kunst und Recht", S.222, Rn. 526.

75 Heiner Hugger, „Rückführung nationaler Kulturgüter und internationales Recht am Beispiel der Elgin Marbles", in: JuS 1992, S.1003; Andrea Cunning, „U.S. Policy on the Enforcement of Foreign Export Restrictions", in: Houston JIntL 2004, S.451f.; Wilfried Fiedler, „Zwischen Kriegsbeute und internationaler Verantwortung", in: Gerte Reichelt (Hg.), „Neues Recht zum Schutz von Kulturgut", S.158f.; John Henry Merryman, „Thinking About the Elgin Marbles", in: John Henry Merryman (Hg.), „Thinking About the Elgin Marbles: Critical Essays on Cultural Property, Art and Law", S.57.

76 Andrea Cunning, „U.S. Policy on the Enforcement of Foreign Export Restrictions", in: Houston JIntL 2004, S.495ff.; Francesco Francioni, „Beyond State Sovereignty", in: MichJIntL 2004, S.1214; Roger O'Keefe, „World Cultural Heritage", in: IntCompLQuart 2004, S.196ff.; Andrew Solomon, „Art in Jeopardy", in: Kate Fitz Gibbon (Hg.) „Who Owns the Past?", S.243; Francesco Francioni und Federico Lenzerini, „The Obligation to Prevent and Avoid Destruction of Cultural Heritage", in: Barbara T. Hoffman (Hg.), „Art and Cultural Heritage", S.30.

77 Kerstin Odendahl, „Kulturgüterschutz", S.182f.

rophen.[78] Daneben ist der Tourismus als ein Phänomen zu nennen, bei dem die nationale oder lokale Verortung von Kulturgütern wegen des daraus zu ziehenden wirtschaftlichen Nutzens zu einer besonderen Gefährdung eben dieser Kulturgüter führt und damit den Versuch unterläuft, durch einen Schutz der Interessen der source states die negativen Folgen des weltwirtschaftlichen Gefälles zu verringern.[79]
Andererseits wird auch ein angestrebter Austausch von Kulturgütern nicht immer mit dem Gedanken des Weltkulturerbes begründet, sondern teilweise auch als Förderung des Ansehens der eigenen Nation im Ausland aus nationalen Interessen entwickelt.[80] Während ein solcher Austausch einerseits als Befruchtung der Wissenschaft gelobt wird,[81] wird andererseits befürchtet, dass die Kulturgüter den Wissenschaftlern vor Ort verloren gehen und das Auftreten von Objekten ungeklärter Herkunft wiederum die Forschungsmöglichkeiten von ausländischen Wissenschaftlern vor Ort erschweren könnte.[82]
Mittelbar sind im Einzelfall neben staatlichen auch private Interessen betroffen: Während Beschränkungen der Verkehrsfähigkeit Veräußerern und Erwerbern von Kulturgütern in der Regel Probleme bereiten,[83] hoffen bestohlene Eigentümer von Exportverboten und Rückgabeansprüchen zu profitieren. Auch kann die staatliche Zugriffsmöglichkeit auf ein Kulturgut den Plänen in- und ausländischer Sammler entgegenstehen, gleichzeitig jedoch durch Erhaltung der Zugänglichkeit anderen Kulturinteressierten und Wissenschaftlern dienen.[84] Zwar werden im Rahmen der zu berücksichtigenden Interessen teilweise auch die Interessen der Kunstwerke an ihrer Erhaltung selbst aufgeführt, was aber nicht darüber hinwegtäuschen darf, dass die Erhaltung letztlich bestimmten menschlichen Interessen dient und die „Interessen der Kunstwerke" letztlich durch kulturelle Institutionen wahrgenommen werden müssen.[85]
Zwar kommt eine internationale Verständigung hinsichtlich des Kulturgüterschutzes in Friedenszeiten nur langsam in Gang.[86] Da jedoch Gefahren für Kulturgüter nicht allei-

78 Davies, Piers, „The Return of Treasures to Indigenous Peoples", in: Art Antiquity and Law 2004, S.84; André Emmerich, „Improving the Odds", in: Kate Fitz Gibbon (Hg.) „Who Owns the Past?", S.249.

79 Lyndel Vivien Prott und Patrick Joseph O'Keefe, „Law and the Cultural Heritage: Volume 1, Discovery and Excarvation", S.19, Rn.126; Elsbeth Wiederkehr Schuler, „Kulturgüterschutz – Freier Kunstmarkt", S.27f.; John Henry Merryman, „The Public Interest in Cultural Property", in: John Henry Merryman (Hg.), „Thinking About the Elgin Marbles: Critical Essays on Cultural Property, Art and Law", S.111f.; Neil Brodie, „An Archaeologist's View of the Trade in Unprovenanced Antiquities", in: Barbara T. Hoffman (Hg.), „Art and Cultural Heritage", S.60f.; Juan Antonio Valdés, „Management and Conservation of Guatemala's Cultural Heritage", in: Barbara T. Hoffman (Hg.), „Art and Cultural Heritage", S.97f.

80 Ernst Ploil, „Das österreichische Ausfuhrverbot von Kulturgütern – eine vergebene Chance", in: Gerte Reichelt (Hg.), „Österreichischer, Europäischer und Internationaler Kulturgüterschutz", S.68.

81 James Cuno, „Beyond Bamiyan", in: Barbara T. Hoffman (Hg.), „Art and Cultural Heritage", S.42f.

82 Marie M. Malaro, „A Legal Primer on Managing Museums Collections", S.89.

83 Erik Jayme, „Globalisation in Art Law: Clash of Interests and International Tendencies", in: VandJTransnL 2005, S.936.

84 Lyndel Vivien Prott und Patrick Joseph O'Keefe, „Law and the Cultural Heritage: Volume 1, Discovery and Excarvation", S.20f., Rn.130f.; Brigitte Schwadorf-Ruckdeschel, „Rechtsfragen des grenzüberschreitenden rechtsgeschäftlichen Erwerbs von Kulturgütern", S.37f.

85 Erik Jayme, „Globalisation in Art Law", in: VandJTransnL 2005, S.939f.

86 Anette Hipp, „Schutz von Kulturgütern in Deutschland", S.137; Haimo Schack, „Kunst und Recht", S.217, Rn. 517.

ne bei Kriegen und Plünderungen drohen, sondern in zunehmendem Maße durch den illegalen Handel in Friedenszeiten, insbesondere bei Diebstählen, Raubgrabungen und dem Herausbrechen transportierbarer Bestandteile,[87] zeichnet sich immer mehr eine prinzipielle Akzeptanz des Abwanderungsschutzes, insbesondere auch in den sog. market states, ab[88] und damit eine zunehmende Verlagerung der Problematik hin zu einer Diskussion der Voraussetzungen einer Rückgabepflicht, der Art und Weise der Durchsetzung und des Umfangs.

6 Herausgabe- und Rückgabeansprüche

Um die Rückgabe eines Kulturgutes durchzusetzen, kommen sowohl privatrechtliche als auch öffentlich-rechtliche Ansprüche in Betracht, wobei zwischen Herausgabe- und Rückgabeansprüchen zu differenzieren ist. Während von den zivilrechtlichen Herausgabeansprüchen schuldrechtliche Ansprüche eher selten relevant werden, ist der aus dem Eigentum abgeleitete dingliche Anspruch des §985 BGB, die so genannte rei vindicatio, von besonderer Bedeutung.[89] Daneben können auch der possessorische Besitzschutzanspruch des §861 BGB und die petitorischen Ansprüche in §1007 I und II BGB eingreifen. Als eine Form der Naturalrestitution kann die Herausgabe als Rechtsfolge auch aus deliktischen Ansprüchen wie §823 I oder II i.V.m. §249 BGB abgeleitet werden. Bereicherungsrechtliche Herausgabeansprüche gem. §812 BGB kommen ebenfalls in Betracht, insbesondere die Eingriffskondiktion nach §812 I 1 2. Alt. BGB.[90]
Während bei gestohlenen Kulturgütern die zivilrechtlichen Herausgabeansprüche Erfolg versprechen, kann bei lediglich illegal ausgeführten Kulturgütern der Herkunftsstaat häufig weder Eigentum noch früheren Besitz geltend machen kann. Zwar kann eine Widmung die Grundlage eines öffentlich-rechtlichen Herausgabeanspruch eines in Deutschland belegenen Kulturgutes bilden, jedoch kann eine solche Widmung in die Eintragung von Kulturgütern in das Verzeichnis national wertvollen Kulturgutes wohl nicht hineingelesen werden.[91]

Auf die Fallgruppe der unrechtmäßig verbrachten Kulturgüter sind daher spezielle öffentlich-rechtliche Rückgabeansprüche zugeschnitten. Da die Möglichkeit der Ableitung aus allgemeinen völkerrechtlichen Grundsätzen[92] umstritten bleibt, ist auf die Kodifikation der öffentlich-rechtlichen Rückgabeansprüche unrechtmäßig verbrachter Kulturgüter in Deutschland hinzuweisen: So gewähren §2 KultGüRückG und §3 KultGüRückG n.F. einen Anspruch der Länder gegen den Besitzer eines Mitgliedstaats und §4 KultGüRückG n.F. einen Anspruch gegen UNESCO Vertragsstaaten, wenn ein national wertvolles Kulturgut entgegen §1 IV oder §4 KultSchG ausgeführt wurde. §5 KultGüRückG bzw. §6 KultGüRückG n.F. gewähren entsprechende Ansprüche aus-

87 Brigitte Schwadorf-Ruckdeschel, „Rechtsfragen des grenzüberschreitenden rechtsgeschäftlichen Erwerbs von Kulturgütern", S.42.

88 Lyndel Vivien Prott und Patrick Joseph O'Keefe, „Law and the Cultural Heritage: Volume 1, Discovery and Excarvation", S.12, Rn.113; Astrid Müller-Katzenburg, „Internationale Standards im Kulturgüterverkehr und ihre Bedeutung für das Sach- und Kollisionsrecht", S.53.

89 Kurt Siehr, in: Ebling/Schulze, Teil 3, Rn.39; Dirk Looschelders, „Der zivilrechtliche Herausgabeanspruch des Eigentümers auf Rückgabe", in: „Im Labyrinth des Rechts?", S.123.

90 Peter Bassenge, in: Palandt §985 BGB, Rn.1; Haimo Schack, „Kunst und Recht", S.208, Rn. 502.

91 Anette Hipp, „Schutz von Kulturgütern in Deutschland", S.186.

92 Stefan Turner, „Das Restitutionsrecht des Staates nach illegaler Ausfuhr von Kulturgütern", S.198f.

ländischer Staaten in Deutschland.[93] Die in Deutschland nicht anwendbare UNIDROIT-Konvention vom 24. Juni 1995 über die zwischenstaatliche Rückgabe gestohlener oder rechtswidrig ausgeführter Kulturgüter sieht allerdings nicht nur bei illegal verbrachten, sondern auch bei gestohlenen Kulturgütern Rückgabeansprüche vor.[94]

7 Voraussetzungen der Rückgabepflicht

Die Voraussetzungen der von Eigentum und Besitz grundsätzlich unabhängigen Rückgabeansprüche gelten als besonders problematisch, da in ihrem Rahmen zu klären ist, welcher Nation ein Kulturgut zugeordnet und damit ein Rückgabeanspruch zugebilligt werden soll. Bevor die einzelnen Ansprüche mit ihren Voraussetzungen im Laufe der Arbeit näher erörtert werden, werden daher an dieser Stelle die theoretischen Grundlagen umrissen. Dabei sind im Wesentlichen zwei Ansätze zu unterscheiden, welche im Folgenden dargestellt werden.

7.1 Kulturelle Verbindung des Kulturgutes zur Nation

Ein Ansatz stellt auf die kulturelle Verbindung des Kulturgutes zur Nation ab. Jedoch übersieht dieser sich auch in dem UNESCO-Kulturgutübereinkommen widerspiegelnde Ansatz weitgehend, dass nationale Identität weder ein homogenes noch ein statisches Gebilde ist. Dadurch birgt er sowohl die Gefahr, dass die Kulturgüter bestimmter Gruppen aus dem an die Nation gekoppelten Kulturbegriff ausgeschlossen werden, als auch dass der Kulturbegriff seine Anpassungsfähigkeit an gesellschaftliche Veränderungen verliert.[95]

In Art. 4 des UNESCO-Kulturgutübereinkommens, der einen „connection test" enthält, wird allerdings neben der Staatsangehörigkeit des Künstlers oder der Schaffung bzw. dem Fund des Kulturgutes im Hoheitsgebiet auch der Austausch aufgrund freier Vereinbarung oder der Erwerb mit Billigung des Ursprungslandes als ausreichend erachtet und so eine weitgehende Lockerung erreicht.[96] Auch soll die offizielle Registrierung und Unterschutzstellung eines Kulturgutes durch einen ausländischen Staat als

---

93 Marc Weber, „Unveräußerliches Kulturgut im nationalen und internationalen Rechtsverkehr", S.386; Anette Hipp, „Schutz von Kulturgütern in Deutschland", S.281f.; Stephanie Schulz-Hombach und Katrin Schenk, „Der Gesetzentwurf zur Ausführung des UNESCO-Kulturgutübereinkommens", in: KUR 2006, S.50; Heinz-Peter Mansel, „Die Bedeutung des internationalen Privatrechts in Bezug auf das Herausgabeverlangen des Eigentümers bei abhanden gekommenen Kulturgütern", in: „Im Labyrinth des Rechts?", S.146.

94 Florian Kienle und Marc-Philippe Weller, „Die Vindikation gestohlener Kulturgüter im IPR", in: IPRax 2004, S.292; Gerte Reichelt, „Die Unidroit-Konvention 1995 über gestohlene oder unerlaubt ausgeführte Kulturgüter", in: Gerte Reichelt (Hg.), „Neues Recht zum Schutz von Kulturgut", S.62f.; Haimo Schack, „Kunst und Recht", S.218, Rn. 518.

95 Andrea Cunning, „U.S. Policy on the Enforcement of Foreign Export Restrictions", in: Houston JIntL 2004, S.458f.

96 Julio D. González-Campos, „La technique conflictuelle et les objectifs et valeurs du droit matériel", in: „La protection internationale des biens culturels", S.53; Stefan Turner, „Das Restitutionsrecht des Staates nach illegaler Ausfuhr von Kulturgütern", S.136; Antonio Mansi, „La tutela die beni culturali", S.382.

prima facie Beweis für die besondere kulturelle Bedeutung für den jeweiligen Staat sprechen.[97]
In Art. 30 EG findet sich der Begriff des „nationalen Kulturguts“, welcher ebenfalls ein Indiz für eine geforderte kulturelle Verbindung zwischen Kulturgut und Nation darstellen könnte. Jedoch fehlt nicht nur hinsichtlich des Kulturgutbegriffes eine europarechtliche Definition, sondern es bleibt auch offen, was als „nationales Kulturgut“ anzusehen ist, weshalb die Bestimmung alleine durch die Schutzgesetze der Mitgliedstaaten erfolgt.[98] So hat Frankreich ein Gemälde van Goghs und ein chinesisches Gefäß als trésor national eingestuft.[99] Das weitgehend von einem historischen, soziologischen und ethnischen Kontext unabhängige universelle Verständnis eines nationalen Kulturgutes in Frankreich ist noch auf den Ausstrahlungswillen einer mit universeller Bedeutung versehenen französischen Wissenschaft des 17. und 18. Jahrhundert zurückgeführt und als vom Verständnis anderer Staaten abweichend eingeordnet worden.[100] Auch kann darauf verwiesen werden, dass sich seit 1987 ein Wandel und eine Begrenzung von Exportverboten auf die Werke von französischen Staatsbürgern bzw. auf in Frankreich geschaffene Werke abzeichnet.[101] Jedoch finden sich auf den ersten Blick merkwürdig erscheinende Einordnungen auch in den Verzeichnissen anderer Staaten.[102] So wurden in das deutsche „Gesamtverzeichnis national wertvollen Kulturgutes und national wertvoller Archive“ Werke von Gianantonio Guardi, Rembrandt van Rijn, Francisco José de Goya, Peter Paul Rubens, Leonardo da Vinci, Raffael und Pablo Picasso eingetragen[103] und der italienische Staat hat ein Bild von Henri Matisse zum italienischen Kulturgut erklärt.[104] In der Literatur fordert daher eine Ansicht einen engen Bezug zu der kulturellen Identität des Mitgliedstaats, der sich darauf beruft, dass es sich um sein „nationales Kulturgut“ handelt.[105] Letztlich muss aus solchen Einordnungen aber nicht zwingend abgeleitet werden, dass es einer Festlegung bestimmbarer Kriterien zu einer nationalen Zuordnung bedarf. Vielmehr könnten solche Einordnungen auch Ausgangspunkt für ein offenes Verständnis dessen werden, was als „nationa-

---

97 James A. R. Nafziger, „A Blueprint for Avoiding and Resolving Cultural Heritage Disputes“, in: Art Antiquity and Law 2004, S.11.

98 Frank Fechner, „Die Vorhaben der EG zum Kulturgüterschutz“, in: DÖV 1992, S.611f; Marc Weber, „Unveräußerliches Kulturgut im nationalen und internationalen Rechtsverkehr“, S.9; Antonio Mansi, „La tutela dei beni culturali“, S.385.

99 Kurt Siehr, „Globalization and National Culture“, in: VandJTransnL 2005, S.1089; Barbara T. Hoffman, „European Union Legislation Pertaining to Cultural Goods“, in: Barbara T. Hoffman (Hg.), „Art and Cultural Heritage“, S.192.

100 Annie Héritier, „Genèse de la nation juridique de partimoine culturel 1750-1816“, S.109ff.; Hans Hanisch, „Der Fall Liotard und die nationale Zuordnung eines Kunstwerks“, in: Rainer Frank (Hg.), „Recht und Kunst“, S.27.

101 Richard Crewdson, „Hypothetical on the Enforcement of Export Prohibitions and a Commentary on the Hypothetical“, in: Barbara T. Hoffman (Hg.), „Art and Cultural Heritage“, S.194.

102 Kurt Siehr, „Öffentliches Recht und internationales Privatrecht beim grenzüberschreitenden Kulturgüterschutz“, in: Rudolf Dolzer u.a. (Hg.), „Rechtsfragen des internationalen Kulturgüterschutzes“, S.99f.

103 Marc Weber, „Unveräußerliches Kulturgut im nationalen und internationalen Rechtsverkehr“, S.39f.

104 Reinhard Mußgnug, „Die Staatsangehörigkeit des Kulturguts“, in: Jürgen Bröhmer u.a. (Hg.), „Internationale Gemeinschaft und Menschenrechte“, S.1536; Marc Weber, „Unveräußerliches Kulturgut im nationalen und internationalen Rechtsverkehr“, S.9.

105 Anette Hipp, „Schutz von Kulturgütern in Deutschland“, S.230.

les Kulturgut" schützenswert empfunden werden kann. So ist hervorgehoben worden, dass eine starre Koppelung zwischen geschütztem Kunstwerk und Nation mit dem Gedanken des Weltkulturerbes nur schwer in Einklang zu bringen ist.[106]
Obwohl der in Art. 30 EG verwendete Begriff des „nationalen Kulturguts" gleichzeitig auch Voraussetzung der Anwendbarkeit der RL 93/7/EWG sowie der VO Nr. 3911/92 ist, ist die RL 93/7/EWG bereits als Mischform zwischen den beiden Ansätzen anzusehen, da sie gleichzeitig die Belegenheit im ersuchenden Staat vor der illegalen Ausfuhr zum wesentlichen Kriterium für die Rückgabe werden lässt.[107] Wegen des Charakters der Richtlinie 93/7/EWG als Ausnahmeregelung von der Warenverkehrsfreiheit ist daneben auch vorgeschlagen worden, anstelle einer kulturellen Verbindung zwischen Kulturgut und Nation auf das Vorliegen eines nationalen Interesses an der Fixierung des Kulturguts auf das nationale Territorium unter Berücksichtigung des Interesses an einem möglichst freien Handel abzustellen.[108]
Auch der deutsche Gesetzgeber weist im Zusammenhang mit §6 KultGüRückG n.F. darauf hin, dass obwohl er in §6 I KultGüRückG n.F. den Begriff des „nationalen Kulturguts" aus Art. 30 EG und in §6 II KultGüRückG n.F. die Voraussetzung des „merklichen Verlustes am kulturellen Erbe" aus Art. 5 b des UNESCO-Kulturgutübereinkommens in der Absicht übernimmt, einer ausufernden und missbräuchlichen Ausweitung der geschützten Kulturgüter entgegenzuwirken, wegen Art. 1 und 3 des UNESCO-Kulturgutübereinkommens dem Herkunftsstaat grundsätzlich die Beurteilung darüber belassen bleiben muss, welche Gegenstände er als für sein kulturelles Erbe und seine kulturelle Identität wesentlich erachtet, ohne dass ein eigenes Überprüfungsrecht anderer Staaten besteht.[109]
Da ein Bezug zwischen Kulturgut und Nation ohnehin nicht zwingend nur dann angenommen werden kann, wenn das Werk durch einen staatsangehörigen Künstler oder in dem jeweiligen Staat hergestellt wurde, sondern beispielsweise auch die Möglichkeit einer Ableitung aus der Rezeptionsgeschichte besteht,[110] führt dies zu Schwierigkeiten, wenn ein bestimmtes Kulturgut von mehreren Staaten beansprucht wird, etwa weil der Künstler aus einem Staat kommt, das Werk jedoch in einem anderen Staat geschaffen hat oder es thematisch einen besonderen Bezug zu einem anderen Staat aufweist oder weil es dort schon längere Zeit ausgestellt wird.[111] So wird gegen die Heranziehung einer kulturellen Verbindung vorgebracht, dass diese eine Gewichtung der verschiedenen Kriterien einer kulturellen Verbindung voraussetzt, die bislang nicht ausreichend ausgearbeitet wurde.[112] Darüber hinaus wird ihr vorgeworfen, letztlich überflüssig zu

106 Anette Hipp, „Schutz von Kulturgütern in Deutschland", S.239f.

107 Stefan Turner, „Das Restitutionsrecht des Staates nach illegaler Ausfuhr von Kulturgütern", S.139; Haimo Schack, „Kunst und Recht", S.218, Rn. 518ff.

108 Hans Hanisch, „Der Fall Liotard und die nationale Zuordnung eines Kunstwerks", in: Rainer Frank (Hg.), „Recht und Kunst", S.21.

109 Begründung in Drucksache 155/06, S.36; Stephanie Schulz-Hombach und Katrin Schenk, „Der Gesetzentwurf zur Ausführung des UNESCO-Kulturgutübereinkommens", in: KUR 2006, S.50.

110 Erik Jayme, „Kulturgüterschutz in ausgewählten europäischen Ländern", in: ZVglRWiss 95 (1996), S.168f.; Haimo Schack, „Kunst und Recht", S.220, Rn. 522f.

111 Anette Hipp, „Schutz von Kulturgütern in Deutschland", S.231.

112 Hans Hanisch, „Der Fall Liotard und die nationale Zuordnung eines Kunstwerks", in: Rainer Frank (Hg.), „Recht und Kunst", S.30; Stefan Turner, „Das Restitutionsrecht des Staates nach illegaler Ausfuhr von Kulturgütern", S.136; Anette Hipp, „Schutz von Kulturgütern in Deutschland", S.16.

sein, da diese Vielfalt der Kriterien und die Tatsache, dass sie sich regelmäßig überlagern, ohnehin die Gefahr birgt, dass jeder Staat selbst definieren kann, was er als nationales Kulturgut beanspruchen will.[113] Auch bleibt fraglich, ob eine Rückgabe allein mit der Begründung verweigert werden können soll, dass eine engere Beziehung zu dem Staat besteht, in den das Kulturgut verbracht wurde.[114]

7.2 Belegenheit

Ein anderer Ansatz vermeidet diese Schwierigkeiten, in dem er sich auf den vorherigen Belegenheitsort bezieht. Danach sind nationale Kulturgüter solche, die sich nicht nur vorübergehend in dem Staat befunden haben, bevor sie illegal ausgeführt wurden.[115] Dieser Ansatz lässt sich mit dem Gedanken des Bestandsschutzes begründen. Teilweise wird wegen dieser Herleitung aber eine gewisse Dauer der Belegenheit vorausgesetzt und angenommen, dass der nationale Bezug mit der Dauer der Belegenheit wächst.[116]

Der Vorteil dieses Ansatzes liegt in seiner Einfachheit und Klarheit.[117] Er ermöglicht es auch problemlos, regionale oder überregionale Kulturgüter als nicht vom Begriff des nationalen Kulturguts ausgeschlossen, sondern mitumfasst anzusehen.[118] Allerdings muss auch hier bei mehrfacher illegaler Ausfuhr eine Präferenzregel aufgestellt werden.[119]

Denkbar ist eine Vorgehensweise nach dem Prioritätsprinzip oder in umgekehrter Reihenfolge die vorrangige Berücksichtigung der letzten Ausfuhr. Die vorrangige Berücksichtigung der letzten Ausfuhr sorgt zwar für größtmögliche Klarheit und kann verhindern, dass eine weitere illegale Ausfuhr nur deshalb erfolgt, damit das Kulturgut von einem dritten Staat zurückgefordert werden kann. Allerdings bleibt nach dieser Lösung, anders als bei dem Abstellen auf den ursprünglichen Herkunftssort, ungelöst, ob die während des Kolonialismus ausgeführten Kulturgüter noch von den Herkunftsregionen zurückgefordert werden können.

Jedoch bestehen aufgrund des zeitlichen Geltungsbereich der UNESCO-Kulturgutübereinkommen und aufgrund von Sonderregelungen bei der Staatensukzession ohnehin keine solchen Ansprüche, sodass die Repatriierung letztlich als eine autonome

---

113 Haimo Schack, „Kunst und Recht", S.220, Rn. 523; Marc Weber, „Unveräußerliches Kulturgut im nationalen und internationalen Rechtsverkehr", S.9.

114 Brigitte Schwadorf-Ruckdeschel, „Rechtsfragen des grenzüberschreitenden rechtsgeschäftlichen Erwerbs von Kulturgütern", S.115; Haimo Schack, „Kunst und Recht", S.220, Rn. 523.

115 VGH München NJW 1992, S.2586; VGH Mannheim NJW 1987, S.1441; Frank Fechner, „Die Vorhaben der EG zum Kulturgüterschutz", in: DÖV 1992, S.610; Haimo Schack, „Kunst und Recht", S.220, Rn. 522.

116 Anette Hipp, „Schutz von Kulturgütern in Deutschland", S.231; Reinhard Mußgnug, „Die Staatsangehörigkeit des Kulturguts", in: Jürgen Bröhmer u.a. (Hg.), „Internationale Gemeinschaft und Menschenrechte", S.1538.

117 Stefan Turner, „Das Restitutionsrecht des Staates nach illegaler Ausfuhr von Kulturgütern", S.136.

118 J.P. Sigmond, „Some Thoughts on the Importance of Cultural Heritage and the Protection of Cultural Goods", in: Art Antiquity and Law 2005, S.64; Anette Hipp, „Schutz von Kulturgütern in Deutschland", S.231.

119 Stefan Turner, „Das Restitutionsrecht des Staates nach illegaler Ausfuhr von Kulturgütern", S.136.

Aufgabe der ehemaligen Kolonialmächte unabhängig von den hier erörterten Rückgabeansprüchen begriffen werden muss.[120]

8 Umfangsbegrenzungen der Rückgabepflicht

Abstrakt soll im Zusammenhang mit den Voraussetzungen auch die Frage nach dem Umfang der geschützten Kulturgüter näher beleuchtet werden, zu der eine Beschränkung des Kulturgüterschutzes auf besondere Kulturgüter notwendigerweise führt.

8.1 Bedeutung für die kulturelle Identität

Zum einen wird eine besondere Bedeutung und ein damit zusammenhängender besonderer künstlerischer, historischer, wissenschaftlicher Wert gefordert, wobei diese Bedeutung überwiegend nicht universell bestimmt, sondern auf die jeweilige nationale, kulturelle oder religiöse Identität bezogen wird.[121] Während die UNIDROIT-Konvention vom 24.06.1995 über gestohlene oder rechtswidrig ausgeführte Kulturgüter für gestohlene Kulturgüter uneingeschränkt gilt, wird sie für rechtswidrig ausgeführte Kulturgüter in Art. 5 III dahingehend eingeschränkt, dass der klagende Staat eine wesentliche Beeinträchtigung bestimmter kultureller oder wissenschaftlicher Interessen nachweisen muss.[122]
Das Abstellen auf die kulturelle Identität birgt aber wiederum die bereits erörterten Probleme bei der Zuordnung von Kunstwerken zu bestimmten Nationen oder Kulturen.[123] Auch kann die Konstruktion eines nationalen Affektionsinteresses und einer damit zusammenhängenden, die sachenrechtliche Dimension eines Kulturgutes überlagernden emotionalen Prägung sowie der Versuch, eine solche Gefühlskomponente als postmodern einzuordnen,[124] nicht darüber hinwegtäuschen, dass die nationale Kultur als homogene und damit moderne Form der Identifikation in der Postmoderne dezentrierten und fragmentierten Identitätskonzepten weicht.[125] Ein solches Verständnis

120 Stefan Turner, „Die Zuordnung beweglicher Kulturgüter im Völkerrecht", in: Wilfried Fiedler (Hg.), „Internationaler Kulturgüterschutz und deutsche Frage", S.74ff.; Kurt Siehr, „Das UNESCO-Übereinkommen", in: KUR 2005, S.34; Gitanjali Deb, „Stealing Gods: Illegal Trade in Indian Antiquities", in: Art Antiquity and Law 2005, S.55; Kerstin Odendahl, „Kulturgüterschutz", S.151ff.

121 Erik Jayme, „Die kulturelle Dimension des Rechts", in: RabelsZ 67 (2003), S.218; Kurt Siehr, „Öffentliches Recht und internationales Privatrecht beim grenzüberschreitenden Kulturgüterschutz", in: Rudolf Dolzer u.a. (Hg.), „Rechtsfragen des internationalen Kulturgüterschutzes", S.99f.; Haimo Schack, „Kunst und Recht", S.222, Rn. 527; Brigitte Schwadorf-Ruckdeschel, „Rechtsfragen des grenzüberschreitenden rechtsgeschäftlichen Erwerbs von Kulturgütern", S.34; Astrid Müller-Katzenburg, „Internationale Standards im Kulturgüterverkehr und ihre Bedeutung für das Sach- und Kollisionsrecht", S.151f.

122 Erik Jayme und Florian David Wagner, „Kulturgüterschutz und Privatrecht", in: IPRax 1997, S.141; Marc Weber, „Unveräußerliches Kulturgut im nationalen und internationalen Rechtsverkehr", S.8.

123 Haimo Schack, „Kunst und Recht", S.220, Rn. 523.

124 Florian Kienle und Marc-Philippe Weller, „Die Vindikation gestohlener Kulturgüter im IPR", in: IPRax 2004, S.292.

125 Stuart Hall, „Kulturelle Identität und Globalisierung", in: Karl H. Hörning und Rainer Winter (Hg.), „Widerspenstige Kulturen", S.414ff. sowie S.424ff.; Andrea Cunning, „U.S. Policy on the Enforcement of Foreign Export Restrictions", in: Houston JIntL 2004, S.458f.

kultureller Identität macht dieses Kriterium als Eingrenzungskriterium aber unbrauchbar.

8.2 Substanz- und Kontexterhaltung

Zum anderen werden auch beim Kulturgüterschutz die Substanzerhaltung sowie die Wiederherstellung des ursprünglichen Kontextes als aus dem Denkmalschutzgedanken abgeleitete Ziele herangezogen.[126] Die Substanzerhaltung kann als Kriterium je nach Einzelfall zu unterschiedlichen Ergebnissen führen: Während die Rückgabe fehlender Einzelteile die anschließende Zusammenfügung ermöglichen und damit zur Substanzerhaltung beitragen kann,[127] kann bei Kriegen, Luftverschmutzung oder Geldmangel jedoch gerade der Verbleib im Importstaat die Substanzerhaltung fördern.[128] So soll nach Siehr ein „internationaler kulturpolitischer ordre public" der Durchsetzung eines Rückgabeanspruchs entgegenstehen, wenn der die Rückgabe fordernde Staat die Erhaltung des Objektes nicht sicherstellen kann.[129] Es muss jedoch auf die Gefahr hingewiesen werden, dass reichere Staaten durch den Verweis auf Konservierungsprobleme ärmerer Staaten die Durchsetzung eigener Interessen legitimieren. Denn gerade durch ihre Kooperation könnten in vielen Fällen die Bedingungen vor Ort verbessert und damit die Erhaltung der Kulturgüter ohne ihre Zurückhaltung gefördert werden.[130] Auch darf nicht übersehen werden, dass nicht immer alle Restaurierungsmaßnahmen der Importstaaten wirklich substanzerhaltend gewirkt haben, sondern zur besseren Präsentation teilweise auch Farbschichten mitabgetragen wurden.[131]
Bezüglich der Kontexterhaltung ist fraglich, wie weit der erhaltenswerte ursprüngliche Kontext zu bestimmen ist.[132] So können beispielsweise zerstörte archäologische Fund-

---

126 Brigitte Schwadorf-Ruckdeschel, „Rechtsfragen des grenzüberschreitenden rechtsgeschäftlichen Erwerbs von Kulturgütern", S.43; Haimo Schack, „Kunst und Recht", S.222, Rn. 527; John Henry Merryman, „The Public Interest in Cultural Property", in: John Henry Merryman (Hg.), „Thinking About the Elgin Marbles: Critical Essays on Cultural Property, Art and Law", S.112f.; Patrick J.O'Keefe, „Historic Complexes", in: Art Antiquity and Law 2004, S.36.

127 John Henry Merryman, „The Retention of Cultural Property", in: John Henry Merryman (Hg.), „Thinking About the Elgin Marbles: Critical Essays on Cultural Property, Art and Law", S.146ff.; Rainer Frank, „Der Anspruch Griechenlands auf die „Elgin Marbles" im Britischen Museum in London", in: Rainer Frank (Hg.), „Recht und Kunst", S.14f.; Stefan Turner, „Das Restitutionsrecht des Staates nach illegaler Ausfuhr von Kulturgütern", S.160f.

128 John Henry Merryman, „Cultural Property Ethics", in: John Henry Merryman (Hg.), „Thinking About the Elgin Marbles: Critical Essays on Cultural Property, Art and Law", S.297; Rainer Frank, „Der Anspruch Griechenlands auf die „Elgin Marbles" im Britischen Museum in London", in: Rainer Frank (Hg.), „Recht und Kunst", S.14f.; Stefan Turner, „Das Restitutionsrecht des Staates nach illegaler Ausfuhr von Kulturgütern", S.160f.

129 Kurt Siehr, „Öffentliches Recht und internationales Privatrecht beim grenzüberschreitenden Kulturgüterschutz", in: Rudolf Dolzer u.a. (Hg.), „Rechtsfragen des internationalen Kulturgüterschutzes", S.101f.

130 Brigitte Schwadorf-Ruckdeschel, „Rechtsfragen des grenzüberschreitenden rechtsgeschäftlichen Erwerbs von Kulturgütern", S.45f.; Folarin Shyllon, „The Nigerian and African Experience on Looting and Trafficking in Cultural Objects", in: Barbara T. Hoffman (Hg.), „Art and Cultural Heritage", S.138f. sowie S.143f.

131 Kate Fitz Gibbon, „The Elgin Marbles: A Summary", in: Kate Fitz Gibbon (Hg.) „Who Owns the Past?", S.118.

132 Stefan Turner, „Das Restitutionsrecht des Staates nach illegaler Ausfuhr von Kulturgütern", S.161.

kontexte durch eine Rückgabe des Objektes nicht wiederhergestellt werden.[133] Trotz der unwiederbringlich verlorenen Informationen wird jedoch argumentiert, dass die Rückgabepflicht als Botschaft fungieren sowie präventiven Druck auf Sammler und Händler ausüben und damit mittelbar zur Kontexterhaltung beitragen soll, indem diese eine spätere Rückgabe befürchten müssen.[134] Des Weiteren ist bei Sammlungen fraglich, ob Rückgabeansprüche mit der Kontexterhaltung begründet werden können: Selbst wenn diese als erhaltenswerter Gesamtkontext eingestuft werden können, so ergibt sich daraus nicht zwangsläufig, dass diese an einem bestimmten Ort aufbewahrt werden sollen.[135]
Der auf Substanz- und Kontexterhaltung abstellenden Argumentation kann vorgeworfen werden, dass sie die unterschiedliche Zielrichtung des auf die Verhinderung des illegalen Verbringens und damit politisch ausgerichteten Kulturgüterschutzes und des konservatorisch ausgerichteten Denkmalschutzes nur unzureichend berücksichtigt. Dadurch, dass durch Kulturgüterschutzbestimmungen in erster Linie dem illegalen Handel seine Lukrativität genommen werden soll, richtet sich mittelbar auch der Gedanke der Substanzerhaltung nicht allein auf die Frage, ob diese durch eine Aufbewahrung des Kulturgutes an einem anderen Ort tatsächlich unmöglich wird. Vielmehr soll die Substanzerhaltung auch die mit dem Schmuggel verbundenen zerstörerischen Praktiken wie das Zerschneiden und Abtrennen von Teilen der Kulturgüter, um sie unauffälliger zu transportieren, eindämmen helfen.[136]

8.3 Medienspezifische Beschränkungen

Teilweise wird auch eine Beschränkung auf bestimmte Medien für notwendig erachtet:[137] „Verdienen den Kulturgüterschutz wirklich zB [sic!] auch Lithographien, Bücher, Briefmarken, Fotos und Schallplatten? Hier droht eine beträchtliche Grauzone die klaren Konturen des Sachenrechts zu verwischen.“[138] Von einem dynamischen Kulturgutbegriff ausgehend, ist folgerichtig aber auch eine medienspezifische Beschränkung bezüglich der Bedeutung von Kulturgut abzulehnen.

8.4 Altersspezifische Beschränkungen

Allein eine Ausnahme zeitgenössischer Kulturgüter ist wegen der besonderen Bedeutung des Kunstmarkts für den Durchbruch von Künstlern und ihr Einkommen erwä-

133 Wolf-Dieter Heilmeyer, „Schutz archäologischer Kulturgüter aus der Sicht der Archäologie“, in: ZVglRWiss 95 (1996), S.124f.; Kurt Siehr, in: Ebling/Schulze, Teil 3, Rn.3.

134 Frank Fechner, „Die Vorhaben der EG zum Kulturgüterschutz“, in: DÖV 1992, S.611; Erik Jayme, „Kulturgüterschutz in ausgewählten europäischen Ländern“, in: ZVglRWiss 95 (1996), S.161f.; Katherine Walker Tubb, „Thoughts in Response to the Draft Principles to Govern a Licit International Traffic in Cultural Property“, in: John Henry Merryman (Hg.), „Thinking About the Elgin Marbles: Critical Essays on Cultural Property, Art and Law“, S.244.

135 Stefan Turner, „Das Restitutionsrecht des Staates nach illegaler Ausfuhr von Kulturgütern“, S.162.

136 Kurt Siehr, „Das UNESCO-Übereinkommen“, in: KUR 2005, S.33; Anette Hipp, „Schutz von Kulturgütern in Deutschland“, S.14.

137 Peter K. Tompa, „Ancient Coins as Cultural Property“, in: JIntLeg Studies 1998, S.70.

138 Haimo Schack, „Kunst und Recht“, S.211, Rn. 507.

genswert.[139] So findet sich auch in Art. 7 I lit. b der UNIDROIT-Konvention vom 24.6.1995 über gestohlene oder rechtswidrig ausgeführte Kulturgüter eine Ausnahmeregelung zugunsten lebender und vor weniger als 50 Jahren gestorbener Künstler. Allerdings gibt es auch hier in Art. 7 II wiederum eine Gegenausnahme, wenn die Kulturgüter zum traditionellen oder rituellen Gebrauch einer Eingeborenen- oder Stammesgemeinschaft bestimmt sind.[140] Dies deutet an, dass letztlich auch eine solche Einschränkung nicht völlig unproblematisch ist.
Daneben gibt es Mindestaltersgrenzen, insbesondere im Zusammenhang mit Möbeln und Antiquitäten.[141] Europarechtlich ist die Zulässigkeit der Festlegung von Altersgrenzen in den nationalen Regelungen allgemein anerkannt, jedoch die Frage umstritten, ob sie zwingend erforderlich ist. Dagegen lässt sich aber einwenden, dass die besondere Stellung zeitgenössischer Kulturgüter nicht zu einem zwingenden Ausschluss der Anwendbarkeit des Art. 30 EG führt, da eine nationale Bedeutung auch bei zeitgenössischen Kulturgütern gegeben sein kann, sodass eine Berücksichtigung der Besonderheiten im Rahmen der nationalen Gesetze als ausreichend zu erachten ist.[142] Auch trägt die Vorstellung, dass bestimmte Objekte erst ab einem bestimmten Alter schützenswert sein sollen, der Möglichkeit nicht hinreichend Rechnung, dass sowohl zeitgenössische Kunstwerke als auch historische Kulturgüter zumindest ein schützenswertes Potential beinhalten und im Laufe der Zeit eine besondere Bedeutung gewinnen können.[143]
Interessanterweise finden sich im Gesamtverzeichnis national wertvollen Kulturgutes vergleichsweise wenige Werke deutscher Künstler der letzten 100 Jahre, obwohl gerade dieser Bereich wegen einer hohen ausländischen Nachfrage sehr stark von Abwanderung bedroht ist.[144]

8.5 Wertmäßige Beschränkungen

Als weiteres Kriterium zur Abgrenzung der rückgabepflichtigen Güter wird auch der Wert herangezogen. Der wirtschaftliche Wert ermöglicht zwar eine relativ klare Abgrenzung, setzt aber voraus, dass der Kulturgüterschutz mit wirtschaftlichen Interessen begründet und gerade nicht auf die kulturelle Bedeutung abgestellt wird.[145] Ein Abstel-

---

139 Andreas Johannes Wiesand, „Kunst ohne Grenzen?“, S.155; Haimo Schack, „Kunst und Recht“, S.224f., Rn. 532; Marc Weber, „Unveräußerliches Kulturgut im nationalen und internationalen Rechtsverkehr“, S.43; Anette Hipp, „Schutz von Kulturgütern in Deutschland“, S.229f.

140 Marc Weber, „Unveräußerliches Kulturgut im nationalen und internationalen Rechtsverkehr“, S.8.

141 Brigitte Schwadorf-Ruckdeschel, „Rechtsfragen des grenzüberschreitenden rechtsgeschäftlichen Erwerbs von Kulturgütern“, S.32.

142 Anette Hipp, „Schutz von Kulturgütern in Deutschland“, S.229f.

143 Jack Tsen-Ta Lee, „Legal Protection of Cultural Objects in Singapore“, in: Art Antiquity and Law 2004, S.238; J. P. Sigmond, „Some Thoughts on the Importance of Cultural Heritage and the Protection of Cultural Goods“, in: Art Antiquity and Law 2005, S.63.

144 Andreas Johannes Wiesand, „Kunst ohne Grenzen?“, S.128 sowie S.155.

145 Pierre-Laurent Frier, „Droit du patrimoine culturel“, S.499; Spyridon Vrellis, „UNIDROIT-Konvention 1995 über gestohlene oder unerlaubt ausgeführte Kulturgüter“, in: Gerte Reichelt (Hg.), „Neues Recht zum Schutz von Kulturgut“, S.78.

len auf den kulturellen Wert hingegen wirft erneut die Frage auf, worin dieser zu sehen und wie er zu bestimmen ist.[146]
Europarechtlich soll den Mitgliedstaaten auch hinsichtlich der Beurteilung des künstlerischen, geschichtlichen oder archäologischen Werts eines Kulturguts ein Beurteilungsspielraum zustehen. Teilweise wird als Grenze alleine das Verbot betrachtet, den Handel mit Massengütern missbräuchlich zu behindern, teilweise soll eine besondere, aus der Einzigartigkeit der Werke resultierende Bedeutung festgestellt werden. Während ein geschichtlicher oder archäologischer Wert noch aus dem Ausmaß des Erkenntnisgewinns über eine Epoche hergeleitet werden könnte, ist der künstlerische Wert eines Werkes aber schwer zu bestimmen und kaum justiziabel.[147] Letztlich wird, obwohl eigentlich gerade nicht der finanzielle Wert gemeint ist, regelmäßig dann doch der Marktpreis eines Kulturguts als Indiz für den kulturellen Wert herangezogen,[148] sodass auch die Festlegung solcher Wertgrenzen in Kulturgüterschutzregelungen als zulässig erachtet wird.[149]

8.6 Zur Bedeutung des Schutzumfangs

Bei der Bestimmung des Umfangs der geschützten Kulturgüter ist auch zu berücksichtigen, dass extensive Kulturgüterschutzvorschriften regelmäßig gerade anders als bezweckt wirken und den Schwarzmarkt fördern können.[150] Trotz der weniger restriktiven Kulturgüterschutzbestimmungen Indiens im Vergleich zu Griechenland hat sich jedoch gezeigt, dass beide erhebliche Zerstörungen von Fundstätten und die Abwanderung von Kulturgütern wegen des lukrativen Marktes nicht verhindern konnten.[151] So wird auch gegen diese Annahme vorgebracht, dass die wenigsten Funde von Kulturgütern Zufallsfunde seien, welche ohne ihren kommerziellen Wert zerstört oder weggeworfen worden wären. Auch wird in Frage gestellt, dass durch eine umfangreiche freie Zirkulation von Kulturgütern der Markt tatsächlich gesättigt würde.[152] Aufgrund dessen liegt im Folgenden der Schwerpunkt der Arbeit auf den zivilrechtlichen Folgen von Verstößen, welche im Hinblick auf die Lukrativität des illegalen Handels letztlich als einflussreicher erachtet werden als der Umfang der von Kulturgüterschutzregelungen umfassten oder freigegebenen Objekte.

---

146 Marie Cornu, „Le droit culturel des biens", S.272ff.; Stefan Turner, „Das Restitutionsrecht des Staates nach illegaler Ausfuhr von Kulturgütern", S.162.

147 Anette Hipp, „Schutz von Kulturgütern in Deutschland", S.228f.

148 Alessandro Chechi, „Cultural Matters and the ECJ", in: Art Antiquity and Law 2004, S.282.

149 Anette Hipp, „Schutz von Kulturgütern in Deutschland", S.229.

150 John Henry Merryman, „The Retention of Cultural Property", in: John Henry Merryman (Hg.), „Thinking About the Elgin Marbles: Critical Essays on Cultural Property, Art and Law", S.152ff.; Brigitte Schwadorf-Ruckdeschel, „Rechtsfragen des grenzüberschreitenden rechtsgeschäftlichen Erwerbs von Kulturgütern", S.47f.; Haimo Schack, „Kunst und Recht", S.222, Rn. 526.

151 Neil Brodie, „Historical and Social Perspectives on the Regulation of the International Trade in Archaeological Objects", in: VandJTransnL 2005, S.1062.

152 Neil Brodie, „Historical and Social Perspectives on the Regulation of the International Trade in Archaeological Objects", in: VandJTransnL 2005, S.1052.

9 Zur dogmatischen Einordnung von Rückgabeansprüchen

Als dem Schutz einer an seinem nationalen kulturellen Erbe bestehenden staatlichen Sachzuordnungsposition dienendes Recht wird der Rückgabeanspruch von einer Ansicht als der Vindikation, dem Herausgabeanspruch des Eigentümers, entsprechendes Rechtsinstitut angesehen und als dinglicher Anspruch eingeordnet. Die Vindikation ermöglicht damit eine direkte Durchsetzung des Rechts auf das nationale kulturelle Erbe. Diese Auffassung, die der römisch-rechtlichen Tradition der kontinentalen Rechtsordnungen entspricht, ist zunächst zum kriegsrechtlichen Restitutionsrecht für Kulturgüter vertreten, dann aber auch im Hinblick auf die Rückgabe in Friedenszeiten übernommen worden.[153]
Eine andere Ansicht vertritt, dass es sich um einen deliktischen Anspruch handelt. Dabei sind zwei Begründungsansätze zu unterscheiden. Einer setzt rein terminologisch an dem Begriff der Restitution an, der die Rückgabe als Rechtsfolge deliktischen Handelns kennzeichnen soll.[154] Wegen der Vielzahl der Bedeutungen von restitutio im römischen Recht, wegen des Streits, ob es sich in Fällen der illegalen Ausfuhr im Sinne des UNESCO-Kulturgutübereinkommens um einen Fall der Restitution[155] oder gerade nicht[156] handelt und wegen des unterschiedlichen Gebrauchs der Begriffe Restitution, Rückführung und Rückgabe in dem UNESCO-Kulturgutübereinkommen, dem UNIDROIT-Übereinkommen, der RL 93/7/EWG und den nationalen Gesetzen kann eine solche Deutung jedoch nicht als zwingend erachtet werden.[157]
Ein anderer knüpft an das deliktische Verständnis von Herausgabeansprüchen im common law an und leitet daraus ab, dass der Rückgabeanspruch als Anspruch aus einem völkerrechtlichen Delikt verstanden werden müsse. Bei einem deliktischen Verständnis ergibt sich jedoch das Folgeproblem zu bestimmen, worin das anspruchsbegründende, dem Einfuhrstaat zurechenbare völkerrechtlich rechtswidrige Handeln oder Unterlassen gesehen werden kann. Die unerlaubte Ausfuhr erfolgt durch Private, sodass die Zurechenbarkeit an den Einfuhrstaat zu verneinen ist. Denn eine generelle Verpflichtung zur Verhinderung des Importes unerlaubt exportierter Objekte besteht nach allgemeinem Völkerrecht nicht.[158] Auch wenn der Rückgabeanspruch nicht direkt gegen den ausländischen Staat gerichtet ist, wie beispielsweise in der Haager Konvention von 1945 vorgesehen, sondern gegen ein Individuum, wie beispielsweise in der RL 93/7/EWG,[159] ist regelmäßig dieses Individuum ebenfalls nicht im deliktsrechtli-

---

153 Wojciech W.Kowalski, „Claims for Works of Art and Their Legal Nature“, in: „Resolution of Cultural Property Disputes“, S.34ff.; Stefan Turner, „Das Restitutionsrecht des Staates nach illegaler Ausfuhr von Kulturgütern“, S.60f.; Michael H. Carl, „Legal Issues Associated with Restitution“, in: „Resolution of Cultural Property Disputes“, S.187.

154 Wojciech W. Kowalski, „Claims for Works of Art and Their Legal Nature“, in: „Resolution of Cultural Property Disputes“, S.33.

155 Kerstin Odendahl, „Kulturgüterschutz“, S.182.

156 Wojciech W. Kowalski, „Claims for Works of Art and Their Legal Nature“, in: „Resolution of Cultural Property Disputes“, S.48.

157 Stefan Turner, „Das Restitutionsrecht des Staates nach illegaler Ausfuhr von Kulturgütern“, S.60ff.

158 Stefan Turner, „Das Restitutionsrecht des Staates nach illegaler Ausfuhr von Kulturgütern“, S.60ff.

159 Lyndel Vivien Prott, „Responding to World War II Art Looting“, in: „Resolution of Cultural Property Disputes“, S.134.

chen Sinne für die unerlaubte Ausfuhr verantwortlich. Deshalb wird in Anlehnung an das common law, welches ein deliktisches Verhalten des Beklagten in dem Negieren des Rechts des Klägers sieht, sodass das deliktische Verhalten in der Weigerung einer Herausgabe liegen kann, auch hinsichtlich völkerrechtlicher Ansprüche die Frage der Rechtswidrigkeit auf die Unterlassung der Rückgabe bezogen. Eine solche Argumentation begründet jedoch keine völkerrechtliche Rückgabepflicht, sondern setzt vielmehr bereits eine Rückgabepflicht voraus und führt so lediglich zu der Frage, ob neben der primären Rückgabepflicht noch ein rechtswidriges Handeln als zusätzliches Erfordernis gegeben sein muss. Damit entscheidet die dogmatische Einordnung allein darüber, ob der Ausfuhrstaat unmittelbar gegen einen Einfuhrstaat bzw. ein Individuum des Einfuhrstaats vorgehen kann oder sein Anspruch von einer vorherigen Ablehnung der Rückgabe abhängig ist.[160] Als für den Einfuhrstaat günstigere Einordnung erscheint damit die Einordnung als Vindikationsanspruch vorzugswürdig.

Eine Herleitung von Rückgabeansprüchen aus den Grundsätzen der ungerechtfertigten Bereicherung ist zwar nicht ausgeschlossen, wird wegen der unsicheren Konturen eines solchen Anspruchs im Völkerrecht aber als nicht sachgerecht abgelehnt.[161]

Fraglich könnte sein, ob sich aus der dogmatischen Einordnung auch Schlussfolgerungen hinsichtlich der Rechtsfolgen ableiten lassen. So könnte bei einer Einordnung als Vindikationsanspruch denkbar sein, dass zwingend eine Herausgabe und damit eine Besitzübertragung an den Herkunftsstaat erforderlich ist. Jedoch wird der Rückgabeanspruch trotz einer Parallelisierung zum Herausgabeanspruch gerade nicht auf das Eigentum, sondern auf das Recht des Staates an seinem kulturellen Erbe gestützt. Dieses wird letztlich unabhängig von den Besitzverhältnissen durch das physische Verlassen des Hoheitsgebiets durch das Kulturgut beeinträchtigt. Dies könnte dafür sprechen, dass von dem Herkunftsstaat als Rückgabe letztlich nicht mehr als eine bloße Rückführung verlangt werden kann. Bei einem deliktischen Verständnis kann eine Besitzübertragung nur unter der Voraussetzung eines vorherigen Besitzes des Herkunftsstaats abgeleitet werden, ansonsten muss hier eine materielle Rückführung genügen.

---

160 Stefan Turner, „Das Restitutionsrecht des Staates nach illegaler Ausfuhr von Kulturgütern", S.60ff.

161 Stefan Turner, „Das Restitutionsrecht des Staates nach illegaler Ausfuhr von Kulturgütern", S.60.

Teil B
Auswirkungen deutscher und ausländischer Kulturgüterschutznormen im deutschen Schuldrecht

Kapitel I
Nichtigkeit oder schwebende Unwirksamkeit nach §134 BGB?

10 Zu den Tatbestandsvoraussetzungen des §134 BGB

Nachdem im vorangehenden Teil ein allgemeiner Problemaufriss erfolgt ist, sollen nun die materiell-rechtlichen Folgen der Verletzung von in- und ausländischen Kulturgüterschutznormen nach deutschem Recht beleuchtet werden. Das deutsche Schuldrecht kennt keine vertraglichen Sonderregelungen für Kulturgüter, sodass die allgemeinen Vorschriften Anwendung finden.
Von besonderer Bedeutung für den internationalen Kulturgüterhandel ist der in den §§433 ff. BGB geregelte Kaufvertrag.[162] Bei dem in den §§433 ff. BGB geregelten Kaufvertrag handelt es sich um einen schuldrechtlichen Vertrag[163] und damit um ein mehrseitiges Rechtsgeschäft.[164] Im Zusammenhang mit gestohlenen und illegal verbrachten Kulturgütern könnte daher §134 BGB eingreifen, welcher bestimmt, dass ein gegen ein gesetzliches Verbot verstoßendes Rechtgeschäft nichtig ist, wenn sich nicht aus dem Gesetz etwas anderes ergibt. Die Tatbestandsvoraussetzungen des §134 BGB sollen daher näher untersucht werden, bevor eine Darstellung der Rechtsfolgenproblematik erfolgt.

10.1 Rechtsgeschäft

Umstritten ist, ob §134 BGB nur auf den Vertrag oder auch auf Vertragsangebote anzuwenden ist. Eine Ansicht wertet das Angebot selbst als Rechtsgeschäft.[165] Dagegen wird jedoch vorgebracht, dass die einzelnen auf den Abschluss eines Vertrages gerichteten Willenserklärungen wie Angebot und Annahme im Sinne der §145ff. BGB keine Rechtsgeschäfte sind, auch wenn sie Rechtsfolgen auslösen, sondern nur eine Vorstufe darstellen.[166] Eine andere Ansicht befürwortet ohne eine Erweiterung des Rechtsgeschäftsbegriffs eine Anwendung auch auf Vertragsangebote.[167] Dagegen kann jedoch eingewandt werden, dass Mängel beim Zustandekommen von Rechtsgeschäften grundsätzlich über die Anfechtungsregeln zu korrigieren sind.[168]
Hintergrund dieser Diskussion ist jedoch letztlich die Problematik, dass die Rechtsprechung in Einzelfällen die Anwendung des §134 BGB bei Verbotsgesetzen, die nur auf eine Partei ausgerichtet sind, beispielsweise nur das Handeln einer Partei mit Strafe

162 Anette Hipp, „Schutz von Kulturgütern in Deutschland“, S.155.
163 Hans Putzo, in: Palandt Einf v §433 BGB, Rn.1
164 Helmut Heinrichs, in: Palandt Einf v §145 BGB, Rn.1; Rolf Sack, in: Staudinger §134 BGB, Rn.10.
165 Claus-Wilhelm Canaris, „Gesetzliches Verbot und Rechtsgeschäft“, S.25; Christian Armbrüster, in: MüKo §134 BGB, Rn.25.
166 Rolf Sack, in: Staudinger §134 BGB, Rn.15.
167 Helmut Heinrichs, in: Palandt §134 BGB, Rn.12.
168 Rolf Sack, in: Staudinger §134 BGB, Rn.15.

bedrohen, mit der Begründung versagt hat, es fehle das erforderliche verbotswidrige Rechtsgeschäft, da nur eine der beiden Willenserklärungen verbotswidrig sei. Letztlich erscheint eine solche begriffliche Differenzierung jedoch übertrieben, zumal nicht übersehen werden darf, dass auch in diesen Fällen das straflose Handeln der anderen Partei zur Durchführung des Rechtsgeschäfts gleichfalls notwendig ist und eine Sanktionierung der fehlenden Respektierung des Verbots durch §134 BGB auch praktisch wünschenswert erscheint.[169]
Auch wenn vertreten wird, dass sich Export- und Importverbote in erster Linie an eine Partei – den Exporteur bzw. Importeur – richten,[170] und sich entsprechend auch vertreten ließe, dass Aufzeichnungspflichten ebenfalls in erster Linie eine Partei – den Kunsthändler – verpflichten, so zeigt im Bereich mit Kulturgüterschutznormen die strafrechtliche Ausgestaltung, dass grundsätzlich Verstöße aller Beteiligten erfasst werden sollen, sodass in jedem Fall ein Bezug zu dem Rechtsgeschäft als Ganzem zu bejahen ist.

10.2 Besonderheiten bei gestohlenen Kulturgütern

Auch wenn strafrechtliche Verbote wohl nicht, wie vom Gesetzgeber ursprünglich beabsichtigt, den Hauptanwendungsfall von §134 BGB darstellen, so ist doch allgemein anerkannt, dass strafrechtliche Normen Verbotsgesetze darstellen können.[171] So kann bei Rechtsgeschäften eines Hehlers wie beim Ankauf gestohlener Kulturgüter, §259 StGB als Verbotsgesetz eingreifen und auf den Vertragsgegenstand selbst als inhaltlicher Verstoß bezogen werden.[172]
Auch könnte gegenüber einem gutgläubigen Käufer, der an einem gestohlenen Kulturgut kein Eigentum erwerben kann, ein Betrug gem. §263 StGB in Betracht kommen.[173]
Allerdings wird im Zusammenhang mit §263 StGB vertreten, dass zumindest dann, wenn es sich nicht um einen Betrug zulasten eines Dritten, sondern eines Vertragspartners handelt, die Anfechtungsregelungen, insbesondere §123 BGB, als vorrangig anzusehen sind.[174]
Stellt ein Kulturgut ein Treugut dar, welches von einem Treuhänder unter Verletzung von §266 StGB verkauft wird, wird der Gesetzesverstoß als ein Internum des Treuhänders gesehen, welcher auf den Inhalt des Kaufvertrages nicht durchschlägt.[175]

169 RGZ 60, 275ff.; OLG Celle NJW 1969, 1764; Claus-Wilhelm Canaris, „Gesetzliches Verbot und Rechtsgeschäft", S.25f.
170 Claus-Wilhelm Canaris, „Gesetzliches Verbot und Rechtsgeschäft", S.24.
171 Claus-Wilhelm Canaris, „Gesetzliches Verbot und Rechtsgeschäft", S.38; Christian Armbrüster, in: MüKo §134 BGB, Rn.50.
172 Hans Brox und Wolf-Dietrich Walker, „Allgemeiner Teil des BGB", Rn.321; Claus-Wilhelm Canaris, „Gesetzliches Verbot und Rechtsgeschäft", S.27f.; Christian Armbrüster, in: MüKo §134 BGB, Rn.53; Rolf Sack, in: Staudinger §134 BGB, Rn.103.
173 Arnd Koch, „Schatzsuche, Archäologie und Strafrecht – Strafrechtliche Aspekte so genannter „Raubgräberei"", in: NJW 2006, S.559.
174 Claus-Wilhelm Canaris, „Gesetzliches Verbot und Rechtsgeschäft", S.38; Hans Brox und Wolf-Dietrich Walker, „Allgemeiner Teil des BGB", Rn.325; Rolf Sack, in: Staudinger §134 BGB, Rn.108ff.
175 Claus-Wilhelm Canaris, „Gesetzliches Verbot und Rechtsgeschäft", S.27.

10.3 Besonderheiten bei illegal verbrachten Kulturgütern

Nicht nur bei gestohlenen Kulturgütern, sondern auch bei illegal verbrachten Kulturgütern stellt sich die Frage, welche Kulturgüterschutznormen Verbotsgesetze im Sinne des §134 BGB darstellen könnten. Zu den Gesetzen im Sinne von §134 BGB gehören in jedem Fall die formellen Gesetze.[176] Ergibt nicht bereits die Formulierung eines Gesetzes eindeutig, dass ein bestimmtes Rechtsgeschäft verboten ist, kann bei Gesetzen zwingenden Charakters durch Auslegung nach ihrem Sinn und Zweck ermittelt werden, ob das Rechtsgeschäft missbilligt wird.[177]
Nach überwiegender Auffassung sind solche Rechtsgeschäfte von §134 BGB erfasst, deren Inhalt gegen ein gesetzliches Verbot verstößt, insbesondere wenn der bezweckte Erfolg verbotswidrig wäre.[178] In diesem Zusammenhang könnten Export- und Importverbote relevant werden.[179] Allerdings kann je nach Art der vertraglichen Ausgestaltung im Einzelfall die Feststellung, ob die Verbringung als Erfolg durch den Vertrag bezweckt wird, mit Schwierigkeiten verbunden sein. Es ist wohl aber als ausreichend anzusehen, wenn mit der Durchführung des Vertrages notwendigerweise ein Gesetzesverstoß einhergeht und der Vertrag damit unmittelbar auf ein verbotenes Tun ausgerichtet ist.[180]
Ob auch aus äußeren Umständen und der Art und Weise der Vornahme eines Rechtsgeschäfts die Verbotswidrigkeit abgeleitet werden kann, ist umstritten.[181] Regelmäßig wird der Verstoß gegen bloße Ordnungsvorschriften nicht als ausreichend angesehen.[182] Somit ist fraglich, ob Mitteilungs- und Aufzeichnungspflichten im Rahmen des Kulturgüterschutzes überhaupt als Verbotsgesetze in Betracht kommen. Vorzugswürdig erscheint auch hier eine Entscheidung nach der Untersuchung ihres Sinn und Zwecks.

11 §1 IV KultSchG als Verbotsgesetz?

Im Zusammenhang mit §134 BGB ist als Verbotsgesetz in erster Linie das Gesetz zum Schutz deutschen Kulturgutes gegen Abwanderung (KultSchG) zu erörtern,[183] welches unter Berücksichtigung der Erfahrungen des Zweiten Weltkriegs und der Geldentwertung einer Abwanderung deutschen Kulturguts in wirtschaftlichen Notzeiten entge-

176 Bernd Rüthers und Astrid Stadler, „Allgemeiner Teil des BGB“, §26, Rn.2; Hans Brox und Wolf-Dietrich Walker, „Allgemeiner Teil des BGB“, Rn.321; Rolf Sack, in: Staudinger §134 BGB, Rn.16.

177 Rolf Sack, in: Staudinger §134 BGB, Rn.30ff.

178 Rolf Sack, in: Staudinger §134 BGB, Rn.1.

179 Claus-Wilhelm Canaris, „Gesetzliches Verbot und Rechtsgeschäft“, S.24.

180 Claus-Wilhelm Canaris, „Gesetzliches Verbot und Rechtsgeschäft“, S.51f.

181 Rolf Sack, in: Staudinger §134 BGB, Rn.2 sowie 5.

182 Claus-Wilhelm Canaris, „Gesetzliches Verbot und Rechtsgeschäft“, S.34f.; Helmut Heinrichs, in: Palandt §134 BGB, Rn.8; Rolf Sack, in: Staudinger §134 BGB, Rn.76f.

183 Ernst-Rainer Hönes, „Das Gesetz zum Schutz deutschen Kulturgutes gegen Abwanderung vom 6. August 1955“, in: BayVBl 1989, S.39; Frank Fechner, „Die Vorhaben der EG zum Kulturgüterschutz“, in: DÖV 1992, S.609.

genwirken soll.[184] So droht eine ungehinderte Ausfuhr von hervorragenden, mit Geschichte und Kultur des Landes eng verbundenen Werken den Bestand an wertvollen kulturellen Zeugnissen zu gefährden, da sie durch die Ausfuhr vor Ort nicht mehr zur Verfügung stehen, Wissenschaft und Forschung entzogen werden und auch der Bevölkerung nicht mehr zugänglich sind.[185]

11.1 Verfassungsmäßigkeit der Regelung

Das Gesetz wurde in Übereinstimmung mit der konkurrierenden Gesetzgebungskompetenz nach Art. 74 Nr. 5 GG erlassen. Zwischenzeitlich wurde diese durch die Rahmengesetzgebungskompetenz gem. Art. 75 I Nr. 6 GG ersetzt, das KultSchG galt jedoch nach Art. 125 a I GG fort.[186] Aufgrund der zum 01.09.06 in Kraft getretenen Föderalismusreform ist der Schutz deutschen Kulturgutes gegen Abwanderung nun als ausschließliche Gesetzgebungskompetenz des Bundes in Art. 73 I Nr. 5a GG verankert.

Die maßgeblichen Regelungen sind auch materiell verfassungsgemäß. Denn nach der Rechtsprechung des BVerwG ist die Eintragung in das Verzeichnis national wertvollen Kulturgutes als zulässige Inhaltsbestimmung des Eigentums im Sinne des Art. 14 I 2 GG und nicht als Enteignung nach Art. 14 III GG anzusehen. Die Eintragung entzieht nicht bestehende Rechte an den Gegenständen, sondern unterstellt nur die Ausfuhr der Genehmigung. Sie stellt damit weder ein absolutes Ausfuhrhindernis dar, noch schließt sie die freie Verfügung über das Kulturgut vollständig aus. Auch ist das Ziel, den deutschen Kulturbesitz gegen Abwanderung zu schützen, verfassungsrechtlich legitimiert, denn aus der Gesetzgebungskompetenz wird abgeleitet, dass aufgrund der Bedeutung für den deutschen Kulturbesitz eine besondere Sozialbindung des Eigentums besteht. Die Aussicht, einen höheren Preis bei Ausfuhr zu erzielen, stellt angesichts des spekulativen Charakters, insbesondere dann, wenn der Eigentümer bei der Eintragung keine konkreten Verkaufsaussichten hat, nur eine unbestimmte Erwerbschance dar.[187]

Die Entscheidung des Europäischen Gerichtshofs für Menschenrechte in dem Rechtsstreit zwischen Beyeler und Italien vom 5. Januar 2000, dass Italien dem Kunsthändler Beyeler eine Entschädigung zu zahlen habe, gebietet auch keine andere Auslegung zugunsten der Notwendigkeit einer allgemeinen Entschädigungspflicht, da der Umfang der geschützten Kulturgüter in Deutschland auf wenige besonders wertvolle beschränkt wird und der Europäischen Gerichtshofs für Menschenrechte in seiner Entscheidung die komplizierte und ungerechte Ausgestaltung der italienischen Norm und die späte Ausübung der Rechte durch den Staat als Anlass dafür sah, eine Menschenrechtsverletzung anzunehmen und eine Entschädigung zuzubilligen.[188] In Härtefällen

---

184 Andreas Peya, „Die Ausfuhr von Kulturgütern im nationalen und Gemeinschaftsrecht", S. 184; Andrea Jaeger, „Internationaler Kulturgüterschutz", S.25; Anette Hipp, „Schutz von Kulturgütern in Deutschland", S.66.

185 Anette Hipp, „Schutz von Kulturgütern in Deutschland", S.232.

186 Anette Hipp, „Schutz von Kulturgütern in Deutschland", S.299.

187 BVerwG NJW 1993, S.3280ff.; Marc Weber, „Unveräußerliches Kulturgut im nationalen und internationalen Rechtsverkehr", S.56f; Anette Hipp, „Schutz von Kulturgütern in Deutschland", S.81f.; Jörg Sprecher, „Beschränkungen des Handels mit Kulturgut und die Eigentumsgarantie", S.36ff.

188 EGMR Nr.33202/96 RJD 2000-I, 57, S.86f.; Susanne Barbara Ulmar, „Rechtsverkehr und Handel mit Kulturgütern aus Italien", S.158; Kurt Siehr, „Globalization and National Culture: Recent

ist in Deutschland jedoch bei Versagung der Ausfuhr gem. §8 KultSchG die Gewährung eines billigen Ausgleichs möglich.[189]

11.2 Übereinstimmung mit den europarechtlichen Vorgaben

Das KultSchG ist auch europarechtskonform. Da Kulturgüter trotz des sie kennzeichnenden kulturellen Wertes wegen ihres Geldwertes als zumindest potenzielle Gegenstände von Handelsgeschäften nach der im Kunstschätze-Urteil entwickelten Rechtsprechung des EuGH Waren im Sinne des Art. 23 EG sind,[190] fallen auch die Kulturgüter, die gemäß §1 I KultSchG eintragungsfähig sind, unter die Warenverkehrsfreiheit der Art. 28 EG hinsichtlich der Einfuhr und Art. 29 EG hinsichtlich der Ausfuhr.[191] In der Literatur wird die gleiche Schlussfolgerung auch aus Art. 30 EG e contrario abgeleitet. Nach der weiten, allein auf die potenzielle Eignung abstellenden Definition des EuGH werden Kulturgüter nicht nur im Zusammenhang mit Veräußerungen vom Warenbegriff erfasst, sondern beispielsweise auch nicht entdeckte archäologische Gegenstände oder im Tresor lagernde bzw. im Rahmen eines Umzugs verbrachte Kulturgüter.[192]

Zwar können bei Exportverboten so genannte Nullkontigente mengenmäßige Beschränkungen im Sinne des Art. 29 EG darstellen,[193] das Ausfuhrverbot des Art. §1 IV KultSchG ist jedoch kein absolutes und damit keine unüberwindbare spezifische Ausfuhrschwelle.[194] Die Versagung der Ausfuhrgenehmigung beim Überwiegen wesentlicher Belange des deutschen Kulturbesitzes ist jedoch im Sinne der Dassonville-Entscheidung des EuGH geeignet, die Ausfuhr und damit den innergemeinschaftlichen Handel unmittelbar oder mittelbar, tatsächlich oder potenziell zu behindern, sodass sie als Maßnahme gleicher Wirkung im Sinne des Art. 29 EG angesehen werden könnte.[195]

Allerdings ist umstritten, ob die im Zusammenhang mit Art. 28 EG entwickelte Dassonville-Formel auf Art. 29 EG übertragbar ist, da ausfuhrbeschränkende nationale Regelungen dem inländischen Markt hinsichtlich der Güterversorgung regelmäßig

---

Trands Toward a Liberal Exchange of Cultural Objects", in: VandJTransnL 2005, S.1080f.; Barbara T. Hoffman, „European Union Legislation Pertaining to Cultural Goods", in: Barbara T. Hoffman (Hg.), „Art and Cultural Heritage", S.192f.

189 Anette Hipp, „Schutz von Kulturgütern in Deutschland", S.82.

190 EuGH Rs. 7/68 Slg. 1968, S.634f., 2. Leitsatz; Alessandro Chechi, „Cultural Matters and the ECJ", in: Art Antiquity and Law 2004, S.287; Christoph Bazil und Nikolaus Kraft, „Aktuelle Überlegungen zur Ausfuhr von Kulturgut", in: Gerte Reichelt, „Österreichischer, Europäischer und Internationaler Kulturgüterschutz, S.11.

191 Andreas Peya, „Die Ausfuhr von Kulturgütern im nationalen und Gemeinschaftsrecht", S. 65ff.; Anette Hipp, „Schutz von Kulturgütern in Deutschland", S.235.

192 Anette Hipp, „Schutz von Kulturgütern in Deutschland", S.213ff.

193 Anette Hipp, „Schutz von Kulturgütern in Deutschland", S.216f.

194 Jürgen Schwarze, „Der Schutz nationalen Kulturgutes im europäischen Binnenmarkt", in: JZ 1994, S.113; Andreas Peya, „Die Ausfuhr von Kulturgütern im nationalen und Gemeinschaftsrecht", S.42; Anette Hipp, „Schutz von Kulturgütern in Deutschland", S.236.

195 EuGH Rs.8/74 Slg. 1979, S.3409, 1. Leitsatz; Jürgen Schwarze, „Der Schutz nationalen Kulturgutes im europäischen Binnenmarkt", in: JZ 1994, S.113; Andreas Peya, „Die Ausfuhr von Kulturgütern im nationalen und Gemeinschaftsrecht", S.42f.; Anette Hipp, „Schutz von Kulturgütern in Deutschland", S.236f.; Volker Wiese, „Der Einfluß des EG-Rechts auf das Internationale Sachenrecht der Kulturgüter", S.35.

keine vergleichbare Vorzugstellung einräumen wie Einfuhrbeschränkungen. So legt der EuGH den Begriff der Maßnahme gleicher Wirkung enger aus, sodass nur nationale Maßnahmen erfasst werden, welche eine spezifische Beschränkung von Ausfuhrströmen bezwecken oder bewirken und dadurch unterschiedliche Bedingungen für den Binnenhandel und Außenhandel eines Mitgliedstaats schaffen, welche dazu führen, dass die nationale Produktion oder der Binnenmarkt dieses Mitgliedstaats einen besonderen Vorteil zum Nachteil der Produktion oder des Handels anderer Mitgliedstaaten erlangen. Eine Eingrenzung, wie sie durch die Keck- und Cassis de Dijon-Rechtsprechung im Zusammenhang mit Art. 28 EG vorgenommen wird, erübrigt sich dadurch im Zusammenhang mit Art. 29 EG.[196]

Nach einer Ansicht zielen nationale Exportbeschränkungen zum Kulturgüterschutz wie das KultSchG spezifisch auf eine Beschränkung der Ausfuhr dieser Güter ab und bevorteilen den innerstaatlichen Handel, welcher von den Beschränkungen nicht betroffen ist und einen besonderen Vorteil erlangt. Dass die Staaten nicht-wirtschaftliche Ziele verfolgen, kann nach dieser Ansicht gem. Art. 30 EG e contrario nicht erheblich sein.[197]

Eine andere Ansicht hält es für zweifelhaft, ob der nach der Rechtsprechung des EuGH erforderliche besondere Vorteil für die Produktion oder den Binnenmarkt der Bundesrepublik Deutschland gegeben ist, da das KultSchG ausschließlich dem Kulturgutschutz dienen soll und ihm jegliche ökonomischen Motive, wie eine spezielle Förderung deutscher Künstler, eine Ankurbelung der Schaffung deutscher Kunstwerke oder eine Bevorzugung des Handels mit deutschen Kunstwerken, fehlen und daher schon das Merkmal einer diskriminierenden Maßnahme im Sinne des Art. 29 EG zu verneinen sein könnte. Allerdings gesteht auch diese Ansicht ein, dass bei einer Berufung auf nicht-wirtschaftliche Ziele eine unkontrollierte Umgehung des Verbots des Art. 29 EG bei nicht-ökonomischen Motiven drohen könnte und die auf nicht-ökonomische Motive abstellende Ausnahmeregelung des Art 30 EG überflüssig wäre.[198]

Letztlich ist aber, auch wenn Art. 30 EG als Ausnahmetatbestand grundsätzlich eng auszulegen ist,[199] wegen des Fehlens einer gemeinschaftsrechtlichen Definition und wegen des großen, den Mitgliedstaaten zugestandenen Beurteilungsspielraums Art. 30 EG leicht zu erfüllen.[200]

So liegt auch im Zusammenhang mit dem KultSchG die Rechtfertigung im Sinne des Art. 30 EG vor, da ein Ausfuhrverbot mit Genehmigungsvorbehalt zur Sicherung des

---

196 EuGH Rs.155/80 Sgl.1981, S.1993; Andreas Peya, „Die Ausfuhr von Kulturgütern im nationalen und Gemeinschaftsrecht", S.61; Anette Hipp, „Schutz von Kulturgütern in Deutschland", S.236f.; Volker Wiese, „Der Einfluß des EG-Rechts auf das Internationale Sachenrecht der Kulturgüter", S.35f.

197 Volker Wiese, „Der Einfluß des EG-Rechts auf das Internationale Sachenrecht der Kulturgüter", S.36.

198 Alessandro Chechi, „Cultural Matters and the ECJ", in: Art Antiquity and Law 2004, S.288ff.; Anette Hipp, „Schutz von Kulturgütern in Deutschland", S.237f.

199 Christoph Bazil und Nikolaus Kraft, „Aktuelle Überlegungen zur Ausfuhr von Kulturgut", in: Gerte Reichelt (Hg.), „Österreichischer, Europäischer und Internationaler Kulturgüterschutz, S.11.

200 Reinhard Rack, „Die Rolle der Europäischen Union für die Kultur", in: Dietmar Pauger (Hg.), „ART Goes LAW", S.108; Kurt Siehr, „The Protection of Cultural Objects on a Regional Basis", in: „La protection internationale des biens culturels", S.86; Anette Hipp, „Schutz von Kulturgütern in Deutschland", S.238f.

Bestands von Kulturgütern der Bundesrepublik Deutschland notwendig und geeignet ist und kein gleich geeignetes milderes Mittel besteht, denn ein von der jeweiligen Haushaltslage abhängiges Vorkaufsrecht und eine bloße Anmeldungspflicht wären weniger effektiv.[201]
Die Anwendungsbeschränkungen des §1 IV KultSchG im Hinblick auf öffentliches und kirchliches Kulturgut durch §§18, 19 KultSchG sollen gerade keinen größeren wirtschaftlichen Freiraum bewirken, sodass auch keine willkürliche Diskriminierung im Sinne des Art. 30, 2 EG vorliegt.[202] Auch eine verschleierte Beschränkung des Handels im Sinne des Art. 30, 2 EG fehlt, da das KultSchG nicht dazu dienen soll, Kulturgüter weit unter internationalen Kunstmarktpreisen für staatliche Sammlungen zu erwerben.[203]

11.3 Maßgebliche Regelungen

Da das Gesetz zwischen Kunstwerken und anderem Kulturgut in den §§1-9 KultSchG auf der einen Seite und Archivgut in den §§10-15 KultSchG auf der anderen Seite differenziert,[204] stehen im Folgenden entsprechend dem Schwerpunkt dieser Arbeit die das Kulturgut betreffenden Regelungen im Vordergrund.
Geschützt werden diejenigen Kulturgüter, die gem. §1 I 1 KultSchG im Verzeichnis national wertvollen Kulturgutes eingetragen sind, welches die von den Ländern geführten Verzeichnisse zusammenfasst und im Bundesanzeiger veröffentlicht wird. Voraussetzung für die Eintragung wiederum ist, dass die Abwanderung einen „erheblichen Verlust" bedeutet, wobei es sich um einen unbestimmten und wertausfüllungsbedürftigen, der gerichtlichen Überprüfung unterliegenden Begriff handelt, welcher der Verwaltungsbehörde keinen Beurteilungsspielraum eröffnet.[205] Obwohl der Begriff des Kulturgutes im Gesetz nicht definiert wird, können nach dem Sinn und Zweck des Gesetzes nur bewegliche Kulturgüter erfasst werden.[206]
Die Eintragung ist ein Verwaltungsakt.[207] Dabei wirkt der Genehmigungsvorbehalt grundsätzlich belastend, wegen steuerlicher Vorteile ist die Eintragung aber auch zugleich begünstigend.[208] Die Eintragung kann gem. §3 I KultSchG auf Antrag oder von Amts wegen erfolgen. Die Eintragung sowie ihre Veränderung ist gem. §6 I 1 KultSchG im Bundesanzeiger und nach dem jeweiligen Landesrecht bekanntzugeben. Sie muss das Kulturgut so beschreiben, dass es identifiziert werden kann.[209] Dass die Eintragung in dem Land vorzunehmen ist, in welchem sich das Kulturgut bei Inkrafttreten befindet, ist nicht als zeitlicher Ausschluss später in den Geltungsbereich ge

201 Stefanie Schmahl, „Die Kulturkompetenz der Europäischen Gemeinschaft", S.60; Anette Hipp, „Schutz von Kulturgütern in Deutschland", S.240.
202 Anette Hipp, „Schutz von Kulturgütern in Deutschland", S.240f.
203 Anette Hipp, „Schutz von Kulturgütern in Deutschland", S.234.
204 Anette Hipp, „Schutz von Kulturgütern in Deutschland", S.71.
205 Andreas Kleine Tebbe, in: Bernsdorff/Kleine-Tebbe §1 KultSchG, Rn.80; Anette Hipp, „Schutz von Kulturgütern in Deutschland", S.71.
206 Anette Hipp, „Schutz von Kulturgütern in Deutschland", S.72f.
207 Andreas Kleine Tebbe, in: Bernsdorff/Kleine-Tebbe §1 KultSchG, Rn.71; Anette Hipp, „Schutz von Kulturgütern in Deutschland", S.81.
208 Andreas Kleine Tebbe, in: Bernsdorff/Kleine-Tebbe §1 KultSchG, Rn.74f.; Anette Hipp, „Schutz von Kulturgütern in Deutschland", S.81.
209 Anette Hipp, „Schutz von Kulturgütern in Deutschland", S.84ff.

langter Kulturgüter zu erfassen, sondern als Zuständigkeitsregelung. Die Eintragung bleibt gem. §1 II KultSchG auch bei einem Ortswechsel innerhalb Deutschlands wirksam.[210] Der Eigentümer kann aber frühestens fünf Jahre nach der Eintragung bei wesentlicher Veränderung der Verhältnisse eine Löschung beantragen, beispielsweise bei dem Erwerb eines Werkes, welches wegen noch größerer Bedeutung das öffentliche Interesse an dem Kulturbesitz entfallen lässt. Dabei ist §7 KultSchG lex specialis gegenüber §49 VwVfG. Bei Rechtswidrigkeit der Eintragung von Anfang an kommt eine Rücknahme nach §48 I VwVfG in Betracht.[211]
Als wichtigste Rechtsfolge der Eintragung wird der Genehmigungsvorbehalt angesehen, der bei Ausfuhr derjenigen Gegenstände eingreift, die gem. §1 I 1 KultSchG im Verzeichnis national wertvollen Kulturgutes eingetragen sind, wobei der Ausfuhr gem. §1 IV 1 KultSchG in §1 IV 4 KultSchG das sonstige Verbringen gleichgestellt wird, um jeden Transport unabhängig von der Anwendbarkeit des Außenwirtschaftsgesetzes zu erfassen.[212]
Dabei ist zu beachten, dass wegen des weiten Begriffs der Ausfuhr und des Verbringens die Genehmigungspflicht auch dann besteht, wenn das Kunstwerk nur vorübergehend, leihweise oder zur Restaurierung ins Ausland gelangen soll und es auf eine endgültige Verbringung nicht ankommt. Folglich greift die Genehmigungspflicht auch bei einer Einlieferung in ein ausländisches Auktionshaus, obwohl es nicht ausgeschlossen ist, dass ein deutscher Ersteigerer den Zuschlag bekommt oder das Kulturgut wegen fehlendem Interesse wieder zurückgegeben wird.[213]
Die Genehmigung ist nur dann zu versagen, wenn gem. §1 IV 3 KultSchG eine Abwägung der Umstände des Einzelfalls ein wesentliches Überwiegen der Belange des deutschen Kulturbesitzes an der territorialen Bindung ergibt, wobei auf der anderen Seite insbesondere das Interesse des Eigentümers an der freien Verschiebbarkeit seines Kulturgutes zu berücksichtigen ist. Obwohl es sich bei der Abwägung um eine gebundene Entscheidung ohne behördliches Ermessen handelt, ging der Gesetzgeber dennoch davon aus, dass die Regelung nur die Erteilung der Genehmigung im Ausnahmefall bei besonderen Umständen ermöglichen sollte. Dies lässt sich dadurch erklären, dass die Voraussetzungen der Genehmigungserteilung mit denen der Eintragung vergleichbar sind. Eine Genehmigung unter Bedingungen kann aufgrund des Verhältnismäßigkeitsprinzips vorrangig sein, wobei als Bedingung an die öffentliche Zugänglichmachung im Ausland oder der Erhalt einer ausgeführten Sammlung in ihrer Zusammenstellung gedacht werden kann.[214]
Wegen des Genehmigungsvorbehalts handelt es sich trotz des tatsächlichen Ausnahmecharakters von Genehmigungen bei §1 IV KultSchG nicht um ein absolutes Ausfuhrverbot.[215] Der Genehmigungsvorbehalt führt dazu, dass in der Bundesrepublik

---

210 Andreas Kleine Tebbe, in: Bernsdorff/Kleine-Tebbe §1 KultSchG, Rn.72; Anette Hipp, „Schutz von Kulturgütern in Deutschland", S.80.
211 Anette Hipp, „Schutz von Kulturgütern in Deutschland", S.87.
212 Anette Hipp, „Schutz von Kulturgütern in Deutschland", S.88.
213 Frank Kohls, „Kulturgüterschutz", S.104f.
214 Norbert Bernsdorff, in: Bernsdorff/Kleine-Tebbe §1 KultSchG, Rn.91; Anette Hipp, „Schutz von Kulturgütern in Deutschland", S.88f.
215 Jarste Akkermann, „Internationaler Kulturgüterschutz", in: KUR 2002, S.29.

Deutschland nationales Kulturgut im Privateigentum belassen wird und eine vergleichsweise liberale Ausfuhrregelung besteht.[216]

11.4 Verbotsgesetz?

Umstritten ist, ob nur absolute Export- und Importverbote Verbotsgesetze sein können oder auch solche mit Genehmigungsvorbehalt – wie §1 IV KultSchG. Nach einer Ansicht ist die gesetzliche Anordnung der Genehmigungsbedürftigkeit eines Rechtsgeschäfts eine spezielle Regelung, die §134 BGB verdrängt. Denn der Wirksamkeit entbehre sowohl das ohne privatrechtliche als auch das ohne behördliche Genehmigung vorgenommene Rechtsgeschäft nicht wegen des Verstoßes gegen ein Verbot, sondern weil es ohne Genehmigung nicht wirksam vorgenommen werden könne. Auch das Erfordernis einer behördlichen Genehmigung schränke das rechtsgeschäftliche Können des einzelnen ein.[217]
Nach anderer Ansicht ist zwischen dem Erfordernis einer privatrechtlichen und dem einer behördlichen Genehmigung zu unterscheiden. Denn nur bei privatrechtlichen ist die Abgrenzung zu Sonderregelungen erforderlich.[218] Bei behördlichen Genehmigungen enthält die Anordnung der Genehmigungsbedürftigkeit regelmäßig zugleich ein implizites Verbot der Vornahme des Rechtsgeschäfts ohne Genehmigung. Daher sind folgerichtig auch behördliche Genehmigungen fordernde Gesetze Verbotsgesetze im Sinne des §134 BGB.[219]
Dass auch die Ausgestaltung mit Genehmigungsvorbehalt als grundsätzliches Verbot zu werten ist, wird insbesondere im Bereich des Kulturgüterschutzes deutlich, da durch den Genehmigungsvorbehalt vorrangig eine von einem Verbot abweichende Entscheidungsmöglichkeit in besonders gelagerten Einzelfällen bezweckt wird. Auch spricht für die letztere Ansicht, die von einer grundsätzlichen Anwendbarkeit des §134 BGB ausgeht, dass eine Differenzierung zwischen absoluten Export- und Importverboten und solchen mit Genehmigungsvorbehalt hinsichtlich der Klassifizierung als Verbotsgesetz wenig sachgerecht erscheint, sondern allenfalls hinsichtlich der Rechtsfolgen in Betracht zu ziehen ist. Folglich steht der Genehmigungsvorbehalt nicht der in der kunstrechtlichen Literatur vertretenen Auffassung entgegen, dass das Gesetz zum Schutz deutschen Kulturgutes gegen Abwanderung als Verbotsgesetz im Sinne des §134 BGB einzuordnen ist.[220]
Für die Ansicht, dass §134 BGB restriktiv auszulegen sei und daher nur bei Verstößen gegen strafrechtliche Verbotsgesetze eingreife, finden sich weder im Wortlaut, noch in der Gesetzesbegründung ausreichende Anhaltspunkte.[221] Jedoch kann die Tatsache, dass durch ein Gesetz Handlungen untersagt sowie unter Strafe gestellt oder mit Geld-

216 Anette Hipp, „Schutz von Kulturgütern in Deutschland", S.182.
217 Karl Larenz und Manfred Wolf, „Allgemeiner Teil des Bürgerlichen Rechts", §40, Rn.4; Christian Armbrüster, in: MüKo §134 BGB, Rn.7.
218 Rolf Sack, in: Staudinger §134 BGB, Rn.165.
219 Wolfgang Hefermehl, in: Soergel §134 BGB, Rn.42; Rolf Sack, in: Staudinger §134 BGB, Rn.166.
220 Haimo Schack, „Kunst und Recht", S.224, Rn.531; Brigitte Schwadorf-Ruckdeschel, „Rechtsfragen des grenzüberschreitenden rechtsgeschäftlichen Erwerbs von Kulturgütern", S.91; Frank Kohls, „Kulturgüterschutz", S.102f.
221 Rolf Sack, in: Staudinger §134 BGB Rn.60.

buße bedroht werden, ein Indiz für den Verbotscharakter darstellen.[222] §16 I KultSchG droht bei Ausfuhr oder sonstiger Verbringung eines eingetragenen Kulturgutes ohne Genehmigung eine Freiheitsstrafe von bis zu drei Jahren oder eine Geldstrafe an. Nach §16 II KultSchG ist bereits der Versuch strafbar. §16 III KultSchG, der die Einziehung zugunsten des Landes, in dem das Kulturgut durch Eintragung geschützt war, ermöglicht,[223] wird im Zusammenhang mit den Problematiken des Eigentumserwerb noch ausführlicher dargestellt.
Allerdings ist nicht jede Bestimmung, welche eine Strafandrohung ausspricht, zugleich schon deshalb ein Verbotsgesetz. Es muss auch hier eine Überprüfung anhand des Zwecks vorgenommen werden.[224] Die Strafandrohung unterstreicht jedoch generell die Bedeutung der Sanktionierung einer illegalen Verbringung von Kulturgütern. Im Fall des §1 IV KultSchG muss sich das Verbot zudem auch gerade gegen die zivilrechtliche Wirksamkeit des Vertrages richten, damit eine auf einen wirksamen Vertrag gestützte Erzwingung der unrechtmäßigen Verbringung unterbunden wird.[225] Unter Heranziehung der Strafandrohung als Indiz erscheint die Einordnung des §1 IV KultSchG als Verbotsgesetz somit folgerichtig.

11.5 Sonderfall öffentliche und kirchliche Kulturgüter

Gem. §18 KultSchG ist das Gesetz nicht anwendbar, wenn zur Veräußerung öffentlicher Kulturgüter nur oberste Bundes- oder Landesbehörden befugt sind bzw. die Genehmigung einer aufsichtsführenden Stelle der öffentlichen Verwaltung erforderlich ist. Diese Regelung geht darauf zurück, dass der Gesetzgeber seit der Zeit der Weimarer Republik im öffentlichen Eigentum stehende Kulturgüter wegen der öffentlich-rechtlichen Bindungen, insbesondere durch haushaltsrechtliche Vorschriften und kommunale Genehmigungsvorbehalte für weniger schutzwürdig hält.[226]
Die Vorschrift wurde jedoch bislang als unzureichend betrachtet, denn zum einen tragen die haushaltsrechtlichen Vorschriften den kulturgutschutzrechtlichen Belangen nicht hinreichend Rechnung, zum anderen führt bereits das grundsätzliche Erfordernis und nicht erst die tatsächliche Erteilung einer Genehmigung zu einem Ausschluss der Vorschriften des KultSchG, sodass in der Praxis die Veräußerung eines kommunalen Kulturgutes nur im Wege der Kommunalaufsicht verhindert werden kann.[227]
Um Rückgabeansprüche gegen andere Mitgliedstaaten[228] und UNESCO-Vertragsstaaten[229] zu ermöglichen, ist §18 KultSchG jedoch durch das KGÜAG um einen zweiten Absatz ergänzt worden. Dadurch wurde auch für Kulturgüter im öffentlichen Eigentum eine Eintragungsmöglichkeit in das Verzeichnis national wertvollen

222 BGHZ 53, 157; BGHZ 118, 144f.; Rolf Sack, in: Staudinger §134 BGB Rn.78.
223 Maximilian Haag, „Der strafrechtliche Schutz von Kulturgütern", in: KUR 2004, S. 145.
224 Christian Armbrüster, in: MüKo §134 BGB, Rn.51.
225 Frank Kohls, „Kulturgüterschutz", S.103.
226 Susanne Spaun, „Der Herausgabeanspruch bei Diebstahl oder illegalem Export von Kulturgütern", S.55.
227 Anette Hipp, „Schutz von Kulturgütern in Deutschland", S.97f.
228 Astrid Müller-Katzenburg, „Internationale Standards im Kulturgüterverkehr und ihre Bedeutung für das Sach- und Kollisionsrecht", S.127f.
229 Stephanie Schulz-Hombach und Katrin Schenk, „Der Gesetzentwurf zur Ausführung des UNESCO-Kulturgutübereinkommens", in: KUR 2006, S.49f.

Kulturgutes geschaffen,[230] ohne jedoch eine generelle Abwendbarkeit des KultSchG vorzusehen.[231] Im Laufe des Gesetzgebungsverfahrens wurde der Wortlaut erweitert, sodass nicht mehr zwingend ein Antrag des jeweiligen Eigentümers für eine Eintragung erforderlich ist, sondern diese auch von Amts wegen oder auf Antrag der oder des Beauftragten der Bundesregierung für Kultur und Medien erfolgen kann. Dies trägt der Besorgnis Rechnung, dass der jeweilige öffentlich-rechtliche Eigentümer beispielsweise aus finanzpolitischen Gründen trotz der Bedeutung des Kulturgutes auf eine Eintragung verzichten könnte.[232]
Eine weitere Ausnahmeregelung hinsichtlich des Anwendungsbereichs des KultSchG besteht für Kulturgut im Eigentum der Kirchen und anderer als Körperschaft des öffentlichen Rechts anerkannter Religionsgemeinschaften und trägt der in Art. 140 GG i.V.m. Art. 137 III 1, 138 II GG verankerten selbständigen Ordnung und Verwaltung ihrer Angelegenheiten Rechnung. Dabei muss entweder in eigenen öffentlich-rechtlichen Vorschriften die Abhängigkeit der Veräußerung von der Genehmigung einer aufsichtführenden kirchlichen Stelle oder in gesetzlichen Vorschriften die Abhängigkeit von einer staatlichen Stelle festgelegt sein.[233]
Zwar konnten kirchliche Kulturgüter anders als Archive schon vor dem KGÜAG gem. §19 II KultSchG in das Verzeichnis national wertvollen Kulturgutes aufgenommen werden.[234] Auch diese Eintragungsmöglichkeit ist jedoch in erster Linie im Hinblick auf gemeinschaftsrechtliche Rückgabeansprüche eingeführt worden und sollte nicht zu einer generellen Anwendbarkeit des KultSchG führen. Somit könnte fraglich sein, ob beim unrechtmäßigen Verbringen eingetragener kirchlicher Kulturgüter ein Eingreifen des §134 BGB in Betracht gezogen werden kann. Allerdings greift §134 BGB grundsätzlich auch beim Verstoß gegen innerkirchliche Genehmigungsvorbehalte ein, sodass hier ohnehin vergleichbare Rechtsfolgen wie bei Verstößen gegen Ausfuhrregelungen eintreten.[235]

11.6 Verhältnis von §1 IV KultSchG zu den Genehmigungserfordernissen der Denkmalschutzgesetze

Darüber hinaus können sich Anzeige- oder Genehmigungspflichten auch aus den Denkmalschutzgesetzen der Länder ergeben.[236] Sofern diese auch die Verbringung von Kulturgütern ins Ausland regeln, findet nach einer Ansicht eine Verdrängung durch die bundesgesetzlichen Regelungen statt.[237] Nach anderer Ansicht schließt das Abwanderungsschutz gewährende KultSchG die Bestandsschutz verfolgenden landes

230 Stephanie Schulz-Hombach und Katrin Schenk, „Der Gesetzentwurf zur Ausführung des UNESCO-Kulturgutübereinkommens“, in: KUR 2006, S.50.
231 Begründung in Drucksache 155/06, S.46.
232 Julia El-Bitar, „Der Schutz von Kulturgut als *res extra commercium* in Frankreich“, in: „Im Labyrinth des Rechts?“, S.198.
233 Andreas Peya, „Die Ausfuhr von Kulturgütern im nationalen und Gemeinschaftsrecht“, S. 207; Anette Hipp, „Schutz von Kulturgütern in Deutschland“, S.99.
234 Begründung in Drucksache 155/06, S.46.
235 Jürgen Kohler, in: Staudinger §135 BGB, Rn.41.
236 Haimo Schack, „Kunst und Recht“, S.219f., Rn. 521.
237 Ernst-Rainer Hönes, „Das Gesetz zum Schutz deutschen Kulturgutes gegen Abwanderung vom 6. August 1955“, in: BayVBl 1989, S.39; Sabine Schmeinck, „Internationalprivatrechtliche Aspekte des Kulturgüterschutzes“, S.74.

rechtlichen Denkmalschutzregelungen wegen der unterschiedlichen Zielrichtung nicht aus, sodass bei der Einschlägigkeit denkmalschutzrechtlicher Bedenken gegen die Verbringung gegebenenfalls eine zweite Genehmigung erforderlich ist.[238] Konsequenz der letzteren Ansicht ist, dass ein auf den Bestandsschutzgedanken gestütztes landesrechtliches Verbringungsverbot trotz des etwas vom KultSchG abweichenden Zwecks in entsprechender Weise ebenfalls als Verbotsgesetz zu behandeln sein könnte.

12 §4 KultSchG als Verbotsgesetz?

§4 KultSchG sieht zwar im Gegensatz zu §1 IV KultSchG ein absolutes Ausfuhrverbot für Kulturgüter vor, deren Eintragung eingeleitet worden ist, jedoch nur ein zeitlich begrenztes, bis die Entscheidung über die Eintragung unanfechtbar geworden ist.[239]
Von der Verfassungsmäßigkeit der Regelung des §4 KultSchG ist ebenso auszugehen wie von der Vereinbarkeit mit europarechtlichen Vorgaben. Wie im Zusammenhang mit §1 IV KultSchG aufgezeigt worden ist, kommt zwar grundsätzlich die Ausgestaltung einer Ausfuhrbeschränkung mit Genehmigungserfordernis in Betracht. Ob ein Genehmigungserfordernis aber überhaupt bestehen soll, soll jedoch gerade erst im Rahmen des Einleitungsverfahrens geklärt werden. Insofern kann eine Ausfuhrbeschränkung mit Genehmigungserfordernis in diesem Zusammenhang nicht als ein milderes, gleich geeignetes Mittel angesehen werden. Auch sorgt gerade die zeitliche Beschränkung für die Angemessenheit.[240]
Dabei ist jedoch umstritten, ob das Eintragungsverfahren erst ab Zugang der Einleitungsverfügung oder aufgrund allgemeiner verwaltungsrechtlicher Regeln bereits mit Vornahme der ersten auf die Eintragung eines bestimmten Kulturgutes gerichteten Amtshandlung als eingeleitet im Sinne des §4 KultSchG gilt. Für einen möglichst frühen Zeitpunkt spricht, dass bereits vor der Eintragungsverfügung eine Anhörung des Eigentümers des Kulturgutes vorgenommen werden kann und mit dessen Kenntnis die Schaffung vollendeter Tatsachen droht.[241]
Da §4 KultSchG nur von der Einleitung des Eintragungsverfahrens bis zur unanfechtbar gewordenen Entscheidung über die Eintragung die Ausfuhr ins Ausland untersagt, wird diese Untersagung selbst noch nicht als Verwaltungsakt angesehen, sondern lediglich als vorbereitende Maßnahme hinsichtlich der Entscheidung über die Eintragung. Dieser Charakter als vorbereitende Maßnahme könnte zwar nahe legen, das Verbot nicht schon während des Eintragungsverfahrens, sondern erst mit der Eintragung wirken zu lassen. Da ein Verlassen des Hoheitsgebiets durch das Kulturgut eine anschließend erfolgende Eintragung jedoch weitgehend wirkungslos macht und gerade diese Situation nach Einleitung des Eintragungsverfahrens von einem die Eintragung seines Kulturgutes ablehnenden Eigentümer ausgenutzt zu werden droht, muss gerade das Verbleiben des Kulturgutes in der Bundesrepublik Deutschland bis zum Zeitpunkt

---

238 Andreas Kleine-Tebbe, in: Bernsdorff/Kleine-Tebbe, Teil C, Rn.13f.; Anette Hipp, „Schutz von Kulturgütern in Deutschland", S.14; Joachim Berndt, „Internationaler Kulturgüterschutz", S.100; Bodo Pieroth, „Außenhandelsbeschränkungen für Kunstgegenstände", in: NJW 1990, S.1386.

239 Norbert Bernsdorff, in: Bernsdorff/Kleine-Tebbe §1 KultSchG, Rn.86; Anette Hipp, „Schutz von Kulturgütern in Deutschland", S.81.

240 Norbert Bernsdorff, in: Bernsdorff/Kleine-Tebbe §4 KultSchG, Rn.1f.; Jörg Sprecher, „Beschränkungen des Handels mit Kulturgut und die Eigentumsgarantie", S.54.

241 Bodo Pieroth, „Außenhandelsbeschränkungen für Kunstgegenstände", in: NJW 1990, S.1388.

der rechtskräftigen Entscheidung über die Eintragung durch ein solches absolutes Ausfuhrverbot gesichert werden.[242]
Da es sich bei §4 KultSchG um ein absolutes Exportverbot handelt und absolute Export- und Importverbote als Verbotsgesetze im Sinne des §134 BGB allgemein anerkannt sind, ist der Charakter als Verbotsgesetz viel unproblematischer als bei §1 IV KultSchG.[243]
Auch hier kann die Strafandrohung als ein zusätzliches Indiz für den Verbotscharakter angeführt werden, da die drohenden strafrechtlichen Konsequenzen die Wichtigkeit von zivilrechtlichen Sanktionen andeuten.[244] §16 I b KultSchG droht bei Ausfuhr eines Kulturgutes, dessen Eintragung eingeleitet ist, entgegen dem vorläufigen Ausfuhrverbot gem. §4 KultSchG eine Freiheitsstrafe von bis zu drei Jahren oder eine Geldstrafe an, wobei gem. §16 II KultSchG auch der Versuch strafbar ist. §16 III KultSchG ermöglicht die Einziehung solcher Kulturgüter zugunsten des Landes, in dem die Eintragung eingeleitet war.[245]
Selbst wenn als Zeitpunkt des Beginns des Verbots des §4 KultSchG bereits die erste auf die Eintragung gerichtete Amtshandlung angesehen wird, so setzt §16 I b KultSchG jedoch Vorsatz und damit eine Mitteilung über die Verfahrenseinleitung und die Folgen des unbefugten Verbringens voraus.[246] Somit bleibt zu klären, ob eine entsprechende Kenntnis auch für ein Eingreifen des §134 BGB zu fordern sein wird.

13 §9 KultSchG als Verbotsgesetz?

Zwar löst eine bloße Veräußerung ohne eine Ortsveränderung auch keine Mitteilungspflicht des Besitzers an die oberste Landesbehörde nach §9 I KultSchG aus, sowie keine entsprechende Mitteilungspflicht des Eigentümers gem. §9 II KultSchG. Jedoch greift die Mitteilungspflicht unter anderem beim Verbringen eines eingetragenen Kulturgutes an einen anderen Ort im Inland ein, sodass regelmäßig mit der Veräußerung eines Kulturgutes eine solche Mitteilungspflicht verbunden sein wird.[247]
Da ein Verstoß nach §17 KultSchG eine Ordnungswidrigkeit darstellt, welche mit einer Geldbuße geahndet werden kann, ist fraglich, ob es sich nach dem Sinn und Zweck bei §9 I KultSchG um eine Verbotsvorschrift im Sinne des §134 BGB handelt. Denn auch wenn hinsichtlich der Mitteilungspflicht eine Handlung gefordert wird, muss daraus nicht zwangsläufig folgen, dass ein Rechtsgeschäft unter Vereinbarung eines diesbezüglichen Unterlassens als solches verboten ist. Der zwingende Charakter einer Regelung ist zur Qualifikation als Verbotsgesetz zwar notwendig, aber nicht hinreichend.[248] Auch die Einordnung als Ordnungswidrigkeit kann allenfalls ein Indiz darstellen, reicht alleine für die Klassifizierung als Verbotsgesetz jedoch noch nicht aus.

---

242 Norbert Bernsdorff, in: Bernsdorff/Kleine-Tebbe §4 KultSchG, Rn.1f.; Jörg Sprecher, „Beschränkungen des Handels mit Kulturgut und die Eigentumsgarantie", S.54; Anette Hipp, „Schutz von Kulturgütern in Deutschland", S.81.
243 Christian Armbrüster, in: MüKo §134 BGB, Rn.7.
244 BGHZ 53, 157; BGHZ 118, 144f.; Rolf Sack, in: Staudinger §134 BGB, Rn.78.
245 Andreas Peya, „Die Ausfuhr von Kulturgütern im nationalen und Gemeinschaftsrecht", S. 167.
246 Bodo Pieroth, „Außenhandelsbeschränkungen für Kunstgegenstände", in: NJW 1990, S.1389.
247 Andreas Kleine-Tebbe, in: Bernsdorff/Kleine-Tebbe §9 KultSchG, Rn.3ff.
248 Christian Armbrüster, in: MüKo §134 BGB, Rn.46.

Die Mitteilungspflichten sollen in erster Linie dazu dienen, eine ständige Aktualität des Verzeichnisses national wertvollen Kulturgutes zu garantieren, die Auffindung eingetragener Kulturgüter zu erleichtern und durch Kontrollmöglichkeiten die Effektivität der Ausfuhrregelungen zu sichern sowie bei nicht nur vorübergehendem Verbringen in ein anderes Bundesland den Übergang in das Verzeichnis dieses Landes gem. §9 III KultSchG zu ermöglichen.[249] Auch bei Verletzung der Mitteilungspflichten bleibt das Kulturgut jedoch im Inland erhalten und wegen der erforderlichen identifizierbaren Beschreibungen der Kulturgüter kann die Ausfuhr weiterhin verhindert werden. Da die zur Erreichung dieses Zwecks angedrohten Sanktionen ausreichen, ist kein Grund ersichtlich, die Wirksamkeit eines Rechtsgeschäfts über §134 BGB zu verhindern.[250]

Fraglich ist jedoch, ob das Gesetz schon kein Verbotsgesetz darstellt oder eine Korrektur erst auf der Rechtsfolgenebene zu erfolgen hat. Anders als das Verbringen ins Ausland, ist das Verbringen innerhalb Deutschlands aber gerade nicht grundsätzlich verboten und nur mit Genehmigung zulässig. Selbst der mit Geldbuße geahndete Verstoß gegen die Mitteilungspflichten tangiert die Rechtsmäßigkeit des Verbringens innerhalb Deutschlands nicht. Insofern besteht ein Genehmigungserfordernis auch nicht bei jedem Geschäft mit Auslandsberührung, so beispielsweise nicht, wenn ein Rechtsgeschäft mit einem Ausländer den Verbleib in Deutschland vorsieht. Erst bei einer Mitnahme ins Ausland greift das Genehmigungserfordernis ein.[251] Damit stellt §9 KultSchG schon kein Verbotsgesetz dar.

14 Art. 2 der Verordnung (EWG) Nr. 3911/92 als Verbotsgesetz?

Aufgrund des Maastrichter Vertrages sind am 1. Januar 1993 die EG-Binnenmarktgrenzen und somit auch die Kontrollen hinsichtlich exportierten Kulturgutes weggefallen. Trotz des Grundsatzes der Warenverkehrsfreiheit im Sinne des Art. 23 EG, der alle Erzeugnisse umfasst, „die einen Geldwert haben und deshalb Handelsgeschäfte sein können",[252] somit auch Kulturgüter,[253] bleiben aufgrund der Ausnahmeregelung in Art. 30 EG die nationalen Gesetze zum Schutz von „nationalem Kulturgut von künstlerischem, geschichtlichem oder archäologischem Wert" wirksam.[254] Um den in den einzelnen Staaten vorgesehenen Schutz von Kulturgütern nicht durch eine Verschiebung der Kunstwerke in liberale EU-Mitgliedstaaten leer laufen zu lassen, wurde neben der Richtlinie 93/7/EWG vom 15.03.1993, die ein Rückgabeverfahren bei Export in einen anderen Mitgliedstaat vorsieht, die Ausfuhr von Kulturgütern aus Mitgliedstaaten in Drittstaaten durch die Verordnung (EWG) Nr. 3911/92 des Rates

249 Anette Hipp, „Schutz von Kulturgütern in Deutschland", S.96.

250 Rolf Sack, in: Staudinger §134 BGB, Rn.79.

251 Anette Hipp, „Schutz von Kulturgütern in Deutschland", S.89.

252 EuGH Rs. 7/68 Slg. 1968, S.634f., 2. Leitsatz; Marc Weber, „Unveräußerliches Kulturgut im nationalen und internationalen Rechtsverkehr", S.245f.

253 Erik Jayme, in: „Kunstwerke als Kriegsbeute", in: IPRax 1995, S.260; François Duret-Robert, „Droit du marché de l'art", S.460, Rn.191.12.

254 Heinrich Schweizer, „Die Position der Bundesrepublik Deutschland", in: KUR 2003, S.26; Kurt Siehr, „Öffentliches Recht und internationales Privatrecht beim grenzüberschreitenden Kulturgüterschutz", in: Rudolf Dolzer u.a. (Hg.), „Rechtsfragen des internationalen Kulturgüterschutzes", S.90f.; Marc Weber, „Unveräußerliches Kulturgut im nationalen und internationalen Rechtsverkehr", S.245f.

vom 09.12.1992 über die Ausfuhr von Kulturgütern geregelt.[255] Detailvorschriften über die Gestaltung der Ausfuhrgenehmigung sind in der Verordnung (EWG) Nr. 752/93 der Kommission vom 30.03.1993 zur Durchführung der VO (EWG) Nr. 3911/92 des Rates über die Ausfuhr von Kulturgütern erfolgt und Änderungen zuletzt durch die Verordnung (EG) Nr. 806/2003 des Rates vom 14. April 2003.[256]

14.1 Kompetenzzuweisung

Die ausdrückliche Kompetenzzuweisung im Bereich Kultur durch Art. 151 i.V.m. Art. 3 lit. q EG wurde durch den Maastricht-Vertrag erst eingeführt und galt bei Erlass der VO Nr. 3911/92 noch nicht, ermächtigt ohnehin aber auch nur zu Kulturfördermaßnahmen.[257] Art. 151 EG eröffnet den Raum für die Bedeutung von Kulturgütern im Rahmen des europäischen Integrationsprozesses neben den ökonomischen Zielen.[258] Da Exportregelungen zum Kulturgüterschutz jedoch zumindest auch wirtschaftliche Bezüge aufweisen,[259] konnte für die VO Nr. 3911/92 Art. 133 EG als Ermächtigungsgrundlage herangezogen werden. Auch von der Vereinbarkeit mit dem primärem Gemeinschaftsrecht ist auszugehen.[260]

14.2 Maßgebliche Regelungen

Die Ausfuhr von Kulturgütern aus dem Zollgebiet der Europäischen Gemeinschaften bedarf gemäß Art. 2 der VO Nr. 3911/92 der Genehmigung durch die zuständigen Behörden des Mitgliedstaats, in dessen Hoheitsgebiet sich das betreffende Kulturgut am 1. Januar 1993 rechtmäßig und endgültig befunden hat oder nach dem 1. Januar 1993 nach rechtmäßiger und endgültiger Verbringung aus einem anderen Mitgliedstaat oder Drittstaat befindet, unabhängig davon, in welchem Mitgliedstaat das Gesuch für die Ausfuhrgenehmigung gestellt wird und aus welchem Mitgliedstaat es stammt.[261] Grundsätzlich ist zur Erteilung der Genehmigung der Belegenheitsstaat zuständig, sofern das Kulturgut entweder aus seinem eigenen Hoheitsgebiet stammt oder rechtmäßig eingeführt wurde. Wurde das Kulturgut jedoch illegal in einen anderen Mitgliedstaat eingeführt, muss der Belegenheitsstaat die Erteilung einer Ausfuhrgenehmigung mangels Zuständigkeit ablehnen und statt dessen die Genehmigung des Herkunftsstaats beantragt werden. Dabei werden aufgrund des Wortlauts des Art. 2 II Unterabs. 1 wohl auch zurückliegende Exportverstöße erfasst.[262]

255 Haimo Schack, „Kunst und Recht", S.218, Rn. 517; Jarste Akkermann, „Internationaler Kulturgüterschutz", in: KUR 2002, S.31.

256 Marc Weber, „Unveräußerliches Kulturgut im nationalen und internationalen Rechtsverkehr", S.10f.

257 Reinhard Rack, „Die Rolle der Europäischen Union für die Kultur", in: Dietmar Pauger (Hg.), „ART Goes LAW", S.106; Anette Hipp, „Schutz von Kulturgütern in Deutschland", S.254f.

258 Alessandro Chechi, „Cultural Matters and the ECJ", in: Art Antiquity and Law 2004, S.284.

259 Anette Hipp, „Schutz von Kulturgütern in Deutschland", S.255.

260 Kurt Siehr, „Kulturgüterschutz innerhalb der Europäischen Union", in: ZVglRWiss 95 (1996), S.173; Andreas Peya, „Die Ausfuhr von Kulturgütern im nationalen und Gemeinschaftsrecht", S. 123; Anette Hipp, „Schutz von Kulturgütern in Deutschland", S.256.

261 Marc Weber, „Unveräußerliches Kulturgut im nationalen und internationalen Rechtsverkehr", S.246ff.

262 Anette Hipp, „Schutz von Kulturgütern in Deutschland", S.271.

Aus Art. 2 IV der VO Nr. 3911/92 e contrario ergibt sich, dass es sich bei dem ausführenden Objekt um ein Kulturgut im Sinne der Verordnung handeln muss, somit nach Art. 1 der VO Nr. 3911/92 um eines der im Anhang aufgezählten Güter. Denn fällt das Kulturgut nicht unter eine der Kategorien im Anhang, unterliegt seine Ausfuhr, sofern es sich um nationales Kulturgut von künstlerischem, historischen oder archäologischem Wert im Sinne des Art. 30 EG handelt, lediglich gem. Art. 2 IV der VO Nr. 3911/92 den innerstaatlichen Rechtsvorschriften des Ausfuhrmitgliedstaats.[263]
Wenn ein Kulturgut unter die Kategorien der VO Nr. 3911/92 fällt und nicht gleichzeitig unter eine nationale Schutzvorschrift, ist die Genehmigung gem. Art. 2 der VO Nr. 3911/92 zu erteilen. Greift gleichzeitig eine nationale Schutzvorschrift ein, kann die Genehmigung nach dem Wortlaut in Art. 2 II Unterabs. 3 der VO Nr. 3911/92 versagt werden. Dies spricht für ein Ermessen der Genehmigungsbehörde, welche eine Genehmigung im Einzelfall selbst erteilen kann, wenn ein Kulturgut national geschützt wird.[264]
Auch nimmt die mittlerweile nicht mehr zwingende, sondern von den Mitgliedstaaten abänderbare Bagatell-Klausel des Art. 2 II Unterabs. 2 der VO Nr. 3911/92 weitere Kulturgüter aus, nämlich solche, die von archäologisch oder wissenschaftlich beschränktem Wert sind, sofern sie nicht unmittelbar aus Grabungen, archäologischen Funden und archäologischen Stätten eines Mitgliedstaats stammen und der Handel mit ihnen rechtsmäßig ist.[265] Sie ist kritisiert worden, da sie wegen der Schwierigkeit der Festlegung des beschränkten Werts nicht zur Rechtsklarheit beiträgt und darüber hinaus auch keine Beschleunigung und Vereinfachung des Ausfuhrverfahrens erreicht, denn mit der Beurteilung überforderte Zollbeamte werden die betroffenen Kulturgüter im Zweifel ohnehin anhalten.[266] Auch wird gehofft, dass die Frage, ob hinsichtlich des wegen der Bagatellklausel der VO Nr. 3911/92 ohne Genehmigungspflicht ausführbaren archäologischen Kleinguts trotzdem eine Rückgabepflicht besteht, durch die geänderte Fassung des Art. 2 II Unterabs. 2 der VO Nr. 3911/92 hinfällig wird, indem Mitgliedstaaten, welche auch dieses Kleingut schützen wollen, sich nun wahrscheinlich für eine Genehmigungspflicht ohne Bagatellgrenzen entscheiden werden.[267]
Die gem. Art. 9 I VO Nr. 752/93 längstens zwölf Monate ab dem Ausstellungsdatum gültige Genehmigung gilt gem. Art. 2 III der VO Nr. 3911/92 europaweit, sodass kein Transitland die Ausfuhr aus seinem Staatsgebiet verweigern kann. Soll das Kulturgut nur vorübergehend das Zollgebiet der EU verlassen, ermöglicht Art. 9 II VO Nr. 752/93 der zuständigen Behörde eine Befristung der Wiedereinfuhr.[268]

263 Anette Hipp, „Schutz von Kulturgütern in Deutschland“, S.269.
264 Anette Hipp, „Schutz von Kulturgütern in Deutschland“, S.269.
265 Anette Hipp, „Schutz von Kulturgütern in Deutschland“, S.269f.
266 Andreas Peya, „Die Ausfuhr von Kulturgütern im nationalen und Gemeinschaftsrecht“, S. 147f.; Anette Hipp, „Schutz von Kulturgütern in Deutschland“, S.270.
267 Anette Hipp, „Schutz von Kulturgütern in Deutschland“, S.276f.
268 Marc Weber, „Unveräußerliches Kulturgut im nationalen und internationalen Rechtsverkehr“, S.246ff.

14.3 Verbotsgesetz?

Im Ergebnis europäisiert die VO Nr. 3911/92 die Zuständigkeitsregelungen für eine Exportgenehmigung in Drittstaaten.[269] Sie stellt aber keine abschließende Gemeinschaftsregelung dar, sondern betrifft lediglich den Schutz der Kulturgüter beim Warenverkehr mit Drittstaaten und lässt die nationalen Kulturgüterschutzgesetze weitgehend unberührt.[270]
Die Exportregelung der VO Nr. 3911/92 könnte dennoch als unmittelbar in Deutschland anwendbares Recht ein Verbotsgesetz im Sinne des §134 BGB darstellen und so mittelbar auch den Verstößen gegen bestimmte ausländische Exportverbote in Deutschland Relevanz verleihen. Denn zum einen werden auch Verordnungen des europäischen Gesetzgebers als Verbotsgesetze angesehen. So ist allgemein anerkannt, dass die Vorschriften des europäischen Rechts als Teil des deutschen Rechts Verbotsgesetze im Sinn des §134 BGB sein können.[271] Insbesondere soll §134 BGB auch bei Verträgen eingreifen können, welche gegen aus Verordnungen sich ergebende Verbote verstoßen, wie beispielsweise solche aus der VO (EG) Nr. 1254/1999, früher VO (EWG) Nr. 805/68, oder der VO (EWG) Nr. 827/68.[272] Dass die VO Nr. 3911/92 wiederum das Bestehen nationaler, und damit unter Umständen auch ausländischer Kulturgüterschutzvorschriften, voraussetzt, um Wirkung zu entfalten, steht dem nicht entgegen. Zum anderen spricht die vom KultSchG nicht so wesentlich abweichende Ausgestaltung eines Exportverbotes bestimmter Kulturgüter mit Genehmigungsvorbehalt dafür, auch diese Exportregelung als Verbotsgesetz zu werten.
Als Indiz kann auch in diesem Fall auf Art. 9 der VO Nr. 3911/92 verwiesen werden, welcher Sanktionen bei Verstößen gegen die Bestimmungen der VO Nr. 3911/92 vorsieht, welche eine hinreichende Gewähr für die Einhaltung bieten und wirksam, verhältnismäßig und abschreckender Natur sein müssen. Dass die Sanktionen durch die Mitgliedstaaten festgelegt werden sollen,[273] steht der Indizwirkung dieser ergänzenden Vorschrift für den Verbotscharakter des Art. 2 der VO Nr. 3911/92 nicht entgegen.

14.4 Verhältnis zu den Genehmigungserfordernissen des KultSchG

Ist ein unter die Kategorien der VO Nr. 3911/92 fallendes Kulturgut in das deutsche Verzeichnis national wertvollen Kulturgutes eingetragen, muss zur Ausfuhr in einen Drittstaat sowohl eine Genehmigung nach dem KultSchG als auch nach der VO Nr. 3911/92 vorliegen, zur Ausfuhr in einen Mitgliedstaat jedoch nur die Genehmigung nach dem KultSchG. Diese Genehmigung kann in beiden Fällen gem. §1 IV 3 KultSchG versagt werden, wenn wesentliche Belange der Ausfuhr entgegenstehen. Ist ein unter die Kategorien der VO Nr. 3911/92 fallendes Kulturgut nicht in das Ver-

269 Marc Weber, „Unveräußerliches Kulturgut im nationalen und internationalen Rechtsverkehr", S.246ff.

270 Kurt Siehr, „The Protection of Cultural Objects on a Regional Basis", in: „La protection internationale des biens culturels", S.89f.; Marc Weber, „Unveräußerliches Kulturgut im nationalen und internationalen Rechtsverkehr", S.249.

271 Hans Brox und Wolf-Dietrich Walker, „Allgemeiner Teil des BGB", Rn.321; Rolf Sack, in: Staudinger §134 BGB, Rn.43.

272 Rolf Sack, in: Staudinger §134 BGB Rn.44.

273 Anette Hipp, „Schutz von Kulturgütern in Deutschland", S.272.

zeichnis national wertvollen Kulturgutes eingetragen, ist nur zur Ausfuhr in Drittstaaten die Genehmigung nach der VO Nr. 3911/92 erforderlich. Diese wird regelmäßig zu erteilen sein, da es sich nicht um schutzwürdiges Kulturgut im Sinne des §1 KultSchG handelt, es sei denn, es wird ein Eintragungsverfahren eingeleitet, welches gem. §4 KultSchG zu einem vorläufigen Ausfuhrverbot führt. Ist ein Kulturgut in das Verzeichnis national wertvollen Kulturgutes eingetragen, welches nicht unter die Kategorien der VO Nr. 3911/92 fällt, was durch die restriktive Eintragungspraxis weitgehend vermieden wird, bedarf dieses sowohl zur Ausfuhr in einen Mitgliedstaat als auch in einen Drittstaat nur der Genehmigung nach dem KultSchG. Kulturgut, welches weder in das Gesamtverzeichnis eingetragen ist, noch unter die Kategorien der VO Nr. 3911/92 fällt, kann sowohl innerhalb als auch außerhalb der Europäischen Gemeinschaft ohne Genehmigung ausgeführt werden.[274]
Dass die Genehmigungserfordernisse des KultSchG und der VO Nr. 3911/92 unabhängig voneinander und nebeneinander eingreifen und die VO Nr. 3911/92 das KultSchG ebenso wenig verdrängt wie umgekehrt, lässt darauf schließen, dass beide Ausfuhrbeschränkungen auch unabhängig von einander als Verbotsgesetze Wirkung entfalten können. Daher kann im Rahmen des §134 BGB §1 IV KultSchG als Verbotsgesetz innerhalb und außerhalb des Anwendungsbereichs der VO Nr. 3911/92 für geschütztes deutsches Kulturgut herangezogen werden. Da die nationalen Verbotsgesetze anderer Mitgliedstaaten jedoch §134 BGB nicht unterfallen, kann in diesen Fällen ausschließlich die in Deutschland unmittelbar anwendbare VO Nr. 3911/92 als Verbotsgesetz Wirkung entfalten.

15 Art. 3 der Verordnung (EG) Nr. 1210/2003 als Verbotsgesetz?

Aufgrund der zunehmenden Plünderungen von irakischen Museen und Fundstätten und dem Anschwellen des illegalen Handels mit irakischen Kulturgütern[275] hat sich die Europäische Gemeinschaft zu einem besonderen Schutz irakischer Kulturgüter in der Verordnung (EG) Nr. 1210/2003 des Rates vom 7. Juli 2003 über bestimmte spezifische Beschränkungen in den wirtschaftlichen und finanziellen Beziehungen zu Irak und zur Aufhebung der Verordnung (EG) Nr. 2465/1996 entschlossen, zuletzt geändert durch die Verordnung (EG) Nr.785/2006. Zwar hängt die besondere Bedrohungslage der irakischen Kulturgüter eng mit den kriegerischen Auseinandersetzungen in der Region zusammen. Da aber nicht nur die während der Kriege, sondern sämtliche seit dem 6. August 1990 aus dem Irak ausgeführten Kulturgüter umfassend geschützt werden, die Regelung auch für Nichtkriegsparteien gilt und der Gegenstand der Regelung nicht die Ausfuhr der Kulturgüter aus dem Irak selbst, sondern die Einfuhr, Ausfuhr und Handel innerhalb der Europäischen Gemeinschaft ist, wird die Verordnung trotz der grundsätzlichen Ausklammerung des Kulturgüterschutzes in Kriegszeiten an dieser Stelle mitaufgenommen.

274 Anette Hipp, „Schutz von Kulturgütern in Deutschland“, S.274f.
275 Neil Brodie, „The illegal trade in antiquities“, in: KUR 2006, S.26.

15.1 Kompetenzzuweisung

Gestützt wurde die VO Nr. 1210/2003, welche neben den Einfuhr-, Ausfuhr- und Handelsbeschränkungen zum Kulturgüterschutz im Wesentlichen Wirtschaftssanktionen verhängt, auf Art. 60 EG und Art. 301 EG sowie den Gemeinsamen Standpunkt 2003/485/GASP. Da bereits im Zusammenhang mit der Kompetenzzuweisung bei der VO Nr. 3911/92 darauf hingewiesen wurde, dass Import- und Exportregelungen zum Kulturgüterschutz immer auch wirtschaftliche Bezüge aufweisen,[276] spricht auch die weniger vom Sanktionsgedanken geprägte, sondern vielmehr auf den Schutz der Kulturgüter ausgerichtete Zielsetzung der Handelsbeschränkungen nicht dagegen, in der allgemeinen Kompetenz für wirtschaftsbeschränkende Maßnahmen auch die Kompetenz für den Erlass von Einfuhr-, Ausfuhr- und Handelsbeschränkungen zum Schutz irakischer Kulturgüter zu erblicken.

15.2 Maßgebliche Regelungen

Nach Art. 3 I a der VO Nr. 1210/2003 ist es untersagt, irakische Kulturgüter und andere Gegenstände von archäologischer, historischer, kultureller, besonderer wissenschaftlicher und religiöser Bedeutung, einschließlich der in Anhang II aufgelisteten Gegenstände, in das Gebiet der Gemeinschaft einzuführen oder zu verbringen. Anhang II der VO Nr. 1210/2003 entspricht abgesehen von kleinen Präzisierungen Anhang A der VO Nr. 3911/92. Allerdings weist die Formulierung „einschließlich" darauf hin, dass es sich in diesem Fall nicht um eine abschließende Eingrenzung des Anwendungsbereichs handelt. Vielmehr sollen sämtliche Gegenstände von archäologischer, historischer, kultureller, besonderer wissenschaftlicher und religiöser Bedeutung umfassend erfasst werden. Auch verzichtet Anhang II der VO Nr. 1210/2003 auf eine Übernahme der Wertgrenzen des Anhangs B der VO Nr.3911/92.
Art. 3 I b der VO Nr. 1210/2003 untersagt die Ausfuhr oder Verbringung irakischer Kulturgüter und anderer Gegenstände von archäologischer, historischer, kultureller, besonderer wissenschaftlicher und religiöser Bedeutung, einschließlich der in Anhang II aufgelisteten Gegenstände, aus dem Gebiet der Gemeinschaft.
Zudem verbietet Art. 3 I c der VO Nr. 1210/2003, mit diesen Kulturgütern und anderen Gegenständen von archäologischer, historischer, kultureller, besonderer wissenschaftlicher und religiöser Bedeutung, einschließlich der in Anhang II aufgelisteten Gegenstände, zu handeln.
Voraussetzung für dieses Verbot ist jedoch, dass diese Kulturgüter entweder illegal von irakischen Orten entfernt wurden, insbesondere, wenn diese Gegenstände entweder Teil öffentlicher Sammlungen sind, die in den Bestandsverzeichnissen von irakischen Museen, Archiven oder besonderen Sammlungen von Bibliotheken oder aber in den Bestandsverzeichnissen religiöser Einrichtungen Iraks aufgeführt sind, oder ein begründeter Verdacht besteht, dass die Kulturgüter ohne Zustimmung des rechtmäßigen Besitzers aus Irak oder aber unter Verstoß gegen die einschlägigen irakischen Gesetze und Bestimmungen aus Irak verbracht wurden.
Der Anwendungsbereich des Art. 3 I der VO Nr. 1210/2003 wird jedoch durch Art. 3 II a VO Nr. 1210/2003 zeitlich dahingehend eingeschränkt, dass dieses Verbot nicht

276 Anette Hipp, „Schutz von Kulturgütern in Deutschland", S.255.

gilt, wenn nachgewiesen wird, dass die Kulturgüter vor dem 6. August 1990 aus Irak ausgeführt wurden. Dabei kann aus der negativen Formulierung auch eine Regelung der Beweislast abgeleitet werden. Art. 3 II b der VO Nr. 1210/2003 schränkt den Anwendungsbereich bezogen auf Kulturgüter ein, welche den irakischen Einrichtungen gemäß dem in Absatz 7 der UNSC-Resolution 1483 von 2003 beschriebenen Ziel der sicheren Rückgabe zurückgegeben werden. Damit bleibt die Möglichkeit eines Schutzes von Kulturgütern durch eine Unterbringung an sichereren Orten im Ausland möglich.

15.3 Verbotsgesetz?

Auch an dieser Stelle ist darauf hinzuweisen, dass Verordnungen als in die innerstaatliche Rechtsordnung einwirkende Vorschriften des europäischen Rechts Verbotsgesetze im Sinn des §134 BGB sein können.[277]
Während Art. 2 der VO Nr. 3911/92, welcher die Ausfuhr von bestimmten Kulturgütern aus der Europäischen Gemeinschaft von einer Genehmigung abhängig macht, wie bereits festgestellt wurde, als Verbotsgesetz anzusehen ist, geht Art. 3 I der VO Nr.1210/2003 im Anwendungsbereich und der Schärfe der Regelungen noch über das Verbot des Art. 2 der VO Nr. 3911/92 hinaus: Art. 3 I der VO Nr. 1210/2003 regelt nicht nur in lit. b die Ausfuhr der betroffenen Kulturgüter, sondern auch in lit. a die Einfuhr. Zudem knüpft Art. 3 I der VO Nr. 1210/2003 nicht an ein Genehmigungserfordernis an, sondern verbietet grundsätzlich und umfassend jegliche Verbringung der irakischen Kulturgüter in und aus der Europäischen Gemeinschaft.
Daneben schränkt Art. 3 I c der VO Nr. 1210/2003 auch den Handel mit bestimmten irakischen Kulturgütern ein. Dies kann als zusätzliches Indiz dafür gewertet werden, dass gerade auch die zivilrechtliche Wirksamkeit aller gegen Art. 3 I der VO Nr. 1210/2003 verstoßenden Rechtsgeschäfte eingeschränkt werden soll. Im Ergebnis ist daher Art. 3 I der VO Nr. 1210/2003 als Verbotsgesetz im Sinne des §134 BGB anzusehen.[278]

16 Von der VO Nr. 3911/92 und der VO Nr.1210/2003 nicht umfasste ausländische Kulturgüterschutznormen als Verbotsgesetze?

Da Richtlinien grundsätzlich nicht unmittelbar anwendbar sind und der Umsetzung in nationales Recht bedürfen, können sie nur in den Ausnahmefällen der unmittelbaren Anwendbarkeit Verbotsgesetze sein.[279] Hinsichtlich der RL 93/7/EWG wurde jedoch festgestellt, dass eine unmittelbare Anwendbarkeit selbst bei bereits abgelaufener Umsetzungsfrist ausscheiden muss, da die Regelungen mit Ausnahme des Art. 9 der RL 93/7/EWG dem Einzelnen keine Rechte verleihen und Art. 9 der RL 93/7/EWG die Geltendmachung eines Rückgabeanspruchs durch einen Mitgliedstaat voraussetzt. Auch wäre fraglich, inwieweit sich überhaupt eine entsprechende Verbotsnorm hinsichtlich der Verbringung von Kulturgütern aus ihren Bestimmungen herleiten ließe.[280]

---

277 Hans Brox und Wolf-Dietrich Walker, „Allgemeiner Teil des BGB", Rn.321; Rolf Sack, in: Staudinger §134 BGB, Rn.43.
278 Kurt Siehr, in: Ebling/Schulze, Teil 3, Rn.47.
279 Rolf Sack, in: Staudinger §134 BGB, Rn.45.
280 Anette Hipp, „Schutz von Kulturgütern in Deutschland", S.311.

Somit kann die RL 93/7/EWG trotz ihres Zusammenhangs mit der VO Nr. 3911/92 kein Verbotsgesetz darstellen. Folglich ist nur der Export bestimmter in anderen Mitgliedstaaten geschützter Kulturgüter in Drittstaaten, nicht aber der Export in andere Mitgliedstaaten durch eine in Deutschland unmittelbar anwendbare Vorschrift verboten.[281]

Art. 3 der VO Nr. 1210/2003 ist von vorneherein ausschließlich auf irakische Kulturgüter beschränkt und abschließend zu verstehen. Art. 2 IV der VO Nr. 3911/92 erlaubt zwar weitergehende nationale Exportverbote. Die Ausfuhr von Kulturgütern, die zwar unter nationale Kulturgüterschutzgesetze fallen, aber nicht die Kategorien, Wert- und Altersgrenzen im Anhang der VO Nr. 3911/92 erfüllen, bedürfen jedoch nach der VO Nr. 3911/92 keiner Genehmigung, sodass sich die Kontrollmöglichkeit an den Außengrenzen auf den von dem jeweiligen Mitgliedstaat kontrollierten Bereich beschränkt.[282] Bei fehlender Kontrollmöglichkeit bleiben nur noch auf Rechtsgeschäfte bezogene Unsicherheiten, um Vorschriften nicht leer laufen zu lassen.

Fraglich könnte somit sein, ob weder von der VO Nr. 3911/92 noch von der VO Nr. 1210/2003 erfasste ausländische Kulturgüterschutznormen selbst dann, wenn sie über kein unmittelbar in Deutschland anwendbares Gesetz in die deutsche Rechtsordnung integriert worden sind, nicht doch dem §134 BGB unterfallen könnten.

Zumindest eine Literaturansicht befürwortet die Anwendung des §134 BGB auch auf Rechtsgeschäfte, welche gegen ausländische Kulturgüterschutznormen verstoßen.[283] Dies begründet sie damit, dass nicht jedes Rechtsgeschäft, welches mit der Verbringung von ausländischen Kulturgütern in Zusammenhang steht, verhindert werden soll, sondern nur solche Rechtsgeschäfte, welche gegen ausländische Kulturgüterschutznormen verstoßen. Steht letztlich der Gesetzesverstoß im Vordergrund, werde dieser Differenzierung jedoch eine Herleitung aus §134 BGB besser gerecht, als der auf die Sittenwidrigkeit abstellende §138 I BGB.[284] Eine Beschränkung des Begriffs des Verbotsgesetzes auf deutsche Gesetze wird in diesem Zusammenhang abgelehnt, weil §134 BGB eine solche Beschränkung nicht eindeutig erkennen lasse, sodass alle ausländischen Gesetze gleichermaßen zu berücksichtigen seien.[285] Auch ermögliche eine Heranziehung des §134 BGB auf der kollisionsrechtlichen Ebene die Sonderanknüpfung und damit die Schließung von Regelungslücken.[286]

Dem steht jedoch entgegen, dass zwischen der deutschen Rechtsordnung und ausländischen Rechtsordnungen und der materiell-rechtlichen und der kollisionsrechtlichen Ebene zu differenzieren ist und im Rahmen der deutschen Rechtsordnung zunächst nur deutsche Gesetze wirksame Verbote aussprechen, zumal die Anwendung von auslän-

281 Reinhard Dietrich, „Cultural Property on the Move – Legally, Illegally", in: IntJCultProp 2002, S.298; Anette Hipp, „Schutz von Kulturgütern in Deutschland", S.274.

282 Kerstin Odendahl, „Kulturgüterschutz", S.213f.; Anette Hipp, „Schutz von Kulturgütern in Deutschland", S.269.

283 Christian Armbrüster, „Privatrechtliche Ansprüche auf Rückführung von Kulturgütern ins Ausland", in: NJW 2001, S.3584; Volker Wiese, „Der Einfluß des EG-Rechts auf das internationale Sachenrecht der Kulturgüter", S.194f.

284 Gerhard Kegel, in: Kegel/Schurig §23 II, S.1098.

285 Klaus Schurig, „Zwingendes Recht, »Eingriffsnormen« und neues IPR", in: RabelsZ 54 (1990), S.240ff.

286 Volker Wiese, „Der Einfluß des EG-Rechts auf das internationale Sachenrecht der Kulturgüter", S.195.

dischen Kulturgüterschutznormen wegen ihres öffentlich-rechtlichen Charakters besonders problematisch ist.
Auch eine in diesem Zusammenhang vorgenommene Einschränkung der unmittelbar über §134 BGB anwendbaren ausländischen Verbotsgesetze über den Begriff der Interessengleichheit[287] kann über dieses Problem nicht hinweghelfen. Darüber hinaus ist zweifelhaft, wie der Begriff der Interessengleichheit angesichts seiner politischen Dimension von den Gerichten ausgefüllt und angewandt werden soll, können selbst im Rahmen des Kulturgüterschutzes trotz deckungsgleicher Schutzgesetze im Extremfall die Interessen mehrerer beteiligter Länder kollidieren, wenn diese sich an demselben Kulturgut berechtigt glauben oder einen unterschiedlichen Schutzumfang befürworten. Auch bleibt offen, warum die Interessengleichheit als Korrektiv in §134 BGB geeigneter als der Sittenwidrigkeitsbegriff des §138 I BGB sein soll.[288]
Eine weitere Möglichkeit über die Trennung zwischen inländischen und ausländischen Rechtsordnungen hinwegzukommen und in den Begriff des Verbotsgesetzes im §134 BGB auch ausländische Kulturgüterschutznormen hineinzulesen, könnte in der Annahme eines allgemeinen, der deutschen Rechtsordnung angehörenden Rechtsgrundsatzes bestehen, dass gegen ausländische Kulturgüterschutznormen verstoßende inländische Rechtsgeschäfte verboten sind. Jedoch wird die Frage, ob allgemeine Rechtsgrundsätze und rechtliche Wertordnungen überhaupt Verbotsgesetze sein können, uneinheitlich beantwortet.[289] Nach einer Ansicht kommen im Rahmen des §134 BGB auch im Rahmen zulässiger richterlicher Rechtsfortbildung geschaffene allgemeine Rechtsgrundsätze in Betracht.[290] Nach anderer Ansicht kann gegen die Berücksichtigung von allgemeinen Rechtsgrundsätzen im Rahmen des §134 BGB vorgebracht werden, dass sich die richterliche Rechtsfortbildung außerhalb des Bereichs konkreter gesetzlicher Bestimmungen bewegt und damit in den Regelungsbereich von §138 I BGB fällt. Auch sollte auf die ein Gesetz im Sinne von §134 BGB kennzeichnende Genauigkeit der Tatbestandsumschreibung nicht verzichtet werden.[291] Ein allgemeiner Rechtsgrundsatz, dass gegen ausländische Kulturgüterschutznormen verstoßende inländische Rechtsgeschäfte nicht nur sittenwidrig, sondern verboten sind, ist jedoch abzulehnen. Letztlich würde so durch die Hintertür wiederum die grundsätzliche Trennung zwischen inländischen und ausländischen Rechtsordnungen durchbrochen.
Auch die Ansicht, die ausländische Verbotsgesetze immer dann über §134 BGB berücksichtigen will, wenn sie kollisionsrechtlich anwendbar sind,[292] findet wenig Zustimmung. Denn die kollisionsrechtliche Anwendbarkeit ausländischer Normen ist von der Berücksichtigungsfähigkeit ausländischer Verbotsgesetze innerhalb des deutschen materiellen Rechts zu trennen. Insofern ist an der Auffassung festzuhalten, dass als

287 Gerhard Kegel, in: Kegel/Schurig §23 II, S.1098.
288 Brigitte Schwadorf-Ruckdeschel, „Rechtsfragen des grenzüberschreitenden rechtsgeschäftlichen Erwerbs von Kulturgütern“, S.127ff.
289 Rolf Sack, in: Staudinger §134 BGB, Rn.18ff.
290 Christian Armbrüster, in: MüKo §134 BGB, Rn.32.
291 Rolf Sack, in: Staudinger §134 BGB, Rn.22.
292 Christian Armbrüster, in: MüKo §134 BGB, Rn.40.

Verbotsgesetze im Sinne des §134 BGB nur deutsche, aber grundsätzlich keine ausländischen Einfuhr- und Ausfuhrverbote in Betracht kommen.[293]
Da im Zusammenhang mit dem Erlass der VO Nr. 3911/92 auf die zunächst erwogene gegenseitige Anerkennung aller nationalen Kulturgüterschutznormen verzichtet wurde, um den jeweiligen Grenzschutzbeamten die Überprüfung aller Normen zu ersparen, und sich stattdessen ein Kompromiss durchgesetzt hat, welcher den Geltungsbereich der erforderlichen Gemeinschaftsmaßnahmen auf einen gemeinsam festgelegten Kern nationaler Kulturgüter beschränkt,[294] können Verstöße gegen Kulturgüterschutzvorschriften von Mitgliedstaaten, soweit sie im Umfang über den von der VO Nr. 3911/92 erfassten Schutzbereich hinausgehen, ebenso wenig wie Verstöße gegen Kulturgüterschutznormen von Drittstaaten zur Zeit über §134 BGB berücksichtigt werden. Werden ausländische Exportverbote über inländische Rechtsnormen in die innerstaatliche Rechtsordnung integriert, werfen sie jedoch keine Probleme hinsichtlich ihrer Berücksichtigungsfähigkeit mehr auf, da es sich dann um einen Fall der rein inländischen Rechtsanwendung handelt.[295]
Ob sich der Umfang der Berücksichtigungsfähigkeit ausländischer Rechtsnormen durch den Beitritt Deutschlands zum UNESCO-Kulturgutübereinkommen ändert, wird im Folgenden erörtert.

17 Art. 3 des UNESCO-Kulturgutübereinkommens als Verbotsgesetz?

Völkerrechtliche Verbote können Verbotsgesetze im Sinne des §134 BGB sein, wenn sie gem. Art. 59 II GG in deutsches Recht transformiert wurden und selbst keine eigenen Sanktionen regeln.[296] Auch ausländische Verbotsgesetze können ausnahmsweise im Rahmen des §134 BGB zu berücksichtigen sein, wenn in deutsches Recht transformierte völkerrechtliche Verträge ihre Beachtung fordern.[297] Jedoch stellen solche völkerrechtlichen Verträge keine Verbotsgesetze im Sinne des §134 BGB dar, wenn sie nur die Rechtsbeziehungen zwischen den beteiligten Parteien regeln.[298]
In Art. 3 des UNESCO-Kulturgutübereinkommens heißt es, dass eine gegen die von den Vertragsstaaten in der Konvention angenommenen Bestimmungen verstoßende Einfuhr, Ausfuhr und Übereignung von Kulturgütern als rechtswidrig anzusehen ist. Da Art. 6 des UNESCO-Kulturgutübereinkommens die Ausstellung eines Ausfuhrzertifikats vorsieht, könnte daraus gefolgert werden, dass letztlich jede Verbringung, bei der die Rechtmäßigkeit nach den Gesetzen des Ausfuhrstaats nicht belegt werden kann, verboten ist. Demnach könnte allein der Beitritt Deutschlands entscheidend sein, damit Art. 3 des UNESCO-Kulturgutübereinkommens als Verbotsgesetz eingreift und gegen das UNESCO-Kulturgutübereinkommen verstoßende Rechtsgeschäfte nach §134 BGB nichtig sind. Dafür könnte sprechen, dass die USA einen Vorbehalt erklärt

293 Brigitte Schwadorf-Ruckdeschel, „Rechtsfragen des grenzüberschreitenden rechtsgeschäftlichen Erwerbs von Kulturgütern", S.104f.; Helmut Heinrichs, in: Palandt §134 BGB, Rn.2; Rolf Sack, in: Staudinger §134 BGB, Rn.48.

294 Anette Hipp, „Schutz von Kulturgütern in Deutschland", S.252f.

295 Brigitte Schwadorf-Ruckdeschel, „Rechtsfragen des grenzüberschreitenden rechtsgeschäftlichen Erwerbs von Kulturgütern", S.93.

296 Rolf Sack, in: Staudinger §134 BGB, Rn.46.

297 Helmut Heinrichs, in: Palandt §134 BGB, Rn.3; Rolf Sack, in: Staudinger §134 BGB, Rn.53.

298 Helmut Heinrichs, in: Palandt §134 BGB, Rn.3.

haben mit dem Wortlaut „The United States understand Article 3 not to modify property interests in cultural property under the law of the states parties“ und der Bundesrepublik im Falle einer Ratifikation ebenfalls empfohlen wurde, einen formellen Vorbehalt oder zumindest eine spezielle Interpretationserklärung mit dem Inhalt abzugeben, dass Art. 3 nicht im Sinne des §134 BGB als gesetzliches Verbot angewendet wird.[299] Dabei ist umstritten, ob die Berücksichtigung des Art. 3 als Verbotsgesetz voraussetzt, dass die zur Wirkung gelangenden Verbote ihrerseits von einem Beitritt zur Konvention abhängig sind und zum Zeitpunkt der Unterzeichnung der Konvention bereits bestanden haben müssen oder ihr Erlass in Erfüllung der übernommenen Verpflichtungen zu erfolgen hat.[300] Selbst Vertreter einer weiten Interpretation des Art. 3, welche zur Rechtswidrigkeit aller gegen sämtliche Vorgaben des UNESCO-Kulturgutübereinkommens verstoßenden Ein- und Ausfuhren gelangen, lehnen jedoch teilweise den Rückgriff auf Art. 3 als Verbotsgesetz im Sinne des §134 BGB ab und betonen das Erfordernis eines Ausführungsgesetzes, indem sie gerade auf die inhaltliche Weite und Unbestimmtheit des Art. 3 verweisen, welche eine Konkretisierung durch weitere gesetzgeberische Maßnahmen notwendig macht.[301]

Das UNESCO-Kulturgutübereinkommen, das gem. Art. 2 vor allem den illegalen Im- und Export von Kulturgütern bekämpfen will, stellt zwar in Art. 3 fest, dass jede im Widerspruch zu den Bestimmungen der Konvention stehende eine Ein- und Ausfuhr rechtswidrig ist. Letztlich ändert dies aber nichts daran, dass erst die nationalen Bestimmungen zum Schutz des Kulturguts, die jeder Staat in Umsetzung der Konvention, insbesondere der Art. 6 lit. b, 7 lit. b (i) und 13 lit. a aufgestellt hat, über die Rechtswidrigkeit von Ein- und Ausfuhren entscheiden.[302]

Teilweise wird ein milderes Verständnis der Begriffe „illicit“ im englischen bzw. „illicites“ im französischen Vertragstext vertreten und ins Deutsche mit dem Begriff „unzulässig“ umschrieben. Dann wird in Frage gestellt, ob „unzulässig“ begrifflich mit „unrechtmäßig“ oder „gesetzeswidrig“ gleichbedeutend sei oder nicht vielmehr einen Ausdruck bloßer Missbilligung darstelle.[303] Der in der amtlichen deutschen Übersetzung gewählte Begriff „rechtswidrig“ geht jedoch von der Möglichkeit einer entsprechenden Auslegung aus.[304] Allerdings ist diese begriffliche Differenzierung nicht zwingend notwendig, da auf den Konventionstext insgesamt verwiesen werden kann, welcher klar erkennen lässt, dass sich die Unterzeichner lediglich auf den Erlass von nationalen Normen zum Kulturgüterschutz einigen.[305]

Demnach sieht das UNESCO-Kulturgutübereinkommen nur Mindestvorschriften hinsichtlich gesetzgeberischer und administrativer Maßnahmen vor, welche die Vertrags-

---

299 Sabine von Schorlemer, „Internationaler Kulturgüterschutz“, S.442.

300 Brigitte Schwadorf-Ruckdeschel, „Rechtsfragen des grenzüberschreitenden rechtsgeschäftlichen Erwerbs von Kulturgütern“, S.140f.

301 Sabine von Schorlemer, „Internationaler Kulturgüterschutz“, S.441.

302 Marc Weber, „Unveräußerliches Kulturgut im nationalen und internationalen Rechtsverkehr“, S.397f.

303 Felix Siegfried, „Internationaler Kulturgüterschutz in der Schweiz“, S.33.

304 BGBl 2007 II Nr.12 vom 25. April 2007, S.629.

305 Kurt Siehr, „Das UNESCO-Übereinkommen“, in: KUR 2005, S.38; Heinrich Schweizer, „Die Position der Bundesrepublik Deutschland“, in: KUR, 2003, S.26; Lambert Köhling, „Der Eigentumserwerb abhanden gekommener Kunstgegenstände im amerikanischen Recht“, S.19f.; Brigitte Schwadorf-Ruckdeschel, „Rechtsfragen des grenzüberschreitenden rechtsgeschäftlichen Erwerbs von Kulturgütern“, S.140f.

staaten zur Verhinderung des illegalen Kulturgütertransfers ergreifen sollen: So u.a. in Art. 5 die Aufstellung eines Verzeichnisses bedeutender Kulturgüter, deren Ausfuhr von dem Staat als merklicher Verlust eingestuft wird sowie in Art. 6 eine Genehmigungspflicht bezogen auf die Ausfuhr der eingetragenen Kulturgüter; in Art. 7 Maßnahmen zur Verhinderung der Einfuhr von Kulturgut, welches im Ausland aus einem Museum, einem öffentlichen Bauwerk oder einer ähnlichen Einrichtung gestohlen wurde; sowie die Anerkennung des unantastbaren Rechts jedes Vertragsstaats, bestimmtes Kulturgut nach Art. 13 lit. d als unveräußerlich einzustufen.[306]
Somit ist Art. 3 wie auch der Rest des Vertrages nicht self-executing und reicht für eine Verbotsvorschrift im Sinne des §134 BGB nicht aus. Vielmehr bedarf es neben der Transformation der Konvention durch ein deutsches Zustimmungsgesetz der Umsetzung der Konvention in einer unmittelbar anwendbaren nationalen Vorschrift.[307]
Mit dem KGÜAG ist im Zusammenhang mit dem geplanten Beitritt neben dem Zustimmungsgesetz ein deutsches Ausführungsgesetz für das UNESCO-Kulturgutübereinkommen erlassen worden.[308]

18 §14 I KultGüRückG n.F. als Verbotsgesetz?

Das KGÜAG ergänzt in Artikel 1 das bisherige KultGüRückG zur Umsetzung der RL 93/7/EWG um Regelungen, welche auch Nichtmitgliedstaaten in ihrem Bemühen um den Schutz ihrer Kulturgüter zugute kommen, sofern diese UNESCO-Vertragsstaaten sind. Dabei könnte insbesondere das in §14 I KultGüRückG n.F. enthaltene Importverbot als Verbotsgesetz im Sinne des §134 BGB in Betracht kommen und den Schutz ausländischer Kulturgüter vor illegaler Verbringung im Recht verbessern.

18.1 Verfassungsmäßigkeit der Regelung

Die Gesetzgebungszuständigkeit des Bundes kann, soweit es um den Schutz ausländischen Kulturgutes geht, nicht auf Art. 73 I Nr. 5a GG gestützt werden, welcher nur dem Erlass von Vorschriften zum Schutz deutschen Kulturgutes gegen Abwanderung ins Ausland dient. Es können aber auch nach der Föderalismusreform die als Ausgangspunkt im Gesetzgebungsverfahren gewählten Art. 73 I Nr. 5 GG und Art. 74 I Nr. 1 GG herangezogen werden.[309]
Hinsichtlich der materiellen Verfassungsmäßigkeit ist auch der Schutz von ausländischen Kulturgütern vor illegaler Verbringung als ein legitimes Ziel anzuerkennen. Auch wenn, wie im letzten Teil der Arbeit noch aufgezeigt wird, verschiedene Regelungsalternativen bestanden haben, sind an der Geeignetheit der vom Gesetzgeber ge-

306 Marc Weber, „Unveräußerliches Kulturgut im nationalen und internationalen Rechtsverkehr", S.397f.

307 Albert Bleckmann, „Sittenwidrigkeit wegen Verstoßes gegen den ordre public international", in: ZaöRV, 34 (1974), S.123; Brigitte Schwadorf-Ruckdeschel, „Rechtsfragen des grenzüberschreitenden rechtsgeschäftlichen Erwerbs von Kulturgütern", S.140f; Kay Hailbronner, „Frachtgut gesunkener Schiffe und Kulturgüterschutz vor deutschen Gerichten", in: JZ 2002, S.960; Andrea Franscesco Giovanni Raschèr, „Kulturgütertransfergesetz und Globalisierung", S.53; Volker Wiese, „Der Einfluß des EG-Rechts auf das Internationale Sachenrecht der Kulturgüter", S.269f.

308 Kurt Siehr, „Internationales Sachenrecht", in: ZVglRWiss 104 (2005), S.151, Fn.28; Begründung in Drucksache 155/06, S.20.

309 vgl. Begründung in Drucksache 155/06, S.25.

wählten konkreten Ausgestaltung des §14 I KultGüRückG n.F. zur Erreichung des Schutzes der ausländischen Kulturgüter vor illegaler Verbringung keine Zweifel angebracht. Auch die Erforderlichkeit der Regelung ist zu bejahen, da keine milderen, gleich geeigneten Mittel zur Verfügung stehen.
Eine kollisionsrechtliche Lösung könnte zwar als ebenso effektiv wie ein auf der materiell-rechtlichen Ebene wirkendes Importverbot angesehen werden, weist aber, obwohl unter §14 I KultGüRückG n.F. im Einzelfall auch nicht von ausländischen Exportverboten erfasste Kulturgüter fallen können, wohl insgesamt dennoch eine größere Reichweite auf. Aufgrund der Ausgestaltung des §14 I KultGüRückG n.F. als Importverbot mit Genehmigungsvorbehalt und des in §15 I KultGüRückG n.F. geregelten Anspruchs auf Genehmigungserteilung beim Fehlen eines Exportverbots kann auch die Angemessenheit bejaht werden.

18.2 Übereinstimmung mit den europarechtlichen Vorgaben

Da gem. Art. 23 II EG neben Kulturgütern aus Mitgliedstaaten auch Kulturgüter aus Drittstaaten von der Warenverkehrsfreiheit erfasst sind, wenn sie sich im freien Verkehr innerhalb der Mitgliedstaaten befinden und im Sinne des Art. 24 EG die Einfuhrformalitäten erfüllt und Zölle und Abgaben gleicher Wirkung erhoben und nicht ganz oder teilweise rückvergütet worden sind,[310] ist nicht völlig ausgeschlossen, dass nicht auch ein Importverbot mit den Grundfreiheiten des EG-Vertrages in Konflikt geraten könnte.
Art. 28 EG enthält eine dem Art. 29 EG entsprechende Regelung, die mengenmäßige Einfuhrbeschränkungen sowie alle Maßnahmen gleicher Wirkung zwischen den Mitgliedstaaten verbietet.[311] §14 I KultGüRückG n.F. wurde mit einem Genehmigungsvorbehalt versehen. Bei einem Genehmigungsvorbehalt handelt es sich nicht um ein unüberwindbares Importverbot und damit nicht um eine mengenmäßige Beschränkung, sondern um eine Maßnahme gleicher Wirkung.[312]
Die in der Keck-Entscheidung erörterte Einschränkung des in der Dassonville-Entscheidung entwickelten Anwendungsbereichs des Art. 28 EG bleibt nach einer Ansicht ohne Bedeutung, da auf Kulturgüter bezogene Regelungen als produktbezogene Maßnahmen einzuordnen sind.[313] Nach anderer Ansicht erfolgt zwar eine Einordnung von Kulturgüterschutzregelungen als verkaufsbezogene Maßnahmen, da die Kulturguteigenschaft nicht mit anderen vorgeschriebenen Produkteigenschaften wie Warenqualität oder Warenzeichen vergleichbar sei und Kulturgüterschutznormen in erster Linie den Verkauf von Kulturgütern regulieren. Dennoch findet auch nach dieser Ansicht wegen des diskriminierenden Charakters von Kulturgüterschutzregelungen keine Einschränkung des Anwendungsbereichs der Warenverkehrsfreiheit statt.[314] Auch wenn der diskriminierende Charakter nicht zwangsläufig bei allen Regelungen zum Schutz von Kulturgütern angenommen werden kann, so ist bei Importverboten, welche

310 Anette Hipp, „Schutz von Kulturgütern in Deutschland", S.215.
311 Anette Hipp, „Schutz von Kulturgütern in Deutschland", S.211.
312 Anette Hipp, „Schutz von Kulturgütern in Deutschland", S.217f.
313 Anette Hipp, „Schutz von Kulturgütern in Deutschland", S.223.
314 Volker Wiese, „Der Einfluß des EG-Rechts auf das internationale Sachenrecht der Kulturgüter", S.236f.

ausschließlich ausländische Kulturgüter betreffen, der diskriminierende Charakter zu bejahen, sodass der Meinungsstreit letztlich unerheblich ist.
Als eine Einschränkung auf der Tatbestandsebene oder als Rechtfertigungsgrund könnte bereits ein Rückgriff auf die Cassis de Dijon-Formel die durch das Importverbot bewirkte Einschränkungen der Handelbarkeit für zulässig erklären. Allerdings könnte der Kulturgüterschutz wegen der ausdrücklichen Erwähnung in Art. 30 EG auch das Bedürfnis für eine inhaltsgleiche Ausnahme entfallen lassen und gerade nicht zu den zwingenden Erfordernissen im Sinne der Cassis de Dijon-Rechtsprechung gezählt werden.[315]
Zumindest gestattet die Ausnahmeregelung des Art. 30 EG die Neueinführung eines Importverbots zum Schutz des nationalen Kulturguts von künstlerischem, geschichtlichem oder archäologischem Wert, soweit keine abweichenden abschließenden gemeinschaftsrechtlichen Regelungen bestehen.[316]
Zwar könnte die VO Nr. 3911/92 eine solche abschließende gemeinschaftsrechtliche Regelung darstellen, jedoch beschränkt sich der Anwendungsbereich des Art. 2 der VO Nr. 3911/92 nur auf Exportverbote für bestimmte Kulturgüter.[317] Daneben wird aus Art. 2 IV der VO Nr. 3911/92 gefolgert, wie die direkte Ausfuhr in Drittländer könne auch die direkte Einfuhr aus Drittländern weiterhin nationalen Bestimmungen unterworfen werden, sodass die Verordnung dem Erlass von Importverboten für Kulturgüter aus Drittländern nicht entgegensteht.[318]

18.3 Übereinstimmung mit den Vorgaben des UNESCO-Kulturgutübereinkommens

Auch wenn die Umsetzung des UNESCO-Kulturgutübereinkommens allein eine völkerrechtliche Verpflichtung darstellt, ist kurz zu untersuchen, ob die Bundesrepublik Deutschland mit dem beschlossenen Gesetz dieser nachgekommen ist. Wegen des Raumes, den das UNESCO-Kulturgutübereinkommen den Vertragsstaaten einräumt, sei es durch ausdrückliche Rücksichtnahme auf national abweichende Umsetzungsvorstellungen, sei es durch uneindeutige Terminologie, wird eine ausreichende Berücksichtigung der Zielsetzung des UNESCO-Kulturgutübereinkommens vom deutschen Gesetzgeber als ausreichend erachtet.[319]
Gegen eine solch pauschale Betrachtung könnte aber sprechen, dass das UNESCO-Kulturgutübereinkommen in einzelnen Fällen konkrete Vorschläge für Maßnahmen und gesetzliche Regelungen macht. So sieht Art. 7 (b) i zumindest den Erlass eines Importverbots für aus Museen oder religiösen und weltlichen öffentlichen Denkmälern gestohlene Kulturgüter vor. Dem möglichen Schluss aus Art. 3 i.V.m. Art. 6 des UNESCO-Kulturgutübereinkommens, dass der Import eines jeden Kulturgutes, dessen Ausfuhr nicht durch ein Zertifikat des Ausfuhrstaats als rechtmäßig belegt ist, zu verbieten und dadurch ausländische Kulturgüterschutzvorschriften vollumfänglich anzu-

---

315 Volker Wiese, „Der Einfluß des EG-Rechts auf das internationale Sachenrecht der Kulturgüter", S.240f.
316 Anette Hipp, „Schutz von Kulturgütern in Deutschland", S.223ff.
317 Frank Kohls, „Kulturgüterschutz", S.60.
318 Anette Hipp, „Schutz von Kulturgütern in Deutschland", S.418f.
319 Begründung in Drucksache 155/06, S.20; Stephanie Schulz-Hombach und Katrin Schenk, „Der Gesetzentwurf zur Ausführung des UNESCO-Kulturgutübereinkommens", in: KUR 2006, S.49.

erkennen und durchzusetzen sei, steht entgegen, dass eben Art. 7 (b) i des UNESCO-Kulturgutübereinkommens nur ein begrenztes Importverbot vorsieht.[320] Über diesen engen Bereich geht das Importverbot jedoch hinaus.
Problematisch könnte hingegen sein, dass das Erfordernis einer Eintragung ausländischen Kulturgutes in ein in Deutschland geführtes Verzeichnis die ausländischen Bestimmungen nur unzureichend respektiert und unter Umständen auch nicht vollständig umfasst und den Kulturgüterschutz für ausländische Staaten mit weiterem Aufwand verknüpft.[321]
Dem Gesetzgeber ist darin zuzustimmen, dass ein unmittelbarer Verweis auf ausländische Exportverbote hinsichtlich der strafrechtlichen Sanktionierung jeder dagegen verstoßenden Verbringung von Kulturgut nach Deutschland wegen des im Grundgesetz verankerten Bestimmtheitsgebots problematisch wäre. Denn strafbewehrt darf nur ein Verbot sein, das für den Handelnden im Vorfeld erkennbar ist. Händler und Touristen könnten jedoch nur mit großer Mühe herausfinden, in welchem Staat ein Kulturgut geschützt ist.[322]
In zivilrechtlicher Hinsicht könnte jedoch auch ein auf die ausländischen Vorschriften selbst verweisendes Verbot Auswirkungen entfalten. Da eine möglichst vollständige Registrierung von bedeutenden Kulturgütern gem. Art. 5 auch das UNESCO-Kulturgutübereinkommen erreichen will, kann eine daran gekoppelte Regelung trotz der Erschwernisse für die Vertragsstaaten jedoch auch als Anreiz positiv gewertet werden.

18.4 Maßgebliche Regelungen

§14 I KultGüRückG n.F. sieht vor, dass das Verbringen von Gegenständen, die im Verzeichnis wertvollen Kulturgutes der Vertragsstaaten geführt werden, in das Bundesgebiet der Genehmigung bedarf, wobei für die Erteilung dieser Genehmigung nach §15 II KultGüRückG n.F. die Zentralstelle des Bundes zuständig ist.[323]
Der Begriff des „Verbringens“ stellt auch in diesem Zusammenhang klar, dass jeder Transport von Kulturgütern erfasst werden soll, ohne dass es auf die Voraussetzungen einer „Einfuhr“ nach § 4 II Nr. 4 Außenwirtschaftsgesetz ankommt. Als Vertragsstaat ist gem. der Legaldefinition in §1 II KultGüRückG n.F. jeder Staat anzusehen, der das UNESCO-Kulturgutübereinkommen ratifiziert hat, ihm beigetreten ist oder es angenommen hat. Auf das konkrete Maß der Umsetzung der Bestimmungen durch die Vertragsstaaten kommt es nach der gewählten Regelung nicht an.
Auch lässt die gewählte Regelung klar erkennen, dass, anders als für die an das unrechtmäßige Verbringen anknüpfende Rückgabepflicht des §6 KultGüRückG n.F., für das Importverbot des §14 I KultGüRückG n.F. nicht der Verstoß gegen die ausländische Exportregelungen entscheidend ist, sondern der Verstoß gegen ein inländisches Genehmigungserfordernis durch eine deutsche Behörde. Wie sich aus §14 II KultGüRückG n.F. ergibt, soll das maßgebliche Verzeichnis wertvollen Kulturgutes der Ver-

320 Felix Siegfried, „Internationaler Kulturgüterschutz in der Schweiz“, S.33.
321 Michael Müller-Karpe, „Stellungnahme zum Gesetzentwurf zur Ausführung des UNESCO-Kulturgutübereinkommens“, in: KUR 2006, S.54f.
322 Begründung in Drucksache 155/06, S.40; Stephanie Schulz-Hombach und Katrin Schenk, „Der Gesetzentwurf zur Ausführung des UNESCO-Kulturgutübereinkommens“, in: KUR 2006, S.51.
323 Stephanie Schulz-Hombach und Katrin Schenk, „Der Gesetzentwurf zur Ausführung des UNESCO-Kulturgutübereinkommens“, in: KUR 2006, S.51.

tragsstaaten von dem Beauftragten der Bundesregierung für Kultur und Medien oder nach Übertragung auf die Zentralstelle des Bundes von dieser erstellt und im Bundesanzeiger bekannt gemacht werden. Es soll nicht nur, ähnlich wie das Verzeichnis national wertvollen Kulturgutes, die individuell bestimmbaren, von den Vertragsstaaten als im Sinne von Artikel 1 des UNESCO-Kulturgutüberein-kommens besonders bedeutsam bezeichneten Gegenstände enthalten, sondern daneben auch den Hinweis darauf, ob deren Ausfuhr aus dem Herkunftsstaat aus kulturgutschutzrechtlichen Gründen grundsätzlich verboten ist. Dieser letztere Hinweis ist insofern wichtig, als nach §15 I KultGüRückG n.F. die Genehmigung zu erteilen ist, wenn die Ausfuhr des Gegenstandes aus dem Herkunftsstaat nicht verboten ist.
Wie zu verfahren ist, wenn die Ausfuhr aus dem Herkunftsstaat verboten ist, lässt der Gesetzgeber hingegen offen, lediglich in der Begründung führt er aus, dass die zuständige Behörde nach pflichtgemäßem Ermessen entscheiden soll.[324] Fraglich könnte sein, ob im Rahmen der Ermessensausübung auch berücksichtigt werden soll, inwieweit sich der Schutz der betroffenen ausländischen Kulturgüter mit deutschen Vorstellungen in Einklang bringen lässt. Dagegen spricht aber, dass der Gesetzgeber die ausländischen Vorstellungen von der Bedeutung der Kulturgüter in nationaler Hinsicht und das Recht jedes Staats darüber zu bestimmten, welche Gegenstände als Kulturgut zu schützen sind und inwiefern sie Exportregelungen unterliegen, grundsätzlich respektieren will und sich auch bei der Eingrenzung des Umfangs des erforderlichen Schutzes nicht an nationalen Vorstellungen, sondern am Schutzbereich des UNESCO-Kulturgutübereinkommens orientiert.[325]
Auch legt der Gesetzgeber an anderer Stelle in seiner Begründung des Gesetzes dar, die Aufzeichnungspflichten nicht auf die vom Verzeichnis nach §14 II KultGüRückG n.F. genannten Kulturgüter zu beschränken, da er davon ausgeht, dass mit diesen Kulturgütern, wenn sie überhaupt rechtmäßig nach Deutschland verbracht worden sind, nur in Ausnahmefällen legal gehandelt werden darf.[326] Dies legt es nahe, davon auszugehen, dass bei eingetragenen Kulturgütern, deren Ausfuhr verboten ist, die Versagung der Genehmigung den Regelfall darstellt.
Abweichende Entscheidungen sind, wie bei dem Genehmigungsvorbehalt des nationalen geschützten Kulturgutes, nur in Ausnahmefällen in Betracht zu ziehen, beispielsweise, wenn zwischenzeitlich weitere vergleichbare Werke von größerer nationaler Bedeutung erworben wurden, welche eine Entbehrlichkeit nahe legen.
Die als Ausnahmefall vorgeschlagene Genehmigungserteilung hinsichtlich der Einfuhr trotz Ausfuhrverbots im Herkunftsstaat wegen einer im Herkunftsstaat drohenden Zerstörung des Kulturgutes[327] kann hingegen problematisch sein, sofern sie den Vorrang einer Erhaltung im Herkunftsstaat in Frage zu stellen droht und nicht mit einer Verpflichtung zur Rückgabe des Kulturgutes bei Besserung der Lage einhergeht.
Insgesamt ist im Rahmen des Importverbotes bei der Annahme eines solchen Ausnahmefalls wegen der angestrebten Achtung des von ausländischen Staaten betriebe-

324 Begründung in Drucksache 155/06, S.41; Stephanie Schulz-Hombach und Katrin Schenk, „Der Gesetzentwurf zur Ausführung des UNESCO-Kulturgutübereinkommens", in: KUR 2006, S.51.
325 Begründung in Drucksache 155/06, S.40.
326 Begründung in Drucksache 155/06, S.43; Stephanie Schulz-Hombach und Katrin Schenk, „Der Gesetzentwurf zur Ausführung des UNESCO-Kulturgutübereinkommens", in: KUR 2006, S.52.
327 Stephanie Schulz-Hombach und Katrin Schenk, „Der Gesetzentwurf zur Ausführung des UNESCO-Kulturgutübereinkommens", in: KUR 2006, S.51.

nen Kulturgutschutzes noch größere Vorsicht geboten als bei Genehmigungen nach dem KultSchG.

18.5 Verbotsgesetz?

Einige der Folgen, welche die Einführung des §14 I KultGüRückG n.F. mit sich bringt, sind im Gesetz genau beschrieben. So wird nach §16 I KultGüRückG n.F. nicht mehr nur das unmittelbare Verbringen von Kulturgut, welches dem Gesetz zum Schutz deutschen Kulturgutes gegen Abwanderung oder einer von den Europäischen Gemeinschaften erlassenen Ein- oder Ausfuhrregelung unterliegt, in der Bundesrepublik Deutschland zollamtlich überwacht, sondern auch das Verbringen von Kulturgütern aus Drittländern. Wenn sich im Rahmen dieser zollamtlichen Überwachung entweder Zweifel hinsichtlich einer Genehmigungspflichtigkeit des Verbringens nach §14 I KultGüRückG n.F. oder hinsichtlich der Rechtsmäßigkeit einer vorgelegten Genehmigung ergeben, kann die zuständige Zollstelle nach §17 I KultGüRückG n.F. Kulturgüter bis zur Klärung in Verwahrung nehmen oder einen Dritten mit der Verwahrung beauftragen sowie vom Verfügungsberechtigten die Vorlage einer Bescheinigung einer vom Beauftragten der Bundesregierung für Kultur und Medien anerkannten unabhängigen sachverständigen Stelle bzw. Person verlangen. aus der hervorgeht, dass es sich nicht um in dem Verzeichnis wertvollen Kulturgutes der Vertragsstaaten enthaltene Gegenstände handelt. Auch kann die zuständige Zollstelle Kulturgüter gem. §17 II KultGüRückG n.F. beschlagnahmen, wenn sie feststellt, dass diese ohne die vorgeschriebenen Genehmigungen in das Bundesgebiet verbracht wurden. Innerhalb eines Monats nach der Beschlagnahme müssen die vorgeschriebenen Genehmigungen vorgelegt werden, wobei die Frist nach §17 II KultGüRückG n.F. längstens bis zu insgesamt sechs Monaten verlängert werden kann. Verstreicht diese Frist hat die zuständige Zollstelle gem. §17 II KultGüRückG n.F. die Einziehung anzuordnen.
Daneben drohen strafrechtliche Konsequenzen:[328] So sieht §20 I Nr. 3 KultGüRückG n.F. eine Freiheitsstrafe bis zu drei Jahren oder eine Geldstrafe vor, wenn ein Kulturgut ohne Genehmigung nach §14 I KultGüRückG n.F. in das Bundesgebiet verbracht wird. Durch die Einführung dieser Strafbestimmung soll dem Unrechtsgehalt des illegalen Verbringens von Kulturgut Rechnung getragen werden, führt dieses für die betroffenen Staaten, aber auch für die Wissenschaft zu großen Verlusten. Als Begründung für die Strafbestimmung führt der Gesetzgeber neben der Bedeutung von Sanktionsmöglichkeiten auch die Erleichterung der zollamtlichen Überwachung und der Zusammenarbeit der Zollbehörden mit der Staatsanwaltschaft und Kriminalpolizei im Rahmen der Weiterleitungsbefugnis nach §12 Zollverwaltungsgesetz an.[329]
Die Ausgestaltung der vorgesehenen Strafandrohungen hält der Gesetzgeber insbesondere im Vergleich mit Strafbestimmungen für die Verletzung von Verbringungsverboten im Artenschutzrecht für angemessen.[330] §20 II KultGüRückG n.F. erweitert den Strafrahmen auf eine Freiheitsstrafe bis zu fünf Jahren oder Geldstrafe bei gewerbs- oder gewohnheitsmäßigem Handeln. Schon die einmalige Verletzung des Verbrin-

328 Stephanie Schulz-Hombach und Katrin Schenk, „Der Gesetzentwurf zur Ausführung des UNESCO-Kulturgutübereinkommens“, in: KUR 2006, S.51.

329 Begründung in Drucksache 155/06, S.41.

330 Begründung in Drucksache 155/06, S.45.

gungsverbotes ist wegen der besonderen Bedeutung der Kulturgüter als strafwürdig anzusehen, den hohen Gewinnspannen im illegalen Kulturguthandel wird jedoch durch einen qualifizierten Straftatbestand besonders Rechnung getragen. Eine Regelung zur Strafbarkeit des Versuchs hielt der Gesetzgeber für überflüssig, da der Straftatbestand mit jedem Transport in das deutsche Hoheitsgebiet vollendet ist.[331] Daraus lässt sich ableiten, dass die Beschlagnahme an der Grenze bereits ausreichend ist, um einen Verstoß gegen die Importregelung des §14 I KultGüRückG n.F. anzunehmen.
Hinsichtlich der zivilrechtlichen Folgen unterbleibt jedoch eine nähere Regelung. Allerdings ist zu bezweifen, dass trotz der vorgesehenen zollamtlichen Überwachung eine Einfuhr der von der Regelung des §14 I KultGüRückG n.F. erfassten Kulturgüter ohne die erforderliche Genehmigung vollständig verhindert werden kann. Trotz der strafrechtlichen Sanktionen könnten die Gewinne aus Rechtsgeschäften mit solchen Kulturgütern aus Drittstaaten locken. Um dem Importverbot zur Wirksamkeit zu verhelfen, muss das Verbot daher gerade auch im zivilrechtlichen Bereich Beachtung finden.
Auch hier stützt wieder die umfassende strafrechtliche Sanktionierung die Auslegung von §14 I KultGüRückG n.F. als Verbotsgesetz im Sinne des §134 BGB. Insbesondere spricht für die Auslegung von §14 I KultGüRückG n.F. als Verbotsgesetz im Sinne des §134 BGB auch die Ähnlichkeit der Importregelung für ausländisches Kulturgut mit der bereits bestehenden Exportregelung für deutsches Kulturgut. §14 I KultGüRückG n.F. sieht ebenso wie §1 IV KultSchG bei der Verbringung in einer Liste eingetragener Kulturgüter eine Genehmigungspflicht vor, sodass im Umkehrschluss davon auszugehen ist, dass die Verbringung der geschützten ausländischen Kulturgüter ohne Genehmigung nach Deutschland verboten ist.
Auch spricht für eine parallele Einordnung, dass das Importverbot des §14 I KultGüRückG n.F. nicht in erster Linie den Schutz des inländischen Marktes vor ausländischen Kulturgütern bezweckt, sondern, spiegelbildlich zu einem Exportverbot, das Verbringen von geschützten Kulturgütern aus ihrem Herkunftsstaat verhindern will und, um diesen Zweck zu erreichen, wie ein Exportverbot, einer umfassenden zivilrechtlichen Sanktionierung von Verstößen über §134 BGB bedarf.

19 §18 I KultGüRückG n.F. als Verbotsgesetz?

§18 KultGüRückG n.F. normiert Aufzeichnungspflichten im Kunst- und Antikenhandel sowie im Versteigerergewerbe bei Erwerb und Veräußerung bedeutsamen Kulturgutes im Sinne des §18 II KultGüRückG n.F., somit Kulturgut, welches unter die Kategorien in Teil A und die Wertgrenzen in Teil B des Anhangs zur VO Nr. 3911/92 fällt. Diese neue Vorschrift wird zunächst einmal ausführlicher dargestellt, bevor zu der Frage ihrer Einordnung als Verbotsgesetz Stellung bezogen wird.
§18 KultGüRückG n.F. ist durch die Bezugnahme auf die Anhänge der VO Nr. 3911/92 gekennzeichnet. Den Verweis auf die Anhänge zur VO Nr. 3911/92 begründet der Gesetzgeber damit, dass eine alle Kulturgüter umfassende Aufzeichnungspflicht zu unverhältnismäßigen Belastungen für Kunsthändler führen würde und gegen eine Orientierung an §14 II KultGüRückG n.F. spreche, dass mit den Objekten, die

331 Begründung in Drucksache 155/06, S.45.

§14 II KultGüRückG n.F. erfasst, regelmäßig nicht gehandelt werden soll und darf.[332] Eine Abgrenzung zwischen mehr und weniger bedeutenden Kulturgütern anhand der Anhänge zur VO Nr. 3911/92 ist hingegen relativ einfach.[333]
Dass durch die Bezugnahme auf die Anhänge der VO Nr.3911/92 die Kategorien des Art. 1 des UNESCO-Kulturgutübereinkommens unberücksichtigt bleiben, hält der Gesetzgeber für unschädlich. Diese Unschädlichkeit begründet er damit, dass es sich in Art. 1 des UNESCO-Kulturgutübereinkommens einerseits und Teil A des Anhangs der VO Nr. 3911/92 anderseits lediglich um eine unterschiedliche Darstellung handelt, inhaltlich jedoch dieselben Objekte betroffen wären.[334]
Dass in vielen Fällen Kulturgüter von den Kategorien beider Regelungen gleichermaßen umfasst werden, mag zwar zutreffend sein, allerdings kann die unterschiedliche Ausgestaltung der Abgrenzungskriterien in Einzelfällen dennoch entscheidend sein und zu einem Nachteil der allein von dem UNESCO-Kulturgutübereinkommen umfassten Objekte führen.
Insofern greift nur das Argument, dass die Heranziehung eines anstelle zweier Abgrenzungskataloge eine Vereinfachung für den Kunsthandel darstellt.[335] Die in Teil B des Anhangs der VO Nr. 3911/92 aufgestellten Wertgrenzen helfen Aufzeichnungspflichten zu vermeiden, die unter Berücksichtigung von Kaufpreis und Aufwand außer Verhältnis stehen. Sie werden zudem auf die Vermutung gestützt, dass Kulturgüter, welche diese Wertgrenzen nicht erreichen, meist auch kulturell weniger bedeutsam sind.[336] Dennoch wurde nachträglich eine weitere Entlastung der Händler und Versteigerer für nötig erachtet und zusätzlich eine Wertgrenze von 1000 € eingeführt.
Nach §18 I Nr. 1 KultGüRückG n.F. hat eine zur Feststellung der Identität des bedeutsamen Kulturgutes geeignete Beschreibung zu erfolgen. In diesem Zusammenhang werden nach der Gesetzesbegründung Angaben über Objekttyp, Epoche, Entstehungsdatum, Urheber, Titel, Material, Masse, Inschriften, Markierungen und andere besondere Merkmale, einschließlich Schäden und Reparaturen für erforderlich gehalten.[337] Zwar können und sollen auch fotografische Möglichkeiten genutzt werden.[338] Dennoch ist entgegen den Wünschen des Bundesrates und trotz der zwingenden Beifügung von Fotografien bei den Anträgen nach der VO Nr.3911/92 diese Voraussetzung nicht im Gesetz verankert worden.[339] Dies könnte daran liegen, dass die Erfassung und Übermittlung von Fotografien, insbesondere wenn diese auf digitalem Weg erfolgen soll, als sehr zeit- und kostenintensiv eingeschätzt und gerade von öffentlichen Einrichtungen gescheut wird.[340] Dabei erleichtert die fotografische Erfassung von Kultur-

---

332 Begründung in Drucksache 155/06, S.43.
333 Stephanie Schulz-Hombach und Katrin Schenk, „Der Gesetzentwurf zur Ausführung des UNESCO-Kulturgutübereinkommens“, in: KUR 2006, S.52.
334 Begründung in Drucksache 155/06, S.43; Stephanie Schulz-Hombach und Katrin Schenk, „Der Gesetzentwurf zur Ausführung des UNESCO-Kulturgutübereinkommens“, in: KUR 2006, S.52.
335 Stephanie Schulz-Hombach und Katrin Schenk, „Der Gesetzentwurf zur Ausführung des UNESCO-Kulturgutübereinkommens“, in: KUR 2006, S.52.
336 Begründung in Drucksache 155/06, S.43.
337 Begründung in Drucksache 155/06, S.44.
338 Begründung in Drucksache 155/06, S.44.
339 Stellungnahme des Bundesrates in Anlage 2 zur Drucksache 16/1371, S.23 und Gegenäußerung der Bundesregierung in Anlage 3 zur Drucksache 16/1371, S.25.
340 Uwe Hartmann, „*Lost Art* – Ziele und Möglichkeiten eines Internetportals“, in: „Im Labyrinth des Rechts?“, S.77, Fn.13.

gütern eine eindeutige Zuordnung[341] während insbesondere die digitalen Verbreitungsmöglichkeiten der gesammelten Daten Fälschungsmöglichkeiten, wie einen Austausch von Objekten, erschweren.[342]
Nach §18 I Nr. 2 KultGüRückG n.F. ist hinsichtlich des Kulturguts auch – soweit bekannt – die Angabe seines Ursprungs festzuhalten. Der Begriff des Ursprungs umfasst nach Ansicht des Gesetzgebers die Nennung des aktuellen Eigentümers, des vormaligen Eigentümers und gegebenenfalls des Fundorts des Gegenstands.[343] Daraus lässt sich im Umkehrschluss herleiten, dass §18 I Nr. 3 KultGüRückG n.F. nur die Erfassung von Name und Anschrift des Veräußerers, des Erwerbers und des Auftraggebers als Erfordernis aufstellt, die Erfassung des Eigentümers jedoch unter Nr. 2 fällt.
Nach §18 I Nr. 4 KultGüRückG n.F. sind darüber hinaus auch die Preise für den An- und Verkauf aufzuzeichnen. Für die ebenfalls geforderte Identifizierung des Einlieferers und des Erwerbers wird die Vorlage des Personalausweises regelmäßig als ausreichend zu erachten sein. Wie die Identifizierung beim Handel mit Kulturgütern im Internet vorgenommen werden soll, lässt der Gesetzgeber trotz der praktischen Bedeutsamkeit dieser Frage leider jedoch offen.
Daneben enthält §18 I 3 KultGüRückG n.F. eine Aufbewahrungspflicht der Aufzeichnungen mit den dazugehörigen Unterlagen und Belegen für die Dauer von zehn Jahren in den Geschäftsräumen. Nach §18 III KultGüRückG n.F. entfällt die Aufzeichnungspflicht nach §18 I KultGüRückG n.F. nur, soweit bereits den Anforderungen entsprechende Aufzeichnungen aufgrund allgemeiner Buchführungspflichten nach dem Handelsgesetzbuch oder der Abgabenordnung geführt und aufbewahrt werden. Die handelsrechtliche Buchführungspflicht, welche gem. §239 IV HGB schon durch eine geordnete Ablage von Belegen erfüllt werden kann und je nach Art und Umfang des Handelsgeschäftes keine weiteren Aufzeichnungen erfordert, und das nur am Ende eines Geschäftsjahres aufzustellende handelsrechtliche Inventar nach §240 HGB werden den nach Art. 10 a des UNESCO-Kulturgutübereinkommens erforderlichen Angaben grundsätzlich jedoch ebenso wenig gerecht wie die steuerrechtliche Aufzeichnungspflicht des Wareneingangs nach §143 AO.[344]
Gemäß §21 I KultGüRückG n.F. stellen vorsätzliche oder fahrlässige Versäumnisse hinsichtlich der Vollständigkeit, Richtigkeit und Rechtzeitigkeit der Aufzeichnungen und der Aufbewahrung für die vorgeschriebene Dauer nach §18 KultGüRückG n.F. eine Ordnungswidrigkeit dar, die nach §21 II KultGüRückG n.F. mit einer Geldbuße bis zu fünfzigtausend Euro geahndet werden kann.
Trotz dieser Geldbuße ist nach Sinn und Zweck fraglich, ob es sich um eine Verbotsvorschrift im Sinne des §134 BGB handelt. Die Formulierung, „der Betreiber eines Kunst- oder Antikenhandels oder eines Versteigerungsunternehmens hat bei Erwerb und Veräußerung bedeutsamen Kulturgutes folgende Aufzeichnungen zu machen", könnte nahe legen, dass ein Rechtsgeschäft nur unter bestimmten äußerlich damit verbundenen Umständen wirksam sein soll. Deutlichere Hinweise dafür, dass bei Verstö-

---

341 Frederic J. Truslow, „Putting the IFAR Cuzco Inventory to Work", in: Barbara T. Hoffman (Hg.), „Art and Cultural Heritage", S.109ff.

342 Kate Fitz Gibbon, „Alternatives to Embargo", in: Kate Fitz Gibbon (Hg.) „Who Owns the Past?", S.296.

343 Begründung in Drucksache 155/06, S.44.

344 Stephanie Schulz-Hombach und Katrin Schenk, „Der Gesetzentwurf zur Ausführung des UNESCO-Kulturgutübereinkommens", in: KUR 2006, S.51.

ßen gegen die Aufzeichnungs- und Aufbewahrungspflichten das Rechtsgeschäft selbst in seinem Bestand betroffen sein soll, enthält der Gesetzestext jedoch nicht. Vielmehr setzt ein Eingreifen der Aufzeichnungs- und Aufbewahrungspflichten letztlich einen Erwerb oder eine Veräußerung eines Kulturgutes voraus.
Gegen die Einordnung als Verbotsgesetz spricht insbesondere auch der Zweck. §18 KultGüRückG n.F. trägt in erster Linie der Problematik Rechnung, dass der illegale Handel mit Kulturgütern wegen der Verschwiegenheit des Kunsthandels häufig nur unzureichend nachvollzogen werden kann.[345] Er soll zurückzugebende Gegenstände gegebenenfalls auffindbar machen. Eine Norm, welche die Feststellung von Verstößen gegen nationale Kulturgüterschutznormen und die VO Nr. 3911/92 durch eine Aufzeichnungs- und Aufbewahrungspflicht erleichtert, kann zwar auch zur Durchsetzung von Rückgabeansprüche und letztlich trotz der Unabhängigkeit der Rückgabeansprüche von den zivilrechtlichen Eigentumsverhältnissen indirekt zur Ahndung von Verstößen gegen Export- und Importbestimmungen beitragen. Ein Verstoss gegen die Aufzeichnungs- und Aufbewahrungspflichten erschwert zwar die Rückverfolgung des Kulturgutes und der vorgenommenen Rechtsgeschäfte, bedeutet aber keine mit dem Verstoss gegen Verbringungsverbote vergleichbare Gefahr. Damit stellt §18 KultGüRückG n.F. selbst kein Verbotsgesetz dar.

20 Bleibende Schutzlücken

Neben den durch das KultSchG geschützten deutschen Kulturgütern, den durch die VO Nr. 3911/92 geschützten Kulturgütern aus anderen Mitgliedstaaten sowie den durch die VO Nr.1210/2003 geschützten irakischen Kulturgütern werden von den Regelungen des KultGüRückG n.F. auch Kulturgüter von Vertragsstaaten des UNESCO-Kulturgutübereinkommens umfasst. Während die Vorschriften des KultSchG und der VO Nr.3911/92 reine Exportregelungen darstellen und die VO Nr.1210/2003 neben einem Handelsverbot sowohl ein Exportverbot als auch ein Importverbot beinhaltet, ist §14 I KultGüRückG n.F. als reines Importverbot ausgestaltet. Sofern Mitgliedstaaten zugleich Vertragsstaaten des UNESCO-Kulturgutübereinkommens sind, wird auch die Einfuhr aus Mitgliedstaaten erfasst, während durch die VO Nr. 3911/92 nur die Ausfuhr in Drittstaaten verboten ist. Trotz der hohen Zahl von mittlerweile 113 Vertragsstaaten des UNESCO-Kulturgutübereinkommens weltweit[346] bleiben die Kulturgüterschutznormen der restlichen Staaten unberücksichtigt.
Dass nicht der Verstoß gegen ausländische Kulturgüterschutznormen selbst als Tatbestandsvoraussetzung des Importverbotes normiert wurde, sondern vielmehr eine Eintragung des individualisierten Kulturgutes in ein in Deutschland geführtes Verzeichnis erforderlich ist, führt dazu, dass nicht zwangsläufig auch jedes von den ausländischen Staaten geschützte Kulturgut erfasst wird. Den Umkehrschluss, dass nicht in dem Verzeichnis geführte Kulturgüter nicht schützenswert seien, hält der Gesetzgeber zwar ausdrücklich für unzulässig und weist auf den keineswegs abschließenden Charakter des Verzeichnisses hin, welches lediglich die erforderliche Erkennbarkeit für straf-

345 Albert E. Elsen, „Full Disclosure by Museums to Improve the Licit International Traffic in Trade“, in: John Henry Merryman (Hg.), „Thinking About the Elgin Marbles: Critical Essays on Cultural Property, Art and Law“, S.248.
346 http://portal.unesco.org/la/convention.asp?KO=13039&language=E&order=alpha

rechtliche Sanktionen herstellen soll.[347] Besonders bei archäologischen Funden besteht dadurch jedoch die Gefahr, dass eine unzulässige Ausgrabung oder Entfernung vom Fundort erfolgt ist, bevor eine Individualisierung und Eintragung erfolgen konnte. Hinsichtlich des Kulturgüterschutzes in Kriegszeiten bestehende Schutzlücken sollen durch eine in demselben Ausführungsgesetz wie die Änderung des KultGüRückG beschlossene und zu diesem Parallelen aufweisende, grundsätzlich aber in einem eigenständigen Gesetz getrennte Regelung zur Ausführung der Konvention vom 14. Mai 1954 zum Schutz von Kulturgut bei bewaffneten Konflikten geschlossen werden. Nach §2 I dieses Gesetzes ist jede Verbringung von Kulturgut im Widerspruch zu Abschnitt I Nr. 2 des Protokolls aus einem besetzten Gebiet eines Vertragsstaats während eines bewaffneten Konflikts in das Bundesgebiet verboten, es sei denn, das Kulturgut soll im Sinne von Abschnitt II Nr. 5 des Protokolls zum Schutz vor den Gefahren eines bewaffneten Konflikts im Bundesgebiet deponiert werden.

21 Erfordernis einer subjektiven Komponente im Rahmen des §134 BGB?

Da §134 BGB an den Verstoß gegen ein Verbotsgesetz anknüpft und keinen subjektiven Tatbestand enthält, genügt grundsätzlich ein objektiver Verstoß gegen das Verbotsgesetz, regelmäßig auch bei Straf- und Ordnungswidrigkeitstatbeständen.[348] Insbesondere wenn bei §4 KultSchG ein Eingreifen ab der ersten Amtshandlung in Betracht gezogen wird, kann somit anders als bei der strafrechtlichen Sanktionierung über §16 I b KultSchG ein Verstoß im Sinne des §134 BGB bereits vor einer Mitteilung über die Verfahrenseinleitung erfolgen.[349] Hinsichtlich der Rechtsfolgen bleibt jedoch zu erwägen, ob eine Ausnahme in Betracht kommt, weil der Schutzzweck die Nichtigkeit nur bei Kenntnis oder schuldhafter Nichtkenntnis des Gesetzesverstoßes als gerechtfertigte Sanktion erscheinen lässt.[350]

22 Zu den Rechtsfolgen des §134 BGB

Die Frage, ob ein Gesetz ein Verbotsgesetz im Sinne des §134 BGB ist, ist streng von der Frage zu unterscheiden, ob dem Sinn und Zweck des verletzten Gesetzes die Sanktion der Nichtigkeit widerspricht.[351] Unter Umständen können jedoch die Überlegungen, die zu dem Schluss führen, dass ein Gesetz seinem Sinn und Zweck nach ein Verbotsgesetz darstellt, auch zu dem Schluss führen, dass gerade die Nichtigkeitsfolge seinem Normzweck gerecht wird.[352] Es wird vertreten, dass bei einseitigen Verbotsgesetzen das Rechtsgeschäft in der Regel gültig, bei beiderseitigen Verbotsgesetzen in der Regel nichtig sein soll.[353] Jedoch stellen die vielen Ausnahmen die Annahme einer Auslegungsregel in Frage.[354] Zudem wird nicht klar zwischen einseitigen und beiderseitigen Verboten und einseitigen und beiderseitigen Verstößen gegen Verbote unter-

347 Begründung in Drucksache 155/06, S.41.
348 Rolf Sack, in: Staudinger §134 BGB, Rn.82ff.
349 Bodo Pieroth, „Außenhandelsbeschränkungen für Kunstgegenstände", in: NJW 1990, S.1389.
350 Rolf Sack, in: Staudinger §134 BGB, Rn.85.
351 Rolf Sack, in: Staudinger §134 BGB, Rn.34.
352 Christian Armbrüster, in: MüKo §134 BGB, Rn.42; Rolf Sack, in: Staudinger §134 BGB, Rn.34.
353 BGHZ 78, S.271; BGH NJW 2000, S.1186; Helmut Heinrichs, in: Palandt §134 BGB, Rn.8f.
354 Claus-Wilhelm Canaris, „Gesetzliches Verbot und Rechtsgeschäft", S.10f.

schieden. So bleibt offen, welcher der Grundsätze gilt, wenn ein beiderseitiges Verbot nur einseitig verletzt wird.[355] Somit ist gegenüber einer Differenzierung zwischen einseitigen und beiderseitigen Verboten eine Untersuchung des Normzwecks als vorzugswürdig anzusehen.[356]
Als zutreffend ist diejenige in der Literatur vertretene Ansicht anzusehen, nach der §134 BGB eine Auslegungsregel darstellt und immer dann die Nichtigkeit anordnet, wenn die Nichtigkeitsfolge dem Zweck des Verbotsgesetzes nicht widerspricht und nicht verlangt, dass aufgrund des Zwecks gerade die Nichtigkeit als Sanktion positiv festgestellt werden muss.[357]
Die Haltung des BGH ist diesbezüglich zwar eher unklar,[358] da er einerseits die Bezeichnung als Auslegungsregel wählt,[359] andererseits fordert, dass Nichtigkeitsfolge dem Sinn und Zweck des Verbotsgesetzes „entsprechen" und somit nicht nur nicht widersprechen müsse.[360] Die Ansicht, dass §134 BGB keine eigenständige zivilrechtliche Sanktion enthalte, sondern nur auf den Zweck des verletzten Gesetzes verweise, sodass sich die Nichtigkeit immer nur aus dem Zweck und nie aus §134 BGB ergebe, übersieht jedoch zum einen den Wortlaut, der die Nichtigkeit anordnet, wenn sich nicht etwas „anderes" ergibt, zum anderen die Regelungsalternativen, die die Anordnung der Nichtigkeit unter Vorbehalt zum Ausdruck einer bewussten Entscheidung des Gesetzgebers machen.[361]
Die Materialien im Zusammenhang mit dem Entwurf des §134 BGB, die eine Regelvermutung als Ziel erkennen lassen,[362] sprechen ebenso für die Annahme einer Auslegungsregel wie die Tatsache, dass die Nichtigkeitssanktion zu einer generalpräventiven Verstärkung der Durchsetzungskraft des Verbotsgesetzes führt.[363] Beide Deutungen erfordern jedoch die Untersuchung des Zwecks einer Norm.[364] Von Bedeutung ist der Streit somit nur dann, wenn der Gesetzeszweck weder die Nichtigkeit verlangt, noch ihr entgegensteht.[365]
Sofern sich die Nichtigkeitsfolge aus dem Gesetzeszweck ableiten lässt, besteht Einigkeit dahingehend, dass ein verbotswidriges Rechtsgeschäft vollständig ex tunc nichtig ist. Im Gegensatz zu relativen Verfügungsverboten gem. §§135, 136 BGB wirkt die Nichtigkeit im Rahmen des §134 BGB absolut. Sie wird von Amts wegen berücksichtigt, auch wenn keine der Parteien sich auf sie beruft und keine sie wünscht.[366]

355 Rolf Sack, in: Staudinger §134 BGB, Rn.75.
356 Christian Armbrüster, in: MüKo §134 Rn.47f.; Rolf Sack, in: Staudinger §134 BGB Rn.35.
357 Karl Larenz und Manfred Wolf, „Allgemeiner Teil des Bürgerlichen Rechts", §40 Rn.5; Claus-Wilhelm Canaris, „Gesetzliches Verbot und Rechtsgeschäft", S.14ff.; Helmut Heinrichs, in: Palandt §134 BGB Rn.7; Gottfried Schiemann, in: Staudinger, Eckpfeiler des Zivilrechts, C III 1, S.91.
358 Claus-Wilhelm Canaris, „Gesetzliches Verbot und Rechtsgeschäft", S.16; Rolf Sack, in: Staudinger §134 BGB, Rn.61.
359 BGHZ 45, S.326; BGH WM 1973, S.1276; BGH NJW 1974, S.1377.
360 BGHZ 85, S.43; BGHZ 118, S.144; BGH NJW 1992, S.2557f.
361 Christian Armbrüster, in: MüKo §134 BGB, Rn.2.
362 Claus-Wilhelm Canaris, „Gesetzliches Verbot und Rechtsgeschäft", S.15; Rolf Sack, in: Staudinger §134 BGB, Rn.58.
363 Claus-Wilhelm Canaris, „Gesetzliches Verbot und Rechtsgeschäft", S.17f.;Rolf Sack, in: Staudinger §134 BGB, Rn.62.
364 Rolf Sack, in: Staudinger §134 BGB, Rn.59.
365 Rolf Sack, in: Staudinger §134 BGB, Rn.62.
366 Rolf Sack, in: Staudinger §134 BGB, Rn.65.

Inwieweit Kulturgüterschutznormen auch Verfügungsverbote oder Verfügungsbeschränkungen beinhalten, kann an dieser Stelle offen bleiben, da Verfügungsverbote zum Schutz öffentlicher oder allgemeiner Interessen, insbesondere öffentlichrechtliche Genehmigungsvorbehalte jedenfalls von §135 BGB nicht erfasst werden und auch keine Sonderregelung besteht, sodass §134 BGB nicht verdrängt wird.[367]
Wenn die Untersuchung des Normzwecks ergibt, dass gerade nicht die Nichtigkeit des Rechtsgeschäfts gewollt ist und das speziellere Gesetz eine ausdrückliche Rechtsfolgenregelung trifft, ist dieser Regelung zu folgen.[368] Umstritten ist jedoch, was passiert, wenn die Untersuchung des Normzwecks ergibt, dass nicht die Nichtigkeit des Rechtsgeschäfts gewollt ist, jedoch die Norm selbst auch keine anderweitige Regelung trifft. Nach einer Ansicht gilt das so genannte Alles-oder-Nichts-Prinzip, nach dem das verbotswidrige Rechtsgeschäft entweder ex tunc voll nichtig oder uneingeschränkt wirksam ist.
So wird auch im Zusammenhang mit §1 IV KultSchG daraus, dass das Gesetz als Verbotsgesetz im Sinne des §134 BGB einzuordnen ist, automatisch die Nichtigkeit eines dagegen verstoßenden Vertrags abgeleitet.[369] Dagegen wird von einer anderen Ansicht die doppelte Funktion des Normzweckvorbehalts hervorgehoben: Er schließe nicht nur unter Umständen die Nichtigkeitssanktion aus, sondern soll den Raum für die Entwicklung anderer dem Normzweck entsprechender Rechtsfolgen eröffnen. So erscheine häufig weder die Nichtigkeit noch die uneingeschränkte Wirksamkeit gerecht.[370]
Die nach der ersten Ansicht erforderlichen Korrekturen über Institute wie das des faktischen Vertrages, über Einwendungen wie die des venire contra factum proprium oder über die bereicherungsrechtliche Rückabwicklung,[371] könnten durch die Annahme einer nur teilweisen Nichtigkeit vermieden werden. Diese sei entsprechend dem Normzweck in verschiedenen Formen möglich. So müsse die Nichtigkeit nicht das gesamte Rechtsgeschäft betreffen, sondern könne auf einzelne Klauseln beschränkt werden oder im Rahmen einer geltungserhaltenden Reduktion entschärft werden. Auch sei eine Nichtigkeit ex nunc, eine nur einseitige Nichtigkeit sowie eine schwebende Wirksamkeit und eine relative oder schwebende Unwirksamkeit denkbar.[372]
Die letzte Alternative wird zum einen bei Rechtsgeschäften in Betracht gezogen, welche Anschlussdelikte bei gestohlenen Kulturgütern darstellen, zum anderen im Rahmen von genehmigungsbedürftigen Rechtsgeschäften von denjenigen, die nicht schon die Anordnung der Genehmigungsbedürftigkeit selbst als speziellere Rechtsfolgenregelung ansehen. So wird bei einer theoretisch denkbaren Genehmigungsfähigkeit des Exportes, wie sie beispielsweise nach dem KultSchG besteht, argumentiert, dass sich die Rechtsfolgen von denen absoluter Exportverbote unterscheiden müssten, und befürwortet, zunächst von einer schwebenden Unwirksamkeit auszugehen.[373]

367 BGHZ 19, S.355ff.; Jürgen Kohler, in: Staudinger §135 BGB, Rn.43.
368 Rolf Sack, in: Staudinger §134 BGB, Rn.66.
369 Haimo Schack, „Kunst und Recht", S.224, Rn. 531.
370 Rolf Sack, in: Staudinger §134 BGB, Rn.64.
371 BGHZ 111, S.312; Rolf Sack, in: Staudinger §134 BGB Rn.86.
372 Claus-Wilhelm Canaris, „Gesetzliches Verbot und Rechtsgeschäft", S.17; Rolf Sack, in: Staudinger §134 BGB Rn.87.
373 Dieter Martiny, in: MüKo Art. 34 EGBGB, Rn.122; Brigitte Schwadorf-Ruckdeschel, „Rechtsfragen des grenzüberschreitenden rechtsgeschäftlichen Erwerbs von Kulturgütern", S.91; Frank Kohls, „Kulturgüterschutz", S.103.

Insofern wird im Folgenden sowohl geprüft, ob die als Verbotsgesetze eingestuften Rechtsnormen die Nichtigkeit anordnen oder etwas anderes bestimmen, als auch, ob in den Fällen ohne ausdrückliche Rechtsfolgenregelung neben Nichtigkeit und Wirksamkeit eine Korrekturmöglichkeit hinsichtlich der Rechtsfolgen unter Heranziehung des Gesetzeszwecks geboten ist.

22.1 Besonderheiten bei gestohlenen Kulturgütern

Als typische Anschlussdelikte beim Diebstahl oder der Unterschlagung von Kulturgütern kommt die Hehlerei sowie der Betrug gegenüber einem gutgläubigen Käufer in Betracht, wenn dieser kein Eigentum nach §§932ff. BGB erwirbt.[374]

Wenn ein Verbot zum Schutz berechtigter Interessen Dritter oder der Allgemeinheit erlassen wurde, insbesondere wenn der Leistungserfolg durch das verletzte Gesetz verboten wird, ist regelmäßig die Nichtigkeit eines Rechtsgeschäfts anzunehmen.[375] So werden wegen des gegen §259 StGB verstoßenden Inhalts die Rechtsgeschäfte des Hehlers regelmäßig als nichtig angesehen.[376] Dagegen wird jedoch eingewandt, dass die Rechtsfolge der schwebenden Unwirksamkeit einem solchen Rechtsgeschäft, welches die Rechte Dritter verletzt, besser entgegen komme, da ein solches Rechtsgeschäft dann nicht zu missbilligen sei, wenn der verletzte Dritte das verbotene Rechtsgeschäft genehmige. So verstießen zwar auch die Verpflichtungsgeschäfte mit Hehlern über gestohlene Sachen gegen §259 StGB und könnten, zumindest sofern im Falle der Unterschlagung nicht die Voraussetzungen des §932 BGB vorliegen, nicht als rechtswirksam bewertet und als Grundlage für Erfüllungsansprüche herangezogen werden. Wenn der Eigentümer sie genehmige, bestehe jedoch kein rechtliches Interesse an der Nichtigkeit.[377]

Allerdings lässt sich dagegen einwenden, dass mehr als fraglich ist, ob eine erst nachträglich ausgesprochene Genehmigung die Notwendigkeit einer Sanktionierung eines ohne eine solche Genehmigung vorgenommenen Rechtsgeschäfts entfallen lässt, insbesondere wenn es um einen Straftatbestand wie Hehlerei geht, welcher auch durch eine nachträgliche Genehmigung nicht entfällt. Bei besonders gelagerten Interessen in Einzelfällen erscheint es sachgerechter, an eine Neuvornahme des Rechtsgeschäfts zu denken. Auch erscheint angesichts der Tatsache, dass wohl in nur wenigen Fällen tatsächlich eine solche Genehmigung durch das Opfer erfolgen wird, ein solch genereller, häufig auch lange andauernder Schwebezustand wenig sinnvoll.

Daneben ist fraglich, ob aus der Wertung der §932ff. BGB zwingend abzuleiten ist, dass das Verpflichtungsgeschäft zunächst schwebend unwirksam sein sollte, um zunächst eine gegen §259 StGB verstoßende Erfüllung auszuschließen, bei einem möglichen Eigentumserwerb des Käufers dann aber wirksam werden zu können, da ein

---

374 Frank Fechner, „Rechtlicher Schutz archäologischen Kulturguts“, S.54; Dieter Blumenwitz, „Rechtliche Schwierigkeiten bei der Rückgabe rechtswidrig nach Deutschland verbrachter Kunstschätze an die Herkunftsstaaten und künftige Lösungsansätze“, in: Jürgen Bröhmer u.a. (Hg.), „Internationale Gemeinschaft und Menschenrechte“, S.5; Arnd Koch, „Schatzsuche, Archäologie und Strafrecht – Strafrechtliche Aspekte so genannter „Raubgräberei““, in: NJW 2006, S.559.

375 Rolf Sack, in: Staudinger §134 BGB, Rn.67.

376 Claus-Wilhelm Canaris, „Gesetzliches Verbot und Rechtsgeschäft“, S.27f.; Christian Armbrüster, in: MüKo §134 BGB, Rn.53.

377 Rolf Sack, in: Staudinger §134 BGB, Rn.103.

Schutz des Käufers vor Rückübertragungsansprüchen durch die bereicherungsrechtlichen Vorschriften sichergestellt werden kann.
Wenn bei §263 StGB nicht ohnehin die Anfechtungsregeln als vorrangig erachtet werden,[378] wird zumindest eine parallele Rechtsfolgenregelung befürwortet und von einer Art „schwebender Wirksamkeit" ausgegangen.[379]

22.2 Besonderheiten bei illegal verbrachten Kulturgütern

Bei illegal verbrachten Kulturgütern ist zwischen Verstößen gegen Verbringungsverbote mit und ohne Genehmigungsvorbehalt zu differenzieren. Teilweise wird die gesetzliche Anordnung der Genehmigungsbedürftigkeit als eine speziellere Regelung angesehen, aus deren Wesen sich die schwebende Unwirksamkeit direkt ableiten ließe. Denn auch wenn das die Genehmigungspflicht vorsehende Gesetz kein Verbotsgesetz sei, greife diese Rechtsfolge.[380] Systematisch erscheint es bei Bejahung eines Verbotsgesetzes im Sinne des §134 BGB aber folgerichtiger, auch bei der Rechtsfolgenermittlung §134 BGB als Ausgangspunkt heranzuziehen.[381] Auch lässt sich gegen diese Auffassung anführen, dass die Möglichkeit der Genehmigungsfähigkeit noch keine Aussage darüber trifft, ob diese Genehmigungsfähigkeit auch dann bestehen bleiben soll, wenn ein Rechtsgeschäft unter Verstoß gegen die Genehmigungspflicht vorgenommen wurde und eine differenzierende Betrachtung durch einen Rückgriff auf das Wesen der Genehmigungsbedürftigkeit erschwert wird.
Fraglich könnte auch sein, ob sich aus Art. 2 der VO Nr. 3911/92 und dem Importverbot des §14 I KultGüRückG n.F. eine speziellere Regelung dahingehend ergibt, dass die Rechtsfolgen der ausländischen Kulturgüterschutznormen zu übernehmen sind. Für eine solche Übernahme könnte angeführt werden, dass letztlich die Integration ausländischer Exportverbote in die innerstaatliche Rechtsordnung erstrebt wird und Widersprüche zu den Rechtsfolgen nach der ausländischen Rechtsordnung vermieden und der äußere Entscheidungseinklang gefördert würde.
Dagegen könnte eine größere Rechtssicherheit und Klarheit bei der Übernahme der Rechtsfolgen aus der deutschen Rechtsordnung und eine Förderung des inneren Entscheidungseinklangs sprechen. So würde die Anerkennung der ausländischen Rechtsfolgen unter Umständen zu einem stärkeren Schutz führen, beispielsweise bei absoluten Ausfuhrverboten, jedoch wären weitergehende Rechtsfolgen, wie Vorkaufs- und Verfallsregelungen, im Hinblick auf das Territorialitätsprinzip problematisch.
Hauptargument ist jedoch, dass beide Regelungen, Art. 2 der VO Nr. 3911/92 und §14 I KultGüRückG n.F., lediglich als innerstaatlich unmittelbar anwendbare Vorschriften Wirksamkeit entfalten und nicht zu einer direkten Berücksichtigungsfähigkeit der ausländischen Normen im Rahmen des §134 BGB führen. So ist die Nichtigkeitsfolge bereits bei Verstößen gegen andere Verordnungen wie die VO (EG) Nr. 1254/1999, früher VO (EWG) Nr. 805/68, und die VO (EWG) Nr. 827/68 angenommen worden.[382] Hinsichtlich des Importverbots des §14 I KultGüRückG n.F. ist sogar schon der

---

378 Claus-Wilhelm Canaris, „Gesetzliches Verbot und Rechtsgeschäft", S.38.
379 Rolf Sack, in: Staudinger §134 BGB, Rn.108ff.
380 BGH NJW 1993, S. 648; Christian Armbrüster, in: MüKo §134 BGB, Rn.7; Rolf Sack, in: Staudinger §134 BGB, Rn.168.
381 BGHZ 37, S.235.
382 Rolf Sack, in: Staudinger §134 BGB, Rn.44.

Tatbestand völlig eigenständig ausgestaltet und an die Eintragung an ein in Deutschland geführtes Verzeichnis geknüpft worden. Dies legt es nahe, dass keine anderweitige Regelung vorliegt und die Rechtsfolgenermittlung parallel zu §1 IV KultSchG vorzunehmen ist. Dies bedeutet, dass von einer Nichtigkeit im Sinne des §134 BGB auszugehen sein wird, wenn nicht die Untersuchung des Zwecks von Export- bzw. Importverboten mit Genehmigungsvorbehalt zum Kulturgüterschutz etwas anderes nahe legt.

23 §1 IV KultSchG, Art. 2 der VO Nr. 3911/92, §14 I KultGüRückG n.F. als Verbringungsverbote mit Genehmigungsvorbehalt

Auch wenn §14 I KultGüRückG n.F. anders als §1 IV KultSchG und Art. 2 der VO Nr. 3911/92 ein Importverbot und kein Exportverbot darstellt, so verfolgt die Regelung nicht in erster Linie den Zweck, den einheimischen Markt vor der Konkurrenz ausländischer Kulturgüter zu schützen, sondern ausländischen Exportverboten zumindest in einem begrenzten Umfang zur Wirksamkeit zu verhelfen und damit ausländischen Staaten bei ihrem Schutz vor Abwanderung ihrer Kulturgüter Hilfe zu leisten.
Dies hat zur Folge, dass sich der Zweck der Regelungen letztlich nicht wesentlich unterscheidet. Jedem Staat soll das Recht zugebilligt werden, durch Kulturgüterschutznormen der Gefahr entgegenzuwirken, dass für ihn besonders wertvolle Kulturgüter wegen der wirtschaftlichen Anreize des internationalen Kunstmarktes ins Ausland abwandern. Die gegenseitige Anerkennung dieses Rechts soll die Wirksamkeit des Kulturgüterschutzes und zugleich die Effizienz des Kampfes gegen den illegalen Markt verstärken, der von einer fehlenden Durchsetzbarkeit von Kulturgüterschutznormen im Ausland wesentlich profitiert.
Wegen dieser vergleichbaren Zielsetzung der Regelungen muss im Folgenden nicht zwischen den einzelnen Regelungen differenziert werden. Auch die Ausgestaltung ähnelt sich insofern, als es sich bei allen drei Regelungen um ein Verbot mit Genehmigungsvorbehalt handelt.
Differenziert werden muss hingegen bei der Rechtsfolgenermittlung nach der Art des Rechtsgeschäfts. Denn es ist zu unterscheiden, ob die Genehmigung gesetzlich für ein konkretes Rechtsgeschäft verlangt wird oder ob die Genehmigungsbedürftigkeit dem Rechtsgeschäft vorgelagert ist.[383]
Dabei sind bei Ein- und Ausfuhrbeschränkungen verschiedene Gestaltungsmöglichkeiten denkbar: Wird das der Ein- und Ausfuhr zugrunde liegende Rechtsgeschäft für genehmigungsbedürftig erklärt, bezieht sich das Genehmigungserfordernis auf den rechtlichen Vorgang und damit auf das Rechtsgeschäft. Häufiger sind jedoch Ein- und Ausfuhrbeschränkungen, bei denen die Ein- und Ausfuhr selbst als tatsächlicher Vorgang genehmigungsbedürftig ist.[384] So besteht auch bei Kulturgüterschutznormen die Besonderheit, dass weder Verpflichtungs- noch Verfügungsgeschäfte direkt untersagt werden, sondern allein auf das Verbringen von Kulturgütern und damit die physische Änderung des Aufenthaltsorts abgestellt wird.[385]

383 Rolf Sack, in: Staudinger §134 BGB, Rn.166.
384 Oliver Remien, „Außenwirtschaftrecht in kollisionsrechtlicher Sicht: Zur internationalen Reichweite von Ausfuhr- und Einfuhrverboten", in: RabelsZ 54 (1990), S.444.
385 Frank Kohls, „Kulturgüterschutz", S.103.

Dieses untersagte Verbringen ist jedoch nicht zwangsläufig an ein Rechtsgeschäft gekoppelt, sondern kann, beispielsweise im Rahmen eines Umzugs, auch unabhängig von einem Rechtsgeschäft verwirklicht werden. Damit stellt sich die Frage, wann von einem hinreichenden Zusammenhang zwischen Verbotsgesetz und Rechtsgeschäft auszugehen ist, der es rechtfertigt, dass das Verbotsgesetz die Wirksamkeit des Rechtsgeschäfts beeinflusst.

Als Ausgangspunkt für die Bestimmung eines solchen hinreichenden Zusammenhangs erweist sich die Formulierung von Canaris als brauchbar, welcher zwar Vorbereitungshandlungen und Folgeverträge grundsätzlich aus dem Anwendungsbereich des §134 BGB herausnimmt,[386] ein Eingreifen des §134 BGB jedoch in den Fällen befürwortet, in denen es bei der Vertragsdurchführung notwendigerweise zu einem Gesetzesverstoß kommt und die Verträge damit unmittelbar auf ein verbotenes Tun ausgerichtet sind.[387]

Sofern es sich bei dem Rechtsgeschäft um einen Transportvertrag eines Kulturgutes über die Grenze handelt, ist das Verbringen des Kulturgutes unmittelbarer Gegenstand des schuldrechtlichen Vertrages und stellt zweifelsfrei eine vertragliche Leistungspflicht dar, sodass sich das Genehmigungserfordernis auf das konkrete Rechtsgeschäft bezieht. Während dann, wenn §259 StGB bei einem Kaufvertrag über gestohlene Kulturgüter eingreift, zweifelsfrei ebenfalls das konkrete Rechtsgeschäft betroffen ist, ist dies bei dem hier schwerpunktmäßig erörterten Kaufvertrag über illegal verbrachte Kulturgüter jedoch zweifelhaft.

Wenn der Transport ins Ausland zumindest wie beim Versendungskauf zu den vertraglichen Verpflichtungen des Verkäufers zählt, gehört der Gebietswechsel zum Vertragszweck.[388] Folglich kann der direkte Bezug zwischen Rechtsgeschäft und Genehmigungserfordernis auch hier bejaht werden. Es sind jedoch auch Fälle denkbar, in denen der Kaufvertrag sich auf den Kauf eines bestimmten Kulturgutes beschränkt und damit eine solche Verbindung zwischen dem Rechtsgeschäft und dem Genehmigungserfordernis nicht aus den vertraglichen Abreden selbst hergeleitet werden kann.

Allerdings scheint es auch nicht gerechtfertigt, das Eingreifen von Kulturgüterschutznormen als Verbotsgesetze von der vertraglichen Ausgestaltung abhängig zu machen. So wird häufig, auch dann, wenn auch nur der Kauf vertraglich vereinbart wurde, die Erfüllung der kaufvertraglichen Leistungspflicht am vereinbarten bzw. gesetzlich vorgesehenen Erfüllungsort das Verbringen wiederum voraussetzen. Damit verbieten Kulturgüterschutznormen letztlich auch den Leistungserfolg.[389] Dies hat zur Folge, dass in den Fällen, in denen ein Kulturgut erst noch aus bzw. eingeführt werden muss, zumindest von dem Erfordernis einer vorgelagerten Genehmigung auszugehen ist.

Wenn das Verbringen ohne Genehmigung vorgenommen wird, ist fraglich, ob hinsichtlich der Rechtsfolgen nach der Kenntnis der Vertragsparteien zu differenzieren ist. Denn manche Gesetze, die zweifelsfrei Verbotsgesetze sind, führen dennoch nur dann zur Nichtigkeit, wenn sich beide Parteien der Verbotswidrigkeit des Rechtsgeschäfts bewusst waren.[390]

---

386 Claus-Wilhelm Canaris, „Gesetzliches Verbot und Rechtsgeschäft“, S.47f.

387 Claus-Wilhelm Canaris, „Gesetzliches Verbot und Rechtsgeschäft“, S.51f.

388 Brigitte Schwadorf-Ruckdeschel, „Rechtsfragen des grenzüberschreitenden rechtsgeschäftlichen Erwerbs von Kulturgütern“, S.85.

389 Frank Kohls, „Kulturgüterschutz“, S.103f.

390 Rolf Sack, in: Staudinger §134 BGB, Rn.34.

Wenn der Verkäufer zunächst das Kulturgut über die Grenze transportiert und dann an einen ahnungslosen Käufer verkauft oder ein Käufer ein Kulturgut von einem ahnungslosen Verkäufer erwirbt, es dann aber ins Ausland verbringt, ist kritisch zu prüfen, ob das Verbringen von dem Rechtsgeschäft zu trennen und als isolierter Gesetzesverstoß zu behandeln ist. Zudem wird die Frage zu erörtern sein, ob und wie sich das Fehlen der Genehmigung auf Folgegeschäfte auswirkt.[391]

23.1 Kaufvertrag, bei dem eine Genehmigung beantragt wird

Als Grundfall wird zunächst die Konstellation erörtert, in der tatsächlich eine Ausfuhr- bzw. Einfuhrgenehmigung beantragt wird und zunächst gerade kein illegales Verbringen und damit kein Gesetzesverstoß geplant ist. Auch in diesem Zusammenhang wird vertreten, dass Kulturgüterschutznormen die Wirksamkeit des Vertrages beeinflussen. Zunächst ist davon auszugehen, dass der Kaufvertrag auch das Verbringen zu einer vertraglichen Leistung macht. Auch ist davon auszugehen, dass die Genehmigungserteilung nicht zur Bedingung gemacht wurde, da dann §158 I BGB eingreift.[392] Auch bei genehmigungsbedürftigen Rechtsgeschäften wird vorgeschlagen, danach zu differenzieren, ob das Rechtsgeschäft einseitig oder zwei- bzw. mehrseitig ist. Während einseitige Rechtsgeschäfte vor der erforderlichen Genehmigung grundsätzlich nichtig seien, sollen zwei- oder mehrseitige Rechtsgeschäfte schwebend unwirksam sein.[393] In diesem Fall erweist sich die Differenzierung als sachgerecht, da zumindest einseitige Gestaltungsgeschäfte, anders als zwei bzw. mehrseitige Rechtsgeschäfte, keinen Schwebezustand vertragen.[394] Ein Kaufvertrag, welcher das Verbringen als vertragliche Leistung beinhaltet, ist somit vor der Erteilung der Ausfuhr- bzw. Einfuhrgenehmigung schwebend unwirksam.
Dass die Genehmigungsfähigkeit bei den Kulturgütern, die der Genehmigungspflicht unterfallen, nur in Ausnahmefällen gegeben sein wird, schadet nicht. So soll der Schwebezustand grundsätzlich selbst dann eintreten, wenn feststeht, dass das Rechtsgeschäft nicht genehmigungsfähig ist.[395] Nur eine förmliche Bekanntmachung der zuständigen Genehmigungsbehörde, Genehmigungen der betreffenden Art generell zu versagen, soll zur Nichtigkeit führen können.[396]
Wegen des Spielraums, den die im Rahmen von §1 IV KultSchG vorzunehmende Abwägung der Umstände des Einzelfalls mit den wesentlichen Belangen des deutschen Kulturbesitzes eröffnet, wird eine sichere Prognose der Nichterteilung allenfalls bei einer im Rahmen der VO Nr. 3911/92 von ausländischen Behörden zu erteilenden Genehmigung in Betracht kommen können. Auch §§14, 15 KultGüRückG n.F. regeln allein einen Fall, in dem die Genehmigung zu erteilen ist, nicht jedoch Fälle, in denen sie nicht erteilt werden kann, sodass auch hier von der vom Gesetzgeber befürworteten Ermessensentscheidung[397] auszugehen ist.

391 Rolf Sack, in: Staudinger §134 BGB, Rn.166.
392 Rolf Sack, in: Staudinger §134 BGB, Rn.182.
393 BGH NJW 1993, S.650; Wolfgang Hefermehl, in: Soergel §134 BGB, Rn.43f; Rolf Sack, in: Staudinger §134 BGB Rn.167f; Helmut Heinrichs, in: Palandt §134 BGB, Rn.11a.
394 Helmut Heinrichs, in: Palandt §134 BGB, Rn.11a.
395 BGH NJW 1993, S.650; Rolf Sack, in: Staudinger §134 BGB, Rn.168.
396 Rolf Sack, in: Staudinger §134 BGB, Rn.173.
397 Begründung in Drucksache 155/06, S.41.

Während der schwebenden Unwirksamkeit bestehen keine Erfüllungsansprüche, jedoch kann sich keine der Parteien – von Korrekturmöglichkeiten über §242 BGB im Einzelfall abgesehen – vom Rechtsgeschäft lösen.[398] Im Gegenteil: Es haben alle Vertragsparteien nach §242 BGB die Pflicht, die zur Erteilung der Genehmigung erforderlichen Schritte in die Wege zu leiten.[399] Auch darüber hinaus können sich die Vertragsparteien wirksam verpflichten, bereits vor der Genehmigung der Vertragsabwicklung dienliche Maßnahmen zu ergreifen.[400]
Wird die Genehmigung erteilt, wird der Vertag ex tunc voll wirksam, sobald sie unanfechtbar geworden ist.[401] Da Widerruf und Rücknahme einer Genehmigung nur in Ausnahmefällen möglich sind, berühren die nachträglichen Aufhebungsmöglichkeiten die Wirksamkeit des Vertrages nicht.[402]
Wie eine Genehmigung wird grundsätzlich auch die Feststellung behandelt, dass eine Genehmigung nicht erforderlich sei. Fraglich ist jedoch, ob der Vertrag auch dann wirksam wird, wenn diese Feststellung unrichtig ist.[403] Dagegen könnte sprechen, dass die Entscheidung der Behörde die materielle Rechtslage nicht ändert.[404] Dafür wird vorgebracht, dass keine der Parteien ein schutzwürdiges Interesse habe, die Unwirksamkeit des Rechtsgeschäfts mit der Begründung geltend zu machen, dass eine erforderliche Genehmigung nicht erteilt wurde.[405]
Im Zusammenhang mit Kulturgütern stellt sich jedoch die Frage, ob diese Feststellung der Behörde, dass eine Genehmigung nicht erforderlich ist, auch die spätere Geltendmachung von staatlichen Rückgabeansprüchen wirksam ausschließt. Dafür könnte sprechen, dass es rechtsmissbräuchlich erscheint, zunächst die Genehmigungsbedürftigkeit zu verneinen, sich anschließend aber auf ein unrechtmäßiges Verbringen ohne Genehmigung zu stützen. Dagegen kann aber angeführt werden, dass Rückgabeansprüche bei nachträglicher Wertsteigerung oder nachträglicher Eintragung auch dann noch nachträglich entstehen können, wenn zum Zeitpunkt des Verbringens tatsächlich keine Genehmigung erforderlich war. Bei einem Verbringen trotz einer tatsächlich bereits erforderlichen Genehmigung steigt das Risiko späterer Rückgabeansprüche gegenüber den Fällen, in denen zumindest zum Zeitpunkt des Verbringens noch keine Genehmigung erforderlich ist, erheblich. Dies könnte dafür sprechen, dass der Käufer auch dann, wenn die Genehmigungsbedürftigkeit zu Unrecht verneint wurde, ein besonderes Interesse darlegen kann, die Unwirksamkeit des Rechtsgeschäfts geltend zu machen, weil die erforderliche Genehmigung nicht erteilt wurde.
Allerdings erleichtert das Eintragungsprinzip, welches nicht nur für die Bestimmung des deutschen national wertvollen Kulturgutes gilt, sondern auch für von dem Importverbot umfasstes ausländisches Kulturgut, den zuständigen Behörden die Bestimmung der Genehmigungsbedürftigkeit, sodass die Gefahr von Irrtümern in dieser Hinsicht gegenüber generalklauselartigen Tatbeständen reduziert wird.

398 BGH NJW 1993, S.651; Rolf Sack, in: Staudinger §134 BGB, Rn.169.
399 Wolfgang Hefermehl, in: Soergel §134 BGB, Rn.44; Rolf Sack, in: Staudinger §134 BGB, Rn.169.
400 BGH NJW 1993, S.651; Rolf Sack, in: Staudinger §134 BGB, Rn.169.
401 Rolf Sack, in: Staudinger §134 BGB Rn.170; Helmut Heinrichs, in: Palandt §134 BGB Rn.11a.
402 Wolfgang Hefermehl, in: Soergel §134 Rn.46; Rolf Sack, in: Staudinger §134 BGB Rn.170.
403 Rolf Sack, in: Staudinger §134 BGB Rn.171.
404 Wolfgang Hefermehl, in: Soergel §134 Rn.47.
405 Rolf Sack, in: Staudinger §134 BGB Rn.171.

Als weitere Möglichkeit, wie ein schwebend unwirksames Rechtsgeschäft wirksam werden kann, ist eine Gesetzesänderung zu erwähnen. Allerdings muss danach die Genehmigungspflicht noch während des Schwebezustandes entfallen.[406]
Bei unanfechtbarer Versagung der behördlichen Genehmigung wird der schwebend unwirksame Vertrag grundsätzlich ex tunc nichtig.[407] Eine Ersetzung eines bereits erlassenen Ablehnungsbescheids durch eine Genehmigung durch die zuständige Behörde noch vor Eintritt der Bestandskraft ist aber ausreichend, um den noch schwebend unwirksamen Vertrag wirksam werden zu lassen.[408] Wird nach Eintritt der Bestandskraft die Versagung nachträglich widerrufen oder zurückgenommen oder nachträglich eine Genehmigung erteilt, bleibt es nach überwiegender Ansicht bei der Nichtigkeit.[409] Die Möglichkeit, das wegen unanfechtbarer Versagung der Genehmigung nichtige Rechtsgeschäft bei einer späteren Erteilung erneut im Sinne des §141 BGB zu bestätigen, bleibt den Vertragsparteien jedoch eröffnet.[410]
Zwar wird im Zusammenhang mit Kulturgütern von einer anderen Ansicht vertreten, dass selbst in den Fällen, in denen ein Kulturgut trotz Ablehnung der beantragten Ausfuhrgenehmigung illegal ins Ausland verbracht wird, jederzeit auch noch eine nachträgliche Genehmigung in Betracht kommen könnte, und daher sowohl nach Ablehnung der Genehmigung als auch nach der illegalen Ausfuhr weiterhin von einer schwebenden Unwirksamkeit auszugehen sein soll.[411]
Die Annahme der Nichtigkeit lässt sich jedoch gut mit dem Aspekt der Rechtssicherheit begründen, der es sachgerecht erscheinen lässt, auf den Eintritt der Bestandskraft der ablehndenden Entscheidung abzustellen und relativ seltene anschließende Änderungen außer Betracht zu lassen. Denn die Parteien müssten sonst trotz rechtskräftiger Versagung der Genehmigung weiterhin ohne zeitliche Begrenzung mit einem Wirksamwerden des Vertrages rechnen und könnten über das Kulturgut bzw. ihre finanziellen Mittel dauerhaft nur einschränkt disponieren.[412]
Wird mit Bestandkraft der ablehnenden Entscheidung der Vertrag nichtig, so muss dies auch unabhängig davon gelten, ob anschließend das Kulturgut dennoch illegal ins Ausland verbracht wird, schließlich darf nicht derjenige begünstigt werden, welcher bereit ist, sich trotz versagter Genehmigung über ein Verbot hinwegzusetzen. Auch ist die teilweise vorgenommene Gleichstellung der Fälle, in denen das Kulturgut trotz Ablehnung ins Ausland unrechtmäßig verbracht wird, mit den Fällen, in denen die unrechtmäßige Verbringung ohne Einholung einer Genehmigung erfolgt ist,[413] meiner Ansicht nach nicht geboten. Schließlich ist – anders als in den Fällen, in denen keine Genehmigung beantragt wurde – nicht erst mit dem Verbringen über die Grenze, son-

406 Rolf Sack, in: Staudinger §134 BGB, Rn.172.
407 BGH WM 1964 S.1195f.; BGH NJW 1993, S.650f.; Wolfgang Hefermehl, in: Soergel §134 BGB, Rn.44; Helmut Heinrichs, in: Palandt §134 BGB, Rn.11a; Rolf Sack, in: Staudinger §134 BGB, Rn.173.
408 Wolfgang Hefermehl, in: Soergel §134 BGB, Rn.45; Rolf Sack, in: Staudinger §134 BGB, Rn.174.
409 BGH WM 1964, S.1196; Wolfgang Hefermehl, in: Soergel §134 BGB, Rn.45; Rolf Sack, in: Staudinger §134 BGB, Rn.173.
410 Wolfgang Hefermehl, in: Soergel §134 BGB, Rn.45; Rolf Sack, in: Staudinger §134 BGB, Rn.173.
411 Frank Kohls, „Kulturgüterschutz", S.102f.
412 Rolf Sack, in: Staudinger §134 BGB, Rn.173.
413 Frank Kohls, „Kulturgüterschutz", S.102.

dern bereits mit der ablehndenden Entscheidung klar, dass die vertragliche Erfüllung einen Verstoß gegen ein Verbotsgesetz voraussetzt.
Fraglich ist, was geschieht, wenn die zuständige Behörde eine Genehmigung versagt, die überhaupt nicht erforderlich gewesen wäre. In diesem Zusammenhang wird vertreten, dass ein Rechtsgeschäft, welches nicht genehmigungspflichtig ist, grundsätzlich auch nicht unwirksam sein kann. So könne auch eine Versagung der Genehmigung durch die Behörde nichts an der materiellen Rechtslage ändern.[414] Dies ist zwar systematisch richtig, kann es den Parteien im Einzelfall aber schwer machen, nach einer abgelehnten Genehmigung zu beurteilen, ob ihr Vertrag wirksam oder unwirksam ist. Angesichts dieser Problematik ist die Entscheidung des Gesetzgebers für das Eintragungsprinzip sowohl hinsichtlich des geschützten nationalen als auch ausländischen Kulturgutes begrüßenswert, da das Eintragungsprinzip eine relativ klare Beurteilung der Genehmigungsbedürftigkeit ermöglicht.
In den Fällen, in denen das Verbringen nicht über eine Nebenabrede Vertragsbestandteil geworden ist, sondern der Kaufvertrag als isoliertes Rechtsgeschäft lediglich zu seiner Erfüllung das Verbringen des Kulturgutes und damit eine so genannte vorgelagerte Genehmigung voraussetzt, könnten sich Änderungen ergeben. In diesen Fällen vorgelagerter Genehmigungen wird zwischen subjektbezogenen und objektbezogenen Genehmigungen differenziert. Da sich Genehmigungserfordernisse im Kulturgüterschutz immer auf bestimmte individualisierte Kulturgüter beziehen – und nicht auf ihre Eigentümer, Transporteure etc., sind sie eindeutig objektbezogen. In solchen Fällen entscheidet allein der Schutzzweck des verletzten Gesetzes, ob bei fehlender Genehmigung der Vertrag nach §134 BGB gültig, schwebend unwirksam oder nichtig ist.[415]
Immer dann, wenn die Erfüllung des Rechtsgeschäfts ohne die erforderliche Genehmigung verbotswidrig wäre, kann auch bei vorgelagerten Genehmigungserfordernissen keine Erfüllung gefordert werden.[416] Da die Erfüllung eines Kaufvertrages über ein Kulturgut ohne die erforderliche Genehmigung bezüglich der Verbringung des Kulturgutes verbotswidrig wäre, sind also auch die Fälle, in denen das Genehmigungserfordernis eher als vorgelagert anzusehen ist, letztlich parallel zu den Fällen zu behandeln, in denen das konkrete Rechtsgeschäft betroffen ist. Die Folge ist somit die schwebende Unwirksamkeit vor der Erteilung der Genehmigung.[417] Wird eine erforderliche vorgelagerte Genehmigung erteilt und bestandskräftig, wird der Vertrag ex tunc wirksam.[418]
Schwieriger ist die Frage, was der Normzweck hinsichtlich der Auswirkungen auf die Wirksamkeit des betroffenen Vertrages bestimmt, wenn eine erforderliche vorgelagerte Genehmigung endgültig versagt wird.[419] In den Fällen, in denen ein isolierter Kaufvertrag geschlossen wurde und die Notwendigkeit des Verbringens sowie des damit zusammenhängenden vorgelagerten Genehmigungserfordernisses für den Käufer nicht erkennbar war, wird darauf verwiesen, dass es ungerechtfertigt erscheinen kann, den

414 Wolfgang Hefermehl, in: Soergel §134 BGB, Rn.47; Rolf Sack, in: Staudinger §134 BGB, Rn.176.
415 Rolf Sack, in: Staudinger §134 BGB, Rn.178f.
416 BGH NJW 1974, S.1080f.
417 Frank Kohls, „Kulturgüterschutz", S.103.
418 Rolf Sack, in: Staudinger §134 BGB, Rn.180.
419 Rolf Sack, in: Staudinger §134 BGB, Rn.181.

Kaufvertrag rückwirkend nichtig sein zu lassen und dem Käufer so seine vertraglichen Ansprüche völlig zu versagen und ihn alleine auf die bereicherungsrechtlichen Regelungen zu verweisen. Auch wenn kein Anspruch auf Erfüllung bestehen kann, welcher einen Verstoß gegen ein Genehmigungserfordernis voraussetzt, könnten sachgerechte vertragliche Ansprüche durch die Annahme erzielt werden, dass bei endgültiger Versagung der Genehmigung die Leistung nachträglich unmöglich wird.[420] Denkbar könnte es auch sein, die Grundsätze vom Wegfall der Geschäftsgrundlage heranzuziehen.[421]

23.2 Kaufvertrag, bei dem die Genehmigung aufgrund von Falschangaben erteilt wird

Während eine Ausfuhr mit gefälschten Papieren anderen Fällen der unrechtmäßigen Ausfuhr gleichgestellt wird, in denen das Kulturgut versteckt über die Grenze geschmuggelt wird,[422] ist fraglich, wie der Fall zu beurteilen ist, wenn die Exportgenehmigung von der zuständigen Behörde erteilt, jedoch unter falschen Angaben erschlichen wurde. Hinsichtlich der Strafvorschriften des §16 KultSchG ist anerkannt, dass der Tatbestand nur darauf abstellt, ob formal eine Eintragung vorliegt und eine Ausfuhrgenehmigung fehlt. Folgerichtig bleibt derjenige straflos, welcher sich mittels falscher Angaben eine Exportgenehmigung erschleicht, die nicht hätte erteilt werden dürfen.[423] Entsprechendes dürfte wohl auch für §20 KultGüRückG n.F. gelten.

Im Zusammenhang mit der VO Nr. 3911/92 ist zwar überlegt worden, dass nach dem Sinn und Zweck der Vorschrift, die Abwanderung des Kulturbesitzes in Drittstaaten zu verhindern, dem Fall der Ausfuhr ohne Genehmigung der Fall gleichzustellen sein könnte, dass die Erteilung der Genehmigung durch falsche Angaben im Antrag für nicht genehmigungsfähiges Kulturgut erschlichen wird. Auch in dieser Hinsicht ist jedoch festgestellt worden, dass eine solche Ausfuhr nach der deutschen Rechtsordnung strafrechtlich nicht bewehrt ist, da die mittelbare Falschbeurkundung gem. §271 StGB, daran scheitert, dass die Exportgenehmigung lediglich zum Beweis dafür dient, dass das in ihr bezeichnete Kulturgut aus der Europäischen Gemeinschaft ausgeführt werden darf, insofern aber den Tatsachen entspricht, während die falschen Angaben des Antragstellers nicht von der öffentlichen Beweiswirkung der Exportpapiere als Urkunde erfasst werden, weil sie für den Rechtsverkehr ohne Bedeutung sind.[424] Die Ausgestaltung des Tatbestandes der Strafvorschriften könnte dafür sprechen, auch hinsichtlich der Wirksamkeit von Rechtsgeschäften die erschlichene Genehmigung wie eine unter Zugrundelegung richtiger Angaben erteilte Genehmigung zu behandeln, selbst wenn die Genehmigung bei zutreffenden Angaben nicht erteilt worden wäre. Somit führt auch die unter Zugrundelegung falscher Angaben erteilte Genehmigung bei Bestandskraft dazu, dass der Vertrag ex tunc wirksam wird.[425]

---

420 BGH WM 1964, S.1196; Rolf Sack, in: Staudinger §134 BGB, Rn.185.

421 Rolf Sack, in: Staudinger §134 BGB, Rn.182; Daniel Zimmer, „Ausländisches Wirtschaftsrecht vor deutschen Zivilgerichten", in: IPRax 1993, S.69.

422 Anette Hipp, „Schutz von Kulturgütern in Deutschland", S.182.

423 Anette Hipp, „Schutz von Kulturgütern in Deutschland", S.101.

424 Anette Hipp, „Schutz von Kulturgütern in Deutschland", S.351f.

425 Rolf Sack, in: Staudinger §134 BGB, Rn.180.

23.3 Kaufvertrag über ein Kulturgut, das erst noch unrechtmäßig verbracht werden soll

Besonderheiten ergeben sich in den Fällen, in denen eine oder beide der Vertragsparteien die Absicht haben, das Genehmigungserfordernis von vorneherein zu umgehen und ohne Beantragung einer Genehmigung das Kulturgut illegal zu verbringen. Auch wenn Verpflichtungsgeschäft und Erfüllungsgeschäft wegen des Abstraktionsprinzips getrennt zu betrachten sind, so könnte in zeitlicher Hinsicht die Frage, ob bereits eine Erfüllung vorgenommen wurde, für die Rechtsfolgen eines Verstoßes gegen §134 BGB auf der schuldrechtlichen Ebene entscheidend sein.
So wird vorgeschlagen, bei Verpflichtungsgeschäften hinsichtlich der Rechtsfolgen zwischen der Zeit vor und nach der Erfüllung zu differenzieren, wenn die Vornahme einer Handlung im Zusammenhang mit der Erfüllung durch ein Verbotsgesetz untersagt wird. Wegen des Grundsatzes, dass niemand aufgrund einer vertraglichen Verpflichtung zu einer verbotenen Handlung gezwungen werden soll, soll vor der Erfüllung die Nichtigkeit eingreifen. Nach der Erfüllung unter Verstoß gegen ein Verbotsgesetz soll der Gesetzeszweck darüber entscheiden, ob eine Heilung eintreten kann oder das Rechtgeschäft nichtig bleibt.[426]
Es bleibt jedoch zu prüfen, ob dieser verallgemeinernde Vorschlag den Besonderheiten von Export- und Importbeschränkungen zum Kulturgüterschutz ausreichend Rechnung trägt. So beinhaltet die Erfüllungshandlung nur dann selbst den Gesetzesverstoß, wenn es um Transportpflichten geht, nicht jedoch, wenn rein kaufvertragliche Pflichten bestehen. Da im Zusammenhang mit den Kulturgüterschutzregelungen das illegale Verbringen und nicht die Erfüllung die Handlung darstellt, welche von der anderen Vertragspartei nicht als Leistung gefordert werden kann, muss die Differenzierung in den Fällen des illegalen Verbringens in jedem Fall schon einmal in zeitlicher Hinsicht modifiziert werden: Folglich wäre es sinnvoller, zeitlich statt zwischen vor und nach der Erfüllung, zwischen vor und nach dem illegalen Verbringen zu unterteilen. Trotz der Modifizierung dieser zeitlichen Differenzierung könnte jedoch entsprechend ein Kaufvertrag vor dem illegalen Verbringen als nichtig anzusehen und nach dem illegalen Verbringen eine Heilungsmöglichkeit zu prüfen sein.
Es ist jedoch als erste Frage zu prüfen, ob die Nichtigkeit vor dem illegalen Verbringen tatsächlich den Bedürfnissen des Kulturgüterschutzes gerecht wird. Ob die Erfüllungshandlung selbst gegen ein Verbotsgesetz verstößt oder nur die Durchführung eines an sich nicht verbotswidrigen Vertrages notwendigerweise einen solchen Verstoß beinhaltet, ist nach einer Ansicht unerheblich.[427] Demnach könnte ein Kaufvertrag, dessen Durchführung ein illegales Verbringen voraussetzt, in jedem Fall ebenso von Anfang an als nichtig anzusehen sein wie ein Vertrag, zu dessen Vertragsinhalt die illegale Verbringung zählt.
Nach anderer Ansicht soll ein Kaufvertrag zwischen einem inländischen Verkäufer und einem ausländischen Käufer unter der Voraussetzung, dass die gesetzwidrige Einfuhr nicht Gegenstand oder Bestandteil der Vertragsleistung ist, auch dann nicht gem. §134 BGB nichtig sein, wenn der Verkäufer die Ware nur unter Verletzung von Aus-

---

426 Rolf Sack, in: Staudinger §134 BGB, Rn.114f.
427 Claus-Wilhelm Canaris, „Gesetzliches Verbot und Rechtsgeschäft", S.51.

fuhr- oder Einfuhrvorschriften aus dem Ausland beschaffen kann.[428] Dies wird damit begründet, dass die Annahme der Nichtigkeit die Rechte des Käufers verkürze und unberücksichtig lasse, dass der Verkäufer dafür einzustehen habe, dass er rechtmäßig erfüllen kann.[429] Zumindest dann, wenn keine oder nur eine der beiden Parteien die Absicht hat, eine Genehmigungspflicht zu umgehen, soll der Vertrag zunächst nur schwebend unwirksam sein.[430]

Gegen die Annahme der Nichtigkeit vor dem illegalen Verbringen könnte sprechen, dass auch in den Fällen, in denen die Beantragung einer Genehmigung beabsichtigt ist, der Vertrag nur zunächst schwebend unwirksam ist. Auf diese Weise kann nämlich gleichfalls vermieden werden, dass mit einem Gesetzesverstoß verbundene vertragliche Leistungspflichten entstehen.

Auch könnte bei schwebender Unwirksamkeit, wie in den Fällen, in denen eine rechtmäßige Verbringung beabsichtigt ist, eine vertragliche Pflicht des Verkäufers angenommen werden, eine Genehmigung in die Wege zu leiten. Ein entsprechender Anspruch des Käufers wäre aber in jedem Fall sinnvoll, da ihm grundsätzlich ein Erfüllungsanspruch zusteht, welcher vor der Ablehnung einer Genehmigung auch noch nicht als unmöglich angesehen werden kann und bei der Annahme von Nichtigkeit vor dem illegalen Verbringen dennoch von vorneherein entfiele. Auch eine anschließende Heilung könnte dies nicht kompensieren, da bei bloßer Heilung das illegale Verbringen des Kulturgutes dennoch gegen den Käufer gerichtete staatliche Rückgabeansprüche nach sich zu ziehen droht. Selbst in den Fällen, in denen mit einer Genehmigungserteilung nicht zu rechnen ist, ist die Eröffnung einer Möglichkeit zur Geltendmachung eines Anspruchs gegen den Verkäufer, eine Genehmigung in die Wege zu leiten, insofern begrüßenswert, als durch einen entsprechenden Antrag und der damit verbundenen Aufmerksamkeit ein illegales Verbringen des Kulturgutes durch den Verkäufer oder einen Dritten zumindest erschwert werden könnte, selbst wenn der Genehmigung letztlich nicht stattgegeben wird. Aufgrund dieser Aspekte erscheint die Annahme einer schwebenden Unwirksamkeit bis zur illegalen Ausfuhr grundsätzlich als vorzugswürdig.

Das Eingreifen von §134 BGB könnte trotzdem schärfere Sanktionen rechtfertigen, wenn besondere Interessen des Kulturgüterschutzes für die Nichtigkeit sprechen. Bei einer Rechtsfolgenänderung auf der schuldrechtlichen Ebene mit dem illegalen Verbringen stellen sich jedoch die bei Verfallsregelungen auftretenden Problematiken der Anerkennungsfähigkeit im Ausland nicht. Zum einen muss nicht zwangsläufig mit dem Grenzübertritt ein Wechsel des anwendbaren Rechts einhergehen, zum anderen geht es um eine schuldrechtliche Rechtsfolge und nicht um eine hoheitliche, das Eigentum betreffende Regelung. Selbst wenn die Veränderung der Rechtsfolge im Moment des illegalen Verbringens im Ausland nicht anerkannt würde, führt die Annahme einer schwebenden Unwirksamkeit bis zum illegalen Verbringen auf der schuldrechtlichen Ebene für den Kulturgüterschutz zu keinen nachteiligen Auswirkungen, da vertragliche Rechte weder aus nichtigen noch aus schwebend unwirksamen Verträgen hergeleitet werden können und ein Wirksamwerden nach dem Verbringen ohne die erforderliche Genehmigung ausgeschlossen ist. Somit fehlt es in jedem Fall auch dann,

428 BGH NJW 1983, S.2873; Rolf Sack, in: Staudinger §134 BGB Rn.164.
429 Rolf Sack, in: Staudinger §134 BGB Rn.164.
430 BGH WM 1971, S.586; Rolf Sack, in: Staudinger §134 BGB Rn.175.

wenn der Eigentumsübergang im Ausland nach dem Kausalitätsprinzip erfolgt, an einem wirksamen Kaufvertrag als causa.
Im Fall der beiderseitigen Umgehungsabsicht könnten jedoch die mit dem Gesetz verfolgten Interessen etwas anderes gebieten: Handeln beide Parteien in Umgehungsabsicht, soll der Vertrag von Anfang an nichtig sein.[431] Zwar kann selbst bei beiderseitiger Umgehungsabsicht der Verkäufer noch bis zum Verbringen entscheiden, ob er eine Genehmigung beantragt oder ob er das Kulturgut illegal über die Grenze schafft, sodass die Annahme einer schwebenden Unwirksamkeit des Vertrages in dieser Hinsicht einen zusätzlichen Anreiz für einen Sinneswandel bieten könnte. Jedoch ist die beiderseitige Umgehungsabsicht besonders zu missbilligen, sodass es grundsätzlich gerecht erscheint, Vertragsparteien, welche gemeinsam die Umgehung einer Genehmigungspflicht beabsichtigen, schlechter zu stellen. Keine der beiden Parteien ist schützenswert, sodass die Möglichkeit eines Wirksamwerdens des Vertrages durch die vorübergehende Annahme der schwebenden Unwirksamkeit nicht geboten erscheint. Auch kann darauf verwiesen werden, dass dann, wenn beide Parteien in Umgehungsabsicht handeln, der Vertrag zugleich sittenwidrig im Sinne des §138 I BGB ist. Daraus wird gefolgert, dass unabhängig von der Frage, ob §134 BGB als lex specialis anzusehen ist oder §138 I BGB daneben eingreift, sich letztlich auch im Rahmen von §134 BGB nichts anderes als die Nichtigkeit als Rechtsfolge ergeben kann.[432]
Vermieden wird dadurch, dass im Rahmen des §134 BGB bei beiderseitiger Umgehungsabsicht als mit §138 I BGB deckungsgleiche Rechtsfolge die Nichtigkeit angenommen wird, auch ein Konflikt zwischen §134 BGB und §138 I BGB, welcher wegen der abweichenden Tatbestandsvoraussetzungen der über §134 BGB berücksichtigungsfähigen Art. 2 der VO Nr. 3911/92 und §14 I KultGüRückG n.F. und der über §138 I BGB berücksichtigungsfähigen ausländischen Kulturgüterschutznormen problematisch sein könnte.
Fraglich ist, wie eng oder weit in diesem Zusammenhang der Begriff der Umgehungsabsicht zu verstehen ist. Die Kenntnis des Käufers von der Absicht des Verkäufers, das Kulturgut unrechtmäßig zu verbringen, ist als ausreichend anzusehen, da bereits sie den Aspekt der Schutzwürdigkeit entfallen lässt.
Darüber hinaus könnte die Schutzwürdigkeit auch dann entfallen, wenn das Kaufobjekt zuvor individualisiert wurde, der Verkäufer aus einem anderen Staat kommt, der vorherige ausländische Aufbewahrungsort des Kunstwerks bekannt ist, das Verbringen dieses Kulturgutes unter bekannte Kulturgüterschutzvorschriften fällt und der Käufer darauf verzichtet, sich eine Ausfuhr- bzw. Einfuhrgenehmigung vorlegen zu lassen.
Da sich das Erstreben des illegalen Verbringens durch den Käufer nur selten wird nachweisen lassen, erscheint es sachgerecht, auch solche Konstellationen ausreichen zu lassen, in denen sich das illegale Verbringen dem Käufer aufdrängen musste. Dafür spricht auch, dass die abweichenden Rechtsfolgen bei beiderseitiger Umgehungsabsicht unter anderem mit dem gleichzeitig erfüllten §138 I BGB begründet werden, bei dem nicht nur Kenntnis, sondern auch ein sich der Kenntnis grob fahrlässiges Verschließen genügt.[433]

431 Helmut Heinrichs, in: Palandt §134 BGB Rn. 11a; Wolfgang Hefermehl, in: Soergel §134 Rn.44; Rolf Sack, in: Staudinger §134 BGB Rn.175.
432 Wolfgang Hefermehl, in: Soergel §134 BGB, Rn.44; Rolf Sack, in: Staudinger §134 BGB, Rn.175; Christian Armbrüster, in: MüKo §138 BGB, Rn.4.
433 Helmut Heinrichs, in: Palandt §138 BGB, Rn.40.

Da im Zusammenhang mit dem gutgläubigen Erwerb von Kulturgütern an die Gutgläubigkeit erhöhte Anforderungen gestellt werden und eine Auferlegung von Erkundigungspflichten in den für gestohlene oder verloren gegangene oder abhanden gekommene Kulturgüter maßgeblichen Verzeichnissen in Betracht gezogen wird, könnte auch daran zu denken sein, dem Käufer Erkundigungspflichten aufzuerlegen, ob das von ihm erworbene individualisierbare Kulturgut in den für die Genehmigungsbedürftigkeit maßgeblichen Verzeichnissen enthalten ist. Jedoch steht der Begriff der Umgehungsabsicht einer Gleichstellung solcher Fälle, in denen der Käufer ohne Anhaltspunkte auf eine Erkundigung verzichtet, entgegen.
Als zweite Frage bleibt zu klären, ob nach dem illegalen Verbringen der Kaufvertrag nichtig bleibt bzw. – bei Annahme einer schwebenden Unwirksamkeit – ex tunc nichtig wird oder ob die Möglichkeit einer Heilung bzw. eines Wirksamwerdens zu eröffnen ist.
Während bei Kaufverträgen über Rauschgift die Nichtigkeit bestehen bleibt, wird bei Kaufverträgen nach Ladenschluss oder von Arzneimitteln ohne Rezept eine Heilungsmöglichkeit in Betracht gezogen.[434] Auch wird vorgeschlagen zwischen Fällen zu differenzieren, in denen die Erfüllungshandlung selbst gegen ein Verbotsgesetz verstößt, und solchen, in denen nur die Durchführung eines an sich nicht verbotswidrigen Vertrages notwendigerweise einen solchen Verstoß beinhaltet. Wenn die gesetzwidrige Einfuhr oder Ausfuhr nicht Gegenstand oder Bestandteil einer Vertragsleistung ist, der Verkäufer aber dennoch nur unter Verletzung von Ausfuhr- oder Einfuhrvorschriften erfüllen kann, soll ein Käufer, der die verbotswidrige Leistung in Anspruch genommen hat, seine Gegenleistung erbringen müssen.[435]
Problematisch ist jedoch, dass eine solch großzügige Belassung von vertraglichen Ansprüchen im Zusammenhang mit illegal ausgeführten Kunstwerken dazu dienen kann, den illegalen Handel zu fördern. Sachgerecht erscheint es daher, auch bei den Ansprüchen nach dem illegalen Verbringen nicht unberücksichtigt zu lassen, inwieweit der Käufer von den Plänen des Verkäufers wusste.

23.4 Kaufvertrag über ein vom Verkäufer selbst unrechtmäßig verbrachtes Kulturgut mit beiderseitiger Umgehungsabsicht

Wie bereits festgestellt, wird bei einem zwei- oder mehrseitigen genehmigungsbedürftigen Rechtsgeschäft von Anfang an als sachgerechte Rechtsfolge die Nichtigkeit angesehen, wenn es die Parteien bereits in der Absicht geschlossen haben, eine ihnen bekannte Genehmigungspflicht zu umgehen.[436] Eine Heilung mit dem illegalen Verbringen in Betracht zu ziehen, erscheint angesichts der Verwerflichkeit des illegalen Verbringens von Kulturgütern und dem daraus resultierenden endgültigen Verlust für den Herkunftsstaat abwegig, zumal eine indirekte Förderung des illegalen Handels mit Kulturgütern die Folge wäre.

---

434 Rolf Sack, in: Staudinger §134 BGB, Rn.114f.
435 Rolf Sack, in: Staudinger §134 BGB, Rn.164.
436 BGH WM 1971, S.586; Wolfgang Hefermehl, in: Soergel §134 BGB, Rn.44; Helmut Heinrichs, in: Palandt §134 BGB, Rn.11a; Rolf Sack, in: Staudinger §134 BGB, Rn.175.

23.5 Kaufvertrag über ein von einem Dritten unrechtmäßig verbrachtes Kulturgut mit Umgehungsabsicht von Verkäufer und Käufer

Ein Unterschied könnte sich in der Konstellation, in der zwar beide Parteien Umgehungsabsicht haben, das Kulturgut aber von einem Dritten über die Grenze gebracht wird, daraus ergeben, dass die Genehmigungspflicht streng genommen denjenigen trifft, der das Kulturgut über die Grenze bringen will und nicht den Verkäufer.
Wenn die Erfüllung des Kaufvertrages aber nur durch ein illegales Verbringen ermöglicht wird und der Vertrag auf Umgehung des Genehmigungserfordernisses angelegt ist, ist es nicht gerechtfertigt, danach zu unterscheiden, ob das unrechtmäßige Verbringen durch den Verkäufer selbst, den Transporteur, einen mit dem Verkäufer nicht identischen Eigentümer oder einen sonstigen Dritten geschieht. Denn zum einen wird nur in seltenen Fällen der Verkäufer selbst zugleich der Transporteur sein, sodass bei einer eingeschränkten Sichtweise eine einfache Umgehungsmöglichkeit hinsichtlich der Rechtsfolgen des §134 BGB entstehen würde. Zum anderen ist allein erheblich, ob die Erfüllung des Verkäufers eine in beiderseitiger Umgehungsabsicht verbotswidrig vorgenommene Handlung voraussetzt, nicht ob diese vom Verkäufer selbst vorgenommen wird.

23.6 Kaufvertrag über ein vom Verkäufer selbst unrechtmäßig verbrachtes Kulturgut mit einseitiger Umgehungsabsicht

Nach einer Ansicht ist die Umgehungsabsicht nur einer Vertragspartei im Hinblick auf die Rechtsfolgen nach dem illegalen Verbringen grundsätzlich völlig unschädlich.[437]
Nach anderer Ansicht soll hingegen bei einseitigen inhaltlichen Verstößen Nichtigkeit eintreten und nur bei einseitigen gegen den anderen Teil gerichteten Verstößen eine halbseitige Teilnichtigkeit in Betracht kommen.[438]
Für die Unschädlichkeit spricht der Gedanke des Käuferschutzes: Einem Käufer, welcher keine Kenntnis von dem illegalen Verbringen hat, sollen seine vertraglichen Ansprüche gegen den Verkäufer vollumfänglich und unverändert erhalten bleiben. Dagegen kann aber angeführt werden, dass letztlich auch der mit Umgehungsabsicht handelnde Verkäufer von der Unschädlichkeit des illegalen Verbringens profitiert. Ob eine halbseitige Teilnichtigkeit eines Rechtsgeschäftes jedoch überhaupt denkbar ist, ist mehr als fraglich.
Einer jeglichen Differenzierung zwischen einseitigen und beiderseitigen Verstößen könnte aber ohnehin der Sinn und Zweck des Verbotsgesetzes entgegenstehen. So können Export- und Importverbote als Gesetze, welche einen Schutz der Allgemeinheit bezwecken, auch wenn sie sich nur an den Exporteur bzw. Importeur richten, ihren Zweck nur dann erfüllen, wenn der Vertag insgesamt nichtig wird.[439] Als Rechtsfolge bei einseitigen Verstößen von der Wirksamkeit eines Rechtsgeschäfts auszugehen, wird dem Zweck des Kulturgüterschutzes insofern nicht gerecht, als die Wirksamkeit den Entzug des Kulturgutes, der durch die entsprechenden Regelungen

437 Helmut Heinrichs, in: Palandt §134 BGB Rn.11a.
438 Claus-Wilhelm Canaris, „Gesetzliches Verbot und Rechtsgeschäft", S.21ff.
439 Claus-Wilhelm Canaris, „Gesetzliches Verbot und Rechtsgeschäft", S.24.

verhindert werden soll, legitimiert und den illegalen Handel mit Unwissenden so mittelbar fördert.
Daneben kann aus der Präventionsfunktion des §134 BGB die Grundentscheidung des Gesetzgebers für den Vorrang der staatlichen Wirtschaftsordnung gegenüber der Privatautonomie abgeleitet werden. Ein Verzicht auf die Nichtigkeitssanktion in den besonders häufigen Fällen einseitiger Gesetzesverstöße würde zu einer weitgehenden Zurückdrängung privatrechtlicher Mittel als Ergänzung der öffentlich-rechtlichen Regelungen führen.[440] So ist es wegen der Schwere des Verstoßes gegen Kulturgüterschutzvorschriften nahe liegend, davon auszugehen, dass jeder Verstoß durch illegales Verbringen eine Sanktion verlangt, solange nur ein hinreichender Zusammenhang zwischen dem Vertrag und dem Verbringen besteht. Auch könnte der Schutz des Käufers, dessen Umgehungsabsicht nur schwer nachweisbar sein wird, in der Praxis zu einem Leerlaufen der Anwendbarkeit des §134 BGB im Rahmen des Kulturgüterschutzes führen.
Wenn der Verkäufer zunächst das Kulturgut über die Grenze transportiert und dann an einen ahnungslosen Käufer verkauft, ist jedoch kritisch zu prüfen, ob ein hinreichender Zusammenhang zwischen Kaufvertrag und Verbringen besteht, weil die Durchführung des Vertrages notwendigerweise einen Verstoß gegen Kulturgüterschutznormen mit sich bringt, oder ob wegen des zeitlichen Auseinanderfallens von Verbringen und Vertragsschluss oder anderer die Verbringung prägender Motive, wie beispielsweise einem Umzug des Verkäufers, ein isolierter Kaufvertrag und ein von einem Rechtsgeschäft unabhängiges Verbringen vorliegt.

23.7 Kaufvertrag über ein von einem Dritten unrechtmäßig verbrachtes Kulturgut mit einseitiger Umgehungsabsicht des Verkäufers

Auch dann, wenn das Kulturgut von einem Dritten illegal verbracht wurde, ist allein der hinreichende Zusammenhang zwischen dem von demVerkäufer geschlossenen Kaufvertrag und dem illegalen Verbringen durch den Dritten als ausreichend anzusehen, da es, wenn erst die illegale Verbringung die Erfüllung des Kaufvertrages ermöglicht, keinen Unterschied machen kann, durch wen der Transport des Kulturgutes über die Grenze erfolgt.

23.8 Kaufvertrag über ein von einem Dritten unrechtmäßig verbrachtes Kulturgut mit einseitiger Umgehungsabsicht des Käufers

Die Konstellation, dass der Käufer Umgehungsabsicht hat, der Verkäufer aber nichts davon weiß, dass ein Dritter das Kulturgut unrechtmäßig über die Grenze verbringen soll, wird eher selten anzunehmen sein, ist aber theoretisch denkbar. In einem solchen Fall könnte der Verkäufer weniger schutzwürdig als der Käufer sein, da es seine vertragliche Leistungspflicht ist, welche das illegale Verbringen voraussetzt. Wenn aber schon der Aspekt der Schutzwürdigkeit des Käufers gegenüber dem allgemeinen Interesse an der Sanktionierung von Verstößen gegen Kulturgüterschutznormen zurücktreten muss, muss dies erst recht gelten, wenn allein der Käufer Umgehungsabsicht hat.

---

440 Claus-Wilhelm Canaris, „Gesetzliches Verbot und Rechtsgeschäft", S.17f.

23.9 Kaufvertrag über ein von einem Dritten unrechtmäßig verbrachtes Kulturgut bei Unkenntnis von Verkäufer und Käufer

In einem solchen Fall, in dem die beiden Vertragsparteien nichts von dem unrechtmäßigen Verbringen durch einen Dritten wissen, kann nicht allein deshalb von der Wirksamkeit des Vertrages ausgegangen werden, wenn generell ein hinreichender Zusammenhang zwischen Vertrag und illegalem Verbringen als ausreichend erachtet wird. Allerdings wird dieser hinreichende Zusammenhang besonders kritisch zu prüfen sein. Wenn ein Eigentümer einen Dritten als mittelbaren Stellvertreter bittet, sein Kulturgut zu verkaufen und zur Erfüllung dieses Kaufvertrages das Kulturgut illegal über die Grenze schafft, kann der Kaufvertrag beispielsweise nicht anders zu behandeln sein, als wenn der Eigentümer das Kulturgut selbst verkauft. Wenn das unrechtmäßige Verbringen jedoch lange zuvor und in einem anderem Zusammenhang erfolgt ist, ist das Rechtsgeschäft vom Verbringen unabhängig und stellt damit keinen Verstoß im Sinne des §134 BGB dar.

23.10 Kaufvertrag über ein Kulturgut, dessen anschließendes unrechtmäßiges Verbringen vom Käufer geplant ist, und Unkenntnis des Verkäufers

Wenn ein Käufer ein Kulturgut von einem ahnungslosen Verkäufer erwirbt, es dann aber ins Ausland verbringt, ist kritisch zu prüfen, ob nicht ein isolierter Kaufvertrag und ein anschließender von dem Rechtsgeschäft unabhängiger Gesetzesverstoß durch das illegale Verbringen vorliegt. So soll §134 BGB nur Anwendung finden, wenn ein Vertrag selbst gegen ein Verbotsgesetz verstößt, nicht hingegen, wenn ein Vertrag nicht selbst verbotswidrig ist, sondern nur einem verbotswidrigen Folgeverhalten dient oder ein solches impliziert.[441]

23.11 Kaufvertrag über ein Kulturgut, dessen anschließendes unrechtmäßiges Verbringen vom Käufer geplant ist, und Kenntnis des Verkäufers

Dass ein Vertrag, der nur einem verbotswidrigen Folgeverhalten dienen oder ein solches implizieren soll, bei dessen Durchführung es aber nicht notwendigerweise selbst zu einem Gesetzesverstoß kommt, nicht nichtig ist, ist nicht von der Kenntnis der Vertragsparteien abhängig. So soll beispielsweise der Vertrag über den Verkauf einer Ware selbst dann gültig sein, wenn zu vermuten ist, dass der Käufer beim Weiterverkauf gegen ein Import- oder Exportverbot verstößt. Dies wird mit einer Verallgemeinerung der im Strafrecht geltenden rechtsstaatlichen Grundsätze begründet, dass bloße Vorbereitungshandlungen grundsätzlich unschädlich sind.[442] Allerdings kann sich der Verkäufer auf ein Leistungsverweigerungsrecht nach §242 BGB berufen, da er nicht verpflichtet ist, ein anschließendes gesetzeswidriges Verhalten eines Käufers zu unterstützen.[443]

---

441 Claus-Wilhelm Canaris, „Gesetzliches Verbot und Rechtsgeschäft", S.47f.; Rolf Sack, in: Staudinger §134 BGB Rn.161.

442 RG JW 1924, S.1359; Claus-Wilhelm Canaris, „Gesetzliches Verbot und Rechtsgeschäft", S.48; Rolf Sack, in: Staudinger §134 BGB Rn.161.

443 RG JW 1924, S.1359; Claus-Wilhelm Canaris, „Gesetzliches Verbot und Rechtsgeschäft", S.53; Rolf Sack, in: Staudinger §134 BGB Rn.164.

Sobald jedoch verbotswidrige Folgehandlungen zum Hauptzweck des ersten Vertrages werden, ist auch dieser nach überwiegender Auffassung nichtig.[444] Teilweise wird zur Herleitung dieses Ergebnisses §134 BGB herangezogen,[445] teilweise §138 I BGB.[446] Nach anderer Ansicht ist nach dem Zweck des verletzten Verbotsgesetzes zu differenzieren.[447] Selbst nach letzterer Ansicht ergibt sich angesichts der Bedeutung des bezweckten Kulturgüterschutzes jedoch ebenfalls im Zusammenhang mit einer den Hauptzweck des ersten Vertrages darstellenden illegalen Verbringung von Kulturgütern die Nichtigkeit. Allerdings wird nur in den wenigsten Fällen das unrechtmäßige Verbringen als Hauptzweck eines Kaufvertrages einzuordnen sein.[448] Insbesondere beim Handel mit Kulturgütern steht regelmäßig der Erwerb des Kulturgutes selbst so stark im Vordergrund, dass selbst dann, wenn dieser Erwerb eine illegale Verbringung als Folgehandlung nach sich ziehen soll, nur in den wenigsten Fällen diese Folgehandlung als Hauptzweck eines solchen Kaufvertrages anzusehen sein wird.

23.12 Auswirkungen einer Genehmigungsfähigkeit

Fraglich könnte jedoch sein, ob ein Rechtsgeschäft auch dann gem. §134 BGB nichtig sein soll, wenn das Kulturgut, welches unrechtmäßig verbracht wurde, nicht hätte eingetragen werden dürfen oder wenn die Voraussetzungen einer Genehmigungserteilung vorgelegen hätten bzw. nachträglich sogar eine Genehmigung erteilt wird.
Für die Nichtigkeit auch in diesen Fällen könnte die Parallele zu den strafrechtlichen Sanktionen sprechen. Da der Tatbestand des §16 KultSchG nur darauf abstellt, ob formal eine Eintragung vorliegt und eine Ausfuhrgenehmigung fehlt, entfällt die Strafbarkeit auch bei rechtswidrig erfolgten Eintragungen oder Fällen, in denen die Genehmigung hätte erteilt werden müssen, nicht.[449] Gleiches gilt auch angesichts der Ausgestaltung der Strafvorschrift des §20 KultGüRückG n.F. Insbesondere lässt sich der Gesetzesbegründung zur Überflüssigkeit der Versuchsstrafbarkeit im Zusammenhang mit §20 KultGüRückG n.F. indirekt entnehmen, dass eine nachträgliche Genehmigung den Verstoß gegen §14 I KultGüRückG n.F. nicht berühren kann.
Auf der anderen Seite bestimmt jedoch §10 III KultGüRückG, dass die Rückgabe eines unrechtmäßig verbrachten Kulturgutes nicht mehr gefordert werden kann, wenn die zuständige Behörde des ersuchenden Staats nachträglich eine Ausfuhrgenehmigung erteilt.[450] Auch hier findet sich eine entsprechende Regelung in §11 III KultGüRückG n.F. Daneben kann durch eine nachträgliche Genehmigung die Einziehung eines unrechtmäßig eingeführten Kulturgutes gem. §17 II KultGüRückG n.F. noch verhindert werden.
Jedoch ist hinsichtlich staatlichen Rückgabeansprüchen bzw. Einziehungsmöglichkeiten und der Wirksamkeit von Rechtsgeschäften zu differenzieren. Während eine Rückgabe bzw. Einziehung eines unrechtmäßig verbrachten Kulturgutes umständlich

---

444 BGHZ 14, S.30f.; Claus-Wilhelm Canaris, „Gesetzliches Verbot und Rechtsgeschäft", S.50; Rolf Sack, in: Staudinger §134 BGB Rn.162.
445 Claus-Wilhelm Canaris, „Gesetzliches Verbot und Rechtsgeschäft", S.50.
446 RGZ 63, S.145.
447 Rolf Sack, in: Staudinger §134 BGB, Rn.162.
448 Claus-Wilhelm Canaris, „Gesetzliches Verbot und Rechtsgeschäft", S.50.
449 Anette Hipp, „Schutz von Kulturgütern in Deutschland", S.101.
450 Anette Hipp, „Schutz von Kulturgütern in Deutschland", S.309.

erscheint, wenn das Kulturgut anschließend wieder rechtmäßig ausgeführt werden kann, ist die ursprüngliche unrechtmäßige Ausfuhr in zivilrechtlicher und strafrechtlicher Hinsicht auch weiterhin sanktionswürdig.
Während beim Bauen ohne Baugenehmigung daran gedacht werden kann, dass ein staatliches Interesse an einem Abriss nicht besteht, wenn für einen entsprechenden Neubau eine Genehmigung erteilt werden könnte, besteht im Rahmen des Kulturgüterschutzes ein staatliches Interesse daran, ein unrechtmäßiges Verbringen auch dann zu sanktionieren, wenn eine Genehmigung erteilt werden könnte. Denn das Interesse daran, dass bestimmte Kulturgüter sich nicht ohne Genehmigung der staatlichen, an das Territorium geknüpften Kontrolle entziehen, kann nach dem illegalen Verbringen nicht mehr mit gleicher Wirksamkeit durchgesetzt werden, sodass eine nachträgliche Beantragung der Genehmigung ohne gleichzeitige Zugriffsmöglichkeit des Staats auf das Kulturgut sich von der Situation einer vorherigen Beantragung maßgeblich unterscheidet.
Auch würde die Abschreckungswirkung gegen den illegalen Handel unterlaufen, wenn Parteien zunächst gegen ein Verbringungsverbot verstoßen, zugleich aber auf nachträgliche Legalisierung hoffen könnten. Die unrechtmäßige Ausfuhr droht in der Praxis gegenüber der Beantragung einer Genehmigungserteilung ohnehin dadurch vorteilhaft zu sein, dass zunächst vollendete Tatsachen geschaffen werden. Sie wäre noch vorteilhafter, wenn die Möglichkeit eines nachträglichen Wirksamwerdens des Rechtsgeschäfts durch das illegale Verbringen im Vergleich mit den Möglichkeiten des Wirksamwerdens des Rechtsgeschäfts aufgrund einer vorherigen Genehmigungserteilung unverändert bliebe.
Darüber hinaus besteht bei Kulturgütern insofern ein besonderes Schutzbedürfnis, als mit dem illegalen Handel oft auch Schädigungen der Kulturgüter selbst einhergehen.
Im Hinblick auf schuldrechtliche Rechtsgeschäfte ist daher die Möglichkeit eines Wirksamwerdens des Rechtsgeschäfts wegen der Unrechtmäßigkeit der Eintragung zu verneinen, selbst im Fall einer nachträglich tatsächlich erteilten Genehmigung. Daneben muss das Rechtsgeschäft auch dann gem. §134 BGB nichtig sein, wenn die Voraussetzungen der Genehmigung zwar vorlagen, diese aber vor dem Verbringen nicht beantragt wurde, da es keinen Unterschied machen darf, ob die Genehmigung zu Unrecht abgelehnt wurde oder mangels Beantragung nie abgelehnt werden konnte.

23.13 Auswirkungen des Wegfalls eines Verbotsgesetzes bzw. einer Austragung aus dem Verzeichnis national wertvollen Kulturgutes nach dem illegalen Verbringen

Fällt ein Verbotsgesetz weg, nachdem der Schwebezustand beendet wurde, bleibt ein Vertrag, der entweder nichtig ist, weil die Genehmigung wegen der vorherigen Gesetzeslage endgültig verweigert wurde oder weil gegen die Genehmigungspflicht verstoßen wurde, auch weiterhin nichtig.
Zwar regelt §10 III KultGüRückG, dass die Rückgabe eines unrechtmäßig verbrachten Kulturgutes von dem ersuchenden Staat nicht mehr gefordert werden kann, wenn die Ausfuhr auf Grund einer nach ihr in Kraft getretenen Rechtsänderung Rechtmäßigkeit erlangt;[451] eine Regelung, welche entsprechend in §11 III KultGüRückG n.F. über-

451 Anette Hipp, „Schutz von Kulturgütern in Deutschland“, S.309.

nommen wurde. Dies könnte nahe legen, auch die Möglichkeit der Berufung auf §134 BGB im Hinblick auf das Rechtsgeschäft entfallen zu lassen. §10 III KultGüRückG und §11 III KultGüRückG n.F. beziehen sich jedoch auf den staatlichen Rückgabeanspruch. In diesem Zusammenhang erscheint es rechtsmissbräuchlich, eine Rückgabe in die Wege zu leiten, wenn das Kulturgut anschließend wieder rechtmäßig ausgeführt werden kann. Auch erscheint der Staat als Anspruchsinhaber nicht schützenswert, da er die Gesetzesänderung in die Wege geleitet hat. Im Hinblick auf die Wirksamkeit eines Rechtsgeschäfts haben die Parteien jedoch ein Interesse an klaren Rechtsfolgen.
Ist der Vertrag nichtig, weil die Genehmigung wegen der vorherigen Gesetzeslage endgültig verweigert wurde oder weil gegen die Genehmigungspflicht verstoßen wurde, werden die Vertragsparteien regelmäßig mit einer solchen Gesetzesänderung und damit mit einer Heilung nicht rechnen. So erscheint es sinnvoller, im Einzelfall eine Bestätigung nach §141 BGB durch Neuvornahme in Betracht zu ziehen.[452]
Ausnahmsweise besteht jedoch die Möglichkeit eines Wirksamwerdens des Vertrages: Wenn die Gesetzesänderung noch während des Schwebezustandes eintritt oder ein Festhalten an der Nichtigkeit nicht sachgerecht erscheint, weil ihn die Vertragsparteien gerade für den Fall eines nachträglichen Wegfalls des Verbotsgesetzes geschlossen oder Leistungspflichten ausdrücklich oder stillschweigend von dem Wegfall abhängig gemacht haben.[453]
Der Fall, dass Kulturgüter aus dem Verzeichnis national wertvollen Kulturgutes oder einer entsprechenden Liste ausländischer Kulturgüter ausgetragen werden und dadurch die Genehmigungspflicht nachträglich entfällt, kann ähnlich wie eine nachträgliche Gesetzesänderung behandelt werden: So ändert auch die Austragung nach Bestandskraft der Ablehnungsentscheidung hinsichtlich einer Genehmigung bzw. nach einem Verbringen unter Verstoß gegen ein zu diesem Zeitpunkt bestehendes Genehmigungserfordernis nichts mehr an der bereits eingetretenen Nichtigkeit.
Zu prüfen bleibt jedoch, ob sich auch im Fall einer nachträglichen Austragung etwas anderes ergeben muss, wenn die Parteien mit der Austragung gerechnet haben. Hierbei ist zwischen den Fällen, in denen die Nichtigkeit auf einen Ablehnungsbescheid zurückgeht, und den Fällen, in denen die Nichtigkeit durch ein illegales Verbringen des Kulturgutes eingetreten ist, zu unterscheiden. Ist das Kulturgut noch nicht illegal verbracht worden, erscheint es trotz abgelehnter Genehmigung legitim, eine Austragung des Kulturgutes zu beantragen. Hingegen sind in den Fällen des illegalen Verbringens die gegen die Genehmigungspflicht verstoßenden Parteien nicht als schutzwürdig anzusehen und ihre Entscheidung, das Austragungsverfahren nicht abzuwarten, sondern mit dem Verbringen „vollendete Tatsachen“ zu schaffen, sanktionswürdig. Auch ist es sachgerecht, den Fall einer nachträglichen Austragung eines bereits illegal verbrachten Kulturgutes ebenso zu behandeln wie den Fall einer nachträglichen Genehmigung, welche ebenfalls an der Unrechtmäßigkeit des Verbringens nichts ändert.

452 Wolfgang Hefermehl, in: Soergel §134 BGB, Rn.49; Rolf Sack, in: Staudinger §134 BGB, Rn.56.
453 Wolfgang Hefermehl, in: Soergel §134 BGB, Rn.49; Rolf Sack, in: Staudinger §134 BGB, Rn.56.

23.14 Auswirkungen des nachträglichen Erlasses eines Verbotsgesetzes bzw. einer nachträglichen Unterschutzstellung

Wegen des Importverbotes erlangt die Frage besondere Bedeutung, welche Folgen der nachträgliche Erlass eines solchen Gesetzes auf zuvor vorgenommene Rechtsgeschäfte entfaltet, wie beispielsweise bereits geschlossene Kaufverträge über ausländische Kulturgüter, welche dem Importverbot unterfallen werden.
Da grundsätzlich die Verbotswidrigkeit zum Zeitpunkt der Vornahme hinsichtlich der Nichtigkeit nach §134 BGB als Voraussetzung angesehen wird,[454] wirkt ein nachträglich erlassenes Verbotsgesetz nur für die Zukunft, abgesehen von der Ausnahmeregelung des §2171 BGB. Da niemand zu einem verbotswidrigen Handeln gezwungen werden darf, können allerdings, auch wenn §134 BGB nicht eingreift, aufgrund des Sinns des Verbotsgesetzes nach dem Erlass keine Erfüllungsansprüche mehr bestehen. Aufgrund dessen wird §275 BGB analog angewendet. Entfällt das Verbotsgesetz nachträglich wieder, so ist umstritten, ob das ursprüngliche Rechtsgeschäft unter Umständen wieder wirksam werden kann, wenn das Verbotsgesetz nicht die endgültige Unwirksamkeit bezweckt und ein zeitweises Außerkrafttreten einer Vertragsbestimmung das Ziel erreicht,[455] oder ob der Fall so zu behandeln ist, wie die Aufhebung eines bei der Vornahme des Rechtsgeschäft eingreifenden Verbotsgesetzes. Für letzteres wird vorgebracht, dass ein nachträgliches Wegfallen bei einem nachträglichen Erlass ebenso wenig vorhersehbar ist und die Parteien ebenso belastet. In besonders gelagerten Einzelfällen könne die Berufung auf das Verbotsgesetz nach dem Wegfall jedoch gegen Treu und Glauben gem. §242 BGB verstoßen.[456]
Auf eine nachträgliche Unterschutzstellung eines Kulturgutes könnten diese Grundsätze entsprechende Anwendung finden. Da das neue Kulturgüterrückgabegesetzes nur bei Rückgabeansprüchen eine Ausweitung zugunsten nachträglich eingetragener archäologischer Funde vorsieht, hinsichtlich des Importverbotes jedoch ausschließlich auf eine bereits erfolgte Eintragung abstellt, unter Inkaufnahme einer Schutzlücke hinsichtlich archäologischer Funde, kann diese Frage jedoch derzeit noch offen bleiben.

24 §4 KultSchG, Art. 3 I a, b der VO Nr. 1210/2003 als Verbringungsverbote ohne Genehmigungsvorbehalt

Da es sich bei §4 KultSchG um ein absolutes Ausfuhrverbot handelt, ist das Rechtsgeschäft nur dann wirksam, wenn vor dem Verbringen die endgültige Entscheidung hinsichtlich des Eintragungsverfahrens abgewartet werden soll, hingegen von Anfang an nichtig, wenn das Verbringen unter Verstoß gegen §4 KultSchG erfolgen soll. Ist ein Kaufvertrag geschlossen und erst aufgrund dessen anschließend ein Eintragungsverfahren eingeleitet worden, wird regelmäßig eine vertragliche Vereinbarung dahingehend fehlen, wie zu verfahren ist. In Fällen, in denen ohne oder entgegen des vereinbarten Abwartens tatsächlich das Kulturgut von einer der Parteien oder einem Dritten vor Abschluss des Eintragungsverfahrens unrechtmäßig verbracht wird, tritt mit dem Verbringen unter Verstoß gegen §4 KultSchG ex tunc die Nichtigkeit ein. Da eine Ge-

454 Rolf Sack, in: Staudinger §134 BGB, Rn.54.
455 Wolfgang Hefermehl, in: Soergel §134 BGB, Rn.49.
456 Rolf Sack, in: Staudinger §134 BGB, Rn.55.

nehmigungserteilung während dieses Zeitraums des Eintragungsverfahrens von vorneherein ausscheidet, bleibt auch eine nachträgliche Genehmigung nach der Eintragung angesichts der bereits eingetretenen Nichtigkeit ohne Auswirkungen. Auch wenn eine Eintragung des Kulturgutes abgelehnt wird, ist ein unrechtmäßiges Verbringen vor der endgültigen Entscheidung hierüber sanktionswürdig, da nur so das deutsche Kulturgut wirksam vor Abwanderung geschützt werden kann und die Schaffung vollendeter Tatsachen durch eine unrechtmäßige Ausfuhr vermieden wird. Da das untersagte Verbringen nicht zwangsläufig an das Rechtsgeschäft gekoppelt ist, ist in diesem Zusammenhang alleine problematisch, wann von einem hinreichenden Zusammenhang zwischen §4 KultSchG und dem Rechtsgeschäft auszugehen ist, der es rechtfertigt, dass das Verbotsgesetz die Wirksamkeit des Rechtsgeschäfts beeinflusst.
Bei Art. 3 I a, b der VO Nr. 1210/2003 handelt es sich um ein sowohl die Einfuhr als auch die Ausfuhr von irakischen Kulturgütern betreffendes umfassendes Verbringungsverbot. Aus der unterschiedlichen Zielrichtung, welche nicht – wie bei §4 KultSchG – in der Sicherung der Eintragung der Kulturgüter in ein deutsches oder entsprechendes irakisches Verzeichnis zu sehen ist, sondern im Schutz des irakischen Kulturgutes vor Abwanderung, ergeben sich maßgebliche Änderungen hinsichtlich der Rechtsfolgen.
Während bei §4 KultSchG das Rechtsgeschäft dann wirksam sein kann, wenn vor dem Verbringen die endgültige Entscheidung hinsichtlich des Eintragungsverfahrens abgewartet werden soll, und nur dann von Anfang an nichtig, wenn das Verbringen unter Verstoß gegen §4 KultSchG erfolgen soll, kommt bei Art. 3 I a, b der VO Nr. 1210/2003 ein wirksames Rechtsgeschäft allenfalls in den seltenen Fällen in Betracht, in denen der Vertrag ausdrücklich für den Fall der Aufhebung der Regelung des Art. 3 I a, b der VO Nr. 1210/2003 vor dem Verbringen des Kulturgutes geschlossen wird. Regelmäßig wird jedoch das erforderliche Verbringen unter Verstoß gegen Art. 3 I a, b der VO Nr. 1210/2003 zur Nichtigkeit von Anfang an führen.
Trotz der unterschiedlichen Zielrichtung ähnelt Art. 3 I a, b der VO Nr. 1210/2003 jedoch insofern stärker §4 KultSchG als §1 IV KultSchG als es sich um ein absolutes Verbringungsverbot ohne Genehmigungsvorbehalt handelt und mangels Genehmigungsfähigkeit eine schwebende Unwirksamkeit nicht in Betracht zu ziehen ist.

25 Art. 3 I c der VO Nr. 1210/2003 als Handelsverbot

Art. 3 I c der VO Nr. 1210/2003 verbietet es, mit Kulturgütern und anderen Gegenständen von archäologischer, historischer, kultureller, besonderer wissenschaftlicher und religiöser Bedeutung, einschließlich der in Anhang II aufgelisteten Gegenstände, zu handeln, wenn diese entweder illegal von irakischen Orten entfernt wurden, insbesondere, wenn diese Gegenstände entweder Teil öffentlicher Sammlungen sind, die in den Bestandsverzeichnissen von irakischen Museen, Archiven oder besonderen Sammlungen von Bibliotheken oder aber in den Bestandsverzeichnissen religiöser Einrichtungen Iraks aufgeführt sind, oder ein begründeter Verdacht besteht, dass die Kulturgüter ohne Zustimmung des rechtmäßigen Besitzers aus Irak oder aber unter Verstoß gegen die einschlägigen irakischen Gesetze und Bestimmungen aus Irak verbracht wurden. Diese Formulierung als Handelsverbot ermöglicht es, dass selbst in den Fällen, in denen Folgegeschäfte keinen ausreichend engen Zusammenhang mit der nach Art. 3 I a oder b der VO Nr. 1210/2003 verbotenen Verbringung aufweisen, ausnahmsweise auch die Folgegeschäfte wegen eines Verstoßes gegen Art. 3 I c der VO Nr. 1210/2003 nichtig sein können.

26 Zwischenergebnis

Im Rahmen der deutschen Rechtsordnung kommt auf der materiell-rechtlichen Ebene §134 BGB eine besondere Bedeutung zu. Bei gestohlenen Kulturgütern kommen strafrechtliche Normen als Verbotsgesetze in Betracht wie §259 StGB oder §263 StGB. Einer Heranziehung des §263 StGB stehen jedoch auf der schuldrechtlichen Ebene die Anfechtungsregeln entgegen.

Bei illegal verbrachten Kulturgütern ist in erster Linie an Regelungen zu denken, welche die Einfuhr oder Ausfuhr von Kulturgütern einschränken wie die §§1 IV, 4 KultSchG. Vergleichbare Regelungen enthalten aber auch unmittelbar in Deutschland anwendbare gemeinschaftsrechtliche Vorschriften: Art. 2 der VO Nr. 3911/92 fordert eine zusätzliche Genehmigung bei der Ausfuhr bestimmter Kulturgüter aus Mitgliedstaaten in Drittstaaten; Art. 3 der VO Nr. 1210/2003 untersagt das Verbringen irakischer Kulturgüter in und aus dem Gemeinschaftsgebiet. Anders als bei den strafrechtlichen Verbotsgesetzen droht bei den kulturgüterschutzrechtlichen Verbotsgesetzen kein Konflikt mit vorrangigen gesetzlichen Wertungen.

Einer Einordnung als Verbotsgesetz steht auch das Erfordernis einer behördlichen Genehmigung nicht entgegen, da die Anordnung der Genehmigungsbedürftigkeit zugleich ein implizites Verbot der Vornahme des Rechtsgeschäfts ohne Genehmigung enthält. Insbesondere im Bereich des Kulturgüterschutzes wird deutlich, dass der Genehmigungsvorbehalt lediglich eine von dem generellen Verbot abweichende Entscheidungsmöglichkeit in besonders gelagerten Einzelfällen eröffnen soll. Strafandrohungen, wie die des §16 KultSchG, unterstreichen die generelle Bedeutung der Sanktionierung einer illegalen Verbringung von Kulturgütern und können als ein erstes Indiz dienen. Daneben fordert der Sinn und Zweck der Regelungen, dass Verstöße gerade auch die zivilrechtliche Wirksamkeit des Vertrages beeinträchtigen. Nur so kann eine auf einen wirksamen Vertrag gestützte Erzwingung der unrechtmäßigen Verbringung wirksam unterbunden werden.

Kein Grund die zivilrechtliche Wirksamkeit zu unterbinden, besteht hingegen bei Verstößen gegen Mitteilungspflichten, wie die des §9 KultSchG, und Aufzeichnungspflichten, wie die des §18 I KultGüRückG n.F., die in erster Linie die Auffindung eingetragener Kulturgüter erleichtern sollen.

Problematisch bei einer Heranziehung von Verbringungsverboten im Rahmen des §134 BGB ist, dass streng genommen das Verpflichtungsgeschäft nicht direkt untersagt wird. Untersagt wird allein das Verbringen von Kulturgütern und damit die physische Änderung des Aufenthaltsorts, die auch völlig unabhängig von einem Rechtsgeschäft vorgenommen werden kann, beispielsweise im Rahmen eines Umzugs. Damit stellt sich die Frage, wann von einem hinreichenden Zusammenhang zwischen Verbotsgesetz und Rechtsgeschäft auszugehen ist, der es rechtfertigt, dass das Verbotsgesetz die Wirksamkeit des Rechtsgeschäfts beeinflusst.

Als Ausgangspunkt für die Bestimmung eines Zusammenhangs kann der Ansatz von Canaris herangezogen werden, welcher Vorbereitungshandlungen und Folgeverträge grundsätzlich aus dem Anwendungsbereich des §134 BGB ausnimmt, ein Eingreifen jedoch in den Fällen befürwortet, in denen es bei der Vertragsdurchführung notwendigerweise zu einem Gesetzesverstoß kommt und die Verträge damit unmittelbar auf ein verbotenes Tun ausgerichtet sind. Handelt es sich bei dem Rechtsgeschäft um einen Transportvertrag eines Kulturgutes über die Grenze, ist das Verbringen des Kulturgutes unmittelbarer Gegenstand des schuldrechtlichen Vertrages und stellt zweifelsfrei eine vertragliche Leistungspflicht dar.

Während dann, wenn §259 StGB bei einem Kaufvertrag über gestohlene Kulturgüter eingreift, zweifelsfrei ebenfalls das konkrete Rechtsgeschäft betroffen ist, ist dies bei einem Kaufvertrag über illegal verbrachte Kulturgüter jedoch zweifelhaft. Wenn der Transport ins Ausland zumindest wie beim Versendungskauf zu den vertraglichen Verpflichtungen des Verkäufers zählt, gehört der Gebietswechsel zum Vertragszweck. Folglich kann der direkte Bezug zwischen Rechtsgeschäft und Genehmigungserfordernis bejaht werden.

Es sind jedoch auch Fälle denkbar, in denen der Kaufvertrag sich auf den Kauf eines bestimmten Kulturgutes beschränkt und damit eine solche Verbindung zwischen dem Rechtsgeschäft und dem Genehmigungserfordernis nicht aus den vertraglichen Abreden selbst hergeleitet werden kann. Allerdings scheint es auch nicht gerechtfertigt, das Eingreifen von Kulturgüterschutznormen als Verbotsgesetze von der vertraglichen Ausgestaltung abhängig zu machen. So wird häufig, auch dann, wenn auch nur der Kauf vertraglich vereinbart wurde, die Erfüllung der kaufvertraglichen Leistungspflicht am vereinbarten oder gesetzlich vorgesehenen Erfüllungsort das Verbringen voraussetzen. Damit verbieten Kulturgüterschutznormen letztlich ebenfalls den Leistungserfolg.

Die Prüfung nach dem Zusammenhang zwischen Rechtsgeschäft und Verbot erübrigt sich nur bei Art. 3 der VO Nr.1210/2003, da die Einfuhr- und Ausfuhrverbote irakischer Kulturgüter hier durch ein allgemeines Handelsverbot ergänzt werden, welches auch alle Folgegeschäfte umfasst.

Ein weiteres Problem hinsichtlich der Rechtsfolgen ergibt sich dadurch, dass §134 BGB die Nichtigkeit nur dann vorsieht, wenn sich nicht aus dem Gesetz etwas anderes ergibt. Gerade bei Verbotsgesetzen zum Kulturgüterschutz liegt es nahe, nach Sinn und Zweck der einzelnen Vorschriften und den unterschiedlichen Konstellationen zu unterscheiden.

Fehlt eine Genehmigungsmöglichkeit oder liegt bei einem Genehmigungsvorbehalt eine beiderseitige Umgehungsabsicht vor, scheidet eine schwebende Unwirksamkeit grundsätzlich aus mit der Folge, dass der Kaufvertrag von Anfang nichtig ist und auch nach dem illegalen Verbringen nichtig bleibt. In den Fällen eines Genehmigungsvorbehalts ohne beiderseitige Umgehungsabsicht ist die Situation jedoch problematischer, sodass eine Differenzierung geboten ist.

Für den Zeitraum vor dem illegalen Verbringen ist es vorzugswürdig, bei Kaufverträgen über Kulturgüter, die tatsächlich bei ihrer Durchführung Kulturgüterschutznormen berühren, welche das Verbringen von einer Genehmigung abhängig machen, zunächst von einer schwebenden Unwirksamkeit auszugehen. Für die schwebende Unwirksamkeit nicht nur im Falle einer beantragten Genehmigung, sondern in allen Fällen ohne beiderseitige Umgehungsabsicht spricht, dass nur so ein Anspruch des Käufers gegen den Verkäufer besteht, auf die Erteilung einer Genehmigung hinzuwirken. Auch sprechen in dem Zeitraum vor dem illegalen Verbringen keine Interessen im Zusammenhang mit dem Kulturgüterschutz zwingend für die Nichtigkeit auf der schuldrechtlichen Ebene.

Hinsichtlich der Möglichkeiten des Wirksamwerdens und der Nichtigkeit ex tunc und dem Zeitpunkt, in dem diese Änderung der Rechtsfolgen eintritt, gewinnt die Differenzierung zwischen den Fallgestaltungen, in denen eine Genehmigung beantragt worden ist, und den Fallgestaltungen, in denen das Kulturgut ohne vorherige Beantragung einer Genehmigung unrechtmäßig ausgeführt worden ist, an Bedeutung.

Ist eine Genehmigung beantragt worden, werden die schwebend unwirksamen Verträge wirksam, wenn die Genehmigung erteilt wird; hingegen ex tunc nichtig, wenn die Genehmigung endgültig versagt worden ist. Maßgeblich ist jeweils der Zeitpunkt, an dem die Entscheidung unanfechtbar geworden ist. Ob das Kulturgut bei einer unanfechtbar gewordenen ablehnenden Entscheidung anschließend dennoch illegal verbracht wird, bleibt hinsichtlich der bereits eingetretenen Rechtsfolge der Nichtigkeit ohne Auswirkung.

Ist jedoch vor dem illegalen Verbringen keine Genehmigung beantragt oder die Entscheidung über eine beantragte Genehmigung zumindest noch nicht unanfechtbar geworden, tritt die Nichtigkeit ex tunc ein, sobald das Kulturgut illegal über die Grenze gebracht wurde, solange nur ein hinreichender Zusammenhang zwischen Kaufvertrag und illegalem Verbringen in der Hinsicht besteht, dass das illegale Verbringen die Erfüllung des Vertrages ermöglichen soll.

Zwar könnte bei einseitigen Verstößen fraglich sein, ob es der Schutz der redlichen Vertragspartei nicht gebietet, auf ein Eintreten der Nichtigkeit ex tunc zu verzichten. Eine Differenzierung zwischen einseitigen und beiderseitigen Verstößen oder nach der Person, welche das Kulturgut tatsächlich über die Grenze verbracht hat, widerspricht jedoch dem Sinn und Zweck der Allgemeininteressen schützenden Kulturgüterschutzregelungen und trägt dem Erfordernis nach zivilrechtlichen Sanktionen nicht hinreichend Rechnung. Wegen des staatlichen Interesses daran, dass das Kulturgut nicht ohne Genehmigung seiner Zugriffsmöglichkeit entzogen wird, muss die Nichtigkeit letztlich auch unabhängig davon eintreten, ob eine Genehmigung hätte erteilt werden müssen.

Zu beachten bleibt jedoch, dass Verstöße gegen Kulturgüterschutznormen im Rahmen von Folgeverträgen grundsätzlich ohne Auswirkung auf die Wirksamkeit eines Kaufvertrages bleiben, sofern sie nicht seinen Hauptzweck darstellen. Gerade dann, wenn ein illegales Verbringen mit einem deutlichen zeitlichen Abstand vor oder nach dem Abschluss des Kaufvertrages oder aufgrund einer andersartigen Motivation erfolgt ist, drohen zusätzlich zu den Schutzlücken aufgrund der Einschränkungen auf der Tatbestandsebene des §134 BGB durch das Merkmal des Verbotsgesetzes im Hinblick auf die Rechtsfolgen weitere Lücken zu entstehen.

Kapitel II
Nichtigkeit nach §138 I BGB?

27 Zu den Tatbestandsvoraussetzungen des §138 I BGB

Nachdem im ersten Kapitel dieses Teils auf Schutzlücken hingewiesen wurde, die trotz §14 I KultuGüRückG n.F. bestehen, bleibt zu prüfen, welche dieser Lücken durch §138 I BGB geschlossen werden können. §138 I BGB deckt sich insoweit mit dem Anwendungsbereich des §134 BGB, als auch §138 I BGB der Inhaltskontrolle von Rechtsgeschäften dient, wobei die Sittenwidrigkeit sich auch aus den Begleitumständen, dem Zweck und den Beweggründen im weiteren Sinne ergeben kann.[457] Jedoch ist fraglich, ob ein Rechtsgeschäft immer schon deshalb sittenwidrig ist, weil es gegen ein gesetzliches Verbot verstößt. Die Verletzung eines Verbotsgesetzes alleine kann die Sittenwidrigkeit zumindest dann nicht begründen, wenn auf einen subjektiven Tatbestand im Rahmen des §138 I BGB nicht verzichtet wird.[458] Da §134 BGB durch die jeweiligen Verbotsgesetze tatbestandlich konkretisiert wird, findet §134 BGB im Verhältnis zu §138 I BGB – soweit sich der Anwendungsbereich überschneidet – nach überwiegender Auffassung als lex specialis vorrangig Anwendung.[459]

27.1 Rechtsgeschäft

Der Begriff des Rechtsgeschäft wirft wie bei §134 BGB auch bei §138 I BGB den Streit auf, ob §138 I BGB nur auf den Vertrag oder auch auf Vertragsangebote anzuwenden ist.[460] Letztlich ist auch hier die Anwendbarkeit zu bejahen.

27.2 Der Begriff der guten Sitten

Als Rechtsgebriff bedürfen „die guten Sitten" zunächst der Auslegung. Insbesondere ist der Maßstab zu bestimmen, welcher den Inhalt des Begriffs der guten Sitten prägt.[461] Bei der Auslegung ist insbesondere zu beachten, dass der Begriff der guten Sitten vom Gesetzgeber bewusst anstelle des Begriffs der Sittlichkeit gewählt wurde, um einen umfassenden Maßstab bereitzustellen und damit einen weiten Geltungsbereich des §138 I BGB zu eröffnen. Letztlich entscheidet über die Auslegung des Begriffs der guten Sitten die §138 I BGB zukommende Funktion, welche die Gerichte ausdrücklich zur Lückenfüllung ermächtigen soll, wenn Sonderregelungen, wie die des §134 BGB, nicht eingreifen.[462]

---

457 Rolf Sack, in: Staudinger §138 BGB, Rn.1ff.

458 Wolfgang Hefermehl, in: Soergel §138 BGB, Rn.63.

459 Helmut Heinrichs, in: Palandt §138 BGB, Rn.13; Christian Armbrüster, in: MüKo §138 BGB, Rn.4.

460 Rolf Sack, in: Staudinger §138 BGB, Rn.10; Christian Armbrüster, in: MüKo §138 BGB, Rn.4 sowie Rn.9f.

461 Hans Brox und Wolf-Dietrich Walker, „Allgemeiner Teil des BGB", Rn.329; Rolf Sack, in: Staudinger §138 BGB, Rn.12.

462 Helmut Köhler, „BGB Allgemeiner Teil" §13, Rn.20; Helmut Heinrichs, in: Palandt §138 BGB, Rn.2f.; Rolf Sack, in: Staudinger §138 BGB, Rn.18 sowie 23f.

Der Streit, ob eine umfassende Regelung aller rechtlich zu missbilligenden Rechtsgeschäfte erfolgt oder zur Lückenfüllung eine gesteigerte Rechtswidrigkeit erforderlich ist, ist vor allem vor dem Hintergrund zu sehen, dass der im Gegensatz zu §134 BGB nicht aufgenommene Normzweckvorbehalt zu einer starren Rechtsfolge führt. Insofern wird auf verschiedenen Wegen versucht, unangemessene Ergebnisse zu vermeiden: Entweder durch eine Beschränkung des Anwendungsbereichs auf Fälle mit einer gesteigerten Rechtswidrigkeit, durch eine Angleichung der starren Rechtsfolgen an den Normzweckvorbehalt des §134 BGB,[463] oder durch eine Interessenabwägung im Rahmen einer umfassenden Lückenfüllungsfunktion, die neben allen unmittelbar, mittelbar, aktuell oder potenziell berührten Interessen auch die rechtlichen und tatsächlichen Folgen der Entscheidungen miteinbezieht.[464]
Im Rahmen des Kulturgüterschutzes verliert diese Problematik jedoch an Brisanz, wenn davon ausgegangen wird, dass zumindest in diesen Fällen der Vorwurf der Sittenwidrigkeit neben dem objektiven Tatbestand eine subjektive Komponente enthält.[465] Denn bei beiderseitiger Kenntnis des unrechtmäßigen Verbringens bzw. einem bewussten Verschließen vor dieser Kenntnis ist von einer gesteigerten Rechtswidrigkeit auszugehen und aus Sanktionsgesichtspunkten harte Rechtsfolgen durchaus erwünscht.
Eine Grenze hinsichtlich der Lückenfüllungsmöglichkeiten ist zweifelsfrei jedoch dann erreicht, wenn in den Regelungen des gesetzten Rechts andere Wertungen des Gesetzgebers zum Ausdruck kommen.[466] Haben außergesetzliche Wertmaßstäbe im positiven Recht nur noch keinen Niederschlag gefunden, wird der Begriff der guten Sitten durch die Wertmaßstäbe des positiven Rechts zwar vorrangig, aber nicht ausschließlich bestimmt.[467]
Allein aus der Tatsache, dass ausländische Kulturgüterschutznormen in das gesetzte Recht bislang noch nicht integriert wurden und ein Importverbot nur unter bestimmten Voraussetzungen für bestimmte Kulturgüter aus UNESCO-Vertragsstaaten beschlossen wurde, lässt sich eine abschließende Wertung des Gesetzgebers allerdings noch nicht entnehmen, zumal eine zunehmende Tendenz der Berücksichtigung ausländischer Kulturgüterschutznormen erkennbar ist.
Insofern ist §138 I BGB vom BGH in der Nigeria-Entscheidung als ideale Rechtsnorm ausgewählt worden, um Verstöße gegen ausländische Kulturgüterschutznormen im Rahmen des deutschen materiellen Rechts zu berücksichtigen. Da über den Nigeria-Fall hinaus eine Berücksichtigung von ausländischen Ausfuhrverboten für Kunstgegenstände über §138 I BGB bei allen Vertragstypen grundsätzlich möglich erscheint,[468] stellt die Sittenwidrigkeit im Sinne des §138 I BGB den für Berücksichtigung ausländischer Eingriffsnormen am häufigsten gewählten Anknüpfungspunkt dar.

463 Rolf Sack, in: Staudinger §138 BGB, Rn.34.
464 Rolf Sack, in: Staudinger §138 BGB, Rn.38.
465 LG Hamburg IPRspr. 1996 Nr. 55; Marc Weber, „Unveräußerliches Kulturgut im nationalen und internationalen Rechtsverkehr“, S.373f.; Christian Armbrüster, in: MüKo §138 BGB, Rn.17; Rolf Sack, in: Staudinger §138 BGB, Rn.61.
466 Helmut Köhler, „BGB Allgemeiner Teil“ §13, Rn.20; Rolf Sack, in: Staudinger §138 BGB, Rn.39.
467 Rolf Sack, in: Staudinger §138 BGB, Rn.45.
468 Dieter Martiny, in: MüKo Art. 34 Rn.122; Haimo Schack, „Kunst und Recht“, S.224, Rn. 531.

Neben ausländischen Exportverboten können wohl auch ausländische Importverbote über §138 I BGB zur Nichtigkeit von Verträgen führen.[469]

27.3 Auslegung in der Nigeria-Entscheidung des BGH

In dem Nigeria-Fall hat der BGH ein nigerianisches Ausfuhrverbot zum Schutz nationaler Kunstgegenstände auf der Ebene des deutschen Sachrechts beachtet, um das versicherbare Interesse im Sinne von §2 I, 1 ADS wegen der Sittenwidrigkeit des Vertrages gem. §138 I BGB zu verneinen.[470]
Dabei wurde als Begründung interessanterweise das zu diesem Zeitpunkt von Deutschland noch nicht ratifizierte UNESCO-Kulturgutübereinkommen herangezogen und aus diesem Übereinkommen abgeleitet, dass das Recht eines Staats auf den Schutz seines kulturellen Erbes von der Völkergemeinschaft anerkannt wird und Praktiken, die diesen Schutz beeinträchtigen, wie der Verstoß gegen Exportverbote, dem allgemein zu achtenden Interesse aller Völker zuwiderlaufen.[471]
Dies hat zu der Frage geführt, inwieweit auch fremde und internationale Interessen vom Begriff der Sittenwidrigkeit des §138 I BGB umfasst werden. Neben der Sittenwidrigkeit im engeren Sinne ist in der Rechtsprechung allgemein anerkannt, dass auch ein Verstoß gegen das Allgemeininteresse §138 I BGB eingreifen lässt. Zunächst wurde der Begriff der Sittenwidrigkeit jedoch nur auf den Verstoß gegen den deutschen ordre public ausgeweitet.[472] Auch wenn es grundsätzlich im Interesse jedes Staats liegt, gute Beziehungen zu anderen Staaten zu haben,[473] erscheint eine Deutung des fremden Interesses als letztlich eigenes nationales Interesse im vorliegenden Fall jedoch fragwürdig. Denn Deutschland als Staat, in den das Kulturgut importiert wurde, betrifft die Ausfuhr aus dem Herkunftsstaat nicht direkt, zumal Deutschland grundsätzlich eher zu den kulturimportierenden Staaten gezählt wird.[474]
Jedoch kann daran gedacht werden, dass ähnlich wie im Völkergewohnheitsrecht bestimmte Rechtsüberzeugungen allgemein anerkannt sind, in der Völkergemeinschaft auch allgemeine Überzeugungen hinsichtlich der Sittenwidrigkeit bestimmter Handlungen als Rechtsquelle bestehen. Dadurch ließe es sich erklären, dass die Heranziehung des UNESCO-Kulturgutübereinkommens letztlich unabhängig von seiner Unter-

469 Haimo Schack, „Kunst und Recht", S.224, Rn. 531.

470 BGHZ 59, S.82ff.; Dieter Martiny, in: MüKo Art. 34 EGBGB, Rn.122; Brigitte Schwadorf-Ruckdeschel, „Rechtsfragen des grenzüberschreitenden rechtsgeschäftlichen Erwerbs von Kulturgütern", S.74f.; Haimo Schack, „Kunst und Recht", S.224, Rn. 531; Anette Hipp, „Schutz von Kulturgütern in Deutschland", S.191; Gerte Reichelt, „Die Unidroit-Konvention 1995 über gestohlene oder unerlaubt ausgeführte Kulturgüter", in: Gerte Reichelt (Hg.), „Neues Recht zum Schutz von Kulturgut", S.65.

471 Gerte Reichelt, „Kulturgüterschutz und Internationales Privatrecht", in: IPRax 1986, S.74; Kurt Siehr, „Völkerrecht und Internationaler Kulturgüterschutz vor Gericht", in: Rainer Frank (Hg.), „Recht und Kunst", Heidelberg, 1996, S.66.

472 Albert Bleckmann, „Sittenwidrigkeit wegen Verstoßes gegen den ordre public international", in: ZaöRV, 34 (1974), S.115.

473 Albert Bleckmann, „Sittenwidrigkeit wegen Verstoßes gegen den ordre public international", in: ZaöRV, 34 (1974), S.117.

474 Heinrich Schweizer, „Die Position der Bundesrepublik Deutschland", in: KUR 2003, S.40; Daniel Busse, „Die Berücksichtigung ausländischer „Eingriffsnormen" durch die deutsche Rechtsprechung", in: ZVglRWiss 95 (1996), S.406; Jan Kropholler, „Internationales Privatrecht", S.498.

zeichnung zu erfolgen hat.[475] Jedenfalls ist die Heranziehung und Entwicklung eines internationalen ordre public letztlich als Schlüssel dafür anzusehen, dass im Bereich des Kulturgüterschutzes ein fremder ordre public über den internationalen ordre public zum Bestandteil des nationalen ordre public wird und somit in die nationale Rechtsordnung und den Begriff der Sittenwidrigkeit des §138 I BGB integriert werden kann.[476]

27.4 Maßgeblicher Zeitpunkt für die Beurteilung der Sittenwidrigkeit

Aufgrund des allgemeinen Gedankens, dass Rechtsgeschäfte nach dem Zeitpunkt ihrer Entstehung zu beurteilen sind, wird im Zusammenhang mit §138 I BGB auf die Vornahme und nicht den Vollzug des Rechtsgeschäftes abgestellt, somit auf den Abschluss des Vertrages bei Verträgen.[477] Allerdings ist vorgeschlagen worden, dann, wenn nicht die tatsächlichen Verhältnisse sich geändert haben, sondern die sittlichen Maßstäbe, einen zwischenzeitlichen Wertungswandel zu berücksichtigen oder zumindest eine Neuvornahme im Sinne des §141 BGB in Betracht zu ziehen.[478] Im Zusammenhang mit Kulturgüterschutznormen muss eine nachträgliche Änderung der ausländischen Kulturgüterschutzvorschriften ohne Auswirkung bleiben, da sie an der Sittenwidrigkeit eines Verstoßes gegen die zuvor existierende Norm nichts ändert. Ein Wandel der Wertvorstellungen dahingehend, dass Verstöße gegen ausländische Kulturgüterschutzvorschriften nicht mehr als sittenwidrig angesehen werden, ist jedoch wenig wahrscheinlich, da der Kulturgüterschutz immer stärker als legitimes Interesse empfunden wird, sodass offen bleiben kann, ob auch hier die Wertvorstellung zum Zeitpunkt der Vornahme maßgeblich bliebe.
Eine rückwirkende Sittenwidrigkeit oder eine Nichtigkeit ex nunc ursprünglich wirksam geschlossener Verpflichtungsgeschäfte ist unabhängig davon, ob mit der Vertragsdurchführung begonnen wurde, abzulehnen.[479] Somit greift §138 I BGB nicht ein, wenn ein Kulturgut zum Zeitpunkt des Vertragsschlusses noch keinem ausländischen Exportverbot unterlag und das Kulturgut unter Verstoß gegen ein solches anschließend erlassenes Verbot im Rahmen der Durchführung des Vertrages verbracht worden ist.

27.5 Erfordernis eines subjektiven Tatbestands?

In der Literatur ist umstritten, ob für die Anwendung des §138 I BGB neben dem objektiven Verstoß gegen die guten Sitten ein subjektiver Tatbestand erfüllt sein muss.

---

475 Rolf Sack, in: Staudinger §134 BGB, Rn.50; Albert Bleckmann, „Sittenwidrigkeit wegen Verstoßes gegen den ordre public international", in: ZaöRV, 34 (1974), S.125f; Daniel Busse, „Die Berücksichtigung ausländischer „Eingriffsnormen" durch die deutsche Rechtsprechung", in: ZVglRWiss 95 (1996), S.406; Kay Hailbronner, „Frachtgut gesunkener Schiffe und Kulturgüterschutz vor deutschen Gerichten", in: JZ 2002, S.961.

476 Gerte Reichelt, „La dimension de droit privé en matière de la protection des biens culturels", in: „La protection internationale des biens culturels", S.77; Albert Bleckmann, „Sittenwidrigkeit wegen Verstoßes gegen den ordre public international", in: ZaöRV, 34 (1974), S.124; Rolf Sack, in: Staudinger §134 BGB, Rn.50.

477 Christian Armbrüster, in: MüKo §138 BGB, Rn.133; Rolf Sack, in: Staudinger §138 BGB, Rn.79; Helmut Köhler, „BGB Allgemeiner Teil" §13, Rn.21.

478 Christian Armbrüster, in: MüKo §138 BGB, Rn.136f.

479 Rolf Sack, in: Staudinger §138 BGB, Rn.80ff.

So hält die subjektive Theorie für das zentrale Merkmal der Sittenwidrigkeit im Rahmen des §138 I BGB eine Kenntnis der Umstände, aus denen sich der Vorwurf der Sittenwidrigkeit ergibt. Für einen solchen persönlichen Vorwurf soll die entsprechende Wertung seines Verhaltens als sittenwidrig durch den Handelnden jedoch keine Voraussetzung darstellen, da sonst derjenige begünstigt würde, welchem ein entsprechendes Bewusstsein fehlt. Neben der Kenntnis der die Sittenwidrigkeit begründenden Umstände soll auch ein bewusstes Verschließen oder Sich-Entziehen der Kenntnis genügen, denn regelmäßig ist der Nachweis der Kenntnis sonst nur schwer zu führen.[480]
Da der Vorwurf der Sittenwidrigkeit gegenüber der redlichen Partei grundsätzlich für nicht gerechtfertigt gehalten wird, wird regelmäßig gefordert, dass bei einem Vertrag beide Vertragsparteien den subjektiven Tatbestand erfüllen. Dies hat zur Folge, dass, wenn nur eine Vertragspartei sittenwidrig handelt, das berechtigte Interesse der redlichen Partei an der Wirksamkeit des Rechtsgeschäfts trotz des sittenwidrigen Verhaltens der anderen Partei umfassend geschützt wird.[481]
Die objektive Theorie lehnt hingegen die Schlussfolgerung ab, dass die Bewertung eines Sachverhalts als sittenwidrig stets einen persönlichen sittlichen Vorwurf voraussetze, da es bei §138 I BGB nicht um die Bewertung des Verhaltens der Parteien, sondern um die Bewertung des Rechtsgeschäfts gehe.[482] Außer in den Fällen, in denen die Sittenwidrigkeit erst und nur aus dem sittenwidrigen Verhalten der Parteien hergeleitet wird, soll bereits ein objektiver Verstoß ausreichend sein.[483] Auch der lückenfüllenden Funktion könne §138 I BGB nur bei einem generellen Verzicht auf den subjektiven Tatbestand gerecht werden.[484]
Im Zusammenhang mit ausländischen Kulturgüterschutznormen hat das LG Hamburg sich klar dazu bekannt, dass der vom BGH im Nigeria-Fall aufgestellte Grundsatz, dass ausländische Ausfuhrverbote im Inland über §138 I BGB durchgesetzt werden können, nicht in jedem Fall zu einer Berücksichtigung des ausländischen Exportverbots führt, sondern als Voraussetzung einer Sittenwidrigkeit im Sinne des §138 I BGB auch in den Fällen des Verstoßes gegen Ausfuhrbestimmungen zum Schutz von Kulturgütern zu fordern ist, dass die die Sittenwidrigkeit begründenden Umstände beiden Vertragsparteien bekannt sind oder zumindest ein bewusstes Sich-Verschließen gegenüber der Kenntnis vorliegt.[485]
Nach allgemeinen Regeln ist derjenige beweispflichtig für die subjektiven Voraussetzungen, welcher sich auf Nichtigkeit des Rechtsgeschäfts berufen will. Gerade im Zusammenhang mit Kulturgüterschutznormen wird die Nichtigkeit jedoch häufig von keiner der Parteien gewollt sein. Insofern ist von besonderer Bedeutung, dass eine Kenntnis der Umstände bzw. ein bewusstes Sich-der-Kenntnis-Verschließen genügt und die Vorraussetzungen für die Darlegung der die Sittenwidrigkeit begründenden Umstände als relativ gering angesehen werden.[486]

---

480 Helmut Köhler, „BGB Allgemeiner Teil" §13, Rn.23.
481 Hans Brox und Wolf-Dietrich Walker, „Allgemeiner Teil des BGB", Rn.330f.
482 Rolf Sack, in: Staudinger §138 BGB, Rn.65.
483 Christian Armbrüster, in: MüKo §138 BGB, Rn.130; Rolf Sack, in: Staudinger §138 BGB, Rn.62.
484 Rolf Sack, in: Staudinger §138 BGB, Rn.63.
485 LG Hamburg IPRspr. 1996 Nr. 55; Marc Weber, „Unveräußerliches Kulturgut im nationalen und internationalen Rechtsverkehr", S.373f.
486 Christian Armbrüster, in: MüKo §138 BGB, Rn.132.

27.6 Vor- und Nachteile eines subjektiven Tatbestandes

Während begrifflich die Sittenwidrigkeit, dann, wenn sie auf das Rechtsgeschäft bezogen wird, nicht zwangsläufig einen persönlichen Vorwurf voraussetzen muss, ist trotz der lückenfüllenden Funktion im Hinblick auf die Weite des Anwendungsbereichs des §138 I BGB fraglich, ob der subjektive Tatbestand nicht zur Eingrenzung des Anwendungsbereichs erforderlich ist. Zwar genügt auch im Rahmen des §134 BGB grundsätzlich der objektive Verstoß gegen ein Verbotsgesetz, dort kann jedoch dem Schutz der Vertragspartei unter Umständen hinsichtlich der Rechtsfolgen Rechnung getragen werden. Aufgrund der starren Rechtsfolge der Nichtigkeit ist eine weite Anwendung des §138 I BGB hingegen nicht unproblematisch.[487] Wird dem Vorschlag, den in §134 BGB ausdrücklich verankerten Normzweckvorbehalt auch in §138 I BGB hineinzulesen,[488] nicht gefolgt,[489] so wird dann, wenn §138 I BGB neben §134 BGB eingreift, obwohl §134 BGB streng genommen als lex specialis anzusehen ist, die Herleitung einer anderen Rechtsfolge als die volle Nichtigkeit ex tunc aus §134 BGB nur schwer begründbar sein.[490]

Bei den von §134 BGB erfassten inländischen Kulturgüterschutznormen sollte jedoch in den Fällen, in denen es an einer beiderseitigen Umgehungsabsicht fehlt, die Möglichkeit eröffnet bleiben, zunächst von einer schwebenden Unwirksamkeit eines Vertrages auszugehen und erst mit dem illegalen Verbringen die Nichtigkeit ex tunc eingreifen zu lassen.

Unterfallen Kulturgüterschutznormen lediglich §138 I BGB, hat das Erfordernis eines subjektiven Tatbestandes jedoch den Nachteil, dass trotz des allgemeinen Interesses am Kulturgüterschutz, in den Fällen, in denen eine beiderseitige Umgehungsabsicht fehlt, trotz eines tatsächlich vorgenommenen unrechtmäßigen Verbringens im Zusammenhang mit der Durchführung des Rechtsgeschäfts keine Nichtigkeit des Rechtsgeschäftes eintreten kann.

Insofern ist es begrüßenswert, dass durch das Importverbot in §14 I KultGüRückG n.F. auch Verstöße gegen ausländische Kulturgüterschutznormen in bestimmten Fällen zu einem Verstoß gegen eine inländische Vorschrift führen werden und damit der Anwendungsbereich des §134 BGB erweitert wird.

Im Zusammenhang mit §134 BGB wird zwar die Differenzierung zwischen Rechtsgeschäften mit und ohne beiderseitiger Umgehungsabsicht vom Tatbestand in die Rechtsfolge verlagert. Offen bleibt jedoch, ob anstelle des subjektiven Tatbestandes weitere Tatbestandsvoraussetzungen als Korrekturmechanismen im Zusammenhang mit der Sanktionierung von Verstößen gegen ausländische Kulturgüterschutzvorschriften zu fordern sind, zum Beispiel die materielle Berücksichtigung an die Gegenseitigkeit geknüpft werden sollte.[491]

---

487 Rolf Sack, in: Staudinger §138 BGB, Rn.34; Christian Armbrüster, in: MüKo §138 BGB, Rn.157.

488 Rolf Sack, in: Staudinger §138 BGB, Rn.34.

489 Helmut Heinrichs, in: Palandt §138 BGB, Rn.19; die deutliche Ablehnung durch Theo Mayer-Maly und Christian Armbrüster in der 4. Auflage von 2001 nun in der 5. Auflage von 2006 teilweise einschränkend: Christian Armbrüster, in: MüKo §138, Rn.157.

490 Helmut Heinrichs, in: Palandt §138 BGB, Rn.13.

491 Anette Hipp, „Schutz von Kulturgütern in Deutschland“, S.207.

28 Zur Rechtsfolge des §138 I BGB

Das bereits erörterte Problem hinsichtlich der Rechtsfolgen des §134 BGB, welches sich daraus ergibt, dass §134 BGB die Nichtigkeit nur dann vorsieht, wenn sich nicht aus dem Gesetz etwas anderes ergibt, entfällt bei §138 BGB. Ob §138 I BGB eingreift, wird von Amts wegen geprüft.[492] Greift §138 I BGB ein, ist das Rechtsgeschäft grundsätzlich insgesamt ex tunc nichtig.[493] Wie bereits dargestellt wurde, muss, auch wenn §134 BGB als lex specialis angesehen wird, immer dann, wenn sowohl die Voraussetzungen von §134 BGB als auch von §138 I BGB gegeben sind, die Wertung des §138 I BGB Berücksichtigung finden und das Rechtsgeschäft von Anfang an nichtig sein.
Zwar ist überlegt worden, im Rahmen der von §138 I BGB eröffneten richterlichen Rechtsfortbildung einen Normzweckvorbehalt auf §138 I BGB zu übertragen,[494] §138 I BGB eröffnet einen Raum für richterliches Ermessen aber allenfalls auf der Tatbestandsebene, nicht hingegen im Hinblick auf die Rechtsfolgen. Da eine Regelung des Normzweckvorbehalts wie in §134 BGB bewusst unterblieben ist, ist auch eine Korrektur der Rechtsfolgen über §242 BGB abzulehnen. Eine Beschränkung der Nichtigkeitsfolge auf einzelne Abreden, wie das Verbringen, wird im Zusammenhang mit gegen Kulturgüterschutznormen verstoßenden Verträgen regelmäßig schon an einem auf Restgültigkeit zielenden Parteiwillen scheitern.[495]
Problematisch ist aber auch hier, inwieweit Folgeverträge miterfasst werden können. So sind Folgeverträge im Rahmen des §138 I BGB nur dann sittenwidrig, wenn die Sittenwidrigkeit des einen Vertrages dazu zwingt, auch die Sittenwidrigkeit der übrigen Verträge anzunehmen.[496] Im Rahmen der Nigeria-Entscheidung wurde der Zusammenhang mit dem Versicherungsvertrag bejaht. Sofern ein Zusammenhang zwischen einem Folgevertrag und dem unrechtmäßigen Verbringen des Kulturgutes jedoch fehlt, scheidet eine Einstufung des Folgevertrages als sittenwidrig aber wohl aus und somit auch eine Sanktionsmöglichkeit im Rahmen von §138 I BGB.
Abgesehen von den Einschränkungen bezüglich der Folgeverträge scheint §138 I BGB auf der Rechtsfolgenebene durchaus günstig zu sein. So bietet er zwar weniger Raum als §134 BGB für eine flexible Rechtsfolge, lässt dafür aber auch weniger Raum für Zweifel im Hinblick auf die Frage, wie die Rechtsfolge nun aussehen kann und soll.
Der Nachteil des §138 I BGB gegenüber §134 BGB wird nur im Zusammenhang mit den Tatbestandsvoraussetzungen ersichtlich, setzt §138 I BGB eine beiderseitige Umgehungsabsicht voraus. Allerdings können als Verbotsgesetze im Rahmen des §134 BGB nur Normen der deutschen Rechtsordnung herangezogen werden. Verstöße gegen ausländische Kulturgüterschutznormen können, sofern sie nicht zugleich über im Inland unmittelbar anwendbare Regelungen – wie die VO Nr. 3911/92 oder VO Nr. 1210/2003 – Wirkung entfalten, nur über §138 I BGB berücksichtigt werden.
Dieser Nachteil wird auch durch den Beitritt Deutschlands zum UNESCO-Kulturgutübereinkommmen nicht vollständig behoben. Art. 3 des UNESCO-Kulturgutübereinkommens ist weder self-executing noch hinreichend bestimmt genug, um als Verbots-

---

492 Christian Armbrüster, in: MüKo §138, Rn.155.
493 Helmut Heinrichs, in: Palandt §138 BGB, Rn.19; Rolf Sack, in: Staudinger §138 BGB, Rn.34.
494 Claus-Wilhelm Canaris, „Gesetzliches Verbot und Rechtsgeschäft“, S.34; Rolf Sack, in: Staudinger §138, BGB Rn.34.
495 Christian Armbrüster, in: MüKo §138 Rn.157ff.
496 Christian Armbrüster, in: MüKo §138 Rn.159.

gesetz im Sinne des §134 BGB angesehen zu werden. Allerdings ist das im Zusammenhang mit der Umsetzung des Übereinkommens erlassene Importverbot des §14 I KultGüRückG n.F. als Verbotsgesetz einzuordnen, wodurch der Anwendungsbereich von §134 BGB erweitert wird. Allerdings werden über §14 I KultGüRückG n.F. die ausländischen Vorschriften nicht als solche integriert, sondern das Importverbot an ein eigenständiges Genehmigungserfordernis gekoppelt und der Anwendungsbereich auf Kulturgüter aus Vertragsstaaten begrenzt.

Kapitel III
Auswirkungen auf die Ansprüche aus dem Kaufvertrag

29 Folgeprobleme bei schwebend unwirksamem Vertrag

Wird eine Übertragung des Normzweckvorbehalts auf §138 I BGB abgelehnt, können sich die Folgeprobleme schwebend unwirksamer Verträge nur im Zusammenhang mit §134 BGB stellen. Die schwebende Unwirksamkeit ist insbesondere in den Fällen anzunehmen, in denen keine beiderseitige Umgehungsabsicht vorliegt, bevor eine bestandskräftige Entscheidung über die Genehmigung ergangen ist oder das Kulturgut unter Verstoß gegen Kulturgüterschutznormen verbracht worden ist.
Bei schwebend unwirksamen Verträgen bestehen im Gegensatz zu wirksamen Verträgen keine Erfüllungsansprüche.[497] In den Fällen, in denen die Genehmigung unmittelbar zur Vertragserfüllung erforderlich ist, ergibt sich dies schon unmittelbar aus dem Gedanken, dass eine Erfüllungshandlung, welche einen Gesetzesverstoß erfordert, nicht verlangt und durchgesetzt werden kann. Ein Erfüllungsanspruch ist aber auch in den Fällen ausgeschlossen, in denen der Verstoß gegen §134 BGB daraus hergeleitet wird, dass die Genehmigung zu einer gesetzeskonformen Durchführung des Vertrages erforderlich ist. Insofern ergibt sich kein Unterschied, wenn der Transport eines Kulturgutes nicht als vertragliche Pflicht explizit verankert wurde. In beiden Fällen hat dies zur Folge, dass die genehmigungsbedürftigen Vertragspflichten vor der Genehmigungserteilung nicht fällig sind und keine Verzugsfolgen auslösen.[498] Auch Schadensersatzansprüche wegen Nichterfüllung sind solange unbegründet.[499]
Bis zur Genehmigungserteilung oder der endgültigen Ablehnung der Genehmigung wird den Vertragsparteien jedoch insofern Schutz gewährt, als sich auch der andere Vertragspartner nicht mehr einseitig vom Rechtsgeschäft lösen kann. Nicht nur können sich die Parteien bereits trotz fehlender Erfüllungsansprüche wirksam verpflichten, bereits vor der Genehmigung Maßnahmen zu ergreifen, die der Vertragsabwicklung dienlich sind.[500] Aus §242 BGB wird darüber hinaus eine Pflicht beider Vertragsparteien abgeleitet, die zur Erteilung der Genehmigung erforderlichen Schritte in die Wege zu leiten, beispielsweise einen Antrag bei der zuständigen Behörde zu stellen.[501] Wegen der Möglichkeit der Durchsetzung dieser Pflicht ist die Annahme einer schwebenden Unwirksamkeit auch dann sachgerecht, wenn lediglich ein Vertragspartner eine Umgehungsabsicht hegt. Verletzt ein Vertragspartner diese Pflicht, die Genehmigungserteilung in die Wege zu leiten, entstehen Schadensersatzansprüche aus culpa in contrahendo, mittlerweile normiert in den §§311 II, 241 II BGB. Wegen der Herleitung der Ansprüche aus culpa in contrahendo ist unerheblich, ob der Vertrag anschließend wirksam wird. Diese Schadensersatzansprüche setzen jedoch voraus, dass die Genehmigung bei rechtzeitiger und sachgerechter Mitwirkung erteilt worden wäre.[502] Dass eine solche Genehmigungserteilung stattgefunden hätte, wird sich aber bei den

497 BGH NJW 1993, S.651; Rolf Sack, in: Staudinger §134 BGB Rn.169.
498 BGH NJW 1993, S.651; Rolf Sack, in: Staudinger §134 BGB Rn.169 sowie Rn. 179.
499 Rolf Sack, in: Staudinger §134 BGB, Rn.169.
500 Rolf Sack, in: Staudinger §134 BGB, Rn.169.
501 Wolfgang Hefermehl, in: Soergel §134 BGB, Rn.44; Rolf Sack, in: Staudinger §134 BGB, Rn.169.
502 BGH WM 1977, S.1046; Rolf Sack, in: Staudinger §134 BGB, Rn.169.

zum Kulturgüterschutz eingeführten Genehmigungserfordernissen angesichts der restriktiven Handhabung und Einzelfallorientierung nur schwer darlegen lassen. Besonders schwierig wird die Darlegung dann, wenn der Genehmigungstatbestand ein Ermessen beinhaltet. Der Umfang der Schadensersatzpflicht ist zudem auf das begrenzt, was der eine Vertragspartner erhalten hätte, wenn der andere Vertragspartner pflichtgemäß mitgewirkt hätte. Da keine Vertragspartei einen unbegrenzt langen Schwebezustand hinnehmen muss, kann in Einzelfällen eine Korrektur über §242 BGB in Betracht kommen.[503]

30 Folgeprobleme bei endgültig unwirksamem Vertrag

Bei beiderseitiger Umgehungsabsicht ergibt sich sowohl im Rahmen von §134 BGB als auch bei Anwendung des §138 I BGB die Nichtigkeit des Vertrages. Bei §134 BGB kommt die Nichtigkeit auch dann in Betracht, wenn es sich um einen gegen §259 StGB verstoßenden Kaufvertrag über ein gestohlenes Kulturgut handelt oder wenn im Zusammenhang mit dem Verkauf der von Kulturgüterschutzvorschriften erfassten Kulturgüter die Genehmigung bestandskräftig versagt oder das Kulturgut unrechtmäßig verbracht wurde.

Soweit der Käufer bereits seine Leistung erbracht hat, ist nach der rechtskräftigen Versagung der Genehmigung die Rückabwicklung über die §§812 ff. BGB vorzunehmen.[504] Bei den Fällen der unrechtmäßigen Verbringung ist jedoch fraglich, ob ein entsprechender Rückforderungsanspruch nicht aufgrund der Regelungen des §814 BGB oder des §817, 2 BGB ausgeschlossen ist.

Für ein Eingreifen des §814 BGB könnte sprechen, dass dann, wenn dem Verkäufer und dem Käufer bekannt ist, dass der Vertrag wegen des Eingreifens von Kulturgüterschutzvorschriften und der beiderseitigen Umgehungsabsicht nichtig ist, beide auch wissen, dass sie nicht verpflichtet sind, ihre jeweilige Leistung zu erbringen. Allerdings ist durch die Rechtsprechung des BGH anerkannt, dass §814 BGB aufgrund seines Schutzzweckes nicht eingreift, wenn die Leistung dennoch in Erwartung der Gegenleistung erbracht wird. Setzen sich die Parteien in den Fällen der unrechtmäßigen Verbringung bewusst über ein Verbringungsverbot hinweg, so setzen sie regelmäßig dennoch intern die Wirksamkeit des Rechtsgeschäftes voraus. Folglich greift §814 BGB nicht ein.[505]

Zwar soll nach einer Ansicht bei beiderseitiger Umgehungsabsicht §817, 2 BGB bei der bereicherungsrechtlichen Rückabwicklung eingreifen.[506] Obwohl der Tatbestand des §817, 2 BGB regelmäßig verwirklicht wird, wird von einer anderen Ansicht jedoch vertreten, dass zumindest hinsichtlich des Rückforderungsanspruchs des Verkäufers §817, 2 BGB nicht anzuwenden ist. Verwiesen wird in diesem Zusammenhang auf eine Entscheidung des BGH, in welcher dieser entschieden hat, dass der Ausschluss der Rückforderung trotz Verwirklichung des Tatbestandes nicht eingreife, wenn das Ergebnis als unbillig anzusehen ist. Da ein Ausschluss des Rückforderungsanspruchs des Verkäufers zu einem Verbleib des illegal verbrachten Kulturgutes beim Erwerber

503 BGH NJW 1993, S.651; Rolf Sack, in: Staudinger §134 BGB, Rn.169.
504 Rolf Sack, in: Staudinger §134 BGB, Rn.173.
505 BGHZ 73, 204f.; Frank Kohls, „Kulturgüterschutz", S.194.
506 BGH WM 1971, S.586f.; Rolf Sack, in: Staudinger §134 BGB, Rn.175.

führen würde, würde letztlich durch einen solchen Ausschluss ein unbilliges und von der Rechtsordnung nicht gewünschtes Ergebnis herbeigeführt.[507]
Trotz der grundsätzlichen Anwendbarkeit der §§677ff. BGB bei einem nichtigen Auftrag entfällt ein Anspruch aus Geschäftsführung ohne Auftrag gem. §§683, 670 BGB, wenn die „Aufwendungen" in einer verbotenen Tätigkeit bestanden haben. Denn solche Aufwendungen darf der Handelnde den Umständen nach nicht für erforderlich halten.[508] Folglich ist ein Anspruch auf Ersatz der Aufwendungen, welche mit dem unrechtsmäßigen Verbringen eines Kulturguts in einen anderen Staat einhergehen, abzulehnen.[509]
Da im Zusammenhang mit §134 BGB für die Nichtigkeitsfolge bei illegalem Verbringen keine beiderseitige Umgehungsabsicht erforderlich ist, bleibt ein Schadensersatzanspruch der redlichen Vertragspartei gegen den mit Umgehungsabsicht handelnden Vertragspartner aus culpa in contrahendo denkbar. Bei bewussten Verstößen gegen ausländische Kulturgüterschutznormen könnte wegen des besonderen Ausmaßes der Sittenwidrigkeit auch §826 BGB herangezogen werden.[510] Fraglich ist, ob die Sittenwidrigkeit bei §826 BGB wie bei §138 I BGB zu definieren ist. Nach einer Ansicht wird die Sittenwidrigkeit zwar entsprechend bestimmt, jedoch nicht auf das Rechtsgeschäft, sondern auf die vorsätzliche Handlung bezogen, durch die der Anspruchsinhaber geschädigt worden ist.[511] Nach anderer Ansicht besteht der Unterschied hinsichtlich der Berücksichtigungsfähigkeit ausländischer Rechtsnormen über §826 BGB darin, dass alleine die faktische Durchsetzung der fremden Norm als Voraussetzung anzusehen ist, nicht hingegen, ob das Ergebnis billigenswert erscheint.[512]

31 Folgeprobleme bei wirksamem Vertrag

Nicht nur bei schwebend oder endgültig unwirksamen Verträgen ergeben sich Folgeprobleme, sondern auch bei wirksamen Verträgen. Kaufverträge über abhanden gekommene oder gestohlene Kulturgüter können unter bestimmten Umständen ebenso wirksam sein wie Kaufverträge über illegal verbrachte Kulturgüter. Ist ein Kulturgut zwar abhanden gekommen oder gestohlen worden, beinhaltet der Kaufvertrag über ein solches Kulturgut aber keinen Verstoß gegen §259 StGB, so ist er wirksam. Auch wenn im Zusammenhang mit dem Verkauf gestohlener Kulturgüter an einen Gutgläubigen §263 StGB eingreift, so kann wegen der Anfechtungsmöglichkeit der Umkehrschluss gezogen werden, dass ebenfalls ein wirksamer Kaufvertrag vorliegt.
Im Zusammenhang mit §134 BGB ist ein Vertrag, dessen Durchführung die Verbringung eines Kulturguts bedingt, die der Genehmigung bedarf, zunächst schwebend unwirksam und mit bestandskräftiger Ablehnung der Genehmigung oder dem illegalen Verbringen ex tunc nichtig. Bei Verstößen gegen ausländische Kulturgüterschutzrege-

507 BGHZ 111, 312f.; Frank Kohls, „Kulturgüterschutz", S.195.
508 Rolf Sack, in: Staudinger §134 BGB, Rn.140.
509 BGHZ 111, S.312; Rolf Sack, in: Staudinger §134 BGB, Rn.141.
510 Daniel Busse, „Die Berücksichtigung ausländischer „Eingriffsnormen" durch die deutsche Rechtsprechung", in: ZVglRWiss 95 (1996), S.403; Alexander Goepfert, „Haftungsprobleme im Kunst- und Auktionshandel", S.80f.
511 Wolfgang Hefermehl, in: Soergel §138 BGB, Rn.65.
512 Abbo Junker, „Schadensersatzpflicht bei einem Verstoß gegen ein ausländisches Embargo", in: JZ 1991, S.702.

lungen, die entweder nicht in den Anwendungsbereich der VO Nr. 3911/92, der VO Nr. 1210/2003 oder des §14 I KultGüRückG fallen, kann jedoch nur §138 I BGB eingreifen. Da dieser scheitert, wenn keine oder nur eine einseitige Umgehungsabsicht vorliegt, ist in vielen Fällen trotz der Verstöße gegen ausländische Kulturgüterschutznormen von einem wirksamen Vertrag auszugehen.

31.1 Kaufvertrag über zuvor abhanden gekommene oder gestohlene Kulturgüter

Da keine besonderen Regelungen für wirksame Kaufverträge über abhanden gekommene oder gestohlene Kulturgüter gelten, ist auf die §§433ff. BGB zurückzugreifen, sowie bei Kaufleuten unter Umständen auf die Sonderregelungen der §§343ff. HGB. Ist ein wirksamer Kaufvertrag über ein Kulturgut zustande gekommen, hat der Käufer gem. §433 I BGB einen Anspruch auf Übergabe und Übereignung des mangelfreien Kulturguts.[513]

Wie die Übereignung erfolgen kann, richtet sich nach dem anwendbaren Recht, welches unabhängig von dem Vertragsstatut nach den sachenrechtlichen Kollisionsregeln zu bestimmen ist. Wie die Übereignung erfolgt, ist irrelevant. Denn auch ein gutgläubiger Eigentumserwerb oder ein Eigentumserwerb durch Ersitzung wird im Zivilrecht als ausreichend zur Erfüllung der kaufvertraglichen Pflichten durch den Verkäufer angesehen, denn wegen der sachenrechtlichen Wertung ist eine Ersatzpflicht aus §§823 I, 812 I 1 BGB dem ursprünglichen Eigentümer gegenüber ausgeschlossen. Zwar kann dem Käufer drohen, als Zeuge in einen Schadensersatz- oder als Beklagter in einen Herausgabeprozess des früheren Eigentümers verwickelt zu werden, auch kann ihm moralisch der gutgläubige Erwerb des Kulturgutes unangenehm sein, dieser „Makel" begründet im Zivilrecht jedoch weder einen Rechts- noch einen Sachmangel. Bleibt dem Käufer ein Vermögensschaden trotz Prozessgewinn und Kostenerstattungsanspruchs aus §91 ZPO, kommt lediglich ein vertraglicher Schadensersatzanspruch aus §§280 I, 241 II BGB in Betracht, welcher die Verletzung einer Nebenpflicht voraussetzt, wobei entweder eine Pflicht, makelfreies Eigentum zu verschaffen, angenommen wird oder zumindest eine Pflicht, über vorhersehbare Prozessrisiken aufzuklären. Gibt der Erwerber, obwohl er Eigentümer geworden ist, die Sache dem früheren Eigentümer freiwillig heraus, muss sich der Käufer seinen Schaden selbst zuschreiben lassen.[514]

Kann der Verkäufer das Eigentum nicht verschaffen, weil ein gutgläubiger Erwerb einer gestohlenen Sache gem. §935 BGB oder entsprechender ausländischer Vorschriften ausscheidet, so erlischt der Erfüllungsanspruch gem. §275 I, II BGB nur dann, wenn der Erwerb der Sache vom Eigentümer durch den Verkäufer mit zumutbaren Anstrengungen nicht möglich ist. Denn im deutschen Recht ist der Käufer nicht von vorneherein auf einen Schadensersatzanspruch wegen Nichterfüllung beschränkt, sondern kann grundsätzlich auf Erfüllung klagen und einen nicht unmöglichen Leistungsanspruch gem. §§883 I, 894 ZPO im Wege der Zwangsvollstreckung durchsetzen. Ist die Leistung jedoch anfänglich unmöglich, greift unter den Voraussetzungen des §311

513 Brigitte Schwadorf-Ruckdeschel, „Rechtsfragen des grenzüberschreitenden rechtsgeschäftlichen Erwerbs von Kulturgütern", S.72.

514 Haimo Schack, „Kunst und Recht", S.152f., Rn. 372f. sowie 376f.

a II BGB ein Anspruch auf Schadensersatz bzw. Aufwendungsersatz ein. Die Verjährungsfrist dieses Anspruchs beträgt gemäß §438 I Nr. 1 lit. a BGB 30 Jahre und entspricht damit in der Länge der Frist für den Herausgabeanspruch des Eigentümers nach §197 I Nr. 1 BGB. Muss der Käufer eines gestohlenen Kulturguts, dessen Eigentum er nicht erwerben konnte, nach der Übergabe des Kulturguts dem wahren Eigentümer mit Rücksicht auf dessen besseres Recht herausgeben, kann er vom Kaufvertrag zurücktreten und Schadensersatz statt der Leistung verlangen. Jedoch trifft dann den Käufer die Beweislast für seinen fehlenden Eigentumserwerb.[515]

31.2 Kaufvertrag über anschließend abhanden gekommene oder gestohlene Kulturgüter

Ist die Leistung nachträglich unmöglich geworden, beispielsweise weil das verkaufte Kulturgut dem Verkäufer selbst gestohlen worden ist, erlischt der Erfüllungsanspruch gem. §275 I BGB. Ist der Käufer nicht für die Unmöglichkeit verantwortlich gem. §326 II BGB, was beim Verkauf gestohlener Kulturgüter der Regelfall sein wird, so erlischt gem. §326 I BGB auch der Zahlungsanspruch des Verkäufers aus §433 II BGB. Wenn allerdings der Verkäufer ein Kulturgut auf Verlangen des Käufers versendet, kommt ein Übergang der Preisgefahr mit Übergabe an den Transporteur nach §447 I BGB in Betracht. Hat der Verkäufer die Unmöglichkeit zu vertreten, so steht dem Käufer ein Schadensersatzanspruch aus §§280 I, III, 283 BGB zu. Bei einem günstigen Geschäft kann der Käufer dann als Schadensersatz die Differenz zwischen Kaufpreis und Marktwert verlangen und den Ersatz eines entgangenen Gewinns aus einer Weiterveräußerung nach §252 BGB. Auch wenn dieses Vertretenmüssen nicht gegeben ist, kann der Käufer in jedem Fall nach §326 V BGB zurücktreten.[516]

31.3 Kaufvertrag unter unmittelbarem Verstoß gegen Kulturgüterschutznormen

Ist die Erfüllung nicht schon wegen der schwebenden oder endgültigen Unwirksamkeit des Vertrages ausgeschlossen, müssen Ansprüche auf Erfüllung unter Verstoß gegen Kulturgüterschutznormen trotz der Wirksamkeit des Vertrages ausgeschlossen sein. So ist vorgeschlagen worden, eine Leistung könne wegen Eingreifens eines ausländischen Exportverbots, solange sich ein Kulturgut noch im Exportstaat befindet, als tatsächlich ursprünglich oder nachträglich unmöglich im Sinne von §275 I BGB anzusehen sein.[517] Dogmatisch ist dies insofern problematisch, als der rechtlichen Unmöglichkeit entgegen steht, dass die Norm gerade nicht als Rechtssatz unmittelbar anerkannt wird, und der physischen Unmöglichkeit, dass das Exportverbot durch die ausländischen Behörden noch nicht vollzogen worden ist.[518] Jedoch wäre es zum einen unbillig, einen durch ein Exportverbot an der Leistung gehinderten Schuldner zur Leistung zu verurteilen, obwohl diese letztlich nicht durchsetzbar ist, zum anderen gebietet diese

515 Haimo Schack, „Kunst und Recht“, S.152f., Rn. 372f. sowie 376f.
516 Haimo Schack, „Kunst und Recht“, S.152, Rn. 374.
517 Andreas Heldrich, in: Palandt Art. 34 EGBGB, Rn.5; Haimo Schack, „Kunst und Recht“, S.224, Rn. 531; Kurt Siehr, „Ausländische Eingriffsnormen“, in: RabelsZ 52 (1988), S.78.
518 Daniel Busse, „Die Berücksichtigung ausländischer „Eingriffsnormen“ durch die deutsche Rechtsprechung“, in: ZVglRWiss 95 (1996), S.402.

Einordnung auch das Gerechtigkeitsempfinden.[519] Auch ist in Betracht gezogen worden, von einem faktischen Ausschluss bestimmter Erfüllungsweisen oder dem Wegfall der Geschäftsgrundlage auszugehen.[520] Unter Umständen kann auch §242 BGB dazu herangezogen werden, unter Berücksichtigung ausländischer Normen vertragliche Rechte und Pflichten zu modifizieren.[521]
Als alternative Lösungsmöglichkeit dieses schuldrechtlichen Problems ist eine Einbeziehung ausländischen Rechts bzw. seiner Auswirkungen als „Datum" auf der materiell-rechtlichen Ebene vorgeschlagen worden.[522] So könne im Rahmen des Tatbestandsmerkmals der deutschen Normen den aus fremden Normen resultierenden Zwangslagen mit der Begründung Rechnung getragen werden, dass der von einem Exportverbot erzeugte Druck beispielsweise die Leistung ebenso unmöglich machen kann wie ein Naturereignis.[523] Letztlich ist aber fraglich, ob ausländische Kulturgüterschutznormen wie Tatsachen allein aufgrund ihres Vorhandenseins zu berücksichtigen sind.[524] So erscheint es sachgerechter, wie in der Nigeria-Entscheidung des BGH, als Begündungsmodell anstelle des Rückgriffs auf die Möglichkeit der Tatbestandswirkung der ausländischen Kulturgüterschutznormen die in den deutschen Normen verwendeten Begrifflichkeiten angemessen auszufüllen.[525]
Da der Leistungsverpflichtete grundsätzlich dafür einzustehen hat, dass er erfüllen kann und dass er dies rechtmäßig kann, ist im Gegenzug dann, wenn die Erfüllungspflicht unter einer Heranziehung von §275 I BGB verneint wird, ein Schadensersatzanspruch des Käufers aus §§280 I, III, 283 BGB zu bejahen.[526]

31.4 Kaufvertrag ohne Zusammenhang zu Verstößen gegen Kulturgüterschutznormen

In Sonderkonstellationen könnte trotz der Notwendigkeit eines unrechtmäßigen Verbringens zur Erfüllung bzw. Durchführung des Vertrages der objektive Zusammenhang zwischen dem Vertrag und der zur Durchführung des Vertrages notwendigen Verbringung des Kulturguts fehlen. Beispielsweise könnte dies der Fall sein, wenn ein Kaufvertrag über ein im Inland belegenes Kulturgut geschlossen wurde, welches der Käufer weiterhin im Inland belassen wollte, dieses Kulturgut jedoch vor der Übereig-

---

519 Daniel Busse, „Die Berücksichtigung ausländischer „Eingriffsnormen" durch die deutsche Rechtsprechung", in: ZVglRWiss 95 (1996), S.394.

520 Andreas Heldrich, in: Palandt Art. 34 EGBGB, Rn.5; Daniel Busse, „Die Berücksichtigung ausländischer „Eingriffsnormen" durch die deutsche Rechtsprechung", in: ZVglRWiss 95 (1996), S.402f.

521 Daniel Busse, „Die Berücksichtigung ausländischer „Eingriffsnormen" durch die deutsche Rechtsprechung", in: ZVglRWiss 95 (1996), S.407f.

522 Stefan Leible, „Außenhandel und Rechtssicherheit", in: ZVglRWiss 97 (1998), S.301; Abbo Junker, „Schadensersatzpflicht bei einem Verstoß gegen ein ausländisches Embargo", in: JZ 1991, S.702; Andreas Heldrich, in: Palandt Art. 34 EGBGB, Rn.5; Daniel Busse, „Die Berücksichtigung ausländischer „Eingriffsnormen" durch die deutsche Rechtsprechung", in: ZVglRWiss 95 (1996), S.394.

523 Abbo Junker, „Schadensersatzpflicht bei einem Verstoß gegen ein ausländisches Embargo", in: JZ 1991, S.702.

524 Kurt Siehr, „Ausländische Eingriffsnormen", in: RabelsZ 52 (1988), S.80.

525 Frank Kohls, „Kulturgüterschutz", S.128.

526 Rolf Sack, in: Staudinger §134 BGB, Rn.164.

nung gestohlen wurde und durch den Staat, in den es nach dem Diebstahl verbracht wurde, nun unter Schutz gestellt wird. Selbst wenn in diesen Fällen der Vertrag nicht gem. §134 BGB oder §138 I BGB nichtig ist, so werden trotz der dogmatischen Schwierigkeiten auch in solchen Fällen die vertraglichen Pflichten zu modifizieren sein, da es dem Verkäufer nicht zugemutet und aus moralischen Gesichtspunkten auch nicht gefördert werden kann, gegen Kulturgüterschutzvorschriften zu verstoßen.
Häufiger sind jedoch die Fälle, in denen aufgrund eines weiten räumlichen und zeitlichen Auseinanderfallens zwischen dem unrechtmäßigen Verbringen und dem Vertragsschluss, insbesondere bei bereits mehreren zwischengeschalteten Rechtsgeschäften der Zusammenhang zwischen Rechtsgeschäft und Verbringen fehlt, sodass §134 BGB und §138 I BGB bei solchen Folgeverträgen nicht mehr eingreifen. Da die Wirksamkeit dieser Verträge grundsätzlich unberührt bleibt, ist fraglich, ob die Tatsache, dass ein Kulturgut zuvor unrechtmäßig verbracht wurde, vom Käufer geltend gemacht werden kann. Insbesondere könnten Gewährleistungsansprüche des Käufers in Betracht zu ziehen sein, wenn der Verkäufer trotz Abschluss eines Kaufvertrages kein mangelfreies Eigentum im Sinne des §433 I BGB verschaffen kann.
Während auf der Sache ruhende öffentlich-rechtliche Lasten, die kein Verkäufer beseitigen kann, wie beispielsweise denkmalschutzrechtliche Beschränkungen, wohl aber auch Exportverbote traditionell als Sachmangel eingestuft worden sind, hat diese Unterscheidung mittlerweile an Relevanz verloren, da nach neuem Schuldrecht für Sach- und Rechtsmängel dieselben Rechtsfolgen gelten.[527]
Wie denkmalschutzrechtliche Beschränkungen senkt auch ein Exportverbot als Verkehrshindernis den Marktpreis für das betroffene Kunstwerk, selbst wenn es legal oder illegal überwunden wird.[528] Da aber nicht der Wert selbst, sondern nur Eigenschaften, die Brauchbarkeit und Wertschätzung eines Kulturgutes beeinflussen, die wertbildenden Faktoren als Beschaffenheitsmerkmale, als Mangel in Betracht kommen,[529] ist letztlich entscheidend, ob ein Exportverbot unter dem Gesichtspunkt einen Mangel begründen kann, dass der Käufer trotz des Eigentumserwerbs Gefahr läuft, im Importstaat oder später in Drittstaaten vom Exportstaat gerichtlich auf die Rückgabe des Kulturguts in Anspruch genommen zu werden (sog. clouded title).[530] Gegen die Annahme eines Mangels könnte sprechen, dass der Käufer mit Gefahrübergang zunächst Besitz und Eigentum erhalten hat und unklar bleibt, ob eine gerichtliche Geltendmachung von staatlichen Rückgabeansprüchen überhaupt erfolgt. Jedoch erscheint es ungerecht, den Käufer darauf zu verweisen, dass er mit Gefahrübergang zunächst Besitz und Eigentum erhalten hat, wenn er den Besitz oder das Eigentum in Zukunft unfreiwillig zu verlieren droht.
Jedenfalls dann, wenn eine gerichtliche Geltendmachung von staatlichen Rückgabeansprüchen fristgerecht erfolgt, ist von einem Mangel auszugehen: Selbst dann, wenn der Erwerber nur das Kulturgut in das Territorrium des Herkunftsstaats zurückführen muss und Besitz und Eigentum behalten kann, ist diese Einschränkung hinsichtlich der freien Verfügbarkeit wohl zumindest als ein Fehlen einer üblichen Beschaffenheit im Sin-

527 Hans Joachim Musielak, „Grundkurs BGB“, Rn.589; Hans Putzo, in: Palandt §433 BGB, Rn.21; Haimo Schack, „Kunst und Recht“, S.154, Rn. 378.
528 Haimo Schack, „Kunst und Recht“, S.225, Rn. 533f.
529 Hans Joachim Musielak, „Grundkurs BGB“, Rn.580; Bernhard Kühn, „Die Sachmangelgewährleistung des Kunst- und Antiquitätenhandels“, S.39f.
530 Haimo Schack, „Kunst und Recht“, S.225, Rn. 533f.

ne des §434 I 2 Nr.2 BGB anzusehen. In Fällen eines nachträglich rückwirkenden Eigentumsverlustes könnte, auch wenn der Eigentumsverlust erst rückwirkend mit der Rückgabe eintritt, ein Rechtsmangel angenommen werden. Zwar gilt grundsätzlich, dass der Käufer eine Verschlechterung der Rechtslage hinzunehmen hat.[531] Wegen des fließenden Übergangs von Rechts- in Sachmängel bei Restriktionen durch Kulturgüterschutznormen und der Gleichbehandlung seit der Schuldrechtsreform könnte jedoch ein Mangel auf die Begründung gestützt werden, dass die Ursache dieses Mangels, nämlich das unrechtmäßige Verbringen, zum Zeitpunkt des Gefahrübergangs in der Sache schon bestand. Aber eine solche Begründung scheitert jedenfalls dann, wenn ein Rückgabeanspruch bei archäologischem Kulturgut durch eine nachträgliche Eintragung oder bei allen Arten von Kulturgütern durch ein nachträgliches Überschreiten der zum Zeitpunkt der Ausfuhr noch nicht überschrittenen Wertgrenzen erst nachträglich entsteht. Damit wäre in solchen Fällen folgerichtig, das Vorliegen eines Mangels und sich daraus ergebende Rechte des Käufers abzulehnen. Dass dieses Risiko der Käufer tragen muss, erscheint insofern auch nicht unbillig, als der Verkäufer das Entstehen dieser Rückgabeansprüche nicht beeinflussen und vorhersehen kann.

Daneben bleibt fraglich, ob §377 HGB entsprechend herangezogen werden könnte und eine unverzügliche Rüge des von der Verbringung Kenntnis erlangenden Käufers erforderlich würde, wenn die entsprechenden Export- und Importgenehmigungen nicht entsprechend vorgelegt werden.[532]

Beim Bestehen von Mängelrechten haftet der Verkäufer gemäß §§437 Nr. 3 i. V. m. 280 I BGB auf die Differenz zwischen dem objektiven Verkehrswert des Kulturguts und einer vom Exportstaat gezahlten Entschädigung,[533] denn der vom Staat gezahlte Entschädigungsbetrag muss nicht genau der Differenz zwischen dem auf dem Weltmarkt und dem engeren nationalen Markt erzielbaren Preis entsprechen.[534] Dabei müsste aber die Höhe abweichend ermittelt werden, wenn der Käufer nicht lediglich einem Anspruch auf Rückgabe in ein bestimmtes Hoheitsgebiet Folge zu leisten hat, sondern das Eigentum an den Exportstaat oder einen Dritten verliert.

Zwar ist anerkannt, dass es zu den Nebenpflichten des Verkäufers zählt, dem Käufer vorhandene oder versprochene Herkunftsnachweise und Expertisen zu verschaffen,[535] ob auch die Besorgung einer zukünftigen Exportgenehmigung zu den Nebenpflichten gezählt werden kann, wenn der Käufer das Kulturgut auszuführen gedenkt, wird eine Frage des Einzelfalls sein. Der Käufer, der nach §433 II BGB nur verpflichtet ist, den vereinbarten Kaufpreis zu zahlen und die Kaufsache abzunehmen, kann sich daneben aber auch vertraglich verpflichten, einen Kunstgegenstand öffentlich auszustellen oder zu restaurieren.[536] Entsprechend ist auch eine vertragliche Verpflichtung denkbar, ein Kulturgut in einem bestimmten Land zu belassen.

Da der Verkäufer auch dann, wenn ein vom Käufer geplantes unrechtmäßiges Verbringen die Wirksamkeit seines Vertrages mit dem Käufer mangels hinreichenden Zusammenhangs nicht berührt, nicht verpflichtet sein kann, einem gegen inländische oder ausländische Gesetze, insbesondere Kulturgüterschutznormen, verstoßendem

531 Köln NJW-RR 1992, S.1099; Hans Putzo, in: Palandt §435 BGB Rn.7.
532 Alexander Goepfert, „Haftungsprobleme im Kunst- und Auktionshandel“, S.103f.
533 Haimo Schack, „Kunst und Recht“, S.154, Rn. 378.
534 Haimo Schack, „Kunst und Recht“, S.225, Rn. 533.
535 Haimo Schack, „Kunst und Recht“, Köln, 2004, S.151, Rn. 371.
536 Haimo Schack, „Kunst und Recht“, Köln, 2004, S.151, Rn. 371.

Verhalten Vorschub zu leisten, ist zumindest ein Leistungsverweigerungsrecht nach §242 BGB anzunehmen, wenn ihm die Umgehungsabsicht des Käufers bekannt wird.[537]

31.5 Keine Sonderprobleme bei Kaufverträgen über gewidmete inländische Kulturgüter

Im Zusammenhang mit gewidmetem inländischen Kulturgut ist vertreten worden, dass der Kaufvertrag mangels einer gesetzlichen Verankerung der Widmung zwar nicht gegen §134 BGB verstößt, aber, wenn der Widmungszweck der Sache ihrer Übertragung entgegensteht, die Erfüllung unmöglich sein soll.[538] Dies ist jedoch abzulehnen, da die Widmung die privatrechtlichen Eigentumsverhältnisse nicht berührt und nach der neueren Rechtsprechung bei Gutgläubigkeit ein lastenfreier Erwerb möglich ist und auf eine solche Widmung gestützte verwaltungsrechtliche Herausgabeansprüche eben gerade wegen der fehlenden gesetzlichen Grundlage einer Widmung von Kulturgütern abgelehnt werden.

32 Zur Anwendbarkeit der Regelungen zum Verbrauchsgüterkauf

Entgegen einer in Kunstkreisen verbreiteten Meinung sind die speziellen Regelungen der §§474 ff. BGB über den Verbrauchsgüterkauf gem. §474 I 1 BGB grundsätzlich bei Verkäufen von sämtlichen beweglichen Sachen eines Unternehmers im Sinne des §14 BGB an einen Verbraucher im Sinne des §13 BGB anwendbar, folglich auch bei privaten Käufen von Kulturgütern.[539]
Allerdings gelten die Sonderregelungen gem. §474 I 2 BGB nicht für gebrauchte Sachen, die in einer öffentlichen Versteigerung verkauft werden, an der der Verkäufer persönlich teilnehmen kann.[540] Dabei ist die öffentliche Versteigerung in §383 III BGB legaldefiniert und umfasst Versteigerungen durch Gerichtsvollzieher, zu Versteigerungen befugten anderen Beamten oder durch öffentlich angestellte Versteigerer. Insbesondere werden neben den Notaren gem. §20 III BNotO auch öffentlich bestellte Versteigerer gem. §34 b V GewO erfasst,[541] wobei zu letzteren auch öffentlich bestellte Kunstauktionatoren gehören können.[542] Des Weiteren ist im Hinblick auf die Öf-

537 RG JW 1924, S.1359; Rolf Sack, in: Staudinger §134 BGB Rn.164.

538 Brigitte Schwadorf-Ruckdeschel, „Rechtsfragen des grenzüberschreitenden rechtsgeschäftlichen Erwerbs von Kulturgütern“, S.62f.

539 Astrid Müller-Katzenburg, „Erste Erfahrungen des Kunsthandels mit der Schuldrechtsreform“, in: NJW 2006, S.553.

540 Stephan Lorenz, „Fünf Jahre „neues“ Schuldrecht im Spiegel der Rechtsprechung“, in: NJW 2007, S.7; Astrid Müller-Katzenburg, „Erste Erfahrungen des Kunsthandels mit der Schuldrechtsreform“, in: NJW 2006, S.556.

541 BGH NJW 1990, S.900; Bettina Thorn, „Internationaler Kulturgüterschutz nach der UNIDROIT-Konvention“, S.226; Haimo Schack, „Kunst und Recht“, S.202, Rn. 491; Brigitte Schwadorf-Ruckdeschel, „Rechtsfragen des grenzüberschreitenden rechtsgeschäftlichen Erwerbs von Kulturgütern“, S.65f.; Marc Weber, „Unveräußerliches Kulturgut im nationalen und internationalen Rechtsverkehr“, S.51.

542 Carl-Heinz Heuer, „Die Kunstraubzüge der Nationalsozialisten und ihre Rückabwicklung“, in: NJW 1999, S.2563; Anette Hipp, „Schutz von Kulturgütern in Deutschland“, S.159f.; Stephan Lorenz, „Fünf Jahre „neues“ Schuldrecht im Spiegel der Rechtsprechung“, in: NJW 2007, S.7.

fentlichkeit der Versteigerung irrelevant, ob es sich um eine gewerbliche Versteigerung handelt. Vielmehr wird von dem Begriff jede für jedermann potenziell zugängliche und öffentlich bekannt gemachte Versteigerung erfasst.[543]
Da Kulturgüter als gebrauchte Gegenstände eingeordnet werden können, greifen nach einer Ansicht die Sonderregelungen bei den Versteigerungen durch Auktionshäuser regelmäßig nicht ein, insbesondere bleibt so mangels Anwendbarkeit des §475 BGB die Möglichkeit eines weitgehenden Haftungsausschlusses auch bei Kulturgüterverkäufen an Private erhalten.[544]
Eine andere Ansicht stellt jedoch in Frage, ob es wirklich gerechtfertigt ist, die Auktionshäuser gegenüber anderen Händlern und Galeristen zu privilegieren und zieht eine teleologische Reduktion der Ausnahmeregelung in Betracht. Ziel sei es gewesen, vor allem die Versteigerungen von Fundsachen durch öffentliche Verkehrsbetriebe und ähnliche Einrichtungen von den Sondervorschriften auszunehmen, da bei den meist geringwertigen Sachen ungewisser Herkunft eine besondere Haftung, insbesondere der öffentlichen Hand, vermieden werden sollte. Kulturgüter hingegen weisen gerade wegen ihres Alters einen hohen Wert auf, welcher den Ersteigerer wesentlich schutzwürdiger erscheinen lässt. Auch sei eine mit Händlern und Galeristen vergleichbare Haftung angesichts der besonderen Sachkunde der Versteigerer angemessen.[545]

543 BGH NJW 1990, S.900; Haimo Schack, „Kunst und Recht", S.202, Rn. 491; Brigitte Schwadorf-Ruckdeschel, „Rechtsfragen des grenzüberschreitenden rechtsgeschäftlichen Erwerbs von Kulturgütern", S.65f.; Marc Weber, „Unveräußerliches Kulturgut im nationalen und internationalen Rechtsverkehr", S.51.

544 Hans Putzo, in: Palandt §474 BGB, Rn.2.

545 Astrid Müller-Katzenburg, „Erste Erfahrungen des Kunsthandels mit der Schuldrechtsreform", in: NJW 2006, S.556.

Teil C
Auswirkungen deutscher und ausländischer Kulturgüterschutznormen im deutschen Sachenrecht

Kapitel I
Nichtigkeit oder schwebende Unwirksamkeit nach §134 BGB?

33 Zu den Tatbestandsvoraussetzungen des §134 BGB

Wegen des Abstraktionsprinzips und der Unabhängigkeit von Verpflichtungs- und Erfüllungsgeschäft in der deutschen Rechtsordnung erlangt im Hinblick auf Kaufverträge über gestohlene oder illegal verbrachte Kulturgüter die dingliche Rechtslage eine besondere Bedeutung.[546] Dabei bleibt im Folgenden die Erörterung der Rechtslage auf bewegliche Kulturgüter beschränkt. Das deutsche Recht sieht für die Übereignung von Kulturgütern keine Sondervorschriften vor, sodass die §§929ff. BGB anzuwenden sind.[547] Zentrale Voraussetzung für die Übereignung stellt somit die dingliche Einigung im Sinne des §929 BGB dar, welche, als dinglicher Vertrag klassifiziert,[548] Raum für die Anwendung des §134 BGB bietet.[549]
Wegen des Abstraktionsprinzips berührt die Unwirksamkeit des schuldrechtlichen Vertrages die Wirksamkeit des dinglichen Rechtsgeschäfts nicht, sodass grundsätzlich unabhängig hinsichtlich des Verpflichtungsgeschäfts und des Verfügungsgeschäfts durch Auslegung zu ermitteln ist, ob ein Verbotsgesetz eingreift und welche Rechtsfolgen seinem Zweck entsprechen.[550] Zwar ist die dingliche Wirkung wegen der Neutralität der Eigentumsübertragung eher der Ausnahmefall.[551] Dies schließt jedoch nicht aus, dass im Einzelfall ein Verbotsgesetz sowohl Verpflichtungs- als auch Verfügungsgeschäft unterbinden will. Im Gegenteil, dies wird regelmäßig dann der Fall sein, wenn ein Verbot im Sinne des §134 BGB gerade auf die Erfüllung des Rechtsgeschäfts gerichtet ist und die Umstände, welche die Wirksamkeit des Kausalgeschäfts beeinträchtigen, zugleich und unmittelbar auch das Erfüllungsgeschäft betreffen.[552]

33.1 Besonderheiten bei gestohlenen Kulturgütern

Veräußert ein Verkäufer gestohlene Sachen, so könnte der Sinn und Zweck des in §259 StGB beinhalteten Verbots es nahe legen, dass bei einem Verstoß gegen §259 StGB auch das Erfüllungsgeschäft gem. §134 BGB nichtig sein soll. Aufgrund des

546 Brigitte Schwadorf-Ruckdeschel, „Rechtsfragen des grenzüberschreitenden rechtsgeschäftlichen Erwerbs von Kulturgütern“, S.59.

547 Anette Hipp, „Schutz von Kulturgütern in Deutschland“, S.155; Brigitte Schwadorf-Ruckdeschel, „Rechtsfragen des grenzüberschreitenden rechtsgeschäftlichen Erwerbs von Kulturgütern“, S.64.

548 Peter Bassenge, in Palandt §929 BGB, Rn.2.

549 Rolf Sack, in: Staudinger §134 BGB, Rn.117.

550 Bernd Rüthers und Astrid Stadler, „Allgemeiner Teil des BGB“ §26, Rn.12; Rolf Sack, in: Staudinger §134 BGB, Rn.116f.; Brigitte Schwadorf-Ruckdeschel, „Rechtsfragen des grenzüberschreitenden rechtsgeschäftlichen Erwerbs von Kulturgütern“, S.64.

551 Brigitte Schwadorf-Ruckdeschel, „Rechtsfragen des grenzüberschreitenden rechtsgeschäftlichen Erwerbs von Kulturgütern“, S.64.

552 Rolf Sack, in: Staudinger §134 BGB, Rn.116f.; Brigitte Schwadorf-Ruckdeschel, „Rechtsfragen des grenzüberschreitenden rechtsgeschäftlichen Erwerbs von Kulturgütern“, S.64.

systematischen Zusammenhangs mit den §§932ff. BGB scheidet die durch §134 BGB nahe gelegte Nichtigkeit jedoch ausnahmsweise aus. Denn sonst würde erstens die Differenzierung des §932 BGB zwischen gutgläubigem und bösgläubigem Käufer unterlaufen, sowie zweitens die Differenzierung des §935 BGB zwischen gestohlenen und unterschlagenen Sachen und besonderen Ausnahmetatbeständen. Da die §§932ff. BGB gerade auf der sachenrechtlichen Ebene wirken, stellt sich das auf der schuldrechtlichen Ebene angesiedelte Problem, ob die Wirksamkeit des Eigentumserwerbs zwingend auch zur Wirksamkeit des Verpflichtungsgeschäfts führen muss, auf der dinglichen Ebene nicht. Damit ist die Annahme der Wirksamkeit eines aufgrund der §§932ff. BGB ermöglichten Eigentumserwerbs trotz des Verstoßes gegen §259 StGB zwingend.

33.2 Besonderheiten bei illegal verbrachten Kulturgütern

Anders als bei gestohlenen Kulturgütern gebieten die Wertungen der §§932ff. BGB bei illegal verbrachten Kulturgütern keine Einschränkung der Anwendung des §134 BGB, da dieser Problemkreis in den §§932ff. BGB nicht behandelt wird.

Nach dem §1 IV und §4 KultSchG bleibt jedoch zumindest eine Verfügung im Inland ausdrücklich möglich, sodass zweifelhaft erscheint, ob das KultSchG tatsächlich unmittelbar darauf gerichtet ist, Übereignungen zu verhindern. So löst die Übereignung selbst zunächst lediglich Mitteilungs- oder Aufzeichnungspflichten aus. Dennoch ist angesichts des Sinn und Zwecks des KultSchG, die Abwanderung bedeutsamer Kulturgüter zu unterbinden, befürwortet worden, §134 BGB bei allen Rechtsgeschäften mit Auslandsbezug eingreifen zu lassen. Selbst wenn Sinn und Zweck des KultSchG nicht die Verhinderung jedes nur möglichen Eigentümerwechsels bei Kulturgütern ist, wie beim Betäubungsmittelgesetz, welches umfassend die Verbreitung von Betäubungsmitteln verhindern will, so soll aber jedenfalls ein solcher Eigentumsübergang verhindert werden, welcher die unrechtmäßige Verbringung des Kulturgutes ins Ausland bedeutet.[553]

Art. 2 der VO Nr. 3911/92 und Art. 3 der VO Nr. 3911/2003 sowie §14 I KultGüRückG n. F. verfolgen gleichermaßen das Ziel, Kulturgüter dadurch zu schützen, dass der illegale Handel erschwert wird. Zwar wird darauf hingewiesen, dass die Nigeria-Entscheidung des BGH zu keiner Rückgabe eines Kulturgutes geführt hat, sondern nur dazu, dass die Zahlung einer Versicherungssumme verweigert wurde.[554] Auch wenn die Nigeria-Entscheidung weder §134 BGB noch die Übereignung von Kulturgütern zum Gegenstand hatte, so stünde eine sachenrechtliche Relevanz von kulturgüterschützenden Export- und Importverboten im Rahmen des §134 BGB jedoch mit der Feststellung des BGH in Einklang, die Ausfuhr von Kulturgut entgegen kulturgüterschutzrechtlichen Verboten verdiene im Interesse der Wahrung der Anständigkeit im internationalen Verkehr mit Kunstgegenständen keinen bürgerlichrechtlichen Schutz.[555] Wegen des Ziels auf nationaler und internationaler Ebene die Wirksamkeit

---

553 Brigitte Schwadorf-Ruckdeschel, „Rechtsfragen des grenzüberschreitenden rechtsgeschäftlichen Erwerbs von Kulturgütern", S.91f.

554 Kurt Siehr, „Kulturgüterschutz innerhalb der Europäischen Union", in: ZVglRWiss 95 (1996), S.175.

555 Frank Kohls, „Kulturgüterschutz", S.107; Brigitte Schwadorf-Ruckdeschel, „Rechtsfragen des grenzüberschreitenden rechtsgeschäftlichen Erwerbs von Kulturgütern", S.92.

von Kulturgüterschutznormen sicherzustellen und des Zwecks, sowohl ein grenzüberschreitendes Verbringen der Kulturgüter ohne Genehmigung zu verhindern als auch den illegalen Handel zu bekämpfen, liegt es daher nahe, davon auszugehen, dass als Nebeneffekt durch Verbringungsverbote auch die Übereignung verboten werden soll, sofern sie das illegale Verbringen bedingt. Insbesondere im Zusammenhang mit Art. 3 der VO 1210/2003 spricht auch die Ausgestaltung als allgemeines Handelsverbot für die Annahme, dass das Verbotgesetz auch im Rahmen dinglicher Rechtsgeschäfte Wirkung entfalten soll.[556]
Im Gegensatz zu Ländern mit Kausalprinzip, in denen die Unwirksamkeit eines Kaufvertrages unmittelbar auch die Übereignung erfasst, könnte das Abstraktionsprinzip im deutschen Recht eine wirksame Übereignung trotz unwirksamem Kaufvertrag zulassen und damit trotz der Nichtigkeit oder schwebenden Unwirksamkeit den Kaufvertragsparteien, sogar wenn diese mit einseitiger oder beiderseitiger Umgehungsabsicht handeln, ungerechtfertigte Vorteile verschaffen.[557]

34 Zur Rechtsfolge bei §134 BGB

Bei Übereignungen von Kulturgütern mit grenzüberschreitendem Bezug ergibt sich auf der Rechtsfolgenebene ebenfalls ein Problem dadurch, dass die §1 IV, §4 KultSchG, Art. 2 der VO Nr. 3911/92, Art. 3 der VO Nr. 1210/2003 sowie §14 I KultGüRückG n.F. grundsätzlich jede Art der unrechtmäßigen Verbringung als rein physische Änderung des Aufenthaltsorts eines geschützten Objektes mit Grenzbezug völlig ohne Zusammenhang zu einem Rechtsgeschäft verbieten, beispielsweise auch das Verbringen eines Kulturgutes durch einen Eigentümer im Rahmen eines Umzugs.[558] Da die Einigung als dinglicher Vertrag die Einigung darüber beinhaltet, dass das Eigentum an einer bestimmten Sache übergehen soll, ist die Einigung darüber, dass das Eigentum an einem bestimmten Kulturgut übergehen soll, grundsätzlich zunächst ein von einer Verbringung des Kulturgutes unabhängiger Vorgang. Nur in den seltenen Fällen, in denen Verfügungsverbote oder Vorkaufsrechte zugunsten des Staats durch das illegale Verbringen wirkungslos werden, ist das Verbot der Verbringung zugleich unmittelbar darauf gerichtet, auch eine Übereignung zu verhindern.
Umgekehrt sind auch solche schuldrechtlichen Rechtsgeschäfte denkbar, welche durch das grenzüberschreitende Verbringen von Kulturgütern in ihrer Wirksamkeit berührt werden, ohne dass im Zusammenhang mit der Durchführung dieser Verträge eine Eigentumsübertragung vorgesehen ist. So kann beispielsweise bei Leihverträgen, Verwahrungsverträgen oder Transportverträgen im Zusammenhang mit Kulturgütern §134 BGB eingreifen, da in solchen Fällen gleichermaßen die Verbringung ins Ausland durch das KultSchG, die VO Nr. 3911/92 sowie die VO Nr. 1210/2003 oder ins Inland durch die VO Nr. 1210/2003 und den KultGüRückG n.F. untersagt wird. Dies schließt gleichsam noch nicht denknotwendig aus, dass nicht auch in den Fällen, in denen zur Erfüllung des Verpflichtungsgeschäfts eine Eigentumsübertragung erforderlich ist, wie bei Kaufverträgen, auch die Wirksamkeit des dinglichen Vertrages von §134 BGB

556 Kurt Siehr, in: Ebling/Schulze, Teil 3, Rn.47.
557 Brigitte Schwadorf-Ruckdeschel, „Rechtsfragen des grenzüberschreitenden rechtsgeschäftlichen Erwerbs von Kulturgütern", S.91.
558 Brigitte Schwadorf-Ruckdeschel, „Rechtsfragen des grenzüberschreitenden rechtsgeschäftlichen Erwerbs von Kulturgütern", S.92.

berührt sein kann. Vielmehr ist vorgeschlagen worden, daraus, dass das KultSchG und andere vergleichbare Kulturgüterschutznormen jede Art der grenzüberschreitenden Verbringung eines geschützten Objektes ohne Genehmigung verhindern wollen, selbst wenn es sich nur um eine vorübergehende Verbringung handelt, abzuleiten, dass erst recht eine Übereignung mit grenzüberschreitendem Bezug verhindert werden soll. Denn eine Übereignung hat regelmäßig die unwiederbringliche Abwanderung des Kulturguts zur Folge und erschwert die Rückholung.[559]
Trotz der grundsätzlichen Trennbarkeit von Übereignung und grenzüberschreitendem Verbringen darf nicht übersehen werden, dass auch im Rahmen des dinglichen Vertrages häufig ein enger Zusammenhang zwischen der Eigentumsübertragung und dem Verbringen besteht. Dieser Zusammenhang genügt, um §134 BGB auch im Rahmen der Prüfung der Wirksamkeit des dinglichen Vertrags zu berücksichtigen.

35 §1 IV KultSchG, Art. 2 der VO Nr. 3911/92, §14 I KultGüRückG n.F. als Verbringungsverbote mit Genehmigungsvorbehalt

Auch auf der dinglichen Ebene ist hinsichtlich der Rechtsfolgen die Konstellation, in der eine Genehmigung im Sinne der §1 IV KultSchG, Art. 2 VO Nr. 3911/92, §14 I KultGüRückG n.F. beantragt wird, von der Konstellation zu unterscheiden, in der gegen das Export- oder Importverbot mit Genehmigungsvorbehalt verstoßen wird. Im Fall einer Beantragung einer Genehmigung kann von einer schwebenden Unwirksamkeit der dinglichen Einigung ausgegangen werden, welche im Moment der Bestandskraft der Genehmigungserteilung zur Wirksamkeit ex tunc führt bzw. im Moment der Bestandskraft der Versagung zur Unwirksamkeit ex tunc. Im zweiten Fall des Verstoßes gegen Kulturgüterschutznormen hingegen ist die Rechtsfolge auch auf der dinglichen Ebene problematisch, sodass verschiedene Konstellationen getrennt erörtert werden.

35.1 Vorausgehende dingliche Einigung, anschließende illegale Verbringung und Übergabe

Ein hinreichender Zusammenhang zwischen dinglicher Einigung und dem Verstoß gegen das Verbringungsverbot ist in den Fällen der vorausgehenden dinglichen Einigung, anschließenden illegalen Verbringung und erst danach erfolgenden Übergabe unproblematisch zu bejahen. So wenn die dingliche Einigung erfolgt und das Kulturgut unter Verstoß gegen ein Exportverbot ausgeführt oder gegen eine Importbestimmung eingeführt wird und dann erst bei fortwirkender Einigung die Übergabe erfolgt.
Auch auf der dinglichen Ebene ist in jedem Fall dann von Anfang an Nichtigkeit anzunehmen, wenn beide Parteien in Umgehungsabsicht handeln. Denn wenn auf der dinglichen Ebene zugleich auch die Voraussetzungen des §138 I BGB gegeben sind, kann, unabhängig davon, ob §134 BGB gegenüber §138 I BGB als lex specialis eingeordnet wird, auch hinsichtlich des Verfügungsgeschäfts keine andere Rechtfolge geboten sein.

559 Christian Armbrüster, „Privatrechtliche Ansprüche auf Rückführung von Kulturgütern", in: NJW 2001, S.3584; Brigitte Schwadorf-Ruckdeschel, „Rechtsfragen des grenzüberschreitenden rechtsgeschäftlichen Erwerbs von Kulturgütern", S.92; Frank Kohls, „Kulturgüterschutz", S.106f.

In den Fällen ohne beiderseitige Umgehungsabsicht könnte jedoch bei Erörterung der Wirksamkeit der dinglichen Einigung eine Differenzierung in Betracht kommen. So könnte in den Fällen mit vorausgehender Einigung eine zeitliche Trennung zwischen dem Zeitraum vor und nach dem illegalen Verbringen nahe liegen. Die Nichtigkeit der dinglichen Einigung bei beiderseitiger Umgehungsabsicht legt jedoch nicht zwingend den Umkehrschluss nahe, dass bei Fehlen beiderseitiger Umgehungsabsicht zunächst nur eine schwebende Unwirksamkeit der dinglichen Einigung eintreten soll. Vielmehr bleibt zu prüfen, ob die schwebende Unwirksamkeit wie im schuldrechtlichen Zusammenhang genügt, oder ob die Interessen des Kulturgüterschutzes eine andere Rechtsfolge gebieten. Denn das allgemeine Interesse am Kulturgüterschutz ist bei allen Verstößen gegen Verbringungsverbote mit Genehmigungsvorbehalt berührt und das Eingreifen des §134 BGB könnte auch schärfere Sanktionen rechtfertigen.

Ein Verbringungsverbot hinsichtlich eines Kulturguts wirkt gewissermaßen als ein Veräußerungsverbot des Kulturgutes unter der besonderen Voraussetzung der illegalen Verbringung des Kulturgutes. Ein Veräußerungsverbot kann wegen lex rei sitae aber nur innerhalb des Geltungsbereichs der Norm eingreifen, nicht hingegen im Ausland. Die Verbringung erfolgt aber gerade in dem Moment des Grenzübertritts und damit zugleich in dem Moment, in dem regelmäßig ein Statutenwechsel eintritt. Somit ist fraglich, ob dann, wenn als Rechtsfolge eine schwebende Unwirksamkeit des dinglichen Vertrages bis zur illegalen Verbringung angenommen wird, die illegale Verbringung die schwebende Unwirksamkeit in eine Nichtigkeit ex tunc verwandeln würde.

Wenn die Übergabe nach dem Verstoß gegen ein Exportverbot im Ausland stattfindet, kann, da die Übereignung im deutschen Recht der Übergabe bedarf und der Erwerbstatbestand nach deutschem Recht mit dem Grenzübertritt noch nicht abgeschlossen ist, wegen der lex rei sitae die Übereignung nach der Verbringung den Voraussetzungen der ausländischen Rechtsordnung unterliegen. Ein Eigentumserwerb nach der Verbringung ist aber, selbst wenn das ausländische Recht andere Tatbestandsvoraussetzungen aufstellt, dann ausgeschlossen, wenn der Erwerbstatbestand bereits vor dem Statutenwechsel endgültig gescheitert war.[560] Da die Nichtigkeit noch vor dem illegalen Verbringen anders als die schwebende Unwirksamkeit zu einem solchen eindeutigen und endgültigen Scheitern noch im Geltungsbereich des deutschen Rechts führt, ist die Nichtigkeit von Anfang an vorzugswürdig.

Unter Umständen könnte jedoch den Interessen des Kulturgüterschutzes auch bei schwebender Unwirksamkeit durch eine gleichzeitige Verfallsregelung genügt werden. Zum einen bietet eine Verfallsregelung wegen der Problematik ihrer Anerkennungsfähigkeit im Ausland aber keine vergleichbare Effizienz, zum anderen sieht das deutsche Recht keinen automatischen staatlichen Eigentumserwerb beim illegalen Verbringen, sondern nur die Möglichkeit der Einziehung vor.

Fraglich ist, ob die Rechtsfolge auf der schuldrechtlichen Ebene und die Rechtsfolge auf der dinglichen Ebene auseinanderfallen können. Diese beiden Ebenen sind jedoch wegen des Abstraktionsprinzips getrennt zu beurteilen nach Sinn und Zweck des Gesetzes. Auch kann es sinnvoll sein, den schuldrechtlichen Anspruch des Käufers ohne Umgehungsabsicht zu erhalten, obwohl eine gleichzeitig erklärte dingliche Einigung von Anfang an als nichtig angesehen wird. Denn macht der Käufer seinen Anspruch

560 Brigitte Schwadorf-Ruckdeschel, „Rechtsfragen des grenzüberschreitenden rechtsgeschäftlichen Erwerbs von Kulturgütern", S.81.

gegen den Verkäufer geltend, auf eine Genehmigungserteilung hinzuwirken, und wird die Genehmigung in der Folge erteilt, so wird der schuldrechtliche Vertrag wirksam. Wegen dieses wirksamen Vertrages steht dem Käufer nun ein Erfüllungsanspruch zu. Auch wenn die zuvor erklärte dingliche Einigung nichtig ist, so kann er vom Verkäufer eine neue, wegen der zwischenzeitlich erteilten Genehmigung nun wirksame dingliche Einigungserklärung fordern. Dieser im Gegensatz zum automatischen Wirksamwerden einer schwebend unwirksamen dinglichen Einigung erforderliche Zwischenschritt der erneuten Einigung nach der Genehmigungserteilung ist aber aus Gründen des Kulturgüterschutzes geboten.
Auch die entsprechende Konstellation bei einem Verstoß gegen ein Importverbot wäre grundsätzlich parallel zu behandeln. Sie ist aber nur dann denkbar, wenn die dingliche Einigung in einem ausländischen Staat erfolgt und die Übergabe des Kulturguts in Deutschland. Auf die in einem ausländischen Staat erfolgende dingliche Einigung wird aber im Regelfall kein deutsches Recht Anwendung finden.

35.2 Übergabe, illegale Verbringung und nachfolgende Einigung

Ein hinreichender Zusammenhang zwischen dem Verstoß gegen das Verbringungsverbot und der dinglichen Einigung ist auch in den Fällen unproblematisch gegeben, in denen zuerst die Übergabe stattfindet und dann die illegale Verbringung und danach die dingliche Einigung. Dies sind in erster Linie die Fälle, in denen gegen ein Importverbot verstoßen wird. Bei allen Verbringungsverboten, bei denen der Verstoß bereits vor der dinglichen Einigung stattgefunden hat, stellt sich die Frage einer schwebenden Unwirksamkeit bis zur illegalen Verbringung schon von vorneherein nicht, sodass von Anfang an die Nichtigkeit gegeben ist.

35.3 Dingliche Einigung und Übergabe innerhalb eines Staats

Die Verbringungsverbote greifen nur dann nicht ein, wenn der Verbleib des Kulturgutes beabsichtigt ist, sodass auch dann, wenn die dingliche Einigung und die Übergabe innerhalb desselben Staats erfolgen, die Verbringung aber beabsichtigt ist, die Nichtigkeit in Betracht kommen kann. Problematisch sind aber die Fälle, in denen die Verbringungsabsicht nicht erkennbar ist, da eine Übereignung ohne Verbringung grundsätzlich keiner Genehmigung bedarf. So wird dann, wenn die Verbringung anschließend erfolgt, die unrechtmäßige Verbringung häufig als unabhängige Folgehandlung einzuordnen sein. Auch bei einer zuvor erfolgten Verbringung wird sich ein Zusammenhang mit der dinglichen Einigung schwerer begründen lassen.[561]

36 §4 KultSchG, Art. 3 I a, b der VO Nr. 1210/2003 als Verbringungsverbote ohne Genehmigungsvorbehalt

Da es sich bei §4 KultSchG und Art. 3 VO Nr. 1210/2003 um absolute Verbote handelt, scheidet eine Genehmigungserteilung von vorneherein aus. Damit kann ein Verstoß nicht milder behandelt werden als das illegale Verbringen bei Verbringungsverbo-

561 Christian Armbrüster, „Privatrechtliche Ansprüche auf Rückführung von Kulturgütern ins Ausland“, in: NJW 2001, S.3584.

ten mit Genehmigungsvorbehalt ohne Beantragung einer Genehmigung. Dies hat zur Folge, dass als Rechtsfolge von der Nichtitgkeit des Rechtsgeschäfts auszugehen ist.

37 Art. 3 I c der VO Nr.1210/2003 als Handelsverbot

Auch an dieser Stelle ist auf die Besonderheit des Art. 3 VO Nr. 1210/2003 zu verweisen, welcher in lit. c ein umfassendes, vom illegalen Verbringen unabhängiges Handelsverbot enthält. Dieses entfaltet seine Bedeutung gerade dann, wenn die Begründung des Zusammenhangs zwischen dem illegalen Verbringen und der Übereignung problematisch ist und das in lit. a normierte Einfuhrverbot sowie das in lit. b normierte Exportverbot nicht greifen können. Im Rahmen der Übereignung sind dies insbesondere die Fälle, in denen dingliche Einigung und Übergabe innerhalb desselben Staats stattfinden.

38 Bedeutung der entwickelten Rechtsfolge

Auch im Hinblick auf Verfügungsgeschäfte ist zu berücksichtigen, dass Verfügungen im Inland ohne Grenzbezug von den Verbringungsverboten grundsätzlich unberührt bleiben und mit vielen von den Verbringungsverboten erfassten schuldrechtlichen Verträgen letztlich keine Übereignung einhergeht. Dennoch kann daraus, dass Kulturgüterschutznormen jede Art der grenzüberschreitenden Verbringung eines geschützten Objektes ohne Genehmigung verhindern wollen, abgeleitet werden, dass erst recht eine Übereignung mit grenzüberschreitendem Bezug verhindert werden soll. Trotz der grundsätzlichen Trennbarkeit von Übereignung und Verbringen darf nicht übersehen werden, dass auch im Rahmen des dinglichen Vertrages häufig ein enger Zusammenhang besteht, welcher die Heranziehung des §134 BGB rechtfertigt. Dies gilt vor allem dann, wenn das unrechtmäßige Verbringen zwischen dinglicher Einigung und Übergabe stattfindet. Nur bei Art. 3 der VO Nr.1210/2003 erübrigt sich diese Prüfung, da das ergänzende allgemeine Handelsverbot auch Folgegeschäfte umfasst.
Wegen des Abstraktionsprinzips sind die Rechtsfolgen bei §134 BGB auf der dinglichen Ebene von den schuldrechtlichen getrennt zu bestimmen: Kann im Schuldrecht durch die schwebende Unwirksamkeit bis zum illegalen Verbringen ein Anspruch des Käufers gegen den Verkäufer, auf die Erteilung einer Genehmigung hinzuwirken, erhalten bleiben, ohne dass die Entstehung von Erfüllungsansprüchen mit dem Grenzübertritt droht, genügt auf der dinglichen Ebene die schwebende Unwirksamkeit bis zur illegalen Verbringung nicht. Denn in dem Moment des Grenzübertritts tritt regelmäßig ein Statutenwechsel ein und nur durch ein endgültiges Scheitern des Eigentumserwerbs noch im Geltungsbereich des deutschen Rechts wird ein anschließender Eigentumserwerb nach einer ausländischen Rechtsordnung wirksam verhindert.
Die Rechtsfolge der Nichtigkeit ist insbesondere dann von Bedeutung, wenn deutsches Kulturgut entgegen §1 IV KultSchG exportiert wird. Immer dann, wenn ausländische Rechtsordnungen ein deutsches Exportverbot einschließlich Rechtsfolge anerkennen, führt diese Rechtsfolge dazu, dass die mit dem illegalen Verbringen zusammenhängende Eigentumsübertragung unwirksam ist. Über das Exportverbot des Art. 2 VO Nr. 3911/92 und der Art. 3 VO Nr. 1210/2003 sowie das Importverbot des §14 I KultGüRückG n.F. können aber auch ausländische Kulturgüter bei Übereignungen Schutz über die deutschen Vorschriften erfahren, soweit deutsches Recht Anwendung findet

oder diese Normen aufgrund einer kollisionsrechtlichen Sonderanknüpfung berücksichtigt werden können. Im letzten Fall können aber die Voraussetzungen und Rechtsfolgen des Importverstoßes nach deutschem Recht denen des Exportverbotes nach ausländischem Recht widersprechen mit der Folge, dass sich das anwendbare Recht entweder für die Heranziehung der sachnächsten Regelung oder eine kumulative Anwendung mit der Folge einer Begünstigung der geringsten Anforderungen und den strengsten Rechtsfolgen entscheiden muss.

38.1 Sonderfall zugleich gestohlener und illegal verbrachter Kulturgüter

Fraglich ist, ob selbst dann, wenn der Erwerb eines gestohlenen oder unterschlagenen Kulturgutes nach den §§932ff. BGB möglich wäre, ein gleichzeitiges illegales Verbringen schon die Einigung im Sinne der §134 BGB nichtig werden lässt. Insbesondere bei staatlichen oder kirchlichen Kulturgütern, aber auch in anderen Fällen, in denen ein Kulturgut ohne den Willen des Eigentümers verbracht wurde, könnte ein Interesse an der Geltendmachung von §985 BGB bestehen.
Da sich die Regelung der §932ff. BGB eben nur auf die Differenzierung zwischen gutgläubigen und bösgläubigen Besitzern und gestohlenen und unterschlagenen Kulturgütern bezieht, nicht hingegen die Differenzierung zwischen rechtmäßig und illegal verbrachten Kulturgütern, trifft sie auch dann keine abschließende Regelung hinsichtlich der Wirksamkeit der Übereignung grenzüberschreitend verbrachter Kulturgüter, wenn diese zugleich gestohlen wurden. Auch ist nicht erkennbar, warum die Parteien, in den Fällen, in denen illegal verbrachte Kulturgüter übereignet werden sollen, welche gestohlen oder unterschlagen wurden, besser gestellt werden sollten.

38.2 Die Übereignung des Geldes

Aus dem Zweck eines Gesetzes kann sich die Nichtigkeit aller Verfügungsgeschäfte ergeben. Beispielsweise wird bei Betäubungsmittelgesetzverstößen auch die Übereignung des Geldes, welches als Kaufpreis zu zahlen ist, von §134 BGB erfasst. Dies wird damit begründet, dass die Übereignung des Geldes zwar an sich wertneutral sei. Dadurch, dass sie im Rahmen eines Zug-um-Zug-Geschäfts jedoch erst den verbotenen Rauschgifterwerb ermögliche, welcher verhindert werden soll, unterliege auch sie dem Verbot.[562] Dies wirft die Frage auf, ob auch bei Kaufverträgen über illegal verbrachte Kulturgüter Entsprechendes gilt. Dafür könnte sprechen, dass Kulturgüterschutzgesetze mittelbar auch den illegalen Handel mit Kulturgütern unterbinden wollen und es sich auch bei dem Kauf von Kulturgütern um ein Zug-um-Zug-Geschäft handelt. Allerdings liegt bei Kulturgüterschutznormen, auch wenn sie ebenfalls zur Nichtigkeit der Übereignung führen können, der Schwerpunkt auf dem illegalen Verbringen als Handlung, während der Besitz des unrechtmäßigen Kulturgutes keine mit Betäubungsmittelverstößen vergleichbaren Gefahren mit sich bringt. Auch ist die Wirksamkeitskontrolle des Verpflichtungsgeschäftes und des Verfügungsgeschäfts über das Kulturgut für die Verhinderung der Abwanderung von geschütztem Kulturgut und die Bekämpfung des illegalen Handels hinreichend.

---

562 BGH NJW 1983, S.636; Rolf Sack, in: Staudinger §134 BGB, Rn.118; Helmut Köhler, „BGB Allgemeiner Teil“ §13, Rn.14.

Kapitel II
Nichtigkeit nach §138 I BGB?

39 Zu den Tatbestandsvoraussetzungen des §138 I BGB

Ausländische Exportverbote können, sofern sie nicht mittelbar über Art. 2 der VO Nr. 3911/92, Art. 3 I der VO 1210/2003 oder §14 I KultGüRückG n.F. als inländisch anwendbare Normen von §134 BGB erfasst werden, wegen des Grundsatzes der Nichtanwendung ausländischen öffentlichen Rechts auch im sachenrechtlichen Bereich nicht über §134 BGB, sondern nur über §138 I BGB berücksichtigt werden.[563]
Auch im Rahmen des §138 I BGB, bei dem nicht der Verstoß gegen ein Verbotsgesetz wie im Rahmen des §134 BGB, sondern die Sittenwidrigkeit im Vordergrund steht, ist wegen des Abstraktionsprinzips die Sittenwidrigkeit für das schuldrechtliche und dingliche Rechtsgeschäft getrennt festzustellen.[564] Während aus der in §138 II BGB gebrauchten Formulierung „sich [...] gewähren lässt" die Sittenwidrigkeit aller Verfügungsgeschäfte des Bewucherten folgert, lässt sich aus der in §138 I BGB gewählten Formulierung keine entsprechende Vermutung ableiten. Dies macht die Anwendbarkeit des §138 I BGB auf das Verfügungsgeschäft insofern problematisch, als das dingliche Rechtsgeschäft wegen seiner an sich gegebenen Neutralität grundsätzlich nicht an den Sitten zu messen ist. Jedoch greift §138 I BGB auch im Rahmen des dinglichen Rechtsgeschäfts ausnahmsweise dann ein, wenn gerade im Erfüllungsgeschäft der Sittenverstoß liegt oder mit dem Erfüllungsgeschäft sittenwidrige Zwecke verfolgt werden.[565]
Bei Verstößen gegen ausländische Exportverbote zum Schutz von Kulturgütern wird vertreten, dass der Sittenverstoß gerade in der Veränderung der Güterzuordnung liege, da ausländische Exportverbote regelmäßig den Zweck verfolgen, das Kulturgut vor Abwanderung ins Ausland zu schützen.[566] Auch wird betont, es werde dadurch ein sittenwidriger Zweck durch die Rechtsübertragung verwirklicht, dass durch den Eigentumserwerb ausländische Kulturschutznormen ausgehebelt werden.[567] Zur Begründung wird in der Literatur, obwohl es nicht um die Übereignung unrechtmäßig verbrachter Kulturgüter ging, ergänzend auf die Nigeria-Rechtsprechung des Bundesgerichtshofs verwiesen.[568] Im Ergebnis wird jedenfalls überwiegend im Zusammenhang mit der Übereignung von unter Verstoß gegen ausländische Schutzvorschriften verbrachten Kulturgütern ein solcher Ausnahmefall angenommen, welcher zur Sittenwidrigkeit des dinglichen Vertrages im Sinne des §138 I BGB führt.[569]

563 Brigitte Schwadorf-Ruckdeschel, „Rechtsfragen des grenzüberschreitenden rechtsgeschäftlichen Erwerbs von Kulturgütern", S.104f.

564 Brigitte Schwadorf-Ruckdeschel, „Rechtsfragen des grenzüberschreitenden rechtsgeschäftlichen Erwerbs von Kulturgütern", S.64.

565 Christian Armbrüster, in: MüKo §138, Rn.164f.

566 Anette Hipp, „Schutz von Kulturgütern in Deutschland", S.192f.

567 Brigitte Schwadorf-Ruckdeschel, „Rechtsfragen des grenzüberschreitenden rechtsgeschäftlichen Erwerbs von Kulturgütern", S.64.

568 Frank Fechner, „Rechtlicher Schutz archäologischen Kulturguts", S.77; Anette Hipp, „Schutz von Kulturgütern in Deutschland", S.192f.

569 Lambert Köhling, „Der Eigentumserwerb abhanden gekommener Kunstgegenstände im amerikanischen Recht", S.157; Brigitte Schwadorf-Ruckdeschel, „Rechtsfragen des grenzüberschreitenden rechtsgeschäftlichen Erwerbs von Kulturgütern", S.64.

39.1 Maßgeblicher Zeitpunkt für die Beurteilung der Sittenwidrigkeit

Auch hinsichtlich der Beurteilung des dinglichen Vertrages ist der Zeitpunkt der Vornahme maßgeblich und eine rückwirkende Sittenwidrigkeit ausgeschlossen.[570] Somit scheidet eine Anwendung des §138 I BGB trotz des Verbringens eines geschützten Kulturgutes unter Verstoß gegen ein ausländisches Exportverbot aus, wenn das Verbot zum Zeitpunkt der dinglichen Einigung noch nicht erlassen war.

39.2 Erfordernis eines subjektiven Tatbestands?

Auch im Rahmen des Verfügungsgeschäftes ist der Streit zwischen der objektiven und subjektiven Theorie von Bedeutung, ob für die Anwendung des §138 I BGB ein subjektiver Tatbestand erfüllt sein muss, weil der Vorwurf der Sittenwidrigkeit an die Kenntnis der Umstände gekoppelt wird, aus denen sich der Vorwurf der Sittenwidrigkeit herleiten lässt.[571] Auch in diesem Zusammenhang ist auf die Entscheidung des LG Hamburg zu verweisen, in welcher die Durchsetzung ausländischer Ausfuhrverbote über §138 I BGB ausdrücklich davon abhängig gemacht wurde, dass bei beiden Parteien zumindest ein bewusstes Sich-Verschließen gegenüber der Kenntnis der die Sittenwidrigkeit begründenden Umstände vorliegt.[572] Damit ist auch hinsichtlich des Verfügungsgeschäftes problematisch, dass im Zusammenhang mit lediglich §138 I BGB unterfallenden Kulturgüterschutznormen das Erfordernis eines subjektiven Tatbestandes dazu führt, dass in den Fällen, in denen eine beiderseitige Umgehungsabsicht fehlt, trotz der Gefährdungslage hinsichtlich des übereigneten Kulturgutes kein Schutz gewährt werden kann.

40 Zur Rechtsfolge des §138 I BGB

Bereits bei §134 BGB ist die Nichtigkeit unabhängig von der Reihenfolge von dinglicher Einigung, illegalem Verbringen und Übergabe als vorzugswürdige Rechtsfolge erarbeitet worden. Im Rahmen des §138 I BGB ist das Rechtsgeschäft ohnehin grundsätzlich insgesamt nichtig,[573] somit auch alle Rechtsgeschäfte im Zusammenhang mit unter Verstoß gegen ausländische Kulturgüterschutznormen verbrachten Kulturgütern,[574] unabhängig von der Reihenfolge von dinglicher Einigung, illegalem Verbringen und Übergabe. Kritisch zu prüfen ist somit allein der Zusammenhang zwischen Verbringen und Übereignung. So wird beispielsweise dann, wenn die Übereignung vollständig innerhalb des ausländischen Staats vorgenommen wird und keinen Kulturgüterschutzbestimmungen unterliegt und erst anschließend ein illegaler Export durch den Käufer erfolgt, der Verstoß häufig als eine Folgehandlung einzuordnen sein, welche auch im Rahmen von §138 I BGB eine Sanktionsmöglichkeit ausschließt.

---

570 Rolf Sack, in: Staudinger §138 BGB, Rn.79ff.

571 Helmut Köhler, „BGB Allgemeiner Teil" §13 Rn.23; Hans Brox und Wolf-Dietrich Walker, „Allgemeiner Teil des BGB", Rn.330.

572 LG Hamburg IPRspr. 1996 Nr. 55; Marc Weber, „Unveräußerliches Kulturgut im nationalen und internationalen Rechtsverkehr", S.373f.

573 Rolf Sack, in: Staudinger §138 BGB, Rn.34; Christian Armbrüster, in: MüKo §138, Rn.158.

574 Brigitte Schwadorf-Ruckdeschel, „Rechtsfragen des grenzüberschreitenden rechtsgeschäftlichen Erwerbs von Kulturgütern", S.64; Anette Hipp, „Schutz von Kulturgütern in Deutschland", S.192f.

Kapitel III
Auswirkungen auf den Eigentumserwerb

41 Eigentumserwerb vom Berechtigten

Bei Kulturgütern, welche lediglich illegal verbracht worden sind, kommt häufig ein Eigentumserwerb vom Berechtigten in Betracht. Hierbei kann insbesondere die dingliche Einigung gem. §134 BGB problematisch sein, wenn zwischen der dinglichen Einigung und dem gegen §1 IV KultSchG, §4 KultSchG, Art. 2 der VO Nr. 3911/92, Art. 3 der VO Nr.1210/2003 oder §14 I KultGüRückG n.F. verstoßenden Verbringen ein hinreichender Zusammenhang besteht. Bei Folgeverträgen ist die Wirksamkeit der Übereignung jedoch allein durch die Tatsache, dass das Kulturgut zuvor einmal unter Verstoß gegen §1 IV KultSchG, §4 KultSchG, Art. 2 der VO Nr. 3911/92 oder §14 I KultGüRückG n.F. unrechtmäßig verbracht worden ist, nicht mehr berührt. Anderes gilt nur hinsichtlich des Umfangs des Handelsverbots des Art. 3 der VO Nr.1210/2003. In den Fällen, in denen §134 BGB ausscheidet und §138 I BGB mangels einer beiderseitigen Umgehungsabsicht nicht eingreift, ist die Übereignung vom Berechtigten auch in Fällen mit unmittelbarem Zusammenhang zwischen dinglicher Einigung und illegalem Verbringen unproblematisch.

42 Eigentumserwerb vom Nichtberechtigten

Sofern §134 BGB und §138 I BGB mangels oder trotz eines illegalen Verbringens hinsichtlich der Einigung nicht eingreifen, bleibt auch ein Eigentumserwerb vom Nichtberechtigten grundsätzlich möglich. Der Interessengegensatz zwischen dem ursprünglichen Eigentümer, welcher das gestohlene oder abhanden gekommene Kulturgut wiederhaben und dem Besitzer, welcher es behalten möchte, kann letztlich nicht für beide Seiten befriedigend gelöst werden.[575] Insbesondere ist dies dann unmöglich, wenn das Kulturgut ohne Zustimmung des ursprünglichen Eigentümers an einen gutgläubigen Dritten veräußert und durch den Dieb bzw. Hehler auf beiden Seiten Unschuldige geschädigt wurden, zwischen denen die Eigentumsfrage zu entscheiden ist. Wie die entgegenstehenden Interessen Eigentumsschutz und Verkehrsschutz zu bewerten sind, wird nicht einheitlich beurteilt.[576]
Das deutsche Recht nutzt verschiedene Differenzierungsmöglichkeiten. Ist zuvor eine Übereignung durch einen Dieb, Hehler oder gutgläubigen Dritten erfolgt, fehlt es in aller Regel an einer Zustimmung des Eigentümers im Sinne des §185 BGB, sodass nur eine Übereignung vom Nichtberechtigten unter den zusätzlichen Voraussetzungen der §932 ff. BGB in Frage kommen kann.[577] Zum einen wird nach der Art der Sache differenziert und beispielsweise bei Geld und Inhaberpapieren der Verkehrsschutz in den Vordergrund gerückt. Zum anderen wird nach den Umständen des Besitzverlustes durch den Eigentümer unterschieden.[578] Die Rechtsordnung lässt die Übertragung von

575 Haimo Schack, „Kunst und Recht“, S.200, Rn. 484.
576 Erik Jayme, „„Entartete Kunst“ und Internationales Privatrecht“, S.35; Stefan Turner, „Das Restitutionsrecht des Staates nach illegaler Ausfuhr von Kulturgütern“, S.113f.
577 Haimo Schack, „Kunst und Recht“, S.200f., Rn. 486.
578 Stefan Turner, „Das Restitutionsrecht des Staates nach illegaler Ausfuhr von Kulturgütern“, S.113f.

Rechten, welche dem Übereignenden selbst nicht zustehen, bei einer geringeren Schutzwürdigkeit des Eigentümers zu, beispielsweise wenn er seine Sache freiwillig aus der Hand gegeben hat. Bei Abhandenkommen hingegen wird gem. §935 I BGB ungeachtet der Gutgläubigkeit des Erwerbers der Eigentümerschutz gestärkt.[579] Auch wird nach Erwerbsarten differenziert[580] und bei öffentlichen Versteigerungen gem. §935 II BGB trotz Abhandenkommens ein gutgläubiger Erwerb aus Verkehrsschutzgründen zugelassen.[581]

42.1 Gutgläubigkeit beim Erwerb von Kulturgütern

Ein Eigentumserwerb vom Nichtberechtigten scheidet aus, wenn der Erwerber bei der Besitzerlangung nicht gutgläubig gewesen ist, vgl. neben §§932 II BGB auch §§933, 934, 937 II BGB. Bösgläubig ist gemäß der Legaldefinition in §932 II BGB derjenige, dem bekannt oder infolge grober Fahrlässigkeit unbekannt ist, dass die Sache nicht dem Veräußerer gehört. Grobe Fahrlässigkeit kann somit demjenigen vorgeworfen werden, welcher die im Verkehr erforderliche Sorgfalt in besonders schwerem Maße verletzt hat, wer nicht beachtet hat, was unter den gegebenen Umständen jedermann hätte einleuchten müssen.[582]
Da die Rechtsprechung aufgrund des objektivierten Maßstabs der groben Fahrlässigkeit bereichsspezifische Sorgfaltsanforderungen festlegen kann,[583] sind in der Literatur verschiedene Vorschläge erarbeitet worden.
So wird befürwortet, dass die Sorgfaltsanforderungen beim Erwerb von Kunstgegenständen oder archäologischen Gegenständen schärfer ausfallen sollten als bei gewöhnlichen Sachen, um zu einem stärkeren Schutz des bestohlenen Eigentümers zu führen.[584] In diesem Zusammenhang könne das Unterlassen eines Nachsehens in öffentlichen Registern wie dem Interpol-Register für gestohlene Kunstwerke oder privaten Registern wie dem Art Loss-Register als grob fahrlässig eingestuft werden.[585] Allerdings wird kritisch angemerkt, dass ein als verbindlich erachtetes Register jedenfalls international ausgerichtet, vollständig und aktuell sein und eine jederzeitige Einsichtnahmemöglichkeit für jedermann garantieren müsse.[586]

---

579 Gerte Reichelt, „La dimension de droit privé en matière de la protection des biens culturels", in: „La protection internationale des biens culturels", S.69; Haimo Schack, „Kunst und Recht", S.200f., Rn. 486.

580 Stefan Turner, „Das Restitutionsrecht des Staates nach illegaler Ausfuhr von Kulturgütern", S.113f.

581 Haimo Schack, „Kunst und Recht", S.202, Rn. 491.

582 Haimo Schack, „Kunst und Recht", S.206, Rn. 498.

583 Astrid Müller-Katzenburg, „Besitz- und Eigentumssituation bei gestohlenen und sonst abhandengekommenen Kunstwerken", in: NJW 1999, S.2556.

584 Erik Jayme, „Kunstwerke als Kriegsbeute", in: IPRax 1995, S.261; Erik Jayme, „Kulturgüterschutz in ausgewählten europäischen Ländern", in: ZVglRWiss 95 (1996), S.159; Haimo Schack, „Kunst und Recht", S.206, Rn. 498; Michael Geißdorf, „Sorgfaltspflichten des öffentlich bestellten Auktionators", in: KUR 2006, S.95.

585 Kurt Siehr, in: Ebling/Schulze, Teil 3, Rn.40; Molly A. Torsen, „Cultural Property Dispersion", in: Art Antiquity and Law, 2004, S.176; Marc Weber, „Unveräußerliches Kulturgut im nationalen und internationalen Rechtsverkehr", S.402; Anette Hipp, „Schutz von Kulturgütern in Deutschland", S.406f.

586 Sabine Schmeinck, „Internationalprivatrechtliche Aspekte des Kulturgüterschutzes", S.150.

In Anlehnung an Art. 6 II der UNIDROIT-Konvention, welcher den Gutglaubenserwerb von der Vorlage oder dem Fehlen einer Exportbescheinigung abhängig macht,[587] ist vorgeschlagen worden, zumindest bei dem Erwerb wertvollen Kulturguts ausländischer Provenienz, [588] insbesondere bei einem Erwerb außerhalb des Kunsthandels oder von unbekannten Personen zu einem Preis unter dem üblichen Handelspreis,[589] es als grob fahrlässig anzusehen, wenn nicht nach Belegen für die Rechtmäßigkeit der Ausfuhr gefragt wird. Selbst dann, wenn das illegale Verbringen als ein Fall des Abhandenkommens angesehen wird, ist diese Parallele zu gestohlenen Kulturgütern jedoch problematisch, da §932 II BGB den guten Glauben nur auf das Eigentum bezieht.[590]
Auch die Einführung eines dem KfZ-Brief vergleichbaren Kunstobjektbriefs oder Antikenpasses als legitimierendes Dokument für den Handel[591] ist wegen des damit verbundenen Zeit-, Kosten und Verwaltungsaufwands abzulehnen.[592] Auch ist fraglich, inwieweit eine dort getroffene Zuordnung der häufig strittigen Rechte an einem Kulturgut, selbst wenn sie von einer internationalen Stelle vorgenommen würde, letztlich international akzeptiert werden würde.[593]
Daneben wird die Möglichkeit erörtert, nach den Eigenschaften der Parteien zu differenzieren, sodass bei Kunstsachverständigen, Kunsthändlern und Museen erhöhte Anforderungen gestellt werden könnten.[594] Dagegen wird jedoch vorgebracht, dass die Besonderheiten des Kunstkaufs normalerweise auch Laien bewusst sind und diese über gleichwertige Informationsmöglichkeiten verfügen.[595]
Der Alternativvorschlag einer Beweislastumkehr, nach welcher die Bösgläubigkeit vermutet würde,[596] ist mit dem Wortlaut des §932 II BGB wohl derzeit nicht in Übereinstimmung zu bringen. Auch die UNIDROIT-Konvention, welche die Beweislast grundsätzlich dem Besitzer eines gestohlenen Kulturguts auferlegt,[597] gilt in Deutschland nicht und stellt damit keinen Bestandteil der deutschen Rechtsordnung dar. Auch

---

587 Marc-André Renold, „Stolen Art", in: „Resolution of Cultural Property Disputes", S.259.

588 Hans Stoll, „Sachenrechtliche Fragen des Kulturgüterschutzes in Fällen mit Auslandsberührung", in: Rudolf Dolzer u.a. (Hg.), „Rechtsfragen des internationalen Kulturgüterschutzes", S.64.

589 Kurt Siehr, in: Ebling/Schulze, Teil 3, Rn.40.

590 Frank Kohls, „Kulturgüterschutz", S.165.

591 Frank Fechner, „Rechtlicher Schutz archäologischen Kulturguts", S.110f.; Michael Müller-Karpe, „Stellungnahme zum Gesetzentwurf zur Ausführung des UNESCO-Kulturgutübereinkommens", in: KUR 2006, S.56.

592 Anette Hipp, „Schutz von Kulturgütern in Deutschland", S.406.

593 Susanne Spaun, „Der Herausgabeanspruch bei Diebstahl oder illegalem Export von Kulturgütern", S.167.

594 Hans Hanisch, „Der Fall Liotard und die nationale Zuordnung eines Kunstwerks", in: Rainer Frank (Hg.), „Recht und Kunst", S.36; Marc Weber, „Unveräußerliches Kulturgut im nationalen und internationalen Rechtsverkehr", S.402; Anette Hipp, „Schutz von Kulturgütern in Deutschland", S.200; Astrid Müller-Katzenburg, „Besitz- und Eigentumssituation bei gestohlenen und sonst abhandengekommenen Kunstwerken", in: NJW 1999, S.2556.

595 Brigitte Schwadorf-Ruckdeschel, „Rechtsfragen des grenzüberschreitenden rechtsgeschäftlichen Erwerbs von Kulturgütern", S.177.

596 Gerte Reichelt, „Kulturgüterschutz und Internationales Privatrecht", in: IPRax 1986, S.74; Erik Jayme, „Kunstwerke als Kriegsbeute", in: IPRax 1995, S.260f.; Anette Hipp, „Schutz von Kulturgütern in Deutschland", S.405f.; Michael Müller-Karpe, „Stellungnahme zum Gesetzentwurf zur Ausführung des UNESCO-Kulturgutübereinkommens", in: KUR 2006, S.55.

597 Hans Das, „Claims for Looted Cultural Assets", in: „Resolution of Cultural Property Disputes", S.211.

wird anstelle einer Beweislastumkehr es als vorzugswürdig erachtet, die Dokumentierung von Kulturgütern und ihrer Provenienz zu verbessern.[598]
Im Hinblick auf die erforderliche Sorgfalt wird vorgeschlagen, zwischen der verkehrstypischen Gefahrsituation, bei der die auf ihre Plausibilität überprüfte Darlegung der Eigentumsverhältnisse genügt, und der konkreten Verdachtssituation, bei der in jedem Fall aufwändige Recherchen im Hinblick auf die Eigentumsverhältnisse erforderlich sind, zu unterscheiden.[599]
Inwieweit den Erwerber eine Nachforschungsobliegenheit trifft, ist eine Frage tatrichterlicher Würdigung und gleichermaßen schwierig wie bedeutsam.[600] Teilweise wird sie zumindest bei wertvollen Kulturgütern bejaht.[601] Gelingt der Beweis einer Nachforschungsobliegenheit des Erwerbers durch den ursprünglichen Eigentümer, führt dies nach allgemeinen Regeln dazu, dass nun der Erwerber zwar nicht darlegen und beweisen muss, dass er Eigentümer ist, aber zumindest, dass er die Nachforschungsobliegenheit erfüllt hat. Die führt letztlich zu einer Verschiebung der Beweislast in kleinem Rahmen.[602]
Zwar wird in der Literatur die aus dem amerikanischen Recht stammende Idee aufgriffen, auch vom bestohlenen Eigentümer Anstrengungen zur Nachforschung über den Verbleib seines Kulturgutes zu verlangen. Die Gutgläubigkeit im deutschen Recht stellt jedoch nur auf den Erwerber ab, sodass allenfalls über die Heranziehung des §242 BGB und das Institut der Verwirkung eine Korrektur eröffnet sein könnte.[603] Da eine solche Korrektur aber einen Ausnahmefall voraussetzt, kann sie im deutschen Recht keine vergleichbare Rolle wie im amerikanischen Recht spielen.[604]
Während §932 II BGB den guten Glauben an das Eigentum des Veräußerers voraussetzt, reicht gem. §366 HGB der gute Glaube an dessen Verfügungsberechtigung, wenn der Veräußerer als Kunsthändler Kaufmann im Sinne des HGB ist und der Erwerber das Kulturgut im Rahmen eines Handelsgeschäfts erwirbt.[605] Allerdings kann auch der gute Glaube an die Verfügungsbefugnis eines Händlers oder Auktionators fehlen, wenn der Käufer oder Ersteigerer die fehlende Verfügungsbefugnis des Einlieferers grob fahrlässig verkennt.[606]

---

598 Hans Das, „Claims for Looted Cultural Assets", in: „Resolution of Cultural Property Disputes", S.248.

599 Hermann J. Knott, „Der Anspruch auf Herausgabe gestohlenen und illegal exportierten Kulturguts", S.68; Christian Armbrüster, „Privatrechtliche Ansprüche auf Rückführung von Kulturgütern ins Ausland", in: NJW 2001, S.3585.

600 Lutz Michalski, in: Erman §932, Rn.10.

601 Dirk Looschelders, „Der zivilrechtliche Herausgabeanspruch des Eigentümers auf Rückgabe", in: „Im Labyrinth des Rechts?", S.107; Astrid Müller-Katzenburg, „Besitz- und Eigentumssituation bei gestohlenen und sonst abhandengekommenen Kunstwerken", in: NJW 1999, S.2556.

602 Christian Armbrüster, „Privatrechtliche Ansprüche auf Rückführung von Kulturgütern ins Ausland", in: NJW 2001, S.3586.

603 Anette Hipp, „Schutz von Kulturgütern in Deutschland", S.200.

604 Astrid Müller-Katzenburg, „Besitz- und Eigentumssituation bei gestohlenen und sonst abhandengekommenen Kunstwerken", in: NJW 1999, S.2556.

605 Anette Hipp, „Schutz von Kulturgütern in Deutschland", S.155.

606 BGH WM 1961, 150.

42.2 Sonderprobleme des Abhandenkommens

Da Abhandenkommen im Sinne des §935 I BGB definiert wird als unfreiwilliger Verlust des unmittelbaren Besitzes,[607] muss ein Kulturgut entweder gem. §935 I 1 BGB dem Eigentümer oder gem. §935 I 2 BGB dem Besitzmittler gestohlen worden, verloren gegangen oder sonst abhanden gekommen sein. Damit sind sowohl die Fälle erfasst, in denen dem Eigentümer selbst ein Kulturgut gestohlen wird, als auch die Fälle, in denen der Eigentümer das Kulturgut im Rahmen eines Leihvertrages oder Restaurationsvertrages weggegeben hat und es dann dem Entleiher oder Restaurator gestohlen worden ist. §935 I BGB greift jedoch nicht in bestimmten Fällen der Unterschlagung ein, beispielsweise wenn der Entleiher oder Restaurator das Kulturgut als Nichtberechtigter übereignet, da es dann an einem unfreiwilligen Besitzverlust fehlt.[608]
Wegen dieser Definition des Abhandenkommens ist die Abgrenzung des Besitzers zum bloßen Besitzdiener im Sinne des §855 BGB von besonderer Bedeutung.[609] Denn unfreiwillig ist der Verlust auch, wenn der Besitzdiener ohne den Willen des Besitzherrn oder unter Verstoß gegen dessen Weisungen sich ein Kulturgut zueignet oder weggibt.[610] So üben Hausangestellte die tatsächliche Gewalt über ein Kulturgut nur im Rahmen eines sozialen Abhängigkeitsverhältnisses aus. Auch Bibliothekare oder Abteilungsleiter eines Museums werden als Angestellte im öffentlichen Dienst als bloße Besitzdiener angesehen.[611]
Geben sie weisungswidrig ein Kulturgut weg oder eignen sie es sich an, gilt dieses Kulturgut grundsätzlich als dem Eigentümer abhanden gekommen, unabhängig davon, ob das deliktische Verhalten der Angestellten dem Eigentümer zugerechnet werden könnte. Infolgedessen ist nach deutschem Recht ein gutgläubiger Erwerb gemäß §935 I BGB ausgeschlossen.[612]
Anders sind hingegen Fälle der Unterschlagung zu beurteilen, in denen ein Organ einer juristischen Person selbst gehandelt hat, beispielsweise wenn Museumsgut durch einen Museumsleiter unter Überschreitung seiner Kompetenz im Innenverhältnis wirksam veräußert wurde. Bei Annahme eines sog. Organbesitzes stellt die Weggabe durch ein Organ einen freiwilligen Besitzverlust dar. Auch bei einer irrtümlichen Weggabe eines Kulturgutes durch Angestellte eines Kunsthändlers in dessen Geschäftsräumen greift §935 I BGB nicht, da aufgrund von §56 HGB und §166 I BGB die Besitzaufgabe nicht unfreiwillig erfolgt.[613]

---

607 Lutz Michalski, in: Erman §935, Rn.2.

608 Anette Hipp, „Schutz von Kulturgütern in Deutschland", S.155f.

609 Hermann J. Knott, „Der Anspruch auf Herausgabe gestohlenen und illegal exportierten Kulturguts", S.67; Haimo Schack, „Kunst und Recht", S.201, Rn. 487; Marc Weber, „Unveräußerliches Kulturgut im nationalen und internationalen Rechtsverkehr", S.49.

610 Dirk Looschelders, „Der zivilrechtliche Herausgabeanspruch des Eigentümers auf Rückgabe", in: „Im Labyrinth des Rechts?", S.104f.; Anette Hipp, „Schutz von Kulturgütern in Deutschland", S.155f.

611 Haimo Schack, „Kunst und Recht", S.201, Rn. 487; Marc Weber, „Unveräußerliches Kulturgut im nationalen und internationalen Rechtsverkehr", S.49; Anette Hipp, „Schutz von Kulturgütern in Deutschland", S.156.

612 Haimo Schack, „Kunst und Recht", S.201, Rn. 487; Marc Weber, „Unveräußerliches Kulturgut im nationalen und internationalen Rechtsverkehr", S.49.

613 Anette Hipp, „Schutz von Kulturgütern in Deutschland", S.156f.

Auch wenn nach der deutschen Rechtsvorstellung das Abhandenkommen regelmäßig einen unmittelbaren Besitz voraussetzt und es daran bei verborgenen Kulturgütern fehlt,[614] ist in Erwägung gezogen worden, bei der Ausfüllung des Begriffs des Abhandenkommens die Wertungen der ausländischen Rechtsordnung heranzuziehen, in welcher die Besitzergreifung erfolgte.[615] Durch die Annahme eines generellen Besitzwillens des Staats könne ein Abhandenkommen somit auch in den Fällen bejaht werden, in denen die ausländischen Regelungen einen staatlichen Eigentumserwerb an bislang unentdeckten Funden vorsehen, um so der schützenden Wirkung der Kulturgüterschutzregelungen zur Geltung zu verhelfen.[616]
Schwieriger ist jedoch die Gleichstellung zwischen gestohlenem und unrechtmäßig verbrachtem Kulturgut, wenn der Eigentümer selbst das Kulturgut über die Grenze mitnimmt oder es zumindest mit seinem Willen in einen anderen Staat gelangt.[617] In solchen Fällen wird jedoch ebenfalls vorgeschlagen, durch eine kulturgutfreundliche Auslegung oder Anpassung des bestehenden materiellen Rechts illegal exportiertes Kulturgut gestohlenem Kulturgut im Sinne des §935 BGB gleichzustellen und so einen gutgläubigen Erwerb auszuschließen.[618] Als Argument kann auf Art. 3 II des UNIDROIT-Übereinkommens verwiesen werden, nach dem rechtswidrig ausgegrabenes oder einbehaltenes Kulturgut bei Vereinbarkeit mit dem Recht des Herkunftsstaats gestohlenem Kulturgut gleichsteht.[619] Daneben wird die Herrschaftsgewalt eines Staats über die in seinem Hoheitsgebiet belegenen Kulturgüter als mit der Sachherrschaft des Besitzers vergleichbar erachtet.[620]
Trotz der begrüßenswerten Folgen einer Erweiterung des Begriffs des Abhandenkommens lässt sich dagegen jedoch einwenden, dass die UNIDROIT-Konvention in der Bundesrepublik nicht unmittelbar anwendbar und auch die Vergleichbarkeit der Herrschaftsgewalt eines Staats mit der Sachherrschaft des Besitzers fraglich ist. Der Begriff des Abhandenkommens selbst jedenfalls bezieht sich nach dem Verständnis der deutschen Rechtsordnung zunächst nur auf den Verlust des Besitzers und nicht des Staats. Eine kulturgutfreundliche Auslegung oder Anpassung oder Begriffsdefinition unter Heranziehung der Vorstellungen ausländischer Rechtsordnungen könnte jedoch das Gleichgewicht der Normen von Eigentumserwerb und Besitzverlust beeinträchtigen.[621]

---

614 Astrid Müller-Katzenburg, „Besitz- und Eigentumssituation bei gestohlenen und sonst abhandengekommenen Kunstwerken", in: NJW 1999, S.2553.

615 Christian Armbrüster, „Privatrechtliche Ansprüche auf Rückführung von Kulturgütern ins Ausland", in: NJW 2001, S.3585.

616 Brigitte Schwadorf-Ruckdeschel, „Rechtsfragen des grenzüberschreitenden rechtsgeschäftlichen Erwerbs von Kulturgütern", S.89.

617 John Henry Merryman, „The Free International Movement of Cultural Property", in: John Henry Merryman (Hg.), „Thinking About the Elgin Marbles: Critical Essays on Cultural Property, Art and Law", S.304f.

618 Frank Fechner, „Rechtlicher Schutz archäologischen Kulturguts", S.75; Anette Hipp, „Schutz von Kulturgütern in Deutschland", S.200; Astrid Müller-Katzenburg, „Internationale Standards im Kulturgüterverkehr und ihre Bedeutung für das Sach- und Kollisionsrecht", S.305.

619 Peter K. Tompa, „Ancient Coins as Cultural Property", in: JIntLeg Studies, 1998, S.79; Anette Hipp, „Schutz von Kulturgütern in Deutschland", S.203.

620 Astrid Müller-Katzenburg, „Internationale Standards im Kulturgüterverkehr und ihre Bedeutung für das Sach- und Kollisionsrecht", S.306.

621 Hans Stoll, „Sachenrechtliche Fragen des Kulturgüterschutzes in Fällen mit Auslandsberührung", in: Rudolf Dolzer u.a. (Hg.), „Rechtsfragen des internationalen Kulturgüterschutzes", S.57; Bettina Thorn, „Internationaler Kulturgüterschutz nach der UNIDROIT-Konvention", S.268.

42.3 Ausnahmeregelung bei öffentlichen Versteigerungen von Kulturgütern

Während für freiwillige, durch einen beliebigen Auktionator durchgeführte Versteigerungen die allgemeinen Vorschriften gelten, kann bei öffentlichen Versteigerungen §935 II BGB eingreifen, sodass auch bei gestohlenen Gegenständen ein gutgläubiger Erwerb möglich wird, wenn der Erwerber hinsichtlich des Eigentumsrechts des Einlieferers und der Zulässigkeit der Versteigerung gutgläubig ist.[622] Die Anforderungen an den guten Glauben des Erwerbers an das Eigentum des Einlieferers sollen aber trotz der weitgehenden Nachforschungspflichten des Auktionators grundsätzlich nicht sinken.[623] Die öffentliche Versteigerung im Sinne des §935 II BGB ist in §383 III BGB definiert und umfasst Versteigerungen durch öffentlich bestellte Versteigerer gem. §34 b V GewO.[624] Zu Versteigerern öffentlich bestellte Personen müssen eine besondere Sachkunde besitzen und aufgrund ihrer Neutralität besonderes Vertrauen in Anspruch nehmen. Auch öffentlich bestellte Kunstauktionatoren können dazu gehören.[625] Ebenfalls ist im Hinblick auf das mit der Öffentlichkeit der Versteigerung zusammenhängende Vertrauen irrelevant, ob es sich um einen Selbsthilfeverkauf oder eine gewerbliche Versteigerung handelt, sodass jede für jedermann zugängliche und öffentlich bekannt gemachte Versteigerung genügt.[626]
Die Ausnahmeregelung des §935 II BGB steht im Einklang mit Art. 14 I GG, da der Verkehrsschutz in öffentlichen Versteigerungen Vorrang vor den Eigentümerinteressen genießt.[627] Auch trägt die Öffentlichkeit dazu bei, dass der Erwerber rechtzeitig von der Versteigerung erfahren und seine Interessen wahren kann, indem er im einstweiligen Rechtsschutz ein Veräußerungsverbot oder eine strafrechtliche Beschlagnahme erwirkt oder im Versteigerungstermin den guten Glauben des Bieters zerstört. Zudem wird der ursprüngliche Eigentümer zumindest dadurch geschützt, dass er den Erlös gem. §816 I 1 BGB herausverlangen kann.[628]
§935 II BGB findet hingegen keine Anwendung bei öffentlichen Versteigerungen gepfändeter Sachen durch den Gerichtsvollzieher im Rahmen der Zwangsvollstreckung, denn hier wird nach überwiegender Meinung unabhängig von der Gutgläubigkeit ge-

622 Anette Hipp, „Schutz von Kulturgütern in Deutschland", S.157.

623 Michael Geißdorf, „Sorgfaltspflichten des öffentlich bestellten Auktionators", in: KUR 2006, S.95.

624 BGH NJW 1990, S.900; Bettina Thorn, „Internationaler Kulturgüterschutz nach der UNIDROIT-Konvention", S.226; Haimo Schack, „Kunst und Recht", S.202, Rn. 491; Brigitte Schwadorf-Ruckdeschel, „Rechtsfragen des grenzüberschreitenden rechtsgeschäftlichen Erwerbs von Kulturgütern", S.65f.; Marc Weber, „Unveräußerliches Kulturgut im nationalen und internationalen Rechtsverkehr", S.51.

625 Carl-Heinz Heuer, „Die Kunstraubzüge der Nationalsozialisten und ihre Rückabwicklung", in: NJW 1999, S.2563; Anette Hipp, „Schutz von Kulturgütern in Deutschland", S.159f.

626 BGH NJW 1990, S.900; Haimo Schack, „Kunst und Recht", S.202, Rn. 491; Brigitte Schwadorf-Ruckdeschel, „Rechtsfragen des grenzüberschreitenden rechtsgeschäftlichen Erwerbs von Kulturgütern", S.65f.; Marc Weber, „Unveräußerliches Kulturgut im nationalen und internationalen Rechtsverkehr", S.51.

627 Anette Hipp, „Schutz von Kulturgütern in Deutschland", S.159f.

628 Christian Armbrüster, „Privatrechtliche Ansprüche auf Rückführung von Kulturgütern ins Ausland", in: NJW 2001, S.3585; Dirk Looschelders, „Der zivilrechtliche Herausgabeanspruch des Eigentümers auf Rückgabe", in: „Im Labyrinth des Rechts?", S.106.

mäß §817 ZPO kraft Hoheitsaktes originäres Eigentum auch an gestohlenen Sachen erworben.[629]

42.4 Kein Lösungsrecht

Da ein Lösungsrecht, welches den Herausgabeanspruch des ursprünglichen Eigentümers an die Erstattung der Erwerbskosten des Erwerbers koppelt, den Konflikt allenfalls zu entschärfen, nicht aber zu lösen vermag,[630] muss im deutschen Recht der Erwerber ungeachtet seiner Gutgläubigkeit die Sache gem. §985 BGB oder bei Weiterveräußerung den an ihre Stelle getretenen Erlös gem. §§816 I 1, 185 II 1 BGB herausgeben, ohne den gezahlten Kaufpreis abziehen zu können.[631]

43 Ersitzung und Vergleich mit der bloßen Verjährung

Ist ein Diebstahl erst kürzlich erfolgt, wird das Eigentümerinteresse relativ hoch zu gewichten sein, je länger er zurückliegt, desto mehr treten Verkehrsschutzgesichtspunkte in den Vordergrund. Auch steht es dem Rechtsfrieden entgegen, wenn die Güterzuordnung aufgrund zurückliegender, unter Umständen dem Besitzer unbekannter Vorgänge wieder in Frage gestellt werden kann.[632] Die Beständigkeit des Erwerbs kann zum einen durch eine Verjährung des Herausgabeanspruchs des Eigentümers gegen den unrechtmäßigen Besitzer, zum anderen durch eine Eigentumszuweisung kraft Gesetzes nach Ablauf einer bestimmten Zeit erreicht werden.[633] Das deutsche Recht kennt zum einen die Verjährung des Herausgabeanspruchs aus §985 BGB innerhalb von 30 Jahren gem. §197 I Nr. 1 BGB, zum anderen die Ersitzung nach 10 Jahren Eigenbesitz in §§937 ff. BGB.[634]
Die Ersitzung und die Verjährung können im Zusammenspiel mit den Regelungen zum gutgläubigen Erwerb eine Korrektur eines Ausschlusses eines Erwerbs vom Nichtberechtigten ermöglichen.[635] Diese Korrekturfunktion wird im deutschen Recht in erster Linie von der Verjährung übernommen. So darf nach Ablauf der Verjährungsfrist selbst ein bösgläubiger Besitzer die Herausgabe der Sache gem. §214 I BGB verweigern, für die Ersitzung hingegen fordert §937 II BGB, dass der Erwerber im Zeitpunkt des Besitzerwerbs nicht bösgläubig gewesen ist.[636] Damit kann hinsichtlich der Definition der Bösgläubigkeit auf §932 II BGB und das bereits Erörterte verwiesen

629 BGHZ 119, S.75, S.76; Brigitte Schwadorf-Ruckdeschel, „Rechtsfragen des grenzüberschreitenden rechtsgeschäftlichen Erwerbs von Kulturgütern", S.65; Haimo Schack, „Kunst und Recht", S.202, Rn. 491; Lutz Michalski, in: Erman §935, Rn.10.

630 Haimo Schack, „Kunst und Recht", S.200, Rn. 484.

631 Haimo Schack, „Kunst und Recht", S.202f., Rn. 492.

632 Haimo Schack, „Kunst und Recht", S.200, Rn. 484.

633 Bettina Thorn, „Internationaler Kulturgüterschutz nach der UNIDROIT-Konvention", S.227; Haimo Schack, „Kunst und Recht", S.203, Rn. 493.

634 Jarste Akkermann, „Internationaler Kulturgüterschutz", in: KUR 2002, S.32; Haimo Schack, „Kunst und Recht", S.203f., Rn. 493f.

635 Brigitte Schwadorf-Ruckdeschel, „Rechtsfragen des grenzüberschreitenden rechtsgeschäftlichen Erwerbs von Kulturgütern", S.66; Stefan Turner, „Das Restitutionsrecht des Staates nach illegaler Ausfuhr von Kulturgütern", S.115.

636 Haimo Schack, „Kunst und Recht", S.203f., Rn. 493f.

werden.[637] Anders als bei den §§932ff. BGB muss sich der gute Glaube jedoch nicht auf das Eigentum des Veräußerers beziehen, sondern darauf, dass der Erwerber sich selbst für den Eigentümer hält, sodass der Dieb nicht gutgläubig ersitzen kann, sondern nur der von ihm gutgläubig Erwerbende.[638] Ergänzend sei lediglich angemerkt, dass trotz §858 II 2 BGB auch der Erbe gutgläubig sein kann. Nur positive Kenntnis davon, dass ihm das Eigentum nicht zusteht, schadet nach diesem Zeitpunkt noch.[639]
Während die Verjährung als Einrede gegen den Herausgabeanspruch des Eigentümers die Eigentumsverhältnisse unberührt lässt und zu einem dauerhaften Auseinanderfallen von Eigentum und Besitz führt, findet bei der Ersitzung ein Titelerwerb statt, weshalb die Ersitzung „die glatte Lösung“[640] darstellt.[641]
Der Besitzer kann bei der bloßen Verjährung die Sache nur als Nichtberechtigter weiterveräußern. Einem späteren Erwerber, Erbe oder Käufer, ermöglicht zwar §198 BGB die Berufung auf die abgelaufene Verjährung.[642] Wenn dem Dieb das Kulturgut jedoch gestohlen wird und der Besitzerwerb durch verbotene Eigenmacht erfolgt, beginnt die Verjährung von neuem.[643] Teilweise wird diese Lösung als Ermunterung zur verbotenen Eigenmacht kritisiert. Nehme der Eigentümer dem Besitzer die gestohlene Sache gewaltsam weg, müsse er sie zwar nach §861 BGB zurückgeben, es werde aber ein neuer Vindikationsanspruch begründet, dem der Dieb oder Bösgläubige wohl auch nicht den Einwand der Arglist entgegenhalten könne.[644]
Auch kann sich der verfügende nichtberechtigte Besitzer einem Anspruch des Eigentümers auf Herausgabe des Veräußerungserlöses aus §§816 I 1, 185 II 1 BGB ausgesetzt sehen, wenn der Eigentümer die Verfügung nachträglich genehmigt.[645] Demnach kann der Eigentümer ein Kulturgut durch einen Strohmann aufkaufen lassen und durch die Genehmigung der Verfügung von dem Dieb oder Bösgläubigen den Kaufpreis herausverlangen und von dem Strohmann anschließend unter Umständen sogar den Besitz an dem Kulturgut wiedererlangen oder das Eigentum wiedererwerben.[646]
Gibt sich nach der Verjährung der Besitzer als Eigentümer eines Kulturguts aus, so kann der Eigentümer trotz des Verlustes seines Besitzrechtes hiergegen gem. §1004 BGB vorgehen.[647] Auch drohende rechtsgeschäftliche Verfügungen sowie Beschädigungen und Substanzeinwirkungen sollen über §1004 BGB verhindert werden können.

637 Dirk Looschelders, „Der zivilrechtliche Herausgabeanspruch des Eigentümers auf Rückgabe“, in: „Im Labyrinth des Rechts?“, S.107f.; Haimo Schack, „Kunst und Recht“, S.208f., Rn. 503.

638 Anette Hipp, „Schutz von Kulturgütern in Deutschland“, S.160.

639 Dirk Looschelders, „Der zivilrechtliche Herausgabeanspruch des Eigentümers auf Rückgabe“, in: „Im Labyrinth des Rechts?“, S.108; Haimo Schack, „Kunst und Recht“, S.204, Rn. 494 und Fn. 21.

640 Haimo Schack, „Kunst und Recht“, S.203, Rn. 493.

641 Stefan Turner, „Das Restitutionsrecht des Staates nach illegaler Ausfuhr von Kulturgütern“, S.115; Haimo Schack, „Kunst und Recht“, S.203, Rn. 493.

642 Thomas Finkenauer, „Zum Begriff der Rechtsnachfolge in §221 BGB“, in: JZ 2000, S.243; Haimo Schack, „Kunst und Recht“, S.203, Rn. 493.

643 Anette Hipp, „Schutz von Kulturgütern in Deutschland“, S.160; Dirk Looschelders, „Der zivilrechtliche Herausgabeanspruch des Eigentümers auf Rückgabe“, in: „Im Labyrinth des Rechts?“, S.113.

644 Oliver Remien, „Vindikationsverjährung und Eigentumsschutz“, in: AcP 201 (2001), S.742.

645 Haimo Schack, „Kunst und Recht“, S.203, Rn. 493.

646 Oliver Remien, „Vindikationsverjährung und Eigentumsschutz“, in: AcP 201 (2001), S.743.

647 Haimo Schack, „Kunst und Recht“, S.203, Rn. 493; Oliver Remien, „Vindikationsverjährung und Eigentumsschutz“, in: AcP 201 (2001), S.746f.

Demnach könnte zwar eine Ausstellung des Kulturgutes in zu hellem Licht oder bei schädlicher Luftfeuchtigkeit verhindert werden, eine Ortveränderung hingegen nicht, da sie als bloße Ausübung des Besitzes angesehen wird, welche nicht als Beeinträchtigung zu werten ist.[648]
Die Hemmung der Verjährungsfrist ist in den §§203 BGB geregelt. Während die Hemmung durch Rechtsverfolgung unter §204 BGB fällt, wird der Stillstand der Rechtspflege als ein Fall der höheren Gewalt im Sinne des §206 BGB angesehen.[649] Allerdings sind diesbezüglich hohe Anforderungen zu stellen: Allein die Belegenheit eines Kulturgutes im Ausland bei Ablauf der Verjährungsfrist begründet noch keine Hemmung nach §206 BGB.[650] Neben dem kriegsbedingten Stillstand der Rechtspflege[651] könnte im Zusammenhang mit Herausgabeansprüchen von Kulturgütern eine Hemmung nach §206 BGB insbesondere dann in Betracht zu ziehen sein, wenn durch die Zusicherung des freien Geleits nach §20 III KultSchG dem Eigentümer in Deutschland während der Geltungsdauer der Zusicherung die Möglichkeit genommen wird, seinen Herausgabeanspruch nach §985 BGB im Wege einer Klage durchzusetzen und damit auch die Möglichkeit entfällt, die Verjährung durch Klageerhebung zu hemmen. Entsprechend könnte eine Hemmung hinsichtlich eines später in Deutschland geltend gemachten Herausgabeanspruchs auch dann anzunehmen sein, wenn sich das Kulturgut im Ausland befindet und dem Eigentümer die Rechtsverfolgung im Ausland wegen einer entsprechenden Zusicherung des freien Geleits objektiv verwehrt war. Da §206 BGB eine Einschränkung des Ziels der Verjährung, Rechtssicherheit herbeizuführen, nur in den Ausnahmefällen erlaubt, in denen der Verjährungseintritt eine unzumutbare Härte für den Gläubiger darstellt, ist im Einzelfall jedoch kritisch zu prüfen, ob die Unmöglichkeit der Rechtsverfolgung auf einem unabwendbaren Ereignis beruht und die Geltendmachung des Anspruchs verhindert und nicht bloß erschwert ist.[652]
Ebenso wie die Verjährungsfrist kann auch die Ersitzungsfrist gehemmt oder unterbrochen werden, vgl. §§939 ff. BGB. So erklärt §939 II BGB die Hemmung aus tatsächlichen Gründen des §206 BGB entsprechend für anwendbar. Ebenfalls kann der Rechtsnachfolger wie in §198 BGB von einer bereits laufenden Ersitzungsfrist gem. §943 BGB profitieren.[653]
Die Vollendung der Ersitzung führt nicht nur zum Verlust des Eigentums, sondern auch zum Verlust der Bereicherungsansprüche. Denn selbst wenn nicht sämtliche Bereicherungsansprüche von vorneherein für völlig ausgeschlossen gehalten werden,[654] wird bei §812 I 1 BGB zumindest danach differenziert, ob die Ersitzung ohne oder mit Leistungsbeziehung zum Voreigentümer erfolgt ist oder nicht, und bei §816 I 2 BGB teilweise danach, ob der Erwerb entgeltlich oder unentgeltlich erfolgt ist.[655] In den Fäl-

648 Oliver Remien, „Vindikationsverjährung und Eigentumsschutz", in: AcP 201 (2001), S.746f.
649 Helmut Heinrichs, in: Palandt §206 BGB, Rn.4.
650 Bettina Thorn, „Internationaler Kulturgüterschutz nach der UNIDROIT-Konvention", S.231.
651 Bettina Thorn, „Internationaler Kulturgüterschutz nach der UNIDROIT-Konvention", S.231.
652 Susanne Schoen, „Kulturgüterschutz bei – illegaler – Rückkehr kriegsbedingt verbrachter Kulturgüter aus Russland nach Deutschland", in: NJW 2001, S.543.
653 Haimo Schack, „Kunst und Recht", S.204, Rn. 494f.; Anette Hipp, „Schutz von Kulturgütern in Deutschland", S.160.
654 Peter Bassenge, in: Palandt Vor §937, Rn.2.
655 Jörg Zachariae und Natasa Hadzimanovic, „Die Ersitzung einer rechtsgrundlos geleisteten beweglichen Sache nach schweizerischem Recht", in: Peter Johannes Weber u.a. (Hg.) „Liber discipulorum et amicorum: Festschrift für Kurt Siehr zum 65. Geburtstag: Band 2", S.304.

len eines weiterverkauften gestohlenen Kulturgutes wird damit aber jedenfalls regelmäßig von einem Verlust der Bereicherungsansprüche auszugehen sein.
Das deutsche Recht stellt hinsichtlich des Zeitpunkts, ab dem die Frist zu laufen beginnt, nicht auf die Extremlösungen des Zeitpunkts des Diebstahls auf der einen Seite oder des Zeitpunkts der Wiederentdeckung der Sache durch den Bestohlenen auf der anderen Seite ab, sondern setzt auf einen Mittelweg, nämlich den Zeitpunkt des Besitzerwerbs. Zwar wird gefordert, für Kunstgegenstände die strengere discovery rule greifen zu lassen,[656] allerdings lässt sich dagegen einwenden, dass die aus den USA bekannte Extremlösung bei einem Auftauchen gestohlener Kulturgüter nach Jahrzehnten den Rechtsverkehr stark belasten kann. Auch erschiene es widersprüchlich, wenn seit der Schuldrechtsreform die Schadensersatzansprüche gegen den Dieb ohne Rücksicht auf die Kenntnis des Eigentümers gem. §§195, 199 III 1 Nr. 1, 852 BGB spätestens 10 Jahre nach dem Diebstahl verjähren, gutgläubige Dritte hingegen sich auch noch Jahrzehnte später Ansprüchen des Bestohlenen ausgesetzt sehen könnten.[657]
Da Verjährung und Ersitzung nicht ohne Risiken für den Erwerber bleiben, werden gerade wegen ihres Bekanntheitsgrades nur schwer verkäufliche Objekte nach Fristablauf gerne von Kunstdieben den Museen, aus denen sie gestohlen wurden, wieder zum Rückkauf angeboten.[658] Inwieweit eine drohende Strafbarkeit ein weiteres Hindernis darstellen kann, bleibt hier ausgeklammert.[659]

44 Auswirkungen der Widmung

Nachdem nun die wichtigsten Formen des Eigentumserwerbs an Kulturgütern und die damit zusammenhängenden Probleme kurz erörtert wurden, werden nun die Besonderheiten dargestellt, welche sich im Zusammenhang mit der Problematik der Anwendbarkeit von Kulturgüterschutznormen ergeben.
Da Kulturgüter häufig öffentlichen Zwecken dienen sollen, spielt im deutschen Recht die Widmung eine besondere Rolle. Auch wenn der Widmung keine Kulturgüterschutznorm zugrunde liegt und sie auch keine darstellt, wird sie wegen ihrer besonderen Bedeutung und der umstrittenen Rechtsfolgen an den Anfang dieser Erörterung mitaufgenommen.

44.1 Möglichkeit privatrechtlichen Eigentumserwerbs

Da die Lehre vom „öffentlichen Eigentum" in Deutschland sich nicht durchsetzen konnte, sind öffentliche Sachen, d.h. Sachen, die durch ihre Benutzung öffentlichen Zwecken dienen und für deren Behandlung öffentliches Recht maßgebend ist, wie Kunstwerke in Museen oder Bücher in öffentlichen Bibliotheken, in Deutschland nicht als res extra commercium anzusehen. Selbst wenn ein staatlicher Eigentumserwerb möglich ist, beispielsweise aufgrund der landesrechtlichen Schatzregale, unterliegen die Kulturgüter unabhängig von der Eigentümerstellung eines Trägers öffentlicher

656 Haimo Schack, „Kunst und Recht", S.204, Rn. 494f.
657 Haimo Schack, „Kunst und Recht", S.205, Rn. 496.
658 Anette Hipp, „Schutz von Kulturgütern in Deutschland", S.161; Tim Kistenmacher, „Art-Napping in der aktuellen Rechtsprechung", in: KUR 2006, S.85f.
659 Lambert Köhling, „Der Eigentumserwerb abhanden gekommener Kunstgegenstände im amerikanischen Recht", S.23.

Gewalt der Privatrechtsordnung.[660] Dass das Privatrecht nicht zwischen Kulturgütern oder Sachen öffentlichen Interesses und anderen Sachen differenziert, wird auch durch das öffentliche Recht nicht dahingehend korrigiert, dass bestimmte Sachen nur beschränkt am Privatrechtsverkehr teilnehmen können. Im Zivilrecht ist somit öffentliches Eigentum privatem Eigentum gleichgestellt.[661]

Die Eigenschaft als öffentliche Sache wird durch den Hoheitsakt einer öffentlich-rechtlichen Widmung begründet, die lediglich auf dem privaten Eigentum mit der Folge lastet, dass der Eigentümer die widmungsgemäße Benutzung dulden muss.[662] Dabei kann zwischen Widmungen in Form eines Rechtssatzes oder eines ausdrücklichen Verwaltungsaktes, den sog. förmlichen Widmungen, und nicht förmlichen Widmungen durch nach außen erkennbare und amtlich nachweisbare inneradministrative Inventarisierung unterschieden werden.[663]

Wegen des privatrechtlichen Eigentums bei allen Widmungen ist ein gutgläubiger und gesetzlicher Eigentumserwerb möglich.[664] So erkannte schon das Reichsgericht die Ersitzung öffentlichen Archivguts durch Rechtsvorgänger eines klagenden Rittersgutbesitzers an.[665]

Dieser Auffassung ist bezogen auf den gutgläubigen Erwerb auch der BGH im Hamburger Stadtsiegelfall gefolgt. Die Freie und Hansestadt Hamburg wollte ein entwendetes Siegeltypar von einer Antiquitätenhändlerin zunächst gestützt auf §985 BGB herausverlangen, zum einen mit der Begründung, dass die öffentlich-rechtliche Zweckbestimmung als Archivgut einer Dienstbarkeit vergleichbar auf dem Siegeltypar laste, zum anderen mit dem Hinweis, dass nur durch die Archivierung des Siegelstempels eine missbräuchliche Verwendung verhindert und die Echtheit alter Siegelungen überprüft werden kann. Die zivilrechtliche Klage ließ der BGH jedoch an der Eigentümerstellung scheitern, da er die Ansicht, das Siegeltypar sei eine res extra commercium, ablehnte und zu der Auffassung gelangte, die Antiquitätenhändlerin habe gem. §935 II BGB auf einer öffentlichen Auktion gutgläubig Eigentum erworben. Selbst wenn aus der öffentlich-rechtlichen Zweckbestimmung ein Veräußerungsverbot hergeleitet werden könne, wäre dieses hinsichtlich des gutgläubigen Rechtserwerbs gem. §135 II BGB unbeachtlich.[666]

---

660 Brigitte Schwadorf-Ruckdeschel, „Rechtsfragen des grenzüberschreitenden rechtsgeschäftlichen Erwerbs von Kulturgütern", S.61f.; Marc Weber, „Unveräußerliches Kulturgut im nationalen und internationalen Rechtsverkehr", S.47f.; Haimo Schack, „Kunst und Recht", S.207, Rn. 499; Jörg Sprecher, „Beschränkungen des Handels mit Kulturgut und die Eigentumsgarantie", S.56f.

661 Marc Weber, „Unveräußerliches Kulturgut im nationalen und internationalen Rechtsverkehr", S.53f.; Anette Hipp, „Schutz von Kulturgütern in Deutschland", S.353.

662 Anette Hipp, „Schutz von Kulturgütern in Deutschland", S.186f.; Marc Weber, „Unveräußerliches Kulturgut im nationalen und internationalen Rechtsverkehr", S.47f.; Haimo Schack, „Kunst und Recht", S.207, Rn. 499.

663 Marc Weber, „Unveräußerliches Kulturgut im nationalen und internationalen Rechtsverkehr", S.47f.

664 Brigitte Schwadorf-Ruckdeschel, „Rechtsfragen des grenzüberschreitenden rechtsgeschäftlichen Erwerbs von Kulturgütern", S.62; Marc Weber, „Unveräußerliches Kulturgut im nationalen und internationalen Rechtsverkehr", S.53f.

665 RG Verw. Arch. 24 (1916), S.167; Marc Weber, „Unveräußerliches Kulturgut im nationalen und internationalen Rechtsverkehr", S.53.

666 BGH NJW 1990, S.899; Marc Weber, „Unveräußerliches Kulturgut im nationalen und internationalen Rechtsverkehr", S.50ff.

44.2 Wechselwirkung mit der öffentlich-rechtlichen Sachherrschaft

Fraglich ist jedoch, welche Auswirkungen ein gutgläubiger oder gesetzlicher Eigentumserwerb auf die öffentlich-rechtliche Widmung und die öffentlich-rechtliche Sachherrschaft hat. Diese Frage beschäftigte auch die nach dem BGH angerufenen Verwaltungsgerichte im Hamburger Stadtsiegelfall.

Nach der bislang herrschenden Ansicht, der sich das erstinstanzliche VG Köln anschloss und die in der Literatur auch weiterhin vertreten wird, ergibt sich aus der ungeschriebenen verwaltungsrechtlichen Konstruktion des sog. modifizierten Privateigentums, dass durch die Widmung eine öffentlich-rechtliche Sachherrschaft als Dienstbarkeit des öffentlichen Rechts auf dem Eigentum mit der Folge begründet wird, dass bei der Privatrechtsordnung unterliegenden öffentlichen Sachen das private Eigentum durch die öffentlich-rechtliche Zweckbindung überlagert wird und die öffentlich-rechtliche Sachherrschaft auf den Rechtsnachfolger im Eigentum übergeht.[667]

Die öffentlichen Sachen sind zwar nicht zwingend dem privaten Rechtsverkehr entzogen. Die Ausübung privater Rechte an ihnen und rechtsgeschäftliche Verfügungen über sie sind jedoch von der Vereinbarkeit mit der öffentlichen Zweckbestimmung abhängig. Die öffentlich-rechtliche Widmung wird folglich nicht als ein Recht Dritter im Sinne der §§936, 945 BGB angesehen, sodass ein gutgläubiger widmungsfreier Erwerb oder eine widmungsfreie Ersitzung ausgeschlossen ist und auch der neue Eigentümer die widmungsgemäße Benutzung dulden muss.[668]

Hinsichtlich des gutgläubigen Erwerbs stellte auch das VG Köln klar, dass trotz des Eigentumserwerbs des Hamburger Stadtsiegels durch die beklagte Antiquitätenhändlerin nach §§935 II, 936 BGB keine entsprechende Anwendung findet und die öffentlich-rechtliche Dienstbarkeit unberührt bleibt.[669] Die das Privatrecht überlagernde Zweckbindung kraft öffentlichen Rechts soll sogar die Einrede der Verjährung ausschließen.[670]

Hinsichtlich der Ersitzung vertrat bereits das RG, dass trotz des privaten Eigentums des klagenden Rittersgutbesitzers der Staat ein Besitzrecht auf Grund öffentlich rechtlicher Sachherrschaft habe und das Archivgut zurückhalten und widmungsgemäß im Interesse der Archivforschung verwenden dürfe, ohne dass eine Ersitzung mit befreiender Wirkung in Betracht zu ziehen sei.[671]

Da die Duldung der widmungsgemäßen Benutzung, wenn der Widmungszweck den Besitz der Sache erfordert, einen Anspruch auf Herausgabe der Sache beinhaltet, ist

667 VG Köln NJW 1991, S.2584ff.; Brigitte Schwadorf-Ruckdeschel, „Rechtsfragen des grenzüberschreitenden rechtsgeschäftlichen Erwerbs von Kulturgütern", S.62; Frank Fechner, „Der Hamburger Stadtsiegelfall", in: JuS 1993, S.704; Marc Weber, „Unveräußerliches Kulturgut im nationalen und internationalen Rechtsverkehr", S.52.

668 Brigitte Schwadorf-Ruckdeschel, „Rechtsfragen des grenzüberschreitenden rechtsgeschäftlichen Erwerbs von Kulturgütern", S.62; Marc Weber, „Unveräußerliches Kulturgut im nationalen und internationalen Rechtsverkehr", S.47ff.

669 Marc Weber, „Unveräußerliches Kulturgut im nationalen und internationalen Rechtsverkehr", S.52.

670 VG Köln NJW 1991, S.2584, S.2584ff.; Haimo Schack, „Kunst und Recht", S.207, Rn. 499.

671 RG Verw. Arch. 24 (1916) S.167; Marc Weber, „Unveräußerliches Kulturgut im nationalen und internationalen Rechtsverkehr", S.53.

regelmäßige Folge dieser Ansicht, dass Eigentum und Besitz dauerhaft auseinander fallen.[672]
Teilweise ist jedoch bereits in der Literatur eine Differenzierung nach Art der Widmung befürwortet worden, zunehmend nach der zweitinstanzlichen Entscheidung des OVG Münster im Hamburger Stadtsiegelfall, in welcher das Urteil des VG Köln aufgehoben wurde und gegen die eine beim BVerwG eingelegte Revision erfolglos blieb. Wegen der teilweise enteignenden Wirkung der Widmung hat das OVG Münster auf den Gesetzesvorbehalt in Art. 14 III 2, 20 III GG hingewiesen. Wegen der fehlenden Rechtsgrundlage für die Widmung des Siegeltypars als öffentliche Sache und der in Art. 14 I GG verankerten Eigentumsgarantie, die eine Ersetzung kraft Analogie ausschließt, ist der gutgläubige Eigentümer in Bezug auf die Widmungsfreiheit schutzwürdig und kann damit widmungsfreies Eigentum erwerben. Dem Gesetzesvorbehalt nicht genügende Widmungen müssen demnach hinter dem Privatrecht zurücktreten.[673]
Während eine Rechtsgrundlage im Straßenrecht in §2 III BfernstrG geschaffen wurde, fehlt sie für Museums- und Archivgut der öffentlichen Hand.[674] Allerdings wird anders als bei Sachen im Verwaltungs- und Anstaltsgebrauch bei den rein innerkirchlichen Widmungen zur res sacrae vertreten, dass diese, obwohl gewohnheitsrechtlich begründet und nicht gesetzlich verankert, anzuerkennen seien, da sie dem besonderen Schutz des Art. 140 GG i.V.m. Art. 137 V, 138 II WRV unterfallen.[675] Da die Zweckbindung der res sacrae zum sakralen Gebrauch solange bestehen bleibt, bis sie durch einen Gegenakt desakralisiert werden, kann ihre kirchenrechtliche Zweckbindung durch privatrechtliche Verfügungen nicht beeinträchtigt werden. Obwohl auch die res sacrae als Gegenstand der privaten Eigentumsordnung unterfallen, sind alle den widmungsgemäßen Zweck störenden Verfügungen und Rechtsgeschäfte unwirksam.[676]

45 Verkehrsunfähigkeit eines Kulturgutes aufgrund der Eintragung in das Verzeichnis national wertvollen Kulturgutes?

Keine Norm des Bundes- oder Landesrechts bestimmt die Unveräußerlichkeit von Kulturgut.[677] Jedoch bestimmt §1 IV KultSchG, dessen Verfassungsgemäßheit bereits erörtert wurde, für die im Verzeichnis national wertvollen Kulturgutes enthaltenen Kulturgüter, dass ihre Ausfuhr einer Genehmigung bedarf.[678]

---

672 Marc Weber, „Unveräußerliches Kulturgut im nationalen und internationalen Rechtsverkehr", S.49f.

673 OVG Münster NJW 1993, S.2635ff.; BVerwG NJW 1994, S.144f.; Anette Hipp, „Schutz von Kulturgütern in Deutschland", S.361ff.; Haimo Schack, „Kunst und Recht", S.207, Rn. 499; Jörg Sprecher, „Beschränkungen des Handels mit Kulturgut und die Eigentumsgarantie", S.57.

674 Stefan Turner, „Das Restitutionsrecht des Staates nach illegaler Ausfuhr von Kulturgütern", S.117.

675 Amalie Weidner, „Kulturgüter als res extra commercium im internationalen Sachenrecht", S.293; Anette Hipp, „Schutz von Kulturgütern in Deutschland", S.364; Frank Kohls, „Kulturgüterschutz", S.141; Astrid Müller-Katzenburg, „Internationale Standards im Kulturgüterverkehr und ihre Bedeutung für das Sach- und Kollisionsrecht", S.260.

676 Anette Hipp, „Schutz von Kulturgütern in Deutschland", S.360.

677 Marc Weber, „Unveräußerliches Kulturgut im nationalen und internationalen Rechtsverkehr", S.44ff.

678 Anette Hipp, „Schutz von Kulturgütern in Deutschland", S.187f; Marc Weber, „Unveräußerliches Kulturgut im nationalen und internationalen Rechtsverkehr", S.56.

Dadurch, dass die Eigentümer wertvollen Kulturgutes nicht generell, sondern erst nach der Eintragung im Sinne des §1 I KultSchG verpflichtet sind, sich eine Ausfuhr der Kulturgüter genehmigen zu lassen und, wie bereits erörtert wurde, auch die Wirksamkeit der dinglichen Rechtsgeschäfte über §134 BGB berührt wird, führt die Eintragung von Kulturgütern mittelbar auch zu einer Beschränkung der Verfügungsfreiheit der Eigentümer.[679]

Umstritten ist jedoch, ob die Auswirkungen des §1 IV KultSchG über die Rechtsfolgen des §134 BGB hinausgehen, insbesondere ob aufgrund des Genehmigungserfordernisses den eingetragenen Kulturgütern die Eigenschaft einer res extra commercium zukommt. Dies wäre insofern vorteilhaft, als Verfügungen über das eingetragene Kulturgut wirkungsvoll verhindert werden könnten, da dann nicht nur die unmittelbar mit dem illegalen Verbringen zusammenhängenden Verfügungen, sondern auch Folgegeschäfte in ihrer Wirksamkeit berührt sein könnten. Letztlich lässt sich eine solche Interpretation jedoch mit der in der deutschen Rechtsordnung trotz des öffentlichen Interesses vorgenommenen grundsätzlichen Unterstellung von Kulturgütern unter die private Eigentumsordnung nicht in Einklang bringen. Auch spricht gegen die Einordnung der geschützten Kulturgüter als res extra commercium, dass im Inland Verfügungen unbeschränkt möglich bleiben und auch bei Auslandsbezug nicht völlig ausgeschlossen werden, sodass das Kulturgut damit als grundsätzlich verkehrsfähig anzusehen ist.[680]

§4 KultSchG betrifft hingegen als absolutes Exportverbot zwar alle Verfügungen mit Auslandsbezug, die zeitlich befristete Ausgestaltung spricht aber ebenfalls gegen einen Entzug der Verkehrsfähigkeit und eine dauerhafte andersartige Einordnung von Kulturgütern, wie sie die Einordnung als res extra commercium bedeutet.

Ebenfalls abzulehnen ist eine Deutung der Aufnahme in das Verzeichnis bzw. der Einleitung des Eintragungsverfahrens als konkludente Widmung mit der Bestimmung, das Kulturgut habe in Deutschland zu bleiben, sodass die Anwendung der Theorie des modifizierten Privateigentums bereits von vorneherein ausscheidet.[681]

Auch an dieser Stelle ist darauf hinzuweisen, dass nach landesgesetzlichen Genehmigungspflichten das Verbringen eines eingetragenen Denkmals an einen anderen Ort genehmigungspflichtig ist, und dass hinsichtlich der Verbringung ins Ausland strittig ist, ob die landesrechtlichen Vorschriften durch das KultSchG verdrängt werden oder daneben eingreifen. Jedenfalls entziehen auch landesgesetzliche Denkmalschutzgesetze die geschützten Kulturgüter nicht dem Rechtsverkehr. Allerdings kennen Landesgesetze, wie die Bayerns und des Saarlandes, teilweise neben der Genehmigungspflicht ein staatliches Vorkaufsrecht bei beweglichen eingetragenen Denkmälern.[682]

---

679 BVerwG NJW 1993, S.3280ff.; Marc Weber, „Unveräußerliches Kulturgut im nationalen und internationalen Rechtsverkehr", S.54.

680 VGH Mannheim NJW 1987, S.1440; Brigitte Schwadorf-Ruckdeschel, „Rechtsfragen des grenzüberschreitenden rechtsgeschäftlichen Erwerbs von Kulturgütern", S.63f.

681 Frank Kohls, „Kulturgüterschutz", S.144; Brigitte Schwadorf-Ruckdeschel, „Rechtsfragen des grenzüberschreitenden rechtsgeschäftlichen Erwerbs von Kulturgütern", S.63; Astrid Müller-Katzenburg, „Internationale Standards im Kulturgüterverkehr und ihre Bedeutung für das Sach- und Kollisionsrecht", S.258f.

682 Marc Weber, „Unveräußerliches Kulturgut im nationalen und internationalen Rechtsverkehr", S.55.

46 Eigentumserwerb durch Einziehung nach §16 III KultSchG

Eine der wenigen Ausnahmen staatlichen Eigentumserwerbs in Deutschland bildet der Eigentumserwerb an Kulturgut, welches gemäß §16 III KultSchG eingezogen wird. Da §16 III KultSchG sich auf §16 I, II KultSchG bezieht, kann ein in das Verzeichnis national wertvollen Kulturgutes eingetragenes Kulturgut eingezogen werden, welches gem. §16 I lit. a KultSchG ohne die Genehmigung nach §1 IV KultSchG aus der Bundesrepublik Deutschland oder gem. §16 I lit. b KultSchG entgegen einem vorläufigen Ausfuhrverbot nach §4 KultSchG ausgeführt oder verbracht wurde bzw. dessen Ausfuhr oder Verbringen ohne die Genehmigung oder entgegen einem vorläufigen Ausfuhrverbot gem. §16 II KultSchG versucht wurde.[683] Da §16 III KultSchG das Vorliegen einer Straftat voraussetzt, handelt es sich um eine Einziehung mit Strafcharakter und nicht mit Sicherungscharakter. Allerdings schließt der dominierende Strafgedanke einen ergänzenden Sicherungsgedanken nicht aus, welcher vor allem in den Fällen angenommen werden kann, in denen auch weiterhin eine unerlaubte Ausfuhr droht.[684]
Zwar ist der Täterkreis weit, da jeder gegen die Genehmigungspflicht oder das vorläufige Ausfuhrverbot Verstoßende in Frage kommt, folglich der Eigentümer gleichsam wie der Dieb. Die Einziehungsmöglichkeit ist aber nicht auf Kulturgut des Täters beschränkt. Vielmehr kann auch Kulturgut eines Teilnehmers im Sinne der §§26, 27 StGB eingezogen werden sowie gem. §16 III 3 KultSchG i.V.m. §74 a StGB Kulturgut eines Dritten. Wird das Kulturgut eines Dritten eingezogen, so muss dieser Dritte jedoch wenigstens im Sinne einer sog. unechten Beihilfe leichtfertig einen Beitrag dazu geleistet haben, dass das Kulturgut Mittel oder Gegenstand der Tat oder ihrer Vorbereitung gewesen ist, oder im Sinne einer sog. Quasi-Hehlerei das Kulturgut in verwerflicher Weise in Kenntnis von Umständen erworben haben, welche die Einziehung beim Täter oder Teilnehmer zugelassen hätten.[685] Die Einziehung des Kulturgutes erfolgt gem. §16 III 2 KultSchG zugunsten des Landes, in dem das Kulturgut durch Eintragung geschützt ist oder die Eintragung eingeleitet war.[686]
Fraglich ist jedoch, ob die Einziehungsregelung ihren Sinn und Zweck überhaupt erfüllen kann. Wird eingetragenes privates Kulturgut ohne Genehmigung oder entgegen einem vorläufigen Ausfuhrverbot vom Eigentümer selbst oder einem Dieb ausgeführt, ist zwar wegen des Beginns der Tathandlung mit dem Abtransport ein Tatort im Sinne des §9 I StGB im Inland gegeben, sodass nach §3 StGB der Geltungsbereich der deutschen Strafgewalt eröffnet ist und gemäß §16 III KultSchG die Einziehung des Kulturgutes zugunsten des betroffenen Bundeslandes angeordnet werden könnte. Jedoch wird das Kulturgut nach der verbotswidrigen Ausfuhr sich in einem ausländischen Staat befinden und häufig erst dort ein Zugriff möglich sein. Dann ist jedoch problematisch, inwieweit eine Geltendmachung eines Herausgabeanspruchs durch das betroffene Bundesland vor ausländischen Gerichten Erfolg versprechend ist. Dabei legt der Wortlaut des §16 III 1 KultSchG „kann" einen Ermessenspielraum hinsichtlich der Einziehung nahe, welcher einem automatischen Eigentumserwerb entgegensteht. Zwischengeschaltete behördliche Akte werden jedoch grundsätzlich durch ausländische Gerich-

683 Anette Hipp, „Schutz von Kulturgütern in Deutschland", S.101.
684 Frank Kohls, „Kulturgüterschutz", S.86.
685 Anette Hipp, „Schutz von Kulturgütern in Deutschland", S.101.
686 Anette Hipp, „Schutz von Kulturgütern in Deutschland", S.188.

te nicht stellvertretend vorgenommen und auch dann nicht anerkannt, wenn sie sich auf Kulturgüter beziehen, welche sich zu diesem Zeitpunkt nicht mehr im Hoheitsgebiet des hoheitlich handelnden Staats befinden. Damit wird regelmäßig eine Einziehung im Ausland ausscheiden.[687] Zudem droht, selbst wenn der staatliche Eigentumserwerb anerkannt würde, im Importstaat wegen des Vorrangs des Verkehrsschutzes ein gutgläubiger Eigentumserwerb.[688] Allerdings darf nicht übersehen werden, dass in den Fällen des Versuchs eine Einziehung noch im deutschen Staatsgebiet in Betracht kommen kann.[689]

47 Eigentumserwerb durch Einziehung nach §17 II KultGüRückG n.F.

Nach §17 II KultGüRückG n.F. setzt die Einziehung zunächst eine Beschlagnahme voraus, welche gem. §17 II 1 KultGüRückG n.F. durch die zuständige Zollstelle erfolgt, wenn bei der zollamtlichen Behandlung von ausländischen Kulturgütern festgestellt wird, dass diese ohne die nach §14 I KultGüRückG n.F. vorgeschriebene Genehmigung in das Bundesgebiet verbracht wurden. Weitere Voraussetzung für die Einziehung ist nach §17 II 2 KultGüRückG n.F., dass innerhalb eines Monats keine Vorlage der vorgeschriebenen Genehmigung erfolgt ist, wobei jedoch eine Fristverlängerung bis zu insgesamt sechs Monaten möglich ist.
Da eine Regelung wie §16 III 2 KultSchG, welche die Einziehung zugunsten des jeweiligen Bundeslandes anordnet, fehlt, ist nach allgemeinen Grundsätzen entsprechend §74 e I StGB davon auszugehen, dass das Eigentum an dem Kulturgut mit der Entscheidung auf den Staat übergeht. Allerdings deutet §17 III 1 KultGüRückG n.F. an, dass eine Rücksendung des Kulturgutes an den Einführer in Betracht kommt. Im Hinblick auf die bisherige Rechtslage ohne Berücksichtigung der Gesetzesänderung ist vorgeschlagen worden, illegal aus Nichtmitgliedstaaten eingeführte Kulturgüter bei Steuerstraftaten hinsichtlich Zöllen und Einfuhrumsatzsteuer gem. §94 II StPO zu beschlagnahmen, um nach §111 k StPO, §66 IRG ihre Rückgabe an den Herkunftsstaat zu ermöglichen.[690] Wegen §372 II AO wird bei einem Verbringen unter Verstoß gegen §14 I KultGüRückG n.F. die Strafbarkeit nach §20 KultGüRückG n.F. maßgeblich sein und sich eine Beschlagnahme wegen Steuerstraftaten bei der Einfuhr unter Verstoß gegen §14 I KultGüRückG n.F. ebenso wie bei einer Ausfuhr unter Verstoß gegen Art. 2 der VO Nr. 3911/92[691] erübrigen. Da der Wortlaut des §111 k StPO ausdrücklich auf Beschlagnahmen nach §94 StPO oder §111 c I StPO verweist, könnte fraglich sein, ob es wegen der speziellen Regelungen von Beschlagnahme und Einziehung in §17 II KultGüRückG n.F. trotzdem eines ergänzenden Rückgriffs auf §94 StPO bedarf und eine direkte Anwendung des §111 k StPO möglich bleibt. Zumindest kann aber eine entsprechende Anwendung der §§111 k StPO, 66 IRG angedacht werden, welche

687 Frank Kohls, „Kulturgüterschutz", S.87f.; Anette Hipp, „Schutz von Kulturgütern in Deutschland", S.187ff.

688 Anette Hipp, „Schutz von Kulturgütern in Deutschland", S.187ff.

689 Frank Kohls, „Kulturgüterschutz", S.86.

690 Stefan Schumann und Götz Schmidt-Bremme, „Zur Rückführung eingeschmuggelter Kunstwerke in ihre Herkunftsstaaten", in: NJW 2002, S.575.

691 Reinhard Dietrich, „Cultural Property on the Move – Legally, Illegally", in: IntJCultProp, 2002, S.298; Stefan Schumann und Götz Schmidt-Bremme, „Zur Rückführung eingeschmuggelter Kunstwerke in ihre Herkunftsstaaten", in: NJW 2002, S.575.

unmittelbar an die Beschlagnahme eine Rückgabe ohne einen Durchgangserwerb der Bundesrepublik Deutschland ermöglichen könnte. Als Alternative könnte aber auch zunächst ein staatlicher Eigentumserwerb der Bundesrepublik nach §17 II KultGü-RückG n.F. in Betracht gezogen werden, welcher dann nicht auf Dauer angelegt wäre, sondern als Durchgangsstadium zur Sicherung der Rückgabe vorgenommen würde. Letztlich scheint der Sicherungsgedanke gegenüber dem bei der Einziehung nach §16 III KultSchG im Vordergrund stehenden Strafcharakter[692] bei §17 II KultGüRückG n.F. stärkeres Gewicht zu bekommen.
Dass im Rahmen des §17 II KultGüRückG n.F. der Eigentumserwerb der Bundesrepublik Deutschland nur in den Fällen, in denen der Herkunftsstaat nicht ermittelt werden kann, als endgültige Lösung in Betracht zu ziehen ist, lässt sich auch aus dem unterschiedlichen Zweck der Einziehungsregelungen entnehmen: Während §16 III KultSchG dem nationalen Interesse an der Erhaltung national wertvollen Kulturgutes dient, kann dies für §17 II KultGüRückG n.F. nicht gleichermaßen gelten. Denn das nationale Interesse an ausländischem Kulturgut wird regelmäßig nicht vergleichbar groß sein, sondern vielmehr das internationale Interesse im Vordergrund stehen, das Kulturgut dem Herkunftsstaat zu erhalten. Dass eine klare Regelung, wie nach der Beschlagnahme oder Einziehung zu verfahren ist, fehlt, eröffnet einen von den Umständen des Einzelfalls und den vom Herkunftsstaat geltend gemachten Ansprüchen abhängigen Entscheidungsspielraum, schließt aber eine Rücksendung nicht aus, wobei aufgrund der zunehmend registrierten Angaben die Möglichkeit wachsen wird, den Rückgabeschuldner zu ermitteln.
Während eine Einziehung illegal exportierter Kulturgüter nach §16 III KultSchG nur in den seltenen Fällen in Betracht kommt, in denen sich illegal exportierte deutsche Kulturgüter wieder oder bei einem Versuch des illegalen Exports noch auf deutschem Hoheitsgebiet befinden, dürfte der auf die Einziehung illegal eingeführter und damit in deutschem Hoheitsgebiet befindlicher Kulturgüter ausgelegte §17 II KultGüRückG n.F. einen weiteren Anwendungsbereich haben.

48 Eigentumserwerb an Funden in Deutschland

Nach den Vorschriften einiger Landesdenkmalschutzgesetze fallen Schatzfunde an beweglichen Kulturdenkmälern in das Eigentum des Bundeslandes. Dabei werden drei Arten von Schatzregalien unterschieden: Das sog. kleine Schatzregal Niedersachsens und des Saarlandes sieht einen Eigentumserwerb des Landes nur bei Funden im Rahmen einer staatlichen Grabung oder in Grabungsschutzgebieten vor. Das weit verbreitete sog. große Schatzregal hingegen ermöglicht einen Eigentumserwerb des Landes selbst bei Funden auf eigenem Grund und Boden des Finders, sofern die Fundstücke als herrenlos anzusehen sind oder zumindest so lange verborgen waren, dass ein Eigentümer nicht mehr ermittelt werden kann. Während das sog. große Schatzregal aber zumindest den Eigentumserwerb des Landes auf Funde von bedeutendem Wert oder kulturhistorischer und wissenschaftlicher Bedeutung beschränkt, lässt das sog. umfassende Schatzregal, welches sich in Sachsen findet, alle Fundgegenstände in das Eigen-

692 Frank Kohls, „Kulturgüterschutz", S.86.

tum des Landes fallen.[693] Alle diese Arten von Schatzregalien sind als Ausnahmeregelungen zu §984 BGB nach Art. 73 i.V.m. Art. 1 II EGBGB zulässig und verletzen Art. 14 GG nicht, da sie lediglich eine Erwerbschance regeln.[694]
Wie auch in Zusammenhang mit der Frage der Anerkennungsfähigkeit ausländischer Kulturgüterschutzregelungen in Deutschland deutlich wird, ist nicht unumstritten, ob ein solcher staatlicher Eigentumserwerb an Funden ein dem zivilrechtlichen Eigentum vergleichbares Eigentumsrecht begründet.[695] In der deutschen Rechtsordnung ist aber anerkannt, dass selbst bei einem ausnahmsweise möglichen staatlichen Eigentumserwerb die Kulturgüter öffentlicher Gewalt grundsätzlich der Privatrechtsordnung unterliegen.[696] Damit ist auch ein gutgläubiger Eigentumserwerb vom Nichtberechtigten grundsätzlich möglich, wenn nicht die Annahme eines generellen staatlichen Besitzwillens zu Annahme eines Falls des Abhandenkommens und damit zu einem Eingreifen des §935 BGB führt. Aufgrund der Regelungen in den landesrechtlichen Denkmalschutzgesetzen werden die Funde jedoch der Denkmalpflege und der wissenschaftlichen Forschung gewidmet, sodass es sich um öffentliche Sachen handelt.[697] Ob beim gutgläubigen Erwerb auch der gute Glaube an diese aus der Widmung resultierende Eigenschaft als öffentliche Sache geschützt ist, ist jedoch problematisch.[698] Daneben wären im Ausland Ansprüche aus öffentlich-rechtlicher Zweckbindung wohl nicht anerkennungs- und durchsetzungsfähig.[699]

49 Reformvorschläge für die deutsche Rechtsordnung

Da Kulturgüter als öffentliche Sachen, selbst wenn sie in staatlichem Eigentum stehen, der privaten Eigentumsordnung unterliegen und auch ein gutgläubiger, widmungsfreier Eigentumserwerb nach der neueren Rechtsprechung wegen der fehlenden gesetzlichen Grundlage der Widmung für möglich gehalten wird, wird zur Verbesserung des Schutzes von Museums- und Archivgut eine erweiterte gesetzliche Regelung für nötig gehalten.[700] In diesem Zusammenhang wird darauf hingewiesen, dass es in anderen Staaten für öffentliches Eigentum im allgemeinen und für Kulturgüter im besonderen Sonderregeln gibt, welche einen Rechtsverlust ausschließen. Diese basieren darauf, dass das Interesse an der Erhaltung des öffentlichen Eigentums und der Nutzung durch die Allgemeinheit gegenüber dem Interesse an der Sicherheit des Rechtsverkehrs als

---

693 Arnd Koch, „Schatzsuche, Archäologie und Strafrecht – Strafrechtliche Aspekte so genannter „Raubgräberei"", in: NJW 2006, S.558.

694 Frank Fechner, „Rechtlicher Schutz archäologischen Kulturguts", S.60; Erik Jayme, „Rechtsbegriffe und Kunstgeschichte", in: Gerte Reichelt (Hg.), „Neues Recht zum Schutz von Kulturgut", S.22f.; Kurt Siehr, „Das UNESCO-Übereinkommen vom 14.11.1970", in: KUR 2005, S.41.

695 Anette Hipp, „Schutz von Kulturgütern in Deutschland", S.187.

696 Brigitte Schwadorf-Ruckdeschel, „Rechtsfragen des grenzüberschreitenden rechtsgeschäftlichen Erwerbs von Kulturgütern", S.61f.; Marc Weber, „Unveräußerliches Kulturgut im nationalen und internationalen Rechtsverkehr", S.47f.; Haimo Schack, „Kunst und Recht", S.207, Rn. 499.

697 Anette Hipp, „Schutz von Kulturgütern in Deutschland", S.186f.

698 Anette Hipp, „Schutz von Kulturgütern in Deutschland", S.187 sowie S.355ff.

699 Anette Hipp, „Schutz von Kulturgütern in Deutschland", S.187.

700 Frank Fechner, „Der Hamburger Stadtsiegelfall", in: JuS 1993, S.704; Marc Weber, „Unveräußerliches Kulturgut im nationalen und internationalen Rechtsverkehr", S.57.

gewichtiger eingestuft wird.[701] Umstritten ist jedoch, wo eine solche gesetzliche Regelung ansetzen soll.

49.1 Öffentlich-rechtliche Lösung

Die öffentlich-rechtliche Lösung schlägt vor, eine gesetzliche Grundlage zu schaffen, um öffentliches Kulturgut durch Widmung zur res extra commercium zu erklären oder zumindest aufgrund der Theorie vom modifizierten Privateigentum zu einem im Verwaltungsrechtsweg durchsetzbaren Herausgabeanspruch zu kommen.[702] Dabei wird die öffentlich-rechtliche Lösung für verfassungskonform erachtet, insbesondere soll sie mit Art. 12 GG vereinbar sein, da sie zwar wegen der geminderten Handelbarkeit des öffentlichen Kulturgutes den Kunst- und Antiquitätenhandel in seiner Berufsausübungsfreiheit betrifft, aber durch das überragende öffentliche Interesse am Kulturgutschutz gerechtfertigt ist.[703] Auch die RL 93/7/EWG entfaltet, da sie über das gemeinschaftliche Rückgabeverfahren hinaus nicht als abschließend anzusehen ist, keine Sperrwirkung für die öffentlich-rechtliche Lösung. Eine Klassifizierung von Kulturgütern als res extra commercium besteht auch in einigen Mitgliedstaaten. Insbesondere im romanischen Rechtskreis ist die Einordnung bestimmter Kulturgüter als domaine public, demanio pubblico bzw. dominio público üblich.[704]
Fraglich ist, ob auch das modifizierte Privateigentum als milderes Mittel zulässig wäre. Zwar stellen die Widmung zum öffentlichen Kulturgut und die aus der öffentlich-rechtlichen Zweckbindung resultierende Herausgabepflicht kein Ausfuhrverbot dar. Da sie jedoch dazu geeignet sind, die Ausfuhr des gewidmeten Kulturguts zu erschweren und nur deutsches Kulturgut als inländische Ware treffen, könnten sie als Maßnahmen gleicher Wirkung dem Verbot des Art. 29 EG unterfallen. Eine solche Regelung wäre jedoch aufgrund der sachlichen Erfordernisse des Kulturgutschutzes gemäß Art. 30 EG gerechtfertigt.[705]
Um die mit Abgrenzungsproblemen verbundene Rechtsunsicherheit zu verhindern, wird eine Inventarisierung der betroffenen Objekte und eine besondere Kennzeichnung als nicht verkehrsfähiges Verwaltungsvermögen vorgeschlagen sowie eine Veröffentlichung der Widmung. Teilweise wird darüber hinaus eine gesetzliche Formalisierung des Widmungsaktes gefordert.[706] Sollen private Kunstwerke gewidmet werden, die als Dauerleihgaben in öffentlichen Museen zu sehen sind, wird eine Zustimmung der Eigentümer für notwendig gehalten. Sollte der Kreis der widmungsberechtigten Personen auch auf private Museen, Kirchen oder andere Institutionen ausgedehnt werden, wird gefordert, dass die Kulturgüter für die Öffentlichkeit zugänglich gemacht werden. Dis-

---

701 Stefan Turner, „Das Restitutionsrecht des Staates nach illegaler Ausfuhr von Kulturgütern", S.116f.

702 Frank Fechner, „Der Hamburger Stadtsiegelfall", in: JuS 1993, S.704; Amalie Weidner, „Kulturgüter als res extra commercium im internationalen Sachenrecht", S.303; Anette Hipp, „Schutz von Kulturgütern in Deutschland", S.368ff.; Marc Weber, „Unveräußerliches Kulturgut im nationalen und internationalen Rechtsverkehr", S.58.

703 Anette Hipp, „Schutz von Kulturgütern in Deutschland", S.379.

704 Amalie Weidner, „Kulturgüter als res extra commercium im internationalen Sachenrecht", S.46ff.

705 Anette Hipp, „Schutz von Kulturgütern in Deutschland", S.379f.

706 Anette Hipp, „Schutz von Kulturgütern in Deutschland", S.387; Marc Weber, „Unveräußerliches Kulturgut im nationalen und internationalen Rechtsverkehr", S.58.

kutiert wird zudem, ob die öffentlich-rechtliche Bindung abhanden gekommenen Museumsguts rückwirkend eingeführt werden dürfte.[707]

49.2 Privatrechtliche Lösung

Die privatrechtliche Lösung schlägt vor, einzelne Vorschriften des BGB zugunsten des Schutzes von Kulturgütern zu modifizieren.[708] Der Herausgabeanspruch soll durch eine Ergänzung des §195 BGB allgemein oder zumindest für besonders gekennzeichnetes Material aus öffentlichen Museen, Sammlungen und Archiven nicht mehr verjähren.[709] Bei gekennzeichneten Kulturgütern soll der gutgläubige Eigentumserwerb vom Nichtberechtigten gem. §932 BGB grundsätzlich oder zumindest der gutgläubige Erwerb abhanden gekommener Kulturgüter auf einer öffentlichen Versteigerung gem. §935 II BGB ausgeschlossen werden. Auch die Vorschriften des gesetzlichen Eigentumserwerbs, insbesondere die Ersitzung nach §937 BGB sowie der Eigentumserwerb des Finders, sollen auf Kulturgut nicht anwendbar bleiben.[710]
Fraglich ist schon, inwieweit der Ausschluss des Gutglaubensschutzes und die Unverjährbarkeit des Herausgabeanspruchs überhaupt Art. 14 I 2 GG berühren oder ob sie als bloße Erwerbschancen einzuordnen sind. Jedenfalls sind sie durch das öffentliche Interesse an der Erhaltung des nationalen Kulturerbes in der Hand der öffentlichen Träger gerechtfertigt. Gleichfalls gerechtfertigt durch den Kulturgutschutz ist die Einschränkung der Berufsausübungsfreiheit des Kulturgüterhandels nach Art. 12 GG. Sie werden ebenfalls als von mit der RL 93/7/EWG vereinbar und gemäß Art. 30 EG gerechtfertigt angesehen.[711] Zwar wird die grundsätzliche Abschaffung der Möglichkeit des Gutglaubenserwerbs bei nicht gestohlenen oder abhanden gekommenen Kulturgütern als erhebliche Modifikation zu den Wertungen der jetzigen Rechtslage angesehen. Deren Notwendigkeit soll sich aber daraus ergeben, dass der illegale Handel nur eingedämmt werden kann, indem ihm jeglicher Schutz entzogen wird.[712]
Ausgleichsinstrumente wie ein Lösungsrecht oder Entschädigungsansprüche des gutgläubigen Erwerbers können das Interessenungleichgewicht mildern, bergen aber gleichzeitig die Gefahr, dass ihre Höhe den ursprünglichen Eigentümer von der Gel-

---

707 Marc Weber, „Unveräußerliches Kulturgut im nationalen und internationalen Rechtsverkehr", S.58f.

708 Anette Hipp, „Schutz von Kulturgütern in Deutschland", S.381ff.; Marc Weber, „Unveräußerliches Kulturgut im nationalen und internationalen Rechtsverkehr", S.59.

709 Christian Armbrüster, „Privatrechtliche Ansprüche auf Rückführung von Kulturgütern ins Ausland", in: NJW 2001, S.3582; Thomas Finkenauer, „Zum Begriff der Rechtsnachfolge in §221 BGB", in: JZ 2000, S.247; Anette Hipp, „Schutz von Kulturgütern in Deutschland", S.381f.; Marc Weber, „Unveräußerliches Kulturgut im nationalen und internationalen Rechtsverkehr", S.59; Astrid Müller-Katzenburg, „Besitz- und Eigentumssituation bei gestohlenen und sonst abhandengekommenen Kunstwerken", in: NJW 1999, S.2558; Bettina Thorn, „Internationaler Kulturgüterschutz nach der UNIDROIT-Konvention", S.227.

710 Anette Hipp, „Schutz von Kulturgütern in Deutschland", S.381f.; Marc Weber, „Unveräußerliches Kulturgut im nationalen und internationalen Rechtsverkehr", S.59.

711 Anette Hipp, „Schutz von Kulturgütern in Deutschland", S.382f.

712 Sabine Schmeinck, „Internationalprivatrechtliche Aspekte des Kulturgüterschutzes", S.146; Brigitte Schwadorf-Ruckdeschel, „Rechtsfragen des grenzüberschreitenden rechtsgeschäftlichen Erwerbs von Kulturgütern", S.181.

tendmachung seines Herausgabeanspruchs abschreckt und der Erwerber, der nun nicht mehr gegen den Veräußerer vorgehen muss, zu weniger Sorgfalt angehalten wird.[713] Bei privaten, in das Register eingetragenen und illegal ausgeführten Kulturgütern wird vorgeschlagen, diese in Ergänzung zum KultGüRückG automatisch als dem Staat verfallen zu erklären, um dem Staat einen Eigentumstitel an dem illegal ausgeführten Kulturgut zu verschaffen. Diesen könnte der Staat dann versuchen, im Ausland geltend zu machen.[714]

49.3 Keine Umsetzung im KultGüRückG n.F.

Wegen des Grundsatzes des lex rei sitae vor ausländischen Foren und des in der Praxis angewandten Grundsatzes der Nichtanerkennung ausländischen öffentlichen Rechts wird der Vorteil der privatrechtlichen Lösung von der Literatur in den größeren Chancen der erfolgreichen Durchsetzung des Herausgabeanspruchs gesehen.[715] Allerdings kann in den Fällen, in denen eine Sonderanknüpfung an die lex originis in Betracht kommt, eine Qualifikation eines Kulturgutes als res extra commercium eine komplizierte Klärung der geschützten Kulturgüter und der Voraussetzungen des gutgläubigen Erwerbs, der Ersitzung und der Verjährung erübrigen.[716] Zudem werden der öffentlich-rechtlichen Lösung wegen der verwaltungsrechtlichen Besonderheiten, insbesondere wegen des Verwaltungszwangsverfahrens, bei der Durchsetzung des Herausgabeanspruchs im Inland Vorteile bescheinigt und für eine möglichst effektive Durchsetzung des Kulturgüterschutzes eine parallele Verwirklichung beider Lösungswege nebeneinander befürwortet.[717]
Der Gesetzgeber hat diese Vorschläge im Rahmen des KultGüRückG n.F. allerdings nicht aufgegriffen. Er hat lediglich beschlossen im Zusammenhang mit dem Ausführungsgesetz zum UNESCO-Kulturgutübereinkommen §18 KultSchG um einen zweiten Absatz zu ergänzen, um durch die Eintragungsmöglichkeit von in öffentlichem Eigentum befindlichen Kulturgütern die Durchsetzbarkeit von Rückgabeansprüchen nach der RL 93/7/EWG zu ermöglichen. Jedoch ist weder die Einstufung als extra commercium noch eine gesetzliche Grundlage für die Widmung von Kulturgütern vorgesehen worden. Ebenfalls lässt das Gesetz die privatrechtlichen Vorschriften zum Eigentumserwerb unberührt.[718] Während der Verzicht auf die Umsetzung der öffentlich-rechtlichen Lösung noch auf kompetenzrechtliche Gesichtspunkte zurückzuführen sein könnte, da die Einordnung der öffentlich-rechtlichen Lösung unter den Begriff des Abwanderungsschutzes im Sinne des Art. 73 Abs. 1 Nr. 5 a GG als zu weitgehend abgelehnt und der Schutz landes- und gemeindeeigener Kulturgüter als Ausprägung der Kulturhoheit angesehen wird, lässt sich dies gegen eine Integration der privatrechtli-

---

713 Brigitte Schwadorf-Ruckdeschel, „Rechtsfragen des grenzüberschreitenden rechtsgeschäftlichen Erwerbs von Kulturgütern", S.182ff.

714 Marc Weber, „Unveräußerliches Kulturgut im nationalen und internationalen Rechtsverkehr", S.59.

715 Anette Hipp, „Schutz von Kulturgütern in Deutschland", S.383; Marc Weber, „Unveräußerliches Kulturgut im nationalen und internationalen Rechtsverkehr", S.62.

716 Amalie Weidner, „Kulturgüter als res extra commercium im internationalen Sachenrecht", S.312; Kurt Siehr, „Das UNESCO-Übereinkommen vom 14.11.1970", in: KUR 2005, S.41f.

717 Anette Hipp, „Schutz von Kulturgütern in Deutschland", S.383.

718 Stephanie Schulz-Hombach und Katrin Schenk, „Der Gesetzentwurf zur Ausführung des UNESCO-Kulturgutübereinkommens", in: KUR 2006, S.52.

chen Lösung in §18 KultSchG oder in die Vorschriften des BGB nicht vorbringen.[719] Trotz oder gerade wegen des bewussten Verzichts des Gesetzgebers auf eine Umsetzung der Vorschläge, wird die Diskussion auch nach dem Inkrafttreten des neuen §18 KultSchG n.F. weitergeführt werden.[720]

50 Auswirkungen ausländischer Sonderregelungen

Wirken Kulturgüterschutznormen als öffentlich-rechtliche Vorschriften auf private Rechtsverhältnisse ein, entsteht ein Spannungsverhältnis zwischen internationalem öffentlichem und privatem Recht. Zwar berührt auch die Frage der mittelbaren Berücksichtigung von ausländischen Kulturgüterschutznormen im Rahmen des §138 I BGB die Frage nach der Anwendbarkeit ausländischen öffentlichen Rechts im Rahmen privatrechtlicher Fragestellungen. Diese Frage nach der mittlerweile weithin akzeptierten grundsätzlichen Anwendbarkeit ist jedoch von der Bestimmung des Geltungsbereichs ausländischen öffentlichen Rechts zu trennen. Eine besondere Bedeutung erlangt das Territorialitätsprinzip hinsichtlich Eigentümerstellung und Verfügungsbefugnis in einigen Sonderkonstellationen, welche im Folgenden erörtert werden. Ausgangspunkt wird der im internationalen Enteignungsrecht entwickelte Grundsatz bilden, dass ein hoheitlicher Zugriff auf eine Sache dann, wenn sich diese Sache zum Zeitpunkt des Zugriffs im Hoheitsgebiet des enteignenden Staats befand und die Enteignung nach dem Recht des enteignenden Staats wirksam, tatsächlich vollzogen und bereits abgeschlossen ist, auch von ausländischen Staaten anzuerkennen ist. Eine Anerkennung eines hoheitlichen Zugriffs des Herkunftsstaats auf eine bereits zuvor ins Ausland gelangte Sache hingegen kann wegen der territorialen Souveränität ebenso wenig verlangt werden wie eine erzwingende Durchsetzung des ausländischen öffentlichen Rechts durch den Belegenheitsstaat selbst wegen der umgekehrt anzuwendenden Immunitätsgrundsätze. Auch wenn die Problematik der territorialen Beschränktheit und die Frage nach der Anerkennungsfähigkeit hoheitlicher Maßnahmen zuerst im internationalen Enteignungsrecht aufgeworfen wurde, ist sie anschließend auf alle in private Eigentumsrechte eingreifenden hoheitlichen Maßnahmen übertragen worden, bei denen ebenfalls zu klären ist, inwieweit sich ein Staat in den Grenzen seiner Macht bewegt. Selbst wenn dieser Grundsatz des internationalen öffentlichen Rechts, teilweise abweichend als Regel des Völkerrechts, teilweise als Vorfrage oder als Kollisionsregel des internationalen Privatrechts eingeordnet wird, ist der dahinter stehende Gedanke allgemein anerkannt, dass ein Respekt für hoheitliche Äußerungen eines anderen Staats aus dem Gedanken des Interessengleichlaufs oder der internationalen Solidarität der Staaten abgeleitet werden kann.[721] Allerdings gibt es Stimmen in

719 Julia El-Bitar, „Der Schutz von Kulturgut als *res extra commercium* in Frankreich", in: „Im Labyrinth des Rechts?", S.191ff.

720 Julia El-Bitar, „Der Schutz von Kulturgut als *res extra commercium* in Frankreich", in: „Im Labyrinth des Rechts?", S.196ff.

721 BGHZ 31, S.370f.; BGHZ 128, S.53; Gerte Reichelt und Franz Smola, „Zur Restitution spanischer Vogeleier", in: IPRax 1997, S.293; Brigitte Schwadorf-Ruckdeschel, „Rechtsfragen des grenzüberschreitenden rechtsgeschäftlichen Erwerbs von Kulturgütern", S.93ff.; Stefan Turner, „Das Restitutionsrecht des Staates nach illegaler Ausfuhr von Kulturgütern", S.69f.; Jörg Sprecher, „Beschränkungen der Segesserschen Ledermalereinen nach New Mexico", in: Peter Johannes Weber u.a. (Hg.) „Liber discipulorum et amicorum: Festschrift für Kurt Siehr zum 65. Ge-

der Literatur, die gerade wegen der zunehmenden Einbindung einzelner Staaten in die Staatengemeinschaft und einer Verflechtung nationaler, supranationaler und internationaler Interessen die heutige Bedeutung des Territorialitätsprinzips in Frage stellen.[722]

51 Dingliche Rechtspositionen bei ausländischen Verfügungsbeschränkungen und Ausfuhrverboten?

Während Ansprüche aus Eigentum in den meisten Fällen vergleichsweise unproblematisch sind, ist jedoch schwieriger zu beurteilen, ob ausländische Staaten auch dann, wenn sie nicht oder nicht mehr über das Eigentum an den illegal ausgeführten Objekten verfügen, aus den öffentlich-rechtlichen Beschränkungen des Privateigentums eine besondere Rechtstellung ableiten können, welche als Rechtsgrundlage für Ansprüche wie die Herausgabe von Objekten ihres kulturellen Erbes in Deutschland herangezogen werden können.[723]

51.1 Vorgeschlagene Konstruktionen

In der Literatur zum internationalen Kulturgüterrecht ist unter Verweis auf die Danusso-Entscheidung die Konstruktion eines sog. Obereigentums bzw. dominium eminens befürwortet worden, um ausländischen Staaten eine durchsetzbare Anspruchsgrundlage zu verschaffen.[724] Variationen dieser Konstruktion bilden die Theorie der Eigentumsabspaltung, die Theorie des geteilten Eigentums und die Theorie eines vom Eigentum verschiedenen dinglichen Hoheitsrechts an Kulturgütern.[725] Kritisiert werden muss in dieser Hinsicht die unklare dogmatische Begrifflichkeit. Des Weiteren führen solche staatlichen Rechtspositionen zum Problem der Qualifikation und damit zu der Frage, ob es sich nun um Eigentum bzw. ein beschränkt dingliches Recht handeln soll, auf welches die Grundsätze des internationalen Sachenrechts Anwendung finden.[726]
Dies wird von einigen Autoren vertreten: Zumindest Veräußerungsverbote und Verfügungsbeschränkungen werden als beschränkte dingliche Belastungen des Eigentums und damit als beschränkt dingliche Rechte angesehen; umstritten bleibt, ob auch bloße Ausfuhrregelungen zur Begründung einer staatlichen Rechtsposition ausreichen sollen. Mit der Begründung, dass Ausfuhrverbote als Beschränkung der Verkehrsfähigkeit gedeutet werden können, die dazu führen, dass Verfügungen über das Kulturgut im Ausland nur mit Genehmigung des Herkunftsstaats erlaubt und wirksam sind, ist ver-

---

burtstag: Band 2", S.214; Jan Kropholler, „Internationales Privatrecht", S.151ff.; Gerhard Kegel, in: Kegel/Schurig §23 II, S.1099f.

722 Hans-Jürgen Sonnenberger, „Eingriffsrecht – Das trojanische Pferd im IPR oder notwendige Ergänzung?", in: IPRax 2003, S.106.

723 Stefan Turner, „Das Restitutionsrecht des Staates nach illegaler Ausfuhr von Kulturgütern", S.71f.

724 Astrid Müller-Katzenburg, „Internationale Standards im Kulturgüterverkehr und ihre Bedeutung für das Sach- und Kollisionsrecht", S.256ff.

725 Astrid Müller-Katzenburg, „Internationale Standards im Kulturgüterverkehr und ihre Bedeutung für das Sach- und Kollisionsrecht", S.256ff.; Stefan Turner, „Das Restitutionsrecht des Staates nach illegaler Ausfuhr von Kulturgütern", S.71ff. sowie S.96f.

726 Amalie Weidner, „Kulturgüter als res extra commercium im internationalen Sachenrecht", S.43ff.; Stefan Turner, „Das Restitutionsrecht des Staates nach illegaler Ausfuhr von Kulturgütern", S.71ff. sowie S.96f.; Gerte Reichelt und Franz Smola, „Zur Restitution spanischer Vogeleier", in: IPRax 1997, S.290ff.

treten worden, auch sie als dinglich wirkende Verfügungsbeschränkungen einzuordnen.[727] Dagegen ist jedoch eingewandt worden, dass eine dingliche Wirkung in bloßen Ausfuhrverboten nicht enthalten ist und allein wegen des Verstosses gegen ein Ausfuhrverbot allenfalls dem ursprünglichen Eigentümer, nicht aber dem Herkunftsstaat ein Herausgabeanspruch zugebilligt werden könne.[728]
Werden die ausländischen staatlichen Rechtspositionen als dingliche Rechte in der ausländischen Rechtsordnung angesehen, so könnten sie dann, wenn aufgrund der lex rei sitae nach ihrer Verbringung nach Deutschland ein Statutenwechsel eintritt und deutsches Sachrecht anwendbar ist, nach der Transpositionslehre in den Formen fortbestehen, die der deutschen Sachenrechtsordnung am besten entsprechen, wobei auch an privatrechtliche Herausgabe- und Aneignungsrechte gedacht werden soll.[729] Im Einzelfall kann dies jedoch bei Regelungen problematisch sein, die im deutschen Recht unbekannt sind, wie der Qualifikation von Kulturgütern als res extra commercium.[730] Selbst wenn eine Transposition für möglich gehalten wird, stellt sich in der Folge die Frage, inwieweit die Verkehrschutzregelungen als vorrangig anzusehen sind und zumindest ein gutgläubiger lastenfreier Erwerb in dem Einfuhrstaat zu einem Untergang der staatlichen Rechtspositionen des Herkunftsstaats führen kann.[731]

51.2 Probleme solcher Konstruktionen

Diese in der Literatur vorgeschlagenen Ansätze werden jedoch zutreffenderweise mit dem Argument abgelehnt, dass es nicht ausreicht, sich auf eine unmittelbar dingliche Wirkung eines Verfügungsverbots zu berufen, um aus einem Verfügungsverbot eine dingliche Rechtsposition des Staats abzuleiten. Als Inhalts- und Schrankenbestimmung des Eigentums stellen Verfügungsverbote hoheitliche Regelungen dar, welche nach dem infolge des Statutenwechsels den Eigentumsinhalt bestimmenden deutschen Recht nicht fortbestehen.[732] Selbst wenn dem Gemeingebrauch gewidmete öffentlich rechtliche Sachen im Herkunftsstaat als sog. res extra commercium außerhalb des Rechtsverkehrs gestellt werden und die Begründung von Privateigentum grundsätzlich ausgeschlossen ist, kann nach der im Einfuhrstaat anwendbaren Rechtsordnung ein Eigentumserwerb an der Sache möglich sein, insbesondere dann, wenn wie in der deutschen Rechtsordnung öffentliche und in öffentlichem Eigentum stehende Sachen

---

727 Hans Stoll, „Sachenrechtliche Fragen des Kulturgüterschutzes in Fällen mit Auslandsberührung", in: Rudolf Dolzer u.a. (Hg.), „Rechtsfragen des internationalen Kulturgüterschutzes", S.63ff.

728 Astrid Müller-Katzenburg, „Internationale Standards im Kulturgüterverkehr und ihre Bedeutung für das Sach- und Kollisionsrecht", S.272.

729 Hans Stoll, „Sachenrechtliche Fragen des Kulturgüterschutzes in Fällen mit Auslandsberührung", in: Rudolf Dolzer u.a. (Hg.), „Rechtsfragen des internationalen Kulturgüterschutzes", S.65.

730 Haimo Schack, „Kunst und Recht", S.206f., Rn. 499; Guido Carducci, „The Growing Complexity of International Art Law", in: Barbara T. Hoffman (Hg.), „Art and Cultural Heritage", S.70.

731 Hans Stoll, „Sachenrechtliche Fragen des Kulturgüterschutzes in Fällen mit Auslandsberührung", in: Rudolf Dolzer u.a. (Hg.), „Rechtsfragen des internationalen Kulturgüterschutzes", S.65.

732 Stefan Turner, „Das Restitutionsrecht des Staates nach illegaler Ausfuhr von Kulturgütern", S.98f.; Volker Wiese, „Der Einfluß des EG-Rechts auf das internationale Sachenrecht der Kulturgüter", S.170ff.

gleichermaßen der Privatrechtsordnung unterfallen.[733] In gleicher Weise verlieren auch dingliche Veräußerungsverbote mit der Verbringung aus dem Herkunftsstaat ihre Wirkung.[734]
Daneben ist die Umdeutung in private Herausgabe- oder Aneignungsrechte auch deshalb ausgeschlossen, weil das Recht auf Herausgabe im zivilrechtlichen Sinn von dem Recht zu hoheitlichen Eingriffen in das Privateigentum unterschieden werden muss. Auch die Möglichkeit der Transposition, die bei privatrechtlichen Rechten besteht, entfällt bei öffentlich-rechtlichen Ansprüchen, da deren Anerkennung und Geltungsbereich anderen Regeln unterliegt.[735]
Problematischer ist in diesem Zusammenhang das pauschale Argument, die Durchsetzung von ausländischen Kulturgüterschutznormen sei abzulehnen, weil es dabei um die Geltendmachung von Hoheitsrechten durch einen ausländischen Staat geht, welcher die ausschließliche Regelungskompetenz im Hinblick auf die Eigentumslage der Objekte beansprucht, ohne dass eine völkerrechtliche Grundlage die innerstaatliche Rechtsposition des Staats an besonders geschützten Objekten international im Privateigentum verlängert.[736] Zwar ist die erzwingende Durchsetzung öffentlich-rechtlicher Ansprüche vor den Gerichten eines anderen Staats grundsätzlich abzulehnen und eine verfahrensrechtliche Unzuständigkeit der Gerichte ratione materiae anzunehmen. Dies wird überwiegend mit der Verletzung der Souveränität des Forumstaats und einer umgekehrten Anwendung der Immunitätsgrundsätze begründet: Ist die Ausübung von Gerichtsbarkeit unzulässig, wenn hoheitliches Handeln des fremden Staats Gegenstand des Verfahrens ist, gilt umgekehrt, dass der klagende Staat keine Ansprüche hoheitlicher Natur vor ausländischen Gerichten verfolgen darf.[737] Dagegen kann jedoch eingewendet werden, dass in der Geltendmachung eines Herausgabeanspruchs selbst noch keine völkerrechtswidrige Behauptung von Souveränitätsrechten zu sehen ist, da der Forumstaat dem anderen Staat ein entsprechendes Recht im Rahmen eines völkerrechtlichen Vertrages oder auf andere Weise einräumen kann.[738] So sind beispielsweise nach der Richtlinie 93/7/EWG die Mitgliedstaaten rückgabepflichtig, wenn Kulturgüter illegal aus dem Hoheitsgebiet eines anderen Mitgliedstaats verbracht werden, und damit untereinander zur Durchsetzung öffentlichen Rechts anderer Mitgliedstaaten gezwungen.[739]
Allerdings sieht die RL 93/7/EWG nicht die Konstruktion eines Obereigentums oder die Transformation von Kulturgüterschutzregelungen des Herkunftsstaats in dingliche Rechte des Einfuhrstaats vor, auch nicht als Begründung für die unabhängig von priva-

---

733 Anette Hipp, „Schutz von Kulturgütern in Deutschland", S.184f.; Brigitte Schwadorf-Ruckdeschel, „Rechtsfragen des grenzüberschreitenden rechtsgeschäftlichen Erwerbs von Kulturgütern", S.104; Haimo Schack, „Kunst und Recht", S.206ff., Rn. 499ff.

734 Brigitte Schwadorf-Ruckdeschel, „Rechtsfragen des grenzüberschreitenden rechtsgeschäftlichen Erwerbs von Kulturgütern", S.104; Haimo Schack, „Kunst und Recht", S.223, Rn. 529.

735 Stefan Turner, „Das Restitutionsrecht des Staates nach illegaler Ausfuhr von Kulturgütern", S.98f.

736 KG NJW 2007, S.705ff.; Stefan Turner, „Das Restitutionsrecht des Staates nach illegaler Ausfuhr von Kulturgütern", S.71f.

737 Brigitte Schwadorf-Ruckdeschel, „Rechtsfragen des grenzüberschreitenden rechtsgeschäftlichen Erwerbs von Kulturgütern", S.97; Kay Hailbronner, „Frachtgut gesunkener Schiffe und Kulturgüterschutz vor deutschen Gerichten", in: JZ 2002, S 958.

738 Stefan Turner, „Das Restitutionsrecht des Staates nach illegaler Ausfuhr von Kulturgütern", S.69f.

739 Marc Weber, „Unveräußerliches Kulturgut im nationalen und internationalen Rechtsverkehr", S.385.

ten Rechten an Kulturgütern gewährten Rückgabeansprüche. Vielmehr wählt die RL 93/7/EWG in Art. 12 zur Durchsetzung ausländischer Kulturgüterschutzregelungen eine Lösung, welche nach der Rückgabe in den Hoheitsbereich des Herkunftsstaats die Heranziehung des Rechts des Herkunftsstaats vorsieht. Damit erreicht sie zwar auch, dass dann, wenn das materielle Sachrecht eines Mitgliedstaats bestimmt, dass geschützte Kulturgüter unveräußerlich sind, eine Veränderung der Eigentumsverhältnisse in Deutschland ausgeschlossen ist und deutsche Verkehrsschutznormen unter Umständen zu Gunsten des Rechts des Herkunftsstaats zurücktreten müssen. Sie kann aufgrund des gewählten Weges aber gerade nicht als Bestätigung der Theorien von dinglichen Wirkungen im Einfuhrstaat aufgefasst werden, da Mitgliedstaaten, die wie Frankreich, Italien, Spanien oder auch Griechenland die Eigenschaft von Kulturgütern als res extra commercium kennen, bei unrechtmäßig ausgeführten Kulturgütern zunächst die Rückgabe in ihren Staat fordern müssen, um mittelbar auf die Eigentumslage Einfluss zu nehmen.[740] Die Bezeichnung als res extra commercium europeum bzw. als res extra commercium intra communitatem[741] sollte nicht darüber hinwegtäuschen, dass die RL 93/7/EWG die nationalen Vorschriften über res extra commercium oder den gutgläubigen Erwerb beweglicher Sachen nicht vollständig vereinheitlicht, sondern nur unter der Voraussetzung einer Rückkehr die Einschränkung der Anerkennung im Ausland wohlerworbener Rechte vornimmt.[742]

52 In Deutschland anerkannter staatlicher Eigentumserwerb bei ausländischen Einziehungs- oder Verfallsregelungen?

In bestimmten Fällen stellt sich aber auch die Frage, inwieweit aufgrund ausländischer Einziehungs- oder Verfallsregelungen bei der illegalen Ausfuhr von geschützten Kulturgütern ein staatlicher Eigentumserwerb stattgefunden hat, welcher in Deutschland anerkannt werden kann. Diese Frage ist deshalb von besonderer Bedeutung, da Ausfuhrverbote nach der Ausfuhr nicht mehr direkt, sondern nur durch die Einführung einer Rückgabepflicht durchgesetzt werden können und ein solcher aus dem Eigentum an den unrechtmäßig ausgeführten Objekten abgeleiteter Herausgabeanspruch gegenüber bloßen Rückgabeansprüchen als besonders effektiv angesehen wird.[743]

52.1 Normen, welche einen Hoheitsakt voraussetzen

Eine dem §16 III KultSchG vergleichbare Regelung enthalten die Kulturgüterschutzgesetze vieler Staaten. Jedoch bleiben nach überwiegender Auffassung in jedem Fall solche gesetzlichen Regelungen des Ausfuhrstaats ohne Auswirkungen in Deutschland, welche ein Vorkaufsrecht oder die Möglichkeit einer Beschlagnahme bzw. Einziehung eines Kunstgegenstandes im Falle der illegalen Ausfuhr vorsehen oder einen

740 Anette Hipp, „Schutz von Kulturgütern in Deutschland", S.184f.; Marc Weber, „Unveräußerliches Kulturgut im nationalen und internationalen Rechtsverkehr", S.391.

741 Kurt Siehr, „Die EG-Richtlinie von 1993 über die Rückgabe von Kulturgütern und der Kunsthandel", in: Gerte Reichelt (Hg.), „Neues Recht zum Schutz von Kulturgut", S.34.

742 Marc Weber, „Unveräußerliches Kulturgut im nationalen und internationalen Rechtsverkehr", S.396.

743 Stefan Turner, „Das Restitutionsrecht des Staates nach illegaler Ausfuhr von Kulturgütern", S.103.

ähnlichen in dem Ausfuhrstaat selbst nicht vollzogenen Eingriffsakt voraussetzen, und damit als klarer Fall einer außerterritorialen Enteignung abzulehnen sind. Denn eine Beschlagnahme des Ausfuhrstaats ist wirkungslos, wenn sich die Sache nicht mehr auf dem Territorium des Exportstaats befindet. Somit sind die Voraussetzungen eines staatlichen Eigentumserwerbs bereits nach dem Recht des Ausfuhrstaats nicht erfüllt. Als hoheitliche Maßnahme kann die Beschlagnahme auch nicht von den deutschen Behörden vorgenommen werden, da die Durchführung einer Enteignung für einen ausländischen Staat ausgeschlossen ist.[744] Zwar ist auch in Bezug auf solche gesetzlichen Regelungen, welche noch eine Beschlagnahme erfordern, vertreten worden, dass die Klage eines Staats auf Vornahme eines solchen Aktes Sympathie verdiene, da eine kulturgüterschützende Beschlagnahme oder Einziehung nicht einer Konfiskation oder anderen privatrechtsfremden Eingriffen gleichzustellen wäre und zumindest eine wohlwollende Transformation in dingliche Inbesitznahme und Aneignungsrechte in Betracht zu ziehen sei.[745] Dabei kann jedoch auch eine Transformation in privatrechtliche Institute nicht darüber hinwegtäuschen, dass es um eine erzwingende Durchsetzung ausländischer öffentlich-rechtlicher Ansprüche geht und damit um eine völkerrechtswidrige Behauptung von Souveränitätsrechten.[746]

52.2 Normen, welche einen automatischen gesetzlichen Eigentumserwerb bewirken

Einen schwierigeren Grenzfall bilden Regelungen, welche einen automatischen gesetzlichen Eigentumserwerb des Staats im Moment des illegalen Grenzübertritts vorsehen. Hierbei ist zwar die Voraussetzung der Regelung mangels des Erfordernisses eines staatlichen Eingriffsakts leicht zu erfüllen. Dennoch wird die Frage aufgeworfen, ob nicht auch automatische Verfallsregelungen faktisch als Enteignung anzusehen sind und nur dann von anderen Staaten anerkannt werden können, wenn sich der Staat in den Grenzen seiner Macht gehalten hat. Sie wären demnach zulässig, wenn der Staat, noch während sich die Sache in seinem Hoheitsbereich befand, die Enteignung als Hoheitsakt vollzogen hat und bei einer anschließenden Verbringung der Sache ins Ausland nun lediglich einen privatrechtlichen Anspruch aus Eigentum geltend machen will.[747] Sollen Verfallsregelungen jedoch erst nach dem Grenzübertritt Wirkung entfalten, könnte es sich in erster Linie um einen Fall der außerterritorialen Durchsetzung öffentlich-rechtlicher Ansprüche vor einem ausländischen Gericht handeln.[748]

744 Haimo Schack, „Kunst und Recht“, S.223f., Rn. 530; Stefan Turner, „Das Restitutionsrecht des Staates nach illegaler Ausfuhr von Kulturgütern“, S.103f.; Brigitte Schwadorf-Ruckdeschel, „Rechtsfragen des grenzüberschreitenden rechtsgeschäftlichen Erwerbs von Kulturgütern“, S.97f.; Anette Hipp, „Schutz von Kulturgütern in Deutschland“, S.188f.

745 Hans Stoll, „Sachenrechtliche Fragen des Kulturgüterschutzes in Fällen mit Auslandsberührung“, in: Rudolf Dolzer u.a. (Hg.), „Rechtsfragen des internationalen Kulturgüterschutzes“, S.64f.

746 Stefan Turner, „Das Restitutionsrecht des Staates nach illegaler Ausfuhr von Kulturgütern“, S.69f.; Anette Hipp, „Schutz von Kulturgütern in Deutschland“, S.188f.

747 Brigitte Schwadorf-Ruckdeschel, „Rechtsfragen des grenzüberschreitenden rechtsgeschäftlichen Erwerbs von Kulturgütern“, S.98; Haimo Schack, „Kunst und Recht“, S.223f., Rn. 530; Anette Hipp, „Schutz von Kulturgütern in Deutschland“, S.188f.

748 Anette Hipp, „Schutz von Kulturgütern in Deutschland“, S.188f.; Stefan Turner, „Das Restitutionsrecht des Staates nach illegaler Ausfuhr von Kulturgütern“, S.104 sowie S.132.

Insbesondere bei automatischen Verfallsregelungen als Strafmaßnahmen gegenüber Eigentümern, welche bei einem Wohnungswechsel oder in der Absicht späterer Veräußerung Kunstwerke über die Grenze bringen, wird von einer Ansicht der enteignende Charakter bejaht. Da diese Verfallsregelungen regelmäßig eine illegale Ausfuhr voraussetzen, liege es zudem nahe, davon auszugehen, dass solche Regelungen in der Regel erst nach Grenzübertritt Wirkungen entfalten können und sollen.[749] Eine andere Ansicht verweist hingegen darauf, dass nicht zwingend eine extraterritoriale Wirkung im Vordergrund stehen muss. So gibt es sogar Regelungen wie §36 II 2 des österreichischen Denkmalschutzgesetzes, welche den Verfall überhaupt erst mit Rückführung des Kulturgutes in das inländische Hoheitsgebiet eintreten lassen.[750]
Besonders problematisch sind ausländische Regelungen, die bei gestohlenem und anschließend illegal exportiertem Privateigentum zunächst einen Eigentumserwerb des ausländischen Staats durch Verfall vorsehen, nach erfolgreicher Rechtsverfolgung durch diesen Staat im Herkunftsstaat jedoch eine Rückerstattung des Eigentums an den Bestohlenen. Hierbei liegt es nahe, dass der staatliche Eigentumserwerb lediglich der Rückgabe in das Territorium dient und damit ausschließlich auf außerterritoriale Wirkung ausgelegt ist.[751]

52.3 Zusätzliche Voraussetzungen?

Zunehmend wird maßgeblich auf die Formulierung abgestellt. Die Problematik, ob es sich um eine anerkennungsfähige, bereits im Ausland vollzogene Enteignung handele oder eine außerterritoriale Durchsetzung bezweckt ist, kann folglich dadurch umgangen werden, dass aufgrund der Wortwahl der Regelung eine Enteignung bereits im Augenblick der letzten Zugriffsmöglichkeit, der sog. juristischen Sekunde vor dem Grenzübertritt, erfolgt. Als Beispiel kann auf die Definition des Exportzeitpunktes nach §9 (4) des australischen Protection of Movable Cultural Heritage Act 1986 verwiesen werden, nach dem ein Kulturgut bereits von dem Zeitpunkt an als exportiert gilt, zu dem es zur Beförderung ins Ausland auf ein Schiff oder Flugzeug geladen oder bei der Post abgegeben wurde und der Abtransport begonnen hat. Dies soll ausreichen, damit die Enteignung nach dem Recht des Herkunftsstaats vollzogen ist, sodass Staaten durch entsprechende Formulierungen in ihren Exportgesetzen die Rückgabe von unrechtmäßig ausgeführten Objekten durchsetzen können.[752] Fehlt eine entsprechende Definition des Exportbegriffs, ist eine teleologische Auslegung vorgeschlagen worden,

---

749 Brigitte Schwadorf-Ruckdeschel, „Rechtsfragen des grenzüberschreitenden rechtsgeschäftlichen Erwerbs von Kulturgütern", S.98; Haimo Schack, „Kunst und Recht", S.223f., Rn. 530; Anette Hipp, „Schutz von Kulturgütern in Deutschland", S.188f.

750 Susanne Spaun, „Der Herausgabeanspruch bei Diebstahl oder illegalem Export von Kulturgütern", S.141.

751 Stefan Turner, „Das Restitutionsrecht des Staates nach illegaler Ausfuhr von Kulturgütern", S.104 sowie S.132; Anette Hipp, „Schutz von Kulturgütern in Deutschland", S.188f.

752 Hans Stoll, „Sachenrechtliche Fragen des Kulturgüterschutzes in Fällen mit Auslandsberührung", in: Rudolf Dolzer u.a. (Hg.), „Rechtsfragen des internationalen Kulturgüterschutzes", S.64f.; Christian Armbrüster, „Privatrechtliche Ansprüche auf Rückführung von Kulturgütern ins Ausland", in: NJW 2001, S.3583; Astrid Müller-Katzenburg, „Internationale Standards im Kulturgüterverkehr und ihre Bedeutung für das Sach- und Kollisionsrecht", S.265; Andrea Jaeger, „Internationaler Kulturgüterschutz", S.83; Susanne Spaun, „Der Herausgabeanspruch bei Diebstahl oder illegalem Export von Kulturgütern", S.140.

welche zu einem möglichst frühen Verfall und damit einer Wirksamkeit des Eigentumserwerbs führen soll.[753]
Nach anderer Ansicht können auf automatischen Verfallsregelungen basierende Enteignungen wegen ihrer Ausrichtung auf eine rein extraterritoriale Wirkung nur unter der Voraussetzung anerkannt werden, dass eine tatsächliche Besitzergreifung durch den enteignenden Staat stattgefunden hat, auch wenn diese nach dem Recht des Herkunftsstaats für die Enteignung nicht erforderlich ist. Dies wird damit begründet, dass nur so ausgeschlossen werden kann, dass es sich nicht tatsächlich um die Durchsetzung eines fremden Hoheitsaktes handelt. Da bei der unrechtmäßigen Ausfuhr von Kulturgütern der Ausfuhrstaat aber regelmäßig gerade keinen Besitz an den Objekten erlangt hat, ist regelmäßig nach dieser Ansicht auch der Titelerwerb des Ausfuhrstaats im Einfuhrstaat nicht anerkennungsfähig.[754]
Eine weitere Meinung fordert zwar keine Besitzergreifung oder einen anderen Vollzugsakt, will jedoch mit Hilfe des ordre public Gedankens prüfen, ob eine gesetzliche Verfallsregelung des Ausfuhrstaats grundsätzlich auch im Ausfuhrstaat selbst durchgesetzt wird. Dies wird damit begründet, dass ein Rechtssatz, der selbst im Ausfuhrstaat nicht befolgt wird, sondern nur auf dem Papier steht, nicht Recht geworden ist. Damit wird zur zentralen Frage, ob die Gesetzgebung durch den eigenen Staat so ernst genommen wird, dass es gerechtfertigt erscheint, sie auch durch andere Staaten anwenden zu lassen.[755]
Gegen die Aufstellung zusätzlicher Voraussetzungen oder eine unter Herausziehung der ordre public-Klausel durchgeführte Ergebniskontrolle im Einfuhrstaat spricht, dass eine Anerkennung des Eigentumserwerbs aufgrund von Verfallsregelungen, deren Voraussetzungen nach dem Recht des Herkunftsstaats bereits im Herkunftsstaat erfüllt wurden, aufgrund der internationalen Solidarität im Bereich des Kulturgüterschutzes geboten sein könnte.[756] Die Relevanz des Meinungsstreits ist jedoch insofern gering, als in den seltensten Fällen die Herausgabe eines bloß unrechtmäßig verbrachten Kulturgutes gefordert wird. Nach allen Ansichten bleibt jedoch ein gutgläubiger Eigentumserwerb im Einfuhrstaat möglich, zumal im deutschen Recht eine Gleichstellung von illegal ausgeführten Kulturgütern mit gestohlenen Kulturgütern im Rahmen des §935 BGB zweifelhaft ist.[757]

53 In Deutschland anerkannter staatlicher Eigentumserwerb bei Funden?

Einen weiteren Fall, in dem die Anerkennungsfähigkeit des Eigentumserwerbs ausländischer Staaten in Deutschland problematisch ist, bilden die in vielen Staaten im öffentlichen Interesse bestehenden Sonderregelungen bei Funden von Kulturgütern. Da-

753 Astrid Müller-Katzenburg, „Internationale Standards im Kulturgüterverkehr und ihre Bedeutung für das Sach- und Kollisionsrecht", S.265.

754 Brigitte Schwadorf-Ruckdeschel, „Rechtsfragen des grenzüberschreitenden rechtsgeschäftlichen Erwerbs von Kulturgütern", S.98; Stefan Turner, „Das Restitutionsrecht des Staates nach illegaler Ausfuhr von Kulturgütern", S.104f.

755 Stefan Turner, „Das Restitutionsrecht des Staates nach illegaler Ausfuhr von Kulturgütern", S.104f. sowie S.111.

756 Hans Stoll, „Sachenrechtliche Fragen des Kulturgüterschutzes in Fällen mit Auslandsberührung", in: Rudolf Dolzer u.a. (Hg.), „Rechtsfragen des internationalen Kulturgüterschutzes", S.64f.

757 Haimo Schack, „Kunst und Recht", S.223, Rn. 529.

bei sind zunächst die Regelungen, die einen Eigentumserwerb des Staats vorsehen, von solchen abzugrenzen, welche die Objekte lediglich zum nationalen Erbe erklären. Wie bei den Verfallsregelungen ist auch bei dem Eigentumserwerb an Funden im Hinblick auf die Anerkennungsfähigkeit in Deutschland danach zu unterscheiden, ob der Ausfuhrstaat zumindest nach seinem eigenen Recht bereits das Eigentum an den Objekten erworben hat.[758]

53.1 Normen, welche einen Hoheitsakt voraussetzen

Wenn der Staat lediglich ein durch eine Anzeigepflicht gesichertes Recht auf Überlassung des Objektes gegen Vergütung oder ein Vorkaufsrecht beansprucht, ist bei einer unrechtmäßigen Ausfuhr nach dem Recht des Ausfuhrstaats noch kein Eigentumserwerb eingetreten.[759] Zwar wird gleichsam parallel zu den bereits erörterten Verfügungsbeschränkungen auch im Hinblick auf solche Aneignungsrechte des Staats an Funden vertreten, diese seien gemischte Rechtsinstitute mit Doppelnatur, welche in der staatlichen Hoheitsgewalt begründet zugleich privatrechtsgestaltende dingliche Elemente enthalten, und folglich als dingliche Lasten weiterwirken könnten.[760] Auch eine solche Transformation von Aneignungsrechten in private dingliche Rechte verkennt aber die Grenzen hoheitlicher Zugriffsmöglichkeiten auf Kulturgüter und ist daher abzulehnen.

53.2 Normen, welche einen automatischen gesetzlichen Eigentumserwerb bewirken

Hingegen gibt es auch im Hinblick auf Funde Regelungen, nach denen automatisch ein originärer Eigentumserwerb des Staats eintritt.[761] Dabei erweist es sich beim sog. Titulareigentum als besonderes Problem, dass zum einen das Eigentum begründet wird, ohne dass der ausländische Staat das gefundene oder ausgegrabene Kulturgut in Besitz genommen haben muss oder eine Registrierung vorausgesetzt wird, und dass zum anderen teilweise in den sog. umbrella statutes sogar noch unentdeckte Funde dem Staat zugewiesen und für unveräußerlich erklärt werden, obwohl nach der Konzeption des BGB sich das Eigentum stets auf eine konkrete Sache bezieht. Dies hat dazu geführt, dass die Frage aufgeworfen wird, ob es sich bei dem Titulareigentum tatsächlich um ein dem zivilrechtlichen Eigentum vergleichbares Recht handele.[762] Gegen den Ein-

758 Reinhard Dietrich, „Cultural Property on the Move – Legally, Illegally“, in: IntJCultProp, 2002, S.298; Stefan Turner, „Das Restitutionsrecht des Staates nach illegaler Ausfuhr von Kulturgütern“, S.106ff.

759 Brigitte Schwadorf-Ruckdeschel, „Rechtsfragen des grenzüberschreitenden rechtsgeschäftlichen Erwerbs von Kulturgütern“, S.88; Stefan Turner, „Das Restitutionsrecht des Staates nach illegaler Ausfuhr von Kulturgütern“, S.108.

760 Stefan Turner, „Das Restitutionsrecht des Staates nach illegaler Ausfuhr von Kulturgütern“, Berlin und New York, 2002, S.97f.

761 Kay Hailbronner, „Frachtgut gesunkener Schiffe und Kulturgüterschutz vor deutschen Gerichten“, in: JZ 2002, S.957, S.958.

762 Astrid Müller-Katzenburg, „Internationale Standards im Kulturgüterverkehr und ihre Bedeutung für das Sach- und Kollisionsrecht“, S.68f.; Anette Hipp, „Schutz von Kulturgütern in Deutschland“, S.187; Christian Armbrüster, „Privatrechtliche Ansprüche auf Rückführung von Kulturgütern ins Ausland“, in: NJW 2001, S.3582.

wand, dass an noch unentdeckten Objekten mangels Besitzergreifung ein Eigentumserwerb ausscheide, wird jedoch entweder vorgebracht, dass der Eigentumserwerb nicht zwangsläufig mit dem Besitzerwerb zusammen fallen müsse,[763] oder, dass nicht nur bei noch nicht ausgegrabenen, sondern selbst bei noch unentdeckten Funden von einem generellen staatlichen Besitzwillen ausgegangen werden könne und daher auch vor der Entdeckung ein Besitzwille denkbar sei.[764] Gegen den Hinweis, an nicht entdeckten Objekten scheide mangels Konkretisierung ein Eigentumserwerb aus, wird eingewendet, dass solche noch unentdeckten Objekte weder rechtliche noch tatsächliche Probleme verursachen und bei einer unrechtmäßigen Ausfuhr das Fundobjekt bereits entdeckt worden ist. Dogmatisch ist zur Lösung dieses Problems vorgeschlagen worden, den automatischen Eigentumserwerb als aufschiebend bedingtes Eigentumsrecht des Staats einzuordnen und für den Eigentumserwerb auf den Zeitpunkt der Entdeckung abzustellen.[765]

53.3 Zusätzliche Voraussetzungen?

Liegen die Voraussetzungen für einen Eigentumserwerb nach dem Recht des Ausfuhrstaats vor, so bleibt zu klären, ob die Anerkennungsfähigkeit dieses kraft Souveränität erworbenen Eigentums des Staats in Deutschland zusätzlich einen Vollzugsakt des Ausfuhrstaats voraussetzt.

In der Rechtsprechung ist dies nicht angenommen worden: So hat es das OLG Schleswig in einem Beschluss für ausreichend erachtet, dass griechische Münzen im Eigentum des griechischen Staats stehen und daraus gefolgert, dass eine solche sachenrechtliche Prägung in Deutschland anerkannt wird, ohne das Erfordernis besonderer Vollzugsvoraussetzungen zu problematisieren.[766] Teilweise ist daraus gefolgert worden, dass daher beim staatlichen Eigentumserwerb von Funden die Grundsätze des internationalen Enteignungsrechts keine Anwendung finden.[767]

In der Literatur wird aber in Frage gestellt, ob eine solche Erklärung zu staatlichem Eigentum auch dann beachtlich ist, wenn der Staat Besitz und Nutzung der Objekte Privaten überlässt und sich auf die Ausübung von Kontrollrechten beschränkt. Nach einer Ansicht muss der Staat die Kulturgüter in Besitz nehmen. Nach einer anderen Ansicht muss er zumindest Kenntnis von dem Fund erlangt haben und durch Dokumentierung, Registrierung und Überwachung eine gewisse Kontrolle ausüben, wenn der Besitz der Privaten belassen wird. Da viele der unrechtmäßig verbrachten Objekte aber ohne Kenntnis des Staats gefunden und ausgeführt werden und selbst bei Kenntnis wegen der großen Anzahl der Gegenstände eine Dokumentierung, Registrierung

763 Andrea Jaeger, „Internationaler Kulturgüterschutz“, S.77.

764 Anette Hipp, „Schutz von Kulturgütern in Deutschland“, S.187.

765 Christian Armbrüster, „Privatrechtliche Ansprüche auf Rückführung von Kulturgütern ins Ausland“, in: NJW 2001, S.3583; Stefan Turner, „Das Restitutionsrecht des Staates nach illegaler Ausfuhr von Kulturgütern“, S.97 sowie S.111.

766 OLG Schleswig NJW 1989, S.3105 f.; Anette Hipp, „Schutz von Kulturgütern in Deutschland“, S.190.

767 Susanne Spaun, „Der Herausgabeanspruch bei Diebstahl oder illegalem Export von Kulturgütern“, S.137.

und Überwachung nur unvollständig erfolgen kann, schließt die Forderung besonderer Vollzugsvoraussetzungen eine Rückgabe in den meisten Fällen aus.[768]
Dass es sich gerade bei unentdeckten, illegal ausgegrabenen und illegal verbrachten Kulturgütern um einen besonders sensiblen und vom illegalen Handel bedrohten Bereich handelt und nicht erfüllbare Anforderungen an die Dokumentation solcher Objekte daher zu vermeiden sind, lässt sich auch den gesetzgeberischen Motiven hinsichtlich des KultGüRückG n.F. entnehmen, welcher hinsichtlich der Rückgabeansprüche durch Lockerung des Rückwirkungsverbots im Hinblick auf solche Kulturgüter eine nachträgliche Eintragung zulassen will.[769] Aus denselben Gründen gilt es, ähnlich unerreichbare Anforderungen auch im Hinblick auf zivilrechtliche Herausgabeansprüche durch einen Verzicht auf zusätzliche Voraussetzungen zu vermeiden.
Wie in den Enteignungsfällen vertritt auch hier eine Gegenansicht in Anlehnung an das in der amerikanischen Diskussion zum automatischen Eigentumserwerb an Funden entwickelte „do-something-requirement", dass ein grundsätzlicher Vollzug der Regelung im Einfuhrstaat als ausreichend anzusehen ist.[770]
Auch bei dieser Regelung ist darauf hinzuweisen, dass selbst bei einem anerkennungsfähigen Eigentumserwerb des ausländischen Staats nach allen Ansichten ein gutgläubiger Eigentumserwerb in Deutschland möglich bleibt.[771] Wird zur Begründung eines dem zivilrechtlichen Eigentum vergleichbaren Eigentumsrechts an ausgegrabenem, selbst noch unentdecktem Kulturgut und einem daraus hergeleiteten Anspruch auf Herausgabe auf den generellen Besitzwillen des Herkunftsstaats zurückgegriffen, bleibt es allerdings im Falle der Veräußerung eines solchen Kulturgutes denkbar, einen unfreiwilligen Besitzverlust anzunehmen, welcher nach dem deutschen Recht über §935 BGB einen gutgläubigen Erwerb des Kulturgutes dauerhaft verhindern könnte.[772]

54 Auswirkung rechtsgeschäftlicher Verfügungsverbote

Kulturgüter können nicht nur gesetzlich zur res extra commercium erklärt werden. Auch eine vertragliche oder kraft einseitiger Willenserklärung erfolgende Beschränkung der Handelbarkeit gewisser Sachen ist denkbar, beispielsweise durch die Errichtung eines Trusts im common law.[773]
Die deutsche Rechtsordnung kennt solche Möglichkeiten jedoch nicht, sondern erklärt solche rechtsgeschäftlichen Veräußerungsverbote nach §137 BGB für unwirksam. Folglich scheidet eine rechtsgeschäftliche Erklärung zur res extra commercium und damit auch eine Transformation ausländischer Veräußerungsverbote in eine solche Erklärung von vorneherein aus.[774]

768 Stefan Turner, „Das Restitutionsrecht des Staates nach illegaler Ausfuhr von Kulturgütern", S.108ff.
769 Begründung in Drucksache 155/06, S.35.
770 Stefan Turner, „Das Restitutionsrecht des Staates nach illegaler Ausfuhr von Kulturgütern", S.108 sowie S.111.
771 Haimo Schack, „Kunst und Recht", S.223, Rn. 529.
772 Anette Hipp, „Schutz von Kulturgütern in Deutschland", S.187.
773 Guido Carducci, „La restitution internationale des biens culturels et des objets d'art", S.43ff.
774 Marc Weber, „Unveräußerliches Kulturgut im nationalen und internationalen Rechtsverkehr", S.57 sowie S.375.

55 Auswirkungen der Reformvorschläge auf ausländische Kulturgüter

Während die öffentlich-rechtliche Lösung nur die öffentlich-rechtliche Widmung deutscher Kulturgüter erfasst, wird bei der privatrechtlichen Lösung diskutiert, ob eine Erschwerung des gutgläubigen Erwerbs auf besonders gekennzeichnetes Material und damit letztlich deutsche Kulturgüter begrenzt wird, oder alle Kulturgüter erfasst werden sollen.[775] Bei einer allgemein gehaltenen Formulierung würde zwar nicht die Voraussetzung der Anerkennung des staatlichen Eigentumserwerbs bei ausländischen Kulturgütern erleichtert. Zumindest in den Fällen, in denen ein Eigentumserwerb anerkannt wird, würde aber ein gutgläubiger Folgeerwerb durch Dritte in Deutschland erschwert. Der Gesetzgeber hat im Zusammenhang mit dem KultGüRückG n.F. allerdings noch keine Verschärfung privatrechtlicher Vorschriften zum Eigentumserwerb vorgesehen.[776]

775 Christian Armbrüster, „Privatrechtliche Ansprüche auf Rückführung von Kulturgütern ins Ausland", in: NJW 2001, S.3582; Thomas Finkenauer, „Zum Begriff der Rechtsnachfolge in §221 BGB", in: JZ 2000, S.247; Anette Hipp, „Schutz von Kulturgütern in Deutschland", S.381f.; Marc Weber, „Unveräußerliches Kulturgut im nationalen und internationalen Rechtsverkehr", S.59; Astrid Müller-Katzenburg, „Besitz- und Eigentumssituation bei gestohlenen und sonst abhandengekommenen Kunstwerken", in: NJW 1999, S.2558; Bettina Thorn, „Internationaler Kulturgüterschutz nach der UNIDROIT-Konvention", S.227.

776 Stephanie Schulz-Hombach und Katrin Schenk, „Der Gesetzentwurf zur Ausführung des UNESCO-Kulturgutübereinkommens", in: KUR 2006, S.52.

Kapitel IV
Herausgabe- und Rückgabeansprüche

56 Überblick über zivilrechtliche Herausgabeansprüche

Zur Zeit genießt die privatrechtliche Herausgabeklage noch die größte Bedeutung.[777] Im Vordergrund steht im Folgenden wegen seiner besonderen Bedeutung der auf dem Eigentum basierende Herausgabeanspruch aus §985 BGB, auch wenn daneben vertragliche Herausgabeansprüche, Herausgabeansprüche aus Besitz, insbesondere §861 BGB und §1007 I, II BGB,[778] deliktische Herausgabeansprüche, unter anderem nach §823 I i.V.m. §249 BGB, oder bereicherungsrechtliche Herausgabeansprüche gem. §812 BGB in Betracht zu ziehen sind.[779] Wegen des Überraschungseffekts und des Vorteils, dass bei Anwendbarkeit der EuGVVO wegen Art. 31 EuGVVO der Gerichtsstand des §23, 1 2. Alt. ZPO erhalten bleibt, wird im Hinblick auf die prozessuale Durchsetzung die einstweilige Verfügung im Sinne der §§935, 940 ZPO empfohlen.[780] Bei gestohlenen Sachen sind zivilrechtliche Ansprüche, sofern das Eigentum bewiesen werden kann und nicht ausnahmsweise ein gutgläubiger Erwerb stattgefunden hat, Erfolg versprechend. Die Übereignung durch einen Nichtberechtigten scheitert regelmäßig an §935 I BGB, sodass der Anspruch auf Herausgabe der Sache aus §985 BGB gegeben ist bzw. im Falle einer Weiterveräußerung der Anspruch auf Herausgabe des an ihre Stelle getretenen Erlöses gem. §§816 I 1, 185 II 1 BGB, ohne dass der gutgläubige Erwerber den gezahlten Kaufpreis abziehen kann. Daneben ist auch ein gutgläubiger Besitzer, welcher sich nicht gem. §§989, 990 BGB schadensersatzpflichtig gemacht hat, gem. §242 BGB verpflichtet, dem Eigentümer Auskunft darüber erteilen, an wen er die Sache weitergegeben hat, sodass der Eigentümer auch versuchen kann seinen Herausgabeanspruch gegenüber dem aktuellen Besitzer durchzusetzen.[781] Eine rechtsverbindliche Zusage des freien Geleits im Sinne des §20 I KultSchG gegenüber dem Verleiher eines ausländischen Kulturgutes steht jedoch Klagen auf Herausgabe sowie Pfändungen und Beschlagnahmen entgegen.[782]

56.1 Sonderfall staatliches Eigentum und Widmung

In den seltenen Fällen, in denen staatliches Eigentum und nicht nur eine Widmung zu einer öffentlichen Sache vorliegt, kann ein zivilrechtlicher Herausgabeanspruch eingreifen. Ein Eigentumserwerb des deutschen Staats aufgrund einer Einziehung nach §16 III KultSchG bzw. §17 II KultGüRückG n.F. setzt einen Hoheitsakt und damit die Belegenheit des Kulturgutes in Deutschland im Zeitpunkt des Zugriffs voraus.

777 Kurt Siehr, „Völkerrecht und Internationaler Kulturgüterschutz vor Gericht", in: Rainer Frank (Hg.), „Recht und Kunst", S.71.

778 Christian Armbrüster, „Privatrechtliche Ansprüche auf Rückführung von Kulturgütern ins Ausland", in: NJW 2001, S.3587.

779 Peter Bassenge, in: Palandt §985 BGB, Rn.1; Haimo Schack, „Kunst und Recht", S.208, Rn. 502.

780 Florian Kienle und Marc-Philippe Weller, „Die Vindikation gestohlener Kulturgüter im IPR", in: IPRax 2004, S.293.

781 Haimo Schack, „Kunst und Recht", S.202f., Rn. 492.

782 Florian Kienle und Marc-Philippe Weller, „Die Vindikation gestohlener Kulturgüter im IPR", in: IPRax 2004, S.294.

Ein zivilrechtlicher Herausgabeanspruch kann nach der BGH-Rechtsprechung aus einer deutschen öffentlich-rechtlichen Widmung auf keinen Fall abgeleitet werden.[783] Ob auch aus einer dem Gesetzesvorbehalt nicht genügenden Widmung ein Recht zur widmungsgemäßen Verwendung und damit ein Recht zum Besitz bzw. ein Zurückbehaltungsrecht abgeleitet werden kann, wie vom RG noch angenommen, hängt davon ab, welcher der bereits dargestellten Ansichten man folgt. Unter Berücksichtigung der Rechtsprechung des OVG Münster ist auch ein solches Recht gegenüber einem Herausgabeanspruch des gutgläubigen neuen Eigentümers bei einer dem Gesetzesvorbehalt nicht genügenden Widmung abzulehnen.[784]

56.2 Geltendmachung durch ausländische Staaten als Eigentümer

Auch ausländische Staaten können Kulturgüter in staatlichem Eigentum über §985 BGB herausverlangen. Denn auch die Regierung ausländischer Staaten kann vor deutschen Gerichten als Partei auftreten.[785] Die Problematik, dass deutsche Gerichte grundsätzlich nicht über Ansprüche entscheiden, denen fremdes öffentliches Recht zugrunde liegt, wie beispielsweise Ansprüche, die der Verwirklichung einer Enteignung dienen, ist abzugrenzen von der Möglichkeit der Geltendmachung von Ansprüchen, bei denen der Staat als Eigentümer sein Eigentum zurückfordert. Zwar bleibt der Staat Hoheitsträger, letztlich macht er aber nicht spezifische Hoheitsrechte, sondern einen zivilrechtlichen Herausgabeanspruch geltend, wie ihn seinem Wesen nach gleichermaßen Private geltend machen können.[786]
Auf das Eigentum eines ausländischen Staats gestützte zivilrechtliche Herausgabeansprüche aus §985 BGB sind bei lediglich illegal ausgeführten Kulturgütern häufig problematisch, setzen diese voraus, dass der Herkunftsstaat als Eigentümer des illegal exportierten Kulturguts anzusehen ist.[787] Da die Nichtigkeit der dinglichen Einigung nach §134 und §138 I BGB nur das Rechtsgeschäft zwischen Veräußerer und Erwerber betrifft, ergibt sich ein Herausgabeanspruch für den Herkunftsstaat nur, sofern er als ursprünglicher Eigentümer des illegal exportierten Kulturguts von der Nichtigkeit profitieren kann.[788] Da die Anerkennungsfähigkeit von Verfallsregelungen und staatlichem Titulareigentum an Funden nicht unumstritten ist, sind daraus gestützte Herausgabeansprüche trotz einer daraus ableitbaren Eigentümerstellung risikobehaftet.[789]

56.3 Geltendmachung durch ausländische Staaten in Prozessstandschaft?

Sofern der Staat nicht nach allen Ansichten zweifelsfrei als Eigentümer anzusehen ist, liegt es nahe zu prüfen, ob nicht Erfolg versprechendere öffentlich-rechtliche Ansprü-

783 BGH NJW 1990, S.899.
784 OVG Münster NJW 1993, S.2635.
785 Kay Hailbronner, „Frachtgut gesunkener Schiffe und Kulturgüterschutz vor deutschen Gerichten", in: JZ 2002, S.958.
786 Brigitte Schwadorf-Ruckdeschel, „Rechtsfragen des grenzüberschreitenden rechtsgeschäftlichen Erwerbs von Kulturgütern", S.97f.
787 KG NJW 2007, S.705ff.
788 Anette Hipp, „Schutz von Kulturgütern in Deutschland", S.192f.
789 Christian Armbrüster, „Privatrechtliche Ansprüche auf Rückführung von Kulturgütern ins Ausland", in: NJW 2001, S.3583; Anette Hipp, „Schutz von Kulturgütern in Deutschland", S.192f.

che gegeben sein könnten. Von einer in der Literatur vertretenen Ansicht ist jedoch überlegt worden, dass eine Geltendmachung der zivilrechtlichen Herausgabeansprüche des ursprünglichen Eigentümers bzw. Besitzers durch den Staat in Prozessstandschaft in Betracht gezogen werden könnte. Schließlich stehen einem Verkäufer insbesondere bereicherungsrechtliche Ansprüche aus §812 BGB bei Nichtigkeit des Verpflichtungsgeschäftes und dem urspünglichen Eigentümer Herausgabeansprüche aus §985 BGB bei Nichtigkeit des Verfügungsgeschäftes aufgrund der illegalen Verbringung des Kulturgutes zu. Diese wird der Anspruchsinhaber jedoch regelmäßig nicht geltend machen, da ihm vielmehr an einer möglichst reibungslosen Durchführung des Kaufvertrages und einer Überlassung des Kulturgutes an den Erwerber gelegen ist und die illegale Verbringung des Kulturgutes gerade von ihm gewollt war. Der Staat könnte durch die Geltendmachung dieser Ansprüche in Prozessstandschaft jedoch der Schutzintention der Kulturgüterschutzgesetze entsprechend eine Wiederherstellung der urspünglichen Rechtslage und eine Rückkehr des Kulturgutes erreichen, ohne in die privaten Rechte am Kulturgut einzugreifen. Dass sich der Verkäufer nun mit großer Wahrscheinlichkeit Schadensersatzansprüchen ausgesetzt sehen wird, erscheint aufgrund seines Verstoßes gegen die Kulturgüterschutzvorschriften gerechtfertigt.[790]
Zwar kann der Staat aufgrund einiger bestehender gesetzlicher Regelungen bereits in Aktivprozessen als Prozessstandschafter auftreten,[791] eine solche Regelung fehlt aber im Zusammenhang mit der Geltendmachung der die Rückkehr von Kulturgütern bezweckenden zivilrechtlichen Ansprüche.[792] Ohne eine solche Regelung ist derzeit jedoch eine solche Geltendmachung von zivilrechtlichen Ansprüchen durch den Staat in Prozessstandschaft ausgeschlossen.
Obwohl die maßgeblichen durchzusetzenden Ansprüche zivilrechtlicher Natur sind, könnte die Befugnis zur Prozessstandschaft angesichts des öffentlich-rechtlichen Charakters des staatlichen Handelns, zu dem sie ermächtigt, als verwaltungsrechtliche Befugnis einzuordnen sein. Dies wiederum führt zu der Frage, ob eine solche Befugnis im Ausland überhaupt anerkannt werden würde.[793] Während der Staat bei der Prozessstandschaft keine eigenen Rechte geltend macht, sondern Rechte des Verkäufers bzw. des urspünglichen Eigentümers, kann sich der Staat bei einer auf die Rückgabeansprüche der RL 93/7/EWG gestützten Klage hingegen auf die Verletzung einer eigenen, öffentlich-rechtlichen Rechtsposition stützen und ist aufgrund eines eigenen Anspruchs sachlegitimiert.[794]
Dass die Lösung über die Prozessstandschaft des Staats bei einem gutgläubigen Erwerb des Kulturgutes durch einen Dritten scheitert,[795] ist nicht als Vorteil, sondern als weiterer wesentlicher Nachteil zu werten, insbesondere auch im Vergleich zu den Rückgabeansprüchen nach der RL 93/7/EWG. Offen ist auch, wie wirksam tatsächlich eine solche Geltendmachung wäre, da nach der Rückkehr des Kulturgutes unter Umständen eine erneute illegale Ausfuhr drohen könnte. Alleine die Möglichkeit eines weiteren Geltungsbereichs[796] greift als Argument für eine solche Lösung trotz der auf

790 Frank Kohls, „Kulturgüterschutz", S.193ff.
791 Frank Kohls, „Kulturgüterschutz", S.195f.
792 Frank Kohls, „Kulturgüterschutz", S.208.
793 Frank Kohls, „Kulturgüterschutz", S.204f.
794 Frank Kohls, „Kulturgüterschutz", S.197f.
795 Frank Kohls, „Kulturgüterschutz", S.197.
796 Frank Kohls, „Kulturgüterschutz", S.208.

der RL 93/7/EWG basierenden Rückgabeansprüche. Allerdings wird auch dieses Argument in dem Umfang geschwächt, wie Rückgabeansprüche weiteren Staaten als nur den Mitgliedstaaten gewährt werden.

57 Überblick über öffentlich-rechtliche Heraus- und Rückgabeansprüche

Da der Vorschlag, in §1 IV KultSchG und §4 KultSchG oder in die Aufnahme deutschen Kulturgutes in das Verzeichnis national wertvollen Kulturgutes eine konkludente Widmung oder die Belastung mit einer öffentlich-rechtlichen Dienstbarkeit oder eine umfassende Verfügungsbeschränkung hineinzulesen, abzulehnen ist,[797] kommt in erster Linie die Widmung als öffentliche Sache für einen öffentlich-rechtlichen Herausgabeanspruch eines in Deutschland belegenen Kulturgutes in Betracht. §2 KultGüRückG und §3 KultGüRückG n.F. sehen zwar gegen Mitgliedstaaten einen Anspruch der Länder auf Rückgabe entgegen §1 IV KultSchG und §4 KultSchG ausgeführte Kulturgüter vor und §4 KultGüRückG n.F. gegen UNESCO-Vertragsstaaten einen entsprechenden auf diplomatischem Wege geltend zu machenden Rückgabeanspruch. Da deutsche öffentlich-rechtliche Ansprüche jedoch vor ausländischen Gerichten grundsätzlich nicht durchgesetzt werden können, ist regelmäßig letztlich entscheidend, welche vergleichbaren Rückgabeansprüche die ausländischen Rechtsordnungen gewähren. Daher werden im Folgenden nur die Auswirkungen des ergänzten §18 KultSchG auf nach den nationalen Umsetzungsgesetzen der RL 93/7/EWG gewährte Rückgabeansprüche öffentlicher Kulturgüter nach Deutschland und die Ansprüche ausländischer Staaten in Deutschland in §5 KultGüRückG bzw. §6 KultGüRückG n.F. näher erörtert.

58 Herausgabeansprüche deutschen Kulturgutes wegen einer Widmung?

Dass bei einer Widmung zu einer öffentlichen Sache neben zivilrechtlichen Herausgabeansprüchen auch öffentlich-rechtliche Ansprüche bestehen können, die vor den Verwaltungsgerichten geltend zu machen sind, hat auch der BGH in seiner Entscheidung im Hamburger Stadtsiegelfall klargestellt.[798] Hier ist in erster Linie der bereits erörterte Fall problematisch, bei dem ein gutgläubiger Eigentumserwerb stattgefunden hat und die Frage auftaucht, ob der Schutz des gutgläubigen Erwerbers vorrangig ist oder die öffentlich-rechtliche Sachherrschaft anders als andere Rechte Dritter nicht gutgläubig wegerworben werden kann.
Sofern kein Eigentümerwechsel stattgefunden hat, ist ein Anspruch auf widmungsgemäße Nutzung durch die Behörde, welcher je nach Art der Zweckbestimmung auch einen Herausgabeanspruch beinhalten kann, allerdings nach allen Ansichten gegeben.

59 Gemeinschaftsweite Rückgabeansprüche durch Ergänzung des §18 KultSchG

Die Rückgabeansprüche, welche die nationalen Umsetzungsgesetze der RL 93/7/EWG gewähren, gelten grundsätzlich auch für öffentliche und kirchliche Kulturgüter. Dabei werden öffentliche und kirchliche Kulturgüter sogar insofern privilegiert, als zu öffent-

797 Anette Hipp, „Schutz von Kulturgütern in Deutschland“, S.186.
798 BGH NJW 1990, S.899.

lichen Sammlungen gehörende oder in Bestandsverzeichnissen von Museen oder kirchlichen Einrichtungen gehörende Kulturgüter gem. Art. 1 Nr. 1, 2. Spiegelstrich der RL 93/7/EWG in den Schutzbereich der Richtlinie fallen, ohne dass sie die Alters- und Wertgrenzen erfüllen müssen.[799]
In Deutschland schienen öffentliche und kirchliche Kulturgüter jedoch seit einiger Zeit eher benachteiligt. Traditionell wegen anderer Genehmigungsvorbehalte als weniger schutzbedürftig eingeordnet, wurden sie grundsätzlich gem. §§18, 19 KultSchG aus dem Anwendungsbereich des KultSchG ausgenommen – und das, obwohl dieser interne Schutz sich als wirkungslos erweist, wenn diese Kulturgüter trotzdem unrechtmäßig ins Ausland verbracht und dort gutgläubig von Dritten erworben werden.[800]
Zwar konnten trotz eines gutgläubigen Erwerbs zumindest Rückgabeansprüche nach den nationalen Umsetzungsgesetzen der RL 93/7/EWG eingreifen. Doch wurden auch von diesen Rückgabeansprüchen nur solche Kulturgüter erfasst, welche die nationalen Vorschriften zu schützenswerten Kulturgütern bestimmen. Da es sich nach dem Wortlaut von Art. 1 Nr. 2, 1. Spiegelstrich der RL 93/7/EWG bei den nationalen Kulturgüterschutzvorschriften um Rechtsvorschriften handeln muss, genügen interne Verwaltungsvorschriften oder Dienstanweisungen, etwa die Anweisung an einen Museumsdirektor, ein bestimmtes Museumsgut nicht zu veräußern oder vor Abwanderung zu schützen, nicht. Auch auf haushalts- und kommunalrechtlichen Vorschriften basierende Genehmigungsvorbehalte gelten als unzureichend, da sie nicht speziell den Schutz des nationalen Kulturguts regeln.[801]
Nach §1 KultGüRückG sind aber nur solche Kulturgüter geschützt, die in dem Verzeichnis national wertvollen Kulturgutes eingetragen sind bzw. bei denen die Einleitung eines Eintragungsverfahrens öffentlich bekannt gemacht worden ist. Da der Anwendungsbereich des KultSchG bei öffentlichen und kirchlichen Kulturgütern durch die §§18, 19 KultSchG beschränkt wird, entfällt damit grundsätzlich zugleich auch die Möglichkeit für öffentliche und kirchliche Kulturgüter in das Verzeichnis national wertvollen Kulturgutes aufgenommen zu werden. In der Neufassung von 1998 wurde jedoch §19 KultSchG um eine fakultative Eintragungsmöglichkeit in das Verzeichnis national wertvollen Kulturgutes für kirchliche Kulturgüter ergänzt, um Art. 140 GG i.V.m. Art. 137 III WRV und Art. 138 II WRV Rechnung zu tragen und den Kirchen und anerkannten Religionsgemeinschaften die Möglichkeit zu geben, Kulturgüter von nationalem Rang durch die Eintragung in das Verzeichnis national wertvollen Kulturgutes zum Gegenstand eines staatlichen Rückforderungsanspruchs zu machen. §18 KultSchG blieb jedoch unverändert. Als Konsequenz konnten bei öffentlichen Kulturgütern weder der Anspruch aus §2 KultGüRückG noch entsprechende Ansprüche aus anderen nationalen Umsetzungsgesetzen der RL 93/7/EWG greifen.[802]
Obwohl Rückgabeansprüche nach der RL 93/7/EWG auch bei Verstößen gegen die VO Nr. 3911/92 entstehen konnten, konnte auch über die VO Nr. 3911/92 letztlich nicht der Schutzbereich für öffentliche Kulturgüter erweitert werden, denn die Versagung der Ausfuhrgenehmigung gem. Art. 2 II Unterabs. 3 der VO Nr. 3911/92 setzt

799 Anette Hipp, „Schutz von Kulturgütern in Deutschland“, S.293f.
800 Kurt Siehr, „Das UNESCO Übereinkommen vom 14.11.1970“, in: KUR 2005, S.40.
801 Anette Hipp, „Schutz von Kulturgütern in Deutschland“, S.354f.
802 Christiane Wendehorst, in: MüKo Art. 43, Rn.190; Anette Hipp, „Schutz von Kulturgütern in Deutschland“, S.97 sowie S.332f.

gleichfalls voraus, dass das auszuführende Kulturgut in das Verzeichnis national wertvollen Kulturgutes eingetragen ist.[803]
Wegen der Bedeutung des Schutzes öffentlichen Kulturgutes und der neuen Rückgabeansprüche gegen UNESCO-Vertragsstaaten hat sich der Gesetzgeber nun entschlossen, durch das KGÜAG auch §18 KultSchG um einen zweiten Absatz zu ergänzen. Dieser bietet nun die Möglichkeit einer Anmeldung von in öffentlichem Eigentum befindlichem national wertvollen Kulturgut zur Aufnahme in das Verzeichnis national wertvollen Kulturgutes, über welche dann die oberste Landesbehörde entscheidet. Parallel dazu ist eine Erweiterung der §§18, 19 KultSchG zugunsten einer fakultativen Eintragungsmöglichkeit für national wertvolle Archive beschlossen worden.
Trotz des nun steigenden Schutzes für öffentliche Kulturgüter sei kurz darauf hingewiesen, dass mit der Aufnahme in das Verzeichnis national wertvollen Kulturgutes weder eine konkludente Widmung bzw. die Belastung mit einer öffentlich-rechtlichen Dienstbarkeit noch eine umfassende Verfügungsbeschränkung im Sinne einer res extra commercium zusammenhängt.[804] Somit können die entstehenden Rückgabeansprüche zwar den Schutz des öffentlichen Kulturgutes vor Abwanderung unterstützen, doch können die mit der Rückgabe eingreifenden Sonderkollisionsnormen keine Rückgabe an den öffentlichen Kulturträger selbst gewährleisten.[805]

60 Rückgabeansprüche ausländischer Kulturgüter aufgrund eines allgemeinen völkerrechtlichen Grundsatzes?

Nach einer Ansicht gibt es einen aus dem Recht auf das nationale Erbe abgeleiteten materiellen völkerrechtlichen Anspruch gegen den Einfuhrstaat, der seinem Inhalt nach auf Rückgabe eines unrechtmäßig ausgeführten Kulturgutes in das staatliche Territorium gerichtet ist.[806] Er wird damit begründet, dass das Recht auf das nationale Erbe die Nutzung und Verwaltung von Kulturgütern einem bestimmten Staat zuordnet und diese Zuordnung nur durch die Rückgabe in das Territorium dieses Staats wiederhergestellt werden kann.[807] Er soll im diplomatischen Verfahren gegenüber dem Einfuhrstaat durchgesetzt werden, auch wenn er sich gegen den Besitzer richtet.[808]
Ein solcher Anspruch widerspricht jedoch dem Territorialitätsprinzip, sodass an dem Erfordernis einer gesonderten völkerrechtlichen Vereinbarung festzuhalten ist. Auch wenn aus dem UNESCO-Kulturgutübereinkommen mittelbar eine internationale Anerkennung der Bedeutung des Kulturgüterschutzes abgeleitet werden kann, so muss dennoch festgestellt werden, dass sich zumindest für die Rückgabe von Kulturgütern

803 Anette Hipp, „Schutz von Kulturgütern in Deutschland“, S.293f.
804 Anette Hipp, „Schutz von Kulturgütern in Deutschland“, S.186.
805 Anette Hipp, „Schutz von Kulturgütern in Deutschland“, S.355.
806 Stefan Turner, „Das Restitutionsrecht des Staates nach illegaler Ausfuhr von Kulturgütern“, S.198f.
807 Stefan Turner, „Bemerkungen zur Restitutionspraxis nach dem 2. Weltkrieg, insbesondere zur Restitution von Kulturgütern“, in: Peter Johannes Weber (Hg.) „Liber discipulorum et amicorum: Festschrift für Kurt Siehr zum 65. Geburtstag: Band 2“, S.224.
808 Stefan Turner, „Das Restitutionsrecht des Staates nach illegaler Ausfuhr von Kulturgütern“, S.198f.

in Friedenszeiten bislang noch keine allgemeine Regel des Völkerrechts herausgebildet hat, auf die sich Rückgabeansprüche stützen ließen.[809]
§4 I KultGüRückG n.F. könnte mit seinem auf diplomatischem Weg geltend zu machenden Anspruch zwar ein erstes Indiz für einen Wandel bieten. Allerdings handelt es sich um einen deutschen Anspruch gegen UNESCO-Vertragsstaaten. Trotz eines vergleichbaren Anspruches ausländischer Staaten in Deutschland kann nicht auf eine Ausweitung über UNESCO-Vertragsstaaten hinaus geschlossen werden, sodass die abschließende Regelung der Rückgabeansprüche in §6 KultGüRückG n.F. auch weiterhin gegen die Annahme eines allgemeinen völkerrechtlichen Prinzips spricht.

61 Rückgabeansprüche auf der Grundlage der UNIDROIT-Konvention?

Die UNIDROIT-Konvention vom 24. Juni 1995 über die zwischenstaatliche Rückgabe gestohlener oder rechtswidrig ausgeführter Kulturgüter sieht neben dem Rückgabeanspruch des Berechtigten bei gestohlenem Kulturgut in Art. 3 auch Rückgabeansprüche der Herkunftsstaaten bei illegalem Export in den Art. 5 ff. vor.[810] Da sich das Rückgabeverfahren aber nur nach der UNIDROIT-Konvention richtet, nachdem diese in dem Staat, in dem die Klage auf Rückgabe erhoben wird, in Kraft getreten ist, scheidet diese mangels eines Beitritts der Bundesrepublik Deutschland als Grundlage zur Geltendmachung eines Anspruchs ausländischer Vertragsstaaten in Deutschland aus.[811]
Auch wenn sich die UNIDROIT-Konvention als Ergänzung des UNESCO-Kulturgutübereinkommens versteht, wurde eine Ratifizierung Deutschlands zusammen mit dem UNESCO-Kulturgutübereinkommen nicht erwogen. Es wäre eine Angleichung des deutschen Rechts erforderlich gewesen,[812] die mangels hinreichender Harmonisierung mit den nationalen und europäischen Regelungen als schwierig gilt. Auch verliert die UNIDROIT-Konvention innerhalb der EU-Mitgliedstaaten an Bedeutung, da der Vorrang der RL 93/7/EWG gegenüber der Konvention auf Wunsch der europäischen Staaten durch Art. 13 III ermöglicht wird,[813] weil die Berücksichtigung der Beeinträchtigung wesentlicher Interessen und der engeren Verbindung zu einem anderen als dem ersuchenden Staat gem. Art. 5 und Art. 6 der UNIDROIT-Konvention als einschränkende Kriterien in der RL 93/7/EWG fehlen.[814]

---

809 Heiner Hugger, „Rückführung nationaler Kulturgüter und internationales Recht am Beispiel der Elgin Marbles", in: JuS 1992, S.1002; Kay Hailbronner, „Frachtgut gesunkener Schiffe und Kulturgüterschutz vor deutschen Gerichten", in: JZ 2002, S.963; Haimo Schack, „Kunst und Recht", S.221, Rn. 526; Manlio Frigo, „La protezione dei beni culturali nel diritto internazionale", S.307; Guido Carducci, „The Growing Complexity of International Art Law", in: Barbara T. Hoffman (Hg.), „Art and Cultural Heritage", S.77; Rainer Frank, „Der Anspruch Griechenlands auf die „Elgin Marbles" im Britischen Museum in London", in: Rainer Frank (Hg.), „Recht und Kunst", S.9; Kerstin Odendahl, „Kulturgüterschutz", S.179f.

810 Florian Kienle und Marc-Philippe Weller, „Die Vindikation gestohlener Kulturgüter im IPR", in: IPRax 2004, S.292; Gerte Reichelt, „Die Unidroit-Konvention 1995 über gestohlene oder unerlaubt ausgeführte Kulturgüter", in: Gerte Reichelt (Hg.), „Neues Recht zum Schutz von Kulturgut", S.62f.; Haimo Schack, „Kunst und Recht", S.218, Rn. 518.

811 Marc Weber, „Unveräußerliches Kulturgut im nationalen und internationalen Rechtsverkehr", S.400f.; Anette Hipp, „Schutz von Kulturgütern in Deutschland", S.202.

812 Anette Hipp, „Schutz von Kulturgütern in Deutschland", S.201.

813 Heinrich Schweizer, „Die Position der Bundesrepublik Deutschland", in: KUR 2003, S.33.

814 Erik Jayme und Florian David Wagner, „Kulturgüterschutz und Privatrecht: Die UNIDROIT-Konvention von 1995", in: IPRax 1997, S.141; Brigitte Schwadorf-Ruckdeschel, „Rechtsfragen

Auch wenn ein Beitritt Deutschlands zur UNIDROIT-Konvention abgelehnt wird, so hat die Konvention nicht nur einen Einfluss auf die Ausgestaltung der RL 93/7/EWG ausgeübt, sondern auch auf die Ausgestaltung der Erweiterung der Rückgabeansprüche auf unrechtmäßig verbrachte Kulturgüter aus UNESCO-Vertragsstaaten in §6 KultGüRückG n.F. So werden dem UNIDROIT-Übereinkommen vergleichbare öffentlichrechtliche Rückgabeansprüche Bestandteil des deutschen Rechts, allerdings mit dem Nachteil, dass bei Nichtmitgliedstaaten ein diplomatischer, aus dem UNESCO-Kulturgutübereinkommen hergeleiteter Rückgabeanspruch nicht unbedingt gleichermaßen durchsetzungsfähig ist, wenn eine gesetzliche Ausgestaltung in den UNESCO-Vertragsstaaten selbst fehlt und Deutschland als nicht UNIDROIT-Vertragsstaat nicht in den Genuss vergleichbarer aus der UNIDROIT-Konvention sich ergebender Ansprüche in UNIDROIT-Vertragsstaaten kommen kann.
Fraglich könnte sein, ob ein Anspruch des Staats auf Rückgabe in sein Territorium überhaupt vom Eigentum und dem Eigentumsherausgabeanspruch getrennt werden kann. Da rechtstechnisch für einen Rückgabeanspruch des Staats die Bindung an sowie die Erhaltung des früheren Eigentums nicht erforderlich ist, ist dies sowohl in der UNIDROIT-Konvention als auch nach der RL 93/7/EWG als möglich erachtet worden.[815] Denn in der Unabhängigkeit eines Herausgabeanspruchs vom Eigentum liegt ein großer Vorteil: Oft ist die Rekonstruktion der Eigentumsverhältnisse vergleichsweise schwierig, während einfach festgestellt werden kann, welchem Staat das Kulturgut entzogen wurde.[816]
Da Art. 5 des UNIDROIT-Übereinkommens wegen des geforderten Nachweises der Beeinträchtigung wesentlicher Interessen oder der besonderen kulturellen Bedeutung keine vollständige Anerkennung ausländischer Ausfuhrverbotsgesetze gebietet, löst er auch die Frage nach der international-privatrechtlichen Anerkennung nicht.[817] Insofern entfaltet die Importregelung in §14 I KultGüRückG n.F. Auswirkungen, welche nicht durch einen UNIDROIT-Beitritt ersetzt werden könnten.

62 §5 ff. KultGüRückG

Für die Rückgabe illegal aus Mitgliedstaaten nach Deutschland verbrachter ausländischer Kulturgüter besteht ein auf die Umsetzung der RL 93/7/EWG zurückgehender Rückgabeanspruch in §5 KultGüRückG, welcher aufgrund seiner besonderen Bedeutung im Folgenden näher dargestellt wird.[818] Dabei verdeutlicht die nach §12 I KultGüRückG vorgesehene Geltendmachung auf dem verwaltungsgerichtlichen Rechtsweg den öffentlich-rechtlich zu qualifizierenden Charakter dieses Anspruchs.[819] Dabei muss die aus der Formulierung des Art. 5 I der RL 93/7/EWG abgeleitete internationale Zu-

---

des grenzüberschreitenden rechtsgeschäftlichen Erwerbs von Kulturgütern", S.146ff.; François Duret-Robert, „Droit du marché de l'art", S.452, Rn.183.21f.

815 Stefan Turner, „Das Restitutionsrecht des Staates nach illegaler Ausfuhr von Kulturgütern", S.201.

816 Brigitte Schwadorf-Ruckdeschel, „Rechtsfragen des grenzüberschreitenden rechtsgeschäftlichen Erwerbs von Kulturgütern", S.187.

817 Anette Hipp, „Schutz von Kulturgütern in Deutschland", S.206.

818 Marc Weber, „Unveräußerliches Kulturgut im nationalen und internationalen Rechtsverkehr", S.386; Anette Hipp, „Schutz von Kulturgütern in Deutschland", S.281f.

819 Haimo Schack, „Kunst und Recht", S.218, Rn. 518; Marc Weber, „Unveräußerliches Kulturgut im nationalen und internationalen Rechtsverkehr", S.386f.

ständigkeit des Gerichts am Ort der Belegenheit des Kulturgutes, das sog. forum rei sitae,[820] wohl auch in die deutschen Regelungen hineingelesen werden.

62.1 Kompetenzzuweisung

Da der Kulturgüterschutz wirtschaftliche Bezüge aufweist, ist für die RL 93/7/EWG Art. 95 EG als Ermächtigungsgrundlage herangezogen worden. Die ausdrückliche Kompetenzzuweisung im Bereich Kultur durch Art. 151 i.V.m. Art. 3 lit. q EG galt bei Erlass der RL 93/7/EWG noch nicht, die ohnehin nur zu Kulturfördermaßnahmen ermächtigt. Die Argumentation, dass die RL 93/7/EWG nicht der Beseitigung von Hindernissen für den freien Warenverkehr diene, sondern vielmehr den Kulturschutz verbessern wolle, und nicht gem. Art. 95 I, 251 EG mit qualifizierter Mehrheit erlassen werden konnte, lässt unberücksichtigt, dass die RL 93/7/EWG als erforderliche flankierende Maßnahme letztendlich der Verwirklichung des Binnenmarktes dient.[821]
Der Einwand, die RL 93/7/EWG verstoße gegen den Gleichheitsgrundsatz und benachteilige den innergemeinschaftlichen Handel, weil sie einen Rückgabeanspruch nur beim innergemeinschaftlichen Verbringen, nicht aber bei Verbringen von Kulturgut in Drittstaaten begründe, greift nicht, da der Rückgabeanspruch einen Verstoß gegen nationale Kulturgutvorschriften oder die VO Nr. 3911/92 voraussetzt und auch das Gemeinschaftsrecht eine Gleichbehandlung im Unrecht nicht kennt.[822]
Auch dem Vorwurf, die RL 93/7/EWG beschränke in den Fällen der rein verbotswidrigen Ausfuhr in unzulässiger Weise das in Art. 18 EG jedem Unionsbürger gewährte Recht auf Freizügigkeit, wenn ein Eigentümer eines Kulturgutes seinen Wohnsitz in einen anderen Staat verlegt und beim Umzug sein Kulturgut entgegen den nationalen Bestimmungen des Herkunftsstaats oder der VO Nr. 3911/92 mitnimmt,[823] kann entgegengehalten werden, dass das Recht auf Freizügigkeit nur vorbehaltlich der vorgesehenen Beschränkungen gilt und als eine solche zumutbare Beschränkung der Freizügigkeit eines vom Umzug betroffenen Eigentümers die Tatsache anzusehen ist, dass er sein Kulturgut im Herkunftsstaat zurücklassen müsse.[824] So hat sich die Auffassung, die Richtlinie sei nichtig,[825] letztlich nicht durchgesetzt.

62.2 Vorgaben der RL 93/7/EWG zum Umfang der geschützten Objekte

Da sich die Vorgaben der RL 93/7/EWG und die Umsetzung im KultGüRückG nicht vollständig decken, werden zunächst die Vorgaben näher dargestellt und dann mit der deutschen Umsetzung verglichen. Nach Art. 1 Nr. 1 der RL 93/7/EWG umfasst die Richtlinie Kulturgüter, wenn drei Voraussetzungen erfüllt sind. Erstens muss gem. Art. 1 Nr. 1, 1. Spiegelstrich der RL 93/7/EWG ein Gegenstand vorliegen, welcher vor o-

820 Guido Carducci, „La restitution internationale des biens culturels et des objets d'art", S.375ff.
821 Anette Hipp, „Schutz von Kulturgütern in Deutschland", S.254ff.
822 Anette Hipp, „Schutz von Kulturgütern in Deutschland", S.281f.
823 Kurt Siehr, „Handel mit Kulturgütern in der EWG", in: NJW 1993, S.2208; John Henry Merryman, „Cultural Property Ethics", in: John Henry Merryman (Hg.), „Thinking About the Elgin Marbles: Critical Essays on Cultural Property, Art and Law", S.289.
824 Anette Hipp, „Schutz von Kulturgütern in Deutschland", S.278f.
825 Wolfgang Eberl, „Probleme und Auswirkungen der EG-Vorschriften zum Kulturgüterschutz", in: NVwZ 1994, S.734ff.

der nach der unrechtmäßigen Verbringung als „nationales Kulturgut von künstlerischem, geschichtlichem oder archäologischem Wert" im Sinne des Art. 30 EG eingestuft wurde. Zweitens muss er gem. Art. 1 Nr. 1, 2. Spiegelstrich der RL 93/7/EWG entweder unter die im Anhang genannten Kategorien fallen oder unter die Ausnahmeregelungen für öffentliche Sammlungen und kirchliche Einrichtungen. Drittens muss er im Sinne des Art. 1 Nr. 2 der RL 93/7/EWG unrechtmäßig aus dem Hoheitsgebiet eines Mitgliedstaats verbracht worden sein.[826]

62.3 Einstufung als nationales Kulturgut von künstlerischem, geschichtlichem oder archäologischem Wert

Zunächst muss gem. Art. 1 Nr. 1, 1. Spiegelstrich der RL 93/7/EWG ein Kulturgut im Sinne des Art. 30 EG vorliegen, d.h. es muss sich um ein „nationales Kulturgut von künstlerischem, geschichtlichem oder archäologischem Wert" handeln.[827] Welche Kulturgüter als „nationale Kulturgüter" eingestuft werden können, lässt die Richtlinie ebenso wie der EG-Vertrag offen.[828] Daher ist davon auszugehen, dass die Bestimmung dessen, was nach Art. 1 Nr. 1, 1. Spiegelstrich der RL 93/7/EWG als nationales Kulturgut im Sinne des Art. 30 EG einzustufen ist, weiterhin den einzelnen Mitgliedstaaten obliegt. Dafür spricht auch, dass diese Offenheit vom Richtliniengesetzgeber bewusst gewählt wurde, um Bedenken hinsichtlich einer Definitionskompetenz vorzubeugen sowie Konflikte zwischen den Mitgliedstaaten auszuschalten, welche mehrheitlich nicht dazu bereit waren, ihre jeweiligen nationalen Kulturgutdefinitionen aufzugeben und eine gemeinsame Definition bedingungslos anzuerkennen.[829] Forderungen nach einem besonderen Bezug zur nationalen Kultur geraten leicht mit dem Beurteilungsspielraum der einzelnen Mitgliedstaaten in Konflikt, sodass die Prüfungskompetenz hinsichtlich der Vereinbarkeit von Kulturgüterschutzregelungen des ersuchenden Mitgliedstaats mit Art. 30 EG wohl nicht den deutschen Gerichten zukommt, sondern bei Zweifeln der EuGH im Vorabentscheidungsverfahren nach Art. 234 EG anzurufen wäre.[830] Wegen der Schwierigkeit, einen „nationalen Charakter" von Kulturgütern zu bestimmen, und der Vielfältigkeit vorgeschlagener Anknüpfungspunkte und Eingrenzungsmerkmale wird dieser Voraussetzung jedoch ohnehin wenig eigenständige Bedeutung zugemessen. Sie gilt als wenig sachgerecht und nicht der Rechtssicherheit dienend. Die überwiegend in Deutschland in Rechtsprechung und Lehre vertretene Auffassung geht daher von einem bloßen Erfordernis einer vorherigen Belegenheit des Kulturgutes im Hoheitsgebiet des ersuchenden Mitgliedstaats aus, damit dieser einen Gegenstand als nationales Kulturgut einstufen kann.[831]

826 Anette Hipp, „Schutz von Kulturgütern in Deutschland", S.275f.; Marc Weber, „Unveräußerliches Kulturgut im nationalen und internationalen Rechtsverkehr", S.10.

827 Stefanie Schmahl, „Die Kulturkompetenz der Europäischen Gemeinschaft", S.63; Marc Weber, „Unveräußerliches Kulturgut im nationalen und internationalen Rechtsverkehr", S.10.

828 Haimo Schack, „Kunst und Recht", S.220, Rn. 522; Marc Weber, „Unveräußerliches Kulturgut im nationalen und internationalen Rechtsverkehr", S.9.

829 Anette Hipp, „Schutz von Kulturgütern in Deutschland", S.261.

830 Susanne Spaun, „Der Herausgabeanspruch bei Diebstahl oder illegalem Export von Kulturgütern", S.192; Anette Hipp, „Schutz von Kulturgütern in Deutschland", S.329.

831 VGH München NJW 1992, S.2586; VGH Mannheim NJW 1987, S.1441; Haimo Schack, „Kunst und Recht", S.220, Rn. 522.

62.4 Einstufung vor oder nach dem unrechtmäßigen Verbringen

Wegen der Formulierung des Art. 1 Nr. 1, 1. Spiegelstrich der RL 93/7/EWG muss der Gegenstand nicht zwingend vor dem unrechtmäßigen Verbringen als „nationales Kulturgut von künstlerischem, geschichtlichem oder archäologischem Wert“ eingestuft worden sein.[832] Während die vorherige Einstufung keine Probleme aufwirft, kann die nachträgliche Einstufung als nationales Kulturgut nachträglich zu einem Entstehen eines Rückgabeanspruchs führen.[833] Eine Ansicht beschränkt die Möglichkeit einer nachträglichen Einstufung auf die Fälle, in denen bei der Ausfuhr zwar mangels nationaler Einstufung nicht gegen das nationale Schutzgesetz, jedoch bereits gegen die VO Nr.3911/92 verstoßen wurde, und wertet diese Fälle als unechte Rückwirkung. Der Formulierung des Art. 1 Nr. 1 der RL 93/7/EWG, welche die nationale Einstufung vor oder nach dem unrechtmäßigen Verbringen ermöglicht, könne entnommen werden, dass der Tatbestand in jedem Fall eine bereits erfolgte illegale Ausfuhr im Sinne des Art. 1 Nr.2 der RL 93/7/EWG voraussetzt, wobei mangels nationaler Einstufung nur ein Verstoß gegen die eine Genehmigung für alle im Anhang aufgeführten Kulturgüter unabhängig von der nationalen Einstufung fordernde VO Nr.3911/92 in Betracht komme. Da keine zunächst rechtmäßige Ausfuhr nachträglich rechtswidrig würde, sondern nur in Fällen einer bereits rechtswidrigen Ausfuhr nachträglich ein Rückgabeanspruch entstehe, handele es sich um eine grundsätzlich zulässige unechte Rückwirkung.[834] Eine andere Ansicht geht davon aus, dass es sich wegen der erst nach dem illegalen Verbringen erfüllten Voraussetzung der Einstufung und des nachträglichen Entstehens des Rückgabeanspruchs um eine echte Rückwirkung handelt. Auch diese könne jedoch ausnahmsweise zulässig sein, wenn das angestrebte Ziel eine soche Rückwirkung verlangt und das berechtigte Vertrauen des Betroffenen hinreichend berücksichtigt wird. Da nur durch die Rückwirkung eine Gleichstellung von Mitgliedstaaten, welche dem Eintragungsprinzip folgen, mit Mitgliedstaaten erreicht werden kann, die ihr gesamtes Kulturgut generell von vorneherein ipso iure unter Schutz stellen, wird sie im Hinblick auf das angestrebte Ziel für notwendig erachtet und daher für zulässig gehalten. Auch könnten bei Kulturgütern besonderer Bedeutung die Interessen des Kulturgüterschutzes den Vertrauensschutz des Betroffenen überwiegen, zumal die Interessen des Betroffenen durch die Entschädigungsregelung ausgeglichen werden.[835] Umstritten ist jedoch, ob die Rückwirkung nicht die Verhältnismäßigkeit verletzt, da jeder Mitgliedstaat auch eine andere formale Gestaltungsform seiner Kulturgüterschutzregelungen wählen könnte. Auch erscheint es widersprüchlich, wenn gerade aus Gründen der Rechtssicherheit das Eintragungsprinzip vorgesehen wird, diese Rechtssicherheit durch eine nachträgliche Einstufungsmöglichkeit zu zerstören.[836] Denn nur

832 Anette Hipp, „Schutz von Kulturgütern in Deutschland“, S.318f.; Christiane Wendehorst, in: MüKo Art. 43, Rn.190.

833 Susanne Spaun, „Der Herausgabeanspruch bei Diebstahl oder illegalem Export von Kulturgütern“, S.178ff.; Anette Hipp, „Schutz von Kulturgütern in Deutschland“, S.279ff.; Volker Wiese, „Der Einfluß des EG-Rechts auf das Internationale Sachenrecht der Kulturgüter“, S.148.

834 Volker Wiese, „Der Einfluß des EG-Rechts auf das Internationale Sachenrecht der Kulturgüter“, S.144ff.

835 Susanne Spaun, „Der Herausgabeanspruch bei Diebstahl oder illegalem Export von Kulturgütern“, S.178ff.; Anette Hipp, „Schutz von Kulturgütern in Deutschland“, S.279ff.

836 Christiane Wendehorst, in: MüKo Art. 43, Rn.190.

mit dem Ausschluss der nachträglichen Einstufung als nationales Kulturgut könnten Sammler, Museen und der Kunst- und Antiquitätenhandel sicher sein, dass die Kunstwerke nicht doch zurückgegeben werden müssen.[837]
Allerdings ist zugleich darauf hinzuweisen, dass dem Gemeinschaftsgesetzgeber ein weiter Ermessensspielraum bei der Beurteilung der Erforderlichkeit einer bestimmten Maßnahme zusteht. Da die Gleichbehandlung zwischen liberalen und restriktiven Kulturgüterschutzregelungen durch die Regelung effektiv erreicht wird, ist die Entscheidung nicht als offensichtlich fehlerhaft einzustufen.[838] Wird davon ausgegangen, dass zumindest eine unrechtmäßige Verbringung nach der VO Nr.3911/92 vorausgesetzt ist, ist die Möglichkeit eines Entstehens von Rückgabeansprüchen für Sammler, Museen und Kunst- und Antiquitätenhändler auch vorhersehbar.[839] Zudem kann an dieser Stelle wiederum auf die besondere Bedeutung der Interessen des Kulturgüterschutzes und den im Rahmen der Entschädigungsregelung berücksichtigungsfähigen Vertrauensschutz des Betroffenen hingewiesen werden.[840]

62.5 Einordnung unter die im Anhang aufgeführten Kategorien sowie Ausnahmen

Als weitere Voraussetzung lässt sich Art. 1 Nr. 1, 2. Spiegelstrich der RL 93/7/EWG entnehmen, dass der Gegenstand entweder unter eine der im Anhang zur Richtlinie aufgeführten Kategorien von Kunstwerken fallen oder zu öffentlichen Sammlungen gehören, bzw. im Bestandsverzeichnis von Museen, Archiven, erhaltenswürdigen Bibliotheksbeständen oder kirchlichen Einrichtungen verzeichnet sein muss.[841]
Dass grundsätzlich für den Schutz nach der RL 93/7/EWG im Unterschied zur VO Nr. 3911/92 kumulativ sowohl die in ihrem Anhang festgelegten Kategorien als auch die nationale Kulturgutdefinition erfüllt sein muss, soll die Rückforderung von Kulturgütern mit Hilfe des Richtlinienverfahrens verhindern, welche im Anschluss wieder den Herkunftsstaat verlassen könnten.[842] Auch die Bedeutung der Angleichung der Alters- und Wertkategorien im Anhang der RL 93/7/EWG an diejenigen der VO Nr. 3911/92 ist insofern wichtig, als dort, wo geringfügige Unterschiede bestehen, wie bei den zwischen 50 und 100 Jahre alten, von Teil A Nr. 14 der RL 93/7/EWG erfassten Antiquitäten, welche nicht zugleich unter Teil A Nr. 14 a des Anhangs zur VO Nr. 3911/92 fallen, widersprüchliche Ergebnisse drohen: Solche einem nationalen Exportverbot unterliegenden Antiquitäten dürfen ohne Kontrollmöglichkeit aus der Gemeinschaft ausgeführt werden, können aber, wenn sie in einen anderen Mitgliedstaat zurückgelangen, zurückverlangt werden, obwohl sie anschließend Gefahr laufen, wieder ausge-

837 Anette Hipp, „Schutz von Kulturgütern in Deutschland“, S.319.
838 Volker Wiese, „Der Einfluß des EG-Rechts auf das Internationale Sachenrecht der Kulturgüter“, S.150f.
839 Volker Wiese, „Der Einfluß des EG-Rechts auf das Internationale Sachenrecht der Kulturgüter“, S.152.
840 Susanne Spaun, „Der Herausgabeanspruch bei Diebstahl oder illegalem Export von Kulturgütern“, S.178ff.
841 Marc Weber, „Unveräußerliches Kulturgut im nationalen und internationalen Rechtsverkehr“, S.10; Anette Hipp, „Schutz von Kulturgütern in Deutschland“, S.320.
842 Anette Hipp, „Schutz von Kulturgütern in Deutschland“, S.260.

führt zu werden.[843] Im Wesentlichen stimmen die Kategorien und die Einstufung der Kulturgüter nach Art, Alter und Wert des Gegenstandes jedoch überein.[844]
Doch auch dort, wo die Kategorien im Anhang der RL 93/7/EWG und der VO Nr. 3911/92 sich decken, lauern bei einem nachträglichen Überschreiten der Wert- und Altersgrenzen Probleme. Da für den Rückgabeanspruch nach der RL 93/7/EWG der Wert bzw. das Alter bei Einreichung des Rückgabeantrags maßgeblich ist, kann, auch wenn bei der Verbringung selbst das Kulturgut noch nicht die Wert- und Altersgrenzen der VO Nr. 3911/92 überschritten hatte, aufgrund von Wertsteigerungen und Zeitablauf nachträglich ein Rückgabeanspruch entstehen, wenn die Unrechtmäßigkeit nicht auf einen Verstoß gegen die VO Nr. 3911/92 gestützt wird, sondern auf einen Verstoß gegen nationale Kulturgüterschutzregelungen.[845] Gemeinschaftsrechtliche Grundsätze gebieten jedoch keine Beschränkung der Rückgabepflicht, da die nachträgliche Rückgabepflicht zumindest einen Verstoß gegen nationale Kulturgüterschutzregelungen beim Verbringen voraussetzt und illegal Exportierenden kein Vertrauensschutz zuzubilligen ist.[846] Umgekehrt kann bei einer nachträglichen Wertminderung auch der Rückgabeanspruch erlöschen. Dabei ist nicht auszuschließen, dass gerade der Rückgabeanspruch sich wertmindernd auswirkt und sein Entfallen wiederum zu einer Wertsteigerung und einem erneuten Entstehen des Rückgabeanspruchs führt. Insgesamt zeigt dies, dass das Abstellen auf den finanziellen Wert anstelle des kulturellen Wertes trotz des Vorteils der Einfachheit und Klarheit nicht völlig unproblematisch ist.[847]
Hinsichtlich des Umfangs der geschützten Kulturgüter erlaubt Art. 14 I der RL 93/7/EWG jedem Mitgliedstaat, seine Rückgabeverpflichtungen auf andere als die im Anhang aufgeführten Kategorien von Kulturgütern auszudehnen.[848]
Art. 14 II der RL 93/7/EWG hingegen zielt nicht auf eine Erweiterung der Kategorien, sondern auf den zeitlichen Umfang ab, den Art. 13 der RL 93/7/EWG auf die Fälle beschränkt, bei denen das Kulturgut nach dem 01.01.1993 illegal aus dem Hoheitsgebiet eines Mitgliedstaats ausgeführt wurde, wobei dem zurückfordernden Mitgliedstaat die Feststellungslast hinsichtlich des Verbringungszeitpunktes obliegt. Art. 14 II der RL 93/7/EWG erlaubt den Mitgliedstaaten eine Ausdehnung der Rückgabeansprüche auf Kulturgüter, welche vor dem 1. Januar 1993 unrechtmäßig verbracht wurden.[849]

62.6 Unrechtmäßiges Verbringen

Art. 1 Nr. 2, 1. Spiegelstrich der RL 93/7/EWG bestimmt, dass als unrechtmäßige Verbringung aus dem Hoheitsgebiet eines Mitgliedstaats eine solche anzusehen ist, die

843 Anette Hipp, „Schutz von Kulturgütern in Deutschland“, S.264.
844 Kerstin Odendahl, „Kulturgüterschutz“, S.215.
845 Jacqueline Bila, „Nationaler Kulturgüterschutz in der Europäischen Union“, S.167.
846 Anette Hipp, „Schutz von Kulturgütern in Deutschland“, S.280.
847 Susanne Spaun, „Der Herausgabeanspruch bei Diebstahl oder illegalem Export von Kulturgütern“, S.182.
848 Marc Weber, „Unveräußerliches Kulturgut im nationalen und internationalen Rechtsverkehr“, S.10; Anette Hipp, „Schutz von Kulturgütern in Deutschland“, S.261.
849 Jacqueline Bila, „Nationaler Kulturgüterschutz in der Europäischen Union“, S.172f.; Haimo Schack, „Kunst und Recht“, S.218, Rn. 518; Marc Weber, „Unveräußerliches Kulturgut im nationalen und internationalen Rechtsverkehr“, S.391f.; Anette Hipp, „Schutz von Kulturgütern in Deutschland“, S.284; Pierre-Laurent Frier, „Droit du patrimoine culturel“, S.495f.

entweder unter Verstoß gegen die Rechtsvorschriften des Herkunftsmitgliedstaats zum Schutz nationaler Kulturgüter oder die VO Nr. 3911/92 erfolgt ist.[850]
Da die durch die Richtlinie 93/7/EWG eingeführte, der Verhinderung der Nichtanerkennung oder Nichtdurchsetzung gegenseitiger Ausfuhrbestimmungen dienende Pflicht der Mitgliedstaaten, das jeweils andere öffentliche Recht durchzusetzen, in engem Zusammenhang mit der VO Nr. 3911/92 steht, sanktioniert die RL 93/7/EWG gleichzeitig auch Verstöße gegen die VO Nr. 3911/92, denn eine Ausfuhr an den Außengrenzen ohne die in der VO Nr. 3911/92 vorgesehene Genehmigung begründet gleichzeitig die Rechtswidrigkeit des Verbringens im Sinne der RL 93/7/EWG.[851]
Auch wenn Art. 1 Nr. 2, 1. Spiegelstrich der RL 93/7/EWG vorrangig die Fälle des Verbringens eines Kulturgutes direkt aus einem Mitgliedstaat in einen anderen Mitgliedstaat innerhalb der Europäischen Gemeinschaft erfassen soll, ist darüber hinaus auch Kulturgut, das zunächst in ein Drittland exportiert wird und später über diesen Umweg in einen anderen Staat als den Herkunftsstaat in der Europäischen Gemeinschaft zurückgelangt ist, betroffen.[852]
Daneben gilt nach Art. 1 Nr. 2, 2. Spiegelstrich der RL 93/7/EWG auch als unrechtmäßige Verbringung jede nicht erfolgte Rückkehr nach Ablauf der Frist für eine vorübergehende rechtmäßige Verbringung sowie jeder Verstoß gegen eine andere Bedingung für diese vorübergehende Verbringung.[853]

62.7 Nachträgliche Unrechtmäßigkeit

Nicht nur durch die nachträgliche Einstufung als nationales Kulturgut oder ein nachträgliches Überschreiten der Wert- und Altersgrenzen kann nachträglich ein Rückgabeanspruch entstehen, sondern auch durch ein nachträgliches Eintreten der Unrechtmäßigkeit des Verbringens. Letzteres ist insbesondere in den Fällen denkbar, in denen es zu einer Rücknahme oder einem Widerruf der Ausfuhrgenehmigung kommt, denn die Möglichkeit der Rücknahme und des Widerrufs der Ausfuhrgenehmigung wird wegen des durch die Entschädigungsregelung des Art. 9 der RL 93/7/EWG gewährten Vertrauensschutzes für zulässig erachtet.[854] Daneben ist in den von Art. 1 Nr. 2, 2. Spiegelstrich der RL 93/7/EWG erfassten Fällen der nicht erfolgten Rückkehr innerhalb der Frist oder einem Verstoß gegen eine sonstige Bedingung bei einer vorübergehenden Verbringung bereits das Problem immanent, dass das Verbringen zunächst rechtmäßig erfolgte und erst mit Fristablauf oder dem Verstoß gegen eine Bedingung sich in einen einem unrechtmäßigen Verbringen gleichgestellten Fall wandelt. Dies kann zum Beispiel der Fall sein, wenn ein zu Ausstellungszwecken verliehenes Kulturgut nach Beendigung der Ausstellung nicht wieder in seinen Herkunftsstaat zurück-

---

850 Stefanie Schmahl, „Die Kulturkompetenz der Europäischen Gemeinschaft", S.64; Anette Hipp, „Schutz von Kulturgütern in Deutschland", S.277f.; Marc Weber, „Unveräußerliches Kulturgut im nationalen und internationalen Rechtsverkehr", S.386.

851 Jarste Akkermann, „Internationaler Kulturgüterschutz", in: KUR 2002, S.31.

852 Stefanie Schmahl, „Die Kulturkompetenz der Europäischen Gemeinschaft", S.64; Anette Hipp, „Schutz von Kulturgütern in Deutschland", S.277f.

853 Marc Weber, „Unveräußerliches Kulturgut im nationalen und internationalen Rechtsverkehr", S.386; Anette Hipp, „Schutz von Kulturgütern in Deutschland", S.281.

854 Anette Hipp, „Schutz von Kulturgütern in Deutschland", S.279ff.

gebracht wird. Umstritten ist, ob die Vorschrift den öffentlich-rechtlichen Rückgabeanspruch des Herkunftsstaats von den Absprachen zwischen den Vertragspartnern abhängig macht, oder nur auf Fristen und Bedingungen abstellt, die der Herkunftsstaat selbst als Auflage mit der Ausfuhrgenehmigung verbindet. Wegen der aus einer Berücksichtigung nur inter partes bekannter privater Absprachen resultierende Rechtsunsicherheit und dem systematischen Zusammenhang des Begriffs der rechtmäßigen Verbringung in Art. 1 Nr. 2, 2. Spiegelstrich der RL 93/7/EWG mit Art. 1 Nr. 2, 1.Spiegelstrich der RL 93/7/EWG ist nur auf Fristen und Bedingungen abzustellen, die der Herkunftsstaat selbst mit der Ausfuhrgenehmigung verbindet, um die vorübergehende Verbringung nicht als Verstoß gegen seine nationalen Kulturgutschutzvorschriften oder die VO Nr. 3911/92 einordnen zu müssen.[855]

62.8 Abweichungen in §5 KultGüRückG

Nach der entsprechenden Regelung in §5 I KultGüRückG muss das Kulturgut vor der Verbringung von dem ersuchenden Mitgliedstaat durch Rechtsvorschrift oder Verwaltungsakt als nationales Kulturgut von künstlerischem, geschichtlichem oder archäologischem Wert im Sinne von Art. 30 EG öffentlich eingestuft oder die Einstufung eingeleitet und die Einleitung öffentlich bekannt gemacht worden sein und unter die Kategorien fallen oder als Teil einer öffentlichen Sammlung in ein Bestandsverzeichnis eines Museums, Archivs, einer kirchlichen Einrichtung oder erhaltenswürdigen Bibliothek eingetragen sein, sofern die Sammlung selbst oder die Einrichtung, zu der sie gehört, einer öffentlichen Einrichtung gleichsteht.[856]
Die Richtlinienkonformität des §5 I KultGüRückG ist insofern in Frage gestellt worden, als Art. 1 Nr. 1 der RL 93/7/EWG von Gegenständen spricht, die vor oder nach der unrechtmäßigen Verbringung als nationales Kulturgut eingestuft wurden, und folglich auch eine nachträgliche Unterschutzstellung vorsieht, während §5 I KultGüRückG den Rückgabeanspruch auf bereits zuvor unter Schutz gestelltes Kulturgut beschränkt.[857] Allerdings hat der deutsche Gesetzgeber hinsichtlich nachträglich eingetragener Gegenstände die Richtlinie für mit den Grundfreiheiten und den Prinzipien der Rechtssicherheit und Verhältnismäßigkeit unvereinbar gehalten, da das schutzwürdige Vertrauen der Vertragspartner darauf, dass ein bestimmtes Kulturgut dem mitgliedstaatlichen Rückgabeanspruch nicht unterliegt, nicht ausreichend berücksichtigt worden sei und wegen der Ausgestaltung des Art. 30 EG als Ausnahmeregelung und des Fehlens von konkreten Vorgaben für nachträgliche Einstufungen die Rückwirkung nicht gerechtfertigt sei. Zwar ist diese gesetzgeberische Entscheidung in der Literatur nicht auf Zustimmung gestoßen und hat zu Hinweisen darauf geführt, dass Art. 249 III EG den Mitgliedstaaten nur die Wahl zwischen Form und Mittel, nicht aber die Wahl hinsichtlich des zu erreichenden Ziels überlasse.[858] Dennoch ist angesichts des eindeutigen Wortlauts und der Tatsache, dass der deutsche Gesetzgeber diesen Teil der Vorgabe bewusst nicht umgesetzt hat, nach überwiegender Ansicht der diesbezügliche

855 Anette Hipp, „Schutz von Kulturgütern in Deutschland“, S.281.
856 Christiane Wendehorst, in: MüKo Art. 43, Rn.190.
857 Jörg Sprecher, „Beschränkungen des Handels mit Kulturgut und die Eigentumsgarantie“, S.174f.; Anette Hipp, „Schutz von Kulturgütern in Deutschland“, S.319; Christiane Wendehorst, in: MüKo Art. 43, Rn.190.
858 Anette Hipp, „Schutz von Kulturgütern in Deutschland“, S.320.

Wille bis zu einer etwaigen anders lautenden EuGH-Entscheidung bei der Anwendung des §5 I KultGüRückG zu Grunde zu legen.[859]
Die Zulässigkeit der Erweiterung des Anwendungsbereichs der RL 93/7/EWG in §5 I Nr. 2 lit. b KultGüRückG auf Kulturgüter außerhalb der Kategorien aus solchen Sammlungen oder Einrichtungen privater Träger, die einer öffentlichen Einrichtung gleichstehen, ergibt sich aus Art. 14 I der RL 93/7/EWG. Zwar ist angemerkt worden, dass die Ausweitung ohne das Erfordernis der Gegenseitigkeit zu einer Benachteiligung deutscher privater Träger im Ausland führen kann.[860] Dennoch ist positiv zu werten, dass der deutsche Gesetzgeber an der zunehmenden Privatisierung kultureller Einrichtungen Rechnung trägt, und zu hoffen, dass andere Mitgliedstaaten nachziehen, auch ohne das Erfordernis der Gegenseitigkeit.
Von Art. 14 II der RL 93/7/EWG hat der deutsche Gesetzgeber hingegen keinen Gebrauch gemacht, sodass §5 I KultGüRückG in Einklang mit Art. 13 der RL 93/7/EWG den Rückgabeanspruch auf Kulturgut beschränkt, das nach dem Stichtag des 31. Dezember 1992 unrechtmäßig in die Bundesrepublik Deutschland verbracht wurde.[861] Während der Beweis einer Ausfuhr nach dem Stichtag bei registrierten Kulturgütern aus Museen, welche zudem in regelmäßigen Abständen in Katalogen auftauchen, häufig geführt werden kann, ist dies bei Kulturgütern aus Privatbesitz schwieriger.[862] Die Definition des unrechtmäßigen Verbringens in §5 III, IV KultGüRückG orientiert sich anders als der in §5 I KultSchG umrissene Umfang der geschützten Kulturgüter nahezu wörtlich an den Vorgaben der RL 93/7/EWG, sodass auf eine Wiederholung an dieser Stelle verzichtet werden kann.

62.9 Die Definition der Parteien des Rückgabeanspruchs

Gemäß Art. 5 der RL 93/7/EWG kann der ersuchende Mitgliedstaat gegen den Eigentümer und ersatzweise gegen den Besitzer bei dem zuständigen Gericht des ersuchten Mitgliedstaats Klage auf Rückgabe eines Kulturguts erheben, das sein Hoheitsgebiet unrechtmäßig verlassen hat. Dabei gilt als ersuchender Mitgliedstaat und damit als Rückgabegläubiger gem. Art. 1 Nr. 3 der RL 93/7/EWG der Mitgliedstaat, aus dessen Hoheitsgebiet das Kulturgut unrechtmäßig verbracht wurde. Als Eigentümer und damit als primären Rückgabeschuldner definiert die RL 93/7/EWG in Art. 1 Nr. 6 die Person, welche die tatsächliche Sachherrschaft über das Kulturgut für sich selbst ausübt. Besitzer hingegen ist nach Art. 1 Nr. 7 der RL 93/7/EWG die Person, welche die tatsächliche Sachherrschaft über das Kulturgut für andere ausübt.[863] Die Definition des Rückgabegläubigers in §6 I KultGüRückG lehnt sich stark an Art. 5 i.V.m. Art. 1 Nr. 3 der RL 93/7/EWG an, da bestimmt wird, dass der Rückgabeanspruch dem Mitgliedstaat zusteht, aus dessen Hoheitsgebiet das Kulturgut unrechtmäßig in das Bundesgebiet verbracht worden ist. §6 II KultGüRückG hingegen meidet die in Art. 5 der RL

859 Christiane Wendehorst, in: MüKo Art. 43, Rn.190; Anette Hipp, „Schutz von Kulturgütern in Deutschland", S.319.
860 Anette Hipp, „Schutz von Kulturgütern in Deutschland", S.320.
861 Anette Hipp, „Schutz von Kulturgütern in Deutschland", S.321.
862 Kurt Siehr, „Globalization and National Culture: Recent Trands Toward a Liberal Exchange of Cultural Objects", in: VandJTransnL 2005, S.1083.
863 Joachim Berndt, „Internationaler Kulturgüterschutz", S.157f.

93/7/EWG verwendeten Begriffe des Eigentümers und Besitzers, sondern greift gleich die Legaldefinitionen in Art. 1 Nr. 6 und Nr. 7 der RL 93/7/EWG auf und bestimmt, dass Rückgabeschuldner ist, wer für sich selbst oder für einen anderen die tatsächliche Sachherrschaft über das Kulturgut ausübt. So kann dem Sinn und Zweck der RL 93/7/EWG, unrechtmäßig verbrachtes Kulturgut in seinen Herkunftsstaat zurückzuführen, und der Definition des Rückgabebegriffs in Art. 1 Nr. 5 der RL 93/7/EWG als materielle Rückkehr entnommen werden, dass die RL 93/7/EWG allein auf den Besitz abstellen will, unabhängig davon, ob der Rückgabepflichtige das Eigentum oder ein sonstiges Recht an der Sache erworben hat. So deckt sich die Definition des Eigentümers in Art. 1 Nr. 6 der RL 93/7/EWG mit der deutschen Definition des Eigenbesitzers im Sinne des §872 BGB und nicht mit dem deutschen Verständnis des Eigentümers. Auch umfasst der deutsche Begriff des Besitzers, anders als der in Art. 1 Nr. 7 der RL 93/7/EWG, neben dem Fremdbesitzer im Sinne des §868 BGB auch den Eigenbesitzer des §872 BGB.[864] Teilweise wird darauf verwiesen, dass wegen der Maßgeblichkeit der Ausübung der tatsächlichen Sachherrschaft eine Annäherung an den Begriff des Besitzdieners im Sinne des §855 BGB erfolgt.[865] Teilweise wird selbst die Orientierung an den Begrifflichkeiten des Eigen- und Fremdbesitzers als missverständlich kritisiert und stattdessen eine ausschließliche Orientierung am Begriff der tatsächlichen Sachherrschaft gefordert.[866] Jedenfalls hat sich der deutsche Gesetzgeber bewusst gegen eine Übernahme der Begrifflichkeiten der Richtlinie entschieden. Das Abstellen auf die Legaldefinitionen anstelle der Begriffsübernahme wird auch für zulässig gehalten, da es dem Zweck dient, Missverständnissen bei den nationalen Behörden vorzubeugen.[867]

Von besonderer Bedeutung ist, dass sich der Rückgabeanspruch des ersuchenden Mitgliedstaats nicht gegen den anderen Mitgliedstaat, sondern direkt gegen die Privatperson richtet, die das Kulturgut in ihrem Besitz hat, sodass der ersuchte Mitgliedstaat nur die Rolle eines Vermittlers spielt und durch seine Gerichte eine Durchsetzungsmöglichkeit des Rückgabeanspruchs bereitstellt.[868]

Obwohl auch Privatpersonen wegen einer unter Umständen abweichenden Beurteilung der Eigentumslage von einer Rückgabe profitieren können, ist eine Möglichkeit der Geltendmachung des Rückgabeanspruchs durch Privatpersonen nicht vorgesehen. Selbst wenn nur bei einem erfolgreichen Abschluss des Rückgabeverfahrens ihre privatrechtlichen Herausgabeansprüche eingreifen, fehlt ein Rechtsanspruch auf die Geltendmachung des Rückgabeanspruchs durch den Herkunftsstaat.[869]

---

864 Anette Hipp, „Schutz von Kulturgütern in Deutschland“, S.282f. sowie S.321.

865 Astrid Müller-Katzenburg, „Internationale Standards im Kulturgüterverkehr und ihre Bedeutung für das Sach- und Kollisionsrecht“, S.119.

866 Volker Wiese, „Der Einfluß des EG-Rechts auf das Internationale Sachenrecht der Kulturgüter“, S.56.

867 Anette Hipp, „Schutz von Kulturgütern in Deutschland“, S.282f. sowie S.321.

868 Anette Hipp, „Schutz von Kulturgütern in Deutschland“, S.282.

869 Susanne Spaun, „Der Herausgabeanspruch bei Diebstahl oder illegalem Export von Kulturgütern“, S.205.

62.10 Rückgabe als Rechtsfolge

Unter Rückgabe ist nach Art. 1 Nr. 5 der RL 93/7/EWG die materielle Rückkehr des Kulturgutes in das Hoheitsgebiet des ersuchenden Mitgliedstaats zu verstehen.[870] Da eine Konkretisierung des Rückgabebegriffs im KultGüRückG unterblieben ist, ist die Auslegung allein unter Heranziehung dieser Legaldefinition vorzunehmen.
Aus dem Wortlaut der RL 93/7/EWG, welcher die materielle Rückkehr des Kulturgutes in den Vordergrund rückt, kann nicht entnommen werden, dass neben der reinen Rückführung des Kulturgutes in das Territorium des ersuchenden Mitgliedstaats dem Mitgliedstaat der Besitz an dem Kulturgut einzuräumen ist. Da auch private Kulturgüter, an denen keine Widmung zu einem öffentlichen Zweck erfolgt ist, als nationales Kulturgut dem Schutz der RL 93/7/EWG unterstellt werden können und lediglich die Folgen des illegalen Verbringens aus dem Hoheitsgebiet des ersuchenden Mitgliedstaats nachträglich beseitigt werden sollen, kann auch aus der Zielsetzung der RL 93/7/EWG keine Notwendigkeit der Übergabe des Kulturgutes an den ersuchenden Mitgliedstaat abgeleitet werden. Somit reicht es grundsätzlich nicht nur aus, wenn der Verpflichtete das Kulturgut selbst zurückbringt und in seinem unmittelbaren Besitz belässt, sondern auch wenn er den unmittelbaren Besitz an eine Person im Hoheitsgebiet des ersuchenden Mitgliedstaats überträgt.[871]
Dennoch wird von einer Ansicht vertreten, dass unter Rückgabe die Herausgabe des Kulturgutes an den ersuchenden Mitgliedstaat und damit die Einräumung des unmittelbaren Besitzes an dem Kulturgut zu verstehen sei. In den Fällen, in denen der ersuchende Mitgliedstaat nicht zugleich der Eigentümer des Kulturgutes ist, soll der Eigentümer nach der Rückführung in das Territorium des ersuchenden Mitgliedstaats gegen diesen Mitgliedstaat wiederum einen Herausgabeanspruch geltend machen können.[872]
Diese Ansicht unterläuft jedoch die systematische Trennung von Rückgabeansprüchen und Herausgabeansprüchen. Da die RL 93/7/EWG bürgerlich-rechtliche Ansprüche und Rechte im Zusammenhang mit dem Kulturgut unberührt lassen will – ein Grundsatz, der auch ausdrücklich in §4 II KultGüRückG kodifiziert wurde – erscheint es folgerichtig, die Rückführung in das Hoheitsgebiet genügen zu lassen. Bei einer Widmung zu öffentlichen Zwecken kann der ersuchende Mitgliedstaat auf seine nationalen Herausgabeansprüche verwiesen werden, da dieser öffentlich-rechtliche Ansprüche angesichts der Rückführung des Kulturgutes in sein Territorium nun problemlos durchsetzen kann.
Eine andere Ansicht will zwar die Rückführung grundsätzlich genügen lassen, sieht allerdings eine Herausgabe an den ersuchenden Mitgliedstaat in den Fällen vor, in denen feststeht, dass der Rückgabeschuldner nicht Eigentümer ist oder zumindest nicht mehr nach der Rückgabe bleibt, sowie in den Fällen, in denen nach der Rückkehr in das Territorium des ersuchenden Staats eine sofortige Beschlagnahme zur Klärung der Eigentumsverhältnisse in einem gerichtlichen oder verwaltungsbehördlichen Verfahren erfolgen würde. Auch hier soll nach Klärung der Eigentumsverhältnisse wiederum ein Herausgabeanspruch des Eigentümers gegen den ersuchenden Mitgliedstaat ein-

---

870 Joachim Berndt, „Internationaler Kulturgüterschutz", S.157f.

871 Susanne Spaun, „Der Herausgabeanspruch bei Diebstahl oder illegalem Export von Kulturgütern", S.194f.

872 Frank Kohls, „Kulturgüterschutz", S.157; Stefan Turner, „Das Restitutionsrecht des Staates nach illegaler Ausfuhr von Kulturgütern", S.252.

greifen können.[873] Die Frage, ob die Eigentumsverhältnisse unproblematisch sind, macht jedoch bereits im Rückgabeverfahren eine vorgezogene Prüfung der Eigentumsverhältnisse erforderlich. Denn erst nach dieser Prüfung könnte entschieden werden, ob eine Rückführung in das Territorium ausreicht oder eine Herausgabe an den ersuchenden Mitgliedstaat zu erfolgen hat. Obwohl bei Problemen hinsichtlich der Feststellung der Eigentumsverhältnisse keine umfassende Erörterung zur Streitentscheidung erfolgen müsste, sondern eine Trennung zwischen offensichtlichen und problematischen Fällen genügt, erscheint es dennoch prozessökonomisch sinnvoller, einen möglichen Eigentümer gleich auf die Geltendmachung seiner Herausgabeansprüche gegen den unmittelbaren Besitzer nach der Rückführung des Kulturgutes zu verweisen. Eine vorläufige Herausgabe an den ersuchenden Mitgliedstaat bringt diesbezüglich keinen so wesentlichen Verfahrensvorteil, dass diese zusätzliche Differenzierung sinnvoll erscheint. Insbesondere wenn nicht der ersuchende Mitgliedstaat, sondern ein Dritter Eigentümer des Kulturgutes ist, würde der Eigentümer nach einer Klärung der Eigentumsverhältnisse unter Umständen nicht direkt in diesem Zusammenhang einen Herausgabeanspruch geltend machen können, sondern auf einen anschließend gegen den ersuchenden Mitgliedstaat geltend zu machenden Herausgabeanspruch verwiesen werden.
Ergänzend kann auf Art. 6 III des UNIDROIT-Übereinkommens verwiesen werden, welcher ausdrücklich anstelle einer Enteignung gegen Entschädigung auch die Wahl einer reinen Rückführung des Kulturgutes in den Herkunftsstaat ermöglicht. Dieser ist als Hinweis dafür angesehen worden, dass mehr als die bloße Rückführung in das Territiorium des Herkunftsstaats letztlich nicht als erforderlich angesehen werden kann, sodass eine vertragskonforme Auslegung der RL 93/7/EWG eine entsprechende Rückführungsmöglichkeit gebiete.[874]

62.11 Aus dem „internationalen kulturpolitischen ordre public" abgeleitetes Zurückbehaltungsrecht?

Wenn im Einzelfall das Interesse an der Erhaltung der Objekte besser durch das Behalten eines anderen Staats geschützt werden kann, ist von Siehr vorgeschlagen worden, aufgrund eines „internationalen kulturpolitischen ordre public" ein Zurückbehaltungsrecht des ersuchten Staats anzunehmen, solange ein ersuchender Staat die Erhaltung des Objektes nicht garantieren kann.[875] Im Rahmen des KultGüRückG ist eine solche Prüfung aber nicht vorgesehen und, abgesehen von grundsätzlichen Bedenken, schon deshalb abzulehnen, weil innerhalb der Mitgliedstaaten von einem vergleichbaren, ausreichend hohen Schutzniveau für Kulturgüter auszugehen ist.

---

873 Susanne Spaun, „Der Herausgabeanspruch bei Diebstahl oder illegalem Export von Kulturgütern", S.195.

874 Astrid Müller-Katzenburg, „Internationale Standards im Kulturgüterverkehr und ihre Bedeutung für das Sach- und Kollisionsrecht", S.125.

875 Kurt Siehr, „Öffentliches Recht und internationales Privatrecht beim grenzüberschreitenden Kulturgüterschutz", in: Rudolf Dolzer u.a. (Hg.), „Rechtsfragen des internationalen Kulturgüterschutzes", S.101f.

62.12 Entschädigungsregelung

Nach Art. 9 I der RL 93/7/EWG gewährt das zuständige Gericht des ersuchten Mitgliedstaats, wenn es die Rückgabe anordnet, dem Eigentümer in der Höhe, die es im jeweiligen Fall als angemessen erachtet, eine Entschädigung, sofern es davon überzeugt ist, dass der Eigentümer beim Erwerb mit der erforderlichen Sorgfalt vorgegangen ist.[876]

Da nach dem Wortlaut der Regelung dem Eigentümer und nicht dem verklagten Besitzer gegenüber eine Entschädigung geschuldet wird, ist auf die Probleme hingewiesen worden, die entstehen, wenn beispielsweise der gutgläubige Besitzer eines unrechtmäßig verbrachten Kulturguts eine aufwendige Restaurierung vorgenommen oder es gegen Diebstahl versichert hat und auf unsichere und in einer neuen Klage geltend zu machende Ansprüche gegen den Eigentümer verwiesen wird.[877]

Allerdings entschärft sich die Problematik dadurch, dass der Eigentümerbegriff der RL 93/7/EWG, wie bereits festgestellt, dem Begriff des deutschen Eigenbesitzers im Sinne des §872 BGB entspricht, sodass eine Entschädigung nach der Richtlinie zumindest auch ein gutgläubiger unberechtigter Eigenbesitzer verlangen kann, der im Sinne der §§994 ff. BGB Verwendungen auf das Kulturgut gemacht hat.[878] Vollständig erübrigt sich dieser Vorwurf aber im Hinblick auf die deutsche Regelung, da §9 I KultGüRückG den Entschädigungsanspruch auf den Rückgabeschuldner bezieht und damit neben dem des Eigenbesitzers auch einen solchen des Fremdbesitzers im Sinne des §868 BGB ermöglicht.[879]

Auch ersetzt die deutsche Regelung die Voraussetzung der Überzeugung des Gerichts von der erforderlichen Sorgfalt durch den vom ersuchenden Mitgliedstaat zu führenden Nachweis, dass dem Rückgabeschuldner beim Erwerb des Kulturgutes die unrechtmäßige Verbringung aus dem Hoheitsgebiet bekannt oder infolge grober Fahrlässigkeit unbekannt war. Da sich die Beweislast gem. Art. 9 II der RL 93/7/EWG nach dem Recht des ersuchten Mitgliedstaat bestimmt, ist, auch wenn streng genommen angesichts des Untersuchungsgrundsatzes gem. §86 I VwGO es sich nicht um eine Beweislast handelt,[880] die dem ersuchenden Mitgliedstaat in der deutschen Regelung in §9 I KultGüRückG vorgenommene Auferlegung der Nachweispflicht zulässig, die den Beweisumkehrregeln der §932 BGB und §366 HGB entspricht.[881]

Problematischer ist die Ersetzung des Begriffs der erforderlichen Sorgfalt durch eine auf Kenntnis bzw. grob fahrlässige Unkenntnis abstellende Formulierung, welche die deutsche Begrifflichkeit in §932 II BGB aufgreift.[882] Teilweise wird vertreten, die De-

---

876 Antonio Mansi, „La tutela die beni culturali", S.393; Kurt Siehr, „Öffentliches Recht und internationales Privatrecht beim grenzüberschreitenden Kulturgüterschutz", in: Rudolf Dolzer u.a. (Hg.), „Rechtsfragen des internationalen Kulturgüterschutzes", S.101; Marc Weber, „Unveräußerliches Kulturgut im nationalen und internationalen Rechtsverkehr", S.386f.; Joachim Berndt, „Internationaler Kulturgüterschutz", S.160.

877 Kurt Siehr, „Handel mit Kulturgütern in der EWG", in: NJW 1993, S.2207; Marc Weber, „Unveräußerliches Kulturgut im nationalen und internationalen Rechtsverkehr", S.386f.

878 Anette Hipp, „Schutz von Kulturgütern in Deutschland", S.286.

879 Anette Hipp, „Schutz von Kulturgütern in Deutschland", S.328.

880 Anette Hipp, „Schutz von Kulturgütern in Deutschland", S.328.

881 Anette Hipp, „Schutz von Kulturgütern in Deutschland", S.323.

882 Kurt Siehr, „Kulturgüterschutz innerhalb der Europäischen Union", in: ZVglRWiss 95 (1996), S.179; Anette Hipp, „Schutz von Kulturgütern in Deutschland", S.322f.

finition der deutschen Formulierung sei mit der von der RL 93/7/EWG gewählten deckungsgleich, da mit der erforderlichen Sorgfalt nur derjenige handeln kann, der hinsichtlich der Verbringung in gutem Glauben erwirbt.[883] Teilweise wird aber darauf hingewiesen, dass der Richtliniengesetzgeber den Begriff des guten Glaubens im Rahmen der Entschädigungsregelung bewusst durch den Begriff der erforderlichen Sorgfalt ersetzt hat, um zu verdeutlichen, dass keine Anknüpfung an zivilrechtliche Kriterien hinsichtlich der zivilrechtlichen Eigentumslage erfolgen soll.[884] Einigkeit besteht aber dahingehend, dass der Begriff der erforderlichen Sorgfalt nicht als Gutgläubigkeit im Sinne des §932 BGB auf das Eigentum bezogen werden darf bzw. auf die Verfügungsbefugnis wie in §366 HGB.[885]

Nach einer Ansicht ist die erforderliche Sorgfalt auf die Kenntnis bzw. grob fahrlässige Unkenntnis von der illegalen Verbringung des Kulturgutes zu beziehen, welcher sich auch der deutsche Gesetzgeber in seiner Formulierung angeschlossen hat.[886] Nach anderer Ansicht geht es jedoch bei den Vorgaben der Richtlinie nicht um die Kenntnis oder grob fahrlässige Unkenntnis vom illegalen Verbringen, sondern darum, ob der Erwerber wusste oder hätte wissen müssen, dass die Pflicht zur Restitution des Kulturgutes seine Nutzungsmöglichkeiten von vorneherein eingeschränkt hat.[887] Regelmäßig wird bei einer Kenntnis oder grob fahrlässigen Unkenntnis vom illegalen Verbringen jedoch zumindest eine grob fahrlässige Unkenntnis von den Einschränkungen der Nutzungsmöglichkeit durch die Restitutionspflicht zu bejahen sein. Alleine in den Fällen, in denen nachträglich ein Rückgabeanspruch entsteht, könnte die auf die Kenntnis oder grob fahrlässige Unkenntnis vom illegalen Verbringen abstellende Formulierung den Rückgabeschuldner unter Umständen begünstigen.

Zwar ist angedacht worden, dass die Gutgläubigkeit hinsichtlich des Eigentums oder der Verfügungsbefugnis, die einen gutgläubigen Erwerb erst ermöglicht, mittelbar eine Vorraussetzung des Entschädigungsanspruchs darstellen könnte, ergänzt durch das zusätzliche Erfordernis der erforderlichen Sorgfalt. Allerdings spricht dagegen, dass obwohl die RL 93/7/EWG den Begriff des Eigentümers verwendet, letztlich nicht das Eigentum, sondern der Besitz bzw. die tatsächliche Sachherrschaft entscheidend für die Geltendmachung des Entschädigungsanspruchs ist.[888] Angesichts des Wortlauts lässt auch die deutsche Regelung nicht erkennen, dass es schadet, wenn der Rückgabeschuldner zwar keine Kenntnis von einer illegalen Ausfuhr hatte, jedoch wusste, dass es sich um einen gestohlenen Gegenstand handelt.[889]

Aus der deutschen Formulierung ergibt sich besonders deutlich, dass jedenfalls derjenige keine Entschädigung geltend machen kann, der das Kulturgut selbst unrechtmäßig verbracht hat, sondern nur, wer das Kulturgut nach dessen unrechtmäßiger Verbringung erwirbt.[890] Wird das Kulturgut noch im Herkunftsstaat erworben, wird vom Er-

883 Anette Hipp, „Schutz von Kulturgütern in Deutschland“, S.286f.

884 Susanne Barbara Ulmar, „Rechtsverkehr und Handel mit Kulturgütern aus Italien“, S.321.

885 Jacqueline Bila, „Nationaler Kulturgüterschutz in der Europäischen Union“, S.189.

886 Anette Hipp, „Schutz von Kulturgütern in Deutschland“, S.322f.; Jacqueline Bila, „Nationaler Kulturgüterschutz in der Europäischen Union“, S.189.

887 Volker Wiese, „Der Einfluß des EG-Rechts auf das internationale Sachenrecht der Kulturgüter“, S.61.

888 Jacqueline Bila, „Nationaler Kulturgüterschutz in der Europäischen Union“, S.189f.

889 Sabine Schmeinck, „Internationalprivatrechtliche Aspekte des Kulturgüterschutzes“, S.197.

890 Anette Hipp, „Schutz von Kulturgütern in Deutschland“, S.286.

werber erwartet, sich über die maßgeblichen Vorschriften zu informieren und die entsprechenden Genehmigungen einzuholen, sodass das Prinzip der unterstellten Rechtskenntnis eingreift.[891]
Da die Pflicht zur Zahlung einer Entschädigung die Rückgabeforderung im Einzelfall erschweren kann, ist die Höhe der Entschädigung sowohl in der RL 93/7/EWG als auch in der deutschen Regelung des §9 I KultGüRückG an das Kriterium der Angemessenheit gekoppelt worden. Dies bedeutet, dass die Entschädigung nicht zwingend dem Wert des Kulturgutes oder dem Kaufpreis entsprechen muss, sondern auch andere Kriterien, wie das emotionale Interesse des Erwerbers und die von dem Erwerber für die Erhaltung des Kulturgutes getragenen Kosten berücksichtigt werden können. Wegen des Ziels der Vermeidung einer Abwälzung des Schutzes des nationalen Kulturguts auf andere Staaten kann auch als Kriterium herangezogen werden, inwieweit der Mitgliedstaat alles zur Verhinderung der unrechtmäßigen Ausfuhr Mögliche und Erforderliche getan hat.[892]
Gegen die eine Entschädigung für entgangenen Gewinn und sonstige Vermögensnachteile vorschreibende Regelung des §9 I 3 KultGüRückG sind Bedenken geäußert worden, da der unmittelbare Zusammenhang mit dem Entzug der Nutzung fehlt und es sich nicht mehr um eine Entschädigung im eigentlichen Sinne, sondern um einen nach der RL 93/7/EWG nicht vorgesehenen Schadensersatz handelt.[893]
Zwar wird auch im Rahmen der RL 93/7/EWG die Eigentumsfrage als ein berücksichtigungsfähiges Kriterium erachtet,[894] es findet sich aber keine generalisierende Konkretisierung der angemessenen Höhe in Abhängigkeit von der Eigentumsfrage. Anders in §9 III KultGüRückG: Dieser bestimmt, dass dann, wenn der ersuchende Mitgliedstaat schriftlich zusichert, dass die Rechte des Rückgabeschuldners nicht berührt werden, der ersuchende Mitgliedstaat nur die Kosten zu erstatten hat, welche aufgrund des Vertrauens, das Kulturgut im Bundesgebiet belassen zu dürfen, entstanden sind. Zwar ist in Frage gestellt worden, inwieweit diese Beschränkung auf den Vertrauensschaden mit der RL 93/7/EWG in Einklang steht, die lediglich auf die illegale Ausfuhr abstellt und eigentumsrechtliche Fragen bewusst unbeachtet lässt.[895] Jedoch hat die deutsche Formulierung zumindest Klarheit dahingehend erzielt, dass selbst wenn eine bloße Rückführungsverpflichtung als Eigentumsbeschränkung nach deutschem Recht entschädigungslos hinzunehmen wäre, beim Rückgabeanspruch in allen Fällen, in denen durch die Rückgabe die Rechte eines sorgfältigen Erwerbers beeinträchtigt werden, eine Entschädigung gewährt werden muss.[896] Auch der Streitfrage, ob aus der Richtlinie ein Eigentumserwerb des ersuchenden Staats selbst in den Fällen hergeleitet werden kann, in denen der Eigentumserwerb des Erwerbers nach der Rückgabe eigentlich zu bejahen wäre, nur weil der ersuchende Staat dem Erwerber eine Entschädigung ge-

891 Susanne Spaun, „Der Herausgabeanspruch bei Diebstahl oder illegalem Export von Kulturgütern", S.199.

892 Kurt Siehr, „Öffentliches Recht und internationales Privatrecht beim grenzüberschreitenden Kulturgüterschutz", in: Rudolf Dolzer u.a. (Hg.), „Rechtsfragen des internationalen Kulturgüterschutzes", S.83, S.101; Marc Weber, „Unveräußerliches Kulturgut im nationalen und internationalen Rechtsverkehr", S.386f.; Anette Hipp, „Schutz von Kulturgütern in Deutschland", S.286f.

893 Anette Hipp, „Schutz von Kulturgütern in Deutschland", S.323.

894 Anette Hipp, „Schutz von Kulturgütern in Deutschland", S.286f.

895 Sabine Schmeinck, „Internationalprivatrechtliche Aspekte des Kulturgüterschutzes", S.197.

896 Susanne Spaun, „Der Herausgabeanspruch bei Diebstahl oder illegalem Export von Kulturgütern", S.199.

zahlt hat,[897] hat der Gesetzgeber mit der Ergänzung der Rege-lung durch §9 III KultGüRückG den Boden entzogen, da in diesen Fällen der Interessenausgleich nun zwingend über die Höhe der Entschädigung und nicht über die Zuordnung der Eigentumsposition vorzunehmen ist.
Zwar kann der ersuchende Mitgliedstaat nach Art. 11 der RL 93/7/EWG unter anderem die Erstattung der gemäß Art. 9 gezahlten angemessenen Entschädigung von den Personen fordern, die für die unrechtmäßige Verbringung des Kulturgutes aus seinem Hoheitsgebiet verantwortlich sind.[898] Es fehlt jedoch die Klärung, inwieweit der einen in Privateigentum stehenden Kunstschatz zurückfordernde Staat vom einem von der Rückforderung profitierenden Eigentümer Regress hinsichtlich der an den Rückgabeschuldner gezahlten Entschädigung verlangen kann. Zwar sind wegen der Sonderkollisionsnormen Fälle denkbar, in denen erst durch die Rückgabe ein zwischenzeitlicher gutgläubiger Erwerb verhindert wird und der ursprüngliche Eigentümer der Geltendmachung des staatlichen Anspruchs bedarf. Andererseits droht bei einem Regressanspruch eine Abwälzung des Risikos des illegalen Handels vom Staat auf den privaten Eigentümer. Auch ist der Eigentümer möglicherweise finanziell nicht in der Lage, die vom Staat gezahlte angemessene Entschädigung aufzubringen.[899]

62.13 Verjährung und Erlöschen des Rückgabeanspruchs

Während nach Art. 7 I 1 der RL 93/7/EWG der Rückgabeanspruch ein Jahr nach dem Zeitpunkt erlischt, zu dem der ersuchende Mitgliedstaat von dem Ort der Belegenheit des Kulturgutes und der Identität seines Eigentümers oder Besitzers Kenntnis erhält, regelt §10 I 1 KultGüRückG, dass der Rückgabeanspruch ein Jahr von dem Zeitpunkt an verjährt, in dem die Behörden des ersuchenden Mitgliedstaats von dem Ort der Belegenheit und der Person des Rückgabeschuldners Kenntnis erlangt haben. Während sich die Ersetzung der Formulierung der „Identität seines Eigentümers oder Besitzers" durch die „Person des Rückgabeschuldners" mit der abweichenden deutschen Terminologie erklären lässt, ist fraglich, ob dies auch für die Ersetzung des Begriffs des Erlöschens durch den der Verjährung gilt. Zwar ist darauf hingewiesen worden, dass die deutsche Rechtsterminologie den Begriff des Erlöschens im Zusammenhang mit den eine rechtsvernichtende Einwendung darstellenden Ausschlussfristen gebraucht, während die Verjährung als eine peremptorische Einrede lediglich auf Dauer die Durchsetzung hemmt, sodass es sich bei dem Verwenden des Begriffs der Verjährung um eine zulässige klarstellende Auslegung handeln könnte. Allerdings spricht dagegen, dass der deutsche Gesetzgeber – von der relativen Verjährungsfrist abgesehen – den Begriff des Erlöschens aufgreift. Insofern ist fraglich, ob der deutsche Gesetzgeber die Angleichung an die deutsche Rechtsterminologie nicht konsequent durchführt[900] oder eine bewusst abweichende Regelung trifft. Während die Richtlinie keine Bestimmung darüber enthält, ob der Lauf der Frist durch die Erhebung der Rückgabeklage oder andere Tatbestände der Hemmung oder Unterbrechung unterliegt,[901] ergänzt §10 I 2

897 Susanne Spaun, „Der Herausgabeanspruch bei Diebstahl oder illegalem Export von Kulturgütern", S.201.
898 Anette Hipp, „Schutz von Kulturgütern in Deutschland", S.287.
899 Sabine Schmeinck, „Internationalprivatrechtliche Aspekte des Kulturgüterschutzes", S.197.
900 Anette Hipp, „Schutz von Kulturgütern in Deutschland", S.321f.
901 Anette Hipp, „Schutz von Kulturgütern in Deutschland", S.285.

KultGüRückG die Regelung der relativen Verjährungsfrist dahingehend, dass die Vorschriften über Hemmung und Unterbrechung des BGB entsprechend Anwendung finden, womit nach der Schuldrechtsreform auf die Vorschriften über Hemmung und Neubeginn in den §§203 ff. BGB abzustellen ist.
Dass die relative Frist für die Geltendmachung mit einem Jahr ab Kenntnis kurz ist, hat dazu geführt, dass die praktische Bedeutung der auf der RL 93/7/EWG und den entsprechenden Umsetzungsgesetzen basierenden Ansprüche als begrenzt eingestuft wird.[902]
Die Regelung des Art. 7 I 2 der RL 93/7/EWG, dass der Rückgabeanspruch spätestens 30 Jahre nach dem Zeitpunkt der unrechtmäßigen Verbringung erlischt, findet sich in §10 I 3 KultGüRückG und die in Art. 7 I 3 der RL 93/7/EWG vorgesehene Sonderregelung in §10 II KultGüRückG, welcher bestimmt, dass der Anspruch bei Kulturgütern öffentlicher Sammlungen und kirchlicher Einrichtungen abweichend erst nach 75 Jahren bzw. überhaupt nicht erlischt, wenn dies dem Recht des ersuchenden Mitgliedstaats entspricht, allerdings abweichend von der Richtlinie ohne den Verweis auf bilaterale Abkommen.[903]
Die von Art. 7 II der RL 93/7/EWG vorgesehene Unzulässigkeit der Rückgabeklage, wenn das Verbringen zu dem Zeitpunkt, zu dem die Klage erhoben wurde, nicht mehr unrechtmäßig ist, wird in §10 III KultGüRückG dahingehend präzisiert, dass die Geltendmachung des Rückgabeanspruchs ausgeschlossen ist, wenn die zuständige Behörde nachträglich eine Ausfuhrgenehmigung erteilt oder die Ausfuhr aufgrund einer nachträglichen Rechtsänderung Rechtmäßigkeit erlangt.
Fraglich ist, ob aufgrund der Formulierung ein Rückgabeanspruch bestehen bleibt, wenn nicht die unrechtmäßige Ausfuhr genehmigt wird, jedoch zuvor nach einer bereits erfolgten Rückkehr des Kulturgutes in das Hoheitsgebiet des ersuchenden Staats eine erneute Ausfuhr mit Genehmigung vorgenommen werden konnte und sich das Kulturgut nun in einem Mitgliedstaat befindet. Wird der Rückgabeanspruch nach den Vorgaben der RL 93/7/EWG als reiner Rückführungsanspruch ohne Herausgabeanspruch des Staats verstanden, ist das Ziel der Rückkehr in das Hoheitsgebiet bereits erreicht. Offen bleibt aber, ob von einem endgültigen Erlöschen des Anspruchs mit der Rückkehr und nur von einem zeitweisen Entfallen der Möglichkeit der Geltendmachung auszugehen ist und der Rückgabeanspruch wiederaufleben kann. Für letzteres könnte sprechen, dass eine ausdrückliche Regelung hinsichtlich des Erlöschens mit der Rückkehr fehlt. Auch muss der Staat von der Rückkehr des geschützten Kulturgutes keine Kenntnis erlangt haben, sodass die Gefahr einer erneuten unrechtmäßigen Verbringung hoch bleibt. Andererseits entstehen bei einer erneuten unrechtmäßigen Verbringung auch neue Rückgabeansprüche. Wird nach der Rückkehr jedoch eine Genehmigung erteilt, müsste in jedem Fall ein endgültiges Erlöschen des Rückgabeanspruchs angenommen werden. Denn nach dem Sinn und Zweck der Regelung ist die Anordnung einer Rückgabe in allen Fällen zu vermeiden, in denen anschließend eine rechtmäßige Ausfuhr möglich wäre.

---

902 Haimo Schack, „Kunst und Recht“, S.218, Rn. 518; Marc Weber, „Unveräußerliches Kulturgut im nationalen und internationalen Rechtsverkehr“, S.391f.

903 François Duret-Robert, „Droit du marché de l'art“, S.452, Rn.183.12; Joachim Berndt, „Internationaler Kulturgüterschutz“, S.158.

63 §§6 ff. KultGüRückG n.F.

Nach §6 I Nr. 1 KultGüRückG n.F. soll ein unrechtmäßig nach dem 31. Dezember 1992 aus dem Hoheitsgebiet eines anderen Mitgliedstaats der Europäischen Union in das Bundesgebiet verbrachter Gegenstand diesem Mitgliedstaat auf sein Ersuchen zurückzugeben sein, wenn dieser Gegenstand vor der Verbringung oder im Fall von archäologischen Gegenständen, die vor der Verbringung unbekannt waren, innerhalb eines Jahres, nachdem die zuständige Behörde des betroffenen Mitgliedstaats von dem Gegenstand Kenntnis erlangt hat, von dem ersuchenden Mitgliedstaat durch Rechtsvorschrift oder Verwaltungsakt als nationales Kulturgut von künstlerischem, geschichtlichem oder archäologischem Wert im Sinne des Art. 30 EG öffentlich eingestuft wurde oder seine Einstufung als nationales Kulturgut eingeleitet und die Einleitung des Verfahrens öffentlich bekannt gemacht wurde. Zudem muss dieser Gegenstand entweder gem. §6 I Nr. 2 lit. a KultGüRückG n.F. unter eine der im Anhang der RL 93/7/EWG genannten Kategorien fallen oder gem. §6 I Nr. 2 lit. b KultGüRückG n.F. als Teil einer öffentlichen Sammlung in ein Bestandsverzeichnis eines Museums, eines Archivs, einer religiösen Einrichtung oder in das Bestandsverzeichnis der erhaltungswürdigen Bestände einer Bibliothek eingetragen sein und die Sammlung selbst oder die Einrichtung, zu der sie gehört, nach der für sie gültigen Rechtsordnung einer öffentlichen Einrichtung gleichstehen.

63.1 Veränderungen des Rückgabeanspruchs für Mitgliedstaaten

Wie sich unschwer erkennen lässt, soll in §6 I KultGüRückG n.F. ein weitgehend §5 KultGüRückG entsprechender Rückgabeanspruch verankert werden. Abgesehen von kleinen Anpassungen, wie die Übernahme der geänderten Zählung des EG-Vertrages in §6 I Nr. 1 KultGüRückG n.F. oder die in §6 I Nr. 2 KultGüRückG n.F. vorgesehene Ersetzung des Wortes „kirchlich" durch das Wort „religiös", zeichnet sich als einzig folgenreiche neue Regelung die Eröffnung einer nachträglichen, einjährigen Einstufungsmöglichkeit von archäologischen Gegenständen als nationales Kulturgut von künstlerischem, geschichtlichem oder archäologischem Wert ab, sofern diese archäologischen Gegenstände vor der Verbringung unbekannt waren.
Die Schaffung einer solchen nachträglichen Eintragungsmöglichkeit deutet an, dass der Gesetzgeber trotz des von weiten Kreisen des Kunsthandels geforderten Ausschlusses der nachträglichen Einstufung als nationales Kulturgut seine Meinung hinsichtlich der Zulässigkeit geändert zu haben scheint. Jedoch entspricht das Gesetzes noch immer nicht der offenen Formulierung einer Einstufung „vor oder nach der unrechtmäßigen Verbringung" in der RL 93/7/EWG und erreicht keine generelle Gleichstellung auf dem Eintragungsprinzip basierender mit generalklauselartigen Regelungen. Er eröffnet vielmehr umfangmäßig und zeitlich begrenzt in Sonderfällen eine nachträgliche Einstufungsmöglichkeit.
Schon zuvor ist in der Literatur darauf hingewiesen worden, dass die unter Hinweis auf höherrangiges Gemeinschaftsrecht und die Rechtssicherheit bewusst ausgesparte Umsetzung der Rückwirkung durch den deutschen Gesetzgeber insbesondere im Hin-

blick auf archäologische Objekte kritisch geprüft werden müsse.[904] Denn gerade Raubgrabungen führen zu besonders schwerwiegenden Folgen für die Wissenschaft, weil mit der Entfernung der Objekte vom Fundort sowie mit dem Verlust des Kulturgutes für den Herkunftsstaat regelmäßig auch eine unwiederbringliche Zerstörung des Fundzusammenhangs und der darin verborgenen Erkenntnisse über Kultur und Geschichte einhergeht.[905] So müssen die Bodenschichten untersucht werden, in welchen sich die Objekte befinden. Positionen der Fundorte und die Entfernungen zu anderen Objekten sind festzuhalten. Auch sollen möglichst viele Informationen über die Umgebung ausgeschöpft werden, indem erhaltene Pflanzenreste und empfindliche Materialien wie korrodierte Metalle oder Textilienreste sorgsam konserviert werden.[906]
Da selbst bei Annahme eines Falls der echten Rückwirkung eine solche zulässig ist, wenn das angestrebte Ziel es verlangt und das berechtigte Vertrauen des Betroffenen berücksichtigt wird,[907] ist zu prüfen, welches Ziel gerade eine Rückwirkung bei archäologischen Objekten verlangt, die vor der Verbringung unbekannt waren, und inwieweit das berechtigte Vertrauen der Betroffenen hinreichend berücksichtigt und ausreichend geschützt wird.
Als Ziel der Rückwirkung im archäologischen Bereich kann angesehen werden, dass gerade in einem besonders sensiblen Bereich die Kulturgüterschutzvorschriften völlig leer zu laufen drohen, wenn eine vorherige Eintragung von Objekten, welche vor ihrer Verbringung unbekannt waren, durch den ersuchenden Mitgliedstaat verlangt wird. Denn das Erfordernis einer vorherigen Einstufung kann nur im Hinblick auf solche Kulturgüter überhaupt erfüllt werden, welche dem Mitgliedstaat bekannt sind. Hingegen ist es im Hinblick auf solche Kulturgüter regelmäßig von vorneherein ausgeschlossen, welche unmittelbar nach der illegalen Ausgrabung über die Grenze verbracht werden.[908] Gerade dann, wenn der Mitgliedstaat keinerlei Chance erhält, nationale Kulturgüter von künstlerischem, geschichtlichem oder archäologischem Wert zu erfassen und identifizieren, zu dokumentieren und erst recht nicht einzustufen, kann er nicht auf die Möglichkeit einer vorherigen Einstufung als nationales Kulturgut verwiesen werden.
Zwar kann lediglich der Verlust des Kulturgutes durch die Rückgabe beseitigt werden, da häufig der Fundkontext nicht mehr zu rekonstruieren ist.[909] Dennoch gebieten auch

---

904 Kurt Siehr, „The Protection of Cultural Objects on a Regional Basis“, in: „La protection internationale des biens culturels“, S.88; Jörg Sprecher, „Beschränkungen des Handels mit Kulturgut und die Eigentumsgarantie“, S.174f.

905 Wolf-Dieter Heilmeyer, „Schutz archäologischer Kulturgüter aus der Sicht der Archäologie“, in: ZVgl Rwiss 95 (1996), S.124f.; Edward Dwyer, „Critical Comments on the Draft Principles to Govern a Licit International Traffic in Cultural Property“, in: John Henry Merryman (Hg.), „Thinking About the Elgin Marbles: Critical Essays on Cultural Property, Art and Law“, S.231; Karen D. Vitelli, „An Archaeologist's Response to the Draft Principles to Govern a Licit International Traffic in Cultural Property“, in: John Henry Merryman (Hg.), „Thinking About the Elgin Marbles: Critical Essays on Cultural Property, Art and Law“, S.239.

906 Neil Brodie, „The illegal trade in antiquities“, in: KUR 2006, S.26.

907 Anette Hipp, „Schutz von Kulturgütern in Deutschland“, S.279f.

908 Karen D. Vitelli, „An Archaeologist's Response to the Draft Principles to Govern a Licit International Traffic in Cultural Property“, in: John Henry Merryman (Hg.), „Thinking About the Elgin Marbles: Critical Essays on Cultural Property, Art and Law“, S.239f.

909 Friedrich Krinzinger, „Schutz von archäologischem Kulturgut“, in: Gerte Reichelt (Hg.), „Neues Recht zum Schutz von Kulturgut“, S.52; Wolf-Dieter Heilmeyer, „Schutz archäologischer Kul-

dann der Gesichtspunkt der Schadensbegrenzung und die präventive, abschreckende Wirkung eine Rückgabe.[910] Auch können bei Einräumung von Rückgabeansprüchen nach der Rückgabe die Sonderkollisionsregeln Anwendung finden. Zur Erreichung eines nachhaltigen Schutzes gelten wegen der tatsächlich und finanziell begrenzten Möglichkeiten zum Schutz vor Plünderungen gerade sachenrechtliche Modifikationen, welche die Lukrativität des illegalen Kulturgüterhandels angreifen, als wirksamstes Mittel.[911]

Zwar wird durch die Ausnahmeregelung das Prinzip der Rechtssicherheit und des Verkehrsschutzes eingeschränkt, eine zeitliche Begrenzung der Unsicherheit wird jedoch dadurch erreicht, dass der Herkunftsstaat innerhalb eines Jahres nach bekannt werden des Kulturgutes tätig werden muss. Zumindest nach Ablauf dieser Jahrensfrist können Sammler, Museen und der Kunst- und Antiquitätenhandel, abgesehen von den anderen Möglichkeiten eines nachträglichen Entstehens von Rückgabeansprüchen, weitgehend sicher sein, dass die Kunstwerke, mit denen sie es zu tun haben, nicht mehr zurückgegeben werden müssen.[912] Auch bieten die bei Gutgläubigkeit des Rückgabeschuldners eingreifenden Entschädigungsregelungen eine Ausgleichsmöglichkeit.

63.2 Erweiterung um einen Rückgabeanspruch für UNESCO-Vertragsstaaten

Die Beschränkung des Rückgabeanspruchs auf Mitgliedstaaten wurde in der Literatur kritisiert, da die RL 93/7/EWG Raum für die Entwicklung eigenständiger Rückgabeansprüche von Drittstaaten lässt,[913] aber andere Herkunftsstaaten bislang dennoch, wenn sie nicht zugleich Eigentümer eines Kulturgutes sind, auf unzureichende, aus dem Völkerrecht abgeleitete, fragwürdige Rückgabeansprüche verwiesen werden müssen.[914]

Nach §6 II 1 KultGüRückG n.F. soll ein unrechtmäßig nach dem Zeitpunkt des Inkrafttretens des Vertragsgesetzes zum UNESCO-Kulturgutübereinkommen aus dem Hoheitsgebiet eines Vertragsstaats in das Bundesgebiet verbrachter Gegenstand dem Vertragsstaat auf sein Ersuchen zurückgegeben werden, wenn dieser Gegenstand vor der Verbringung oder im Fall von archäologischen Gegenständen, die vor der Verbringung unbekannt waren, innerhalb eines Jahres, nachdem die zuständige Behörde des betroffenen Vertragsstaats von dem Gegenstand Kenntnis erlangt hat, von dem ersuchenden Vertragsstaat aus religiösen oder weltlichen Gründen als für die Archäologie, Vorgeschichte, Geschichte, Literatur, Kunst oder Wissenschaft besonders bedeutsam bezeichnet oder ein Verfahren zur Bezeichnung eingeleitet und die Einleitung des Verfahrens öffentlich bekannt gemacht wurde und der Gegenstand einer der in Artikel 1

---

turgüter aus der Sicht der Archäologie", in: ZVgl Rwiss 95 (1996), S.124f.; Kurt Siehr, in: Ebling/Schulze, Teil 3, Rn.3.

910 Frank Fechner, „Die Vorhaben der EG zum Kulturgüterschutz", in: DÖV 1992, S.611; Erik Jayme, „Kulturgüterschutz in ausgewählten europäischen Ländern", in: ZVglRWiss 95 (1996), S.161f.

911 Astrid Müller-Katzenburg, „Besitz- und Eigentumssituation bei gestohlenen und sonst abhandengekommenen Kunstwerken", in: NJW 1999, S.2558.

912 Anette Hipp, „Schutz von Kulturgütern in Deutschland", S.319.

913 Frank Kohls, „Kulturgüterschutz", S.61; Anette Hipp, „Schutz von Kulturgütern in Deutschland", S.418.

914 Kurt Siehr, „Globalization and National Culture: Recent Trands Toward a Liberal Exchange of Cultural Objects", in: VandJTransnL 2005, S.1082.

des UNESCO-Kulturgutübereinkommens genannten Kategorien angehört. Dabei sind nach §6 II 2 KultGüRückG n.F. solche Gegenstände als besonders bedeutsam bezeichnet im Sinne von §6 II 1 KultGüRückG n.F., die individuell identifizierbar von einem anderen Vertragsstaat in ein Verzeichnis des bedeutenden öffentlichen und privaten Kulturgutes aufgenommen worden sind, welches gem. §6 II 3 KultGüRückG n.F. im Bundesgebiet ohne unzumutbare Hindernisse öffentlich zugänglich sein muss. Gesichert wird diese Rückgabeverpflichtung in §6 II 4 KultGüRückG n.F. durch die Regelung, dass dann, wenn sich nicht klären lässt, ob ein Gegenstand, der vor dem Zeitpunkt des Inkrafttretens des Vertragsgesetzes zum UNESCO-Kulturgutübereinkommen als besonders bedeutsam bezeichnet worden ist, vor oder nach diesem Tag ins Bundesgebiet verbracht worden ist, dieser Gegenstand als nach diesem Tag ins Bundesgebiet verbracht gilt. Die in diesen Regelungen zutagetretende besondere Verbindung einer an das UNESCO-Kulturgutübereinkommen angenäherten Terminologie und einer gleichzeitigen Orientierung an dem Rückgabeanspruch für Mitgliedstaaten wird im letzten Kapitel der Arbeit näher erörtert.
An dieser Stelle soll die bereits im Hinblick auf den neuen Rückgabeanspruch für Mitgliedstaaten nach §6 I KultGüRückG n.F. erörterte Problematik der nachträglichen Eintragungsmöglichkeit von archäologischen Gegenständen aufgegriffen werden, welche auch den Rückgabeanspruch des §6 II KultGüRückG n.F. kennzeichnet. Zwar gibt das UNESCO-Kulturgutübereinkommen, anders als die RL 93/7/EWG keine konkrete Ausgestaltung von Rückgabeansprüchen vor und fordert auch keine nachträgliche Eintragungsmöglichkeit von bereits unrechtmäßig verbrachten Kulturgütern zur Behebung der Nachteile des Eintragungsverfahrens. Zumindest fordert aber auch das UNESCO-Kulturgutübereinkommen den wirksamen Schutz archäologischer Kulturgüter.
Dieser vom UNESCO-Kulturgutübereinkommen geforderte Schutz und die vergleichbaren Probleme im Hinblick auf die Eintragung archäologischer Kulturgüter könnten jedoch eine vergleichbare Regelung für Mitgliedstaaten und der UNESCO-Vertragsstaaten gebieten: So wird hinsichtlich archäologischer Kulturgüter wegen des häufigen Bekanntwerdens der Existenz der Objekte erst nach der illegalen Verbringung und des daraus resultierenden Leerlaufen der Rückgaberegelungen auch im Hinblick auf den Rückgabeanspruch für UNESCO-Vertragsstaaten eine zeitlich begrenzte nachträgliche Unterschutzstellung für nötig gehalten[915] und letztlich auch die damit zusammenhängende Rückwirkung in Kauf genommen.
Tatsächlich ist die Eröffnung der Möglichkeit der nachträglichen Unterschutzstellung im Zusammenhang mit dem Rückgabeanspruch der UNESCO-Vertragsstaaten jedoch trotz fehlender expliziter Vorgaben sogar noch dringender erforderlich als im Zusammenhang mit dem Rückgabeanspruch der Mitgliedstaaten: Während die Mitgliedstaaten den Schutz ihrer Kulturgüter nicht zwingend durch eine Eintragung regeln müssen, sondern im Rahmen einer Kategorisierung eine generalklauselartige Formulierung wählen können und sich dadurch die Möglichkeit der Geltendmachung entsprechender Rückgabeansprüche nach §6 I KultGüRückG n.F. sichern können, setzt §6 II KultGüRückG n.F. zwingend eine Eintragung des Kulturgutes voraus und eröffnet den Vertragsstaaten somit keine Möglichkeit, durch eine generalklauselartige Formulierung ihrer Kulturgüterschutznormen das Problem zu beheben.

---

915 Stephanie Schulz-Hombach und Katrin Schenk, „Der Gesetzentwurf zur Ausführung des UNESCO-Kulturgutübereinkommens", in: KUR 2006, S.50.

63.3 Weitere maßgebliche Regelungen

Die weiteren maßgeblichen Regelungen sind von der bisherigen Fassung des KultGü-RückG übernommen und auf die Rückgabeansprüche der UNESCO-Vertragsstaaten erweitert und daher auch terminologisch angepasst worden. Dabei hat sich die Zuordnung verschoben, sodass beispielsweise die Regelung über Rückgabegläubiger und Rückgabeschuldner in §7 KultGüRückG n.F. und die Entschädigungsregelung in §10 KultGüRückG n.F. fallen und die Rückgabeklage des ersuchenden Staats in §13 Kult-GüRückG n.F. geregelt wird. In dem die Verjährung und das Erlöschen des Rückgabeanspruchs regelnden §11 KultGüRückG n.F. wird zudem der Begriff der Unterbrechung aufgrund der Schuldrechtsreform durch den des Neubeginns ersetzt.
Dabei wird der in §11 I KultGüRückG n.F. übertragene §10 I KultGüRückG auf UNESCO-Vertragsstaaten erweitert, obwohl das UNESCO-Kulturgutübereinkommen keinen Rahmen für die Geltendmachung von Ansprüchen vorgibt und gerade von finanzschwachen source states auf die Bedeutung einer zeitlich unbegrenzten Möglichkeit der Geltendmachung hingewiesen wird, da ohnehin die meisten Rückgabeklagen an einer zu späten Beschreitung des Gerichtswegs scheitern[916] und Armut und Hungersnöte die Ausgabe von Geld für die Rückgabe von Kulturgütern zusätzlich erschweren.[917] Hingegen bleibt die in §11 II KultGüRückG n.F. übertragene, zu einer verlängerten Frist führende Sonderregelung des §10 II KultGüRückG an den Anwendungsbereich der RL 93/7/EWG gekoppelt. Sonstige wesentliche Änderungen und Klarstellungen hinsichtlich der diskutierten Probleme wurden nicht vorgenommen.

63.4 Stellung der §6 I und §6 II KultGüRückG n.F. zueinander

Hinsichtlich der Mitgliedstaaten, die zugleich UNESCO-Vertragsstaaten sind, könnte §6 I KultGüRückG n.F. gegenüber §6 II KultGüRückG n.F. als lex specialis[918] anzusehen sein. Problematisch ist aber, dass der Kulturgutbegriff des UNESCO-Kulturgutübereinkommens mangels ausdrücklicher Alters- und Wertgrenzen in Bezug auf den Umfang der rückgabepflichtigen Kulturgüter weiter gefasst ist. Für Anspruchskonkurrenz und die dadurch mögliche Heranziehung der jeweils günstigeren Regelung bei unterschiedlichen Voraussetzungen oder Verjährungsfristen spricht das Ziel der Regelungen, einen bestmöglichen Kulturgüterschutz zu erreichen.
Eine Ausdehnung des Rückgabeanspruchs gegenüber Mitgliedstaaten, welche zugleich UNESCO-Vertragsstaaten sind, ist nach Art. 14 I der RL 93/7/EWG gestattet. Fraglich ist jedoch, ob eine solche Ausdehnung auch den Mitgliedstaaten zugute kommen müsste, welche nicht zugleich UNESCO-Vertragsstaaten sind. Eine Verpflichtung zur gleichmäßigen Erweiterung gegenüber allen Mitgliedstaaten ist aus der vom Gemeinschaftsgesetzgeber zu Art. 14 der RL 93/7/EWG getätigten Anmerkung abgeleitet worden, dass einem Mitgliedstaat, welcher seine Rückgabeverpflichtung erweitere, kein Recht zur Forderung nach Gegenseitigkeit zukomme.[919]

916 Wilfried Fiedler, „Zwischen Kriegsbeute und internationaler Verantwortung", in: Gerte Reichelt (Hg.), „Neues Recht zum Schutz von Kulturgut", S.149.
917 Gitanjali Deb, „Stealing Gods", in: Art Antiquity and Law 2005, S.52f.
918 Begründung in Drucksache 155/06, S.32.
919 Volker Wiese, „Der Einfluß des EG-Rechts auf das internationale Sachenrecht der Kulturgüter", S.268.

63.5 Bleibende Schutzlücken

Bei Ablehnung eines völkerrechtlichen Rückgabeanspruchs bleiben Schutzlücken im Hinblick auf Kulturgüter aus Staaten, welche weder Mitgliedstaaten noch UNESCO-Vertragsstaaten sind. Auch fehlt ein Lösungsvorschlag hinsichtlich des Vorwurfs, dass die an Bedeutung gewinnende internationale Rolle von nicht-staatlichen Akteuren nicht hinreichend gewürdigt wird[920] und die nur von Staaten, nicht aber von kulturellen Gruppen geltend zu machenden Rückgabeansprüche es Minderheiten und indigenen Völkern erschweren, die für ihre Kultur und Religion zentralen Güter zu erhalten.[921] Zwar können solche Volksgruppen von Rückgabeanspüchen an den Herkunftsstaat profitieren, selbst wenn die von ihnen geforderten Kulturgüter nur für ihre Volksgruppe von Bedeutung sind, sofern die Belegenheit zum maßgeblichen Kriterium wird[922] oder zumindest die Vielfältigkeit der Volksgruppen als identitätsstiftend für eine pluralistische nationale Identität begriffen wird[923] und staatsinterne Rückgabeansprüche wiederum die Rückgabe an die jeweilige Gruppe ermöglichen.[924] Dadurch werden auch die Schwierigkeiten ausländischer Staaten bei der Bestimmung der berechtigten Gruppe oder Untergruppe vermieden. Andererseits können aber auch Probleme bei der Bestimmung des berechtigten Staats dadurch entstehen, dass sich die nationalen Grenzen nicht mit dem Siedlungsgebiet eines Volkes zu der Zeit decken, zu der ein Kulturgut hergestellt wurde[925] bzw. dadurch, dass auch heute noch viele indigene Völker und andere kulturelle Gruppen grenzübergreifend angesiedelt sind.[926]
Bislang haben einzelne Bürger, deren Kulturgut über die Grenze verbracht wurde, keine Möglichkeit, das durch das KultGüRückG bereitgestellte Schutzinstrumentarium selbst zu nutzen.[927] Auch nach Erlass des KGÜAG bleiben sie auf ein Tätigwerden des jeweiligen Staats angewiesen, um die Rückkehr des betreffenden Gegenstandes bewirken zu können. Auch ein rechtlich durchsetzbarer Anspruch von Privatpersonen gegen den Staat auf Geltendmachung des Rückgabeanspruchs wird nicht integriert werden.
Daneben bestehen Schutzlücken dadurch, dass die Rückgabeansprüche nur für zukünftig unrechtmäßig ausgeführte Kulturgüter greifen. Die Probleme der in der Vergangenheit aus den Herkunftsstaaten verbrachten Kulturgüter können aber nur durch einen allgemeinen völkerrechtlichen Rückgabeanspruch ausgeräumt werden.[928]

---

920 Francesco Francioni, „Beyond State Sovereignty“, in: MichJIntL 2004, S.1210; Michael F.Brown, „Who Owns Native Culture?“, S.229ff.; Kerstin Odendahl, „Kulturgüterschutz“, S.630.

921 Anastasia Grammatikaki-Alexiou, „International Protection of Indigenous Cultural Property“, in: „La protection internationale des biens culturels“, S.95, S.104f.; Kathryn Last, „The Resolution of Cultural Property Disputes“, in: „Resolution of Cultural Property Disputes“, S.64.

922 J. P. Sigmond, „Some Thoughts on the Importance of Cultural Heritage and the Protection of Cultural Goods“, in: Art Antiquity and Law 2005, S.64; Anette Hipp, „Schutz von Kulturgütern in Deutschland“, S.231.

923 Francesco Francioni, „Beyond State Sovereignty“, in: MichJIntL 2004, S.1209f.

924 Craig J.S.Forrest, „The Protection of Cultural Heritage in South Africa, and its Implementation of the UNESCO Convention“, in: Art Antiquity and Law 2005, S.20.

925 Ronald D. Spencer, „The Expert and the Object“, in: Kate Fitz Gibbon (Hg.) „Who Owns the Past?“, S.162.

926 Piers Davies, „The Return of Treasures to Indigenous Peoples“, in: Art Antiquity and Law 2004, S.86f.;

927 Sabine Schmeinck, „Internationalprivatrechtliche Aspekte des Kulturgüterschutzes“, S.195f.

928 Michael H. Carl, „Legal Issues Associated with Restitution – Conflict of Law Rules Concerning Ownership and Statutes of Limitation“, in: „Resolution of Cultural Property Disputes“, S.191.

64 Zur Konkurrenz zwischen zivilrechtlichen und öffentlich-rechtlichen Ansprüchen

Da allgemein anerkannt ist, dass zivilrechtliche Herausgabeansprüche neben öffentlich-rechtlichen und solchen aus Übereinkommen bestehen bleiben, kann grundsätzlich eine parallele Vorgehensweise in Betracht kommen.[929] So kann Art. 15 der RL 93/7/EWG entnommen werden, dass die Rückgabeansprüche zivilrechtlichen Maßnahmen nicht entgegen stehen, die der ersuchende Mitgliedstaat bzw. der Eigentümer eines Kulturgutes aufgrund der nationalen Rechtsvorschriften ergreifen kann.[930]
Auch die Umsetzungsvorschrift des §4 II KultGüRückG sowie der §5 II KultGüRückG n.F. stellen eindeutig klar, dass zivilrechtliche Ansprüche durch die öffentlich-rechtlichen Rückgabeansprüche unberührt bleiben sollen. Für ein paralleles Eingreifen spricht weiterhin, dass die RL 93/7/EWG und das bisherige KultGüRückG sowie die vom deutschen Gesetzgeber getroffene Regelung im KultGüRückG n.F. auf das unrechtmäßige Verbringen von Kulturgütern abstellen und sich dadurch nur auf Verstöße gegen Exportregelungen beziehen, nicht hingegen auf die zivilrechtliche Eigentumslage. Zudem verfolgen die öffentlich-rechtlichen Rückgabeansprüche, welche in erster Linie die Durchsetzung öffentlich-rechtlicher Kulturgüterschutznormen ausländischer Staaten sicherstellen wollen, einen völlig anderen Zweck als die zivilrechtlichen Herausgabeansprüche.
Ist das Kulturgut jedoch gleichzeitig entgegen einem staatlichen Veräußerungsverbot oder Vorkaufsrecht veräußert worden oder scheitert der zivilrechtliche Herausgabeanspruch an einem gutgläubigen Erwerb, einer Ersitzung oder Verjährung, so kann unter Umständen der öffentlich-rechtliche Rückgabeanspruch in seiner Reichweite selbst in privatrechtlicher Hinsicht noch über den zivilrechtlichen Herausgabeanspruch hinausgehen.[931]
Insbesondere wenn der ersuchende Staat selbst Eigentümer des Kulturgutes ist, ist anerkannt, dass er alternativ oder kumulativ eine zivilrechtliche Herausgabeklage erheben kann und sich keineswegs zwangsläufig auf die Rückgabeklage nach der RL 93/7/EWG zu beschränken braucht. So wird sogar vertreten, dass trotz der unterschiedlichen Zielrichtung eine Zusammenlegung der zivilrechtlichen und öffentlich-rechtlichen Ansprüche zur Vermeidung unterschiedlicher Rechtswege geboten sei.[932]
Allerdings hängt der Erfolg einer zivilrechtlichen Klage davon ab, ob der Staat das Eigentum nach den anwendbaren zivilrechtlichen Vorschriften behalten hat und beweisen kann, während die Rückgabeklage der RL 93/7/EWG auf das illegale Verbringen abstellt. Im Einzelfall werden daher häufig nicht beide Wege gleichermaßen Erfolg versprechend sein. Daneben wird der Fall als unproblematisch eingeordnet, in dem ein privater Eigentümer eines Kulturgutes, welcher keine Rückgabeklage nach der RL 93/7/EWG erheben kann, eine zivilrechtliche Herausgabeklage erhebt, obwohl der Herkunftsstaat keine Rückgabeklage nach der RL 93/7/EWG erheben will.[933]

---

929 Jarste Akkermann, „Internationaler Kulturgüterschutz", in: KUR 2002, S.31; Marc Weber, „Unveräußerliches Kulturgut im nationalen und internationalen Rechtsverkehr", S.402.
930 Kurt Siehr, „Die EG-Richtlinie von 1993 über die Rückgabe von Kulturgütern und der Kunsthandel", in: Gerte Reichelt (Hg.), „Neues Recht zum Schutz von Kulturgut", S.35.
931 Anette Hipp, „Schutz von Kulturgütern in Deutschland", S.278.
932 Kurt Siehr, in: Ebling/Schulze, Teil 3, Rn.84.
933 Anette Hipp, „Schutz von Kulturgütern in Deutschland", S.292.

Als schwieriger entpuppt sich jedoch der Fall der gleichzeitigen Geltendmachung des Rückgabeanspruchs durch einen Staat, welcher nicht zugleich Eigentümer ist, und eines zivilrechtlichen Herausgabeanspruchs durch den Eigentümer. In diesem Zusammenhang ist vertreten worden, dass ein Herausgabeanspruch eines bestohlenen Eigentümers aus §985 BGB gegenüber einem auf der RL 93/7/EWG basierenden Rückgabeanspruch des Staats vorrangig sein müsste, da sonst der Staat Nutznießer des Diebstahls würde.[934]

Einem Vorrang des Herausgabeanspruchs gegenüber dem Rückgabeanspruch widerspricht jedoch der Sinn und Zweck der RL 93/7/EWG, die Rückkehr sicherzustellen. So kann nicht ausgeschlossen werden, dass der Eigentümer nach Ablauf der kurzen Frist für die Rückgabeklage die Verfügung nicht noch genehmigt. Auch die Schlussforderung, der Staat könne vom Diebstahl gegenüber dem Eigentümer profitieren, übersieht, dass der Staat durch die Rückgabe keineswegs zwangsläufig Eigentümer wird. Wird das Kulturgut lediglich in das Territorium des Herkunftsstaats zurückgeführt, so bleibt dem Eigentümer grundsätzlich die Möglichkeit erhalten, einen zivilrechtlichen Herausgabeanspruch gegen die Person geltend zu machen, welche das Kulturgut besitzt. Selbst wenn im Rahmen der Rückgabe eine Besitzübertragung an den Staat vorgenommen wird, so ist die Folgerung, dass der bestohlene Eigentümer gegen den ersuchenden Mitgliedstaat keinen Anspruch auf Herausgabe, sondern nur Schadensersatzansprüche gegen den Dieb gemäß §§990, 989, 992, 823 BGB hat, wenn der Dieb das Kulturgut bereits an den ersuchenden Mitgliedstaat herausgegeben hat, mit dem Wortlaut der Richtlinie und des KultGüRückG und der Zielsetzung, die zivilrechtlichen Eigentumsverhältnisse grundsätzlich unberührt zu lassen, nicht vereinbar. Da der Rückgabeanspruch dem Staat nur das Recht gibt, das Kulturgut in sein Territorium zurückzuholen, nicht hingegen den Besitz zu behalten, kann der Staat, wenn deutsches Recht Anwendung findet, dem Anspruch des Eigentümers aus §985 BGB kein Recht zu Besitz im Sinne des §986 BGB entgegenhalten, sodass der Eigentümer seinen zivilrechtlichen Herausgabeanspruch auch gegen den Staat geltend machen kann, welcher das Kulturgut aufgrund einer Rückgabeklage erhalten hat.[935]

Wird einem zivilrechtlichen Herausgabeanspruch der Vorrang gegenüber einem staatlichen Rückgabeanspruch unter der Annahme eingeräumt, der Staat würde sonst Eigentümer, so wäre die absurde Folge, dass durch den staatlichen Rückgabeanspruch letztlich dem Dieb dadurch ein Druckinstrument an die Hand gegeben würde, dass er es in der Hand hielte, entweder das Kulturgut an den Staat zurückzugeben oder an den Eigentümer herauszugeben, und er durch Rückgabe an den Staat dafür sorgen könnte, dass der bestohlene Eigentümer sein Kulturgut nicht zurückerhält. Letztlich sind auch im Fall der gleichzeitigen Geltendmachung zivilrechtlicher Herausgabe- und öffentlich-rechtlicher Rückgabeansprüche durch unterschiedliche Parteien keine Beschränkungen geboten.

Allerdings kann in Sonderfällen, beispielsweise wenn das Recht des ersuchenden Staats das Kulturgut mit dem illegalen Grenzübertritt für verfallen erklärt, eine zivilrechtliche Herausgabeklage des ursprünglichen Eigentümers nach der Rückgabe an den Staat wegen einer abweichenden, aufgrund der Sonderkollisionsnormen nach der

---

934 Wolfgang Eberl, „Probleme und Auswirkungen der EG-Vorschriften zum Kulturgüterschutz", in: NVwZ 1994, S.732f.

935 Anette Hipp, „Schutz von Kulturgütern in Deutschland", S.292f.

Rückgabe heranzuziehenden Rechtsordnung wegen der vorherigen Geltendmachung eines staatlichen Rückgabeanspruchs keinen Erfolg mehr haben.[936]
Wenn aber der Erfolg der zivilrechtlichen Klage des Eigentümers davon abhängt, ob bereits der Staat seinen Rückgabeanspruch durchgesetzt hat, droht letztlich eine dem Wettlauf der Sicherungsnehmer vergleichbare Problematik, die nur dann entschärft wird, wenn staatliche Verfallsregelungen wiederum eine Rückgabe an den Eigentümer vorsehen, wenn diesen an dem illegalen Verbringen kein Verschulden trifft.
Auch wenn die RL 93/7/EWG im Gegensatz zur VO Nr. 3911/92 die Einführung von Sanktionsnormen für Verstöße gegen ihre Bestimmungen nicht zwingend vorschreibt, steht sie wegen Art. 15 der RL 93/7/EWG strafrechtlichen Maßnahmen durch nationale Rechtsvorschriften der Mitgliedstaaten auch nicht entgegen,[937] sodass Regelungen wie die des §13 KultGüRückG oder §20 KultGüRückG n.F. zulässig sind.[938]

---

936 Anette Hipp, „Schutz von Kulturgütern in Deutschland", S.293.
937 Kurt Siehr, „Die EG-Richtlinie von 1993 über die Rückgabe von Kulturgütern und der Kunsthandel", in: Gerte Reichelt (Hg.), „Neues Recht zum Schutz von Kulturgut", S.35.
938 Anette Hipp, „Schutz von Kulturgütern in Deutschland", S.330.

Teil D
Kollisionsrechtliche Auswirkungen deutscher und ausländischer Kulturgüterschutznormen im Bereich des Schuldrechts

65 UN-Kaufrecht als vorrangiges Einheitsrecht

Das Kaufrecht soll wegen seiner besonderen Bedeutung für den Kunsthandel bei den folgenden Erörterungen auch weiterhin im Vordergrund stehen. Als Staatsvertrag vorrangig zu den allgemeinen Kollisionsregeln ist das Wiener UN-Übereinkommen vom 11.04.1980 über Verträge über den internationalen Warenkauf (CISG), welches internationales Einheitsrecht bezogen auf den Abschluss und die Abwicklung grenzüberschreitender Warenkaufverträge enthält.[939]

65.1 Anwendungsbereich

Das CISG ist seit dem 01.01.1991 für Deutschland in Kraft getreten.[940] Trotz der weiten Verbreitung des CISG und der vielfältigen Wechselwirkungen bei der Gestaltung nationaler Vorschriften,[941] haben von den EU-Mitgliedstaaten Großbritannien, Irland, Portugal und Malta das CISG nicht ratifiziert.[942] Zu beachten ist, dass für die vor dem Inkrafttreten des CISG geschlossenen Verträge weiterhin das Einheitliche Gesetz über den internationalen Kauf beweglicher Sachen vom 17.07.1973 und das Einheitliche Gesetz über den Abschluss von internationalen Kaufverträgen über bewegliche Sachen vom 17.07.1973 gelten, welche wegen ihrer abnehmenden Bedeutung aber nicht näher erörtert werden. Bereits vor dem 01.01.1991 galt das CISG gem. Art. 100 II bei einem Verweis des deutschen internationalen Privatrechts auf das Recht eines Vertragsstaats.[943]

Der aus den Art. 1-6 CISG abgeleitete räumliche und sachliche Anwendungsbereich ergibt, dass das Übereinkommen nur Kaufverträge über die Lieferung von Waren erfasst. Überwiegen kauffremde Inhalte, gilt das CISG gem. Art. 3 II auch dann nicht, wenn in dem Vertrag zugleich auch kaufvertragliche Pflichten vorgesehen sind.[944] Als Waren werden bewegliche Handelsgegenstände und somit ungeachtet eventuell einschlägiger kulturgüterrechtlicher Beschränkungen alle beweglichen sowie zum Zeitpunkt der Lieferung beweglich gewordenen Kulturgüter angesehen. Trotzdem ist der Anwendungsbereich eher gering, denn gem. Art. 2 lit. a CISG sind Verbrauchergeschäfte nicht umfasst. Da als Verbraucher auch solche privaten Sammler eingeordnet werden, die Kulturgüter als Geldanlage erwerben, kommen in erster Linie Kunsthändler, Großkonzerne und Firmen, die Beteiligungen an den erworbenen Kulturgütern ausgeben, sowie Museen als Parteien eines Handelskaufvertrages in Frage. Als Grenzfall werden Kunstkäufe zur Ausstattung von Geschäftsräumen ebenfalls noch dem Anwendungsbereich des CISG zugeordnet. Die zunehmende Kommerzialisierung des

939 Haimo Schack, „Kunst und Recht", S.173f., Rn. 424f.
940 Haimo Schack, „Kunst und Recht", S.173f., Rn. 424f.
941 Peter Schlechtriem, „25 Jahre CISG – Bewährung und Bewahrung", in: EuZ 2005, S.27f.
942 Ulrich Magnus, „25 Jahre UN-Kaufrecht", in: ZEuP 2006, S.97f.
943 Brigitte Schwadorf-Ruckdeschel, „Rechtsfragen des grenzüberschreitenden rechtsgeschäftlichen Erwerbs von Kulturgütern", S.67ff.
944 Burghard Piltz, „Neue Entwicklungen im UN-Kaufrecht", in: NJW 2005, S.2127.

Kunsthandels könnte jedoch in Zukunft zu einer wachsenden Bedeutung der Regelungen führen.[945]
Jedoch kann auch bei Anwendbarkeit des CISG dessen Geltung nach Art. 6 ganz oder teilweise vertraglich ausgeschlossen werden. Da das UN-Kaufrecht auch ausgeschlossen werden kann, ohne zugleich ein bestimmtes nationales Recht zu wählen, kann in solchen Fällen Art. 28 EGBGB zur Bestimmung des anwendbaren nationalen Rechts herangezogen werden.[946]
Eine weitere Einschränkung hinsichtlich des sachlichen Anwendungsbereichs nimmt Art. 2 lit. b CISG vor, welcher das CISG bei privaten und öffentlichen Versteigerungen nicht eingreifen lässt, denn Versteigerungen folgen besonderen Gebräuchen und keiner der Beteiligten könnte von Anfang an sicher sein, dass die weiteren Anwendungsvoraussetzungen des CISG gegeben wären.[947]
In persönlicher Hinsicht müssen die Parteien des Kaufvertrages eigentlich gem. Art. 1 I lit. a CISG ihre Niederlassung in verschiedenen Vertragsstaaten haben. Gem. Art. 1 I lit. b CISG genügt – vorbehaltlich von Art. 95 – jedoch die Niederlassung in verschiedenen Staaten, sofern die nationalen Kollisionsregeln zur Anwendung des Rechts eines Vertragsstaats führen. Daher gilt das CISG für deutsche Verkäufer auch bei Lieferungen in Nichtvertragsstaaten, ohne dass eine dahingehende Äußerung erforderlich ist, solange nur keine Rechtswahl und kein Ausschluss im Sinne des Art. 6 CISG erfolgt.[948] Da die Niederlassung gem. Art. 10 CISG auf Dauer angelegt sein muss, sind bei Kunsthändlern die regulären Geschäftslokale maßgeblich, ein Messestand in einem anderen Staat genügt nicht. Handelt der Kunsthändler statt als Kommissionär in eigenem Namen als Stellvertreter in fremdem Namen, so ist auf die Niederlassung des Verkäufers abzustellen, welcher als Partei des Kaufvertrages anzusehen ist.[949]

65.2 Maßgebliche Sonderregelungen

Es werden durch das CISG der Vertragsabschluss sowie die sich aus dem Kaufvertrag ergebenden Rechte und Pflichten beider Parteien geregelt. Im Hinblick auf den Kulturgüterschutz ist insbesondere problematisch, inwieweit eine Sonderanknüpfung von Eingriffsnormen im Anwendungsbereich des CISG versperrt ist.[950] Auch wenn das CISG grundsätzlich gegenüber dem nationalen Recht vorrangig ist, so bleibt nach Art. 4 lit. a CISG die Beurteilung der Gültigkeit des Vertrages sowie einzelner vertragli-

945 Roberta Clerici, „La protection des biens culturels vis-à-vis des règles italiennes de conflit", in: Riv dir int priv proc 1989, S.800; Brigitte Schwadorf-Ruckdeschel, „Rechtsfragen des grenzüberschreitenden rechtsgeschäftlichen Erwerbs von Kulturgütern", S.70ff.; Haimo Schack, „Kunst und Recht", S.174, Rn. 425.

946 Jan Kropholler, „Internationales Privatrecht", S.479.

947 Brigitte Schwadorf-Ruckdeschel, „Rechtsfragen des grenzüberschreitenden rechtsgeschäftlichen Erwerbs von Kulturgütern", S.70ff.; Haimo Schack, „Kunst und Recht", S.174, Rn. 425; Guido Carducci, „The Growing Complexity of International Art Law", in: Barbara T. Hoffman (Hg.), „Art and Cultural Heritage", S.78.

948 Burghard Piltz, „Neue Entwicklungen im UN-Kaufrecht", in: NJW 2005, S.2127.

949 Haimo Schack, „Kunst und Recht", S.174, Rn. 425.

950 Roberta Clerici, „La protection des biens culturels vis-à-vis des règles italiennes de conflit", in: Riv dir int priv proc 1989, S.802.

cher Bestimmungen dem nationalen Recht vorbehalten.[951] Dies spricht dafür, dass Verstöße gegen Kulturgüterschutznormen zumindest im Hinblick auf die Gültigkeit des Vertrages ihre Wirkung entfalten können. Der Rückgriff auf konkurrierende deliktische Ansprüche wird jedoch versperrt. Die Beweislast ist lediglich indirekt geregelt.[952]
Art. 30 CISG verpflichtet den Verkäufer nach Maßgabe des Vertrages und des CISG die Ware zu liefern. Anders als in §433 I BGB ist neben der Pflicht, das Eigentum zu verschaffen, auch die Pflicht normiert, die die Ware betreffenden Dokumente zu übergeben. Zu diesen Dokumenten werden auch Ursprungszeugnisse und Exportgenehmigungen gezählt, da sie der Käufer unter Umständen benötigt, um eine Einfuhrgenehmigung zu erhalten.[953] Da diese Pflicht, die Exportgenehmigungen zu übergeben, beim internationalen Kauf von Kulturgütern eine besondere Rolle spielt, schafft diese ausdrückliche Normierung diesbezüglich eine Klarheit über eine Pflicht, die im BGB erst im Zusammenhang mit den vertraglichen Vereinbarungen entwickelt werden muss. Auch im Rahmen des CISG ist jedoch Raum für die Entwicklung weiterer Pflichten aus dem Vertrag, den maßgeblichen Gebräuchen und dem Grundsatz von Treu und Glauben.[954]
Problematisch ist im Bereich des CISG häufig die Bestimmung des Ortes, an den der Verkäufer zu liefern hat.[955] Art. 31 CISG regelt vorbehaltlich anderweitiger vertraglicher Bestimmungen den Inhalt der Lieferpflicht und den Ort, an dem die Lieferpflicht zu erfüllen ist.[956] Dabei differenziert Art. 31 CISG in Art. 31 a CISG und Art. 31 b und c CISG danach, ob der Vertrag eine Beförderung erfordert. Damit ist wesentlich, ob ein durch den Verkäufer veranlasster Transport der Ware erst dem Käufer die Übernahme ermöglicht oder ob der Käufer nach der Übernahme der Ware vom Verkäufer den Transport durchführt oder veranlasst, um die Ware an ihren Bestimmungsort zu bringen.[957] Werden vom Verkäufer aber mehrere Beförderer eingesetzt, ist die Lieferhandlung des Verkäufers, sofern kein abweichender Lieferort aus einzelnen Formulierungen des Vertrages oder den Umständen abgeleitet wird, an dem Ort zu erbringen, an dem die Ware gem. Art. 31 a CISG dem ersten Beförderer übergeben wird, sodass der Verkäufer für ein Fehlverhalten des Beförderers grundsätzlich nicht verantwortlich ist.[958] Allerdings wird der Verkäufer nur im Hinblick auf typische Transportrisiken entlastet. Hingegen haftet der Verkäufer für sämtliche Fehler des Beförderers, soweit der Beförderer eine nach dem Kaufvertrag den Verkäufer treffende Pflicht übernimmt. Insbesondere haftet der Verkäufer für Fehler bei der Erledigung von Zollformalitäten bei der Ausfuhr. Da die Erledigung der Zollformalitäten bei der Einfuhr hingegen zum

951 Guido Carducci, „The Growing Complexity of International Art Law", in: Barbara T. Hoffman (Hg.), „Art and Cultural Heritage", S.78; Burghard Piltz, „Neue Entwicklungen im UN-Kaufrecht", in: NJW 2005, S.2127f.
952 Burghard Piltz, „Neue Entwicklungen im UN-Kaufrecht", in: NJW 2005, S.2127f.
953 Ulrich Huber und Corinne Widmer, in: Schlechtriem/Schwenzer Art. 30 CISG, Rn.6.
954 Ulrich Huber und Corinne Widmer, in: Schlechtriem/Schwenzer Art. 30 CISG, Rn.9.
955 Burghard Piltz, „Neue Entwicklungen im UN-Kaufrecht", in: NJW 2005, S.2128f.; Ulrich Magnus, „25 Jahre UN-Kaufrecht", in: ZEuP 2006, S.114f.
956 Ulrich Huber und Corinne Widmer, in: Schlechtriem/Schwenzer Art. 31 CISG, Rn.1.
957 Ulrich Huber und Corinne Widmer, in: Schlechtriem/Schwenzer Art. 31 CISG, Rn.13ff.
958 Burghard Piltz, „Neue Entwicklungen im UN-Kaufrecht", in: NJW 2005, S.2128f.; Ulrich Huber und Corinne Widmer, in: Schlechtriem/Schwenzer Art. 31 CISG, Rn.20.

Pflichten- und Gefahrenkreis des Käufers gezählt wird,[959] wird dann, wenn ausländische Exportverbote zum Schutz von Kulturgütern sich in einem inländischen Importverbot widerspiegeln, das Interesse des Käufers an einem ordnungsgemäßen Export verstärkt.

Als besonderes bedeutend wird im Zusammenhang mit dem CISG erwähnt, dass Art. 46 I CISG einen Anspruch auf Erfüllung in Natur gewährt. Dies erstaunt zunächst, da sich im Vergleich zum deutschen Sachrecht keine wesentliche Abweichung ergibt. Denn solange die Leistung möglich ist, ist der Käufer nach den Regelungen des BGB nicht darauf beschränkt, Schadensersatz wegen Nichterfüllung zu verlangen. Im Common Law gilt jedoch als primärer Rechtsbehelf der Schadensersatzanspruch, sodass Erfüllung nur ausnahmsweise gewährt wird. So heißt es beispielsweise in §2-716 (1) UCC: „Specific performance may be decreed where the goods are unique or in other proper circumstances". Insbesondere bei Kulturgütern ist eine solche Einzigartigkeit und Unersetzbarkeit in der Regel gegeben und ein besonderes Interesse des Käufers an dem Gegenstand selbst kann angenommen werden. Das CISG als Vertragsstatut gewährt den Erfüllungsanspruch in Natur jedoch, ohne dass solche besonderen Voraussetzungen zu prüfen und ein Ermessen des Gerichts auszuüben wäre. Da sich der Vorbehalt des Art. 28 CISG nicht an deutsche Gerichte richtet, sind die Regeln über die specific performance nicht einschlägig, wenn das CISG als Vertragsstatut Anwendung findet.[960]

Art. 39 CISG verpflichtet den Käufer zu einer rechtzeitigen Anzeige, wenn er aus einer Vertragswidrigkeit Rechte herleiten will und sich nicht gem. Art. 40 CISG auf die Bösgläubigkeit des Verkäufers oder fehlende Information des Verkäufers berufen kann.[961]

66 Wichtige völkerrechtliche Regelungen zum Kulturgüterschutz und ihre Auswirkungen auf das Schuldrecht

Zu prüfen bleibt, welche völkerrechtlichen Regelungen zum Kulturgüterschutz Auswirkungen auf das Schuldrecht entfalten könnten. Das von der Bundesrepublik Deutschland ratifizierte UNESCO-Abkommen über die Einfuhr von Gegenständen erzieherischen, wissenschaftlichen oder kulturellen Charakters vom 22. November 1950 und das Protokoll vom 26. November 1976 haben nicht den Kulturgüterschutz, sondern den Kulturaustausch zum Ziel.[962] Auch in vielen bilateralen Abkommen wird der Kulturgüteraustausch als reiner Kulturaustausch behandelt.[963]

Das am 20. Oktober 2005 verabschiedete UNESCO-Übereinkommen über den Schutz und die Förderung der Vielfalt kultureller Ausdrucksformen betrifft in erster Linie regulatorische und finanzielle staatliche Maßnahmen zur Kulturförderung. Das Europäische Kulturschutzabkommen vom 19. Dezember 1954 verpflichtet zwar in Art. 1 die

959 Ulrich Huber und Corinne Widmer, in: Schlechtriem/Schwenzer Art. 31 CISG, Rn.32.

960 Haimo Schack, „Kunst und Recht", S.151f., Rn. 372.

961 Burghard Piltz, „Neue Entwicklungen im UN-Kaufrecht", in: NJW 2005, 2129f.; Ulrich Magnus, „25 Jahre UN-Kaufrecht", in: ZEuP 2006, S.116f.

962 Isabel Kühl, „Der Schutz von vorübergehend importierten Kulturgütern", in: „Kulturgüter: Möglichkeiten und Perspektiven einer gesamteuropäischen Zusammenarbeit", S.123; Anette Hipp, „Schutz von Kulturgütern in Deutschland", S.138f.

963 Anette Hipp, „Schutz von Kulturgütern in Deutschland", S.150f.

Vertragsstaaten, zu denen auch Deutschland zählt, geeignete Maßnahmen zum Schutz von Kulturgütern und zur Mehrung ihres Beitrags zum gemeinsamen kulturellen Erbe Europas zu ergreifen, ohne jedoch konkrete Maßnahmen und rechtliche Probleme im Zusammenhang mit dem Kulturgüterschutz zu regeln.[964]

Das von Deutschland ratifizierte Europäische Übereinkommen zum Schutz archäologischen Kulturgutes vom 6. Mai 1969 sieht hingegen zumindest die Ergreifung konkreter Maßnahmen durch die Vertragsstaaten vor, um Ausgrabungsstätten zu schützen und den illegalen Handel mit Ausgrabungsgegenständen zu verhindern.[965] Der wesentlichste Unterschied des revidierten Europäischen Übereinkommens zum Schutz des archäologischen Erbes vom 16. Januar 1992 wird darin gesehen, dass Art. 8 des Übereinkommens von 1969, nach dem der rechtmäßige Handel ausdrücklich unberührt bleiben soll, in dieses Übereinkommen nicht übernommen wurde, wobei die privatrechtlichen Konsequenzen unklar bleiben.[966] Das in Deutschland geltende Europäische Abkommen zum Schutz des architektonischen Erbe Europas vom 3. Oktober 1985 erfasst alleine ortsfeste Denkmäler und ähnliche Stätten, nicht aber bewegliche Kulturgüter.[967]

Auch die von Deutschland ratifizierte Konvention zum Schutz des Kultur- und Naturerbes der Welt vom 1972 enthält keine unmittelbar wirkenden Bestimmungen und sieht weder Handelsbeschränkungen noch rechtliche Regelungen vor. Im Vordergrund stehen vielmehr die Gefahren, die Kultur- und Naturgüter von außergewöhnlichem universellen Wert in ihrer Substanz bedrohen.[968] Die besonderen Gefahren absichtlicher Zerstörung, die im Zusammenhang mit Afghanistan verstärkt ins Bewusstsein gerückt sind, haben 2003 zu einer UNESCO-Deklaration geführt, die jedoch lediglich auf der moralischen Ebene wirken will und keinen bindenden Vertrag darstellt.[969]

Das UN-Seerechtsübereinkommen vom 10.12.1982 enthält in den Art. 149 und Art. 303 zwei spezielle Vorschriften über im Meer gefundene archäologische und histori-

---

964 Brigitte Schwadorf-Ruckdeschel, „Rechtsfragen des grenzüberschreitenden rechtsgeschäftlichen Erwerbs von Kulturgütern“, S.51; Anette Hipp, „Schutz von Kulturgütern in Deutschland“, S.146.

965 Frank Fechner, „Rechtlicher Schutz archäologischen Kulturguts“, S.92f.; Haimo Schack, „Kunst und Recht“, S.218, Rn. 517; Anette Hipp, „Schutz von Kulturgütern in Deutschland“, S.147f.

966 Gerhard Kegel, in: Kegel/Schurig §23 X, S.1146; Anette Hipp, „Schutz von Kulturgütern in Deutschland“, S.148f.

967 Nadine Christina Pallas, „Maritimer Kulturgüterschutz“, S.72; Anette Hipp, „Schutz von Kulturgütern in Deutschland“, S.148f.

968 Gerte Reichelt und Franz Smola, „Zur Restitution spanischer Vogeleier“, in: IPRax 1997, S.293; Brigitte Schwadorf-Ruckdeschel, „Rechtsfragen des grenzüberschreitenden rechtsgeschäftlichen Erwerbs von Kulturgütern“, S.49; Frank Fechner, „Die Vorhaben der EG zum Kulturgüterschutz“, in: DÖV 1992, S.612; Anette Hipp, „Schutz von Kulturgütern in Deutschland“, S.142ff.; James A. R. Nafziger, „A Blueprint for Avoiding and Resolving Cultural Heritage Disputes“, in: Art Antiquity and Law 2004, S.6; Thomas Fitschen, „Internationaler Schutz des kulturellen Erbes der Welt“, in: Wilfried Fiedler (Hg.), „Internationaler Kulturgüterschutz und deutsche Frage“, S.193ff.

969 Jan Hladik, „The UNESCO Declaration concerning the Intentional Destruction of Cultural Heritage“, in: Art Antiquity and Law 2004, S.215 sowie S.236; Francesco Francioni, „Beyond State Sovereignty“, in: MichJIntL, S.1219; Francesco Francioni und Federico Lenzerini, „The Obligation to Prevent and Avoid Destruction of Cultural Heritage“, in: Barbara T. Hoffman (Hg.), „Art and Cultural Heritage“, S.37; Roger O'Keefe, „World Cultural Heritage“, in: IntCompLQuart 2004, S.204.

sche Gegenstände, die jedoch die Rechtslage nicht umfassend und abschließend regeln.[970] Zwar gibt das UN-Seerechtsübereinkommen dem Küstenstaat eine Befugnis, den Verkehr mit im Meer gefundenen historischen oder archäologischen Objekten zu kontrollieren. Konsequenzen einer Verbringung gesunkener und anschließend geborgener Kulturgüter ins Ausland unter Verstoß gegen Vorschriften des Küstenstaats im Ausland werden beispielsweise darin jedoch nicht geregelt.[971] Wegen dieser Schutzlücken und der zunehmenden kommerziellen Ausbeutung ist eine neue UNESCO-Konvention zum Schutz des Unterwasserkulturerbes vom 6. November 2001 beschlossen worden, welche speziell dem Unterwasserkulturerbe gewidmet ist und ähnlich wie das UNESCO-Kulturgutübereinkommen die Vertragsstaaten zur Ergreifung bestimmter Maßnahmen verpflichtet. So soll gem. §14 der UNESCO-Konvention zum Schutz des Unterwasserkulturerbes vom 6. November 2001 die Einfuhr von Unterwasserkulturgut, welches illegal exportiert oder geborgen wurde, ebenso verhindert werden wie Handelgeschäfte mit solchen Kulturgütern.[972]
Einen weiteren Kreis von Kulturgütern erfassen die UNESCO-Konvention über Maßnahmen zum Verbot und zur Verhütung der rechtswidrigen Einfuhr, Ausfuhr und Übereignung von Kulturgut vom 14. November 1970 sowie die UNIDROIT-Konvention vom 24.06.1995 über gestohlene und rechtswidrig ausgeführte Kulturgüter.[973] Das deutsche Zustimmungsgesetz sowie das deutsche Ausführungsgesetz sind bereits verabschiedet. Ein Beitritt zur sich durch ihre unmittelbar anwendbaren Regelungen auszeichnenden UNIDROIT-Konvention ist jedoch nicht geplant.[974] Das UNESCO-Kulturgutübereinkommen enthält keine konkreten Vorgaben für das Schuldrecht.[975] Mögliche mittelbare Auswirkungen werden wegen der besonderen Bedeutung im Folgenden an den entscheidenden Stellen angesprochen.

67 Gemeinschaftsrechtliche Regelungen

Zwar hat die Bundesregierung dem Römischen EWG-Übereinkommen vom 19.06.1980 über das auf vertragliche Schuldverhältnisse anzuwendende Recht (EVÜ) zugestimmt und die Regelungen über das auf vertragliche Schuldverhältnisse anzu-

970 Nadine Christina Pallas, „Maritimer Kulturgüterschutz“, S.175; Barbara Genius-Devime, „Bedeutung und Grenzen des Erbes der Menschheit im völkerrechtlichen Kulturgüterschutz“, S.148f.; Tullio Scovazzi, „The 2001 UNESCO Convention on the Protection of the Underwater Cultural Heritage“, in: Barbara T. Hoffman (Hg.), „Art and Cultural Heritage“, S.285ff.

971 Kay Hailbronner, „Frachtgut gesunkener Schiffe und Kulturgüterschutz vor deutschen Gerichten“, in: JZ 2002, S.957f.

972 Mark M. Boguslavskij, „Die internationalen Verträge über die Verbringung von Kulturgütern und die Regelung der Ein- und Ausfuhr von Kulturgütern in der Europäischen Union“, in: „Kulturgüter: Möglichkeiten und Perspektiven einer gesamteuropäischen Zusammenarbeit“, S.76f.; James A. R. Nafziger, „A Blueprint for Avoiding and Resolving Cultural Heritage Disputes“, in: Art Antiquity and Law 2004, S.7; Nadine Christina Pallas, „Maritimer Kulturgüterschutz“, S.175f.

973 James A. R. Nafziger, „A Blueprint for Avoiding and Resolving Cultural Heritage Disputes“, in: Art Antiquity and Law 2004, S.6ff.; Mark M. Boguslavskij, „Die internationalen Verträge über die Verbringung von Kulturgütern und die Regelung der Ein- und Ausfuhr von Kulturgütern in der Europäischen Union“, in: „Kulturgüter: Möglichkeiten und Perspektiven einer gesamteuropäischen Zusammenarbeit“, S.77; Wolfgang Mantl, „Internationale Aspekte des Kunst- und Kulturrechts“, in: Dietmar Pauger (Hg.), „ART Goes LAW“, S.28.

974 Kurt Siehr, „Internationales Sachenrecht“, in: ZvglRWiss 104 (2005), S.151, Fn.28.

975 Nadine Christina Pallas, „Maritimer Kulturgüterschutz“, S.57.

wendende Recht in der Fassung vom 29.11.1996 weitgehend in den Art. 27-37 EGBGB übernommen. Da die in dem Übereinkommen enthaltenen einheitlichen Kollisionsregeln jedoch ausdrücklich von der unmittelbaren innerstaatlichen Anwendung ausgenommen wurden, besteht kein Vorrang nach Art. 3 II 1 EGBGB. Das Übereinkommen soll aber durch die Verordnung über das auf vertragliche Schuldverhältnisse anzuwendende Recht (im Folgenden: Rom I-Verordnung) ersetzt werden.[976] Die nicht unmittelbar das Schuldrecht regelnden europarechtlichen Bestimmungen im Bereich des Kulturgüterschutzes werden an den entsprechenden Stellen behandelt, insbesondere die die RL 93/7/EWG ergänzende Verordnung (EWG) Nr. 3911/92.

68 Art. 27 ff. EGBGB

Sofern es um die unrechtmäßige Verbringung von Kulturgütern ins Ausland geht, ist ein grenzüberschreitender Bezug gegeben, welcher im Hinblick auf alle damit im Zusammenhang stehenden schuldrechtlichen Verträge zu der kollisionsrechtlichen Frage nach dem anwendbaren Recht führt.[977] Sofern weder das CISG noch andere staatsvertragliche Regelungen vorrangig Anwendung finden, bilden die Art. 27ff. EGBGB den Ausgangspunkt für die Bestimmung des anwendbaren Rechts nach dem deutschen Kollisionsrecht.

68.1 Anwendungsbereich

Dass auch im Rahmen von Versicherungsverträgen Kulturgüterschutznormen relevant werden können, hat nicht zuletzt die Nigeria-Entscheidung gezeigt. Die Art. 27ff. EGBGB finden zwar keine Anwendung auf Versicherungsverträge, die den Art. 7 ff. EGVVG unterfallen. Da Art. 15 EGVVG aber auf Art. 34 EGBGB verweist,[978] sind die Erörterungen als weitgehend übertragbar anzusehen.

68.2 Bestimmung des anwendbaren Sachrechts

Das Vertragsrecht wird vom Grundsatz der Parteiautonomie bestimmt.[979] Daher können die Parteien grundsätzlich auch das auf ihren Vertrag anwendbare Recht nach Art. 27 I EGBGB frei wählen. Unter den Voraussetzungen der Art. 29 I, 29 a EGBGB wird die Parteiautonomie jedoch für Verbraucherverträge beschränkt. Weitere Besonderheiten ergeben sich zwar auch für Arbeitsverträge, in dem hier erörterten Zusammenhang kann Art. 30 EGBGB jedoch außer Betracht bleiben. Bei fehlender Vereinbarung, welche auch konkludent oder durch AGB erfolgen kann, wird durch Art. 28 I 1 EGBGB das Recht des Staats berufen, mit dem der Vertrag „die engsten Verbindungen aufweist“. Dabei stellt Art. 28 II EGBGB die Vermutung auf, dass dies der Staat ist, in welchem die Partei, welche die vertragscharakteristische Leistung erbringt, ihren gewöhnlichen Aufenthalt bzw. ihre Niederlassung bei Vertragsschluss hat. Bei einem

976 Sven Rugullis, „Die Rechtswahl nach Art.27 I EGBGB“, in: ZVglRWiss 106 (2007), S.227; Haimo Schack, „Kunst und Recht“, S.175, Rn. 426; Andreas Heldrich, in: Palandt Vorb v Art. 27 EGBGB, Rn.1.

977 Haimo Schack, „Kunst und Recht“, S.173f., Rn. 424.

978 Dieter Martiny, in: MüKo Art. 34 EGBGB, Rn.124.

979 Sabine Schmeinck, „Internationalprivatrechtliche Aspekte des Kulturgüterschutzes“, S. 66.

Kaufvertrag erbringt die vertragscharakteristische Leistung der Verkäufer. Nur bei bestimmten Verbraucherverträgen werden die kollisionsrechtlichen Interessen des Verkäufers denen des Käufers untergeordnet und es findet gem. Art. 29 II EGBGB eine objektive Anknüpfung statt, sodass das Recht des Staats gilt, in dem der Verbraucher seinen gewöhnlichen Aufenthalt hat.[980] Damit dieses differenzierte Anknüpfungssystem nicht unterlaufen wird, ist gem. Art. 35 EGBGB der Ausschluss des renvoi nicht nur bei der Rechtswahl, sondern auch entgegen den allgemeinen Grundsätzen bei der objektiven Anknüpfung vorgesehen.[981]
Nach dem Vertragsstatut sind nicht nur Erfüllung und Rechtsfolgen der Nicht- oder Schlechterfüllung, Verjährungsfristen und Beweislast, sondern unter anderem auch gemäß Art. 31 I EGBGB die Wirksamkeit des Kaufvertrages und gemäß Art. 32 I Nr. 5 EGBGB die bereicherungsrechtlich ausgestalteten Folgen bei Nichtigkeit des Vertrages zu beurteilen.[982] Die Frage, welches Recht anwendbar ist, entscheidet somit auch darüber, welche Rechtsfolgen ein Verstoß gegen Kulturgüterschutzvorschriften im Zusammenhang mit einem schuldrechtlichen Rechtsgeschäft entfaltet. Ergibt eine Anwendung der Art. 27 ff. EGBGB die Anwendung deutschen Rechts, so kann auf die Erörterungen im sachrechtlichen Teil dieser Arbeit verwiesen werden. Ergibt eine Anwendung der Art. 27 ff. EGBGB jedoch die Anwendung ausländischen Rechts, so bestimmt grundsätzlich dieses Recht über die Rechtsfolgen eines Verstoßes gegen ein inländisches oder ausländisches Verbotsgesetz, es sei denn die Voraussetzungen des Art. 34 EGBGB sind erfüllt.[983]

69 Berücksichtigung deutscher Verbringungsverbote über Art. 34 EGBGB

Unabhängig vom anwendbaren Vertragsstatut und unabhängig davon, ob es durch Rechtswahl oder objektive Anknüpfung bestimmt wurde, ermöglicht Art. 34 EGBGB die Berücksichtigung international zwingender Vorschriften des deutschen Rechts. Grund für die Einführung des Art. 34 EGBGB ist, dass der Grundsatz der Parteiautonomie nicht dazu führen soll, dass dem Wohl des eigenen Staats dienende zwingende Gesetze durch die deutschen Gerichte nicht mehr angewandt werden können. Dabei wurde eine unmittelbare Anwendung der Normen durch Sonderanknüpfung gegenüber der von der Schuldstatutstheorie vorgeschlagenen ordre public-Kontrolle bevorzugt.[984] Dennoch wird nach einer Ansicht auch die Sonderanknüpfung des Art. 34 BGB als einseitige Umschreibung des internationalen Rechts aufgefasst und mittelbar ebenfalls aus dem ordre public-Gedanken hergeleitet.[985] Anders als die Schuldstatutstheorie ermöglicht es die Sonderanknüpfung aber, nicht nur Normen des auf das Schuldverhältnis anwendbaren Rechts heranzuziehen. Sie beschränkt somit die Geltungsansprüche

---

980 Haimo Schack, „Kunst und Recht", S.175, Rn. 426.

981 Dirk Looschelders, in: Praxiskommentar IPR Art. 35 Rn.2f.; Thomas Rauscher, „Internationales Privatrecht", S.239.

982 Haimo Schack, „Kunst und Recht", S.175, Rn. 428.

983 Rolf Sack, in: Staudinger §134 BGB, Rn.47.

984 Stefan Leible, „Außenhandel und Rechtssicherheit", in: ZVglRWiss 97 (1998), S.294; Dieter Martiny, in: MüKo Art. 34 EGBGB, Rn.125; Thomas Rauscher, „Internationales Privatrecht", S.264f.

985 Gerhard Kegel, in: Kegel/Schurig §18 I, S.690f.

des deutschen Rechts und seine Einflussmöglichkeiten auf das Schuldverhältnis nicht nur auf die Berücksichtigung im Rahmen allgemeiner Behelfe.[986]

69.1 §1 IV KultSchG als Eingriffsnorm?

§1 IV KultSchG unterliegt nicht der Parteidisposition. Im Rahmen des Art. 34 EGBGB reicht ein zwingender Charakter der Norm allerdings noch nicht aus, vielmehr muss die Regelung international zwingend sein und unabhängig vom anwendbaren Recht Geltung beanspruchen.[987] Art. 34 EGBGB regelt damit einen Ausschnitt aus dem Problemkreis der sog. Eingriffsnormen.[988]
Die Definition des Begriffs der Eingriffsnorm erfolgt in der Literatur jedoch nicht einheitlich, da er offen lässt, worin der Eingriff zu sehen ist und dies zu solch unterschiedlichen Interpretationen wie dem Eingriff einer öffentlich-rechtlichen Norm im öffentlichen Interesse in die Privatrechtsordnung oder dem Eingriff zeitlich später erlassener Normen in das Vertragsverhältnis geführt hat. Eine Beschränkung auf öffentlich-rechtliche Normen wird aber ebenso wie eine zeitliche Beschränkung der Frage der Anwendbarkeit international zwingender Normen nicht gerecht, welche sich unabhängig von ihrem oft schwer zu bestimmenden Charakter als öffentlich-rechtliche Normen und unabhängig vom Zeitpunkt des Erlasses der Norm stellt.[989]
Da sich der besondere Geltungsanspruch jedoch besonders gut aus staatlichen Interessen des Erlassstaats herleiten lässt, kann die Zugehörigkeit zum öffentlichen Recht sowie ein wirtschafts- oder sozialpolitischer Gehalt ein wichtiges Indiz darstellen.[990] Neben die Angelegenheiten der Wirtschafts- und Sozialordnung sind jedoch andere Politikfelder wie der Umweltschutz, die öffentliche Sicherheit, aber auch die Kulturordnung gerückt.[991] In erster Linie geht es um die Anwendung von unmittelbar wirkenden Ge- und Verboten in Fällen im Auslandsbezug.[992] Insbesondere wird ein besonderer Geltungsanspruch bei deutschen Export- und Importvorschriften angenommen, einschließlich solcher zum Kulturgüterschutz.[993] In diesem Zusammenhang wird regelmäßig in erster Linie das Gesetz zum Schutz deutschen Kulturgutes gegen Abwanderung genannt, welches als Eingriffsnorm im Sinne des Art. 34 EGBGB eingeordnet wird.[994]

---

986 Marc Weber, „Unveräußerliches Kulturgut im nationalen und internationalen Rechtsverkehr", S.412.

987 Ulrich Magnus, in: Staudinger Art. 34 EGBGB, Rn.10; Bernd Hoffmann und Karsten Thorn, „Internationales Privatrecht", §10, Rn.96.

988 Andreas Heldrich, in: Palandt, Art. 34 EGBGB, Rn.1.

989 Daniel Busse, „Die Berücksichtigung ausländischer „Eingriffsnormen" durch die deutsche Rechtsprechung", in: ZVglRWiss 95 (1996), S.388f.

990 Ulrich Magnus, in: Staudinger, Art. 34 EGBGB, Rn.12; Andreas Heldrich, in: Palandt Art. 34 EGBGB, Rn.1; Dieter Martiny, in: MüKo Art. 34 EGBGB, Rn.125; Hans-Jürgen Sonnenberger, „Eingriffsrecht", in: IPRax 2003, S.105.

991 Hans-Jürgen Sonnenberger, „Eingriffsrecht", in: IPRax 2003, S.107; Bernd Hoffmann und Karsten Thorn, „Internationales Privatrecht", §10, Rn.93.

992 Hans-Jürgen Sonnenberger, „Eingriffsrecht", in: IPRax 2003, S.105.

993 Haimo Schack, „Kunst und Recht", S.175, Rn. 427.

994 Ernst-Rainer Hönes, „Das Gesetz zum Schutz deutschen Kulturgutes gegen Abwanderung vom 6. August 1955", in: BayVBl 1989, S.39; Frank Fechner, „Die Vorhaben der EG zum Kulturgüterschutz", in: DÖV 1992, S.609.

Fraglich könnte jedoch sein, ob §1 IV KultSchG bei Vorliegen des Tatbestandes unmittelbar die erörterten Rechtsfolgen auslöst, da die Norm zwar die Ausfuhr ohne Genehmigung verbietet, nicht aber selbst die Rechtsfolgen bezeichnet. Ist eine Norm hinsichtlich ihrer Anwendbarkeit auf ein Zusammenwirken mit §134 BGB angewiesen, so ist darauf hingewiesen worden, dass der Eintritt der Rechtsfolge letztlich davon abhängig ist, dass diese beide Normen zusammen vorsehen.[995] Dass Sanktionen, die die Verletzung einer Eingriffsnorm auslösen, dem Privatrecht entstammen, schadet hinsichtlich ihrer Einordnung als Eingriffsnorm jedoch nicht, selbst dann, wenn sie im Einzelfall einer der betroffenen Privatpersonen zugute kommen.[996]

69.2 §4 KultSchG als Eingriffsnorm?

Wenn §1 IV KultSchG als Ausfuhrbeschränkung mit Genehmigungsvorbehalt als Eingriffsnorm im Sinne des Art. 34 EGBGB angesehen wird, so spricht dies dafür, dass erst recht absolute Ausfuhrverbote wie das des §4 KultSchG als Eingriffsnormen zu klassifizieren sind. Ob wie in §1 IV KultSchG bereits eingetragene Kulturgüter oder wie in §4 KultSchG Kulturgüter geschützt werden, deren Eintragung erst eingeleitet worden ist, ist in dieser Hinsicht ebenso unerheblich wie die zeitlich begrenzte Wirkung bis zur rechtskräftigen Entscheidung. Denn eine nachträgliche Entscheidung gegen die Eintragung ändert nichts an dem staatlichen Interesse daran, eine Ausfuhr aus der Bundesrepublik Deutschland während des Entscheidungsverfahrens wirksam zu verhindern.[997] Wie §1 IV KultSchG ist auch §4 KultSchG international zwingend und beansprucht unabhängig von dem durch die Parteien gewählten oder aufgrund allgemeiner Regeln anwendbaren Recht Geltung.[998]

69.3 Art. 2 der VO Nr. 3911/92 als Eingriffsnorm?

Auch wenn die Verordnung Nr. 3911/92 des Rates vom 09.12.1992 über die Ausfuhr von Kulturgütern letztlich nur die Durchsetzung nationaler ausländischer Exportverbote in anderen Mitgliedstaaten fördern will, muss ein Verstoß gegen die Verordnung Nr. 3911/92 als in Deutschland unmittelbar anwendbares Recht nicht nur im Rahmen von §134 BGB, sondern auch im Rahmen von Art. 34 EGBGB wie der Verstoß gegen deutsche Exportvorschriften gewertet werden und zu einer Berücksichtigungsfähigkeit der Verordnung Nr. 3911/92 im Rahmen des Art. 34 EGBGB führen.
Zwar will Art. 34 EGBGB in erster Linie die Berücksichtigung international zwingender Vorschriften des deutschen Rechts zum Wohl des eigenen Staats und zur Durchsetzung nationaler Gemeininteressen ermöglichen.[999] Die Regel, dass ein Staat nur eigene Gemeininteressen verfolgt, wird jedoch durch die Einbindung in die Staatengemeinschaft eingeschränkt. So führen die vielfältigen Bindungen kraft Völkerrechts und Europarechts zu einer mehrschichtigen Überlagerung des nationalen Rechts durch supranationale und internationale Einflüsse, die einerseits zu einer Einschränkung des

995 Hans-Jürgen Sonnenberger, „Eingriffsrecht“, in: IPRax 2003, S.111.
996 Hans-Jürgen Sonnenberger, „Eingriffsrecht“, in: IPRax 2003, S.116.
997 Anette Hipp, „Schutz von Kulturgütern in Deutschland“, S.81.
998 Ulrich Magnus, in: Staudinger Art. 34 EGBGB, Rn.10.
999 Stefan Leible, „Außenhandel und Rechtssicherheit“, in: ZVglRWiss 97 (1998), S.294; Dieter Martiny, in: MüKo Art. 34 EGBGB, Rn.125.

Anwendungsbereichs des nationalen Eingriffsrechts führen können, andererseits aber auch eine Rechtfertigung für die Anwendung des Eingriffsrechts ausländischer Staaten bieten können.[1000] Eine Einschränkung des Anwendungsbereichs nationaler Verbote und Beschränkungen des Exports von Kulturgütern wegen einer Beeinträchtigung des innergemeinschaftlichen Verkehrs[1001] ist wegen Art. 30 EG und der bereits erörterten gemeinschaftsrechtlichen Rechtfertigung nationaler Kulturgüterschutzbestimmungen nicht geboten. Umgekehrt könnte aber die VO Nr. 3911/92 einen Anlass zur Rechtfertigung bieten, dass mittelbar auch Verstöße gegen die Kulturgüterschutzvorschriften anderer Mitgliedstaaten über Art. 34 EGBGB berücksichtigt werden.
Daher unterfallen letztlich der problematischen Frage, inwieweit ausländische Regelungen kollisionsrechtlich berücksichtigt werden können, nur solche Verstöße gegen Kulturgüterschutzvorschriften anderer Mitgliedstaaten, welche nicht zugleich einen Verstoß gegen die VO Nr. 3911/92 darstellen. Denn nationale, über die VO Nr. 3911/92 hinausgehende Exportverbote bleiben im Rahmen des Art. 30 EG weiterhin zulässig.[1002] Da die VO Nr. 3911/92 nicht sicherstellen kann, dass vereinheitlichte Exportverbote in Drittstaaten honoriert werden, sondern dies grundsätzlich nur der Fall ist, soweit die ausländische Rechtsordnung Importverbote für nicht oder falsch deklarierte, illegal exportierte oder gestohlene Kulturgüter kennt,[1003] ist im Zusammenhang mit Art. 34 EGBGB von besonderer Bedeutung, dass diese Sonderanknüpfung einem deutschen Gericht die Möglichkeit eröffnet, bei einem Verstoß gegen Art. 2 der VO Nr. 3911/92 zivilrechtliche Sanktionen trotz der grundsätzlichen Einschlägigkeit der Rechtsordnung eines Drittstaats eingreifen zu lassen.

69.4 Art. 3 der VO Nr. 1210/2003 als Eingriffsnorm?

Art. 3 der VO Nr. 1210/2003 schützt weder deutsches Kulturgut noch das Kulturgut anderer Mitgliedstaaten, sondern irakisches Kulturgut. Auch wenn Art. 34 EGBGB in erster Linie die Berücksichtigung international zwingender Vorschriften des deutschen Rechts ermöglichen will, schränkt diese Regel wiederum die Einbindung in die Staatengemeinschaft ein, welche dem Schutz des irakischen Kulturgutes vor Plünderungen, Abwanderung und den Folgen des illegalen Handels einen hohen Stellenwert zugesprochen hat. Wie die VO Nr. 3911/92 ist auch die VO Nr. 1210/2003 in Deutschland unmittelbar anwendbar und folglich nicht nur im Rahmen von §134 BGB,[1004] sondern auch im Rahmen von Art. 34 EGBGB zu berücksichtigen.

69.5 Art. 3 des UNESCO-Kulturgutübereinkommens als Eingriffsnorm?

Da, wie bereits im Rahmen des §134 BGB erörtert, Art. 3 nicht als self-executing angesehen werden kann,[1005] kann auch unter Berücksichtigung des UNESCO-Kulturgut-

---

1000 Hans-Jürgen Sonnenberger, „Eingriffsrecht", in: IPRax 2003, S.106.
1001 Hans-Jürgen Sonnenberger, „Eingriffsrecht", in: IPRax 2003, S.113.
1002 François Duret-Robert, „Droit du marché de l'art", S.461, Rn.191.21.
1003 Marc Weber, „Unveräußerliches Kulturgut im nationalen und internationalen Rechtsverkehr", S.249.
1004 Kurt Siehr, in: Ebling/Schulze, Teil 3, Rn.47.
1005 Albert Bleckmann, „Sittenwidrigkeit wegen Verstoßes gegen den ordre public international", in: ZaöRV, 34 (1974), S.123; Brigitte Schwadorf-Ruckdeschel, „Rechtsfragen des grenzüberschrei-

übereinkommens eine Verletzung von Rechtsvorschriften eines ausländischen Staats nicht ausreichen, um im Rahmen des Art. 34 EGBGB berücksichtigt zu werden. Vielmehr bedarf es einer nationalen Umsetzungsvorschrift, um eine Eingriffsnorm im Sinne des Art. 34 EGBGB zu bilden.[1006]

69.6 Mittelbare Berücksichtigung weiterer ausländischer Kulturgüterschutzvorschriften über §138 I BGB als Eingriffsnorm?

Da Art. 34 EGBGB einen international zwingenden Charakter von Normen voraussetzt, §138 I BGB jedoch nur individuelle Interessen im Rahmen des Vertragsrechts ausgleichen will, wird §138 I BGB nicht als Eingriffsnorm im Sinne des Art. 34 EGBGB angesehen.[1007] Trotz der Erweiterung des Sittenwidrigkeitsbegriffs in Richtung eines internationalen ordre public im Rahmen des §138 I BGB scheidet eine mittelbare Berücksichtigung ausländischer Kulturgüternormen im Rahmen des Art. 34 EGBGB aus. Der Anwendungsbereich des Art. 34 EGBGB bleibt, wie vom Gesetzgeber beabsichtigt, wie der des §134 BGB auf deutsche Eingriffsnormen beschränkt.[1008]

69.7 §14 I KultGüRückG n.F. als Eingriffsnorm?

Über Art. 34 EGBGB kann ein Importverbot grundsätzlich als inländische Eingriffsnorm Berücksichtigung finden und damit in den kollisionsrechtlichen Bereich hineinwirken.[1009] Der Schaffung einer Kollisonsnorm, welche die Sonderanknüpfung ausländischer Kulturgüterschutznormen vorsieht,[1010] bedarf es zur Sonderanknüpfung eines Importverbotes als inländischer Regelung nicht zwingend, da bei inländischen Eingriffsnormen Art. 34 EGBGB Anwendung finden kann. Anders als bei einer mittelbaren Berücksichtigung ausländischer Kulturgüterschutznormen über die inländische Rechtsnorm des §138 I BGB, geht es bei §14 I KultGüRückG n.F. nicht um eine Einzelfallabwägung. Es handelt sich um eine zwingend eingreifende Vorschrift dahingehend, dass ohne die erforderliche Genehmigung bestimmte Kulturgüter nicht in die Bundesrepublik eingeführt werden dürfen und Verstöße über §134 BGB zivilrechtlich sanktioniert werden. Insofern ist das Importverbot ausländischer Kulturgüter des §14 I KultGüRückG n.F. letztlich mit dem Exportverbot deutscher Kulturgüter nach §1 IV KultSchG vergleichbar und es kann ein zwingender Anwendungswille angenommen werden.

---

tenden rechtsgeschäftlichen Erwerbs von Kulturgütern", S.140f; Kay Hailbronner, „Frachtgut gesunkener Schiffe und Kulturgüterschutz vor deutschen Gerichten", in: JZ 2002, S.960; Dieter Blumenwitz, „Rechtliche Schwierigkeiten bei der Rückgabe rechtswidrig nach Deutschland verbrachter Kunstschätze an die Herkunftsstaaten und künftige Lösungsansätze", in: Jürgen Bröhmer u.a. (Hg.), „Internationale Gemeinschaft und Menschenrechte", S.12.

1006 Kay Hailbronner, „Frachtgut gesunkener Schiffe und Kulturgüterschutz vor deutschen Gerichten", in: JZ 2002, S.962.

1007 Ulrich Magnus, in: Staudinger Art. 34 EGBGB, Rn.71; Hans-Jürgen Sonnenberger, „Eingriffsrecht", in: IPRax 2003, S.110.

1008 Rolf Sack, in: Staudinger §134 BGB, Rn.49.

1009 Amalie Weidner, „Kulturgüter als res extra commercium im internationalen Sachenrecht", S.175.

1010 Volker Wiese, „Der Einfluß des EG-Rechts auf das internationale Sachenrecht der Kulturgüter", S.270.

69.8 Bleibende Lücken

Wenn mit §14 I KultGüRückG n.F. eine neue Eingriffsnorm geschaffen wird, können Kulturgüter von Vertragsstaaten des UNESCO-Kulturgutübereinkommens unabhängig vom anwendbaren Recht geschützt werden. Allerdings ist nach § 14 I i.V.m. §14 II KultGüRückG n.F. die Eintragung in das in Deutschland geführte maßgebliche Verzeichnis wertvollen Kulturgutes der Vertragsstaaten Voraussetzung. Auch stellen die Kulturgüterschutznormen der Nichtvertragsstaaten auch weiterhin keine Eingriffsnormen im Sinne des Art. 34 EGBGB dar. Insofern wird die Frage von Bedeutung bleiben, ob diese kollisionsrechtlich auf andere Weise berücksichtigt werden können.

69.9 Rechtsfolge

Wenn Art. 1 IV KultSchG, Art. 2 der VO Nr. 3911/92 und Art. 3 der VO Nr. 1210/2003 sowie §14 I KultGüRückG n.F. als Eingriffsnormen im Sinne des Art. 34 EGBGB anzusehen sind, sind sie ohne Einschränkung anzuwenden, ohne dass in dieser Hinsicht ein richterlicher Ermessenspielraum eröffnet würde. Abweichende Regelungen eines ausländischen Vertragsstatuts werden verdrängt. Grundsätzlich ist die Rechtsfolge dem Eingriffsrecht zu entnehmen.[1011] Wenn das Eingriffsrecht aber keine präzise Regelung einer privatrechtlichen Rechtsfolge enthält, sondern nur ein Verbot ausspricht oder ein Genehmigungserfordernis aufstellt, ist die Rechtsfolge zu übernehmen, welche der Norm ansonsten im Hinblick auf den Vertrag beigelegt wird.[1012] Insofern entsteht letztlich auch hier die bereits im Zusammenhang mit §134 BGB im materiell-rechtlichen Teil diskutierte Frage nach der Nichtigkeit[1013] oder nur schwebenden Unwirksamkeit[1014] eines Schuldvertrages. Jedenfalls sind für die Rückabwicklung aber die Normen der lex causae heranzuziehen.[1015] Auch wenn es bei der Verordnung Nr. 3911/92 und dem Importverbot des §14 I KultGüRückG n.F. mittelbar um die Intergration ausländischer Kulturgüterschutzvorschriften geht, führt die Sonderanknüpfung über Art. 34 EGBGB – anders als unter Umständen eine direkte Sonderanknüpfung ausländischer Kulturgüterschutzvorschriften – nicht zur Berücksichtigungsfähigkeit anderer in den ausländischen Rechten vorgesehener Rechtsfolgen wie beispielsweise Verfallsregelungen.

69.10 Verhältnis des Art. 34 EGBGB zu Verbraucherschutznormen

Während Art. 29 I, 29 a EGBGB wegen der besonderen Schutzbedürftigkeit des Verbrauchers dem an sich maßgebenden Recht zum Durchbruch verhelfen will, will Art. 34 EGBGB das an sich maßgebende gewählte oder objektiv anwendbare Recht gerade zugunsten der Durchsetzung wichtiger inländischer staatlicher Interessen ausschalten.[1016] Da sich der Regelungsbereich von Verbraucherschutzvorschriften und

---

1011 Dirk Looschelders, in: Praxiskommentar IPR Art. 34 EGBGB, Rn.27; Ulrich Magnus, in: Staudinger Art. 34 EGBGB, Rn.82.

1012 Ulrich Magnus, in: Staudinger Art. 34 EGBGB, Rn.82.

1013 BGHZ 59, S.82ff.; Haimo Schack, „Kunst und Recht", S.224, Rn. 531.

1014 Dieter Martiny, in: MüKo Art. 34 EGBGB, Rn.122.

1015 Dirk Looschelders, in: Praxiskommentar IPR Art. 34 EGBGB, Rn.27.

1016 Ulrich Magnus, in: Staudinger Art. 34 EGBGB, Rn.27f.

Kulturgüterschutzvorschriften nicht überschneidet, kann letztlich dahinstehen, ob in solchen Fällen eine strikte Abgrenzung der Normbereiche vorgenommen oder Art. 34 EGBGB ein absoluter oder relativer Vorrang eingeräumt werden soll.[1017]

69.11 Verhältnis des Art. 34 EGBGB zum Gemeinschaftsrecht

Sofern als lex causae das europäische Gemeinschaftsrecht unmittelbar gilt, hat es Vorrang vor anderen nationalen Regelungen und ist zwingend durchsetzbar, ohne dass es eines Rückgriffs auf Art. 34 EGBGB bedarf.[1018] Insofern ist auch die VO Nr. 3911/92 letztlich nicht auf Art. 34 EGBGB angewiesen.
Ist kollisionsrechtlich das Recht eines Nicht-EU-Staats anwendbar, setzt sich das Gemeinschaftsrecht ebenfalls durch, wenn es selbst seinen verbindlichen Charakter festlegt. Dies ist insofern auch folgerichtig, als sich das Gemeinschaftsrecht selbst gegenüber nationalen Eingriffsnormen durchsetzt und bereits die nationalen Eingriffsnormen gegenüber dem Vertragsstatut eines Nicht-EU-Staats. In dieser Konstellation ist jedoch problematischer, ob die Anwendung unter Rückgriff auf Art. 34 EGBGB zu erfolgen hat. Jedenfalls dann, wenn das Gemeinschaftsrecht Sonderkollisionsregeln enthält, kann die zwingende Anwendung nicht noch zusätzlich aus Art. 34 EGBGB hergleitet werden. Das Eingreifen einer nach dem Recht eines Nichtmitgliedstaats nicht unmittelbar anwendbaren materiellen Regelung scheint über Art. 34 EGBGB jedoch besser begründbar.[1019] Dass die VO Nr. 3911/92 keine Sonderkollisionsregel enthält, sondern das Exportverbot des Art. 2 der VO Nr. 3911/92 vielmehr nur auf der materiellrechtlichen Ebene wirkt, spricht somit für einen Rückgriff auf Art. 34 EGBGB.
Die Stellung des Art. 2 der VO Nr. 3911/92 gegenüber §1 IV KultSchG ist unproblematisch, da das Gemeinschaftsrecht ausdrücklich Raum für nationale Kulturgüterschutzvorschriften lässt und sich die Rechtsfolgen bei einem Export ohne die nach §1 IV KultSchG erforderliche Genehmigung ohnehin decken. §1 IV KultSchG wird auch nicht völlig verdrängt, da die VO Nr. 3911/92 nur den Export aus dem Binnenmarkt in Drittstaaten betrifft, das KultSchG hingegen auch das Verbringen in andere Gemeinschaftsstaaten verbietet.

69.12 Verhältnis des Art. 34 EGBGB zum ordre public

Während Art. 6 EGBGB wegen seiner Abwehrfunktion als Ausgestaltung des negativen ordre public anzusehen ist, verankert Art. 34 EGBGB als Generalklausel mit Anwendungsfunktion den positiven ordre public.[1020] Da Art. 6 EGBGB mit den wesentlichen Grundsätzen des deutschen Rechts offensichtlich unvereinbare Ergebnisse bei Anwendung fremden Rechts vermeiden will, ist seine Blickrichtung letztlich die Außenperspektive. Art. 34 EGBGB hingegen geht es um den Geltungsanspruch des internen deutschen Rechts und somit um die Innenperspektive. Wegen dieser unterschiedlichen Zielrichtungen werden beide Vorschriften als nebeneinanderstehend und gleich-

---

1017 Dirk Looschelders, in: Praxiskommentar IPR Art. 29, Rn.10; Ulrich Magnus, in: Staudinger Art. 34 EGBGB, Rn.32ff.
1018 Ulrich Magnus, in: Staudinger Art. 34 EGBGB, Rn.41.
1019 Ulrich Magnus, in: Staudinger Art. 34 EGBGB, Rn.41ff.
1020 Hans-Jürgen Sonnenberger, „Eingriffsrecht", in: IPRax 2003, S.104, S.107.

zeitig anwendbar angesehen.[1021] Bei der Berücksichtigung von Art. 2 der VO Nr.3911/92 und §14 I KultGüRückG n.F. im Rahmen des Art. 34 EGBGB ergibt sich jedoch die Besonderheit, dass letztlich fremde Kulturgüterschutznormen mittelbar in die innerstaatliche Rechtsordnung integriert werden. Da Art. 34 EGBGB die zwingende Anwendung von §14 I KultGüRückG n.F. vorsieht und der deutsche Gesetzgeber über die Schaffung dieser Norm bereits den Willen zur Akzeptanz der ausländischen Normen in dem von ihm umrissenen Rahmen kundgetan hat, könnte fraglich sein, ob die Berücksichtigung ausländischer Verbotsgesetze dennoch gem. Art. 6 EGBGB bei einem Verstoß gegen den deutschen ordre public ausgeschlossen sein könnte.[1022]
So sieht eine Ansicht die Aufgabe der Prüfung eines ordre public-Verstoßes darin, international verträgliche, gerechtfertigte Eingriffsnormen, sog. „sympathische" Exportverbote, von national-egozentrischen, sog. „unsympathischen" Exportverboten abzugrenzen. Überzogene Exportverbote seien, solange Staatsverträge fehlen, als „unsympathisch" einzuordnen, ebenso Exportverbote zulasten noch lebender Künstler.[1023]
Das UNESCO-Kulturgutübereinkommen spricht aber dafür, zugunsten der Bekämpfung des illegalen Kulturgüterhandels und einer international effizienten Durchsetzung von Import- und Exportverboten eine gegenseitige Anerkennung trotz unterschiedlicher Schutzpraktiken zu gewähren. Insofern könnte die Heranziehung des nationalen ordre public zur Bewertung ausländischer Kulturgüterschutzvorschriften einem internationalen ordre public entgegenstehen.[1024] Auch ist zu bedenken, dass häufig die finanziellen Kosten von Rückforderungsklagen mittelbar ohnehin zu einer Beschränkung auf wenige bedeutende Kulturgüter führen, bei denen die finanzielle und politische Unterstützung stark ist.[1025] Allein die Ausnahme zugunsten lebender und vor weniger als 50 Jahren verstorbener Künstler spiegelt sich auch in internationalen Übereinkommen, wie Art. 7 I lit. b der UNIDROIT-Konvention vom 24.06.1995 über gestohlene oder rechtswidrig ausgeführte Kulturgüter,[1026] wider. Ob ein Schutz der Werke zeitgenössischer Künstler vor unrechtmäßiger Verbringung allerdings zu mit den wesentlichen Grundsätzen des deutschen Rechts offensichtlich unvereinbaren Ergebnissen führt, ist fraglich.
Indem sie den Sinn und Zweck des Art. 6 EGBGB in den Vordergrund stellt, nämlich durch die Verhinderung schlechthin untragbarer Ergebnisse die materiell-privatrechtliche Gerechtigkeit zu fördern, gelangt auch eine andere Ansicht letztlich zu einer Einschränkung der ordre public-Kontrolle: Die Anwendung umfangreicher ausländischer Kulturgüterschutznormen könne demnach nicht alleine deshalb abgelehnt werden, weil sie den Interessen des eigenen Staats entgegensteht, sondern nur, wenn sie einen so weitreichenden Eingriff in das individuelle Eigentumsrecht darstellt, dass die eigene Rechtsordnung als grundlegend verletzt angesehen werden muss.[1027] Ein

1021 Ulrich Magnus, in: Staudinger Art. 34 EGBGB, Rn.40.
1022 Rolf Sack, in: Staudinger §134 BGB, Rn.52.
1023 Haimo Schack, „Kunst und Recht", S.224f., Rn. 532.
1024 Stefan Leible, „Außenhandel und Rechtssicherheit", in: ZVglRWiss 97 (1998), S.300; Albert Bleckmann, „Sittenwidrigkeit wegen Verstoßes gegen den ordre public international", in: ZaöRV, 34 (1974), S.125f.
1025 Gitanjali Deb, „Stealing Gods", in: Art Antiquity and Law 2005, S.62.
1026 Marc Weber, „Unveräußerliches Kulturgut im nationalen und internationalen Rechtsverkehr", S.8.
1027 Brigitte Schwadorf-Ruckdeschel, „Rechtsfragen des grenzüberschreitenden rechtsgeschäftlichen Erwerbs von Kulturgütern", S.36.

solch grundlegender Verstoß wird wegen der Anerkennung der Sozialbindung des Eigentums und der grundsätzlichen Möglichkeit staatlicher Enteignung in Deutschland jedoch nur in Ausnahmefällen angenommen werden können.
Gegen eine ordre public-Kontrolle im Rahmen des Art. 2 VO Nr. 3911/92 könnte Art. 10 EG sprechen. Bei §14 I KultGüRückG n.F. greift Art. 10 EG zwar nicht, jedoch könnte gegen eine ordre public-Kontrolle angeführt werden, dass der Gesetzgeber über den Geltungsanspruch dieser innerstaatlichen Regelung selbst entschieden hat. Zwar könnte darauf verwiesen werden, dass Art. 34 EGBGB nur auf den generellen Charakter einer Norm abstellt, Art. 6 EGBGB hingegen eine rechtsfolgenorientierte Korrekturmöglichkeit im Einzelfall eröffnen will.[1028] Letztlich hat der Gesetzgeber das Konfliktpotential jedoch dadurch entschärft, dass sich die Rechtsfolgen eines Verstoßes gegen §14 I KultGüRückG n.F. aus der deutschen Rechtsordnung selbst ergeben und gerade nicht die Rechtsfolgen der ausländischen Kulturgüterschutzvorschriften übernommen werden. Insofern muss letztlich wegen dieser Festlegung von Voraussetzungen und Rechtsfolgen das Ergebnis der mittelbaren Berücksichtigung ausländischer Kulturgüterschutzvorschriften in jedem Fall als mit den wesentlichen Grundsätzen des deutschen Rechts vereinbar angesehen werden.

70 Direkte Berücksichtigung ausländischer Eingriffsnormen unabhängig vom Vertragsstatut durch Sonderanknüpfung?

Fraglich ist, ob dadurch, dass der Wortlaut des Art. 34 EGBGB nur die Berücksichtigung deutscher Eingriffsnormen ermöglicht, eine Regelungslücke besteht, deren Schließung wegen der Bereitschaft zur internationalen Rücksichtnahme gefordert ist. Ein Teil der Literatur bejaht dies und befürwortet die unmittelbare Anwendung ausländischer Eingriffsnormen durch Sonderanknüpfung.[1029] Nach Erlass des Ausführungsgesetzes könnte gegen eine solche Regelungslücke nun aber sprechen, dass die Regelung des §14 I KultGüRückG n.F. als eine abschließende Entscheidung zugunsten einer bloß mittelbaren Berücksichtigung angesehen werden könnte. Allerdings werden auch nach dem Erlass des Gesetzes, wie bereits aufgezeigt, einige Lücken bestehen bleiben, in denen eine Anknüpfung zur Umgehung eines aus internationaler Sicht berechtigten, den Kulturgüterschutz bezweckenden Exportverbotes droht.[1030] Insofern wird die Frage, ob eine Sonderanknüpfung aller ausländischen Kulturgüterschutznormen zu befürworten ist, im Folgenden erörtert.

70.1 Berücksichtigungsfähige Normen

Überwiegend wird die Sonderanknüpfung als vorrangiges Instrument bewertet, um sowohl solche ausländischen Normen anzuwenden, die der lex causae angehören, als

1028 Hans-Jürgen Sonnenberger, „Eingriffsrecht", in: IPRax 2003, S.106.
1029 Stefan Leible, „Außenhandel und Rechtssicherheit", in: ZVglRWiss 97 (1998), S.299f.; Abbo Junker, „Schadensersatzpflicht bei einem Verstoß gegen ein ausländisches Embargo", in: JZ 1991, S.700f.; Jan Schiffer, „Sonderanknüpfung ausländischen „öffentlichen" Rechts durch Richterrecht in der Internationalen Handelsschiedsgerichtsbarkeit?", in: IPRax 1991, S.84ff.; Hans-Jürgen Sonnenberger, „Eingriffsrecht", in: IPRax 2003, S.105; Daniel Zimmer, „Ausländisches Wirtschaftsrecht vor deutschen Zivilgerichten", in: IPRax 1993, S.65.
1030 Ulrich Magnus, in: Staudinger Art. 34 EGBGB, Rn.112.

auch solche, die dem Recht eines dritten Staaten entstammen.[1031] Nach einer Ansicht soll die Sonderanknüpfung jedoch auf die Fälle beschränkt bleiben, in denen die ausländischen Eingriffsnormen nicht der lex causae angehören.[1032] Jedoch spricht Art. 34 EGBGB dafür, dass zwingende Bestimmungen einer Rechtsordnung zum Schutz inländischer Staatsinteressen nicht von den üblichen Verweisungen des vorwiegend am Parteiinteresse ausgerichteten internationalen Vertragsrechts erfasst werden, sondern kollisionsrechtlichen Sonderregelungen unterliegen. Dies spricht auch im Hinblick auf ausländische Normen für den Vorrang der Sonderanknüpfung fremden Eingriffsrechts.[1033]

70.2 Voraussetzungen der Sonderanknüpfung

Der Begriff der ausländischen Eingriffsnorm ist wie derjenige der inländischen Eingriffsnorm zu bestimmen.[1034] Da bereits im Zusammenhang mit Art. 34 EGBGB Export- und Importverbote zum Kulturgüterschutz als Eingriffsnormen eingestuft wurden, kann grundsätzlich auf diese Erörterungen verwiesen werden. Zwar dient die Sonderanknüpfung ausländischer Kulturgüterschutznormen im Unterschied zur Sonderanknüpfung des §1 IV KultSchG nicht nationalen Interessen. Im Rahmen der Sonderanknüpfung ausländischer Eingriffsnormen sollen aber auch universell anerkannte Rechtsgüter, insbesondere auch der Kulturgüterschutz durch ausländische Ein- und Ausfuhrregelungen, miteinbezogen werden.[1035]
Jedoch sind nicht alle ausländischen Regelungen Export- oder Importgesetze, es gibt auch andere Regelungen zum Kulturgüterschutz wie Veräußerungsverbote, Vorkaufsrechte oder Verfallsregelungen. In der Rechtsprechung werden unter ausländischen Eingriffsnormen jedoch nicht nur Export- und Importregelungen verstanden, sondern ganz allgemein „Regelungen des ausländischen Wirtschaftsrechts, die nach ihrem Geltungswillen – vornehmlich als Veräußerungsverbote oder Verfügungsbeschränkungen – in den Bereich des inländischen Vertragsstatuts hineinwirken“.[1036] Demnach können sämtliche Regelungen zum Kulturgüterschutz als Eingriffsnormen eingestuft werden, denn sie können als international zwingend angesehen werden, sind regelmäßig öffentlich-rechtlicher Natur bzw. greifen zumindest im öffentlichen Interesse in die privatrechtlichen Verhältnisse ein und sind darauf ausgelegt, gerade auch extraterritorial ihre Wirkung zu entfalten.[1037]

1031 Brigitte Schwadorf-Ruckdeschel, „Rechtsfragen des grenzüberschreitenden rechtsgeschäftlichen Erwerbs von Kulturgütern“, S.130f; Sabine Schmeinck, „Internationalprivatrechtliche Aspekte des Kulturgüterschutzes“, S.95; Ulrich Magnus, in: Staudinger Art. 34 EGBGB, Rn.115; Christian Armbrüster, „Privatrechtliche Ansprüche auf Rückführung von Kulturgütern ins Ausland“, in: NJW 2001, S.3584.

1032 Stefan Leible, „Außenhandel und Rechtssicherheit“, in: ZVglRWiss 97 (1998), S.299.

1033 Sabine Schmeinck, „Internationalprivatrechtliche Aspekte des Kulturgüterschutzes“, S.95.

1034 Ulrich Magnus, in: Staudinger Art. 34 EGBGB, Rn.113.

1035 Kurt Siehr, „Ausländische Eingriffsnormen“, in: RabelsZ 52 (1988), S.61.

1036 BGH NJW 1998, S.2452, S.2452; Andreas Heldrich, in: Palandt Art. 34 EGBGB, Rn.5.

1037 Brigitte Schwadorf-Ruckdeschel, „Rechtsfragen des grenzüberschreitenden rechtsgeschäftlichen Erwerbs von Kulturgütern“, S.100; Marc Weber, „Unveräußerliches Kulturgut im nationalen und internationalen Rechtsverkehr“, S.411; Anette Hipp, „Schutz von Kulturgütern in Deutschland“, S.196.

Bei grundsätzlicher Bejahung der Sonderanknüpfung[1038] stellt sich die Frage, welche zusätzlichen Voraussetzungen erforderlich sind. Gefordert wird neben dem extraterritorialen Geltungs- und Anwendungswillen des ausländischen Rechts,[1039] teilweise ersetzt durch den Gleichheitssatz,[1040] überwiegend auch eine ausreichend enge Verbindung der Rechtsordnung, aus der diese Eingriffsnormen stammen, zum Sachverhalt.[1041] Teilweise wird eine enge Verbindung grundsätzlich schon deshalb angenommen, weil Kulturgüterschutznormen das nationale Kulturgut des Herkunftsstaats schützen und dem Herkunftsstaat erhalten sollen.[1042] Teilweise wird eine enge Verbindung jedoch nur dann bejaht, wenn die Voraussetzungen für die Beanspruchung der Regelungskompetenz vorliegen, sodass letztlich hinsichtlich des nationalen Schutzes eines Kulturguts wiederum zu entscheiden ist, ob ein kultureller Bezug gefordert wird oder ein rein territorialer Bezug durch die frühere Belegenheit oder den Ort des Diebstahls bzw. der illegalen Ausfuhr genügt.[1043]
Daneben ist auch gefordert worden zu prüfen, ob eine Durchsetzungsmacht des Erlassstaats oder eine Regelungskompetenz in völkerrechtlicher Hinsicht oder eine Vereinbarkeit der ausländischen wirtschaftlichen oder politischen Ziele mit inländischen besteht. Während ein Abstellen auf die Durchsetzungsmacht des Erlassstaats zur Rückführung von Kulturgütern, welche das Hoheitsgebiet dieses Staats bereits verlassen haben und sich auch nicht notwendigerweise im Gebiet des Forumstaats befinden müssen, problematisch ist, kann eine Regelungskompetenz in völkerrechtlicher Hinsicht aus dem weltweit verbreiteten Erlass von Kulturgüterschutznormen abgeleitet und auch die Vereinbarkeit des Ziels einer ausländischen gegen den Schmuggel von Kulturgütern gerichteten Norm mit inländischen Zielen in Einklang gebracht werden.[1044] Dabei schwanken aber auch im letzten Punkt die Anforderungen zwischen einer Förderung der Interessen des Forumstaats und dem Nichtvorliegen einer Interessenkollision. Außerdem wird teilweise der governmental interest für maßgeblich er-

---

1038 Sabine Schmeinck, „Internationalprivatrechtliche Aspekte des Kulturgüterschutzes“, S.95; Ulrich Magnus, in: Staudinger Art. 34 EGBGB, Rn.115ff. sowie Rn.138ff.; Andrea Jaeger, „Internationaler Kulturgüterschutz“, S.103.

1039 Jan Schiffer, „Sonderanknüpfung ausländischen „öffentlichen“ Rechts durch Richterrecht in der Internationalen Handelsschiedsgerichtsbarkeit?“, in: IPRax 1991, S.84; Christian Armbrüster, „Privatrechtliche Ansprüche auf Rückführung von Kulturgütern ins Ausland“, in: NJW 2001, S.3584.

1040 Sabine Schmeinck, „Internationalprivatrechtliche Aspekte des Kulturgüterschutzes“, S.93ff.; Stefan Turner, „Das Restitutionsrecht des Staates nach illegaler Ausfuhr von Kulturgütern“, S.134f.

1041 Daniel Busse, „Die Berücksichtigung ausländischer „Eingriffsnormen“ durch die deutsche Rechtsprechung“, in: ZVglRWiss 95 (1996), S.393; Ulrich Magnus, in: Staudinger Art. 34 EGBGB, Rn.116f; Jan Schiffer, „Sonderanknüpfung ausländischen „öffentlichen“ Rechts durch Richterrecht in der Internationalen Handelsschiedsgerichtsbarkeit?“, in: IPRax 1991, S.84; Hans-Jürgen Sonnenberger, „Eingriffsrecht“, in: IPRax 2003, S.105.

1042 Anette Hipp, „Schutz von Kulturgütern in Deutschland“, S.196.

1043 Christian Armbrüster, „Privatrechtliche Ansprüche auf Rückführung von Kulturgütern ins Ausland“, in: NJW 2001, S.3584; Stefan Turner, „Das Restitutionsrecht des Staates nach illegaler Ausfuhr von Kulturgütern“, S.134f.

1044 Gerhard Hohloch, in: Erman Art. 34 EGBGB, Rn.24; Susanne Spaun, „Der Herausgabeanspruch bei Diebstahl oder illegalem Export von Kulturgütern“, S.147f.; Anette Hipp, „Schutz von Kulturgütern in Deutschland“, S.196; Frank Kohls, „Kulturgüterschutz“, S.124; Christian Armbrüster, „Privatrechtliche Ansprüche auf Rückführung von Kulturgütern ins Ausland“, in: NJW 2001, S.3584.

achtet, teilweise die Vereinbarkeit der Interessen nach dem sog. shared value approach bestimmt.[1045] Regelmäßig wird zudem die Vereinbarkeit der Sonderanküpfung ausländischer Eingriffsnormen mit dem deutschen ordre public gefordert, wie er in Art. 6 EGBGB verankert ist.[1046] Die ordre public-Prüfung ist jedoch im Rahmen von Kulturgüterschutznormen, wie bereits dargestellt wurde, sehr problematisch.

70.3 Rechtsfolgen

Bei der Anwendung ausländischer Normen auf kollisionsrechtlichem Wege ist umstritten, ob die von der Norm angeordneten Rechtsfolgen bei Vorliegen der Tatbestandsvoraussetzungen angewandt werden oder die lex causae über die Rechtsfolgen bestimmt. Eine Übernahme der von der Norm vorgesehenen Rechtsfolgen erscheint insofern vorzugswürdig, da sie Widersprüche vermeidet, die bei der Übernahme der Rechtsfolgen aus einer anderen Rechtsordnung entstehen können.[1047]
Eine Übernahme der Rechtsfolgen kann jedoch problematisch sein, wenn die angeordnete Rechtsfolge unklar oder unbekannt ist, zum Beispiel weil die Ausfuhr bestimmter Kulturgüter lediglich verboten wird. Dann ist zu entscheiden, ob §134 BGB oder eine entsprechende Vorschrift der lex causae greift, oder ob die Rechtsfolge einer anderen Norm der Rechtsordnung, welche die Eingriffsnorm stellt, zu entnehmen ist. Eine Ansicht hält die Heranziehung einer anderen Norm derselben Rechtsordnung jedenfalls dann für sachgerechter, wenn eine bestimmte privatrechtliche Wirkung von der Eingriffsnorm implizit mit bezweckt wird.[1048] Eine andere Ansicht schägt vor, zwischen Eingriffsnormen, bei denen bei Vorliegen des Tatbestandes sich die von dieser Norm selbst vorgesehenen Rechtsfolgen unmittelbar entfalten können, und solchen zu differenzieren, welche auf ein Zusammenwirken von Eingriffsnorm und §134 BGB oder vergleichbaren Vorschriften der privatrechtlichen lex causae angewiesen sind.[1049] Regelt eine Kulturgüterschutznorm die Rechtsfolgen nicht selbst, wird nach dieser Ansicht die Rechtsfolge durch §134 BGB oder Rechtsnormen der lex causae bestimmt. Bei einer Heranziehung von Rechtsnormen der lex causae ergeben sich jedoch nicht zwangsläufig dieselben Rechtsfolgen wie bei §134 BGB, sehen einige Rechtsordnungen keine oder keine vergleichbaren zivilrechtlichen Sanktionen im Zusammenhang mit Verstößen gegen Kulturgüterschutznormen vor. Da in Fällen, in denen die Norm auf das Zusammenwirken mit einer anderen angewiesen ist, die Rechtsfolge nur eintre-

---

1045 Daniel Busse, „Die Berücksichtigung ausländischer „Eingriffsnormen“ durch die deutsche Rechtsprechung“, in: ZVglRWiss 95 (1996), S.393; Stefan Turner, „Das Restitutionsrecht des Staates nach illegaler Ausfuhr von Kulturgütern“, S.134f; Ulrich Magnus, in: Staudinger Art. 34 EGBGB, Rn.116ff.; Sabine Schmeinck, „Internationalprivatrechtliche Aspekte des Kulturgüterschutzes“, S.93ff.; Christian Armbrüster, „Privatrechtliche Ansprüche auf Rückführung von Kulturgütern ins Ausland“, in: NJW 2001, S.3584; Peter Mankowski, in: v. Bar/Mankowski I §4, Rn.106f.; Bernd Hoffmann und Karsten Thorn, „Internationales Privatrecht“, §10, Rn.99.

1046 Sabine Schmeinck, „Internationalprivatrechtliche Aspekte des Kulturgüterschutzes“, S.93ff.; Stefan Turner, „Das Restitutionsrecht des Staates nach illegaler Ausfuhr von Kulturgütern“, S.134f.

1047 Ulrich Magnus, in: Staudinger Art. 34 EGBGB, Rn.145.

1048 Daniel Busse, „Die Berücksichtigung ausländischer „Eingriffsnormen“ durch die deutsche Rechtsprechung“, in: ZVglRWiss 95 (1996), S.391.

1049 Daniel Zimmer, „Ausländisches Wirtschaftsrecht vor deutschen Zivilgerichten“, in IPRax 1993, S.66; Hans-Jürgen Sonnenberger, „Eingriffsrecht“, in: IPRax 2003, S.111.

ten kann, sofern beide Normen zusammen sie vorsehen,[1050] könnte die Sonderanknüpfung ausländischer Kulturgüterschutznormen nach dieser Ansicht letztlich nicht das gewünschte Ergebnis mit sich bringen.
Fraglich ist auch, welche Rechtsfolge anzuwenden ist, wenn ein Verstoß gegen ein ausländisches Exportverbot über Art. 2 der VO Nr. 3911/92 bzw. §14 I KultGüRückG n.F. zur schwebenden Unwirksamkeit bzw. Nichtigkeit führen würde, diese Rechtsfolge sich aber nicht mit der von der ausländischen Kulturgüterschutznorm im Falle eines Verstoßes angeordneten Rechtsfolge deckt. In diesem Fall ist davon auszugehen, dass sich deutsche, über Art. 34 EGBGB anzuwendende Eingriffsnormen gegenüber der ungeschriebenen Sonderanknüpfungen ausländischer Eingriffsnormen durchsetzen. Dies würde aber bei strengeren Rechtsfolgen der ausländischen Norm, beispielsweise Verfallsregelungen oder Nichtigkeit auch sämtlicher Folgegeschäfte, das Eingreifen von Art. 2 der VO Nr.3911/92 bzw. §14 I KultGüRückG n.F. zu einem Nachteil werden lassen. Insbesondere im Zusammenhang mit §14 I KultGüRückG n.F. könnte so eine Eintragung in das deutsche Verzeichnis zu einem Nachteil und das Ziel der Regelung gefährdet werden.
Ebenfalls offen bleibt, nach welchen Kriterien zu entscheiden ist, wenn mehrere ausländische Normen auf einen Sachverhalt angewendet werden wollen. Auch in diesem Zusammenhang ist vorgeschlagen worden, auf die Enge der Verbindung abzustellen oder auf die Durchsetzbarkeit. Bei entsprechenden Export- und Importverboten wird auch erwägt, grundsätzlich die strengere Regelung heranzuziehen.[1051]

70.4 Kritik

Ein starkes Argument gegen die Sonderanknüpfung ist die damit verbundene „erhebliche Rechtsunsicherheit".[1052] Zwar wird dem Vorwurf, dass aufgrund des Fehlens klarer Beschränkungen hinsichtlich der anwendbaren Gesetze unbestimmte Entscheidungsmaßstäbe drohen, von den Befürwortern einer Sonderanknüpfung entgegen gehalten, dass sich diese Kritik nicht auf die grundsätzliche Möglichkeit einer Sonderanknüpfung, sondern nur auf die hieran zu stellenden Voraussetzungen beziehe. Bei einer Auswahl nach strengen und eindeutigen Kriterien bleibe der Kreis der zu berücksichtigenden Gesetze überschaubar, sodass keine Auflösung des internationalen Privatrechts drohe.[1053] Da jedoch Begriffe wie Anwendungswille, enge Verbindung oder ordre public bereits einen weiten Raum für Wertungen eröffnen, müsste aus Gründen der größtmöglichen Rechtsklarheit zumindest eine Einigung oder gesetzliche Zusammenfassung hinsichtlich der konsensfähigen Kriterien erfolgen.[1054]
Des Weiteren spricht gegen die Sonderanknüpfung, dass die Bundesrepublik Deutschland gegen Art. 7 I des EWG-Übereinkommens vom 19.06.1980 über das auf vertrag-

1050 Hans-Jürgen Sonnenberger, „Eingriffsrecht", in: IPRax 2003, S.111.
1051 Daniel Busse, „Die Berücksichtigung ausländischer „Eingriffsnormen" durch die deutsche Rechtsprechung", in: ZVglRWiss 95 (1996), S.411f.
1052 Andreas Heldrich, in: Palandt, Art. 34 EGBGB, Rn.5; vgl. auch Dirk Looschelders, in: Praxiskommentar IPR Art. 34 EGBGB, Rn.38.
1053 Sabine Schmeinck, „Internationalprivatrechtliche Aspekte des Kulturgüterschutzes", S.95f.; Hans-Jürgen Sonnenberger, „Eingriffsrecht", in: IPRax 2003, S.116.
1054 Brigitte Schwadorf-Ruckdeschel, „Rechtsfragen des grenzüberschreitenden rechtsgeschäftlichen Erwerbs von Kulturgütern", S.134.

liche Schuldverhältnisse anzuwendende Recht einen nach Art. 22 I (a) des Übereinkommens zulässigen Vorbehalt eingelegt und die Norm bewusst nicht übernommen hat. Denn Art. 7 I EVÜ hätte es ausdrücklich ermöglicht, den zwingenden Bestimmungen des Rechts eines anderen Staats, mit dem der Sachverhalt eine enge Verbindung aufweist, sofern sie ohne Rücksicht darauf anzuwenden sind, welchem Recht der Vertrag unterliegt, unter Berücksichtigung ihrer Natur und ihres Gegenstands sowie der Folgen, die sich aus ihrer Anwendung oder Nichtanwendung ergeben würden, Wirkung zu verleihen.[1055] Von den Befürwortern einer Sonderanknüpfung wird dagegen allerdings vorgebracht, dass der wegen der Unbestimmtheit des Art. 7 I EVÜ und der dort vorgesehenen aufwendigen Folgenermittlung eingelegte Vorbehalt nicht zwingend zu einem Ausschluss der Anwendung sämtlicher ausländischer Eingriffsnormen führen müsse,[1056] da auch das geschriebene Kollisionsrecht in Einzelfällen durchaus die Anwendung ausländischer international zwingender Normen vorsieht.[1057]
Teilweise wird die Sonderanknüpfung von Einfuhr- und Ausfuhrverboten wegen des politischen Charakters außenwirtschaftsrechtlicher Beziehungen abgelehnt.[1058] Im Zusammenhang mit Einfuhr- und Ausfuhrbeschränkungen zum Schutz von Kulturgütern wird jedoch darauf verwiesen, dass nicht in gleichem Maße wie bei anderen Eingriffsnormen die Bedenken eingreifen, sich bei der Berücksichtigung ausländischer Gesetze zugleich mit der Gefahr des Eindringens ständig sich wandelnder fremder politischer Interessen in die eigene Rechtsordnung auseinandersetzen zu müssen.[1059]
Wenig überzeugend ist hingegen das gegen die Sonderanknüpfung vorgebrachte Argument, ein Grund für eine Unterordnung der lex fori oder des Vertragsstatuts unter das den Interessen eines fremden Staats dienende ausländische Recht sei nicht ersichtlich. Dem wird von den Befürwortern der Sonderanknüpfung zu Recht entgegengehalten, dass ein Rechtssystem mit allseitigen Kollisionsnormen die Suche nach dem angemessensten Recht ohnehin der Anwendung des eigenen Rechts unterordnet und dies, wenn der Grundsatz der Nichtanwendung ausländischen öffentlichen Rechts als überholt angesehen wird, unter Umständen auch die Berücksichtigung zwingender Normen eines ausländischen Rechts gebieten kann.[1060]
Da Vorschriften zum Schutz von Kulturgütern im internationalen Bereich aufgrund praktischer Probleme hinsichtlich der Kontrolle und Durchsetzung oft nur begrenzte Wirksamkeit entfalten können, kann die Sonderanknüpfung einen möglichen Ansatzpunkt zu ihrer Verwirklichung im Bereich der privatrechtlichen Interessen darstellen

1055 Abbo Junker, „Empfiehlt es sich, Art. 7 EVÜ zu revidieren oder aufgrund der bisherigen Erfahrungen zu präzisieren?“, in: IPRax 2000, S.72; Haimo Schack, „Kunst und Recht“, S.224, Rn. 531.

1056 Jan Schiffer, „Sonderanknüpfung ausländischen „öffentlichen“ Rechts durch Richterrecht in der Internationalen Handelsschiedsgerichtsbarkeit?“, in: IPRax 1991, S.86; Klaus Schurig, „Zwingendes Recht, »Eingriffsnormen« und neues IPR“, in: RabelsZ 54 (1990), S.235; Hans-Jürgen Sonnenberger, „Eingriffsrecht“, in: IPRax 2003, S.114; Bernd Hoffmann und Karsten Thorn, „Internationales Privatrecht“, §10, Rn.99.

1057 Brigitte Schwadorf-Ruckdeschel, „Rechtsfragen des grenzüberschreitenden rechtsgeschäftlichen Erwerbs von Kulturgütern“, S.133; Daniel Busse, „Die Berücksichtigung ausländischer „Eingriffsnormen“ durch die deutsche Rechtsprechung“, in: ZVglRWiss 95 (1996), S.392.

1058 Oliver Remien, „Außenwirtschaftrecht in kollisionsrechtlicher Sicht“, in: RabelsZ 54 (1990), S.478.

1059 Gerhard Hohloch, in: Erman Art. 34 EGBGB, Rn.24; Brigitte Schwadorf-Ruckdeschel, „Rechtsfragen des grenzüberschreitenden rechtsgeschäftlichen Erwerbs von Kulturgütern“, S.134.

1060 Sabine Schmeinck, „Internationalprivatrechtliche Aspekte des Kulturgüterschutzes“, S.95f.

und somit zur Bekämpfung der Gefahren des illegalen Handels mit Kulturgütern dienen.[1061] Auch wird für eine Sonderanknüpfung das Rücksichtnahmegebot herangezogen und – sofern die Eingriffsnormen anderer Mitgliedstaaten betroffen sind – auf die aus Art. 10 EG abgeleitete Verpflichtung zur gegenseitigen Solidarität verwiesen, daneben die Förderung des internationalen Entscheidungseinklangs hervorgehoben.[1062] Gegen das Rücksichtnahmegebot spricht jedoch, dass die Berücksichtigung unterstützenswerter Interessen des Exportstaats auch dann möglich ist, wenn kollisionsrechtlich die unmittelbare Anwendbarkeit ausländischer Exportverbotsgesetze verneint wird.[1063] Auch kann aus der aus Art. 10 EG abgeleiteten Pflicht zur Rücksichtnahme auf die Interessen anderer Mitgliedstaaten kein Zwang zur Sonderanknüpfung der einzelnen nationalen Eingriffsnormen abgeleitet werden. Dass die VO Nr.3911/92 als Eingriffsnorm über Art. 34 EGBGB berücksichtigungsfähig ist, ist bereits dargelegt worden. Selbst bei Ablehnung der Sonderanknüpfung ist jedoch zuzugestehen, dass zur Zeit viele materiell-rechtlich anzuwendende Normen so ausgestaltet sind, dass in bestimmten Fällen eine faktische Berücksichtigung schwierig ist.[1064] Hier kündigt sich mit dem KGÜAG jedoch eine Besserung an, da nun der Anwendungsbereich des §134 BGB erheblich vergrößert wird. Problematisch bleibt aber die materiell-rechtliche Berücksichtigungsfähigkeit bei einem ausländischen Vertragsstatut.[1065] Dennoch lässt das KGÜAG zum UNESCO-Kulturgutübereinkommen klar erkennen, dass der Gesetzgeber im Bereich des Kulturgüterschutzes eine Berücksichtigung ausländischer Kulturgüterschutzvorschriften auf der materiell-rechtlichen Ebene bevorzugt. Dies hat den Vorteil, die Rechtsfolgen selbst festlegen zu können und den inneren Entscheidungseinklang zu fördern. Die Nichtübernahme der Rechtsfolgen hat den Vorteil, dass die schwierige Frage, ob Verfallsregelungen auch extra-territorial Wirkung entfalten können oder wie ein Vorkaufsrecht umzusetzen wäre, entfällt. Auch eine Förderung des internationalen Entscheidungseinklangs durch die Sonderanknüpfung kann ohnehin nur teilweise und eher selten im Verhältnis zu Drittstaaten angenommen werden.[1066]

70.5 Pflicht zur Sonderanknüpfung ausländischer Kulturgüterschutznormen mit dem Beitritt zum UNESCO-Kulturgutübereinkommen aufgrund von Art. 13 (d) des UNESCO-Kulturgutübereinkommens?

Auch aus Art. 13 (d) des UNESCO-Kulturgutübereinkommens, welcher die Vertragsstaaten verpflichtet, „to recognize the indefeasible right of each State Party to this

1061 Wilfried Fiedler, „Kulturgüterschutz“, in: AVR 34 (1996), S.237; Sabine Schmeinck, „Internationalprivatrechtliche Aspekte des Kulturgüterschutzes“, S.107.

1062 Brigitte Schwadorf-Ruckdeschel, „Rechtsfragen des grenzüberschreitenden rechtsgeschäftlichen Erwerbs von Kulturgütern“, S.132f.; Abbo Junker, „Empfiehlt es sich, Art. 7 EVÜ zu revidieren oder aufgrund der bisherigen Erfahrungen zu präzisieren?“, in: IPRax 2000, S.66; Bernd Hoffmann und Karsten Thorn, „Internationales Privatrecht“, §10, Rn.99; Volker Wiese, „Der Einfluß des EG-Rechts auf das internationale Sachenrecht der Kulturgüter“, S.150.

1063 Haimo Schack, „Kunst und Recht“, S.224, Rn. 531.

1064 Abbo Junker, „Schadensersatzpflicht bei einem Verstoß gegen ein ausländisches Embargo“, in: JZ 1991, S.700.

1065 Brigitte Schwadorf-Ruckdeschel, „Rechtsfragen des grenzüberschreitenden rechtsgeschäftlichen Erwerbs von Kulturgütern“, S.133.

1066 Peter Mankowski, in: v. Bar/Mankowski I §4, Rn.110; Daniel Busse, „Die Berücksichtigung ausländischer „Eingriffsnormen“ durch die deutsche Rechtsprechung“, in: ZVglRWiss 95 (1996), S.417f.

Convention to classify and declare certain cultural property as inalienable which should therefore ipso facto not be exported, and to facilitate recovery of such property by the State concerned in cases where it has been exported", ist bislang von keinem Vertragsstaat eine Pflicht zu Sonderanknüpfung ausländischer Kulturgüterschutznormen abgeleitet worden und auch der deutsche Gesetzgeber hat im KGÜAG keine kollisionsrechtliche Regelung vorgesehen.[1067] So ist schon fraglich, inwieweit gerade die Pflicht zu einer kollisionsrechtlichen Berücksichtigung aus der Formulierung dieser Norm abgeleitet werden kann. Hinzu kommt, dass dieser Artikel mit der Einschränkung versehen ist, dass die Vertragsstaaten nur zu einer Anerkennung verpflichtet sind, wenn sie als „consistent with the laws of each State" anzusehen ist und mit der mangelnden Vertrautheit eines Staats mit fremden Kulturgüterschutznormen eine solche Unvereinbarkeit mit der nationalen Rechtsordnung leicht begründbar erscheint.[1068]

71 Direkte Anwendung ausländischer Eingriffsnormen als Teil des Vertragsstatuts?

In kollisionsrechtlicher Hinsicht ist fraglich, ob der Verweis auf ein ausländisches Vertragsstatut die Eingriffsnormen dieser Rechtsordnung nicht mit umfasst.[1069] Während im Zusammenhang mit der Durchsetzung deutscher Eingriffsnormen der Streit zwischen der Schuldstatutstheorie und der Sonderanknüpfung durch die Einführung des Art. 34 EGBGB zugunsten der Sonderanknüpfung entschieden wurde, ist er, sofern es um die Durchsetzung ausländischer Eingriffsnormen geht, noch offen.[1070]

71.1 Voraussetzungen

Werden ausländische öffentlich-rechtliche Normen für anwendbar gehalten, so gilt unabhängig davon, ob das ausländische Recht kraft Rechtswahl oder objektiver Anknüpfung Vertragsstatut ist, dass solche Eingriffsnormen dieses ausländischen Rechts, welche nicht gegen den deutschen ordre public im Sinne des Art. 6 EGBGB verstoßen, anzuwenden sind.[1071]

71.2 Rechtsfolgen

Werden im Rahmen der Schuldstatutstheorie Eingriffsnormen der Rechtsordnung des Vertragsstatuts berufen, so werden grundsätzlich auch die Rechtsfolgen aus dieser Rechtsordnung übernommen. Auch dann, wenn ausländisches Recht maßgeblich ist, ist jedoch zu beachten, dass sich die international zwingenden Vorschriften des deutschen Rechts gem. Art. 34 EGBGB gegenüber dem ausländischen Vertragsstatut und

1067 Kurt Siehr, „Globalization and National Culture", in: VandJTransnL 2005, S.1088.
1068 Kurt Siehr, „Globalization and National Culture", in: VandJTransnL 2005, S.1089.
1069 Daniel Busse, „Die Berücksichtigung ausländischer „Eingriffsnormen" durch die deutsche Rechtsprechung", in: ZVglRWiss 95 (1996), S.409.
1070 Dieter Martiny, in: MüKo Art. 34 EGBGB, Rn.125.
1071 Andreas Heldrich, in: Palandt, Art. 34 EGBGB, Rn.6; Haimo Schack, „Kunst und Recht", S.224, Rn. 532.

damit auch gegenüber den ausländischen Eingriffsnormen durchsetzen. Regelmäßig werden Eingriffsnormen eines dritten Staats nach dieser Ansicht jedoch anders als bei den Vertretern einer Sonderanknüpfung aller ausländischen Normen nicht direkt angewendet, sondern er wird nur eine faktische Berücksichtigung im Rahmen der Sachnormen des ausländischen Vertragsstatuts in Betracht gezogen.[1072]
Wenn eine ausländische Kulturgüterschutznorm zu der Rechtsordnung des Vertragsstatuts zählt, ergibt sich somit auch bei der Schuldstatutstheorie der Vorrang deutscher Eingriffsnormen nach Art. 34 EGBGB und damit der Vorrang der Berücksichtigung des Verstoßes gegen ein ausländisches Exportverbot über Art. 2 VO Nr. 3911/92 und §14 I KultGüRückG n.F. Somit würde nach der Gesetzesänderung hinsichtlich der von §14 I KultGüRückG n.F. umfassten Kulturgüter die Eintragung in das Verzeichnis die schwebende Unwirksamkeit bzw. Nichtigkeit eines Vertrages zur Folge haben, unabhängig davon, ob sich diese Rechtsfolge mit den von der Norm angeordneten, unter Umständen auch umfangreicheren Rechtsfolgen deckt. Dies führt dazu, dass nach der Gesetzesänderung bei einem Rückgriff auf die Schuldstatutstheorie nur noch bei solchen ausländischen Regelungen, die nicht zugleich zu einem Eingreifen von Art. 2 VO Nr. 3911 bzw. §14 I KultGüRückG n.F. führen und die gleichzeitig Teil des Vertragsstatuts sind, eine Übernahme der Rechtsfolgen erfolgen kann.
Bei ausländischen Regelungen, die unter Art. 2 VO Nr. 3911 bzw. §14 I KultGüRückG n.F. fallen, ist die Rechtsfolge der schwebenden Unwirksamkeit bzw. Nichtigkeit wegen Art. 34 EGBGB vorrangig, bei ausländischen Regelungen, die nicht unter Art. 2 VO Nr. 3911 bzw. §14 I KultGüRückG n.F. fallen und nicht Teil des Vertragsstatuts sind, kann allenfalls §138 I BGB eingreifen, der ebenfalls zur Nichtigkeit führt.

71.3 Kritik

In der neueren Literatur und Rechtssprechung wird die Berücksichtigung öffentlich-rechtlicher Normen im Rahmen des Vertragsstatuts überwiegend abgelehnt. Dies wird in erster Linie damit begründet, dass Normen öffentlich-rechtlicher Natur oder solche, welche öffentlich-rechtlichen Zwecken dienen, nicht dem internationalen Privatrecht unterliegen sollen. Es wird ein eigenes Anknüpfungssystem, das sog. öffentliche Kollisionsrecht, vorgeschlagen, welches im Unterschied zum internationalen Privatrecht die Berücksichtigung des Territorialitätsprinzips ermöglichen soll.[1073]
Allerdings wird von der Gegenansicht vorgebracht, dass eine kollisionsrechtliche Anwendung ausländischer öffentlich-rechtlicher Normen als Vorfrage für privatrechtliche Problematiken es ermöglichen könnte, sie zum internationalen Privatrecht zu zählen oder trotz ihres Charakters als internationales öffentliches Recht anzuwenden.[1074]

1072 Andreas Heldrich, in: Palandt, Art. 34 EGBGB, Rn.6.

1073 BGH NJW 1960, S.1102; OLG Karlsruhe IPRspr. 1964/65 Nr. 194, S.585; Brigitte Schwadorf-Ruckdeschel, „Rechtsfragen des grenzüberschreitenden rechtsgeschäftlichen Erwerbs von Kulturgütern“, S.102; Daniel Busse, „Die Berücksichtigung ausländischer „Eingriffsnormen“ durch die deutsche Rechtsprechung“, in: ZVglRWiss 95 (1996), S.409f; Ulrich Magnus, in: Staudinger Art. 34 EGBGB, Rn.130.

1074 Kurt Siehr, „Öffentliches Recht und internationales Privatrecht beim grenzüberschreitenden Kulturgüterschutz“, in: Rudolf Dolzer u.a. (Hg.), „Rechtsfragen des internationalen Kulturgüterschutzes“, S.96f.; Stefan Turner, „Das Restitutionsrecht des Staates nach illegaler Ausfuhr von Kulturgütern“, S.69.

Auch ist vorgeschlagen worden, dass eine Ablehnung der Anwendbarkeit der öffentlich-rechtlichen Normen selbst eine Berücksichtigung der Ergebnisse im Rahmen der lex causae nicht ausschließt.[1075] Weiterhin wird eingewendet, dass auch eine Berücksichtigung ausländischer öffentlich-rechtlicher Normen auf kollisionsrechtlicher Ebene sich am Territorialitätsgrundsatz orientieren kann, indem durch eine Überprüfung ausgeschlossen wird, dass ein Staat sich außerhalb seines Hoheitsbereichs bewegt.[1076]
Für die Berücksichtigung aller Normen einer Rechtsordnung im Rahmen des Vertragsstatuts spricht, dass die Abgrenzung zwischen öffentlich-rechtlichen und privatrechtlichen Normen, sowohl beim Abstellen auf die formale Einordnung, als auch beim Abstellen auf die verfolgten Interessen, mit Unsicherheiten verbunden ist.[1077]
Gegen die Berücksichtigung ausländischer Eingriffsnormen im Rahmen des Vertragsstatuts kann aber vorgebracht werden, dass es zu schematisch und hinsichtlich wirtschaftlicher Globalisierung und Liberalisierung nicht angemessen erscheint, immer alle Eingriffsnormen der lex causae, grundsätzlich nicht hingegen die anderer ausländischer Rechtsordnungen zu berücksichtigen. Dies wird noch durch die Tatsache unterstrichen, dass der Vertrag zur lex causae keine Beziehung aufweisen muss und deshalb schon der kollisionsrechtliche Schutz von Verbrauchern und Arbeitnehmern rechtswahlfest ausgestaltet worden ist und dies erst recht für andere ausländische Eingriffsnormen gelten muss.[1078] Denn die am Parteiinteresse ausgerichteten schuldvertraglichen Kollisionsnormen erscheinen wenig geeignet, über die Anwendbarkeit von Normen zu entscheiden, welche als international zwingende Vorschriften in erster Linie öffentliche Interessen durchsetzen sollen.[1079] Dabei widersprechen nicht nur die staatlichen Interessen selbst im Einzelfall unter Umständen den privaten Interessen, sondern schon generell die Durchsetzung staatlicher Interessen dem Interesse der Vertragsparteien an einer möglichst eingriffsnormenfreien Rechtsordnung.[1080]

72 Datum-Theorie

Als der Schuldstatutstheorie nahe stehende Theorie ist auch die so genannte Datum-Theorie als allgemeines Konzept für die Berücksichtigung ausländischer Eingriffsnormen im internationalen Vertragsrecht befürwortet worden.[1081] Dabei kann die Da-

1075 Stefan Turner, „Das Restitutionsrecht des Staates nach illegaler Ausfuhr von Kulturgütern", S.69f.

1076 Abbo Junker, „Schadensersatzpflicht bei einem Verstoß gegen ein ausländisches Embargo", in: JZ 1991, S.700f.; Stefan Turner, „Das Restitutionsrecht des Staates nach illegaler Ausfuhr von Kulturgütern", S.69f.

1077 Daniel Busse, „Die Berücksichtigung ausländischer „Eingriffsnormen" durch die deutsche Rechtsprechung", in: ZVglRWiss 95 (1996), S.414f; Stefan Leible, „Außenhandel und Rechtssicherheit", in: ZVglRWiss 97 (1998), S.298.

1078 Ulrich Magnus, in: Staudinger Art. 34 EGBGB, Rn.131.

1079 Klaus Schurig, in: Kegel/Schurig §2 IV, S.155; Stefan Leible, „Außenhandel und Rechtssicherheit", in: ZVglRWiss 97 (1998), S.298; Hans-Jürgen Sonnenberger, „Eingriffsrecht", in: IPRax 2003, S.107; Christian Armbrüster, „Privatrechtliche Ansprüche auf Rückführung von Kulturgütern ins Ausland", in: NJW 2001, S.3584.

1080 Sabine Schmeinck, „Internationalprivatrechtliche Aspekte des Kulturgüterschutzes", S.92.

1081 Stefan Leible, „Außenhandel und Rechtssicherheit", in: ZVglRWiss 97 (1998), S.301; Abbo Junker, „Schadensersatzpflicht bei einem Verstoß gegen ein ausländisches Embargo", in: JZ 1991, S.702; Andreas Heldrich, in: Palandt, Art. 34 EGBGB, Rn.5; Daniel Busse, „Die Berücksichtigung ausländischer „Eingriffsnormen" durch die deutsche Rechtsprechung", in: ZVglRWiss 95 (1996), S.394.

tum-Theorie im Ausland geltende, ortsgebundene Regeln, die sog. local data, bereits bei der Frage des anwendbaren Rechts auf der kollisionsrechtlichen Ebene heranziehen. Bei der anschließenden Anwendung inländischer Sachnormen schlägt die Datum-Theorie die Berücksichtigung als Teil des Sachverhalts beim Subsumtionsvorgang vor. Im Gegenzug sollen auch Sitten und Gebräuche, sog. moral data, der lex fori im Rahmen ausländischen Rechts berücksichtigungsfähig sein.[1082] Dabei unterscheidet sich die Datum-Theorie von anderen rein auf der materiell-rechtlichen Ebene wirkenden Ansätzen dadurch, dass die Berücksichtigung unabhängig von der traditionellen Verweisungstechnik zwingend zu erfolgen hat und zu einer selbständigen Methode erhoben wird.[1083] Ausländische Kulturgüterschutznormen sollen so spätestens auf der materiell-rechtlichen Ebene ihre Wirkung entfalten.[1084]

Gegen die Datum-Theorie spricht jedoch, dass diese nicht hinreichend zwischen Tatsachen und Rechtsnormen differenziert. So ist fraglich, ob ausländische Kulturgüterschutznormen wie Tatsachen allein aufgrund ihres Vorhandenseins zu berücksichtigen sind.[1085] Selbst wenn die Berücksichtigungsfähigkeit ausländischen Rechts als Faktor oder Datum innerhalb des maßgebenden Vertragsstatuts befürwortet wird, bleibt bislang offen, nach welchen Kriterien diese Berücksichtigungsfähigkeit des ausländischen Rechts zu beurteilen ist. Des Weiteren ist im Rahmen dieser Theorie bislang ungeklärt, auf welche Weise der Auslandsbezug einzubeziehen ist, ob ein Rückgriff auf die ausländische Eingriffsnorm selbst auf der kollisionsrechtlichen oder materiell-rechtlichen Ebene erfolgt oder ob nur tatsächliche Umstände mit Auslandsbezug zu berücksichtigen sind.[1086] Auch verschleiert die Berücksichtigung von Verstößen gegen ausländische Exportverbote als Datum, dass es letztlich um die kollisionsrechtliche Frage der Anwendbarkeit von ausländischen Rechtsnormen geht.[1087] Damit scheidet auch die Datum-Theorie als brauchbarer Lösungsansatz aus.

Eine Deutung der Nigeria-Entscheidung des BGH als Beispiel für eine Anwendung der Datum-Theorie[1088] ist abzulehnen, da in der Begründung für die Heranziehung des §138 I BGB nicht die Möglichkeit der Tatbestandswirkung der ausländischen Kulturgüterschutznormen diskutiert wird. Vielmehr wird im Rahmen der inlandsbezogenen Ausfüllung der Wertmaßstäbe des §138 I BGB ein Verstoß gegen aus dem UNESCO-Kulturgutübereinkommen abgeleitete internationale Grundsätze des Kulturgüterschutzes bejaht.[1089] Damit muss die Nigeria-Entscheidung des BGH letztlich als eine rein materiell-rechtliche Alternative zur Datum-Theorie eingeordnet werden.

1082 Florian Kienle und Marc-Philippe Weller, „Die Vindikation gestohlener Kulturgüter im IPR", in: IPRax 2004, S.293.

1083 Astrid Müller-Katzenburg, „Internationale Standards im Kulturgüterverkehr und ihre Bedeutung für das Sach- und Kollisionsrecht", S.301.

1084 Erik Jayme, „Globalisation in Art Law", in: VandJTransnL 2005, S.944f.

1085 Kurt Siehr, „Ausländische Eingriffsnormen", in: RabelsZ 52 (1988), S.80.

1086 Ulrich Magnus, in: Staudinger Art. 34 EGBGB, Rn.134f.

1087 Christian Armbrüster, „Privatrechtliche Ansprüche auf Rückführung von Kulturgütern ins Ausland", in: NJW 2001, S.3584; Kurt Siehr, „Ausländische Eingriffsnormen", in: RabelsZ 52 (1988), S.80f.

1088 Astrid Müller-Katzenburg, „Internationale Standards im Kulturgüterverkehr und ihre Bedeutung für das Sach- und Kollisionsrecht", S.302f.; Volker Wiese, „Der Einfluß des EG-Rechts auf das Internationale Sachenrecht der Kulturgüter", S.202.

1089 Frank Kohls, „Kulturgüterschutz", S.128.

73 Berücksichtigung ausländischer Eingriffsnormen auf der materiell-rechtlichen Ebene

Wird sowohl die Sonderanknüpfungslehre als auch die Schuldstatutstheorie abgelehnt, kommt dennoch eine Berücksichtigung ausländischer Kulturgüterschutznormen auf materiell-rechtlicher Ebene innerhalb der lex causae in Betracht.[1090] So wird im Zusammenhang mit der Berücksichtigung ausländischer Kulturgüterschutzregelungen insbesondere auf die Nigeria-Entscheidung verwiesen, die allerdings unter der Voraussetzung deutschen Rechts als Vertragsstatut ergangen ist.[1091] Bei ausländischem Vertragsstatut ergeben sich jedoch besondere Probleme. Noch komplizierter wird die Lage, wenn es sich um ausländische Eingriffsnormen eines Drittstaats handelt.

73.1 Faktische Berücksichtigung ausländischer Eingriffsnormen im Rahmen eines deutschen Vertragsstatuts

Wenn sowohl die lex fori als auch die lex causae deutsches Recht sind, scheint zunächst fraglich, warum das Recht eines anderen Staats überhaupt die rechtliche Beurteilung beeinflussen soll.[1092] Aufgrund des Territorialitätsprinzips ist jedoch kein allgemeiner Grundsatz der Nichtanwendung ausländischen öffentlichen Rechts, einschließlich kulturpolitisch motivierter Exportverbote, anzunehmen. Selbst wenn die erzwingende Durchsetzung des ausländischen öffentlichen Rechts verneint wird, ist davon die Frage zu trennen, ob ausländisches öffentliches Recht nicht grundsätzlich trotzdem von den Gerichten des Forumstaats berücksichtigt werden kann.[1093] Gegen eine kategorische Abwehr ausländischen öffentlichen Rechts kann vorgebracht werden, dass eine solche tatsächlich nicht praktiziert wird, da sonst in letzter Konsequenz ausländische Enteignungen nie anerkennungsfähig wären.[1094] Statt starr auf das Territorialitätsprinzip zu verweisen ist es sachgerechter, den vom ausländischen Staat verfolgten Zweck zu überprüfen.[1095] Daher wird anstelle einer unmittelbaren Anwendung eine faktische Berücksichtigung von ausländischen Eingriffsnormen in Betracht gezogen, sofern hinreichende Beziehungen zu der ausländischen Rechtsordnung bestehen.[1096]

Der Möglichkeit einer faktischen Berücksichtigung ausländischer Kulturgüterschutznormen hat der BGH in der bereits erörterten Nigeria-Entscheidung im Bereich des

---

1090 Daniel Busse, „Die Berücksichtigung ausländischer „Eingriffsnormen" durch die deutsche Rechtsprechung", in: ZVglRWiss 95 (1996), S.410.

1091 BGHZ 59, S.82ff.; Dieter Martiny, in: MüKo Art. 34 EGBGB, Rn.122; Haimo Schack, „Kunst und Recht", S.224, Rn. 531.

1092 Daniel Busse, „Die Berücksichtigung ausländischer „Eingriffsnormen" durch die deutsche Rechtsprechung", in: ZVglRWiss 95 (1996), S.394f.

1093 Kurt Siehr, „Öffentliches Recht und internationales Privatrecht beim grenzüberschreitenden Kulturgüterschutz", in: Rudolf Dolzer u.a. (Hg.), „Rechtsfragen des internationalen Kulturgüterschutzes", S.96; Stefan Turner, „Das Restitutionsrecht des Staates nach illegaler Ausfuhr von Kulturgütern", S.69.

1094 Haimo Schack, „Kunst und Recht", S.224, Rn.532; Daniel Busse, „Die Berücksichtigung ausländischer „Eingriffsnormen" durch die deutsche Rechtsprechung", in: ZVglRWiss 95 (1996), S.397ff.

1095 Haimo Schack, „Kunst und Recht", S.224, Rn. 532.

1096 Andreas Heldrich, in: Palandt, Art. 34 EGBGB, Rn.5.

Schuldrechts den Weg geebnet, indem er das nigerianische Ausfuhrverbot auf der Ebene des deutschen Sachrechts über §138 I BGB beachtet hat.[1097] Da diese Rechtsprechung nach überwiegender Auffassung auch auf andere schuldrechtliche Vertragstypen übertragbar ist, stellt die Sittenwidrigkeit im Sinne des §138 I BGB den für Berücksichtigung ausländischer Eingriffsnormen am häufigsten gewählten Anknüpfungspunkt dar.[1098] Neben der Generalklausel des §138 I BGB ist aber auch §826 BGB herangezogen worden.[1099] Dabei bleibt umstritten, ob die Sittenwidrigkeit bei §826 BGB wie bei §138 I BGB zu definieren ist oder im Rahmen des §826 BGB alleine die faktische Durchsetzung der ausländischen Norm als Voraussetzung anzusehen ist, nicht hingegen ob das Ergebnis billigenswert erscheint.[1100] Bei der Bestimmung schuldvertraglicher Rechte und Pflichten kann zudem an §275 I BGB gedacht werden[1101] oder an §242 BGB.[1102]

73.2 Faktische Berücksichtigung ausländischer Eingriffsnormen als Teil des anwendbaren ausländischen Vertragstatuts

Es ist vorgeschlagen worden, den §§134, 138 I BGB entsprechende Vorschriften des jeweiligen nach Kollisionsrecht anwendbaren ausländischen Rechts heranzuziehen, um in diesem Zusammenhang dann mittelbar auch die öffentlich-rechtlichen Kulturgüterschutznormen dieser Rechtsordnung berücksichtigen zu können.[1103] Der größte Problempunkt dieses Vorschlags besteht jedoch darin, dass eine §134 oder §138 I BGB entsprechende Verbotsvorschrift vorausgesetzt wird und ein Verstoß gegen die ausländischen Kulturgüterschutzvorschriften auch als verboten oder sittenwidrig im Sinne einer solchen Vorschrift eingeordnet werden muss.[1104] Gerade die Beeinflussung der Wirksamkeit von Rechtsverhältnissen zwischen Privatpersonen durch Verstöße gegen Kulturgüterschutznormen ist im Rahmen der ausländischen Rechtsordnungen jedoch oftmals fraglich und wird nicht einheitlich beantwortet. Nur in wenigen Rechtsordnungen, wie der französischen oder japanischen, wird eine mittelbare Berücksichtigungsfähigkeit ausländischer Kulturgüterschutznormen im Rahmen von Sittenwidrigkeitsklauseln oder Anforderungen der öffentlichen Moral für denkbar erachtet.[1105]

1097 BGHZ 59, S.82ff.; Dieter Martiny, in: MüKo Art. 34 EGBGB, Rn.122; Brigitte Schwadorf-Ruckdeschel, „Rechtsfragen des grenzüberschreitenden rechtsgeschäftlichen Erwerbs von Kulturgütern", S.74f.; Haimo Schack, „Kunst und Recht", S.224, Rn. 531.

1098 Haimo Schack, „Kunst und Recht", S.224, Rn. 531.

1099 Daniel Busse, „Die Berücksichtigung ausländischer „Eingriffsnormen" durch die deutsche Rechtsprechung", in: ZVglRWiss 95 (1996), S.403.

1100 Abbo Junker, „Schadensersatzpflicht bei einem Verstoß gegen ein ausländisches Embargo", in: JZ 1991, S.702.

1101 Haimo Schack, „Kunst und Recht", S.224, Rn. 531; Andreas Heldrich, in: Palandt, Art. 34 EGBGB, Rn.5; Kurt Siehr, „Ausländische Eingriffsnormen", in: RabelsZ 52 (1988), S.78.

1102 Daniel Busse, „Die Berücksichtigung ausländischer „Eingriffsnormen" durch die deutsche Rechtsprechung", in: ZVglRWiss 95 (1996), S.407f.

1103 Kurt Siehr, „Öffentliches Recht und internationales Privatrecht beim grenzüberschreitenden Kulturgüterschutz", in: Rudolf Dolzer u.a. (Hg.), „Rechtsfragen des internationalen Kulturgüterschutzes", S. 97.

1104 Brigitte Schwadorf-Ruckdeschel, „Rechtsfragen des grenzüberschreitenden rechtsgeschäftlichen Erwerbs von Kulturgütern", S.129.

1105 Andrea Jaeger, „Internationaler Kulturgüterschutz", S.96; Roberta Clerici, „La protection des biens culturels vis-à-vis des règles italiennes de conflit", in: Riv dir int priv proc 1989, S.801ff.;

Wird die Berücksichtigungsfähigkeit des ausländischen Rechts im Rahmen rein privatrechtlicher Fragestellungen bejaht, ist es als widersprüchlich angesehen worden, die kollisionsrechtliche Berücksichtigung abzulehnen, da für die internationalprivatrechtliche Behandlung des öffentlichen Rechts mit größerer Berechtigung von einer völkerrechtlichen Grundlage auszugehen sei.[1106]
Auch ist gegen eine mittelbare Berücksichtigung ausländischer Kulturgüterschutznormen im Rahmen eines ausländischen Vertragsstatuts vorgebracht worden, dass die Gefahren, die dazu geführt haben, eine zwingende Anwendung auf kollisionsrechtlicher Ebene abzulehnen, nun auf materiell-rechtlicher Ebene neu begründet werden. So könne nicht sicher gestellt werden, dass die Wertungen der ausländischen Rechtsordnung mit denen der inländischen in Einklang stehen. Da aber die ausländischen Eingriffsnormen im Rahmen ausländischer Generalklauseln so angewendet werden müssen, wie sie in der ausländischen Rechtsordnung angewendet werden und nicht durch inländische Wertungen ersetzt werden können, könne unter Umständen eine Korrektur erforderlich werden, wie sie auf kollisionsrechtlicher Ebene Art. 6 EGBGB ermöglicht hätte.[1107] Bei Exportverboten zum Kulturgüterschutz wird dieses Problem aber dadurch entschärft, dass die Sittenwidrigkeit nicht auf deutsche Interessen oder eine im Inland bestehende Rechtsauffassung, sondern auf allgemeine Anschauungen und Wertungen der Völkergemeinschaft gestützt worden ist.[1108]

73.3 Faktische Berücksichtigung der Eingriffsnormen eines Drittstaats

Es ist vertreten worden, dass auch die Eingriffsnormen eines Drittstaats im Rahmen der Sachnormen eines ausländischen Vertragsstatuts berücksichtigt werden können.[1109] Auch hiergegen ist jedoch vorgebracht worden, dass dies insofern problematisch sein kann, als die Wertungen im Rahmen ausländischen Sachrechts denen ausländischer Rechtsanwender entsprechen müssen, sodass auch hier nicht einfach eine §138 I BGB entsprechende Norm herangezogen werden kann, um daraus eine faktische Berücksichtigung ausländischer Eingriffsnormen herzuleiten.[1110]

73.4 Rechtsfolgen

Werden fremde Eingriffsnormen lediglich materiell-rechtlich berücksichtigt, ergeben sich folgerichtig auch die Rechtsfolgen eines Verstoßes gegen ausländische Kulturgütervorschriften aus dem Vertragsstatut.[1111] Diese im Nigoria Fall auch von der Rechtsprechung gezogene Konsequenz ist jedoch in der Literatur nicht unumstritten. Da die

---

Isabelle Fellrath Gazzini, „The Swiss Supreme Court Decides“, in: Art Antiquity and Law 2005, S.406.

1106 Stefan Turner, „Das Restitutionsrecht des Staates nach illegaler Ausfuhr von Kulturgütern“, S.69f.

1107 Daniel Busse, „Die Berücksichtigung ausländischer „Eingriffsnormen“ durch die deutsche Rechtsprechung“, in: ZVglRWiss 95 (1996), S.410.

1108 Albert Bleckmann, „Sittenwidrigkeit wegen Verstoßes gegen den ordre public international“, in: ZaöRV, 34 (1974), S.125f; Daniel Busse, „Die Berücksichtigung ausländischer „Eingriffsnormen“ durch die deutsche Rechtsprechung“, in: ZVglRWiss 95 (1996), S.406.

1109 Andreas Heldrich, in: Palandt, Art. 34 EGBGB, Rn.6.

1110 Daniel Busse, „Die Berücksichtigung ausländischer „Eingriffsnormen“ durch die deutsche Rechtsprechung“, in: ZVglRWiss 95 (1996), S.411.

1111 Ulrich Magnus, in: Staudinger Art. 34 EGBGB, Rn.145.

Folgen ausländischer Eingriffsnormen im Erlassstaat andersartig sein können, wird wegen der internationalen Gerechtigkeit und des Grundsatzes der Gleichrangigkeit der nationalen Sachrechtsordnungen befürwortet, über die bloße Berücksichtigung der fremden Norm hinauszugehen und auch die normativen Wirkungen dem ausländischen Gesetz zu entnehmen.[1112] Es muss jedoch zwischen kollisionsrechtlicher und materiell-rechtlicher Ebene differenziert und daher eine Übertragung kollisionsrechtlicher Grundsätze auf die materiell-rechtliche Ebene abgelehnt werden. Auch spricht die Ausgestaltung des Importverbots in §14 KultGüRückG n.F. dafür, dass der Gesetzgeber trotz einer zunehmenden Integration ausländischer Kulturgüterschutznormen über deren Rechtsfolgen innerhalb der deutschen Rechtsordnung selbst bestimmen will.

73.5 Änderungen durch §14 I KultGüRückG n.F.

Während die innerstaatlichen Eingriffsnormen über Art. 34 EGBGB im Wege einer Sonderanküpfung berücksichtigt werden können, werden ausländische Eingriffsnormen bislang nur auf der materiell-rechtlichen Ebene berücksichtigt. Auch wenn es streng dogmatisch bei diesem Grundsatz bleibt, da es sich bei dem Importverbot des §14 I KultGüRückG n.F. um eine innerstaatliche Regelung handelt, so kündigt sich jedoch tatsächlich eine Aufweichung dieses Grundsatzes durch die mittelbare Integration ausländischer Kulturgüterschutzvorschriften über das Importverbot des §14 I KultGüRückG n.F. an. Hinsichtlich der von §14 I KultGüRückG n.F. nicht erfassten ausländischen Kulturgüterschutzvorschriften bleibt es jedoch bei einer lediglich materiell-rechtlichen Berücksichtigungsfähigkeit und den damit zusammenhängenden Problemen. Zum einen sind in diesem Zusammenhang weiterhin die gegenüber §134 BGB erhöhten Anforderungen hinsichtlich der beiderseitigen Umgehungsabsicht im Rahmen des §138 I BGB zu nennen, zum anderen auf die bei einem ausländischen Vertragsstatut sowie bei drittstaatlichen Eingriffsnormen erörterten Besonderheiten hinzuweisen.

74 Auswirkungen der geplanten Rom I-Verordnung

Die geplante Rom I-Verordnung soll die Art. 27-37 EGBGB aufgrund des Vorrangs des Gemeinschaftsrechts bei Gemeinschaftssachverhalten verdrängen und zur Vereinheitlichung des Kollisionsrechts beitragen.[1113] Im Folgenden werden die geplanten Regelungen auf der Grundlage des Vorschlags der Kommision dargestellt,[1114] auch wenn die Diskussionen noch nicht beendet sind und bei der Ratstagung der Justizministerinnen und Justizminister im April 2007 erst eine Einigung über fünfzehn der Regelungen erzielt wurde.[1115] Während in der Literatur Art. 5 der Rom I-VO und die unvollkommen allseitige Ausgestaltung aufgrund der Anlehnung an Art. 15 EuGVVO im Vor-

---

1112 Brigitte Schwadorf-Ruckdeschel, „Rechtsfragen des grenzüberschreitenden rechtsgeschäftlichen Erwerbs von Kulturgütern", S.129f.

1113 Sven Rugullis, „Die Rechtswahl nach Art.27 I EGBGB", in: ZVglRWiss 106 (2007), S.227; Haimo Schack, „Kunst und Recht", S.175, Rn. 426; Andreas Heldrich, in: Palandt Vorb v Art. 27 EGBGB, Rn.1.

1114 Vorschlag vom 15.12.2005 KOM (2005) 650 endg.

1115 vgl. Pressemitteilung Zwischenbilanz Bereich Justiz vom 13. Juni 2007, S.10, veröffentlicht unter www.eu2007.de.

dergrund stehen,[1116] soll an dieser Stelle der Fokus auf die Auswirkungen im Zusammenhang mit dem Kulturgüterschutz gerichtet werden.
Auch im Zusammenhang mit Kaufverträgen über Kulturgüter kann Art. 5 der Rom I-VO jedoch Bedeutung entfalten, da das Enumerationsprinzip des derzeitigen Art. 29 EGBGB einem umfassenden Tatbestand weichen soll, der bis auf wenige Ausnahmen grundsätzlich alle Verträge zwischen einem Unternehmer und einem Verbraucher erfasst.[1117] Hier könnte ein Entfallen der Rechtswahlmöglichkeiten bei Verbraucherverträgen trotz des primären Ziels des Verbraucherschutzes[1118] mittelbar auch zu einer Einschränkung der Umgehungsmöglichkeiten unliebsamen Rechts bei dem Verkauf von Kulturgütern führen. Denn unabhängig von dem Ort des Vertragschlusses wird nach Art. 5 I der Rom I-VO zwingend das Recht des Ortes gelten, an welchem der Verbraucher seinen gewöhnlichen Aufenthalt hat[1119] – und das nicht nur bezüglich eines wirksamen schuldrechtlichen Vertrages, sondern nach Art. 9 I der Rom I-VO auch für die Frage nach Zustandekommen und Wirksamkeit.
In allen anderen Fällen bleibt nach Art. 3 I der Rom I-VO eine vorrangige Rechtswahl möglich.[1120] Auch der Grundsatz der charakteristischen Leistung für die objektive Anknüpfung bleibt unter Wegfall der Ausweichklausel erhalten – bei Kaufverträgen wird nun allerdings in Art. 4 I lit. a der Rom I-VO eindeutig festgeschreiben, dass das Recht am gewöhnlichen Aufenthaltsort des Verkäufers maßgeblich ist.[1121]
Die Rechtswahl soll nach Art. 3 II der Rom I-VO ausdrücklich auch die Wahl auf internationaler oder Gemeinschaftsebene anerkannter Grundsätze und Regeln des materiellen Vertragsrechts ermöglichen und dadurch die Entwicklung einheitlicher internationaler und europäischer vertragsrechtlicher Prinzipien fördern.[1122] Fraglich ist, ob sich in diesem Zusammenhang auch die Wahl des UNESCO-Kulturgutübereinkommens oder des UNIDROIT-Übereinkommens anbietet. Auch wenn diese Übereinkommen keine ausführlichen schuldvertraglichen Regelungen beeinhalten, könnten ihre Grundsätze zumindest ergänzend einbezogen werden. Auf den ersten Blick scheint aber ein Interesse der Parteien an einer Einbeziehung zu fehlen, da die Regelungen tendenziell die Durchführung eines Vertrages über gestohlenes oder illegal verbrachtes Kulturgut behindern und zudem Dritte mit der Einräumung von Rückgabeansprüchen begünstigen. Aufgrund der Unsicherheiten im Bereich des Mängelrechts könnte eine redliche Partei aber unter Umständen davon profitieren, dass die Überein-

1116 Klaus Bitterich, „Kollisionsrechtliche Absicherung gemeinschaftsrechtlicher Standards", in: RIW 2006, S.267; Erik Jayme und Christian Kohler, „Europäisches Kollisionsrecht 2006", in: IPRax 2006, S.537; Stefan Leible, „Internationales Vertragsrecht, die Arbeiten an einer Rom I-Verordnung und der Europäische Vertragsgerichtsstand", in: IPRax 2006, S.369f.; Peter Mankowski, „Art. 5 des Vorschlags für eine Rom I-Verordnung", in: ZVglRWiss 105 (2006) S.162.

1117 Jan Kropholler, „Internationales Privatrecht", S.511; Peter Mankowski, „Art. 5 des Vorschlags für eine Rom I-Verordnung", in: ZVglRWiss 105 (2006) S.163.

1118 Stefan Leible, „Internationales Vertragsrecht, die Arbeiten an einer Rom I-Verordnung und der Europäische Vertragsgerichtsstand", in: IPRax 2006, S.370.

1119 Peter Mankowski, „Der Vorschlag für die Rom I-Verordnung", in: IPRax, 2006, S.104.

1120 Klaus Bitterich, „Kollisionsrechtliche Absicherung gemeinschaftsrechtlicher Standards", in: RIW 2006, S.263.

1121 Peter Mankowski, „Der Vorschlag für die Rom I-Verordnung", in: IPRax, 2006, S.103f.; Jan Kropholler, „Internationales Privatrecht", S.511.

1122 Jan Kropholler, „Internationales Privatrecht", S.510; Peter Mankowski, „Der Vorschlag für die Rom I-Verordnung", in: IPRax, 2006, S.102.

kommen Anhaltspunkte einer Vereinbarung hinsichtlich der Sollbeschaffenheit des zu erwerbenden Kulturgutes liefern und Schadenersatzansprüche bei der Aufforderung zur Rückgabe durch einen Dritten auch dann ermöglichen, wenn das Übereinkommen, das solche Rückgabeanspüche vorsieht, keine Anwendung finden würde und alleine moralische Erwägungen greifen.
Da nach Art. 3 V der Rom I-VO, ähnlich der bisherigen Regelung bei Inlandssachverhalten, auch die Anwendung der zwingenden Bestimmungen des Gemeinschaftsrechts von der Rechtswahl unberührt bleiben soll, wenn die Bestimmungen nach den objektiven Anknüpfungsregeln der Rom I-VO im konkreten Fall anwendbar wären,[1123] könnten die VO Nr. 3911/92 und die VO Nr.1210/2003 regelmäßig bereits über diese Vorschrift vorrangig Anwendung finden. Dies wäre jedoch nicht der Fall, wenn man den Anwendungsbereich auf die Richtlinien des Art. 22 der Rom I-VO samt Anhang I oder Richtlinien im allgemeinen beschränkt.[1124] Werden zu den Bestimmungen des Gemeinschaftsrechts auch die Verordnungen gezählt, ergibt sich ein Folgeproblem: Soweit die Verordnungen selbst keine zivilrechtlichen Rechtsfolgen bei Verstößen anordnen, müssten entweder die zivilrechtlichen Rechtsfolgen durch Auslegung in die zwingende gemeinschaftrechtliche Vorschrift hineingelesen oder durch Rückgriff auf die gewählte Rechtsordnung ermittelt werden. Im letzteren Fall drohen jedoch Lücken, wenn die gewählte Rechtsordnung keine §134 BGB entsprechende Vorschrift kennt. Soweit eine Überschneidung des Anwendungsbereichs eintritt, ist jedenfalls eine Sperrwirkung des Art. 3 V der Rom I-VO gegenüber Art. 8 der Rom I-VO abzulehnen,[1125] sodass die derzeitige Berücksichtigungsmöglichkeit über die Sonderanknüpfung gemäß Art. 34 EGBGB als der deutschen Rechtsordnung zugehörige Eingriffsnorm mit den entsprechenden Rechtsfolgen nach Art. 8 II i.V.m. I der Rom I-VO weiterhin erhalten bleibt.
Fraglich ist, ob auch eine Berücksichtigung der Bestimmungen der RL 93/7/EWG über Art. 3 V der Rom I-VO in Betracht kommt. Zum einen ist die Berücksichtigung von Richtlinien über Art. 3 V der Rom I-VO generell problematisch, die mangels horizontaler Wirkung zwischen Privaten nicht anwendbar sind. Herangezogen werden sollen die gegebenenfalls richtlinienkonform auszulegenden jeweiligen nationalen Umsetzungsgesetze.[1126] Teilweise wird nicht nur bei Verstößen gegen die Umsetzungspflicht eine Heilung über Art. 3 V der Rom I-VO als systemwidrig abgelehnt, sondern auch bei Schutzverstärkungen deren Korrektur nach unten auf der Grundlage eines fiktiven Umsetzungsrechts. Bei Mindestvorgaben soll auch der überschießende Teil durch das gemeinschaftsrechtliche Konzept abgesegnet sein.[1127] Dies kann jedoch nicht für eine Ausdehnung des Anwendungsbereichs der Regelungen auf Drittstaaten gelten, sodass bezüglich des KultGüRückG n.F. zwischen den Umsetzungen der RL 93/7/EWG und des UNESCO-Kulturgutübereinkommens zu differenzieren wäre. Zum anderen bleibt

---

1123 Klaus Bitterich, „Kollisionsrechtliche Absicherung gemeinschaftsrechtlicher Standards", in: RIW 2006, S.267.

1124 Peter Mankowski, „Der Vorschlag für die Rom I-Verordnung", in: IPRax, 2006, S.102.

1125 Klaus Bitterich, „Kollisionsrechtliche Absicherung gemeinschaftsrechtlicher Standards", in: RIW 2006, S.264.

1126 Klaus Bitterich, „Kollisionsrechtliche Absicherung gemeinschaftsrechtlicher Standards", in: RIW 2006, S.264

1127 Klaus Bitterich, „Kollisionsrechtliche Absicherung gemeinschaftsrechtlicher Standards", in: RIW 2006, S.268f.

fraglich, welche Vorschriften der Richtlinie als zwingende gemeinschaftsrechtliche Vorschriften in Betracht kommen. Die Rückgabeansprüche und die Entschädigungsregelungen greifen nicht zwischen den Vertragsparteien, sondern gegenüber dem Mitgliedstaat ein, aus dessen Hoheitsgebiet das Kulturgut unrechtmäßig verbracht wurde und können durch die Parteien ohnehin nicht zulasten dieses Staates durch die Wahl des Rechts eines Drittstaats abgewählt werden.
In Art. 8 der Rom I-VO sind weitere Neuerungen geplant, welche die Sonderanknüpfung von Kulturgüterschutznormen beeinflussen könnten. So wird in Art. 8 I der Rom I-VO nun erstmals der Begriff der Eingriffsnorm legaldefiniert.[1128] Demnach ist eine Eingriffsnorm eine zwingende Vorschrift, deren Einhaltung als so entscheidend für die Wahrung der politischen, sozialen oder wirtschaftlichen Organisation eines Staates angesehen wird, dass ihre Anwendung ungeachtet des anzuwendenden Rechts auf alle Sachverhalte, die in ihren Anwendungsbereich fallen, vorgeschrieben ist. Wegen der politischen Motivation von Kulturgüterschutznormen und ihrer einschränkenden Funktion gegenüber dem freien Handel mit Waren kann der Kulturgüterschutz der Wahrung der politischen, sozialen oder wirtschaftlichen Organisation eines Staates zugeordnet werden. Demnach bringt die feste Definition hinsichtlich des Anwendungsbereichs des Art. 8 II der Rom I-VO gegenüber Art. 34 EGBGB keine Einschränkungen im Hinblick auf die berücksichtigungsfähigen inländischen Kultugüterschutznormen mit sich. Ergänzend sieht Art. 8 III der Rom I-VO vor, dass ausländischen Eingriffsnormen Wirkung verliehen werden kann, wenn der Sachverhalt eine enge Verbindung zu diesem ausländischen Staat aufweist. Da diesbezüglich ein Vorbehalt nicht vorgesehen ist, wird die Norm – anders als Art. 7 EVÜ – zwingend auch in Deutschland Anwendung finden,[1129] sodass sich die Frage nach der Möglichkeit einer ungeschriebenen Sonderanknüpfung erübrigen wird. Zwar wird die Frage nach dem Eingreifen der Schuldstatutstheorie als weiterhin ungeklärt angesehen.[1130] Dies stimmt insofern, als keine Aussage getroffen wird, was in den Fällen geschieht, in denen Art. 8 III der Rom I-VO nicht eingreifen wird. Eine zusätzliche Voraussetzung, dass generell immer gerade das Recht anwendbar sein muss, dem auch die ausländische Norm entstammt, die über die Sonderanknüpfung Berücksichtigung finden soll, lässt sich der Formulierung aber gerade nicht entnehmen: Die enge Verbindung muss zwischen der Eingriffsnorm und dem Sachverhalt bestehen, nicht zwischen der Eingriffsnorm und dem gewählten oder aufgrund objektiver Anknüpfung anzuwendenden Recht.
Fraglich ist nur, ob die enge Verbindung zwischen Eingriffsnorm und Sachverhalt auch bei Geschäften ohne zeitliche und örtliche Nähe zu dem illegalen Verbringen immer schon alleine aus dem territorialen Bezug des illegalen Verbringens zu dem ausländischen Staat hergeleitet werden kann. Wird dies bejaht, ist wiederum zu entscheiden, ob der territoriale Bezug durch die frühere Belegenheit genügt oder ergänzend ein kultureller Bezug zu fordern ist.[1131]

1128 Jan Kropholler, „Internationales Privatrecht“, S.513; Peter Mankowski, „Der Vorschlag für die Rom I-Verordnung“, in: IPRax, 2006, S.104.

1129 Jan Kropholler, „Internationales Privatrecht“, S.513.

1130 Peter Mankowski, „Der Vorschlag für die Rom I-Verordnung“, in: IPRax, 2006, S.110.

1131 Anette Hipp, „Schutz von Kulturgütern in Deutschland“, S.196; Christian Armbrüster, „Privatrechtliche Ansprüche auf Rückführung von Kulturgütern ins Ausland“, in: NJW 2001, S.3584; Stefan Turner, „Das Restitutionsrecht des Staates nach illegaler Ausfuhr von Kulturgütern“, S.134f.

Auch könnte die Formulierung, dass das Gericht Art und Zweck der Normen sowie die Folgen, die sich aus ihrer Anwendung oder Nichtanwendung für das mit der betreffenden Eingriffsnorm verfolgte Ziel sowie für die Parteien ergeben würden, berücksichtigen soll,[1132] einen gewissen Spielraum gegen die Sonderanknüpfung ausländischer Kulturgüterschutznormen eröffnen. Insbesondere wegen der Berücksichtigungsfähigkeit der Rechtsfolgen gegenüber den Parteien könnten Vertrauensschutzgesichtspunkte gegen die Sonderanknüpfung sprechen. Trotzdem sollte der mit Kulturgüterschutznormen verfolgte Zweck und die Bedeutung der Rechtsfolgen einer Nichtanwendung ausländischer Kulturgüterschutznormen im Hinblick auf das zu erreichende Ziel die Entscheidung regelmäßig zugunsten einer Sonderanknüpfung der ausländischen Eingriffsnormen beeinflussen. Dass andere Wertungen nicht völlig ausgeschlossen sind, zeigen zwar die feinen Unterschiede zwischen Literatur und Praxis im Hinblick auf die schweizerische Sonderanknüpfungsregelung. Bezüglich der Anwendung der Norm in Deutschland bleibt aber zu hoffen, dass die Bedeutung, die der BGH dem Kulturgüterschutz als internationalem Anliegen beigemessen hat, und die Wichtigkeit einer zivilrechtlichen Sanktionierung, die zu der faktischen Berücksichtigung von Verstößen gegen ausländische Kulturgüterschutznormen über §138 BGB geführt hat,[1133] in Zukunft auch die Entscheidung über eine Sonderanknüpfung zugunsten der Berücksichtigung ausländischer Kulturgüterschutznormen beeinflussen werden. Soweit neben den ausländischen Kulturgüterschutznormen im Rahmen des illegalen Verbringens zugleich ein Verstoß gegen das Importverbot des §14 I KultGüRückG n.F. vorliegt, ist aber auch in Zukunft §14 I KultGüRückG n.F. als inländische Eingriffsnorm bereits über Art. 8 II der Rom I-VO zu berücksichtigen. Art. 8 II der Rom I-VO eröffnet keinen Entscheidungsspielraum, sodass aufgrund der Entscheidung des deutschen Gesetzgebers zugunsten der Integration als Importverbot in die deutsche Rechtsordnung die mit der Abwägungsentscheidung des Gerichts im Rahmen des Art. 8 III der Rom I-VO verbundenen Unsicherheiten entfallen.

Die RL 93/7/EWG soll im Anhang I als ein Rechtsakt aufgenommen werden, welcher im Sinne des Art. 22 I lit. a Kollisionsnormen für vertragliche Schuldverhältnisse in besonderen Bereichen enthält, die durch die Rom I-VO unberührt bleiben sollen. Dies könnte ein Verständnis von Art. 12 der RL 93/7/EWG, der in Deutschland in den §§4 I, 8 KultGüRückG bzw. §§5 I, 9 KultGüRückG umgesetzt wurde, als kollisionsrechtliche Regelung stützen. Allerdings regelt Art. 12 der RL 93/7/EWG die Frage nach dem Recht, nach welchem die Frage des Eigentums an einem Kulturgut nach erfolgter Rückgabe zu bestimmen ist, und damit allein die sachenrechtliche Anknüpfung, nicht das für vertragliche Schuldverhältnisse maßgebliche Recht. Selbst dann, wenn die dingliche Verfügung auf dem Kausalgeschäft beruht, unterliegt das Grundgeschäft dem für Schuldverträge anwendbaren Recht.[1134] Allenfalls eine klarstellende Funktion im Hinblick auf die Notwendigkeit einer selbständigen Anknüpfung der Eigentumsverhältnisse unabhängig vom Vertragsstatut könnte in Betracht kommen.

1132 Jan Kropholler, „Internationales Privatrecht", S.513.

1133 BGHZ 59, S.82ff.

1134 Heinz-Peter Mansel, „Die Bedeutung des internationalen Privatrechts in Bezug auf das Herausgabeverlangen des Eigentümers bei abhanden gekommenen Kulturgütern", in: „Im Labyrinth des Rechts?", S.142.

Teil E
Kollisionsrechtliche Auswirkungen deutscher und ausländischer Kulturgüterschutznormen im Bereich des Sachenrechts

75 Völkerrechtliche Regelungen

Hinsichtlich der völkerrechtlichen Abkommen kann im Wesentlichen auf den schuldrechtlichen Teil verwiesen werden. Das CISG findet auf sachenrechtliche Fragen aber wegen Art. 4 b CISG ausdrücklich keine Anwendung.[1135] Selbst wenn in den kulturgutspezifischen Abkommen die Problematik des Eigentums und dinglicher Rechte an Kulturgütern angerissen wird, so regeln sie in erster Linie entweder das Verhältnis von Staaten untereinander oder zwischen Inhabern hoheitlicher Gewalt und Privaten, das private Sachenrecht berühren sie jedoch allenfalls am Rande. Nur das UNESCO-Kulturgutübereinkommen sowie das UNIDROIT-Übereinkommen enthalten ergänzende Bestimmungen hinsichtlich der Privatrechtsverhältnisse.[1136]
Das UNESCO-Kulturgutübereinkommen will gem. Art. 2 den illegalen Im- und Export bekämpfen sowie damit zusammenhängende Eigentumsübertragungen regeln, indem es Grundprinzipien zum internationalen Schutz von Kulturgütern aufstellt und das Recht jedes Staats auf Anerkennung und Schutz seines kulturellen Erbes durch die Staatengemeinschaft postuliert. Die vorgeschlagenen sachenrechtlichen Regelungen bilden aber kein Einheitsrecht, sondern versuchen mittelbar auf den nationalen Gesetzgeber Einfluss auszuüben. Von den Mindestvorschriften hinsichtlich gesetzgeberischer und administrativer Maßnahmen, die der Verhinderung des illegalen Kulturgütertransfers dienen sollen, ist von besonderem Interesse die Rückgabepflicht von Kulturgut, welches im Ausland aus einem Museum, einem öffentlichen religiösen oder weltlichen Bauwerk oder einer ähnlichen Einrichtung gestohlen wurde. Daneben ist auf die Verpflichtung hinzuweisen, das unantastbare Recht eines jeden Vertragsstaats, bestimmtes Kulturgut für unveräußerlich zu erklären, gemäß Art. 13 lit. d gegenseitig anzuerkennen.[1137] Die Konvention ist bereits von 113 Staaten ratifiziert worden[1138] und auch Deutschland hat nun dem Beitritt zugestimmt. Jedoch gilt das Übereinkommen nach Art. 7 nicht für Exportfälle, die sich vor dem Inkrafttreten ereignet haben.[1139]
Die UNIDROIT-Konvention vom 24.06.1995 über gestohlene oder rechtswidrig ausgeführte Kulturgüter enthält zwar anders als das UNESCO-Kulturgutübereinkommen internationales Einheitsrecht und sieht trotz ihrer Neutralität gegenüber dem Eigentum und anderen am Kulturgut bestehenden Rechten einen Rückgabeanspruch mit Ausschlussfrist gem. Art. 3 in Kombination mit einem Entschädigungsanspruch des gutgläubigen Besitzers gem. Art. 4 vor. Sie gilt in Deutschland aber bislang aber nicht.[1140]

1135 Susanne Spaun, „Der Herausgabeanspruch bei Diebstahl oder illegalem Export von Kulturgütern", S.90.
1136 Christiane Wendehorst, in: MüKo Art. 43, Rn.178ff.
1137 Marc Weber, „Unveräußerliches Kulturgut im nationalen und internationalen Rechtsverkehr", S.397f.
1138 http://portal.unesco.org/la/convention.asp?KO=13039&language=E&order=alpha
1139 Kurt Siehr, „Das UNESCO-Übereinkommen", in: KUR 2005, S.33; Haimo Schack, „Kunst und Recht", S.221, Rn. 525.
1140 Brigitte Schwadorf-Ruckdeschel, „Rechtsfragen des grenzüberschreitenden rechtsgeschäftlichen Erwerbs von Kulturgütern", S.186f.; Kurt Siehr, „Internationales Sachenrecht", in: ZvglRWiss

76 §§4 I, 8 KultGüRückG als Sonderkollisionsnormen?

Im Bereich des Kulturgüterschutzes existieren keine unmittelbar anwendbaren europarechtlichen Kollisionsnormen, sondern lediglich eine Vorgabe für die Umsetzung des Kollisionsrechtes durch die Mitgliedstaaten in Art. 12 der Richtlinie 93/7/EWG, welche in Deutschland in den §§4 I, 8 KultGüRückG erfolgt ist.[1141]
Art. 12 der RL 93/7/EWG lautet: „Die Frage des Eigentums an dem Kulturgut nach erfolgter Rückgabe bestimmt sich nach dem Recht des ersuchenden Staats."[1142] Sie ist zum einen in §4 I KultGüRückG umgesetzt worden, welcher lautet: „Das Eigentum an dem Kulturgut, das nach den Bestimmungen dieses Gesetzes auf Verlangen in das Bundesgebiet zurückgegeben wird, richtet sich nach den deutschen Sachvorschriften." Zum anderen ist die Umsetzung in §8 KultGüRückG erfolgt, welcher lautet: „Das Eigentum an Kulturgut bestimmt sich nach erfolgter Rückgabe nach den Sachvorschriften des ersuchenden Mitgliedstaats."
Die Gliederung des KultGüRückG in zwei Abschnitte, nämlich in die Regelung der Geltendmachung des Anspruchs der Länder auf Rückgabe deutschen Kulturguts gegenüber anderen Mitgliedstaaten in den §§1-4 KultGüRückG und in die Regelung der Rückgabeansprüche anderer Mitgliedstaaten in den §§5-8 KultGüRückG, erklärt, warum Art. 12 der RL 93/7/EWG bei der Umsetzung in nationales Recht in zwei Vorschriften aufgespalten wurde.[1143]
Trotz der in den §§4 I, 8 KultGüRückG übernommenen Heranziehung des Begriffs des Eigentums, wird davon ausgegangen, dass keine internationalprivatrechtlich bislang ungewohnte Aufspaltung des Sachenrechtsstatuts in Eigentum und sonstige dingliche Rechte gewollt war, sondern der Begriff des Eigentums als alle Rechte an einer Sache umfassend zu verstehen ist.[1144]
Dass – wie Art. 12 der RL 93/7/EWG – auch §8 KultGüRückG die Formulierung „Recht des ersuchenenden Mitgliedstaats" verwendet, verdeutlicht im Zusammenspiel mit der Legaldefinition des ersuchenden Mitgliedstaats als des Staats, aus dessen Hoheitsgebiet ein Kulturgut unrechtmäßig entfernt wurde, dass die lex originis im Zusammenhang mit Art. 12 der RL 93/7/EWG und §8 KultGüRückG unabhängig vom diesbezüglichen Meinungsstreit eigenständig und eindeutig definiert worden ist.[1145]
Die Bedeutung der §§4 I, 8 KultGüRückG und ihrer Verweisung auf das Recht des ersuchenden Mitgliedstaats ist umstritten.[1146] Der Wortlaut der Norm lässt Raum für verschiedene Interpretationen[1147] und auch der Wille des Gesetzgebers und die Materi-

---

104 (2005), S.151f.; Christiane Wendehorst, in: MüKo Art. 43, Rn.179; Haimo Schack, „Kunst und Recht", S.211, Rn.507 sowie S.218, Rn.517.

1141 Christiane Wendehorst, in: MüKo Art. 43, Rn.180f., Andreas Heldrich, in: Palandt Art. 43 EGBGB, Rn.2; Jan Kropholler, „Internationales Privatrecht", S.556f.

1142 Marc Weber, „Unveräußerliches Kulturgut im nationalen und internationalen Rechtsverkehr", S.388.

1143 Dirk Looschelders, in: Praxiskommentar IPR Art. 43, Rn.5f.; Christiane Wendehorst, in: MüKo Art. 43, Rn.182.

1144 Volker Wiese, „Der Einfluß des EG-Rechts auf das Internationale Sachenrecht der Kulturgüter", S.77.

1145 Volker Wiese, „Der Einfluß des EG-Rechts auf das internationale Sachenrecht der Kulturgüter", S.206.

1146 Christiane Wendehorst, in: MüKo Art. 43, Rn.183.

1147 Anette Hipp, „Schutz von Kulturgütern in Deutschland", S.289f.

alien zur Richtlinie werden unterschiedlich interpretiert und zugleich zugunsten der materiell-rechtlichen und kollisionsrechtlichen[1148] oder entweder der öffentlich-rechtlichen[1149] oder kollisionsrechtlichen Theorie[1150] angeführt. So kann beispielsweise aus der Begründungserwägung, dass ein Eigentumserwerb nach den Vorschriften des ersuchenden Mitgliedstaats, eines anderen Mitgliedstaats oder eines Drittstaats der Anwendung der lex originis nicht entgegensteht, weder gefolgert werden, dass ein Eigentumserwerb nach den Sachvorschriften der lex originis möglich, noch dass er ausgeschlossen sein soll.[1151]

Bei der folgenden Darstellung ist zu beachten, dass dogmatisch nicht nur von den Vertretern der sog. kollisionsrechtlichen Theorie eine in den §§4 I, 8 KultGüRückG enthaltene Kollisionsnormverweisung angenommen wird.[1152] Zwar erscheint insbesondere bei der materiell-rechtlichen Theorie eine kollisionsrechtliche Einordnung auf den ersten Blick schwierig. Hier wird aber vorgeschlagen, die Sperrung jeder bürgerlichrechtlichen Veränderung der Eigentumslage auf eine bewusst herbeigeführte Situation des Normenmangels zurückzuführen, welche kein Sachenrechtsstatut für anwendbar erklärt.[1153] Insofern sind die von Wendehorst übernommenen Bezeichnungen der Theorien etwas missverständlich, denn die Differenzierung erfolgt wirkungsbezogen.

76.1 Materiell-rechtliche Theorie

Nach der materiell-rechtlichen Theorie führen die §§4 I, 8 KultGüRückG zu der Negation der nach der unrechtmäßigen Verbringung ins Ausland nach dem Recht des anderen Staats wirksam erworbenen Rechtspositionen. Dies wird damit begründet, dass die RL 93/7/EWG den status quo ante wiederherstellen will. Das Ignorieren der zwischenzeitlichen Rechtsänderungen wird damit begründet, dass die die Änderung ermöglichenden Rechtsnormen nicht gelten dürften, weil ihre Anwendung erst durch die illegale Ausfuhr ermöglicht wurde.[1154]

76.2 Kritik an der materiell-rechtlichen Theorie

Gegen die materiell-rechtliche Theorie wird vorgebracht, dass die Richtlinie nur den Rückgabeanspruch des Herkunftsstaats nicht hingegen den ursprünglichen Eigentümer vor allen zwischenzeitlichen Rechtsänderungen schützen will. Dies lässt sich schon daraus entnehmen, dass auch Regelungen, die einen zwischenzeitlichen staatlichen Eigentumserwerb, beispielsweise den Verfall beim unrechtmäßigen Verbringen vorse

1148 Thomas Pfeiffer, „Der Stand des Internationalen Sachenrechts nach seiner Kodifikation", in: IPRax 2000, S.278.

1149 Anette Hipp, „Schutz von Kulturgütern in Deutschland", S.289f.

1150 Christiane Wendehorst, in: MüKo Art. 43, Rn.189.

1151 Thomas Pfeiffer, „Der Stand des Internationalen Sachenrechts nach seiner Kodifikation", in: IPRax 2000, S.278.

1152 Christiane Wendehorst, in: MüKo Art. 43, Rn.185; Sabine Schmeinck, „Internationalprivatrechtliche Aspekte des Kulturgüterschutzes", S.196.

1153 Thomas Pfeiffer, „Der Stand des Internationalen Sachenrechts nach seiner Kodifikation", in: IPRax 2000, S.278.

1154 Kurt Siehr, „Vereinheitlichung des Mobiliarsachenrechts in Europa", in: RabelsZ 59 (1995), S.466f.; Sabine Schmeinck, „Internationalprivatrechtliche Aspekte des Kulturgüterschutzes", S.196.

hen, angewendet werden sollen. Auch ist nicht ersichtlich, warum ein Dritterwerber nicht geschützt werden soll, wenn selbst der Herkunftsstaat seinen Rechtserwerb zuließe.[1155] Eine allzu weitgehende privatrechtliche Sanktionierung des Verstoßes gegen öffentlich-rechtliche Exportverbote wird im Hinblick auf die Bestimmtheit der Norm und die Verhältnismäßigkeit als Ausfluss rechtsstaatlicher Prinzipien sowie im Hinblick auf Art. 14 I, III GG als problematisch erachtet.[1156] Auch kommt in §4 II KultGüRückG zum Ausdruck, dass die bürgerlich-rechtliche Eigentumslage von dem öffentlich-rechtlichen Rückgabeanspruch der Länder nicht berührt werden soll.[1157] Zudem setzt die im Rahmen der Begründung zur Richtlinie angedeutete und in der Entschädigungsregelung des §9 III KultGüRückG weiter ausgestaltete Differenzierung hinsichtlich der Höhe der Entschädigung danach, ob der zwischenzeitliche Erwerber nach den Vorschriften des ersuchenden Mitgliedstaats Eigentümer bleibt, die Möglichkeit eines Eigentumserwerbs voraus, sodass dies gegen eine Negation sämtlicher zwischenzeitlich erworbener Rechtspositionen spricht.[1158]

Bei Abstellen auf den materiell-rechtlichen Charakter einer solchen Interpretation wäre ohnehin zweifelhaft, ob der europäische Gesetzgeber 1993 zum Erlass von Vorgaben für das materielle private Sachenrecht berechtigt gewesen wäre.[1159]

Wird die materiell-rechtliche Theorie in kollisionrechtlicher Hinsicht als eine Anordnung eines bewusst herbeigeführten Normenmangels gedeutet, um mangels Anwendbarkeit irgendeines Sachenrechtsstatuts zu einer Unveränderlichkeit der materiellrechtlichen Rechtsverhältnisse zu kommen, so lässt sich entgegenhalten, dass sowohl Wortlaut und Begründung der Richtlinie als auch §§4 I, 8 KultGüRückG eine kollisionsrechtliche Vorgabe zugunsten eines bestimmten Rechts nahe legen und damit gerade nicht als Anordnung eines solchen Normenmangels aufgefasst werden können.[1160]

76.3 Öffentlich-rechtliche Theorie

Nach der öffentlich-rechtlichen Theorie bewirken die §§4 I, 8 KultGüRückG keine Abkehr von der lex rei sitae, da durch die Richtlinie weder die zivilrechtliche Eigentumsordnung noch das Kollisionsrecht grundsätzlich umgestaltet werden sollten. In sehr begrenztem Maße wird das Prinzip der Anerkennung wohlerworbener Rechte jedoch auch nach dieser Ansicht von der lex originis verdrängt. So soll ein unrechtmäßiges Verbringen eines Kulturguts in einen anderen Mitgliedstaat den Schutz durch Vorschriften, die Kulturgut als res extra commercium klassifizieren oder einen Verfall des Eigentums an den Staat anordnen, nicht beseitigen.[1161]

1155 Angelika Fuchs, „Kulturgüterschutz im Kulturgutsicherungsgesetz“, in: IPRax 2000, S.285.

1156 Christiane Wendehorst, in: MüKo Art. 43, Rn.184; Volker Wiese, „Der Einfluß des EG-Rechts auf das Internationale Sachenrecht der Kulturgüter“, S.83.

1157 Christiane Wendehorst, in: MüKo Art. 43, Rn.184; Thomas Pfeiffer, „Der Stand des Internationalen Sachenrechts nach seiner Kodifikation“, in: IPRax 2000, S.280.

1158 Thomas Pfeiffer, „Der Stand des Internationalen Sachenrechts nach seiner Kodifikation“, in: IPRax 2000, S.279f.

1159 Sabine Schmeinck, „Internationalprivatrechtliche Aspekte des Kulturgüterschutzes“, S.194; Christiane Wendehorst, in: MüKo Art. 43, Rn.184.

1160 Thomas Pfeiffer, „Der Stand des Internationalen Sachenrechts nach seiner Kodifikation“, in: IPRax 2000, S.278.

1161 Anette Hipp, „Schutz von Kulturgütern in Deutschland“, S.290.

76.4 Kritik an der öffentlich-rechtlichen Theorie

Gegen die öffentlich-rechtliche Theorie wird vorgebracht, dass die von ihr vorgeschlagene Auslegung des Art. 12 der Richtlinie 93/7/EWG angesichts der bereits gemeinschaftsweit verbreiteten lex rei sitae zu einem weitgehenden Leerlauf der Norm führt, den es wegen des in Art. 10 EG verankerten effet utile zu vermeiden gilt.[1162]

76.5 Kollisionsrechtliche Theorie

Nach der kollisionsrechtlichen Theorie sollen die sachenrechtlichen Vorgänge, welche nach dem unrechtmäßigen Verbringen außerhalb des ersuchenden Mitgliedstaats stattgefunden haben, rückwirkend nach dem Recht des ersuchenden Mitgliedstaats auf ihre Wirksamkeit überprüft werden. In den Grenzen, in denen sich ein wirksamer Rechtserwerb auch nach dem Recht des ersuchenden Staats hätte vollziehen können, bleibt er wirksam. Es kommt somit nach der kollisionsrechtlichen Theorie anders als nach der materiell-rechtlichen nicht zu einer vollständigen Negation der zwischenzeitlich erworbenen Rechtspositionen.[1163] Dies wird teilweise damit begründet, dass nicht der Grundsatz, dass in jedem Land die lex rei sitae angewendet wird, durchbrochen werden soll, sondern nur der Grundsatz, dass nach der lex rei sitae wohlerworbene Rechte auch nach dem Überschreiten der Grenze anerkannt werden. So sei ohnehin zu erwarten, dass ein Herkunftsstaat, welcher grundsätzlich die lex rei sitae anwendet, dann, wenn er selbst von einer Unveräußerlichkeit des Kulturguts als res extra commercium ausgeht, seine eigenen Regeln hinsichtlich zwischenzeitlicher Erwerbsvorgänge im Ausland nach der Rückkehr in sein Territorium anwendet, und auch dann, wenn ein illegal verbrachtes Kulturgut beim Überschreiten der Grenze in sein staatliches Eigentum übergeht, diesen Übergang nach der Rückkehr berücksichtigt.[1164]

76.6 Kritik an der kollisionsrechtlichen Theorie

Gegen die kollisionsrechtliche Theorie wird vorgebracht, dass eine rückwirkende Beurteilung sachenrechtlicher Vorgänge nach der lex originis anstelle der lex rei sitae

1162 Christiane Wendehorst, in: MüKo Art. 43, Rn.186; Volker Wiese, „Der Einfluß des EG-Rechts auf das Internationale Sachenrecht der Kulturgüter", S.80.

1163 Karl Kreuzer, „Die Vollendung der Kodifikation des deutschen Internationalen Privatrechts", in: RabelsZ 65 (2001), S.437; Erik Jayme und Christian Kohler, „Das Internationale Privat- und Verfahrensrecht der EG 1993", in: IPRax 1993, S.360; Astrid Müller-Katzenburg, „Internationale Standards im Kulturgüterverkehr und ihre Bedeutung für das Sach- und Kollisionsrecht", S.285; Marc Weber, „Unveräußerliches Kulturgut im nationalen und internationalen Rechtsverkehr", S.388f.; Christiane Wendehorst, in: MüKo Art. 43, Rn.187; Wulf-Hennig Roth, „Angleichung des IPR durch sekundäres Gemeinschaft", in: IPRax 1994, S.173; Angelika Fuchs, „Kulturgüterschutz im Kulturgutsicherungsgesetz", in: IPRax 2000, S.285; Olaf Rafael Kupiers, „Die lex originis-Regel im internationalen Sachenrecht", S. 90f.; Peter Mankowski, in: v. Bar/Mankowski I §3, Rn.88; Gerhard Hohloch, in: Erman Vor Art. 43, Rn.4; Jacqueline Bila, „Nationaler Kulturgüterschutz in der Europäischen Union", S.188; Thomas Pfeiffer, „Der Stand des Internationalen Sachenrechts nach seiner Kodifikation", in: IPRax 2000, S.280; Heinz-Peter Mansel, „Die Bedeutung des internationalen Privatrechts in Bezug auf das Herausgabeverlangen des Eigentümers bei abhanden gekommenen Kulturgütern", in: „Im Labyrinth des Rechts?", S.144.

1164 Wulf-Hennig Roth, „Angleichung des IPR durch sekundäres Gemeinschaft", in: IPRax 1994, S.173.

eine Unsicherheit im internationalen Kunsthandel nach sich ziehen könnte.[1165] Eine solche Unsicherheit könnte jedoch dadurch begrenzt werden, dass die gemeinschaftsweite Umsetzung des Art. 12 der RL 93/7/EWG zumindest gemeinschaftsweit zu einer gleichmäßigen Verdrängung der lex rei sitae führen sollte. Allerdings ist einschränkend darauf hinzuweisen, dass tatsächlich die Umsetzung des Art. 12 der RL 93/7/EWG in den einzelnen Mitgliedstaaten höchst unterschiedlich und unvollständig erfolgt ist,[1166] wie sich auch im Rahmen der Erörterungen der italienischen Rechtsordnung zeigen wird. Jedoch kann zusätzlich vorgebracht werden, Unsicherheiten hinsichtlich des Eigentumserwerbs an rechtswidrig ins Ausland verbrachten Kulturgütern seien zugunsten des Kulturgüterschutzes gewollt.[1167]
Des Weiteren wird gegen die kollisionsrechtliche Theorie angeführt, dass einem nach einer strengen lex rei sitae gescheiterten Eigentumserwerb durch die rückwirkende Anwendung einer milderen lex originis zur Wirksamkeit verholfen werden könnte. Wenn jedoch erst die Anwendung der lex originis anstelle der lex rei sitae zu einem wirksamen Rechtserwerb im Ausland führe, widerspreche dies dem Schutzzweck der Richtlinie und des KultGüRückG. Von einer Ansicht wird vorgeschlagen, die Problematik eines nachträglichen Wirksamwerdens durch eine teleologische Reduktion zu verhindern.[1168] Art. 12 der RL 93/7/EWG müsse dahingehend verstanden werden, dass er den Rechtserwerb nach der lex rei sitae bereits voraussetzt und nur die Anerkennung nach der lex rei sitae wohlerworbener Rechte nach der Rückkehr nicht schützt, sondern nach der lex originis beurteilt. Art. 12 der RL 93/7/EWG sei hingegen nicht dahingehend zu verstehen, dass er unter Umständen auch neue Rechte nach der lex originis schaffe.[1169] Nach anderer Ansicht spricht gegen eine kumulative Anwendung der Wirksamkeitsvoraussetzungen der lex rei sitae und der lex originis jedoch, dass die Geltung der lex rei sitae nicht nur durch die lex originis eingeschränkt, sondern vollständig verdrängt werden sollte.[1170]
Gegen den Vorwurf, die Anwendung der lex rei sitae könne im Einzelfall für den Herkunftsstaat nachteilig sein, greift trotz des Schutzzwecks der Richtlinie jedoch dasselbe Argument, das gegen den Vorwurf vorgebracht wird, abweichende Anknüpfungsmöglichkeiten könnten im Einzelfall für den Eigentümer nachteilig sein: Wegen des Grundgedankens der Gleichwertigkeit aller Rechtsordnungen kann es nicht darum gehen, das günstigste Recht zu finden, sondern die sachgerechteste Rechtsordnung auszuwählen.[1171] So muss sich der Herkunftsstaat ohnehin noch stärker als ein Eigentümer den Vorwurf gefallen lassen, dass ein Gesetzgeber, der seine materiell-rechtlichen Vorschriften so ausgestalten kann, dass sie einen gutgläubigen Rechtserwerb erschweren, wenn er dies im Inland hinsichtlich inländischer und ausländischer Kulturgüter unterlässt, sich daran auch im Hinblick auf deutsche Kulturgüter im Ausland festhalten

1165 Sabine Schmeinck, „Internationalprivatrechtliche Aspekte des Kulturgüterschutzes", S.196f.
1166 Susanne Spaun, „Der Herausgabeanspruch bei Diebstahl oder illegalem Export von Kulturgütern", S.196.
1167 Christiane Wendehorst, in: MüKo Art. 43, Rn.188.
1168 Christiane Wendehorst, in: MüKo Art. 43, Rn.188.
1169 Christiane Wendehorst, in: MüKo Art. 43, Rn.188; Kurt Siehr, „Vereinheitlichung des Mobiliarsachenrechts in Europa", in: RabelsZ 59 (1995), S.467.
1170 Thomas Pfeiffer, „Der Stand des Internationalen Sachenrechts nach seiner Kodifikation", in: IPRax 2000, S.280.
1171 Florian Kienle und Marc-Philippe Weller, „Die Vindikation gestohlener Kulturgüter im IPR", in: IPRax 2004, S.292.

lassen muss.[1172] Insgesamt begegnet die kollisionsrechtliche Lösung nur wenig durchgreifenden Bedenken und wird daher von der überwiegenden Auffassung[1173] zurecht als vorzugswürdig erachtet.

76.7 Sachnormverweisung oder Gesamtverweisung?

Im Zusammenhang mit der RL 93/7/EWG ist umstritten, ob es sich um eine Sachnormverweisung oder um eine Gesamtverweisung handelt, da grundsätzlich beide Ansichten nicht gegen den Vorbehalt des Art. 295 EG verstoßen würden.[1174] Eine Ansicht hält aufgrund der Wertungen der Eigentumsgarantie und des Rechtsstaatsgebots nur die Annahme einer Gesamtverweisung für verhältnismäßig. Berufe das Kollisionsrecht die lex rei sitae, werde in den Anspruch auf Fortgeltung wohlerworbener Rechte regelmäßig nicht eingegriffen, während bei einer Sachnormverweisung mit dem materiellen Recht des ersuchenden Mitgliedstaats unvereinbare Rechte auch in den Fällen aberkannt werden können, in denen tatsächlich ein Untergang der Rechte aus Kulturgüterschutzgesichtpunkten nicht zwingend notwendig ist.[1175]
Die überwiegende Auffassung will trotz des damit regelmäßig verbundenen stärkeren und häufigeren Eingriffs aus Kulturgüterschutzgesichtspunkten eine Sachnormverweisung annehmen, da die Anwendung der lex originis im Falle des Eigentumserwerbs in einem anderen Mitgliedstaat nach der Rückgabe gerade zu einem Statutenwechsel führen soll und dieser Zweck angesichts der weiten Verbreitung der lex rei sitae bei einer Gesamtverweisung gefährdet wäre.[1176] Zwar wird dagegen eingewandt, dass bei einer Gesamtnormverweisung auf das Recht des ersuchenden Mitgliedstaats die dort geltenden Kulturgüterschutznormen automatisch mitberufen wären.[1177]
Letztlich ist gerade dies aber nicht selbstverständlich: Wird kollisionsrechtlich alleine die lex rei sitae berufen, ohne dass eine Norm für Sonderanknüpfungen inländischer

---

1172 Christiane Wendehorst, in: MüKo Art. 43, Rn.188; Thomas Pfeiffer, „Der Stand des Internationalen Sachenrechts nach seiner Kodifikation“, in: IPRax 2000, S.279.

1173 Christiane Wendehorst, in: MüKo Art. 43, Rn.187; Wulf-Hennig Roth, „Angleichung des IPR durch sekundäres Gemeinschaft“, in: IPRax 1994, S.173; Angelika Fuchs, „Kulturgüterschutz im Kulturgutsicherungsgesetz“, in: IPRax 2000, S.285; Olaf Rafael Kupiers, „Die lex originis-Regel im internationalen Sachenrecht“, S. 90f.; Peter Mankowski, in: v. Bar/Mankowski I §3, Rn.88; Jacqueline Bila, „Nationaler Kulturgüterschutz in der Europäischen Union“, S.188; Thomas Pfeiffer, „Der Stand des Internationalen Sachenrechts nach seiner Kodifikation“, in: IPRax 2000, S.280; Volker Wiese, „Der Einfluß des EG-Rechts auf das internationale Sachenrecht der Kulturgüter“, S.84.

1174 Volker Wiese, „Der Einfluß des EG-Rechts auf das internationale Sachenrecht der Kulturgüter“, S.105.

1175 Astrid Müller-Katzenburg, „Internationale Standards im Kulturgüterverkehr und ihre Bedeutung für das Sach- und Kollisionsrecht“, S.285; Volker Wiese, „Der Einfluß des EG-Rechts auf das Internationale Sachenrecht der Kulturgüter“, S.106, S.116 sowie S.153ff.

1176 Erik Jayme und Christian Kohler, „Das Internationale Privat- und Verfahrensrecht der EG 1993“, in: IPRax 1993, S.360; Erik Jayme, „Kulturgüterschutz in ausgewählten europäischen Ländern“, in: ZVglRWiss 95 (1996), S.168; Marc Weber, „Unveräußerliches Kulturgut im nationalen und internationalen Rechtsverkehr“, S.389; Frank Kohls, „Kulturgüterschutz“, S.158; Olaf Rafael Kupiers, „Die lex originis-Regel im internationalen Sachenrecht“, S.91; Thomas Pfeiffer, „Der Stand des Internationalen Sachenrechts nach seiner Kodifikation“, in: IPRax 2000, S.279.

1177 Volker Wiese, „Der Einfluß des EG-Rechts auf das internationale Sachenrecht der Kulturgüter“, S.91.

Eingriffsnormen im dinglichen Bereich besteht, und verweist die lex rei sitae auf das Recht eines Staats, welches auf der materiell-rechtlichen Ebene nicht die Berücksichtigung ausländischer Kulturgüterschutznormen vorsieht, droht der Zweck der Sonderkollisionsnormen verfehlt zu werden. Zwar wird bei einer Gesamtverweisung eine Kontrollmöglichkeit in Einzelfällen über den ordre public-Vorbehalt ermöglicht.[1178]
Inwieweit sich der ordre public-Vorbehalt angesichts einer restriktiven Handhabung zur Durchsetzung inländischer und ausländischer Kulturgüterschutznormen eignet, ist jedoch fraglich. Auch beschränkt er sich auf eine reine Ergebniskontrolle, während eine Sachnormverweisung durch eine klare und eindeutige Anwendung die sich aus den Kulturgüterschutznormen ergebenden Rechte abzusichern vermag. Auch wenn man davon ausgeht, dass die Eigentumsgarantie auch auf der kollisionsrechtlichen Ebene zu berücksichtigen ist,[1179] so ist darauf hinzuweisen, dass die abweichende Anknüpfung an die lex originis nach deutschem Recht lediglich als Inhalts- und Schrankenbestimmung aufzufassen wäre.[1180]
Auch wird eine Veränderung der Eigentumsverhältnisse nach der Rückgabe zulasten eines redlichen Erwerbers im Rahmen des Rückgabeverfahrens bei der Höhe des Entschädigungsanspruchs zum Ausgleich der hinter den Kulturgüterschutz zurücktretenden Verkehrsschutzinteressen berücksichtigt.[1181] Gegen einen aus der Eigentumsgarantie abgeleiteten Anspruch auf die Fortgeltung wohlerworbener Rechte[1182] lässt sich zudem anführen, dass auch nach der lex rei sitae nach einem Statutenwechsel dingliche Rechte entfallen können, welche mit der neuen Rechtsordnung nicht in Einklang zu bringen sind.
Dann, wenn die materiell-rechtliche Theorie kollisionsrechtssystematisch als Normenmangel aufgefasst wird, ist, abgesehen von einem bei der Ausfuhr angeordneten Verfall, ein Eigentumswechsel ohnehin bis zur Rückgabe ausgeschlossen, sodass die Frage an Bedeutung verliert.[1183] Hingegen entfaltet sie besondere Relevanz bei der kollisionsrechtlichen Theorie, bei der grundsätzlich eine Sachnormverweisung gleichermaßen wie eine Gesamtnormverweisung in Betracht kommt.[1184]
Während der bereits aufgezeigte wirkungsbezogene Theorienstreit letztlich noch offen ist, hat der deutsche Gesetzgeber bezüglich dieser Streitfrage bei der Umsetzung in nationales Recht jedenfalls klargestellt, dass das Sachrecht des ersuchenden Mitgliedstaats maßgeblich sein soll.[1185]

1178 Volker Wiese, „Der Einfluß des EG-Rechts auf das internationale Sachenrecht der Kulturgüter", S.94.
1179 Volker Wiese, „Der Einfluß des EG-Rechts auf das internationale Sachenrecht der Kulturgüter", S.114.
1180 Volker Wiese, „Der Einfluß des EG-Rechts auf das internationale Sachenrecht der Kulturgüter", S.124.
1181 Volker Wiese, „Der Einfluß des EG-Rechts auf das internationale Sachenrecht der Kulturgüter", S.129ff.
1182 Volker Wiese, „Der Einfluß des EG-Rechts auf das internationale Sachenrecht der Kulturgüter", S.116.
1183 Thomas Pfeiffer, „Der Stand des Internationalen Sachenrechts nach seiner Kodifikation", in: IPRax 2000, S.279.
1184 Volker Wiese, „Der Einfluß des EG-Rechts auf das internationale Sachenrecht der Kulturgüter", S.91.
1185 Marc Weber, „Unveräußerliches Kulturgut im nationalen und internationalen Rechtsverkehr", S.389f.

76.8 Relevanz des Meinungsstreits hinsichtlich der Rechtsfolgen bei Exportverboten

In den Fällen, in denen ein Eigentümer, beispielsweise im Rahmen eines Umzugs, das Kulturgut selbst unrechtmäßig ausführt und mit dieser Ausfuhr gegen ein reines Exportverbot verstößt, das Kulturgut aber anschließend behält, besteht zwar eine Pflicht zur Rückführung in den Herkunftsstaat, die Eigentumslage bleibt nach allen Ansichten grundsätzlich aber unberührt.[1186] Ausnahmsweise ändert sich die Eigentumslage nach allen Ansichten aber dann, wenn das Exportverbot mit einer Verfallsregelung kombiniert wird und die illegale Ausfuhr von der Rechtsordnung des Herkunftsstaats mit der Einziehung des Kulturgutes geahndet wird.[1187]
Wenn der Eigentümer das Kulturgut selbst ausgeführt und anschließend im Exportland veräußert hat, ohne dass ein enger Zusammenhang zwischen dem unrechtmäßigen Verbringen und dem Rechtsgeschäft besteht, so ist ein solcher Eigentumserwerb vom Berechtigten regelmäßig sowohl nach der lex originis als auch der lex rei sitae wirksam. Während Hipp daraus folgert, dass der Meinungsstreit auch in dieser Fallkonstellation ohne Auswirkungen bleiben muss,[1188] zeigt eine wirkungsbezogene Untergliederung des Meinungsstreits, dass sich nach der materiell-rechtlichen Theorie ein anderes Ergebnis ergibt: Wenn sämtliche zwischenzeitlichen Rechtsänderungen unbeachtlich und der status quo ante vor der unrechtmäßigen Ausfuhr wiederherzustellen wäre, könnte die Rückgabepflicht dazu führen, dass der ursprüngliche Eigentümer nach der Rückgabe wieder als Eigentümer anzusehen ist.
Noch problematischer ist der Fall, in dem das Kulturgut im Herkunftsstaat gestohlen und im Ausland veräußert wurde und nach den dortigen Vorschriften ein gutgläubiger Erwerb oder eine Ersitzung stattgefunden hat oder zumindest eine Verjährung eingetreten ist. Nach der materiell-rechtlichen Theorie erhält der ursprüngliche Eigentümer immer sein Eigentum zurück, während nach der öffentlich-rechtlichen Theorie die eingetretene Rechtslage immer unberührt bleibt, sodass der Erwerber lediglich für eine materielle Rückkehr des Kulturgutes in den Herkunftsstaat sorgen muss. Nach der kollisionsrechtlichen Theorie ist nach dem Recht des Herkunftsstaats zu differenzieren: Nur sofern dieses Recht den gutgläubigen Erwerb, die Ersitzung oder die Verjährung nicht oder nur aufgrund anderer, nicht erfüllter Voraussetzungen zulässt, erlangt der ursprüngliche Eigentümer den Gegenstand wieder. Ansonsten muss der Erwerber lediglich für die Rückkehr in das Hoheitsgebiet des Herkunftsstaats sorgen.[1189]

76.9 Relevanz des Meinungsstreits hinsichtlich der Rechtsfolgen bei staatlichen Veräußerungsverboten und Verfallsregelungen

Wenn das Kulturgut einem staatlichen Veräußerungs- und Verbringungsverbot unterliegt, führt die materiellrechtliche Theorie zur Unwirksamkeit aller zwischenzeitlich eingetretenen Rechtsänderungen und damit auch zur Unwirksamkeit sämtlicher Veräußerungen und Verfügungen im Ausland. Nach der kollisionsrechtlichen Theorie

1186 Anette Hipp, „Schutz von Kulturgütern in Deutschland", S.289.
1187 Olaf Rafael Kupiers, „Die lex originis-Regel im internationalen Sachenrecht", S.84.
1188 Anette Hipp, „Schutz von Kulturgütern in Deutschland", S.289.
1189 Anette Hipp, „Schutz von Kulturgütern in Deutschland", S.288f.

zeigt sich kein anderes Ergebnis, denn auch wenn hier eine rückwirkende Überprüfung der Wirksamkeit unter Heranziehung der lex originis stattfindet, lässt das Recht des Herkunftstaats solche Veräußerungen gerade nicht zu. Nach der öffentlich-rechtlichen Theorie bilden gerade die staatlichen Regelungen zum Kulturgüterschutz den Ausnahmebereich, in dem eine Verdrängung des Prinzips der lex rei sitae zugunsten der lex originis erfolgt. So soll die Richtlinie gerade dazu führen, dass die Vorschriften, die Kulturgüter zur res extra commercium bestimmen, nach der unrechtmäßigen Ausfuhr ihre Wirksamkeit dahingehend entfalten können, dass das als unveräußerlich erklärte Kulturgut nicht nur in den Herkunftsstaat, sondern auch an den Staat als ursprünglichen Eigentümer zurückgefordert werden kann.[1190] Dies hat zu der Bezeichnung der so geschützten Kulturgüter als res extra commercium europeum bzw. res extra commercium intra communitatem geführt.[1191]
Unterliegt ein Kulturgut einer staatlichen Regelung, die einen automatischen Verfall beim unrechtmäßigen Export vorsieht, so könnte die materiell-rechtliche Theorie zu der Frage führen, ob die Rückkehr zum status quo ante vor der unrechtmäßigen Ausfuhr nicht auch zur Negation eines solchen erst durch die Ausfuhr bewirkten Eigentumserwerbs führen müsste. Allerdings wird selbst von den Vertretern der materiell-rechtlichen Theorie in Betracht gezogen, dass solche Rechtsänderungen, die aufgrund von Verfallsvorschriften des ersuchenden Staats zwischenzeitlich eingetreten sind, weiterhin relevant bleiben sollen.[1192] Nach der kollisionsrechtlichen Theorie ergibt sich das gleiche Ergebnis sehr viel unproblematischer, denn nach dem maßgeblichen Recht des Herkunftsstaats wird der aufgrund der Verfallsregelung eingetretene Eigentumserwerb anerkannt werden. Auch nach der öffentlich-rechtlichen Theorie soll das unrechtmäßiges Verbringen den Schutz durch staatliche Kulturgutschutzvorschriften und damit auch durch Regelungen, welche einen automatischen Eigentumserwerb des Staats bei einem unrechtmäßigen Verbringen vorsehen, nicht beseitigen, sodass auch diese Fälle ausnahmsweise zu einem Abweichen von der lex rei sitae führen, selbst wenn die unrechtmäßige Verbringung durch den Eigentümer selbst vorgenommen wurde.[1193] Hat der Staat nicht bereits durch eine Verfallsregelung oder auf andere Weise das Eigentum erworben, so soll eine nachträgliche Ausübung eines Vorverkaufsrechts noch nach der Rückkehr der Sache und der damit einhergehende staatliche Eigentumserwerb möglich bleiben.[1194]

76.10 Problematik des mehrfachen illegalen Verbringens

Selbst wenn für die Unterschutzstellung eines Kulturgutes ein Bezug zwischen dem Kulturgut und der Nation, die es zu ihrem kulturellen Erbe zählen will, gefordert wird,

1190 Kurt Siehr, „Internationales Sachenrecht“, in: ZvglRWiss 104 (2005), S.152; Anette Hipp, „Schutz von Kulturgütern in Deutschland“, S.289; Marc Weber, „Unveräußerliches Kulturgut im nationalen und internationalen Rechtsverkehr“, S.391.

1191 Kurt Siehr, „Die EG-Richtlinie von 1993 über die Rückgabe von Kulturgütern und der Kunsthandel“, in: Gerte Reichelt (Hg.), „Neues Recht zum Schutz von Kulturgut“, S.34; Marc Weber, „Unveräußerliches Kulturgut im nationalen und internationalen Rechtsverkehr“, S.396.

1192 Christiane Wendehorst, in: MüKo Art. 43, Rn.182.

1193 Anette Hipp, „Schutz von Kulturgütern in Deutschland“, S.289.

1194 Kurt Siehr, „Kulturgüterschutz innerhalb der Europäischen Union“, in: ZVglRWiss 95 (1996), S.182.

kann aufgrund der verschiedenen Kriterien, aus denen ein solcher Bezug hergeleitet werden kann, nicht ausgeschlossen werden, dass mehr als eine Nation ein Kulturgut für sich beansprucht. Auch wenn die Belegenheit als Kriterium bevorzugt wird, kann eine mehrfache Unterschutzstellung in verschiedenen Staaten nicht verhindert werden, da eine Unterschutzstellung regelmäßig nicht explizit voraussetzt, dass das Kulturgut zuvor nur rechtmäßig verbracht worden ist.[1195] Weitere Konflikte können zudem entstehen, wenn gesetzliche Regelungen sogar eine nachträgliche Unterschutzstellung ermöglichen, nachdem das Kulturgut bereits die Staatsgrenzen verlassen hat.

Beim mehrfachen illegalen Verbringen stellt sich die Frage, ob ein Staat auch dann einen Rückgabeanspruch geltend machen kann, wenn sich das Kulturgut wieder in einem Staat befindet, aus dem es zuvor illegal verbracht worden war.[1196] Dafür könnte sprechen, dass zu dem Zeitpunkt, in dem das Kulturgut sich auf dem Territorium des Staats befindet, dieser Staat keinen Rückgabeanspruch geltend machen kann.

Zwar nennt §5 KultGüRückG als Voraussetzung für die Rückgabepflicht explizit nur die unrechtmäßige Verbringung und auch §6 II KultGüRückG stellt nicht klar, dass die tatsächliche Sachherrschaft in dem Hoheitsgebiet eines anderen Staats ausgeübt werden muss, jedoch lässt sich aus dem Sinn und Zweck des Rückgabeanspruchs, nämlich die materielle Rückkehr in das Staatsgebiet, aus dem das Kulturgut illegal verbracht wurde, zu bewirken, ableiten, dass dieser Zweck nicht mehr erreicht werden kann, wenn sich das Kulturgut ohnehin bereits wieder in diesem Staatsgebiet befindet.

Auch bestünde bei der Möglichkeit, die Rückgabe wegen eines eigenen Anspruchs zu verweigern, die Gefahr, dass dann, wenn die gleichzeitige Unterschutzstellung in dem Belegenheitsstaat die Geltendmachung des Anspruchs ausschließt, immer eine spätere Unterschutzstellung den Anspruch vereiteln könnte und mittelbar auch extensive generalklauselartige Kulturgüterschutznormen bevorzugt würden.

Allerdings könnten besondere Voraussetzungen entwickelt werden, die einem solchen Missbrauch entgegen wirken: So könnte der erste Zeitpunkt der illegalen Ausfuhr oder der erste Zeitpunkt des Unterschutzstellens als maßgeblich erklärt werden. Auch könnte die Durchsetzbarkeit eines Anspruchs gegen einen Staat, dessen Anspruch erst mit der Rückgabe auflebt, gegen den Grundsatz des „dolo agit, qui petit, quod statim redditurus est" verstoßen. Es erscheint umständlich, wenn der Staat ein Kulturgut zurückzugeben verpflichtet würde, welches er anschließend wieder selbst zurückverlangen könnte. Allerdings setzt die Möglichkeit, das Kulturgut wieder zurückzuverlangen, voraus, dass der Anspruch des Staats, in dem sich das Kulturgut befindet, noch nicht verjährt ist. Dies wirft wiederum die Frage auf, ob die Verjährung des Anspruchs auch während der Zeit läuft, während der das Kulturgut in das Hoheitsgebiet des Herkunftsstaats zurückgekehrt ist. Denn während dieser Zeit wird der Staat den Anspruch wohl überhaupt nicht geltend machen können bzw. – falls die Möglichkeit einer Geltendmachung während dieser Zeit doch in Betracht gezogen und ein Rechtsschutzbedürfnis bejaht werden sollte – zumindest regelmäßig kein Interesse an der gerichtlichen Feststellung der vorherigen illegalen Ausfuhr nach einer bereits erfolgten Rückkehrdes Kulturgutes haben.

1195 Kurt Siehr, „Kulturgüterschutz innerhalb der Europäischen Union", in: ZVglRWiss 95 (1996), S.179.

1196 Kurt Siehr, „Kulturgüterschutz innerhalb der Europäischen Union", in: ZVglRWiss 95 (1996), S.179.

77 Extensive Auslegung oder analoge Anwendung bei freiwilliger Rückgabe?

Fraglich ist, wie die in §4 I KultGüRückG aufgestellte und wohl auch auf §8 KultGüRückG zu übertragende Klarstellung zu vestehen ist, dass es sich bei der Rückgabe um eine Rückgabe „nach den Bestimmungen dieses Gesetzes auf Verlangen" des ersuchenden Staats zu handeln hat.

77.1 Extensive Auslegung?

Als Rückgabe nach den Bestimmungen dieses Gesetzes könnte im engen Sinne nur eine Rückgabe im Rahmen des im KultGüRückG vorgesehenen Rückgabeverfahrens anzusehen sein. Dies hätte zur Folge, dass eine vorherige freiwillige Rückgabe nicht zur Anwendbarkeit dieser kollisionsrechtlichen Sonderregelungen als das allgemeine internationale Sachenrecht verdrängenden leges speziales führt. Meiner Ansicht nach könnte die gewählte Formulierung „nach den Bestimmungen dieses Gesetzes auf Verlangen" jedoch auch im weiten Sinne dahingehend ausgelegt werden, dass das Bestehen eines Rückgabeanspruchs nach den Regelungen des KultGüRückG und ein erkennbares Verlangen des Mitgliedstaats, diesen Anspruch geltend zu machen, ausreichend ist. Dies setzt jedoch in dogmatischer Hinsicht die Einordnung als Vindikationsanspruch voraus, da bei einem deliktischen Charakter ein Anspruch nur bei einer Verweigerung der Rückgabe, nicht hingegen bei einer freiwilligen Rückgabe besteht.[1197] Zwar ist die Rückgabe aufgrund der Legaldefinition Art. 1 Nr. 5 der RL 93/7/EWG als rein materielle Rückführung in das Territorium des ersuchenden Mitgliedstaats zu verstehen. Selbst wenn eine Herausgabe im Sinne einer Besitzübertragung an den ersuchenden Mitgliedstaat verlangt wird, könnte eine solche Herausgabe nicht nur auf Verlangen, sondern gleichermaßen freiwillig erfolgen, sodass sich das Problem in gleicher Weise stellen würde.

Auch wenn es sich bei den Sonderkollisionsnormen streng genommen in kollisionsrechtlicher Hinsicht um Ausnahmevorschriften handelt, so schließt dies eine extensive Auslegung nicht von vorneherein völlig aus, sofern sich diese im Rahmen des Gesetzeszwecks bewegt.[1198] Der Zweck des Gesetzes richtet sich jedoch alleine auf die Rückgabe eines illegal verbrachten Kulturgutes in den Herkunftsstaat, nicht auf eine zwingende gerichtliche Geltendmachung dieses Anspruchs. Im Gegenteil: Gerade im internationalen Kontext ist eine freiwillige Lösung erstrebenswert.[1199] Sie zeugt nicht nur von der grundsätzlichen Akzeptanz des geltend gemachten Anspruchs bei der Gegenseite, sondern kann daneben Vertrauen bildend wirken und verringert die öffentliche Aufmerksamkeit.[1200] Da Art. 12 der RL 93/7/EWG lediglich die Formulierung „nach erfolgter Rückgabe" verwendet und damit so offen ist, dass vom Wortsinn auch jegliche freiwilligen Rückgaben umfasst werden, ist ein Konflikt der extensiven Auslegung mit der gemeinschaftsrechtlichen Vorgabe nicht zu befürchten. Damit wäre, zumindest in den Fällen, in denen der Rückgabeanspruch bereits geltend gemacht

---

1197 Stefan Turner, „Das Restitutionsrecht des Staates nach illegaler Ausfuhr von Kulturgütern", S.60ff.

1198 Helmut Heinrichs, in: Palandt Einleitung, Rn.53.

1199 Isabelle Fellrath Gazzini, „Cultural property diputes", S.59ff.; Norman Palmer, „Litigation: The Best Remedy?", in: „Resolution of Cultural Property Disputes", S.272.

1200 Isabelle Fellrath Gazzini, „Cultural property diputes", S.67.

worden ist oder zumindest ein Verlangen, ihn geltend zu machen, erkennbar ist, eine solche extensive Auslegung vorrangig gegenüber einer analogen Anwendung.[1201]

77.2 Analoge Anwendung?

Denkbar ist jedoch auch, dass die freiwillige Rückgabe erfolgt, bevor der Herkunftsstaat überhaupt weiß, wo sich das Kulturgut befindet oder zumindest bevor er das Verlangen, einen Anspruch nach diesen Regelungen geltend zu machen, erkennen lässt. Eine Auslegung der Formulierung dahingehend, dass auch solche Fälle erfasst werden, scheitert jedoch zumindest im Rahmen des §4 I KultGüRückG an der Wortlautgrenze. Es kann allerdings eine analoge Anwendung in Betracht gezogen werden.[1202] Diese scheitert bei Ausnahmevorschriften ebenfalls dann nicht, wenn sie sich in den Grenzen des Gesetzeszwecks bewegt.[1203] In dieser Hinsicht greifen dieselben Argumente.
Kritisch zu prüfen bleibt jedoch, welche Voraussetzungen der europarechtlichen Vorgabe entnommen werden können und ob die Voraussetzung für eine Analogie im deutschen Recht, nämlich eine planwidrige Regelungslücke und eine vergleichbare Interessenlage,[1204] auch vorliegend gegeben sind.

77.3 Vergleich mit der gemeinschaftsrechtlichen Vorgabe

Die gemeinschaftsrechtliche Vorgabe in Art. 12 der RL 93/7/EWG verwendet lediglich die Formulierung „nach erfolgter Rückgabe" und ist so offen, dass sie vom Wortsinn auch jegliche freiwilligen Rückgaben umfassen kann, selbst solche, die vor Kenntnis des Herkunftsstaats vom Verbleib des Kulturgutes angeboten wurden. Daneben ist auch auf Art. 14 der RL 93/7/EWG hinzuweisen, der zeitlich und umfangmäßig eine Erweiterung des Rückgabeanspruchs und damit indirekt auch der Kollisionsnorm auf weitere unrechtmäßig verbrachte Kulturgüter ermöglicht. Insofern ist eine Kollision mit der gemeinschaftsrechtlichen Vorgabe bei der analogen Anwendung ebenso wie bei der extensiven Auslegung nicht zu befürchten.

77.4 Planwidrige Regelungslücke?

Möglich könnte es jedoch sein, dass die in dem nationalen Umsetzungsgesetz vom deutschen Gesetzgeber gewählte Formulierung, die eine Rückgabe „nach den Bestimmungen dieses Gesetzes auf Verlangen" fordert, auf einen abschließenden gesetzgeberischen Willen hinsichtlich des Ausschlusses zumindest früher Formen der freiwilligen Rückgabe hindeuten soll. Ein solcher Ausschlusswille ist jedoch nicht nur vom Gesetzgeber explizit nicht geäußert worden, er ist auch ansonsten nicht erkennbar. Vielmehr spricht die Möglichkeit einer Klage nach §12 I KultGüRückG, „unabhängig von der Möglichkeit, eine gütliche Einigung über die Rückgabe anzustreben", für die vom Gesetzgeber anerkannte Bedeutung außergerichtlicher, gütlicher Einigungen in diesem Bereich. Daher ist kaum anzunehmen, dass eine frühzeitige freiwillige Rückgabe ge-

1201 Christiane Wendehorst, in: MüKo Art. 43, Rn.191.
1202 Christiane Wendehorst, in: MüKo Art. 43, Rn.191.
1203 Helmut Heinrichs, in: Palandt Einleitung, Rn.53.
1204 Helmut Heinrichs, in: Palandt Einleitung, Rn.48.

genüber einer gerichtlich durchgesetzten nicht auch im Hinblick auf die kollisionsrechtlich abweichende Anknüpfung als gleichwertig eingeordnet werden sollte.

77.5 Vergleichbare Interessenlage?

Häufig wird nicht nur die Kenntnis von einem geplanten offiziellen Ersuchen, sondern bereits die Kenntnis von einer vorherigen illegalen Ausfuhr zu einer vorherigen freiwilligen Rückgabe führen.[1205] So sind die in den Jahren 1993-1999 registrierten fünf Fälle, in denen Rückgabe illegal exportierter Kulturgüter nach der umgesetzten RL 93/7/EWG hätte verlangt werden können, alle außergerichtlich beigelegt worden.[1206] Eine zwingende Durchführung eines Verfahrens erscheint jedoch nicht sachgerecht und nicht prozessökonomisch. Auch kann auf Art. 4 Nr. 6 der RL 93/7/EWG sowie §11 Nr. 6 KultGüRückG verwiesen werden, welcher dem ersuchten Staat eine vermittelnde Rolle zuweist, sowie die Möglichkeit eines Schiedsverfahrens ausdrücklich anspricht. Selbst wenn der Versuch einer gütlichen, außergerichtlichen Streitschlichtung nicht als ein zwingend vorgeschaltetes Vorverfahren zu verstehen ist, sondern als eine gleichwertige Alternative,[1207] spricht viel dafür, dass eine vorrangig angestrebte einvernehmliche Lösung nicht mit Nachteilen gegenüber einer gerichtlichen Durchsetzung behaftet sein sollte. Eine Verneinung der Anwendbarkeit der Sonderkollisionsnormen würde jedoch aufgrund der abweichenden Beurteilung der Wirksamkeit von Rechtsgeschäften häufig gerade den Herkunftstaat schlechter stellen, dessen Interessen durch die Normen geschützt werden sollen.[1208]
Sofern nicht vertreten wird, dass vom Herkunftsstaat eine Herausgabe und damit eine Besitzübertragung verlangt werden kann, muss eine Rückkehr des Kulturgutes in den Herkunftsstaat, egal auf welche Weise sie erfolgt, wohl grundsätzlich den Rückgabeanspruch entfallen lassen. Daraus werden jedoch gegenteilige Schlüsse gezogen. Eine Ansicht weist darauf hin, dass die Funktion der Sonderkollisionsnorm in der Koordination zwischen dem öffentlich-rechtlichen Rückgabeanspruch und der zivilrechtlichen Verhältnisse diene, welche sich bei einem Entfallen des Rückgabeverfahrens erübrige.[1209] Das Entfallen der Rückgabeansprüche und damit der Möglichkeit für den Herkunftsstaat, durch eine Geltendmachung eines solchen Anspruchs die Anwendung der Sonderkollisionsnormen herbeizuführen, kann aber auch als Argument für die Anwendbarkeit dieser kollisionsrechtlichen Sonderregelungen in den Fällen der freiwilligen Rückgabe angeführt werden, da eine Unterscheidung zwischen freiwilliger und erzwungener Rückgabe zu willkürlichen Ergebnissen zu führen droht.[1210]
Teilweise wird der Sinn der abweichenden Kollisionsnormen auch darin gesehen, sog. hinkende Eigentumsverhältnisse zu vermeiden. Gerade bei einer unrechtmäßigen Aus-

1205 Christiane Wendehorst, in: MüKo Art. 43, Rn.191.

1206 Marc Weber, „Unveräußerliches Kulturgut im nationalen und internationalen Rechtsverkehr", Berlin und New York 2002, S.392.

1207 Volker Wiese, „Der Einfluß des EG-Rechts auf das Internationale Sachenrecht der Kulturgüter", S.62.

1208 Kurt Siehr, „Vereinheitlichung des Mobiliarsachenrechts in Europa", in: RabelsZ 59 (1995), S.466; Christiane Wendehorst, in: MüKo Art. 43, Rn.191.

1209 Susanne Spaun, „Der Herausgabeanspruch bei Diebstahl oder illegalem Export von Kulturgütern", S.198.

1210 Kurt Siehr, „Vereinheitlichung des Mobiliarsachenrechts in Europa", in: RabelsZ 59 (1995), S.466; Christiane Wendehorst, in: MüKo Art. 43, Rn.191.

fuhr von res extra commercium wird nach der neuen lex rei sitae regelmäßig ein Eigentumserwerb möglich, welcher jedoch von dem Herkunftsstaat nach Rückkehr des Kulturgutes in seinen Hoheitsbereich nicht immer anerkannt wird. So schließt beispielsweise in Frankreich der inländische ordre public eine Anerkennung der dinglichen Rechtsänderungen im Ausland aus. Als fremder ordre public-Vorbehalt bleibt er aus Sicht anderer Staaten jedoch regelmäßig unberücksichtigt, den inländischen ordre public-Vorbehalt werden andere Wertungen prägen.[1211] Wollen die Sonderkollisionsnormen das daraus resultierende Auseinanderfallen der Eigentumslage verhindern, liegt die Anwendung der Sonderkollisionsnormen auch in Fällen der freiwilligen Rückgabe nahe, da hinkende Eigentumsverhältnisse bei einer freiwilligen Rückgabe gleichermaßen drohen.
Zwar könnte dann, wenn bei freiwilliger Rückgabe keine Anwendung der Sonderkollisionsnormen erfolgt und in der Folge kein Eigentumswechsel stattfindet, mittelbar ein Anreiz des Eigentümers geschaffen werden, zur Erhaltung seiner Eigentumsposition das Kulturgut in das Territorium zurückzuführen. Angesichts des staatlichen Anspruchs auf Rückgabe ist der Staat aber nicht darauf angewiesen, einen solchen Anreiz zu setzen. Mittelbar könnte eine solche Regelungslücke zudem wiederum den Anreiz erhöhen, Kulturgüter illegal zu exportieren, wenn ein wirksamer Eigentümerwechsel bei rechtzeitiger Rückgabe trotzdem herbeigeführt werden kann.

77.6 Rechtsfolgen

Auch wenn das Kulturgut freiwillig zurückgegeben wurde, richten sich die Eigentumsverhältnisse nach den Sachvorschriften des Herkunftsstaats. Wie dies zu verstehen ist, kann letztlich auch an dieser Stelle unter Heranziehung der bereits diskutierten Theorien unterschiedlich beantwortet werden. Während bei der öffentlich-rechtlichen Theorie die Wirksamkeit der nach dem illegalen Verbringen erworbenen Rechte außer bei res extra commercium und Verfallsregelungen grundsätzlich unberührt bleibt und nach der materiell-rechtlichen Theorie die Wirksamkeit der Rechtsgeschäfte von dem illegalen Verbringen an scheitert, erfolgt nach der vorzugswürdigen kollisionsrechtlichen Theorie die abweichende Beurteilung erst rückwirkend. Insofern erhält nach der kollisionsrechtlichen Theorie neben dem Zeitpunkt des illegalen Verbringens ein zweiter Zeitpunkt eine besondere Bedeutung, nämlich der, ab dem die rückwirkende abweichende Beurteilung der Eigentumsverhältnisse einsetzt. Sinnvoll könnte es sein, auf die Rückkehr und damit auf den Zeitpunkt des Überschreitens der Grenze des Herkunftsstaats durch das Kulturgut bei der Rückkehr abzustellen. Dies gilt auch dann, wenn die freiwillige Rückgabe angeboten wird, bevor der Staat von dem Verbleib des Kulturgutes Kenntnis erlangt hat oder ein Verlangen hinsichtlich der Rückkehr erkennbar ist, da bei der freiwilligen Rückgabe regelmäßig zumindest spätestens beim Überschreiten der Grenze die Kenntnis des Herkunftsstaats gegeben sein wird. Der Vorteil eines zeitlichen Ansetzens bereits beim illegalen Verbringen wäre jedoch, dass die zeitliche Verschiebung des Rechtsverlusts oder Rechtserwerbs nach vorne für den Erwerber eines illegal verbrachten Kulturgutes die Gefahr verringert, dass hinsichtlich der Mängelrechte Verjährung eintritt, bevor sich sein Rechtsverlust abzeichnet.

1211 Volker Wiese, „Der Einfluß des EG-Rechts auf das internationale Sachenrecht der Kulturgüter", S.81f.

Fraglich ist auch, ob nach einer freiwilligen Rückgabe der in §9 KultGüRückG verankerte Entschädigungsanspruch des gutgläubigen Rückgabeschuldners weiterhin besteht. Dagegen kann jedoch vorgebracht werden, dass der Herkunftsstaat grundsätzlich nicht gezwungen werden kann, den Rückgabeanspruch geltend zu machen, und bei einer freiwilligen Rückgabe folglich auch nicht gezwungen werden kann, eine entsprechende Entschädigungszahlung zu leisten. Dies gilt umso mehr als der Entschädigungsanspruch zwar grundsätzlich nur einen angemessenen Ausgleich vorsieht, die Zahlung jedoch angesichts häufig knapper Haushaltslagen ein ernstzunehmendes Hindernis darstellen kann. So muss der Rückgabeschuldner darauf verwiesen werden, dass er sich – anstatt das Kulturgut freiwillig zurückzugeben – hätte verklagen lassen können und müssen, um eine Ausgleichszahlung zu erhalten oder dass er zumindest vor der freiwilligen Rückgabe eine entsprechende vertragliche Abrede hätte aushandeln müssen. Dies ändert sich auch dann nicht, wenn der Eigentümer, der durch die Rückgabe sein Eigentum verliert, nicht der Rückgabeschuldner ist, da der Entschädigungsanspruch grundsätzlich ohnehin nur dem Rückgabeschuldner gewährt wird.

77.7 Problematik des zeitlichen Anwendungsbereichs

Fraglich ist, ob auch eine freiwillige Rückgabe genügt, wenn der Anspruch wegen der Verjährungsregelung des §10 KultGüRückG nicht mehr durchsetzbar bzw. erloschen ist. Allerdings kann vorgebracht werden, dass die freiwillige Rückgabe häufig letztlich die Klärung dieser komplizierten Rechtsfragen ersparen will. Schwieriger ist es aber schon, wenn die freiwillige Rückgabe erfolgt, obwohl die Rückgabe wegen einer nachträglichen Genehmigung oder nachträglichen Änderung der Rechtslage nicht mehr gefordert werden könnte. Auch in diesen Fällen kann jedoch darauf verwiesen werden, dass der Rückgabeschuldner, zumindest wenn er aus einer moralischen Verpflichtung heraus handelt, nicht schutzwürdig ist.

78 Analoge Anwendung bei Rückkehr auf andere Weise?

Wenn das Kulturgut zufällig oder auf andere Weise als im Rahmen einer freiwilligen Rückgabe in den Herkunftsstaat zurückgelangt, scheidet eine extensive Auslegung der deutschen Regelung ebenfalls aus, auch hier kann aber eine analoge Anwendung in Betracht gezogen werden.[1212] Wegen ihrer größeren Nähe zur zufälligen Rückkehr als zur präventiven freiwilligen Rückgabe sind auch die Konstellationen hier einzuordnen, in denen das Kulturgut aufgrund einer Einlieferung beim Auktionator wieder in den Herkunftsstaat gelangt.[1213]

78.1 Vergleich mit der gemeinschaftsrechtlichen Vorgabe

Die gemeinschaftsrechtliche Vorgabe in Art. 12 der RL 93/7/EWG könnte mit der Formulierung „nach erfolgter Rückgabe" bei enger Auslegung eine bewußte Besitz-

1212 Kurt Siehr, „Vereinheitlichung des Mobiliarsachenrechts in Europa", in: RabelsZ 59 (1995), S.466; Christiane Wendehorst, in: MüKo Art. 43, Rn.191.

1213 Kurt Siehr, „Vereinheitlichung des Mobiliarsachenrechts in Europa", in: RabelsZ 59 (1995), S.465f.

übertragung voraussetzen. An dieser Stelle ist somit entscheidend, ob der Begriff der Rückgabe im Sinne einer Herausgabe an den Herkunftsstaat zu verstehen ist. Dagegen spricht jedoch die Legaldefinition der Rückgabe in Art. 1 Nr. 5 der RL 93/7/EWG sowie der Zweck der RL 93/7/EWG, welche das unrechtmäßige Verbringen des Kulturgutes und damit das Verlassen des Hoheitsgebiets des Herkunftsstaats durch das Kulturgut verhindern will. Da allein die materielle Rückkehr ermöglicht werden soll, kann das unrechtmäßige Verbringen einen vorherigen staatlichen Besitzergreifungsakt nicht voraussetzen und im Gegenzug auch die Rückgabe nicht an einen bewussten Akt der Besitzübertragung gekoppelt sein. Insofern ist die Formulierung weit zu verstehen, sodass auch die Rückkehr des Kulturgutes in das Hoheitsgebiet des Herkunftsstaats auf andere Weise vom Wortlaut der Vorgabe gedeckt ist, beispielsweise durch die Rückkehr des unmittelbaren Besitzers oder die Übertragung des unmittelbaren Besitzes an eine Person im Hoheitsgebiet des Herkunftsstaats.[1214]

78.2 Planwidrige Regelungslücke?

Zwar könnte die in dem nationalen Umsetzungsgesetz vom deutschen Gesetzgeber gewählte Formulierung abschließend sein, jedoch ist auch diesbezüglich ein solcher gesetzgeberischer Wille letztlich nicht erkennbar.

78.3 Vergleichbare Interessenlage?

Eine Ansicht hält es für gerechtfertigt, die abweichende Anknüpfung von der beanspruchten oder freiwilligen Rückgabe abhängig zu machen und für die Fälle der zufälligen Rückkehr auszuschließen, und verweist darauf, dass grundsätzlich nicht die Sicherung privater Ansprüche das Ziel der Richtlinie sei.[1215] Allerdings kann zum einen eingewandt werden, dass allein die öffentlich-rechtliche Theorie, nicht aber die kollisionsrechtliche das Ziel der Richtlinie so einschränkend formuliert.[1216] Zum anderen kann auch der Staat selbst, wenn es um den gutgläubigen Erwerb einer res extra commercium im Ausland geht, von der abweichenden Beurteilung profitieren. Entfällt der Rückgabeanspruch, weil das Kulturgut zufällig oder auf andere Weise als durch eine erzwungene oder freiwillige Rückgabe in das Hoheitsgebiet des Herkunftsstaats zurückgelangt, droht der Herkunftsstaat zufällig schlechter gestellt zu werden.[1217] Um eine solch zufällige Schlechterstellung zu vermeiden, erscheint es sachgerecht, dem Staat durch die analoge Ausweitung denselben Schutz wie nach Durchführung eines hypothetischen Rückgabeverfahrens zu gewähren. Sollen hinkende Eigentumsverhältnisse, die bei einer zufälligen Rückkehr gleichermaßen drohen, möglichst umfassend vermieden werden, könnte eine Ausdehnung der Anwendung der Sonderkollisionsnormen auf Fälle der zufälligen Rückkehr geboten sein.

Auch lassen sich durch den Verzicht auf eine Unterscheidung zwischen freiwilliger Rückgabe und zufälliger Rückkehr Aufklärungs- und Beweisprobleme vermeiden, wie im Einzelnen die Rückkehr des Kulturgutes in das Hoheitsgebiet erfolgt ist.

1214 Susanne Spaun, „Der Herausgabeanspruch bei Diebstahl oder illegalem Export von Kulturgütern“, S.194f.

1215 Angelika Fuchs, „Kulturgüterschutz im Kulturgutsicherungsgesetz“, in: IPRax 2000, S.285.

1216 Christiane Wendehorst, in: MüKo Art. 43, Rn.191.

1217 Christiane Wendehorst, in: MüKo Art. 43, Rn.191.

78.4 Rechtsfolgen

Auch wenn das Kulturgut zurückgekehrt ist, richten sich die Eigentumsverhältnisse nach den Sachvorschriften des Herkunftsstaats. Bei der öffentlich-rechtlichen und der materiell-rechtlichen Theorie ist auch hier alleine der Zeitpunkt des illegalen Verbringens entscheidend. Bei Anwendung der kollisionsrechtlichen Theorie ist hingegen auch hier der Zeitpunkt der abweichenden rückwirkenden Beurteilung der Eigentumsverhältnisse zu bestimmen. Hier kommen grundsätzlich zwei Zeitpunkte in Betracht: Die Grenzüberschreitung oder die Kenntnis des Herkunftsstaats von der Rückkehr in das eigene Territorium, die bei der zufälligen Rückkehr, anders als bei der freiwilligen Rückgabe, regelmäßig nicht zum Zeitpunkt der Grenzüberschreitung gegeben sein wird. Für ein Abstellen auf die Kenntnis des Staats könnte sprechen, dass nur auf die gerichtliche Durchsetzung des Rückgabeanspruchs verzichtet werden soll. Allerdings erscheint der Zeitpunkt des Überschreitens der Grenze des Herkunftsstaats für die rückwirkende abweichende Beurteilung der Eigentumsverhältnisse geeigneter, da er für Dritte leichter feststellbar ist als die Kenntnis des Herkunftsstaats von der Rückkehr. Da Aufklärungs- und Beweisprobleme hinsichtlich der Art und Weise der Rückkehr vermieden werden können, erlangt der Zeitpunkt der Rückkehr im Rahmen der kollisionsrechtlichen Theorie für die Rechtsfolgen eine wichtige Bedeutung.

Fraglich ist auch, ob nach einer zufälligen Rückkehr der in §9 KultGüRückG verankerte Entschädigungsanspruch des gutgläubigen Rückgabeschuldners weiterhin bestehen bleibt. Dagegen kann auch hier auf das Argument verwiesen werden, dass der Herkunftsstaat angesichts knapper Haushaltslagen nicht gezwungen werden soll, eine Zahlung zu leisten. Jedoch erfolgt hier, anders als bei einer freiwilligen Rückgabe, die Rückkehr unbewusst, sodass hier der Anspruch dem Anspruchsinhaber regelmäßig unbekannt ist und weder ein konkludenter Verzicht angenommen werden kann noch ein Verweis auf die Möglichkeit, sich verklagen zu lassen, sachgerecht erscheint. Auch könnte fraglich sein, ob eine nachträgliche Genehmigung mit dem Rückgabeanspruch auch die Entschädigungspflicht entfallen lässt und dem Staat so eine Entscheidungsmöglichkeit eingeräumt wird.

Ein Problem der analogen Anwendung der Entschädigungsvorschriften könnte bei einem kollisionsrechtlichen Verständnis der §§4 I, 8 KultGüRückG darin liegen, dass die von einer kollisionsrechtlichen Analogie abhängige analoge Anwendung der Entschädigungsregelung auf der materiellen Ebene die grundsätzliche Trennung der kollisionsrechtlichen und materiell-rechtlichen Ebene unterläuft.

Des Weiteren könnte geltend gemacht werden, der Rückgabeschuldner erleide keinen Schaden, da sich die Verpflichtung zur Rückgabe des Kulturgutes in das Territorium ohnehin erübrigt hat und sein Interesse hinsichtlich einer erneuten Verlagerung des Belegenheitsorts des Kulturgutes mit der Ausgangslage, bei der das Verbot eingegriffen hat, vergleichbar ist, nicht hingegen mit der schützenswerten Interessenlage bei Verpflichtung zur materiellen Rückführung aus dem aktuellen Belegenheitsstaat in den Herkunftsstaat. Selbst wenn die §§4 I, 8 KultGüRückG von ihrer Wirkungsweise nicht materiell-rechtlich, sondern kollisionsrechtlich verstanden werden, und es sich nicht um eine Enteignung im dogmatischen Sinne handelt, ist ihre Auswirkung auf die Eigentumsverhältnisse durch eine Analogie trotzdem nicht unproblematisch.

Obwohl die sich aufgrund von kollisionsrechtlichen Regelungen ergebenden Änderungen als Inhalts- und Schrankenbestimmungen im Inland grundsätzlich ohne Entschädigung möglich sind, bleibt jedoch fraglich, ob über die Frage der weitergehenden Anwendung der lex originis der in der RL 93/7/EWG vorgesehene Entschädigungsanspruch ausgehöhlt werden darf.[1218] So weist die Einschränkung des Entschädigungsanspruchs in §9 III KultGüRückG darauf hin, dass die Entschädigungspflicht nicht nur das Vertrauen in den Verbleib des Kulturgutes im Belegenheitsstaat schützt, sondern auch eine Kompensation für die zwischenzeitlich erworbenen, durch eine abweichende Beurteilung der Eigentumsverhältnisse nach der Rückkehr verlorengehenden Rechte gewähren soll.

Insbesondere wenn nach der zufälligen Rückkehr ein Herausgabeanspruch des Staats aus Eigentum gegeben wäre, könnte ein Entschädigungsanspruch gem. §9 I KultGüRückG analog zu befürworten sein. Wenn aufgrund der abweichenden Beurteilung der Eigentumsverhältnisse bei der Rückkehr ein Herausgabeanspruch eines ursprünglichen privaten Eigentümers entsteht, stellt sich bei analoger Anwendung des §9 I KultGüRückG jedoch darüber hinaus die Frage, ob die Entschädigung gem. §9 II KultGüRückG von dem Mitgliedstaat zu entrichten ist oder von dem ursprünglichen Eigentümer und ob selbst dann, wenn der Staat die Entschädigung zu entrichten hat, der gutgläubige Besitzer gegenüber dem Herausgabeanspruch des ursprünglichen Eigentümers, da §9 I KultGüRückG auf eine Zug-um-Zug-Verurteilung ausgelegt ist, eine Einrede geltend machen kann, die es ihm gestattet, die Herausgabe des Kulturgutes so lange zu verweigern, wie er keine Entschädigung erhalten hat.

78.5 Problematik des zeitlichen Anwendungsbereichs

Wenn der Staat erst von der Belegenheit des Kulturgutes und der Person des Rückgabeschuldners gem. §10 I 1 KultGüRückG Kenntnis erlangt, nachdem das Kulturgut in seinen Hoheitsbereich zurückgekehrt und bevor die absolute Verjährungsfrist des §10 I 3 bzw. §10 II KultGüRückG verstrichen ist, entfällt die Möglichkeit zur Geltendmachung eines Rückgabeanspruchs aufgrund der Rückkehr, nicht hingegen wegen des Zeitablaufs. Da nach der gerichtlichen Geltendmachung eines Rückgabeanspruchs die abweichende Beurteilung der Eigentumslage auch nicht nach Ablauf einer Frist endet, muss bei der zufälligen Rückkehr vor Kenntniserlangung und Ablauf der absoluten Verjährungsfrist die abweichende Beurteilung der Eigentumslage unbegrenzt möglich bleiben, damit der Staat durch die zufällige Rückkehr nicht benachteiligt wird.

Bei einer zufälligen Rückkehr stellt sich aber die Frage, ob eine abweichende Anknüpfung auch dann möglich bleibt, wenn das Kulturgut wieder zufällig in den Herkunftsstaat gelangt ist, nachdem die Frist zur Geltendmachung eines Rückgabeanspruchs bereits verstrichen ist.

Da bei der öffentlich-rechtlichen Theorie die in Ausnahmefällen erfolgende abweichende Beurteilung bzw. bei der materiell-rechtlichen Theorie generell erfolgende abweichende Beurteilung der Wirksamkeit des Rechtserwerbs ohnehin an den Zeitpunkt des illegalen Verbringens angeschlossen wird, könnte dies eine Abkoppelung nicht nur von der tatsächlich noch möglichen, sondern auch von einer theoretisch noch denkbaren Geltendmachung des Rückgabeanspruchs erleichtern, da zum Zeitpunkt des illegalen Verbringens noch keine Verjährung eingetreten sein kann. Bei der kollisionsrecht-

1218 Volker Wiese, „Der Einfluß des EG-Rechts auf das internationale Sachenrecht der Kulturgüter", S.243.

lichen Theorie hingegen wird die rückwirkende Betrachtung erst mit der Kenntnis des Herkunftsstaats bzw. der Grenzüberschreitung bei der Rückkehr zu einem Zeitpunkt einsetzen, bei dem die Verjährung schon eingetreten sein kann.
Dennoch könnte auch bei der kollisionsrechtlichen Theorie für eine rückwirkende Heranziehung der lex originis trotz Verjährung nach Rückkehr in das Territorium des Herkunftsstaats sprechen, dass ohnehin zu erwarten ist, dass ein Herkunftsstaat trotz grundsätzlicher Anwendung der lex rei sitae seine eigenen Regeln hinsichtlich zwischenzeitlicher Erwerbsvorgänge im Ausland nach der Rückkehr in sein Territorium anwendet, wenn er selbst von einer Unveräußerlichkeit des Kulturguts als res extra commercium ausgeht oder einen staatlichen Eigentumserwerb bei illegaler Ausfuhr vorsieht.[1219]
Gegen eine abweichende Beurteilung der Eigentumsverhältnisse trotz Verjährung des Rückgabeanspruchs kann aber vorgebracht werden, dass bei der zufälligen Rückkehr der betroffene Rückgabeschuldner, anders als in den Fällen der gerichtlichen Geltendmachung oder freiwilligen Rückgabe, von dem unrechtmäßigen Verbringen und den damit zusammenhängenden Ansprüchen des Herkunftsstaats nichts wissen wird. Somit kann vorgebracht werden, dass die Verjährungsregeln nicht nur im Interesse der Allgemeinheit den Zweck verfolgen, Rechtsfrieden und Rechtssicherheit zu schaffen, sondern gerade auch die Dispositionsfreiheit des Schuldners nach Ablauf einer bestimmten Zeit schützen, da sich erfahrungsgemäß auch die Beweislage verschlechtert, er sich nicht unbegrenzt gegenüber den Risiken aus Rechtsgeschäften absichern kann und seine eigenen Regressmöglichkeiten zu entfallen drohen.[1220]

78.6 Problematik des mehrfachen illegalen Verbringens

Problematisch kann die Bestimmung des anwendbaren Rechts in Fällen werden, in denen das Kulturgut mehrfach illegal verbracht wurde, wenn auf das Erfordernis einer Rückkehr im Rahmen eines Verfahrens verzichtet wird, indem der ersuchende Staat bereits bestimmt wurde.[1221] Ob eine illegale Verbringung vorliegt, kann aber bei der Bestimmung der Eigentumsverhältnisse auch als Vorfrage im Rahmen der analogen Anwendung der Sonderkollisionsnormen in den Fällen der zufälligen Rückkehr geklärt werden. Wie bereits aufgezeigt, löst das mehrfache illegale Verbringen bei der gerichtlichen Geltendmachung eines Rückgabeanspruchs ebenfalls Probleme aus. Die Frage des Verhältnisses der Ansprüche mehrerer Staaten zueinander muss somit ohnehin unabhängig von der gerichtlichen Geltendmachung generell gelöst werden.

79 Analoge Anwendung auf jede unrechtmäßige Verbringung?

Fraglich ist, ob eine analoge Anwendung der §4 I, 8 KultGüRückG bereits in Betracht kommt, bevor eine Rückgabe oder Rückkehr erfolgt ist. Zumindest bei der materiellrechtlichen und öffentlich-rechtlichen Lösung ist dies möglich, da als Zeitpunkt ohnehin der des illegalen Verbringens maßgeblich ist und die Voraussetzung der Rückgabe oder Rückkehr so eine zusätzliche ist. Bei der kollisionsrechtlichen Lösung erfolgt die

1219 Wulf-Hennig Roth, „Angleichung des IPR durch sekundäres Gemeinschaft", in: IPRax 1994, S.173.
1220 Helmut Heinrichs, in: Palandt Überbl v §194 BGB, Rn.7ff.
1221 Angelika Fuchs, „Kulturgüterschutz im Kulturgutsicherungsgesetz", in: IPRax 2000, S.285.

abweichende Beurteilung jedoch rückwirkend ab einem anderen Zeitpunkt. Zumindest wenn als Zeitpunkt die Rückkehr in das Hoheitsgebiet des Herkunftsstaats herangezogen werden soll, führt dies zu Schwierigkeiten. Allerdings wird dogmatisch nicht nur von den Vertretern der sog. kollisionsrechtlichen Theorie im Zusammenhang mit den §§4 I, 8 KultGüRückG eine darin enthaltene Kollisionsnormverweisung angenommen.[1222] Auch muss die Wahl des illegalen Verbringens als zeitlicher Anknüpfungspunkt und der Verzicht auf eine spätere rückwirkende Beurteilung nicht zwingend zur Nichtigkeit führen, wie bei der materiell-rechtlichen Theorie, oder nur ausnahmsweise, wie bei der öffentlich-rechtlichen Theorie. Vielmehr kann auch hier, wie bei der kollisionsrechtlichen Theorie, auf die lex originis abgestellt werden. Insofern ist die Ableitung einer Sonderkollisionsnorm mit dem Inhalt denkbar, dass in den Fällen, in denen ein Kulturgut im Sinne des §1 bzw. §5 KultGüRückG illegal verbracht wurde, die Eigentumsverhältnisse von dem Zeitpunkt des illegalen Verbringens an nach der lex originis beurteilt werden.

79.1 Vergleich mit der gemeinschaftsrechtlichen Vorgabe

Die gemeinschaftsrechtliche Vorgabe in Art. 12 der RL 93/7/EWG stellt auf die „erfolgte Rückgabe" ab. Dennoch hat beispielsweise der französische Gesetzgeber bei der Umsetzung des Art. 12 der RL 93/7/EWG in Art. 23 L.n°95-877 in Bezug auf die Frage, ob sich die Regelung der Eigentumsverhältnisse erst nach der Rückgabe des Kulturgutes nach den Rechtsvorschriften des Herkunftsstaats richtet, bei der Umsetzung der Richtlinie eine offene Formulierung gewählt: „La propriété du bien culturel ayant fait l'objet d'une procédure de retour sur le territoire d'un État membre est régie par la législation de l'État requérant."[1223]
Da jedoch selbst unter Heranziehung der Begründung aus der Vorgabe der RL 93/7/EWG lediglich abgeleitet werden kann, dass der Geltungsanspruch der lex originis ab dem Zeitpunkt der Rückgabe durchgesetzt werden kann und muss, sich für den Zeitraum nach der unrechtmäßigen Ausfuhr eines Kulturgutes und vor der Rückgabe jedoch keine verbindlichen Vorgaben herleiten lassen,[1224] muss erst recht angenommen werden, dass die RL 93/7/EWG nur für diesen Fall der Rückgabe, nicht hingegen für die Fälle der nicht erfolgten Rückgabe oder nicht erfolgten Rückkehr verbindliche Vorgaben treffen will. So kann aus Art. 12 der RL 93/7/EWG nicht im Umkehrschluss abgeleitet werden, dass vor der Rückgabe zwingend die lex rei sitae anzuwenden ist.[1225] Wie die Mitgliedstaaten in den Fällen vor oder ohne Rückkehr ihr Kollisionsrecht gestalten, unterliegt demzufolge keinen Vorgaben. So hat beispielsweise der belgische Gesetzgeber in Art. 90 des Loi du 16 juillet 2004 portant le Code de droit international privé hinsichtlich der Rückforderung zum kulturellen Erbe zählender, unrechtmäßig verbrachter Kulturgüter und in Art. 92 des Loi du 16 juillet 2004

1222 Christiane Wendehorst, in: MüKo Art. 43, Rn.185; Sabine Schmeinck, „Internationalprivatrechtliche Aspekte des Kulturgüterschutzes", S.196.

1223 Marc Weber, „Unveräußerliches Kulturgut im nationalen und internationalen Rechtsverkehr", S.390.

1224 Thomas Pfeiffer, „Der Stand des Internationalen Sachenrechts nach seiner Kodifikation", in: IPRax 2000, S.278.

1225 Volker Wiese, „Der Einfluß des EG-Rechts auf das internationale Sachenrecht der Kulturgüter", S.219.

hinsichtlich der Rückforderung gestohlener Kulturgüter das im Zeitpunkt der Rückforderung geltende Recht des Staats, der das Kulturgut zurückfordert, für anwendbar erklärt und gleichzeitig ein Wahlrecht zugunsten der lex rei sitae eröffnet.[1226]
Auch die These, eine allgemeine Anknüpfung an die lex originis sei aufgrund des Prinzips des freien Warenverkehrs ausgeschlossen, da es sich um eine ausländische Kulturgüter diskriminierende verkaufsbezogene Maßnahme handele, die nicht über Art. 30 EG gerechtfertigt werden könne,[1227] ist abzulehnen. Zunächst ist darauf hinzuweisen, dass gerade eine Einordnung als verkaufsbezogene[1228] und nicht als produktbezogene[1229] Maßnahme die Frage nach dem diskriminierenden Charakter wegen der Keck-Rechtsprechung für die Eröffnung des Schutzbereichs maßgeblich werden lässt. Nicht nur eine formelle Diskriminierung ist jedoch abzulehnen, da eine generelle Anknüpfung an die lex rei sitae gerade nicht zwischen inländischen und ausländischen Kulturgütern differenziert,[1230] sondern auch die behauptete materielle Diskriminierung: Auch wenn bei deutschen Kulturgütern ein Entzug der Verkehrsfähigkeit nicht vorgesehen ist, welcher bei ausländischen res extra commercium bei Heranziehung der lex originis zu berücksichtigen wäre,[1231] so unterliegen doch generell sowohl inländische als auch ausländische Kulturgüter Kulturgüterschutznormen, welche Auswirkungen auf die Wirksamkeit von Rechtsgeschäften entfalten. Daneben ist problematisch, ob der in Art. 30 EG verwendete Begriff des nationalen Kulturguts so eng auszulegen ist, dass er nur eine Verfolgung eigener nationaler Kulturgüterschutzinteressen ermöglicht, die Verfolgung der nationalen Kulturgüterschutzinteressen von Mitgliedstaaten jedoch selbst dann untersagt, wenn es sich nicht um ein Aufdrängen schützender Maßnahmen gegenüber dem anderen Mitgliedstaat, sondern um eine Unterstützung der mitgliedstaatlichen Interessen handelt.[1232] Selbst bei einer engen Auslegung des Begriffs des nationalen Kulturguts könnte im Rahmen des Art. 30 EG jedoch alternativ auf den Schutz der inländischen Sittlichkeit, Ordnung und Sicherheit zurückgegriffen werden, wobei zumindest der Begriff der Sittlichkeit auf die in dem jeweiligen Mitgliedstaat geltenden Moralvorstellungen verweist.[1233] Dass die in Deutschland maßgeblichen Moralvorstellungen auch den Gedanken des internationalen Kulturgüterschutzes inkorporieren, könnte aufgrund der weiten Auslegung des Begriffs der guten Sitten in der Nigeria-Entscheidung des BGH nahe liegen. Dass diese Moralvorstellung auch Modifikationen auf der kollisionsrechtlichen Ebene gebieten, erscheint zumindest nicht völlig ausgeschlossen.

1226 Kurt Siehr, „Das UNESCO-Übereinkommen", in: KUR 2005, S.42.
1227 Volker Wiese, „Der Einfluß des EG-Rechts auf das Internationale Sachenrecht der Kulturgüter", S.251f.
1228 Volker Wiese, „Der Einfluß des EG-Rechts auf das Internationale Sachenrecht der Kulturgüter", S.236.
1229 Anette Hipp, „Schutz von Kulturgütern in Deutschland", S.223.
1230 Volker Wiese, „Der Einfluß des EG-Rechts auf das Internationale Sachenrecht der Kulturgüter", S.241f.
1231 Volker Wiese, „Der Einfluß des EG-Rechts auf das Internationale Sachenrecht der Kulturgüter", S.237.
1232 Volker Wiese, „Der Einfluß des EG-Rechts auf das Internationale Sachenrecht der Kulturgüter", S.244f.
1233 Volker Wiese, „Der Einfluß des EG-Rechts auf das Internationale Sachenrecht der Kulturgüter", S.248.

79.2 Planwidrige Regelungslücke?

Hier stellt sich besonders eindringlich die Frage, ob ein abschließender gesetzgeberischer Wille eine Analogie von vorneherein ausschließt. Dafür spricht, dass der deutsche Gesetzgeber durch die gewählte Formulierung die geschaffene Sonderkollisionsnorm in ihrem Anwendungsbereich möglichst eng begrenzen wollte, zumal er sich bei der Reform des internationalen Privatrechts auch in Bezug auf Kulturgüter bewusst für die lex rei sitae entschieden hat.
Allerdings ist der Einwand, dass der Gesetzgeber angesichts der Diskussionen um die Auswirkung der §§4 I, 8 KultGüRückG zunächst auf die Erarbeitung der damit verbundenen Problematiken und Lösungsvorschläge in Literatur und Rechtsprechung setzen wollte, nicht völlig auszuschließen. Auch bliebe zu klären, ob eine Anwendung der §§4 I, 8 KultGüRückG und der in §9 KultGüRückG vorgesehenen Entschädigungspflicht gegenüber der Schaffung einer eigenständigen Kollisionsnorm wie der belgischen in Art. 90 und Art. 92 des Loi du 16 juillet 2004 mit Wahlrecht und abweichender Rechtsfolgenregelung vorzugswürdig ist, die dann, wenn das Recht des rückfordernden Staats den gutgläubigen Erwerber nicht schützt, es ihm ermöglicht, den Schutz zu fordern, den ihm die lex rei sitae gewährt.[1234]

79.3 Vergleichbare Interessenlage?

Zur Eindämmung des illegalen Handels scheint es sinnvoll, nach dem Verstoß gegen Kulturgüterschutznormen eine Einschränkung der Anwendung der lex rei sitae unabhängig davon vorzunehmen, ob das Kulturgut später absichtlich oder zufällig in den Herkunftsstaat zurückkehrt. Dagegen könnte aber angeführt werden, dass eine solche analoge Anwendung der §§4 I, 8 KultGüRückG den Export in einen Mitgliedstaat voraussetzt und somit ohnehin zumindest bislang viele Fälle des unrechtmäßigen Verbringens in Drittstaaten nicht erfasst.
Auch wenn die Umsetzung der RL 93/7/EWG den Mitgliedstaaten einen Rückgabeanspruch gewährt, während die Rechtsordnung von Drittstaaten Verstöße gegen Kulturgüterschutznormen nicht zwingend berücksichtigt, muss festgestellt werden, dass prinzipiell ein Verstoß gegen Exportvorschriften eines anderen Staats, insbesondere auch der VO Nr. 3911/92, in Drittstaaten – abhängig von der Ausgestaltung der Rechtsordnung des Drittstaats – dort grundsätzlich unbegrenzt Wirkung auf dort geschlossene Rechtsgeschäfte entfalten kann, während die Frist für ein Rückgabeverfahren gegen Mitgliedstaaten zeitlich begrenzt ist. Insofern wäre eine abweichende Beurteilung der Eigentumslage ab dem illegalen Verbringen in einen anderen Mitgliedstaat unabhängig von einer Rückgabe oder Rückkehr in diesen Mitgliedstaat geeignet, die Mitgliedstaaten gegenüber Drittstaaten stärker zu begünstigen.
Die Koppelung der Änderung der Rechtslage an die Rückgabe oder Rückkehr wirft auch dann Probleme auf, wenn nach dem illegalen Verbringen, aber vor der Rückkehr Urteile ergehen, in denen beispielsweise neben der Geltendmachung von Herausgabeansprüchen oder Ansprüchen wegen Rechtsmängeln auch die Eigentumsverhältnisse festgestellt werden, wie es beispielsweise eine Zwischenfeststellungsklage nach §256 II ZPO im deutschen Recht ermöglicht. Trotz des illegalen Verbringens fehlt ohne

---

1234 Kurt Siehr, „Das UNESCO-Übereinkommen", in: KUR 2005, S.42.

Rückgabe oder Rückkehr, sofern diese analoge Anwendung verneint wird, eine Voraussetzung für die Anwendung der §§4 I, 8 KultGüRückG. Wenn der Staat, aus dem die Sache verbracht wurde, den Rückgabeanspruch aber noch geltend machen kann, ihn aber noch nicht geltend gemacht hat, kann auch nicht endgültig abgesehen werden, wie nun die Eigentumsverhältnisse zu beurteilen sind. So wird die abweichende Beurteilung der Eigentumslage bei Eintreten der vorausgesetzten Rückgabe oder Rückkehr wohl keinen Wiederaufnahmegrund darstellen. Auch ob die Rückgabe oder Rückkehr beispielsweise eine neue Tatsache im Sinne des §767 II ZPO darstellt und eine Vollstreckungsabwehrklage ermöglicht, ist schon fraglich, wenn von einer rückwirkenden Änderung der Beurteilung der Eigentumsverhältnisse ausgegangen wird, aber erst recht, wenn auf das illegale Verbringen als maßgeblichen Zeitpunkt abgestellt wird.[1235] Auch ist fraglich, inwieweit ein solches zwischenzeitlich ergangenes Urteil von dem Herkunftsstaat nach der Rückgabe oder Rückkehr anzuerkennen wäre. Wird hingegen eine generelle Anwendbarkeit der lex originis unabhängig von einer bereits erfolgten Rückgabe angenommen, würden sich die anwendbaren Sachenrechte vor und nach der Rückgabe des Kulturgutes vollständig angleichen und es könnten vor der Rückgabe des Kulturgutes keine Rechte entstehen, die nachträglich aberkannt würden.[1236] Widersprüche hinsichtlich der Rechtslage können allerdings nicht nur durch die Unsicherheit bezüglich der Geltendmachung eines Rückgabeanspruchs entstehen, sondern auch in den in der Ausgestaltung der RL 93/7/EWG angelegten und teilweise im KultGüRückG auch umgesetzten Fällen, in denen ein Rückgabeanspruch erst nach dem illegalen Verbringen entsteht, beispielsweise bei einem nachträglichen Überschreiten der Wertgrenzen.

79.4 Rechtsfolgen

Da die hier erörterte, durch Analogie gebildete Sonderkollisionsnorm eigentlich eine Mischform darstellt, ist hinsichtlich der Rechtsfolge klarzustellen, dass die Heranziehung der lex originis zu einer Übernahme der Rechtsfolgen aus der Rechtsordnung des Herkunftsstaats führt, nicht hingegen, wie von der materiell-rechtlichen Theorie vertreten, zur Nichtigkeit aller nach dem illegalen Verbringen erfolgten Rechtsgeschäfte. Eine grundsätzliche abweichende Beurteilung der Eigentumslage unabhängig von einer Rückgabe oder Rückkehr kann, insbesondere bei res extra commercium und Verfallsregelungen, zur Folge haben, dass nun ein Herausgabeanspruch aus Eigentum besteht, unter Umständen unter abweichenden Voraussetzungen, einschließlich längerer Verjährungsfristen.

Die Frage nach einer analogen Anwendung des Entschädigungsanspruches wird, sofern diese Analogie bejaht wird, besonders kompliziert, da nun denkbar ist, dass ein privater ursprünglicher Eigentümer, der sein Eigentum nach der Rückkehr wegen der abweichenden Betrachtung zurückerhalten würde, nun auch ohne Rückkehr einen auf das Eigentum gestützten Herausgabeanspruch geltend machen kann. Insbesondere ist eine Konstellation denkbar, in der er lediglich die Herausgabe in dem Staat verlangt, in den das Kulturgut illegal verbracht wurde, ohne die Rückkehr des Kulturgutes in den

1235 Hans Putzo, in: Thomas/Putzo §767 ZPO, Rn.21ff.

1236 Volker Wiese, „Der Einfluß des EG-Rechts auf das internationale Sachenrecht der Kulturgüter“, S.204.

Herkunftsstaat veranlassen zu wollen. In dieser Konstellation ist fraglich, wie der gutgläubige Besitzer geschützt werden kann. Insbesondere erscheint es nicht sachgerecht, ihm einen Entschädigungsanspruch nach §9 KultGüRückG gegen den Herkunftsstaat zu gewähren, da der Herkunftsstaat erst die Rückgabe gegenüber dem ursprünglichen Eigentümer durchsetzen muss, wenn dieser die Herausgabe nicht veranlasst.

80 Analoge Anwendung auf weitere Kulturgüter aus Mitgliedstaaten?

Fraglich ist zudem, ob auch eine analoge Anwendung auf andere unrechtmäßig aus den Mitgliedstaaten ausgeführte Kulturgüter geboten ist, welche zwar von nationalen Kulturgüterschutzregelungen erfasst werden, nicht aber dem von der RL 93/7/EWG aufgestellten und in §5 KultGüRückG übernommenen Anwendungsbereich unterfallen.

Dagegen spricht jedoch, dass unabhängig davon, ob eine tatsächliche Rückgabe nach den Vorschriften des KultGüRückG vorausgesetzt wird, sich zumindest der vom Gesetzgeber gewählten Formulierung und der systematischen Stellung der §4 I, 8 KultGüRückG entnehmen lässt, dass der Umfang der von den Regelungen betroffenen Kulturgüter der gleiche ist. Auch spricht der Aspekt der Rechtssicherheit für eine klare Umgrenzung derjenigen Kulturgüter, für die das Sonderkollisionsrecht gilt. Des Weiteren kann zumindest in diesem Umfang davon ausgegangen werden, dass die Kulturgüterschutzvorschriften international konsensfähig sind.

Allerdings könnte zu erwägen sein, ob eine Anwendung der Sonderkollisionsnormen auf gestohlene Kulturgüter erfolgen sollte, um zu vermeiden, dass nur gestohlene Kulturgüter in kollisionsrechtlicher Hinsicht gegenüber anschließend illegal verbrachten gestohlenen Kulturgütern eine unterschiedliche Behandlung erfahren, obwohl die Erscheinungen des Diebstahls und des illegalen Verbringens oftmals miteinander einhergehen und in beiden Fällen eine vergleichbare Interessenlage vorliegt.[1237]

Eine generelle Ausweitung auf gestohlene Kulturgüter hat jedoch mittelbar zur Folge, dass auch Kulturgüter erfasst werden, welche außerhalb der Alters- und Wertgrenzen liegen.

81 Analoge Anwendung auf Kulturgüter aus anderen Staaten?

Eine analoge Anwendung der §§4 I, 8 KultGüRückG auf aus anderen Staaten stammende Kulturgüter ist nach der derzeitigen Rechtslage wohl ausgeschlossen, da in dieser Hinsicht der gesetzgeberische Wille wohl abschließend war und wegen des Zusammenhangs zwischen der Umsetzung der RL 93/7/EWG und der Errichtung eines gemeinschaftlichen Binnenmarktes auch die Vergleichbarkeit der Interessenlage fehlt. Allerdings ist auch schon im Zusammenhang mit der jetzigen Rechtslage darauf hingewiesen worden, dass eine auf Mitgliedstaaten begrenzte Abweichung von der lex rei sitae die Interessen an Rechtssicherheit und Vorhersehbarkeit kollisionsrechtlicher Entscheidungen gefährdet.[1238] Auf der anderen Seite ist jedoch eine analoge Ausweitung zur Ausschaltung von Zufälligkeiten ungeeignet: Denn je weiter der Bereich von Kulturgütern gesteckt wird, in dem eine analoge Ausweitung für möglich gehalten

1237 Sabine Schmeinck, „Internationalprivatrechtliche Aspekte des Kulturgüterschutzes“, S.196f.
1238 Sabine Schmeinck, „Internationalprivatrechtliche Aspekte des Kulturgüterschutzes“, S.196f.

wird, desto unwahrscheinlicher ist es, dass ausländische Staaten vergleichbare Regelungen kennen und ein äußerer Entscheidungseinklang erzielt wird.

82 §§5 I, 9 KultGüRückG n.F. und die Auswirkung der Gesetzesänderung auf den Theorienstreit

Im Rahmen des KultGüRückG n.F. wird der Rückgabeanspruch, welcher bisher nur hinsichtlich bestimmter Kulturgüter von EU-Staaten besteht, in zweifacher Hinsicht erweitert: Zum einen wird die Rückgabepflicht in §6 II KultGüRückG n.F. mit Inkrafttreten des UNESCO-Kulturgutübereinkommens für Deutschland auf unrechtmäßig aus den UNESCO-Vertragsstaaten verbrachte Kulturgüter ausgedehnt, welche aus religiösen oder weltlichen Gründen als für die Archäologie, Vorgeschichte, Geschichte, Literatur, Kunst oder Wissenschaft besonders bedeutsam bezeichnet wurden – bzw. für welche die Einleitung eines entsprechenden Verfahrens begonnen hat und öffentlich bekannt gemacht wurde – und die einer der in Artikel 1 des UNESCO-Kulturgutübereinkommens genannten Kategorien angehören. Zum anderen schließt auch §6 I wie §6 II KultGüRückG n.F. archäologische Kulturgüter ein, welche bei der Verbringung unbekannt, aber innerhalb eines Jahres nach Kenntniserlangung nachträglich unter Schutz gestellt wurden.
Damit erweitert sich auch der Anwendungsbereich der den §§4 I, 8 KultGüRückG entsprechenden Normen der §§5 I, 9 KultGüRückG n.F. Dabei ist die Systematik des Gesetzes insofern gleich geblieben, als weiterhin zwischen der Geltendmachung des Rückgabeanspruchs für geschütztes deutsches Kulturgut in den §§3 ff. KultGüRückG n.F. und der Regelung der Rückgabeansprüche anderer Staaten in den §§6ff. KultGüRückG n.F. getrennt wird und somit auch die auf Art. 12 der RL 93/7/EWG zurückgehende Regelung weiterhin in zwei Normen zerfällt.
§5 I KultGüRückG n.F. lautet: „Das Eigentum an geschütztem deutschem Kulturgut, das nach den Bestimmungen dieses Gesetzes auf Verlangen in das Bundesgebiet zurückgegeben wird, richtet sich nach den deutschen Sachvorschriften." §9 KultGüRückG n.F. lautet: „Das Eigentum an Kulturgut bestimmt sich nach erfolgter Rückgabe nach den Sachvorschriften des ersuchenden Staats." Der Wortlaut der §§4 I, 8 KultGüRückG soll somit weitgehend in den entsprechenden Normen übernommen werden. Lediglich bei §5 I KultGüRückG n.F. wurden die Worte „geschütztem deutschem" ergänzt, was wohl lediglich als Klarstellung zu werten ist. Bei §9 KultGüRückG n.F. wurde der Begriff „Mitgliedstaats" durch „Staat" ersetzt, da nun auch Kulturgut von UNESCO-Vertragsstaaten umfasst wird.
Eine Stellungnahme des Gesetzgebers zu den im Zusammenhang mit den §§4 I, 8 KultGüRückG vertretenen Theorien erfolgt nicht. Somit können weiterhin unter Rückgriff auf die materiell-rechtliche, die öffentlich-rechtliche und die kollisionsrechtliche Theorie im Einzelfall abweichende Ergebnisse hergeleitet werden. Dabei wäre eine eindeutige Regelung möglich gewesen, wie sie der österreichische Gesetzgeber in §20 des Bundesgesetzes zur Umsetzung der Richtlinie 93/7/EWG über die Rückgabe von unrechtmäßig aus dem Hoheitsgebiet eines Mitgliedstaats der Europäischen Gemeinschaft verbrachten Kulturgütern vom 15.05.1998 vorgenommen hat, welcher lautet: „Der Erwerb und der Verlust des Eigentums an Kulturgütern ist nach der Rückgabe nach den Sachnormen des ersuchenden Mitgliedstaats zu beurteilen, wenn der Erwerb und der Verlust des Eigentums auf Sachverhalten beruhen, die sich zwischen der un-

rechtmäßigen Verbringung und der Rückgabe vollendet haben."[1239] Eine eindeutige gesetzgeberische Entscheidung wäre insbesondere angesichts der Tatsache begrüßenswert, dass der Theorienstreit wegen des weiteren Anwendungsbereichs nun für zunehmend mehr Fälle im Zusammenhang mit illegal verbrachten Kulturgütern Bedeutung zu erlangen droht.

83 §§5 I, 9 KultGüRückG n.F. und die analoge Anwendbarkeit

Da die Formulierung „nach den Bestimmungen dieses Gesetzes auf Verlangen" aus §4 I KultGüRückG in §5 I KultGüRückG n.F. übernommen wurde, könnte ein abschließender gesetzgeberischer Wille gegen die Analogie in den Fällen der freiwilligen Rückgabe und zufälligen Rückkehr sprechen. Da in der Gesetzesbegründung jedoch eine Stellungnahme zu der Problematik der analogen Anwendung fehlt, liegt es näher davon auszugehen, dass keine Änderung erfolgen sollte und dieses Problem weiterhin zur Klärung Literatur und Rechtsprechung überlassen bleibt.

83.1 Freiwillige Rückgabe und Rückkehr auf andere Weise

Auch im Hinblick auf die Rückgabe von Kulturgütern aus UNESCO-Vertragsstaaten spielen außergerichtliche Einigungen eine besondere Rolle.[1240] Besonders bei finanzschwachen Staaten wird eine solche Lösung zur Vermeidung der mit der Prozessführung verbundenen Kosten angestrebt, die angesichts anderer Probleme wie der Bekämpfung von Hunger, Armut und Arbeitslosigkeit häufig nur schwer politisch durchsetzbar sind.[1241] Daher ist trotz der Erweiterung des Anwendungsbereichs die Interessenlage vergleichbar, sodass auf die Argumentation im Zusammenhang mit §§4 I, 8 KultGüRückG verwiesen werden kann. Die im Hinblick auf die analoge Anwendung des §9 KultGüRückG geführte Diskussion kann wegen der vergleichbaren Ausgestaltung der Regelung auf §10 KultGüRückG n.F. übertragen werden.

83.2 Jede unrechtmäßige Verbringung

Auch hier kann weiterhin im Wesentlichen auf das Argument verwiesen werden, dass die Koppelung der abweichenden Rechtslage an die Rückgabe oder Rückkehr Probleme aufwirft, wenn nach dem illegalen Verbringen, aber vor der Rückkehr Urteile ergehen, in denen beispielsweise neben der Geltendmachung von Herausgabeansprüchen oder Ansprüchen wegen Rechtsmängeln auch die Eigentumsverhältnisse festgestellt werden. Da eine widersprüchliche Rechtslage aber, wie bereits festgestellt, nicht nur

---

1239 Olaf Rafael Kupiers, „Die lex originis-Regel im internationalen Sachenrecht", S.92.

1240 Brooks W. Daly, „Arbitration of International Cultural Property Disputes: The Experience and Initiatives of the Permanent Court of Arbitration", in: Barbara T. Hoffman (Hg.), „Art and Cultural Heritage", S.465f.; Ian Barker, „Thoughts of an Alternative Dispute Resolution Practitioner on an International ADR Regime for Repatriation of Cultural Property and Works of Art", in: Barbara T. Hoffman (Hg.), „Art and Cultural Heritage", S.484; Gitanjali Deb, „Stealing Gods", in: Art Antiquity and Law 2005, S.50f.

1241 Folarin Shyllon, „The Nigerian and African Experience on Looting and Trafficking in Cultural Objects", in: Barbara T. Hoffman (Hg.), „Art and Cultural Heritage", S.139; Gitanjali Deb, „Stealing Gods", in: Art Antiquity and Law 2005, S.62.

durch eine nachträgliche Rückgabe entstehen kann, sondern auch in anderen Fällen, in denen die Anwendung des KultGüRückG erst nach dem illegalen Verbringen eintritt, wird mit der nun entstehenden Möglichkeit, bei archäologischen Gegenständen nach §6 KultGüRückG n.F. einen Rückgabeanspruch durch eine nachträgliche Unterschutzstellung zu begründen, dieses Problem ohnehin an Bedeutung gewinnen.

83.3 Weitere Kulturgüter aus Mitglieds- und Vertragsstaaten

Hinsichtlich der weder von der RL 93/7/EWG noch dem UNESCO-Kulturgutübereinkommen erfassten Kulturgüter ist auch weiterhin eine Analogie abzulehnen, da für eine Begrenzung die internationale Konsensfähigkeit sowie der Aspekt der Rechtssicherheit spricht.

83.4 Kulturgüter aus anderen Staaten

Im Zusammenhang mit den §§4 I, 8 KultGüRückG spricht gegen eine analoge Anwendung auf Kulturgüter aus anderen Staaten ein abschließender gesetzgeberischer Wille und der Zusammenhang mit der Errichtung eines gemeinschaftlichen Binnenmarktes. Diese Argumentation greift aber mit der Erweiterung des Regelungsbereiches auf Kulturgüter aus UNESCO-Vertragsstaaten nicht mehr ein. Wegen der Anzahl der UNESCO-Vertragsstaaten zeigt sich bereits eine deutliche gesetzgeberische Tendenz dazu, die Sonderanknüpfung für illegal verbrachte Kulturgüter zu einem allgemeinen Prinzip auszuweiten. Insofern gilt es, auch die analoge Anwendung auf Kulturgüter aus Drittstaaten neu zu überdenken. Für die Beschränkung des Anwendungsbereichs auf Kulturgüter aus Mitglieds- und Vertragsstaaten könnte sprechen, dass dies einen Anreiz für Vertragsstaaten darstellen könnte, dem UNESCO-Kulturgutübereinkommen beizutreten. Nach dem UNESCO-Kulturgutübereinkommen besteht jedoch anders als nach der RL 93/7/EWG keine Verpflichtung zum Erlass von Sonderkollisionsnormen dieser Art. Auch sagt ein solcher Beitritt zum UNESCO-Kulturgutübereinkommen auch noch nichts darüber aus, inwieweit die Vertragsstaaten tatsächlich Regelungen zum Kulturgüterschutz erlassen. Damit ist fraglich, ob ein besonderes Interesse daran besteht, die Kulturgüter von Drittstaaten auszunehmen.
Für eine analoge Anwendung gegenüber Drittstaaten spricht, dass es gleichermaßen den Schutz gefährdeter Kulturgüter und die Bekämpfung des illegalen Handels zu erreichen gilt. Je weiter der Anwendungsbereich der §§5 I, 9 KultGüRückG gezogen wird, desto wirksamer werden auch die Sanktionsmöglichkeiten des illegalen Verbringens. Des Weiteren würde eine Anwendung auf alle prinzipiell dem UNESCO-Kulturgutübereinkommen unterfallenden Kulturgüter ein größeres Maß an Rechtssicherheit und -klarheit bei Rechtsgeschäften mit Kulturgütern nach sich ziehen.[1242]

83.5 Stellungnahme

Während eine analoge Anwendung auf freiwillig zurückgegebene oder zufällig zurückgekehrte Kulturgüter sinnvoll erscheint, ist eine analoge Anwendung auf Fälle ohne Rückgabe oder Rückkehr problematischer. Auch wenn durch mehrfache Analo-

---

1242 Sabine Schmeinck, „Internationalprivatrechtliche Aspekte des Kulturgüterschutzes“, S.196f.

gie die Schaffung einer Sonderkollisionsnorm denkbar ist, die bei Kulturgütern, welche unter die Kategorien der RL 93/7/EWG oder des UNESCO-Kulturgutübereinkommens fallen, von dem Zeitpunkt des illegalen Verbringens an das Recht des Staats, aus dem das Kulturgut illegal verbracht wurde, anwendbar erklärt, ist wegen der Vielfalt der aufgezeigten Probleme eine ausdrückliche gesetzliche Regelung erforderlich. Eine solche Sonderkollisionsnorm behielte aber auch neben dem in §14 I KultGüRückG n.F. vorgesehenen Importverbot ihre Relevanz. Erstens wirkt das Importverbot des §14 I KultGüRückG n.F. auf der materiell-rechtlichen Ebene und setzt damit bereits voraus, dass das Kollisionsrecht deutsches Recht für anwendbar erklärt, während hinsichtlich der §§5 I, 9 KultGüRückG n.F. ein kollisionsrechtliches Verständnis überwiegt. Zweitens betrifft das Importverbot des §14 I KultGüRückG n.F. auch schuldrechtliche Rechtsgeschäfte. Drittens setzt das Eingreifen des Importverbots wegen der an den Verstoß geknüpften strafrechtlichen Sanktionen die Eintragung der geschützten Kulturgüter in ein in Deutschland geführtes Verzeichnis voraus, während hinsichtlich der Sonderkollisionsnorm die Bezeichnung des Kulturguts als von künstlerischem, geschichtlichem oder archäologischem Wert bzw. von besonderer Bedeutung und die Zugehörigkeit zu bestimmten Kategorien ausreichend sein könnte. Viertens würde sich die Rechtsfolge unterscheiden: Ein Verstoß gegen §14 I KultGüRückG n.F. führt unabhängig davon, ob neben der Nichtigkeit in Einzelfällen auch die schwebende Unwirksamkeit in Betracht gezogen wird, spätestens mit dem illegalen Verbringen wohl zur Nichtigkeit. Allerdings betrifft diese Nichtigkeit nur Rechtsgeschäfte, welche in einem objektiven Zusammenhang mit dem illegalen Verbringen stehen, nicht hingegen Folgegeschäfte. Die Anwendung der §§5 I, 9 KultGüRückG n.F. korrigiert hingegen den Rechtserwerb hinsichtlich aller Rechtsgeschäfte nach dem illegalen Verbringen. Die §§5 I, 9 KultGüRückG n.F. führen jedoch nur dann zur Nichtigkeit all dieser Rechtsgeschäfte, wenn der materiell-rechtlichen Theorie gefolgt wird oder ein Ausnahmefall der öffentlich-rechtlichen Theorie eingreift. Die rückwirkende Überprüfung der Wirksamkeit der nach dem illegalen Verbringen vorgenommenen Rechtsgeschäfte nach der lex originis wird hingegen oft zu abweichenden Rechtsfolgen führen. Insbesondere erlangen bei den §§5 I, 9 KultGüRückG n.F. von einfachen Export- und Importverboten abweichende Ausgestaltungen wie die Erklärungen von Kulturgütern zur res extra commercium oder Verfallsregelungen eine besondere Relevanz.

84 §20 III KultSchG als Sonderkollisionsnorm?

Da Kulturgüter wegen der mit Sonderausstellungen verbundenen Aufmerksamkeit und der Gefahr einer Beschlagnahme im Entleiherstaat tendenziell nur noch bei einer Zusage des sog. freien Geleits ins Ausland verliehen werden,[1243] ist in §20 KultSchG eine entsprechende gesetzliche Regelung geschaffen worden. Ähnliche Regelung finden sich in den USA und einigen Teilstaaten der USA, einigen Provinzen Kanadas, in Australien und Irland, Frankreich, Belgien und der Schweiz.[1244] Wegen der Regelung in §20 KultSchG kann letztlich offen bleiben, ob ein Beschlagnahme- und Zurückhal-

1243 Anette Hipp, „Schutz von Kulturgütern in Deutschland“, S.27; Susanne Schoen, „Die rechtsverbindliche Rückgabezusage“, in: „Im Labyrinth des Rechts?“, S.80f.

1244 Matthias Weller, „Immunity for Artworks on Loan?“, in:VandJTransnL 2005, S.999.

tungsverbot auch aus der Schaffung eines völkerrechtlichen Vertrauenstatbestandes im Hinblick auf den Leihverkehr hergeleitet werden könnte.[1245]

84.1 Maßgebliche Regelung

§20 III KultSchG legt im Zusammenhang mit der vorübergehenden Ausleihe von ausländischem Kulturgut zu Ausstellungszwecken fest, dass bei einer rechtsverbindlichen Zusage der Rückgabe des ausländischen Kulturguts zu einem festgesetzten Zeitpunkt durch die zuständige oberste Landesbehörde im Einvernehmen mit der Zentralstelle des Bundes nach §20 I 1 KultSchG dem Rückgabeanspruch des Verleihers keine Rechte Dritter entgegengehalten werden können.[1246] Nach einer Ansicht ist zweifelhaft, ob der Begriff des ausländischen Kulturgutes deutsches, aus dem Ausland eingeführtes Kulturgut aus dem Anwendungsbereich des §20 KultSchG herausnimmt und die Erteilung eines freien Geleits ausschließt.[1247] Nach anderer Ansicht ist der Begriff des ausländischen Kulturguts umfassend zu verstehen.[1248] Es gebiete der Sinn und Zweck des §20 KultSchG, dass in Deutschland Kulturgüter aus dem Ausland ausgestellt werden können, welche sonst nicht zu sehen wären, welchen es unabhängig von den Eigentumsverhältnissen am Kulturgut zu erreichen gilt.[1249] Damit ist auch hier eine Auslegung vorzugswürdig, nach der sämtliche Kulturgüter erfasst werden, welche als Leihgabe zum maßgeblichen Zeitpunkt aus dem Ausland eingeführt werden, ohne dass es auf die Provenienz eines Kulturgutes oder eine sonstige nationale Zuordnung ankommt.[1250]

Dabei hat der Gesetzgeber eine behördliche Entscheidung vor allem deshalb dazwischen geschaltet und der Behörde ein Entschließungsermessen eingeräumt, um bei politisch brisanten Leihgaben, insbesondere Beutekunst, die Gewährung des freien Geleits verweigern zu können und so eine breitere Akzeptanz der Regelung sicherstellen zu können.[1251] Denn §20 IV KultSchG bestimmt, dass bis zur Rückgabe an den Verleiher sämtliche gerichtlichen Klagen auf Herausgabe, Arrestverfügungen, Pfändungen und Beschlagnahmen unzulässig sind. Die mit den Worten „Rechtsverbindliche Rückgabezusage" gem. §20 II KultSchG schriftlich vor der Einfuhr des Kulturgutes erteilte Zusage kann auch nicht zurückgenommen oder widerrufen werden.[1252]

1245 Angelika Fuchs, „Kulturgüterschutz im Kulturgutsicherungsgesetz", in: IPRax 2000, S.286; Anette Hipp, „Schutz von Kulturgütern in Deutschland", S.30; Isabel Kühl, „Der internationale Leihverkehr der Museen", S.27f.; Kurt Siehr, in: Ebling/Schulze, Teil 3, Rn.49.

1246 Christiane Wendehorst, in: MüKo Art. 43, Rn.181.

1247 Susanne Schoen, „Kulturgüterschutz bei – illegaler – Rückkehr kriegsbedingt verbrachter Kulturgüter aus Russland nach Deutschland", in: NJW 2001, S.541.

1248 Isabel Kühl, „Der Schutz von vorübergehend importierten Kulturgütern", in: „Kulturgüter: Möglichkeiten und Perspektiven einer gesamteuropäischen Zusammenarbeit", S.125; Burkhard Hirsch, „Die Bedeutung der Zusage „freien Geleits" für Kulturgüter", in: NJW 2001, S.1627.

1249 Burkhard Hirsch, „Die Bedeutung der Zusage „freien Geleits" für Kulturgüter", in: NJW 2001, S.1627.

1250 Isabel Kühl, „Der Schutz von vorübergehend importierten Kulturgütern", in: „Kulturgüter: Möglichkeiten und Perspektiven einer gesamteuropäischen Zusammenarbeit", S.125.

1251 Matthias Weller, „Immunity for Artworks on Loan?", in:VandJTransnL 2005, S.1020f.; Michael M. Franz, „Beutekunst und www.lostart.de", in: „Im Labyrinth des Rechts?", S.53; Susanne Schoen, „Die rechtsverbindliche Rückgabezusage", in: „Im Labyrinth des Rechts?", S.85.

1252 Susanne Schoen, „Der rechtliche Status von Beutekunst", S.203; Anette Hipp, „Schutz von Kulturgütern in Deutschland", S.333.

Hintergrund der Regelung bildet die Problematik, dass bei vielen Kulturgütern die Eigentumsverhältnisse unklar sind und der Verleiher nur innerhalb seiner eigenen Rechtsordnung die Chancen eines anderen, einen Herausgabeanspruch durchzusetzen, abschätzen kann. Wandert ein Kulturgut als Leihgabe ins Ausland, geht der Verleiher ein gesteigertes Risiko ein, weil nun die Gerichte und Vollstreckungsorgane einer anderen Rechtsordnung Zugriff auf das Kulturgut haben. Da der Entleiher weder gerichtliche Entscheidungen noch die Vollstreckung bereits ergangener gerichtlicher Entscheidungen verhindern kann, ermächtigt §20 KultSchG die zuständige Behörde zu einer Zusage des freien Geleits, welche die Rückgabe an den Verleiher umfassend schützt.[1253]

Nicht geschützt werden hingegen die Museen, welche sich dann, wenn der Leihgeber nicht der ursprüngliche Eigentümer ist, insbesondere Ansprüchen aus dem Eigentümer-Besitzer-Verhältnis nach den §§987 ff. BGB ausgesetzt sehen könnten. Da die Museen nach §20 III KultSchG dem Herausgabeanspruch des Verleihers keine Rechte Dritter entgegenhalten können, wird angeregt, zumindest den Vorwurf der Bösgläubigkeit oder des deliktischen Verhaltens nicht eingreifen zu lassen, wenn das Kulturgut dem Verleiher zurückgegeben wird.[1254] Hinsichtlich der auch ohne freies Geleit drohenden Gefahr der Inanspruchnahme der Museen auf Schadensersatz, wenn sich herausstellt, dass tatsächlich ein Dritter als wahrer Eigentümer anzusehen ist, ist jedoch vorgeschlagen worden, dass spezielle Versicherungen, die diesbezüglich angeboten werden, einen verlässlicheren Schutz gegen das Risiko, Schadensersatz für die Zurückhaltung des Objektes oder einen entsprechenden Leihbetrag an den tatsächlichen Eigentümer zahlen zu müssen, bieten.[1255]

84.2 Verfassungsmäßigkeit der Regelung

Zwar sind in Bezug auf den Justizgewährungsanspruch und das Rechtsstaatsprinzip in Art. 19 IV GG und Art. 6 EMRK sowie der in Art. 14 GG verankerten Eigentumsgarantie Bedenken geäußert worden.[1256] Jedoch wird dem Dritten die Geltendmachung seiner Rechte gegenüber dem Verleiher nicht grundsätzlich versagt. Er wird nur auf die Geltendmachung nach der Rückkehr des Leihgutes in den Herkunftsstaat verwiesen. Fraglich könnte alleine sein, ob etwas anderes dann anzunehmen ist, wenn die Geltendmachung der Rechte nach der Rückkehr keinen Erfolg verspricht. Doch dann dies kann bei der Ausübung des pflichtgemäßen Ermessens Berücksichtigung finden.[1257] Dass die zeitliche Einschränkung der Geltendmachung von Rechten einen legitimen Zweck verfolgt, lässt sich aus den zahlreichen völkerrechtlichen Verpflichtungen der Bundesrepublik Deutschland zur Förderung des internationalen Kulturaustau-

---

1253 Bodo Pieroth und Bernd J. Hartmann, „Rechtswegbeschränkungen zur Sicherung des Leihverkehrs mit ausländischen Kulturgütern“, in: NJW 2000, S.2129.

1254 Matthias Weller, „Immunity for Artworks on Loan?“, in:VandJTransnL 2005, S.1023.

1255 Norman Palmer, „Adrift on a Sea of Troubles“, in: VandJTransnL 2005, S.964f.

1256 Angelika Fuchs, „Kulturgüterschutz im Kulturgutsicherungsgesetz“, in: IPRax 2000, S.286; Michael H. Carl, „Legal Issues Associated with Restitution“, in: „Resolution of Cultural Property Disputes“, S.187; Bodo Pieroth und Bernd J. Hartmann, „Rechtswegbeschränkungen zur Sicherung des Leihverkehrs mit ausländischen Kulturgütern“, in: NJW 2000, S.2131ff.

1257 Susanne Schoen, „Die rechtsverbindliche Rückgabezusage“, in: „Im Labyrinth des Rechts?“, S.88f., S.91.

sches herleiten. Zur Förderung dieses Zwecks ist der zeitweilige Ausschluss der Klage- und Vollstreckungsmöglichkeit auch geeignet. Ein Ausschluss der Vollstreckungsmöglichkeit ist nicht nur deshalb kein gleich geeignetes milderes Mittel, weil der in einem Herausgabeprozess verurteilte Verleiher, um Vollstreckungskosten zu sparen, das Leihgut freiwillig herausgeben wird, sondern auch, weil bei nicht erfolgendem Ausschluss der Klagemöglichkeit fraglich ist, ob das Kulturgut verliehen wird, da ein aufgrund einer unterschiedlichen Rechtslage in dem Leihstaat drohendes Urteil, selbst wenn es dort nicht vollstreckt wird, unter Umständen in dem Staat, in den das Kulturgut zurückkehrt, anerkannt und vollstreckt werden kann. Da nur ein zeitweiliger Ausschluss für die Dauer der Leihfrist erfolgt, ist auch die Angemessenheit der Regelung zu bejahen.[1258]

84.3 Kollisionsrechtliche Wirkungsweise

Während die §§4 I, 8 KultGüRückG grundsätzlich die Anknüpfung zur dauerhaften Beurteilung der Eigentumsverhältnisse regeln, schließt §20 III KultSchG nur zeitweise ein Entgegenhalten von Rechten Dritter gegenüber einem Rückgabeanspruch des Verleihers aus. Anders als die §§4 I, 8 KultGüRückG wird daher §20 III KultSchG als Eingriffsnorm und nicht als Kollisionsnorm aufgefasst.[1259]

84.4 Konflikt mit Rückgabeansprüchen nach §5 KultGüRückG bzw. §6 KultGüRückG n.F.

Auch wenn der Ausschluss der Klage- und Vollstreckungsmöglichkeit nur zeitweise erfolgt, wird die Sanktionierung illegaler Praktiken im Bereich des Handels mit Kulturgütern nicht nur zeitweise erschwert. Denn gerade die unterschiedliche Rechtslage in verschiedenen Staaten stellt ein wesentliches Risiko für den Eigentümer eines illegal verbrachten oder gestohlenen Kulturgutes dar, welches durch das sog. freie Geleit ausgeschaltet wird, wenn die Durchsetzung eines Anspruchs nach der Rückkehr der Leihgabe scheitert. So wird geltend gemacht, es erscheine widersprüchlich, einerseits zunehmend die Rückgabeverpflichtungen bei unrechtmäßig verbrachten Kulturgütern auszuweiten, andererseits zugleich die erfolgreiche Geltendmachung von Ansprüchen zu beschränken.[1260]

Hinsichtlich des Verhältnisses von §5 KultGüRückG zu §20 KultSchG ist vorgeschlagen worden, da §5 KultGüRückG auf die RL 93/7/EWG zurückgehe, die keine Ausnahmen zugunsten des freien Geleits vorsehe, müsse §20 KultSchG im Hinblick auf den in Art. 10 EG verankerten effet utile richtlinienkonform dahingehend ausgelegt werden, dass Art. 20 KultSchG nur private Ansprüche ausschließt, hingegen staatliche

1258 Isabel Kühl, „Der Schutz von vorübergehend importierten Kulturgütern", in: „Kulturgüter: Möglichkeiten und Perspektiven einer gesamteuropäischen Zusammenarbeit", S.127; Anette Hipp, „Schutz von Kulturgütern in Deutschland", S.334; Susanne Schoen, „Der rechtliche Status von Beutekunst", S.214, Fn.34.

1259 Christiane Wendehorst, in: MüKo Art. 43, Rn.181.

1260 Isabel Kühl, „Der Schutz von vorübergehend importierten Kulturgütern", in: „Kulturgüter: Möglichkeiten und Perspektiven einer gesamteuropäischen Zusammenarbeit", S.127; Angelika Fuchs, „Kulturgüterschutz im Kulturgutsicherungsgesetz", in: IPRax 2000, S.286.

Rückgabeansprüche unberührt lassen will.[1261] Als Gegenvorschlag ist jedoch in Betracht gezogen worden, schon die RL 93/7/EWG selbst dahingehend einschränkend auszulegen, dass die von ihr gewährten Rückgabeansprüche nicht solche Werke miteinschließen, welche aus Drittstaaten für Ausstellungen in Mitgliedstaaten ausgeliehen wurden. Dies wird damit begründet, dass die Richtlinie zumindest im Binnenmarkt die Rückkehr entliehener Kunstwerke sicherstellt und den Ausstellungsstaat in solchen Fällen von der Pflicht, über konkurrierende Rückgabeansprüche zweier ausländischer Staaten entscheiden zu müssen, entbindet.[1262] Nach anderer Ansicht hat die Rückgabezusage des §20 III KultSchG mit den europarechtlichen Vorgaben der Richtlinie überhaupt nichts zu tun, da die Rückgabezusage die Rückgabe ausländischen Kulturgutes nicht verhindert, sondern gerade ermöglicht, und nach Art. 15 der RL 93/7/EWG zivilrechtliche Maßnahmen unberührt bleiben.[1263] Auch ist vorgeschlagen worden, dass dann, wenn ein Verstoß des §20 KultSchG mit der RL 93/7/EWG angenommen wird, die RL 93/7/EWG als sekundäres Gemeinschaftsrecht im Lichte des primären Gemeinschaftsrechts ausgelegt werden müsse und Art. 151 II EG, welcher die Kooperation und den nichtkommerziellen Kulturaustausch zwischen den Mitgliedstaaten zum Ziel erklärt, eine teleologische Reduktion der RL 93/7/EWG rechtfertigen könne.[1264]
Eine Rückgabeansprüche nach der RL 93/7/EWG umfassende Auslegung ist auch deshalb vorzugswürdig, da die Gefahr besteht, dass eine Einschränkung des §20 KultSchG bei der Geltendmachung eines Rückgabeanspruchs nach der RL 93/7/EWG die Erreichung des Ziels des §20 KultSchG, den ungehinderten Leihverkehr zu ermöglichen und dadurch den Kulturaustausch zu fördern, völlig unmöglich macht, obwohl sich zu einer solchen Förderung des Kulturaustauschs die Bundesrepublik völkerrechtlich in zahlreichen Abkommen verpflichtet hat.[1265] Denn der Leihgeber wird nur dann dazu ermuntert, das Kulturgut ins Ausland zu lassen, wenn die Geltendmachung sämtlicher Ansprüche ausgeschlossen wird, da jede Differenzierung eine vorherige komplizierte Klärung der Rechtslage erforderlich machen wird, um die Risiken abschätzen zu können.[1266] Auch ist die Möglichkeit, einem staatlichen Rückgabeanspruch ausgesetzt zu werden, im Hinblick auf die drohenden Rechtsfolgen nicht weniger gravierend, denn auch, wenn private Rechte grundsätzlich unberührt bleiben, kann wegen der §§4 I, 8 KultGüRückG die Nichtanerkennung zwischenzeitlich erworbener Rechte im Herkunftsstaat drohen.

Langfristig könnte der Konflikt zumindest gemeinschaftsweit dadurch gelöst werden, dass eine europarechtliche Regelung des freien Geleits geschaffen wird.[1267] Wegen des gegenüber dem jetzigen §5 KultGüRückG auch auf illegal aus Vertragsstaaten des UNESCO-Kulturgutübereinkommens verbrachte Kulturgüter erweiterten Rückgabean-

1261 Angelika Fuchs, „Kulturgüterschutz im Kulturgutsicherungsgesetz", in: IPRax 2000, S.286; Isabel Kühl, „Der internationale Leihverkehr der Museen", S.24f.

1262 Erik Jayme, „Das Freie Geleit für Kunstwerke", S.16f.

1263 Bodo Pieroth und Bernd J. Hartmann, „Rechtswegbeschränkungen zur Sicherung des Leihverkehrs mit ausländischen Kulturgütern", in: NJW 2000, S.2129f.

1264 Matthias Weller, „Immunity for Artworks on Loan?", in:VandJTransnL 2005, S.1018; Isabel Kühl, „Der internationale Leihverkehr der Museen", S.24f.

1265 Burkhard Hirsch, „Die Bedeutung der Zusage „freien Geleits" für Kulturgüter", in: NJW 2001, S.1627; Bodo Pieroth und Bernd J. Hartmann, „Rechtswegbeschränkungen zur Sicherung des Leihverkehrs mit ausländischen Kulturgütern", in: NJW 2000, S.2130.

1266 Susanne Schoen, „Die rechtsverbindliche Rückgabezusage", in: „Im Labyrinth des Rechts?", S.96.

1267 Anna O'Connell, „Immunity from Seizure", in: Art Antiquity and Law 2006, S.20.

spruchs in §6 KultGüRückG n.F., gewinnt der Konflikt mit §20 KultSchG noch an Bedeutung. Das für eine richtlinienkonforme Auslegung vorgebrachte Argument des Art. 10 EG greift gegenüber Rückgabeansprüchen von Nichtmitgliedstaaten jedenfalls nicht.

85 Art. 43 EGBGB und die grundsätzliche Geltung der lex rei sitae nach dem Willen des Gesetzgebers auch für Kulturgüter

Dann, wenn keine Sonderkollisionsregeln eingreifen, können die allgemeinen in den Art. 43 bis Art. 46 EGBGB verankerten Kollisionsregeln herangezogen werden. Damit gilt grundsätzlich die in Art. 43 EGBGB kodifizierte lex rei sitae.[1268] Diese stellt den Ausgangspunkt der nachfolgenden Erörterungen dar, auch wenn teilweise Modifikationen des Art. 43 EGBGB oder eine Heranziehung des Art. 46 EGBGB für nötig gehalten werden, um den Besonderheiten von Kulturgütern Rechnung zu tragen.
Art. 43 I EGBGB besagt, dass über den Erwerb, Inhalt und Verlust des Eigentums und anderer dinglicher Rechte das am Lageort der Sache geltende Recht bestimmt.[1269] Dabei regelt die lex rei sitae sowohl den Erwerb des Eigentums und anderer dinglicher Rechte durch Rechtsgeschäft als auch den Erwerb kraft Gesetz.[1270] Dabei ist insbesondere auch auf die als dinglicher Vertrag anzusehende Einigung im Sinne des §929 BGB die lex rei sitae anzuwenden.[1271] Im deutschen Recht entscheidet die lex rei sitae über die besonders bedeutenden dinglichen Herausgabeansprüche, insbesondere den Herausgabeanspruch aus §985 BGB. Deliktische Ansprüche unterfallen zwar dem Deliktsstatut, doch die Frage, wer Eigentümer und damit anspruchsberechtigt ist, ist als Vorfrage ebenfalls nach der lex rei sitae zu klären.[1272]
Für die Anknüpfung an die lex rei sitae werden verschiedene Begründungen herangezogen. Zum einen wird auf die Souveränität des Belegenheitsstaats verwiesen, aus der sich die Territorialhoheit über die in dem Staat belegenen Sachen ergibt und somit die effektive Regelungsmacht, der eine Anknüpfung an die lex rei sitae folgt.[1273] Bei einer Änderung des Belegenheitsortes tritt an die Stelle der Durchsetzungsfähigkeit der Gedanke des Schutzes in einem anderen Staate erworbener Rechte.[1274] Zum anderen werden Aspekte der Verkehrssicherheit herangezogen. Da Erwerber und Veräußerer mit der Geltung des Rechts am Lageort der Sache rechnen können, schützt die lex rei sitae den Rechtsverkehr. Ihre feste Anknüpfung verbürgt Rechtssicherheit. Wegen ihrer Vorteile hat sie sich daher weltweit weitgehend im internationalen Sachenrecht durchgesetzt.[1275] Deshalb spricht zudem der äußere Entscheidungsgleichklang für die lex rei

---

1268 Dirk Looschelders, in: Praxiskommentar IPR Art. 43, Rn.11; Christiane Wendehorst, in: MüKo Art. 43, Rn. 192.

1269 Karl Kreuzer, „Die Vollendung der Kodifikation des deutschen Internationalen Privatrechts", in: RabelsZ 65 (2001), S.442; Haimo Schack, „Kunst und Recht", S.207, Rn. 500.

1270 Bernd Hoffmann und Karsten Thorn, „Internationales Privatrecht", §12, Rn.22.

1271 Jan Kropholler, „Internationales Privatrecht", S.556.

1272 Haimo Schack, „Kunst und Recht", S.208, Rn. 502.

1273 Stefan Turner, „Das Restitutionsrecht des Staates nach illegaler Ausfuhr von Kulturgütern", S.66f.

1274 Heinz-Peter Mansel, „De Weerth v. Baldinger", in: IPRax 1988, S.270.

1275 Roberta Clerici, „La protection des biens culturels vis-à-vis des règles italiennes de conflit", in: Riv dir int priv proc 1989, S.803; Michael H. Carl, „Legal Issues Associated with Restitution", in: „Resolution of Cultural Property Disputes", S.187; Guido Carducci, „The Growing Complexity of International Art Law", in: Barbara T. Hoffman (Hg.), „Art and Cultural Heritage",

sitae.[1276] Die Anknüpfung an die lex rei sitae wird als Gesamtverweisung angesehen, sodass nach Art. 4 I EGBGB auch das Kollisionsrecht des Staats zur Anwendung kommt, auf dessen Recht verwiesen wird.[1277] Zu Rück- und Weiterverweisungen auf ein anderes Recht gem. Art. 4 I EGBGB kommt es angesichts der internationalen Verbreitung der lex rei sitae jedoch kaum.[1278] Diese Vorteile der lex rei sitae haben auch dazu geführt, dass sie nach überwiegender Meinung auch in Bezug auf Kulturgüter angewendet wird.[1279]

85.1 Statutenwechsel nach Veräußerung im Herkunftsstaat

Während Kulturgütervorschriften des Herkunftsstaats bei einer Veräußerung des Kulturgutes im Herkunftsstaat unproblematisch Anwendung finden, stellt sich die Frage, was passiert, wenn das Kulturgut nach der Veräußerung im Herkunftsstaat in einen anderen Staat gelangt und dieser zur Beurteilung der dinglichen Rechtslage aufgefordert ist.[1280]

Da nach der lex rei sitae das Recht am Lageort maßgeblich ist, ist die Folge somit ein Statutenwechsel, sobald die Sache die Grenze überschreitet, auch wenn dies gegen den Willen des Berechtigten geschieht. Ist der sachenrechtliche Tatbestand im ersten Belegenheitsstaat nach dessen Recht bereits abgeschlossen, handelt es sich um einen sog. schlichten Statutenwechsel. Ab dem Zeitpunkt des Grenzübertritts bestimmt dann die neue lex rei sitae über den Inhalt des Eigentums und anderer dinglicher Rechte.[1281]

Nur bei beweglich gemachten Kulturgütern oder herausgebrochenen Teilen von unbeweglichen Kulturgütern ist überlegt worden, diese im Rahmen einer "fiction d'immobilisation" auch nach ihrer Abtrennung weiterhin als unbeweglich zu behandeln, um das

---

S.75f.; Brigitte Schwadorf-Ruckdeschel, „Rechtsfragen des grenzüberschreitenden rechtsgeschäftlichen Erwerbs von Kulturgütern“, S.77; Haimo Schack, „Kunst und Recht“, S.207, Rn. 500; Dirk Looschelders, in: Praxiskommentar IPR Art. 43, Rn.16.

1276 Karl Kreuzer, „Die Vollendung der Kodifikation des deutschen Internationalen Privatrechts“, in: RabelsZ 65 (2001), S.442f.

1277 LG Hamburg IPRspr. 1996 Nr. 55; Karl Kreuzer, „Die Vollendung der Kodifikation des deutschen Internationalen Privatrechts“, in: RabelsZ 65 (2001), S.437f.; Marc Weber, „Unveräußerliches Kulturgut im nationalen und internationalen Rechtsverkehr“, S.373f.; Jan Kropholler, „Internationales Privatrecht“, S.555.

1278 Haimo Schack, „Kunst und Recht“, S.207, Rn. 500.

1279 Jarste Akkermann, „Internationaler Kulturgüterschutz“, in: KUR 2002, S.33; Hans Stoll, „Sachenrechtliche Fragen des Kulturgüterschutzes in Fällen mit Auslandsberührung“, in: Rudolf Dolzer u.a. (Hg.), „Rechtsfragen des internationalen Kulturgüterschutzes“, S.60; Andreas Heldrich, in: Palandt Art. 43 EGBGB, Rn.2; Astrid Müller-Katzenburg, „Internationale Standards im Kulturgüterverkehr und ihre Bedeutung für das Sach- und Kollisionsrecht“, S.351; Anette Hipp, „Schutz von Kulturgütern in Deutschland“, S.207; Sabine Schmeinck, „Internationalprivatrechtliche Aspekte des Kulturgüterschutzes“, S.173; Joachim Berndt, „Internationaler Kulturgüterschutz“, S.124; Andrea Jaeger, „Internationaler Kulturgüterschutz“, S.59ff.; Volker Wiese, „Der Einfluß des EG-Rechts auf das internationale Sachenrecht der Kulturgüter“, S.265.

1280 Brigitte Schwadorf-Ruckdeschel, „Rechtsfragen des grenzüberschreitenden rechtsgeschäftlichen Erwerbs von Kulturgütern“, S.88.

1281 Karl Kreuzer, „Die Vollendung der Kodifikation des deutschen Internationalen Privatrechts“, in: RabelsZ 65 (2001), S.443f.; Hans Stoll, „Sachenrechtliche Fragen des Kulturgüterschutzes in Fällen mit Auslandsberührung“, in: Rudolf Dolzer u.a. (Hg.), „Rechtsfragen des internationalen Kulturgüterschutzes“, S.54; Haimo Schack, „Kunst und Recht“, S.207, Rn.501; Anette Hipp, „Schutz von Kulturgütern in Deutschland“, S.169f.

Recht des Herkunftsstaats anwenden zu können.[1282] Auch hier ist die Einordnung als bewegliche Sache jedoch vorzugswürdig, da die Beweglichkeit ein klares Abgrenzungskriterium darstellt und eine Einordnung als unbewegliche Sache wegen eines unter Umständen nicht mehr erkennbaren Zusammenhangs der Rechtssicherheit abträglich ist.[1283]
Ein zuvor nach altem Recht im Herkunftsstaat vollendeter rechtsgeschäftlicher oder gesetzlicher Eigentumserwerb wird auch von der neuen lex rei sitae anerkannt.[1284] Dabei ist die Frage, ob der Erwerb vor dem Statutenwechsel bereits abgeschlossen war, nach dem alten Statut zu beantworten.[1285] Auch die nach der dortigen lex rei sitae zum Schutze des öffentlichen Interesses an Kulturgütern bestehenden Normen werden bei der Beurteilung der Vollendung eines Erwerbstatbestandes im Herkunftsstaat berücksichtigt. Zwar handelt es sich dabei um öffentlich-rechtliche Normen, jedoch stellt die Berücksichtigung der Auswirkungen dieser öffentlich-rechtlichen Normen auf die Privatrechtsordnung nur eine Anwendung der allgemeinen Regeln der lex rei sitae dar, nicht hingegen eine erzwingende Durchsetzung hoheitlicher Ansprüche des Herkunftsstaats.[1286] Auch sonstige nach der alten lex rei sitae wirksam begründete dingliche Rechte bleiben nach der in Art. 43 II, III EGBGB zum Ausdruck kommenden Prägungstheorie grundsätzlich nach dem Statutenwechsel bestehen.[1287]
Auch wenn sich der Inhalt an der Sache begründeter Rechte von nun an nach der neuen lex rei sitae bestimmt, übernimmt die neue lex rei sitae die Sache grundsätzlich in der sachenrechtlichen Prägung, welche ihr das Recht des ersten Belegenheitsstaats verliehen hat. Wenn diese Prägung jedoch mit der Sachenrechtsordnung der neuen lex rei sitae völlig unverträglich ist, erfolgt nach der Transpositionslehre eine Anpassung an die Sachenrechtstypen der Rechtsordnung des neuen Belegenheitsstaats.[1288]
Umstritten ist jedoch, ob dann, wenn ein Staat ein wirksam begründetes Recht zwischenzeitlich nicht anerkennt, dieses Recht endgültig untergeht und die Rechtsordnung des neuen Belegenheitsstaats wegen des Verkehrsinteresses an klaren sachenrechtlichen Verhältnissen einen „Reinigungseffekt" hat,[1289] oder ob die dinglichen Rechte

---

1282 Gerte Reichelt, „Kulturgüterschutz und Internationales Verfahrensrecht", in: IPRax 1989, S.255; Anette Hipp, „Schutz von Kulturgütern in Deutschland", S.12; Patrick J.O'Keefe, „Historic Complexes", in: Art Antiquity and Law 2004, S.37.

1283 Brigitte Schwadorf-Ruckdeschel, „Rechtsfragen des grenzüberschreitenden rechtsgeschäftlichen Erwerbs von Kulturgütern", S.36f.; Susanne Spaun, „Der Herausgabeanspruch bei Diebstahl oder illegalem Export von Kulturgütern", S.155.

1284 Haimo Schack, „Kunst und Recht", S.207f., Rn. 501.

1285 Brigitte Schwadorf-Ruckdeschel, „Rechtsfragen des grenzüberschreitenden rechtsgeschäftlichen Erwerbs von Kulturgütern", S.81.

1286 Stefan Turner, „Das Restitutionsrecht des Staates nach illegaler Ausfuhr von Kulturgütern", S.124.

1287 Florian Kienle und Marc-Philippe Weller, „Die Vindikation gestohlener Kulturgüter im IPR", in: IPRax 2004, S.290f.

1288 Karl Kreuzer, „Die Vollendung der Kodifikation des deutschen Internationalen Privatrechts", in: RabelsZ 65 (2001), S.444; Thomas Pfeiffer, „Der Stand des Internationalen Sachenrechts nach seiner Kodifikation", in: IPRax 2000, S.272; Stefan Turner, „Das Restitutionsrecht des Staates nach illegaler Ausfuhr von Kulturgütern", S.68; Anette Hipp, „Schutz von Kulturgütern in Deutschland", S.169f.

1289 Gerhard Kegel, in: Kegel/Schurig §19 III, S.772f.

nur ruhen und bei der Rückkehr in den alten Belegenheitsstaat „wiedererweckt“ werden können.[1290]
Dabei spricht die in Art. 43 II EGBGB gewählte Formulierung für eine Ausübungsbeschränkung und gegen ein Erlöschen.[1291] Dieser Streit entfaltet im Zusammenhang mit Kulturgütern allerdings regelmäßig nur dann eine besondere Bedeutung, wenn aus ausländischen Kulturgüterschutzvorschriften trotz ihres hoheitlichen Charakters privaten dinglichen Rechten gleichstehende Rechte abgeleitet werden können. Eine solche funktionswidrige Heranziehung der Grundsätze des internationalen Sachenrechts zur Herleitung einer Rechtsgrundlage für hoheitliche Eingriffe ausländischer Staaten zur Durchsetzung von Kulturgüterschutzinteressen ist jedoch abzulehnen.[1292]
Daneben ist besonders die Frage nach der Anerkennung eines im Ausland wirksam entstandenen Lösungsrechts im Zusammenhang mit Kulturgütern relevant. Ein solches Lösungsrecht, welches die Herausgabe eines Kulturguts von der Erstattung des Kaufpreises oder des Wertes abhängig macht, wirkt nach überwiegender Ansicht auch nach der Verbringung eines Kulturgutes nach Deutschland fort.[1293] Nach einer Ansicht richten sich jedoch die diesbezüglichen Verjährungs- und Verwirkungsfristen nach der alten lex rei sitae,[1294] nach anderer Ansicht ist eine Angleichung in der Hinsicht vorzunehmen, dass das Lösungsrecht so lange bestehen bleibt, bis nach der neuen lex rei sitae, beispielsweise im Rahmen einer Ersitzung, ein Eigentumserwerb eintritt.[1295] Zumindest wenn das Lösungsrecht unübertragbar ist,[1296] endet die Prägung durch das ausländische Recht mit einem neuen rechtlich erheblichen Vorgang im Inland, wie beispielsweise einer Weiterveräußerung, denn nach einem solchen Vorgang bestimmt sich der Inhalt nach der inländischen Sachenrechtsordnung. In Deutschland scheidet der Erwerb eines neuen, eigenen Lösungsrechts des Käufers aus, weil dies das deutsche Recht nicht vorsieht.[1297] Teilweise wird bei einem übertragbaren Lösungsrecht auch die Rechtsnachfolge bei einem gutgläubigen Erwerb des Lösungsrechts in Deutschland für möglich erachtet.[1298] Dies ist aber insofern problematisch, als eine Übertragung des Lösungsrechts mit der vom deutschen Recht bei der Weiterveräuße-

1290 Jan Kropholler, „Internationales Privatrecht“, S.561f.; Thomas Pfeiffer, „Der Stand des Internationalen Sachenrechts nach seiner Kodifikation“, in: IPRax 2000, S.273.

1291 Thomas Pfeiffer, „Der Stand des Internationalen Sachenrechts nach seiner Kodifikation“, in: IPRax 2000, S.273.

1292 Susanne Spaun, „Der Herausgabeanspruch bei Diebstahl oder illegalem Export von Kulturgütern“, S.161f.; Volker Wiese, „Der Einfluß des EG-Rechts auf das internationale Sachenrecht der Kulturgüter“, S.173f.

1293 BGHZ 100, S.325ff.; Erik Jayme, „„Entartete Kunst“ und Internationales Privatrecht“, Haimo Schack, „Kunst und Recht“, S.208, Rn.502.

1294 Susanne Spaun, „Der Herausgabeanspruch bei Diebstahl oder illegalem Export von Kulturgütern“, S.136.

1295 Heinz-Peter Mansel, „Die Bedeutung des internationalen Privatrechts in Bezug auf das Herausgabeverlangen des Eigentümers bei abhanden gekommenen Kulturgütern“, in: „Im Labyrinth des Rechts?“, S.157.

1296 Kurt Siehr, „Das Lösungsrecht des gutgläubigen Käufers im Internationalen Privatrecht“, in: ZVglRWiss 83 (1984), S.112.

1297 Anette Hipp, „Schutz von Kulturgütern in Deutschland“, S.170f.; Kurt Siehr, „Das Lösungsrecht des gutgläubigen Käufers im Internationalen Privatrecht“, in: ZVglRWiss 83 (1984), S.112.

1298 Kurt Siehr, „Das Lösungsrecht des gutgläubigen Käufers im Internationalen Privatrecht“, in: ZVglRWiss 83 (1984), S.105.

rung abhanden gekommener Sachen entwickelten Gesamtlösung nur schwer vereinbar scheint.[1299]

85.2 Veräußerung im Einfuhrstaat

Während Kulturgüterschutzvorschriften unproblematisch Anwendung finden, solange sich die Sache noch im Herkunftsstaat befindet, bleibt fraglich, ob sie auch noch Auswirkungen entfalten können, wenn die Veräußerung erst im Einfuhrstaat stattfindet.[1300]
Ob ein Eigentumserwerb an einer bestimmten Sache überhaupt möglich ist, entscheidet sich nach überwiegender Auffassung ex nunc nach der neuen lex rei sitae. Da ausländische Regelungen, welche die Verkehrsunfähigkeit von Kulturgütern vorsehen, einen öffentlich-rechtlichen Eingriff darstellen, dessen Wirkung territorial begrenzt ist, bleiben beim Eigentumserwerb im Einfuhrstaat selbst auf billigenswerten Motiven basierende Schutznormen des Herkunftsstaats zum Erhalt des Eigentums nach dem Verbringen der Sache über die Grenze unberücksichtigt. So weicht der verkehrsfeindliche Status einer Sache, insbesondere auch die Unveräußerlichkeit der res extra commercium, im Einfuhrstaat letztlich dem Verkehrsschutz, denn in der Regel fehlt eine inländische Schutzregelung für ausländische Objekte selbst dann, wenn für eigene Objekte eine besteht.[1301]
Da umstritten ist, ob Vorfragen unselbständig oder selbständig anzuknüpfen sind,[1302] ist fraglich, nach welchem Recht die mit dem gutgläubigen Erwerb von Kulturgütern zusammenhängenden Einzelfragen, wie die Frage nach der Berechtigung[1303] oder den Anforderungen an die Gutgläubigkeit,[1304] zu beurteilen sind. Insbesondere bei gestohlenen Sachen wird entsprechend von einer Ansicht vorgeschlagen, die Frage des Diebstahls oder des Abhandenkommens der lex rei sitae zu unterstellen,[1305] von einer anderen Ansicht hingegen, das am Ort des Diebstahls oder Abhandenkommens geltende Recht heranzuziehen.[1306]
Für eine selbständige Anknüpfung könnte sprechen, dass die Neubeurteilung bestimmter Einzelfragen bei einem Lageortwechsel widersprüchliche Ergebnisse zu verursachen droht.[1307] Für eine selbständige Anknüpfung gerade des Merkmals des Diebstahls

---

1299 Hans Stoll, „Probleme des Statutenwechsels nach Erwerb eines Lösungsrechts an einer gestohlenen Sache“, in: IPRax 1987, S.359.

1300 Brigitte Schwadorf-Ruckdeschel, „Rechtsfragen des grenzüberschreitenden rechtsgeschäftlichen Erwerbs von Kulturgütern“, S.88.

1301 Hans Stoll, „Sachenrechtliche Fragen des Kulturgüterschutzes in Fällen mit Auslandsberührung“, in: Rudolf Dolzer u.a. (Hg.), „Rechtsfragen des internationalen Kulturgüterschutzes“, S.64; Brigitte Schwadorf-Ruckdeschel, „Rechtsfragen des grenzüberschreitenden rechtsgeschäftlichen Erwerbs von Kulturgütern“, S.104; Stefan Turner, „Das Restitutionsrecht des Staates nach illegaler Ausfuhr von Kulturgütern“, S.125; Haimo Schack, „Kunst und Recht“, S.208, Rn. 502.

1302 Peter Mankowski, in: v. Bar/Mankowski I §7, Rn.192ff.; Daniel Busse, „Die Berücksichtigung ausländischer „Eingriffsnormen“ durch die deutsche Rechtsprechung“, in: ZVglRWiss, 95 (1996), S.387.

1303 Brigitte Schwadorf-Ruckdeschel, „Rechtsfragen des grenzüberschreitenden rechtsgeschäftlichen Erwerbs von Kulturgütern“, S.156.

1304 Bernd Hoffmann und Karsten Thorn, „Internationales Privatrecht“ §12, Rn.23.

1305 Bernd Hoffmann und Karsten Thorn, „Internationales Privatrecht“ §12, Rn.23.

1306 Thomas Rauscher, „Internationales Privatrecht“, S.314f.

1307 Brigitte Schwadorf-Ruckdeschel, „Rechtsfragen des grenzüberschreitenden rechtsgeschäftlichen Erwerbs von Kulturgütern“, S.156.

oder Abhandenkommens könnte zudem sprechen, dass diese Vorgänge regelmäßig zeitlich und örtlich von dem Vornahmeort des Rechtsgeschäfts weit entfernt stattgefunden haben.[1308] Insbesondere beim Merkmal des Abhandenkommens macht eine selbständige Anknüpfung dieser Vorfrage entsprechende Kulturgüterschutzvorschriften des Herkunftsstaats anwendbar, sodass dann, wenn aus diesen Vorschriften ein genereller Besitzwillen des Staats bezogen auf die auf seinem Territorium befindlichen Kulturgüter abgeleitet wird, ein gutgläubiger Erwerb verhindert werden kann.[1309] Jedoch kennt das Recht am Ort des Abhandenkommens die relevanten Tatbestandsmerkmale nicht zwangsläufig, wenn sie nach seiner Rechtsordnung keine vergleichbare Bedeutung besitzen.[1310] Auch wird gegen eine abweichende Anknüpfung vorgebracht, dass das anwendbare Recht über seinen Umfang selbst entscheiden will und eine Vorfragenverweisung das Gleichgewicht der innerhalb der Rechtsordnung aufeinander abgestimmten Normen von Eigentumserwerb und Besitzverlust stören kann.[1311] Noch umstrittener ist die Bestimmung des Merkmals der unrechtmäßigen Verbringung, da hier neben der Beurteilung nach der lex rei sitae oder der lex originis auch eine autonome völkerrechtliche Definition vorgeschlagen worden ist.[1312] Aus dem grenzüberschreitenden Bezug unrechtmäßiger Verbringungen allein kann aber noch keine Notwendigkeit einer einheitlichen internationalen Definition dieses Begriffsmerkmals abgeleitet werden. Auch muss letztlich die Begriffsbestimmung von der Problematik der Berücksichtigungsfähigkeit ausländischer Kulturgüterschutznormen getrennt werden.[1313]

Des Weiteren entscheidet sich nach der neuen lex rei sitae, ob das Konsens-, Kausal- oder Abstraktionsprinzip gilt. In Deutschland spielt neben der dinglichen Einigung grundsätzlich der Besitzerwerb eine besondere Rolle und es gilt das Trennungs- und Abstraktionsprinzip, nach dem der Eigentumserwerb von dem zugrunde liegenden Verpflichtungsgeschäft getrennt und von der Gültigkeit des Kausalgeschäftes unabhängig ist. Setzt nach der lex rei sitae der Eigentumserwerb jedoch einen gültigen Kausalvertrag voraus, so ist die Vorfrage der Wirksamkeit des Kausalverhältnisses nach überwiegender Ansicht selbständig anzuknüpfen und richtet sich nach der lex causae.[1314]

1308 Thomas Rauscher, „Internationales Privatrecht", S.314f.

1309 Brigitte Schwadorf-Ruckdeschel, „Rechtsfragen des grenzüberschreitenden rechtsgeschäftlichen Erwerbs von Kulturgütern", S.168f.

1310 Brigitte Schwadorf-Ruckdeschel, „Rechtsfragen des grenzüberschreitenden rechtsgeschäftlichen Erwerbs von Kulturgütern", S.168f.

1311 Hans Stoll, „Sachenrechtliche Fragen des Kulturgüterschutzes in Fällen mit Auslandsberührung", in: Rudolf Dolzer u.a. (Hg.), „Rechtsfragen des internationalen Kulturgüterschutzes", S.57; Bettina Thorn, „Internationaler Kulturgüterschutz nach der UNIDROIT-Konvention", S.268.

1312 John Henry Merryman, „A Licit International Trade in Cultural Objects", in: John Henry Merryman (Hg.), „Thinking About the Elgin Marbles", S.191ff.; Guido Carducci, „The Growing Complexity of International Art Law", in: Barbara T. Hoffman (Hg.), „Art and Cultural Heritage", S.74f.

1313 Guido Carducci, „The Growing Complexity of International Art Law", in: Barbara T. Hoffman (Hg.), „Art and Cultural Heritage", S.75.

1314 Stefan Turner, „Das Restitutionsrecht des Staates nach illegaler Ausfuhr von Kulturgütern", S.123.

85.3 Statutenwechsel bei einem noch offenen Erwerbsvorgang

Fraglich ist, was passiert, wenn der Erwerbsvorgang bei einem sog. gestreckten Sachverhalt vor einem Grenzübertritt im ersten Belegenheitsstaat zwar begonnen, aber noch nicht vollständig verwirklicht war.[1315] Ist der sachenrechtliche Tatbestand noch nicht abgeschlossen, bevor ein sog. qualifizierter Statutenwechsel eintritt, entscheidet über den gesamten Erwerbsvorgang das Recht des neuen Belegenheitsstaats.[1316] Dass dabei ausländische Vorgänge einer im Ausland noch nicht erworbenen Sache im Inland wie inländische zu berücksichtigen sind, wird im deutschen internationalen Sachenrecht durch Art. 43 III EGBGB geregelt.[1317] Dies ist insofern von Bedeutung, als die neue lex rei sitae beispielsweise darüber entscheidet, ob eine Ersitzungsfrist, die vor einem Statutenwechsel lediglich begonnen, aber noch nicht vollendet worden ist, auf die Besitzdauer angerechnet werden kann.[1318] Problematischer ist der Grundsatz der Anerkennung bei solchen Vorgängen im Herkunftsstaat, bei denen Kulturgüterschutznormen ihre Wirkung entfalten sollen. Besonders beim rechtsgeschäftlichen Erwerb kann der Fall auftreten, dass die dingliche Einigung als Tatbestandsmerkmal bereits im Herkunftsstaat verwirklicht wird, ohne dass jedoch der Eigentumserwerb nach dem Recht des Herkunftsstaats vollendet ist, weil auch dieses Recht eine Übergabe voraussetzt, die jedoch erst im Einfuhrstaat erfolgt. Auch wenn sich der Gesamttatbestand bei gestreckten Tatbeständen nach der neuen lex rei sitae beurteilt, so ist fraglich, ob auch die Wirksamkeit der dinglichen Einigung nach der neuen lex rei sitae überprüft wird, oder ob die Auswirkungen im Herkunftsstaat geltender Kulturgüterschutzregelungen auf die Verwirklichung dieses Tatbestandsmerkmals berücksichtigt werden. Letztlich entscheidet sich die Frage danach, ob die Wirkung einer solchen Kulturgüterschutznorm lediglich als mittelbarer Einfluss auf ein Privatrechtsverhältnis gedeutet und nach international privatrechtlichen Grundsätzen beurteilt wird, oder ob wegen der hoheitlichen Anordnung des Schutzinhalts international öffentlich-rechtliche Grundsätze herangezogen werden, sodass das Territorialitätsprinzip auch die Anerkennung der Wirkungen der Kulturgüterschutznormen auf die dingliche Einigung gebietet. In diesem Zusammenhang ist vorgeschlagen worden, die Abgrenzung zwischen der Heranziehung international-privatrechtlicher und der Heranziehung international-öffentlich-rechtlicher Grundsätze danach vorzunehmen, ob Schutzbestimmungen in erster Linie zwischen Privaten wirken oder das Verhältnis zum Staat regeln. Da anders als beispielsweise bei Verbraucherschutzbestimmungen bei Kulturgüterschutzregelungen das Motiv der Durchsetzung hoheitlicher Interessen überwiegt, wäre die Schutzwirkung vom ausländischen Recht bei der Beurteilung der Vollendung der Tatbestandsmerkmale hinzunehmen. Als weiteres Argument kann auch angeführt werden, dass bei einem im Ausland vollendeten Rechtserwerb die dortigen Auswir-

---

1315 Brigitte Schwadorf-Ruckdeschel, „Rechtsfragen des grenzüberschreitenden rechtsgeschäftlichen Erwerbs von Kulturgütern", S.88.

1316 Anette Hipp, „Schutz von Kulturgütern in Deutschland", S.171; Bernd Hoffmann und Karsten Thorn, „Internationales Privatrecht" §12, Rn.29; Thomas Pfeiffer, „Der Stand des Internationalen Sachenrechts nach seiner Kodifikation", in: IPRax 2000, S.273.

1317 Karl Kreuzer, „Die Vollendung der Kodifikation des deutschen Internationalen Privatrechts", in: RabelsZ 65 (2001), S.448.

1318 Andreas Heldrich, in: Palandt Art.43 EGBGB, Rn.6; Haimo Schack, „Kunst und Recht", S.208f., Rn. 503.

kungen der Kulturgüterschutznormen ebenfalls hinzunehmen wären und dortige Vorgänge nicht nach der neuen lex rei sitae in ihrer Wirksamkeit neu beurteilt werden könnten.[1319]
Wird der Grundsatz, dass vom Recht im Einfuhrstaat vorausgesetzte und im Herkunftsstaat bereits verwirklichte Tatbestandsmerkmale auch nach der Verbringung über die Grenze anerkannt werden, konsequent zu Ende gedacht, so tritt dann, wenn alle vom Recht des Einfuhrstaats aufgestellten Voraussetzungen bereits erfüllt sind, beim Grenzübertritt ein Eigentumserwerb ein, obwohl der Erwerbstatbestand nach dem Recht des Herkunftsstaats noch nicht vollendet war.[1320]

86 Zeitliche Modifikation bei gestohlenen oder illegal verbrachten Kulturgütern?

Auch wenn eine Gesetzesänderung zugunsten des Kulturgüterschutzes weiterhin gefordert wird,[1321] hat der ausdrückliche Verzicht des Gesetzgebers, den Kulturgüterschutz abweichend zu regeln, dazu geführt, dass seit der Kodifikation des internationalen Sachenrechts eine generelle Abweichung von der lex rei sitae für nicht mehr vertretbar gehalten wird.[1322] Mit dem KultGüRückG n.F. und der Ausweitung der von der lex rei sitae abweichenden Sonderkollisionsnormen über den von der RL 93/7/EWG vorgegebenen Anwendungsbereich hinaus, könnte jedoch fraglich sein, ob diese kollisionsrechtliche Entscheidung des Gesetzgebers nicht zumindest in Einzelfällen, insbesondere im Hinblick auf unrechtmäßig verbrachte Kulturgüter, als mittlerweile überholt anzusehen ist.
Bereits vor der Verabschiedung des KGÜAG wurde zudem vorgeschlagen, zwischen solchen Vorschlägen zu differenzieren, die eine generelle Abkehr von der lex rei sitae befürworten, und solchen, die keine generelle Abkehr von der lex rei sitae fordern, sondern vielmehr die Anknüpfung der lex rei sitae allein in zeitlicher Hinsicht modifizieren und so zur lex furti bzw. lex originis gelangen. In diesem Zusammenhang ist vorgebracht worden, ein allein räumlich bestimmtes Kollisionsrecht vernachlässige die Zeit, obwohl diese aufgrund der Theorie von der Relativität von Raum und Zeit einen eng mit dem Raum zusammenhängenden Faktor darstelle. So müsse die Frage gestellt werden, ob die lex rei sitae nicht auch in zeitlicher Hinsicht zu fixieren sei.[1323] Gegen diese Argumentation kann jedoch vorgebracht werden, dass dann, wenn die Zeit als eng mit dem Raum verknüpfter Faktor anzusehen ist, letztlich eine zeitliche Abweichung wie eine räumliche Abweichung und damit eine generelle Abweichung von der lex rei sitae zu behandeln ist. Auch wird gegen eine zeitliche Differenzierung vorgebracht, dass es sich letztlich nur um einen Kunstgriff handele und die Aufrechterhaltung der lex rei sitae nur eine scheinbare sei, um letztlich dennoch zu einer abwei-

1319 Brigitte Schwadorf-Ruckdeschel, „Rechtsfragen des grenzüberschreitenden rechtsgeschäftlichen Erwerbs von Kulturgütern“, S.107f.
1320 Brigitte Schwadorf-Ruckdeschel, „Rechtsfragen des grenzüberschreitenden rechtsgeschäftlichen Erwerbs von Kulturgütern“, S.83.
1321 Kurt Siehr, „Internationales Sachenrecht “, in: ZVglRWiss 104 (2005), S.153 sowie 162.
1322 Christiane Wendehorst, in: MüKo Art. 43, Rn. 192; Volker Wiese, „Der Einfluß des EG-Rechts auf das internationale Sachenrecht der Kulturgüter“, S.169.
1323 Erik Jayme, „Neue Anknüpfungsmaximen“, in: Rudolf Dolzer u.a. (Hg.), „Rechtsfragen des internationalen Kulturgüterschutzes“, S.50.

chenden Behandlung der Kulturgüter zu gelangen.[1324] Dies ist sicherlich richtig, sofern durch eine zeitliche Verschiebung bei allen Kunstwerken zur Geltung der lex originis gelangt werden soll. Hinsichtlich der Möglichkeit einer zeitlichen Modifikation in bestimmten Einzelfällen greift das letzte Argument jedoch nicht. Insofern werden im Folgenden abweichende zeitliche Anknüpfungen für die Sonderfälle gestohlener und illegal verbrachter Kulturgüter untersucht.

86.1 Lex furti bei gestohlenen Kunstwerken

Bei gestohlenen Sachen ist in Betracht gezogen worden, statt auf den gegenwärtigen Lageort, auf den Lageort zum Zeitpunkt des Diebstahls ungeachtet späterer Veränderungen abzustellen.[1325] Dabei ist wohl davon auszugehen, dass die abweichende Anknüpfung nicht nur für den ersten Transfer des Gegenstandes, sondern auch für alle später vollzogenen Übertragungen gelten soll, da der bezweckte Schutz vor späteren Manipulationen des Anknüpfungspunktes sonst leer liefe.[1326] Da der Diebstahl nach §935 BGB nur einen Unterfall des Abhandenkommens bildet, kann bei abhanden gekommenen Sachen auch eine entsprechende Heranziehung des Zeitpunktes des Abhandenkommens erfolgen.[1327] Dass die auf die zeitliche Verschiebung zurückgehende abweichende Anknüpfung nicht durch einen renvoi in den meisten Fällen unterlaufen wird, kann angesichts der Verbreitung der lex rei sitae nur durch die Annahme einer Sachnormverweisung verhindert werden.[1328]
Nach der lex rei sitae stehen Verkehrsschutzgesichtspunkte im Vordergrund, die allein dem Erwerber einer Sache zugute kommen. Bei gestohlenen Sachen ist aber fraglich, ob nicht vielmehr der Bestohlene schutzwürdig erscheint. Tauchen gestohlene oder abhanden gekommene Kulturgüter im Handel wieder auf und werden sie von dem ursprünglichen Eigentümer wieder erkannt, will dieser im Regelfall weder auf die Versicherungssumme noch auf Schadensersatzansprüche gegen den Verkäufer verwiesen werden und erst recht nicht auf solche gegen den Dieb, die als praktisch uneinbringlich gelten. Er möchte das gestohlene oder abhanden gekommene Kulturgut wiederhaben und ist folglich an einer Wiederherstellung des status quo ante interessiert.[1329] Zwar wird vorgebracht, der gutgläubige Erwerber sei dennoch schützenswert, da er von dem Diebstahl gerade nichts weiß und nicht mit einer abweichenden Anknüpfung rechnen kann.[1330] Die Interessen des bestohlenen Eigentümers könnten gegenüber einer Beeinträchtigung des internationalen Handels jedoch als vorrangig bewertet werden, sofern trotz der vielen restriktiven materiell-rechtlichen Vorschriften hinsichtlich eines gutgläubigen Erwerbs bei gestohlenen Sachen überhaupt von einer solchen Beeinträchtigung ausgegangen werden kann.[1331]

1324 Christiane Wendehorst, in: MüKo Art. 43, Rn. 192.
1325 Heinz-Peter Mansel „De Weerth v. Baldinger", in: IPRax 1988, S.271.
1326 Sabine Schmeinck, „Internationalprivatrechtliche Aspekte des Kulturgüterschutzes", S.172.
1327 Heinz-Peter Mansel, „De Weerth v. Baldinger", in: IPRax 1988, S.270f.
1328 Heinz-Peter Mansel, „De Weerth v. Baldinger", in: IPRax 1988, S.271.
1329 Kurt Siehr, „Internationales Sachenrecht", in: ZvglRWiss 104 (2005), S.151; Haimo Schack, „Kunst und Recht", S.200, Rn. 484.
1330 Sabine Schmeinck, „Internationalprivatrechtliche Aspekte des Kulturgüterschutzes", S.172; Brigitte Schwadorf-Ruckdeschel, „Rechtsfragen des grenzüberschreitenden rechtsgeschäftlichen Erwerbs von Kulturgütern", S.167.
1331 Heinz-Peter Mansel, „De Weerth v. Baldinger", in: IPRax 1988, S.271.

Daneben gilt als ein weiterer erheblicher Nachteil der lex rei sitae, dass ein Statutenwechsel auch gegen den Willen des Berechtigten herbeigeführt werden kann, weshalb Kunstdiebe durch eine geschickte Wahl des Ortes der Weiterveräußerung einen gutgläubigen Eigentumserwerb oder kurze Ersitzungsfristen ausnutzen können und dies oft auch werden, um das Risiko ihrer Inanspruchnahme durch den Erwerber zu minimieren oder sogar um die „gewaschenen" gestohlenen Kunstwerke dem ursprünglichen Eigentümer zum Rückkauf anzubieten.[1332] Gerade die Vorhersehbarkeit der anwendbaren Rechtsordnung und damit des dem Erwerber gewährten Schutzes machen den illegalen Handel mit Kulturgütern so lukrativ.[1333] Die Abweichung gegenüber der normalen Anknüpfung an die lex rei sitae hat somit nicht nur den Vorteil, dass sie in Diebstahlsfällen dem ursprünglichen Eigentümer zugute kommen kann, sondern gleichzeitig auch, dass dadurch unter Umständen der Leerlauf von Schutzvorschriften durch ein Verbringen von Kulturgütern über die Grenze unterbunden wird.
Die abweichende Anknüpfung an den Ort des Diebstahls ist hinsichtlich der Bekämpfung des illegalen Handels auch von größerer Effizienz als alternative kollisionsrechtliche Korrekturvorschläge in Diebstahlsfällen. So scheitert der Versuch, der geschickten Wahl des Ortes der Weiterveräußerung in bewusster Gesetzesumgehung durch das Rechtsinstitut der fraus legis zu begegnen,[1334] regelmäßig daran, dass bei einem gutgläubigen Erwerber das Bewusstsein einer Gesetzesumgehung fehlt.[1335] Da die Möglichkeit, das Recht des Diebstahlortes über die Prüfung einer eindeutigen wesentlich engeren Verbindung des Sachverhalts zum Recht des Diebstahlortes heranzuziehen, lediglich eine einzelfallspezifische abweichende Entscheidung unter Berücksichtigung und Abwägung aller denkbaren Anknüpfungskriterien ermöglicht, führt eine generelle zeitlich abweichende Anknüpfung auch zu mehr Sicherheit und Vorhersehbarkeit.[1336]

86.2 Kritik an einer zeitlich abweichenden Anknüpfung bei gestohlenen Kulturgütern

Gegen das Argument des Vorrangs der Interessen des bestohlenen Eigentümers kann vorgebracht werden, dass es systemwidrig sei, einer neutralen Kollisionsregel die Aufgabe zu übertragen, den materiell-rechtlichen Interessenkonflikt zwischen Eigentümer und Erwerber zu korrigieren und dadurch eine eigene Wertung vorzunehmen, die materiell-rechtlichen Vorschriften obliege.[1337]
Wenig stichhaltig ist hingegen das Argument, dass die lex rei sitae im Einzelfall den ursprünglichen Eigentümer auch begünstigen kann.[1338] Schutzwürdig erscheint der

---

1332 Molly A.Torsen, „Cultural Property Dispersion", in: Art Antiquity and Law 2004, S.154; Anette Hipp, „Schutz von Kulturgütern in Deutschland", S.175f.; Heinz-Peter Mansel, „De Weerth v. Baldinger", in: IPRax 1988, S.270f.; Julio D.González-Campos, „La technique conflictuelle et les objectifs et valeurs du droit matériel", in: „La protection internationale des biens culturels", S.51.

1333 Anette Hipp, „Schutz von Kulturgütern in Deutschland", S.195.

1334 Sabine Schmeinck, „Internationalprivatrechtliche Aspekte des Kulturgüterschutzes", S.170.

1335 Heinz-Peter Mansel, „De Weerth v. Baldinger", in: IPRax 1988, S.270f.

1336 Sabine Schmeinck, „Internationalprivatrechtliche Aspekte des Kulturgüterschutzes", S.172.

1337 Andrea Jaeger, „Internationaler Kulturgüterschutz", S.68; Brigitte Schwadorf-Ruckdeschel, „Rechtsfragen des grenzüberschreitenden rechtsgeschäftlichen Erwerbs von Kulturgütern", S.166; Amalie Weidner, „Kulturgüter als res extra commercium im internationalen Sachenrecht", S.185f.

1338 Hans Hanisch, „Der Fall Liotard und die nationale Zuordnung eines Kunstwerks", in: Rainer Frank (Hg.), „Recht und Kunst", S.34; Hans Stoll, „Sachenrechtliche Fragen des Kulturgüterursprüngliche Eigentümer kollisionsrechtlich nämlich lediglich, soweit ihm seine Möglichkeit zur Beeinflussung des Belegenheitsortes des Kulturgutes auch die Möglichkeit zur Beeinflussung des anwendbaren Rechts gibt. Ein schutzwürdiges Vertrauen nach einem Diebstahl aufgrund des Rechts, an dem Ort, an dem die Sache schließlich aufgefunden wird, besser gestellt zu werden, kann hingegen nicht bestehen. Bei einem Abstellen auf die letzte Einflussmöglichkeit des ursprünglichen Eigentümers ergibt sich dann folgerichtig die Heranziehung des Rechts am Belegenheitsort zum Zeitpunkt des Diebstahls.[1339]

Zwar kann auf die Eröffnung eines Wahlrechts des ursprünglichen Eigentümers zwischen dem Recht des Staats, in dem der Diebstahl stattgefunden hat, und dem Recht des Staats, in dem sich das Kulturgut im Zeitpunkt der Rückforderung befindet, wie sie das belgische IPR in Art. 92 vorgenommen hat, verwiesen werden.[1340] Auch eröffnet in ähnlicher Weise die UNIDROIT-Konvention in Art. 9 I ihren Mitgliedstaaten die Möglichkeit nach dem Grundsatz der favor legis nationalis anstelle ihrer eigenen Regelungen auf für die Restitution günstigere nationale Bestimmungen zurückzugreifen.[1341] Gegen die zwingende Eröffnung eines Wahlrechts kann neben der damit verbundenen Unsicherheiten[1342] jedoch insbesondere vorgebracht werden, dass es wegen des Grundgedankens der Gleichwertigkeit aller Rechtsordnungen kollisionsrechtlich nur das sachlich nächste, nicht aber das für den ursprünglichen Eigentümer günstigste oder „beste“ Recht zu ermitteln gilt.[1343]

Wenig überzeugend ist auch der Verweis darauf, dass der Diebstahlort von Zufälligkeiten abhängig sei,[1344] wenn zugleich die Irrationalität als zweifelhaftes Kriterium des postmodernen Rechts befürwortet wird.[1345] Allerdings kann in Sonderkonstellationen, wie im Fall des Diebstahls eines auf einer Ausstellungsreise befindlichen Kulturgutes, eingewendet werden, dass unter Umständen stärkere Verbindungen zu einer anderen Rechtsordnung bestehen und eine bewusste Auswahl eines hinsichtlich der Anknüpfung möglichst günstigen Diebstahlortes nicht vollständig ausgeschlossen werden kann.[1346]

Als weiteres Argument gegen die Modifizierung des Anknüpfungszeitpunktes zugunsten des Zeitpunkts des Diebstahls wird vorgebracht, dass sowohl für den Erwerber als auch für Dritte regelmäßig der Diebstahl selbst sowie der Ort des Diebstahls unbe-

---

schutzes in Fällen mit Auslandsberührung“, in: Rudolf Dolzer u.a. (Hg.), „Rechtsfragen des internationalen Kulturgüterschutzes“, S.59; Astrid Müller-Katzenburg, „Internationale Standards im Kulturgüterverkehr und ihre Bedeutung für das Sach- und Kollisionsrecht“, S.228; Bettina Thorn, „Internationaler Kulturgüterschutz nach der UNIDROIT-Konvention“, S.269.

1339 Heinz-Peter Mansel, „De Weerth v. Baldinger“, in: IPRax 1988, S.271.

1340 Kurt Siehr „Internationales Sachenrecht“, in: ZvglRWiss 104 (2005), S.152, Fn.32.

1341 Bettina Thorn, „Internationaler Kulturgüterschutz nach der UNIDROIT-Konvention“, S.108.

1342 Astrid Müller-Katzenburg, „Internationale Standards im Kulturgüterverkehr und ihre Bedeutung für das Sach- und Kollisionsrecht“, S.233.

1343 Florian Kienle und Marc-Philippe Weller, „Die Vindikation gestohlener Kulturgüter im IPR“, in: IPRax 2004, S.292.

1344 Erik Jayme, „Neue Anknüpfungsmaximen“, in: Rudolf Dolzer u.a. (Hg.), „Rechtsfragen des internationalen Kulturgüterschutzes“, S.51.

1345 Erik Jayme, „Neue Anknüpfungsmaximen“, in: Rudolf Dolzer u.a. (Hg.), „Rechtsfragen des internationalen Kulturgüterschutzes“, S.49.

1346 Olaf Rafael Kupiers, „Die lex originis-Regel im internationalen Sachenrecht“, S.139; Christian Armbrüster, „Privatrechtliche Ansprüche auf Rückführung von Kulturgütern ins Ausland“, in: NJW 2001, S.3582.

kannt sind. Die fehlende Kenntnis von der auf den Erwerbsvorgang anwendbaren Rechtsordnung macht es für den Erwerber und für Dritte nicht möglich, zu wissen, ob ein Eigentumserwerb möglich war bzw. wann er gegebenenfalls eintritt. Die daraus resultierende Unklarheit über die sachenrechtliche Zuordnung des Kulturgutes erschwert zwar den illegalen Handel, ist jedoch angesichts der Wirkung dinglicher Sachverhalte gegenüber jedermann als eine schwerwiegende Gefährdung des Rechtsverkehrs zu werten. Der Unsicherheitsfaktor vergrößert sich darüber hinaus bei weiteren Veräußerungen, deren Verbindungen zum Diebstahlort immer schwerer nachvollziehbar werden.[1347] Diese Unbestimmtheit wirft auch die Rechtsprechung der Anknüpfung an den Ort des Diebstahls vor.[1348]
In der Literatur wird zudem noch vorgebracht, eine Auflockerung der lex rei sitae würde angesichts ihrer nahezu weltweiten Anerkennung auch im Kulturgüterschutz dem Interesse an einem möglichst weitgehenden äußeren Entscheidungseinklang widersprechen.[1349] Zwar hat auf europäischer Ebene zumindest eine begrenzte Abweichung von der lex rei sitae zugunsten der lex originis stattgefunden,[1350] die der deutsche Gesetzgeber im Rahmen des KultGüRückG n.F. noch erweitern will, sodass ein gewisser Bedarf an einer abweichenden Regelung im Zusammenhang mit Kulturgütern gesehen werden kann.[1351] Allerdings beziehen sich die Abweichungen im Zusammenhang mit der RL 93/7/EWG und dem alten und neuen KultGüRückG nur auf illegal verbrachte, nicht aber auf gestohlene Kulturgüter.
Gegen eine zeitlich abweichende Anknüpfung lässt sich wie gegen auf Art. 46 EGBGB gestützte Sonderanknüpfungen – und zwar unabhängig davon, ob die zeitlich abweichende Anknüpfung systematisch als ein Fall des Art. 46 EGBGB[1352] oder als eine eigenständige Fallgruppe angesehen wird[1353] – einwenden, dass unter Umständen schwierige Abgrenzungsprobleme dahingehend entstehen, welche Kulturgüter einer abweichenden Anknüpfung unterfallen sollen und welche nicht. Denn, wie bereits aufgezeigt, wird der weite und dynamische Kulturgutbegriff in den einzelnen Abkommen und Gesetzen unterschiedlich begrenzt.[1354]

86.3 Lex originis bei gestohlenen, unrechtmäßig verbrachten oder sämtlichen Kulturgütern

Wie bei gestohlenen Kulturgütern vorgeschlagen wird, durch eine zeitliche Verschiebung auf die zum Zeitpunkt des Diebstahls geltende lex rei sitae abzustellen, so könnte auch bei unrechtmäßig ausgeführten Kulturgütern durch eine generelle zeitliche Ver

1347 Sabine Schmeinck, „Internationalprivatrechtliche Aspekte des Kulturgüterschutzes", S.172f.; Jan Kropholler, „Internationales Privatrecht", S.556; Susanne Spaun, „Der Herausgabeanspruch bei Diebstahl oder illegalem Export von Kulturgütern", S.157f.
1348 LG Hamburg IPRspr. 1996 Nr.55.
1349 Sabine Schmeinck, „Internationalprivatrechtliche Aspekte des Kulturgüterschutzes", S.173.
1350 Florian Kienle und Marc-Philippe Weller, „Die Vindikation gestohlener Kulturgüter im IPR", in: IPRax 2004, S.292.
1351 Erik Jayme, „Kunstwerke als Kriegsbeute", in: IPRax 1995, S.260.
1352 Heinz-Peter Mansel, „Die Bedeutung des internationalen Privatrechts in Bezug auf das Herausgabeverlangen des Eigentümers bei abhanden gekommenen Kulturgütern", in: „Im Labyrinth des Rechts?", S.146.
1353 Christiane Wendehorst, in: MüKo Art. 43, Rn. 193.
1354 Christiane Wendehorst, in: MüKo Art. 43, Rn. 193.

schiebung die Rechtsordnung des Herkunftsstaats herangezogen werden.[1355] Eine solche Erweiterung der zeitlichen Interpretation von gestohlenen und abhanden gekommenen Kulturgütern auf unrechtmäßig verbrachte Kulturgüter könnte leicht begründet werden, indem die unrechtmäßige Ausfuhr im weitesten Sinne als ein dem Abhandenkommen ähnlicher Sonderfall angesehen wird. Auch stellen neben dem Diebstahl auch alle anderen Formen einer vom Eigentümer oder Staat nicht genehmigten Verbringung ein kritisches Ereignis dar, welches geeignet ist, einen fixen Anknüpfungspunkt hinsichtlich der kollisionsrechtlichen Entscheidung, welches Recht anzuwenden ist, zu rechtfertigen.[1356] Dabei ist entweder denkbar, zur Bestimmung des Ursprungsstaats auf die frühere territoriale Belegenheit abzustellen und die unmittelbar vor dem illegalen Verbringen anwendbare lex rei sitae heranzuziehen,[1357] oder die lex originis anhand anderer Kriterien zu bestimmen.[1358] Letztlich hängt dies davon ab, ob die vorherige Belegenheit in dem Herkunftsstaat für den Erlass von Kulturgüterschutznormen genügt oder ob eine überwiegende kulturelle Verbindung des Kulturgutes zu dem Erlassstaat vorausgesetzt wird.[1359] Bei der Ausweitung der lex originis auf gestohlene oder abhanden gekommene Kulturgüter könnte der Schutz des ursprünglichen Eigentümers anstelle der Durchsetzung von Kulturgutschutzvorschriften in den Vordergrund rücken, sodass folgerichtig alleine auf die frühere Belegenheit abgestellt und so eine weitgehende Übereinstimmung zwischen lex furti und lex originis erreicht werden könnte.[1360] Wird die lex originis anhand objektiver Kriterien bestimmt, so kann sie jedoch nicht nur für unrechtmäßig verbrachte oder gestohlene, sondern gar für sämtliche Kulturgüter herangezogen werden.[1361]

86.4 Zur Bestimmung der lex originis anhand der von Jayme vorgeschlagenen Kriterien

Grundlage der von Jayme vorgeschlagenen Bestimmung der lex originis bildet die nationale Zuordnung des Kulturgutes.[1362] Daraus entwickelt er vier Kriterien. Erstens soll

---

1355 Symeon C. Symeonides, „A Proposed Choice-of-Law Rule“, in: VandJTransnL 2005, S.1185f.; Christian Armbrüster, „Privatrechtlicshe Ansprüche auf Rückführung von Kulturgütern ins Ausland“, in: NJW 2001, S.3582; Olaf Rafael Kupiers, „Die lex originis-Regel im internationalen Sachenrecht“, S. 141.

1356 Symeon C. Symeonides, „A Proposed Choice-of-Law Rule“, in: VandJTransnL 2005, S.1186.

1357 Christian Armbrüster, „Privatrechtliche Ansprüche auf Rückführung von Kulturgütern ins Ausland“, in: NJW 2001, S.3582; Symeon C. Symeonides, „A Proposed Choice-of-Law Rule“, in: VandJTransnL 2005, S.1186.

1358 Erik Jayme, „Neue Anknüpfungsmaximen“, in: Rudolf Dolzer u.a. (Hg.), „Rechtsfragen des internationalen Kulturgüterschutzes“, S.42; Anette Hipp, „Schutz von Kulturgütern in Deutschland“, S.197.

1359 Stefan Turner, „Das Restitutionsrecht des Staates nach illegaler Ausfuhr von Kulturgütern“, S.134.

1360 Spyridon Vrellis, „UNIDROIT-Konvention 1995 über gestohlene oder unerlaubt ausgeführte Kulturgüter“, in: Gerte Reichelt (Hg.), „Neues Recht zum Schutz von Kulturgut“, S.71f. sowie S.82; Symeon C. Symeonides, „A Proposed Choice-of-Law Rule“, in: VandJTransnL 2005, S.1186.

1361 Julio D.González-Campos, „La technique conflictuelle et les objectifs et valeurs du droit matériel“, in: „La protection internationale des biens culturels“, S.49; Erik Jayme, „Neue Anknüpfungsmaximen“, in: Rudolf Dolzer u.a. (Hg.), „Rechtsfragen des internationalen Kulturgüterschutzes“, S.43ff.; Dieter Blumenwitz, „Rechtliche Schwierigkeiten bei der Rückgabe rechtswidrig nach Deutschland verbrachter Kunstschätze an die Herkunftsstaaten und künftige Lösungsansätze“, in: Jürgen Bröhmer u.a. (Hg.), „Internationale Gemeinschaft und Menschenrechte“, S.14.

1362 Erik Jayme, „Neue Anknüpfungsmaximen“, in: Rudolf Dolzer u.a. (Hg.), „Rechtsfragen des internationalen Kulturgüterschutzes“, S.42; Anette Hipp, „Schutz von Kulturgütern in Deutschland“, S.197.

bei Kultgegenständen als Heimatrecht das Recht des Ortes anzusehen sein, an welchem das Kulturgut seine kultische Bedeutung entfaltet,[1363] auch lex cultus genannt.[1364] Zweitens soll als Bezugspunkt für eine dauernde Zuordnung die Nationalität des Künstlers herangezogen werden können,[1365] insbesondere, wenn der Schöpfer des Kunstwerks für die Identität der Nation eine besondere Rolle spielt.[1366] Drittens soll als Heimatrecht das Recht des Ortes gelten, für den der Künstler sein Werk geschaffen oder bestimmt hat oder an dem es sich auf Wunsch des letzten Eigentümers permanent befindet und an den es nach Ausstellungen immer wieder zurückkehrt.[1367] Viertens soll bei archäologischen Gegenständen das Recht des Fundortes maßgeblich sein.[1368] Dies wird mit den besonderen kontextbezogenen Informationen zu Entstehung, Verwendung und Funktion des Objektes sowie der nur so gegebenen Erschließung des Gesamtzusammenhangs begründet.[1369]

Mittlerweile hat Jayme selbst jedoch an anderer Stelle angemerkt, dass er zumindest eine zu starke Fokussierung auf die Nationalität des Künstlers als problematisch erachtet, da die Nationalität des Kunstwerks nach den aktuellen Interessen eines Staats zu

1363 Julio D.González-Campos, „La technique conflictuelle et les objectifs et valeurs du droit matériel", in: „La protection internationale des biens culturels", S.57; Erik Jayme, „Neue Anknüpfungsmaximen", in: Rudolf Dolzer u.a. (Hg.), „Rechtsfragen des internationalen Kulturgüterschutzes", S.43ff.; Anette Hipp, „Schutz von Kulturgütern in Deutschland", S.197.

1364 Brigitte Schwadorf-Ruckdeschel, „Rechtsfragen des grenzüberschreitenden rechtsgeschäftlichen Erwerbs von Kulturgütern", S.114; Amalie Weidner, „Kulturgüter als res extra commercium im internationalen Sachenrecht", S.194.

1365 Erik Jayme, „Neue Anknüpfungsmaximen", in: Rudolf Dolzer u.a. (Hg.), „Rechtsfragen des internationalen Kulturgüterschutzes", S.45ff.; Anette Hipp, „Schutz von Kulturgütern in Deutschland", S.197; Amalie Weidner, „Kulturgüter als res extra commercium im internationalen Sachenrecht", S.196f.; Astrid Müller-Katzenburg, „Internationale Standards im Kulturgüterverkehr und ihre Bedeutung für das Sach- und Kollisionsrecht", S.149.

1366 Erik Jayme, „Neue Anknüpfungsmaximen", in: Rudolf Dolzer u.a. (Hg.), „Rechtsfragen des internationalen Kulturgüterschutzes", S.48; Anette Hipp, „Schutz von Kulturgütern in Deutschland", S.197f.

1367 Erik Jayme, „Neue Anknüpfungsmaximen", in: Rudolf Dolzer u.a. (Hg.), „Rechtsfragen des internationalen Kulturgüterschutzes", S.48; Anette Hipp, „Schutz von Kulturgütern in Deutschland", S.198; Brigitte Schwadorf-Ruckdeschel, „Rechtsfragen des grenzüberschreitenden rechtsgeschäftlichen Erwerbs von Kulturgütern", S.117; Astrid Müller-Katzenburg, „Internationale Standards im Kulturgüterverkehr und ihre Bedeutung für das Sach- und Kollisionsrecht", S.150f.; Amalie Weidner, „Kulturgüter als res extra commercium im internationalen Sachenrecht", S.197ff.

1368 Erik Jayme, „Neue Anknüpfungsmaximen", in: Rudolf Dolzer u.a. (Hg.), „Rechtsfragen des internationalen Kulturgüterschutzes", S.49; Astrid Müller-Katzenburg, „Internationale Standards im Kulturgüterverkehr und ihre Bedeutung für das Sach- und Kollisionsrecht", S.151; Anette Hipp, „Schutz von Kulturgütern in Deutschland", S.198; Amalie Weidner, „Kulturgüter als res extra commercium im internationalen Sachenrecht", S.199f.; Julio D.González-Campos, „La technique conflictuelle et les objectifs et valeurs du droit matériel", in: „La protection internationale des biens culturels", S.56.

1369 Erik Jayme, „Neue Anknüpfungsmaximen", in: Rudolf Dolzer u.a. (Hg.), „Rechtsfragen des internationalen Kulturgüterschutzes", S.49; Brigitte Schwadorf-Ruckdeschel, „Rechtsfragen des grenzüberschreitenden rechtsgeschäftlichen Erwerbs von Kulturgütern", S.116.

beurteilen sei, dessen Gesellschaft ein Kunstwerk als Teil seiner Identität betrachtet. Daher sei es weniger die Nationalität des Künstlers als die Rezeption und Wertschätzung, die ein Kunstwerk in einem Staat erfährt, welche die nationalen Interessen an einem Abwanderungsschutz beeinflusst.[1370]

86.5 Kritik an den von Jayme erarbeiteten Kriterien

Im Zusammenhang mit der vorgeschlagenen Heranziehung der lex cultus ist darauf verwiesen worden, dass diese folgerichtig zu einer Rückgabe direkt an eine Religionsgemeinschaft oder Volksgruppe führen müsste, wenn religiöse oder kulturelle Interessen staatliche überwiegen.[1371] Auch bleibt offen, ob die lex cultus bei sämtlichen entwendeten Kulturgütern in religiösem Gebrauch eingreifen soll oder nur dann, wenn die dem Kulturgut innewohnende Bedeutung hinsichtlich der Religionsausübung ernsthaft in Frage gestellt wird.[1372] Daneben sind auch Fälle zu problematisieren, in denen Kulturgüter mit ursprünglich religiöser Bedeutung zwar von den Bevölkerungsgruppen selbst veräußert, nach einer Wiederbelebung ursprünglicher Glaubensvorstellungen in ihrer Bedeutung neu entdeckt und zurückgefordert werden.[1373]
Hinsichtlich der Nationalität des Künstlers ist nicht nur problematisch, dass es Künstler gibt, welche sich von ihrem Staat distanzieren oder ihren Lebensmittelpunkt dauerhaft verlagern und bei denen sich eine entsprechende staatliche Vereinnahmung nur schwer begründen ließe,[1374] dass bei Auftragsarbeiten ausländischer Staaten oder Werken, welche Motive behandeln, welche mit der Geschichte eines anderen Staats in Zusammenhang stehen, ein Abstellen auf die Nationalität hinderlich wäre[1375] und dass der traditionelle Kulturaustausch gegen eine Bindung an die Nationalität des Künstlers spricht.[1376] Wie bereits aufgezeigt wurde, sind die nationalen Identitätskonzepte insgesamt fragwürdig und das Kriterium der territorialen Belegenheit vorzuziehen.[1377]
Wird an den Sitz des Kulturgutes angeknüpft, kann entweder der Wille des Künstlers oder der Wille des Eigentümers maßgeblich sein. Dabei bleibt jedoch offen, wie zu entscheiden ist, wenn das Kulturgut gerade nicht am Bestimmungsort des Künstlers ständig aufbewahrt wird. Auch können sich Probleme im Laufe der Zeit ergeben, wenn sich die Vermutung aufdrängt, dass die Bestimmung durch den Künstler überholt ist, beispielsweise weil eine Bezugsperson verstorben ist oder sich gesellschaftliche oder

---

1370 Erik Jayme, „Globalisation in Art Law", in: VandJTransnL 2005, S.935.

1371 Brigitte Schwadorf-Ruckdeschel, „Rechtsfragen des grenzüberschreitenden rechtsgeschäftlichen Erwerbs von Kulturgütern", S.114.

1372 Gitanjali Deb, „Stealing Gods", in: Art Antiquity and Law, 2005, S.31; Brigitte Schwadorf-Ruckdeschel, „Rechtsfragen des grenzüberschreitenden rechtsgeschäftlichen Erwerbs von Kulturgütern", S.115.

1373 Steven Vincent, „Indian Givers", in: Kate Fitz Gibbon (Hg.) „Who Owns the Past?", S.40.

1374 Jacqueline Bila, „Nationaler Kulturgüterschutz in der Europäischen Union", S.130; Brigitte Schwadorf-Ruckdeschel, „Rechtsfragen des grenzüberschreitenden rechtsgeschäftlichen Erwerbs von Kulturgütern", S.116.

1375 Jacqueline Bila, „Nationaler Kulturgüterschutz in der Europäischen Union", S.130.

1376 Reinhard Mußgnug, „Die Staatsangehörigkeit des Kulturguts", in: Jürgen Bröhmer u.a. (Hg.), „Internationale Gemeinschaft und Menschenrechte", S.1537.

1377 Christian Armbrüster, „Privatrechtliche Ansprüche auf Rückführung von Kulturgütern ins Ausland", in: NJW 2001, S.3582; Stefan Turner, „Das Restitutionsrecht des Staates nach illegaler Ausfuhr von Kulturgütern", S.139.

politische Verhältnisse verändert haben. Fraglich ist weiterhin, ob sich der Wille des Künstlers und der des Eigentümers zuverlässig ermitteln lassen, zumal beide unbekannt bzw. die Eigentumslage ungewiss sein können.[1378]
Bei archäologischen Gegenständen stellt sich das Problem, dass nicht bei jedem Kulturgut der Fundort bekannt ist.[1379] Ist er bekannt, wird zwar angenommen, dass die nationale Zuordnung dann eindeutig sei.[1380] Dies setzt aber voraus, dass der Fundkontext bedeutender ist als das Objekt selbst.[1381] Trotz der unzweifelhaft gegebenen besonderen Bedeutung des Fundkontextes kommt gerade bei bedeutenden archäologischen Kulturgütern jedoch dem Objekt selbst ein eigenständiger Wert zu. Da zudem die Entdeckung als Sammelobjekt den geschichtlichen Wert eines archäologischen Objektes mitbestimmt, kann die Aufbewahrung in einem Museum einen eigenen Kontext und damit einen bedeutenden örtlichen Bezugspunkt bilden.[1382] Hinsichtlich der Ermittlung der lex originis droht eine erhebliche Unsicherheit, da der Rechtsverkehr ständig durch bislang unbekannte historische Fakten überrascht zu werden droht.[1383]
Auch wegen der Konkurrenz verschiedener Anknüpfungskriterien können, wenn diese auf verschiedene Länder verweisen, Konflikte entstehen.[1384] Teilweise werden Kriterien wie die Nationalität des Künstlers oder der Sitz des Kulturgutes allenfalls als geeignet erachtet, um als relatives Anknüpfungskriterium die Entscheidung zwischen zwei möglichen Zuordnungen zu treffen, nicht aber als alleiniges absolutes Kriterium.[1385] Nach welchen Kriterien die Wertung zwischen verschiedenen Anknüpfungspunkten vorzunehmen und welchen der Vorrang einzuräumen ist, lässt sich den Kriterien selbst nicht entnehmen.[1386] In diesen Fällen ist vorgeschlagen worden, die Rechtstechnik der Adskription anzuwenden und die Zuordnung nach einer Gesamtbetrachtung aller Umstände vorzunehmen,[1387] und damit letztlich das Recht desjenigen Landes anzuwenden, zu welchem das Kulturgut die engste Beziehung aufweist.[1388]
Diese Empfehlung ist jedoch letztlich als Zirkelschluss zu werten, da die Frage, zu

---

1378 Brigitte Schwadorf-Ruckdeschel, „Rechtsfragen des grenzüberschreitenden rechtsgeschäftlichen Erwerbs von Kulturgütern“, S.117f.

1379 Brigitte Schwadorf-Ruckdeschel, „Rechtsfragen des grenzüberschreitenden rechtsgeschäftlichen Erwerbs von Kulturgütern“, S.117.

1380 Kurt Siehr, „Globalization and National Culture“, in: VandJTransnL 2005, S.1085.

1381 Kurt Siehr, „Globalization and National Culture“, in: VandJTransnL 2005, S.1085f.

1382 Brigitte Schwadorf-Ruckdeschel, „Rechtsfragen des grenzüberschreitenden rechtsgeschäftlichen Erwerbs von Kulturgütern“, S.116f.

1383 Brigitte Schwadorf-Ruckdeschel, „Rechtsfragen des grenzüberschreitenden rechtsgeschäftlichen Erwerbs von Kulturgütern“, S.119.

1384 Brigitte Schwadorf-Ruckdeschel, „Rechtsfragen des grenzüberschreitenden rechtsgeschäftlichen Erwerbs von Kulturgütern“, S.118f; Anette Hipp, „Schutz von Kulturgütern in Deutschland“, S.198.

1385 Bettina Thorn, „Internationaler Kulturgüterschutz nach der UNIDROIT-Konvention“, S.267; Brigitte Schwadorf-Ruckdeschel, „Rechtsfragen des grenzüberschreitenden rechtsgeschäftlichen Erwerbs von Kulturgütern“, S.116 sowie S.118.

1386 Christian Armbrüster, „Privatrechtliche Ansprüche auf Rückführung von Kulturgütern ins Ausland“, in: NJW 2001, S.3582; Amalie Weidner, „Kulturgüter als res extra commercium im internationalen Sachenrecht“, S.202.

1387 Jacqueline Bila, „Nationaler Kulturgüterschutz in der Europäischen Union“, S.131; Astrid Müller-Katzenburg, „Internationale Standards im Kulturgüterverkehr und ihre Bedeutung für das Sach- und Kollisionsrecht“, S.154.

1388 Astrid Müller-Katzenburg, „Internationale Standards im Kulturgüterverkehr und ihre Bedeutung für das Sach- und Kollisionsrecht“, S.154; Anette Hipp, „Schutz von Kulturgütern in Deutschland“, S.198.

welchem Staat das Kulturgut die engste Verbindung aufweist, gerade durch die lex originis ermittelt werden soll. Die Unklarheit bei den Parteien über die nationale Zuordnung eines Kulturguts führt zu Rechtsunsicherheit wegen des nicht vorhersehbaren anzuwendenden Rechts.[1389] Aufgrund dessen wird die von Jayme vertretene Anknüpfung an die lex originis auch von der Rechtsprechung abgelehnt.[1390]
Daneben wird von der Literatur auch die praktische Durchführbarkeit in Frage gestellt. Denn selbst wenn von der Heranziehung von Sachverständigen ausgegangen wird, müsste der Richter zunächst die gesamte Geschichte eines Kulturgutes ermitteln und bei der Bestimmung des Anknüpfungspunktes unter Umständen eine kunsthistorische Wertung vornehmen.[1391]

86.6 Weitere Probleme im Zusammenhang mit Jaymes Lösungsvorschlag

Bei der Heranziehung der lex originis im Zusammenhang nicht nur mit illegal verbrachten, sondern auch mit sämtlichen Kulturgütern handelt es sich nicht mehr nur um eine Abweichung in Einzelfällen, sondern um eine generelle abweichende Anknüpfung.
Eine solche generell abweichende Anknüpfung ist jedoch im Hinblick auf den gesetzgeberischen Willen problematischer als eine einzellfallbezogene. Fraglich ist bei einer umfassenden Heranziehung der anhand objektiver Kriterien bestimmten lex originis auch, ob es sich tatsächlich noch um eine zeitliche Verschiebung handelt. Zwar befürwortet Jayme grundsätzlich die Möglichkeit einer abweichenden zeitlichen Verschiebung, schlägt jedoch daneben vor, durch die Heranziehung des Heimatrechts das private an das öffentliche Recht anzugleichen, sodass offen bleibt, in welcher Beziehung die beiden Lösungsansätze zueinander stehen.
Teilweise ist dies wohl so verstanden worden, als wolle er durch eine zeitliche Verschiebung statt zur lex furti zur lex originis kommen.[1392] Meiner Ansicht nach begründet er die Heranziehung der lex originis mit dem Einklang zwischen privatem und öffentlichem Recht und bevorzugt diese Lösung gegenüber der Anknüpfung an die lex furti durch eine zeitliche Verschiebung. Zwar spricht gegen eine Interpretation als zeitliche Fixierung noch nicht, dass die lex originis nach Jaymes Vorschlag nicht zwingend im Zeitpunkt des Entstehens eines Kulturgutes unabänderlich festgelegt ist,[1393] sondern sich vielmehr durch eine wechselnde Rezeption und Wertschätzung die Bedeutung eines Kunstwerks für eine oder eine andere Nation ständig ändern kann.[1394] Denn auch die lex furti oder die Anknüpfung an das Recht des Staats, aus dem ein Kulturgut unrechtmäßig ausgeführt wird, nimmt eine zeitliche Fixierung zu einem späteren Zeitpunkt als dem Entstehungszeitpunkt vor. Jedoch spricht gegen die Möglich-

---

1389 Brigitte Schwadorf-Ruckdeschel, „Rechtsfragen des grenzüberschreitenden rechtsgeschäftlichen Erwerbs von Kulturgütern“, S.119.

1390 LG Hamburg IPRspr. 1996, Nr. 55; Marc Weber, „Unveräußerliches Kulturgut im nationalen und internationalen Rechtsverkehr“, S.373.

1391 Erik Jayme, „Rechtsbegriffe und Kunstgeschichte“, in: Gerte Reichelt (Hg.), „Neues Recht zum Schutz von Kulturgut“, S.16f.; Brigitte Schwadorf-Ruckdeschel, „Rechtsfragen des grenzüberschreitenden rechtsgeschäftlichen Erwerbs von Kulturgütern“, S.119.

1392 Christiane Wendehorst, in: MüKo Art. 43, Rn. 192 und Fn.297.

1393 Amalie Weidner, „Kulturgüter als res extra commercium im internationalen Sachenrecht“, S.200.

1394 Erik Jayme, „Globalisation in Art Law“, in: VandJTransnL 2005 S.935.

keit, die lex originis im Sinne Jaymes anhand einer zeitlichen Verschiebung der lex rei sitae zu erreichen, dass die Heranziehung der am Geburtsort des Künstlers, am Herstellungsort, am Ausgrabungsort oder am Aufbewahrungsort geltenden lex rei sitae – anders als die Anknüpfung an die lex furti oder an das Recht des Staats, aus dem ein Kulturgut unrechtmäßig ausgeführt wurde – keine einheitliche zeitliche Fixierung erkennen lässt, da beispielsweise die Geburt vor der Herstellung und die Herstellung oder Ausgrabung vor der Aufbewahrung liegt.

86.7 Alternatives Konzept einer Anknüpfung an die lex originis

Wegen der Probleme, die mit der von Jayme vorgeschlagenen Anknüpfung an die lex originis verbunden sind, ist meiner Ansicht nach ein Konzept wie das von Symeonides vorzugswürdig, welcher die lex originis bei gestohlenen und unrechtmäßig ausgeführten Kulturgütern eindeutig in dem Moment des kritischen, von dem betroffenen Eigentümer oder Staat nicht genehmigten Vorgangs zeitlich fixiert und so zu einer Anknüpfung an das in dem Belegenheitsstaat vor dem illegalen Verbringen geltende Recht gelangt.[1395] Doch auch ein solches Konzept birgt neben Vorteilen einige Probleme.

86.8 Argumente für eine zeitlich abweichende Anknüpfung bei illegal verbrachten Kulturgütern

Auch wenn die lex rei sitae für ein hohes Maß an Rechtssicherheit sorgt, so ist dem entgegen gehalten worden, dass wegen der Zufälligkeit und Manipulierbarkeit des Lageortes die Heranziehung der lex originis der Einzelfallgerechtigkeit dient.[1396] Eine andere Ansicht kritisiert jedoch, dass nicht übersehen werden darf, dass letztlich durch die Anknüpfung an die lex originis die strarre Anknüpfung an die lex rei sitae durch eine neue starre Anknüpfung ersetzt wird. Der Einzelfallgerechtigkeit könne aber mittlerweile durch die Kodifikation von Art. 46 EGBGB besser genügt werden.[1397] Jedoch kann einer abweichenden auf gestohlene und illegal verbrachte Kulturgüter abstellenden Lösung sowohl gegenüber der lex rei sitae als auch gegenüber der Anwendung von Art. 46 EGBGB weiterhin der Vorteil eines Mittelweges zugute gehalten werden, welcher wegen der starren Anknüpfung bei bestimmten Kulturgütern Rechtssicherheit und Einzelfallgerechtigkeit in einen Ausgleich bringt.[1398]
Daneben wird auf die Übereinstimmung der lex originis mit den das Völkerrecht und damit die Anerkennung von ausländischen Kulturgüterschutznormen oder Rückgabeansprüchen prägenden Prinzipien der nationalen Identität angeführt.[1399] Fraglich ist aber, ob dies notwendigerweise für ein Konzept spricht, wie es Jayme vertritt, da die

1395 Symeon C. Symeonides, „A Proposed Choice-of-Law Rule", in: VandJTransnL 2005, S.1186.
1396 Brigitte Schwadorf-Ruckdeschel, „Rechtsfragen des grenzüberschreitenden rechtsgeschäftlichen Erwerbs von Kulturgütern", S.113; Erik Jayme, „Neue Anknüpfungsmaximen", in: Rudolf Dolzer u.a. (Hg.), „Rechtsfragen des internationalen Kulturgüterschutzes", S.49.
1397 Bettina Thorn, „Internationaler Kulturgüterschutz nach der UNIDROIT-Konvention", S.267.
1398 Christian Armbrüster, „Privatrechtliche Ansprüche auf Rückführung von Kulturgütern ins Ausland", in: NJW 2001, S.3582.
1399 Stefan Turner, „Das Restitutionsrecht des Staates nach illegaler Ausfuhr von Kulturgütern", S.127; Erik Jayme, „Neue Anknüpfungsmaximen", in: Rudolf Dolzer u.a. (Hg.), „Rechtsfragen des internationalen Kulturgüterschutzes", S.36ff.

vorherige Belegenheit als Bezugspunkt wegen ihrer Klarheit und ihrem den Staaten gewährten Beurteilungsspielraum in der Staatengemeinschaft wohl anerkennungsfähiger ist. Zwar ist Art. 3 II der UNIDROIT-Konvention, welcher die Gleichsetzung von aus einer illegalen Ausgrabung stammenden oder von einer legalen Ausgrabung unrechtmäßig entfernten Kulturgütern mit gestohlenem Kulturgütern ermöglicht, der Verweis auf das Recht des betroffenen Ursprungsstaats und damit Gleichsetzung der lex originis mit dem Recht des Fundortes entnommen worden.[1400] Auf der anderen Seite knüpft jedoch Art. 12 der RL 93/7/EWG ausdrücklich an das Recht des ersuchenden Mitgliedstaats an, sodass unter Berücksichtigung der Legaldefinition des ersuchenden Mitgliedstaats in Art. 1 Nr. 3 der RL 93/7/EWG als lex originis im Rahmen Art. 12 der RL 93/7/EWG nur das Recht des Staats verstanden werden kann, aus dessen Hoheitsgebiet das Kulturgut unrechtmäßig verbracht wurde.[1401]
Da auch im Kriegsrecht der Grundsatz der territorialen Bindung von Kulturgütern an den Belegenheitsstaat vor der unrechtmäßigen Verbringung anerkannt wird, ohne dass zugleich eine besondere Beziehung zwischen den Kulturgütern und dem Herkunftsstaat gefordert wird,[1402] könnte zudem ein gewisser Gleichklang beim Abstellen auf den Belegenheitsstaat bei unrechtmäßigen Verbringungen in Friedenszeiten erzielt werden. Da die Abweichung gegenüber der normalen Anknüpfung an die lex rei sitae den Leerlauf von Schutzvorschriften durch ein Verbringen von Kulturgütern über die Grenze unterbinden will, kann aus Gründen der internationalen Solidarität gerade die Heranziehung des Rechts des Herkunftsstaats gut begründet werden.
Zugunsten einer zeitlichen Interpretation kann auf die Parallele zu der im Zusammenhang mit den §§4 I, 8 KultGüRückG und §§5 I, 9 KultGüRückG n.F. vertretenen kollisionsrechtlichen Theorie verwiesen werden, welche die lex rei sitae auf alle Vorgänge vor dem unrechtmäßigen Verbringen anwendet, alle anschließenden Vorgänge aber zumindest rückwirkend nach dem Recht des Staats beurteilt, aus dem die Sache unrechtmäßig verbracht wurde.[1403] Im Unterschied zu den §§4 I, 8 KultGüRückG und §§5 I, 9 KultGüRückG n.F. würde eine generelle zeitlich abweichende Anknüpfung jedoch bereits nach dem unrechtmäßigen Verbringen eingreifen und keine Rückgabe voraussetzen, sodass sowohl die durch eine rückwirkende Beurteilung entstehenden Schwierigkeiten als auch die Frage der analogen Anwendbarkeit umgangen würden.
Wird davon ausgegangen, dass die gesetzgeberische Ablehnung einer Sonderanknüpfung für Kulturgüter der Heranziehung eines abweichenden Zeitpunkts nicht entgegensteht, könnte bei unrechtmäßig in einen anderen Staat verbrachten Kulturgütern auf die lex rei sitae zum Zeitpunkt der illegalen Ausfuhr abgestellt und dadurch zur lex originis gelangt werden. Allerdings bleibt offen, ob eine solche abweichende Anknüpfungsregel als Gesamt- oder Sachnormverweisung zu verstehen wäre.[1404]

1400 Felix Siegfried, „Internationaler Kulturgüterschutz in der Schweiz", S.168.

1401 Volker Wiese, „Der Einfluß des EG-Rechts auf das internationale Sachenrecht der Kulturgüter", S.206.

1402 Eva Stumpf, „Kulturgüterschutz im internationalen Recht", S.240.

1403 Florian Kienle und Marc-Philippe Weller, „Die Vindikation gestohlener Kulturgüter im IPR", in: IPRax 2004, S.292; Erik Jayme, „Kunstwerke als Kriegsbeute", in: IPRax 1995, S.260.

1404 Olaf Rafael Kupiers, „Die lex originis-Regel im internationalen Sachenrecht", S.142.

86.9 Kritik an einer zeitlich abweichenden Anknüpfung bei illegal verbrachten Kulturgütern

§§4 I, 8 KultGüRückG und §§5 I, 9 KultGüRückG n.F. könnten entweder als Kodifikation eines allgemeinen Prinzips angesehen werden oder den Umkehrschluss nahe legen, dass es der Kodifikation nicht bedurft hätte, wenn eine zeitliche Abweichung als allgemeines Prinzip anzusehen wäre. Dass eine Abweichung von der lex rei sitae dem Interesse an einem möglichst weitgehenden äußeren Entscheidungseinklang entgegensteht,[1405] wird jedoch zunehmend fraglich.

Teilweise wird eine Beschränkung der lex originis auf wenige besonders bedeutende Kulturgüter vorgeschlagen.[1406] Hierbei verschärfen sich die im Zusammenhang mit Art. 46 EGBGB kritisierten Abgrenzungsprobleme dahingehend, welche Kulturgüter einer abweichenden Anknüpfung unterfallen sollen und welche nicht.[1407] Während bei gestohlenen Kulturgütern auf die Wertung des deutschen materiellen Rechts verwiesen werden kann,[1408] entsteht bei illegal ausgeführten ein stärkerer Widerspruch, denn hier überwiegt nach deutschem Recht noch der Schutz des gutgläubigen Erwerbers.[1409] Daher könnte eine andersartige kollisionsrechtliche Wertung die bereits bei gestohlenen Kulturgütern kritisierte Verlagerung eines materiell-rechtlichen Lösungsversuchs ins Kollisionsrecht noch problematischer machen.

Allerdings lässt das KGÜAG in der Hinsicht eine Verlagerung der Wertungen erkennen, dass nun auch bei aus UNESCO-Vertragsstaaten ausgeführten Kulturgütern dem Rückgabeanspruch des Herkunftsstaats der Vorrang vor dem Schutz des gutgläubigen Erwerbers eingeräumt wird. Dagegen kann jedoch wiederum auf das Argument verwiesen werden, dass selbst wenn der Kulturgüterschutz gegenüber den Erwerberintersssen als vorrangig erachtet wird, dies nicht notwendigerweise zu einer Bevorzugung der lex originis gegenüber der lex rei sitae führen muss: Gerade die ebenfalls auf den Vorrang des Kulturgüterschutzes gegenüber den Erwerberinterressen gestützte Ausweitung der Rückgabeansprüche führt nämlich dazu, dass das Bedürfnis nach einer Rückgabe des Kulturgutes nicht mehr durch eine Verbesserung der Vindikationsmöglichkeiten erreicht werden muss. Daraus könnte auch abgeleitet werden, dass keine Notwendigkeit mehr für eine Ersetzung der lex rei sitae besteht.[1410]

Die Bedenken, die sich aus der Unsicherheit der Ermittlung der lex originis nach den von Jayme vorgeschlagenen vier Kriterien ergeben, können zwar abgemildert werden, wenn stattdessen als alleiniges Kriterium auf den Ort abgestellt wird, von dem das Kulturgut illegal verbracht wurde. Jedoch kann auch in einem solchen Fall dem gutgläubigen Erwerber die genaue Herkunft des von ihm erworbenen Gegenstandes unbekannt sein. Er kann sich daher, wie bei der Anknüpfung an die lex furti in Diebstahlsfällen, nie sicher sein, ob er wirksam Eigentum erworben hat oder mit Ansprü-

1405 Sabine Schmeinck, „Internationalprivatrechtliche Aspekte des Kulturgüterschutzes", S.173.

1406 Kurt Siehr, „Globalization and National Culture", in: VandJTransnL 2005, S.1090.

1407 Christiane Wendehorst, in: MüKo Art. 43, Rn. 193.

1408 Brigitte Schwadorf-Ruckdeschel, „Rechtsfragen des grenzüberschreitenden rechtsgeschäftlichen Erwerbs von Kulturgütern", S.166.

1409 Brigitte Schwadorf-Ruckdeschel, „Rechtsfragen des grenzüberschreitenden rechtsgeschäftlichen Erwerbs von Kulturgütern", S.181.

1410 Volker Wiese, „Der Einfluß des EG-Rechts auf das internationale Sachenrecht der Kulturgüter", S.18.

chen eines vorherigen Alteigentümers rechnen muss. Somit entsteht auch hier ein gewisses Maß an Rechtsunsicherheit.[1411] Dieser Kritik kann jedoch wiederum entgegengehalten werden, dass gerade die von der lex rei sitae ausgehende Rechtssicherheit gezielt ausgenutzt werden kann.[1412]
Bei Annahme einer Gesamtverweisung im Sinne des Art. 4 I 1 EGBGB wird derzeit noch regelmäßig auf die lex rei sitae verwiesen und damit häufig kein anderes Ergebnis erzielt als bei direkter Anwendung der lex rei sitae.[1413] Auch wird ein völliger Gleichlauf des anwendbaren Sachrechts mit den §§4 I, 8 KultGüRückG bzw. §§5 I, 9 KultGüRückG n.F. bei einer Gesamtverweisung nicht erreicht.[1414]

87 Art. 46 EGBGB

Die Kodifikation der lex rei sitae in Art. 43 I EGBGB ist nicht ohne eine Ausweichklausel in Art. 46 EGBGB erfolgt, welche auf eine „wesentlich engere Verbindung" abstellt.[1415] Diese Vorschrift wird herangezogen, wenn es um die abweichende kollisionsrechtliche Behandlung der res in transitu geht, bei der wegen der Zufälligkeit des Belegenheitsortes und des fehlenden Verkehrsinteresses an der Geltung der lex rei sitae die Anwendbarkeit des Rechts des Bestimmungs- oder Absendeorts befürwortet wird.[1416] Art. 46 EGBGB kann folglich bei den relativ seltenen Fällen der Übereignung von auf dem Transport befindlichen Kunstgegenständen relevant werden.[1417]
Nur schwer mit den herkömmlichen Fallgestaltungen der res in transitu vereinbar, erscheint hingegen der Versuch, auf Wanderausstellungen und ähnlichen Ausstellungsreisen gestohlene Kunstwerke als res in transitu zu betrachten und auf diese Weise eine Anknüpfung an das Recht des Absendeorts zu ermöglichen, wenn sich dieser mit dem endgültigen Bestimmungsort deckt.[1418] Ob die Parallele eines auf Ausstellungreise befindlichen Kulturgutes zur res in transitu aus §20 KultSchG wegen der abgesicherten Rechtsstellung des Verleihers hinsichtlich der Rückkehr seines Kulturgutes hergeleitet werden kann,[1419] ist angesichts der in §20 III, IV KultSchG abschließend beschriebenen Auswirkungen des freien Geleits und der Wirkungsweise der §20 KultSchG als Eingriffsnorm fraglich. Abzulehnen ist in jedem Fall eine analoge Heranziehung der Grundsätze der res in transitu in allen Fällen, in denen ein Rückgabeanspruch nach der RL 93/7/EWG besteht, mit der Begründung, dass sich die Kulturgüter angesichts dieses Rückgabeanspruchs und der vorübergehenden Natur ihrer aktuellen Belegenheit nur auf einer Art Durchreise im jeweiligen Belegenheitsstaat befinden.

1411 Sabine Schmeinck, „Internationalprivatrechtliche Aspekte des Kulturgüterschutzes", S.173.

1412 Anette Hipp, „Schutz von Kulturgütern in Deutschland", S.176.

1413 Christian Armbrüster, „Privatrechtliche Ansprüche auf Rückführung von Kulturgütern ins Ausland", in: NJW 2001, S.3582f.

1414 Volker Wiese, „Der Einfluß des EG-Rechts auf das internationale Sachenrecht der Kulturgüter", S.208.

1415 Karl Kreuzer, „Die Vollendung der Kodifikation des deutschen Internationalen Privatrechts", in: RabelsZ 65 (2001), S.455; Haimo Schack, „Kunst und Recht", S.207, Rn.500.

1416 Dirk Looschelders, in: Praxiskommentar IPR Art. 43, Rn.21; Karl Kreuzer, „Die Vollendung der Kodifikation des deutschen Internationalen Privatrechts", in: RabelsZ 65 (2001), S.455.

1417 Haimo Schack, „Kunst und Recht", S.207, Rn. 500.

1418 Olaf Rafael Kupiers, „Die lex originis-Regel im internationalen Sachenrecht", S.77f.

1419 Volker Wiese, „Der Einfluß des EG-Rechts auf das internationale Sachenrecht der Kulturgüter", S.213.

So hat der Verkehr ein stärkeres Interesse an der Geltung des Ortsrechtes als bei den klassischen Fällen der res in transitu und es fehlt an der Zufälligkeit des aktuellen Belegenheitsortes. Zudem droht die zwischenzeitlich rechtlich begründete Verbundenheit mit der Rechtsordnung des Herkunftstaats beispielsweise mit Eintritt der Verjährung des Rückgabeanspruchs endgültig abzureißen.[1420]

87.1 Abweichende Anknüpfung bei gestohlenen oder illegal verbrachten Kulturgütern über Art. 46 EGBGB?

Art. 46 EGBGB wird aber auch als Anknüpfungspunkt herangezogen, um von der lex rei sitae abweichende Anknüpfungsregeln zum Kulturgüterschutz bei nicht auf dem Transport befindlichen Sachen trotz der Kodifikation der lex rei sitae in Art. 43 I EGBGB verfolgen zu können.[1421] So wird eine Abweichung vorgeschlagen, wenn die Veräußerung eines Kulturgutes zufällig oder in bewusster Gesetzesumgehung in einem Staat erfolgt, mit dem der Sachverhalt bis auf den Belegenheitsort keine weitere Beziehung aufweist, insbesondere wenn alle anderen Anknüpfungskriterien eindeutig auf die engere Verbindung zu einer anderen Rechtsordnung verweisen.[1422]
Daneben ist zwischen Ansichten zu unterscheiden, welche die Anwendung der lex originis über Art. 46 EGBGB generell bei gestohlenen oder abhanden gekommenen Kulturgütern befürworten[1423] und solchen, welche den gutgläubigen Erwerb als solchen, insbesondere die Erfordernisse des guten Glaubens und die Rechtsscheintatbestände, weiterhin der lex rei sitae unterstellen wollen und nur in Bezug auf die Möglichkeit eines gutgläubigen Erwerbs eine wesentlich engere Verbindung mit der lex rei sitae zum Zeitpunkt des Abhandenkommens gegeben sehen und über Art. 46 EGBGB unwandelbar an diese anknüpfen wollen.[1424] Zudem gibt es auch im Rahmen von Art. 46 EGBGB Vertreter, die eine Sonderanknüpfung bei allen verbotswidrig exportierten Kulturgütern begründen wollen: Wenn einem Staat so viel am Verbleib bestimmter Kulturgüter auf seinem Territorium liegt, dass er ein Exportverbot zum Kulturgüterschutz erlässt, ergebe sich daraus eine wesentlich engere Verbindung zu diesem Herkunftsstaat. Diese lasse eine Anknüpfung an das Recht dieses Exportstaats sinnvoller erscheinen als eine Anknüpfung an einen zufälligen und flüchtigen Belegenheitsort.[1425]

1420 Volker Wiese, „Der Einfluß des EG-Rechts auf das internationale Sachenrecht der Kulturgüter", S.212.

1421 Florian Kienle und Marc-Philippe Weller, „Die Vindikation gestohlener Kulturgüter im IPR", in: IPRax 2004, S.292.

1422 Sabine Schmeinck, „Internationalprivatrechtliche Aspekte des Kulturgüterschutzes", S.170.

1423 Gerte Reichelt, „Kulturgüterschutz und Internationales Privatrecht", in: IPRax 1986, S.74; Florian Kienle und Marc-Philippe Weller, „Die Vindikation gestohlener Kulturgüter im IPR", in: IPRax 2004, S.292; Heinz-Peter Mansel, „Die Bedeutung des internationalen Privatrechts in Bezug auf das Herausgabeverlangen des Eigentümers bei abhanden gekommenen Kulturgütern", in: „Im Labyrinth des Rechts?", S.146.

1424 Thomas Rauscher, „Internationales Privatrecht", S.314f.

1425 Christian Armbrüster, „Privatrechtliche Ansprüche auf Rückführung von Kulturgütern ins Ausland", in: NJW 2001, S.3582.

87.2 Argumente für die Heranziehung des Art. 46 EGBGB

Eine Würdigung aller möglichen Anknüpfungskriterien, um die engste Beziehung des Sachverhalts zu einer Rechtsordnung zu ermitteln, kann der Gefahr einer rein formalen Anknüpfung vorbeugen.[1426] Gegenüber einer systematischen Konstruktion der zeitlichen Modifikation als eigenständiger Fallgruppe erweist sich die Unterordnung der Anknüpfung an die lex originis unter Art. 46 EGBGB insofern als vorteilhaft, als eine Gesamtverweisung dem Sinn einer individualisierten Sachstatutsbestimmung widersprechen würde und sich aus Art. 46 EGBGB der Charakter als Sachnormverweisung problemlos ableiten lässt und so eine vollständige Kongruenz mit den §§4 I, 8 KultGüRückG bzw. §5 I, 9 KultGüRückG n.F. entsteht.[1427] Auch bringt die Bestimmung einer wesentlich engeren Verbindung gegenüber einer rein zeitlichen Modifikation stärker zum Ausdruck, dass es nicht darum geht, die lex rei sitae durch einen anderen punktuellen Anknüpfungspunkt zu ersetzen, sondern aufgrund einer Gesamtwürdigung des Sachverhaltes eine abweichende Situation zu ermitteln, in der die Sache nicht, wie normalerweise, den engsten Bezug zu ihrem gegenwärtigen Lageort hat.[1428]
Auch vermeidet eine abweichende Anknüpfung an das Recht des Staats, in welchem sich ein Kulturgut vor seinem verbotswidrigen Export befand, die Problematik, inwieweit ausländischem öffentlichen Recht zu extraterritorialer Geltung verholfen werden darf, da nicht die Durchsetzung eines ausländischen Exportverbots im Vordergrund steht, sondern die Ermittlung des sachgerechtesten Anknüpfungspunkts für die Bestimmung des anwendbaren Privatrechts.[1429]
Dass Verkehrsinteressen im Zusammenhang mit dem Kulturgüterschutz nicht zur lex rei sitae zwingen, da erstens das Schutzinteresse des Herkunftsstaats als vorrangig bewertet werden kann und zweitens die Parteien mit dem Eingreifen von Kulturgüterschutznormen des Herkunftsstaats rechnen müssen, soll insbesondere bei illegal verbrachten Kulturgütern eine Auflockerung der Regelanknüpfung rechtfertigen.[1430]

87.3 Kritik an einer Heranziehung des Art. 46 EGBGB

Gegen eine Heranziehung des Art. 46 EGBGB zur Herleitung von abweichenden Anknüpfungsregeln wird wiederum der ausdrückliche Verzicht des Gesetzgebers angeführt, den Kulturgüterschutz abweichend zu regeln.[1431] Auch wird gegen diese Modelle vorgebracht, dass im internationalen Sachenrecht die Verkehrssicherheit einen hohen Stellenwert genießt und deshalb die Anwendung der Vorschriften des Belegen-

---

1426 Sabine Schmeinck, „Internationalprivatrechtliche Aspekte des Kulturgüterschutzes", S.171.

1427 Karl Kreuzer, „Die Vollendung der Kodifikation des deutschen Internationalen Privatrechts", in: RabelsZ 65 (2001), S.455; Florian Kienle und Marc-Philippe Weller, „Die Vindikation gestohlener Kulturgüter im IPR", in: IPRax 2004, S.292; Volker Wiese, „Der Einfluß des EG-Rechts auf das internationale Sachenrecht der Kulturgüter", S.218.

1428 Brigitte Schwadorf-Ruckdeschel, „Rechtsfragen des grenzüberschreitenden rechtsgeschäftlichen Erwerbs von Kulturgütern", S.162.

1429 Christian Armbrüster, „Privatrechtliche Ansprüche auf Rückführung von Kulturgütern ins Ausland", in: NJW 2001, S.3582.

1430 Brigitte Schwadorf-Ruckdeschel, „Rechtsfragen des grenzüberschreitenden rechtsgeschäftlichen Erwerbs von Kulturgütern", S.111; Florian Kienle und Marc-Philippe Weller, „Die Vindikation gestohlener Kulturgüter im IPR", in: IPRax 2004, S.292.

1431 Christiane Wendehorst, in: MüKo Art. 46 EGBGB, Rn. 50.

heitsstaats vorzugswürdig sei. Berechtigte und verständliche Interessen eines bestohlenen Eigentümers müssten hinter dem Verkehrsinteresse zurücktreten.[1432] Zwingend aufgrund der europarechtlichen Warenverkehrsfreiheit geboten ist ein kollisionsrechtlicher Schutz der Erwerberinteressen aber nicht, sodass auf zunehmende Erwartungen im Hinblick auf Provenienzforschung zur Vermeidung der Risiken von Rückgabeansprüchen verwiesen werden kann.[1433]
Eine abweichende Anknüpfung bei unrechtmäßig verbrachten Kulturgütern wird abgelehnt, weil sie letztlich eine Verlängerung des Anwendungsbereichs von Kulturgüterschutznormen in den Belegenheitsstaat bewirke und damit der Durchsetzung übergeordneter staatlicher Ziele anstelle des Ausgleichs der beteiligten Individualinteressen diene, weshalb die Heranziehung des Art. 46 EGBGB ausscheide.[1434] Allerdings kann dagegen eingewandt werden, dass Art. 46 EGBGB weder die Problematik der Anwendbarkeit ausländischer Kulturgüterschutznormen noch den Ausgleich der beteiligten Individualinteressen in den Vordergrund stellt, sondern eine wesentlich engere Verbindung des Sachverhaltes zur Ermittlung des sachgerechtesten Anknüpfungspunkts heranzieht.[1435] Wenn eine wesentlich engere Verbindung nur dann angenommen wird, wenn mit Ausnahme des Belegenheitsortes des Kulturgutes alle übrigen Anknüpfungspunkte übereinstimmend auf eine andere Rechtsordnung verweisen, ist die praktische Relevanz dieses Vorschlags für den internationalen Handel mit Kulturgütern nur gering. Soll eine wesentlich engere Verbindung auch dann ermittelt werden, wenn die möglichen Kriterien, wie die Staatsangehörigkeit des Künstlers oder der Herstellungsort, auf unterschiedliche Rechtsordnungen verweisen, so dürfte es in vielen Fällen überaus schwierig sein, zwischen den einzelnen Bezügen des Sachverhalts zu unterschiedlichen Rechtsordnungen eine Auswahl hinsichtlich des bedeutsamsten Anknüpfungspunktes zu treffen. Allein die Vorschläge, welche die Heranziehung des Art. 46 EGBGB auf die Fälle von gestohlenen oder illegal exportierten Kulturgütern beschränken, entgehen der Problematik der Bestimmung des Anknüpfungspunktes, da sie generalisierend auf die am Ort des Diebstahls oder in dem Staat, aus dem illegal verbracht wurde, geltende Rechtsordnung verweisen können.[1436]
Eine abweichende Anknüpfung für besondere Sachtypen trägt nach Wendehorst generell nicht zur Verkehrssicherheit bei, erst recht aber nicht eine solche für Kulturgüter, da der Kulturgutbegriff weit und dynamisch verstanden und in Abkommen und Gesetzen uneinheitlich gebraucht und abgegrenzt wird und weitere Differenzierungen wie die zwischen rechtmäßig und rechtswidrig ausgeführten Kulturgütern vorgeschlagen werden.[1437] Dies ist zwar sachlich richtig, allerdings vertritt Wendehorst im Zusam-

1432 Hans Stoll, „Zur gesetzlichen Regelung des internationalen Sachenrechts in Artt.43-46 EGBGB“, in: IPRax 2000, S.269.
1433 Heinz-Peter Mansel, „Die Bedeutung des internationalen Privatrechts in Bezug auf das Herausgabeverlangen des Eigentümers bei abhanden gekommenen Kulturgütern“, in: „Im Labyrinth des Rechts?“, S.148ff.
1434 Hans Stoll, „Zur gesetzlichen Regelung des internationalen Sachenrechts in Artt.43-46 EGBGB“, in: IPRax 2000, S.269.
1435 Christian Armbrüster, „Privatrechtliche Ansprüche auf Rückführung von Kulturgütern ins Ausland“, in: NJW 2001, S.3582.
1436 Sabine Schmeinck, „Internationalprivatrechtliche Aspekte des Kulturgüterschutzes“, S.171; Christian Armbrüster, „Privatrechtliche Ansprüche auf Rückführung von Kulturgütern ins Ausland“, in: NJW 2001, S.3582.
1437 Christiane Wendehorst, in: MüKo Art.43, Rn.193.

menhang mit der von ihr befürworteten kollisionsrechtlichen Theorie im Hinblick auf die §§4 I, 8 KultGüRückG, dass gewisse Unsicherheiten des Verkehrs im Zusammenhang mit rechtswidrig ausgeführten Kulturgütern durchaus gewollt sein können.[1438] Daneben könnte eine Orientierung an dem Umfang eines bestimmten Regelungswerks wie den Kategorien und Alters- und Wertgrenzen der RL 93/7/EWG erfolgen. Einer Erweiterung der abweichenden Anknüpfung auch auf solche Kulturgüter, die nicht den §§4 I, 8 KultGüRückG und §§5 I, 9 KultGüRückG n.F. unterfallen, könnte zumindest zugute gehalten werden, dass sie zu einer Vereinheitlichung der Behandlung aller Kulturgüter führt und damit wiederum zur Rechts- und Verkehrssicherheit beiträgt. Allerdings bleibt problematisch, ob eine generalisierende Einordnung bestimmter Gegenstände und Sachverhaltskonstellationen dem Begriff der „wesentlich engeren Verbindung" und damit der bezweckten Funktionsweise der Ausweichklausel des Art. 46 EGBGB wirklich gerecht wird.[1439]

87.4 Berücksichtigungsfähigkeit einer Rechtswahl unter Art. 46 EGBGB?

In den Fällen, in denen der Transport des Kulturgutes ins Ausland zu den Verpflichtungen des Verkäufers gehört oder zumindest der Vertrag erkennbar abgeschlossen wurde, um das Kulturgut in ein anderes Rechtsgebiet zu schaffen, und der Gebietswechsel, anders beim schlichten Statutenwechsel durch faktisches Verbringen ins Ausland, den Vertragszweck darstellt, könnte eine Rechtswahl zu befürworten sein.[1440] Offen ist, ob Art. 46 EGBGB in Einzelfällen die Möglichkeit eröffnet, eine Rechtswahl als Indiz für eine wesentlich engere Verbindung zu werten, und damit Raum für die Diskussion der Berücksichtigungsfähigkeit der Kulturgüterschutznormen der gewählten Rechtsordnung bietet.[1441] Da eine grundsätzliche Rechtswahlmöglichkeit im Sachenrecht nicht besteht, ist in jedem Fall kritisch zu prüfen, ob durch die Annahme einer solchen indiziellen Wirkung der Ausnahmecharakter des Art. 46 EGBGB nicht unterlaufen wird.[1442] Für eine Rechtswahlmöglichkeit könnte sprechen, dass so unter Umständen ein Einklang zwischen Schuld- und Sachstatut erreicht wird. Allerdings drohen Verkehrs- und Drittinteressen beeinträchtigt zu werden.[1443] Soll eine Rechtswahl nur inter partes wirken und es bei betroffenen Drittinteressen bei der lex rei sitae bleiben, ist die Relevanz im Zusammenhang mit dem Kulturgüterschutz gering.[1444] Letztlich muss ebenfalls eingestanden werden, dass die Annahme einer Rechtswahlmöglichkeit dem Kulturgüterschutz eher abträglich ist. Denn die Berücksichtigung der Kulturschutznormen eines ausländischen Staats ist auch bei Wahl der entsprechenden Rechtsordnung, wie bereits bei der Schuldstatutstheorie im Schuldrecht erörtert, we-

1438 Christiane Wendehorst, in: MüKo Art.43, Rn.188.

1439 Christiane Wendehorst, in: MüKo Art.43, Rn.193.

1440 Brigitte Schwadorf-Ruckdeschel, „Rechtsfragen des grenzüberschreitenden rechtsgeschäftlichen Erwerbs von Kulturgütern", S.85.

1441 Jan Kropholler, „Internationales Privatrecht", S.567; Hans Stoll, „Zur gesetzlichen Regelung des internationalen Sachenrechts in Artt.43-46 EGBGB", in: IPRax 2000, S.264f.

1442 Andreas Heldrich, in: Palandt Art. 46 EGBGB, Rn.3; Thomas Pfeiffer, „Der Stand des Internationalen Sachenrechts nach seiner Kodifikation", in: IPRax 2000, S.274.

1443 Karl Kreuzer, „Die Vollendung der Kodifikation des deutschen Internationalen Privatrechts", in: RabelsZ 65 (2001), S.456; Andreas Heldrich, in: Palandt Art. 46 EGBGB Rn.3.

1444 Jan Kropholler, „Internationales Privatrecht", S.567f.; Sabine Schmeinck, „Internationalprivatrechtliche Aspekte des Kulturgüterschutzes", S.119f.

gen des im internationalen öffentlichen Recht geltenden Territorialitätsprinzips abzulehnen. Aber selbst wenn die Anwendbarkeit der Kulturgüterschutznormen der gewählten Rechtsordnung befürwortet würde, so hätte dies nur in der Praxis zur Folge, dass die Parteien ein Recht wählen, welches möglichst keine den Erwerb hindernden Bestimmungen enthält. Des Weiteren wird bei der Möglichkeit einer Rechtswahl nun selbst die Anwendung der Kulturschutznormen der lex rei sitae problematisch, da unklar bleibt, ob Schutzmechanismen wie Unveräußerlichkeit oder Unersitzbarkeit abgewählt werden können oder trotz der Wahl eines anderen Rechts fortgelten.[1445]

88 Sonderanknüpfung von Eingriffsnormen?

Trotz Ablehnung einer gesonderten Anknüpfung für bestimmte Sachtypen im Rahmen des Art. 46 EGBGB wird zur Vermeidung unbilliger Ergebnisse eine Sonderanknüpfung von Eingriffsnormen von einem Teil der Literatur für möglich gehalten.[1446]
Hinsichtlich der Sonderanknüpfung von Eingriffsnormen kann zwar auch der bereits erörterte Fall, in dem es um die vertragsrechtliche Frage der Nichtigkeit geht, als Vorfrage in das Sachenrecht hineinwirken, wenn nach der lex rei sitae für den Eigentumserwerb ein wirksames Kausalgeschäft erforderlich ist. Davon ist aber die hier erörterte Sonderanknüpfung zu unterscheiden, bei der Spezialnormen anderer Staaten im Rahmen von sachenrechtlichen Fragen wie der Veräußerbarkeit von Sachen oder dem Eigentumserwerb vom Nichtberechtigten herangezogen werden.[1447] Im Gegensatz zum Vertragsrecht wird die Sonderanknüpfung im Sachenrecht noch zurückhaltender diskutiert.[1448] Während im Vertragsrecht zumindest darauf verwiesen werden kann, dass die Durchsetzung des Parteiwillens kein überzeugendes Gegenargument gegen eine Sonderanknüpfung von Eingriffsnormen darstellt, wird das Bedürfnis des Verkehrs nach Klarheit in den sachenrechtlichen Verhältnissen, welches sich auch in der nahezu weltweiten Durchsetzung der lex rei sitae widerspiegelt, überwiegend als schutzwürdig eingestuft.[1449] Auch der in Deutschland nicht geltende Art. 7 I des EWG-Übereinkommens vom 19.06.1980 über das auf vertragliche Schuldverhältnisse anzuwendende Recht ist auf das Vertragsrecht beschränkt.[1450]
Allerdings wird teilweise auch im Hinblick auf die Sonderanknüpfung von Eingriffsnormen im Sachenrecht, das von den Befürwortern abweichender Anknüpfungsregeln verwendete Argument aufgegriffen, dass die Besonderheiten des Kulturgüterschutzes

---

1445 Brigitte Schwadorf-Ruckdeschel, „Rechtsfragen des grenzüberschreitenden rechtsgeschäftlichen Erwerbs von Kulturgütern", S.123f.

1446 Christiane Wendehorst, in: MüKo Art. 43, Rn.193; Brigitte Schwadorf-Ruckdeschel, „Rechtsfragen des grenzüberschreitenden rechtsgeschäftlichen Erwerbs von Kulturgütern", S.135.

1447 Brigitte Schwadorf-Ruckdeschel, „Rechtsfragen des grenzüberschreitenden rechtsgeschäftlichen Erwerbs von Kulturgütern", S.135.

1448 Abbo Junker, „Empfiehlt es sich, Art. 7 EVÜ zu revidieren oder aufgrund der bisherigen Erfahrungen zu präzisieren?", in:IPRax 2000, S.73; Stefan Turner, „Das Restitutionsrecht des Staates nach illegaler Ausfuhr von Kulturgütern", S.127ff.; Anette Hipp, „Schutz von Kulturgütern in Deutschland", S.197.

1449 Stefan Turner, „Das Restitutionsrecht des Staates nach illegaler Ausfuhr von Kulturgütern", S.129, insb. Fn. 295.

1450 Abbo Junker, „Empfiehlt es sich, Art. 7 EVÜ zu revidieren oder aufgrund der bisherigen Erfahrungen zu präzisieren?", in:IPRax 2000, S.73; Stefan Turner, „Das Restitutionsrecht des Staates nach illegaler Ausfuhr von Kulturgütern", S.127f.

eine Beeinträchtigung der Verkehrsschutzinteressen rechtfertigen könnten.[1451] Art. 19 des schweizerischen Bundesgesetzes vom 18.12.1987 über das Internationale Privatrecht (IPRG), der die Möglichkeit einer Sonderanknüpfung von Eingriffsnormen auch im Sachenrecht vorsieht,[1452] bietet ein weiteres Argument, gestattet er es dem Richter, trotz der nach Art. 100 IPRG üblichen Anknüpfung an die lex rei sitae Bestimmungen eines anderen Rechts anzuwenden, und könnte es gegebenenfalls auch ermöglichen, die kulturbewahrenden Bestimmungen des Herkunftsstaats eines unrechtmäßig in die Schweiz eingeführten Kulturguts zur Anwendung gelangen zu lassen.[1453]
Wie im schuldrechtlichen Zusammenhang können auch hinsichtlich der Sonderanknüpfung von Eingriffsnormen als Voraussetzungen der Anwendungswille des ausländischen Rechts, seine Vereinbarkeit mit dem ordre public, ein überwiegendes Interesse und eine ausreichend enge Verbindung in Erwägung gezogen werden.[1454] Darüber hinaus könnten, wie in Art. 19 IPRG, schützenswerte und offensichtlich überwiegende Parteiinteressen zu berücksichtigen sein. Da Kulturgüterschutznormen aber nicht zugunsten Privater erlassen werden, droht dadurch grundsätzlich eine Einschränkung. Nur wenn der Staat Eigentümer ist, könnte sein Schutzinteresse zugleich als Parteiinteresse besonderes Gewicht entfalten.[1455]
Anders als der schweizerische Gesetzgeber hat der deutsche Gesetzgeber einen Eingriffsvorbehalt beschränkt auf deutsche Vorschriften nur im Rahmen des Schuldrechts in Art. 34 EGBGB verankert, im Sachenrecht hingegen die Ausweichklausel des Art. 46 EGBGB vorgesehen, welche durch andere Voraussetzungen, nämlich insbesondere die wesentlich engere Verbindung, gekennzeichnet ist. Dies spricht gegen eine zusätzliche Möglichkeit der Sonderanknüpfung von Eingriffsnormen außerhalb der von Art. 46 EGBGB eingeräumten Ausweichmöglichkeiten.

89 Datum-Theorie

Zur Durchsetzung einer abweichenden Behandlung von Kulturgütern ist auch im Sachenrecht vorgeschlagen worden, sowohl auf der kollisionsrechtlichen als auch auf der materiell-rechtlichen Ebene auf die sog. Datum-Theorie zurückzugreifen. Während auf der kollisionsrechtlichen Ebene sogar die Möglichkeit bestehen soll, die Data einfließen zu lassen, um die Anwendung der lex originis zu begründen, sollen sie unabhängig davon, welches Sachrecht Anwendung findet, zumindest auf der materiell-rechtlichen

---

1451 Amalie Weidner, „Kulturgüter als res extra commercium im internationalen Sachenrecht", S.160f.; Astrid Müller-Katzenburg, „Internationale Standards im Kulturgüterverkehr und ihre Bedeutung für das Sach- und Kollisionsrecht", S.290; Brigitte Schwadorf-Ruckdeschel, „Rechtsfragen des grenzüberschreitenden rechtsgeschäftlichen Erwerbs von Kulturgütern", S.135.

1452 Hermann J. Knott, „Der Anspruch auf Herausgabe gestohlenen und illegal exportierten Kulturguts", S.128; Brigitte Schwadorf-Ruckdeschel, „Rechtsfragen des grenzüberschreitenden rechtsgeschäftlichen Erwerbs von Kulturgütern", S.135; Stefan Turner, „Das Restitutionsrecht des Staates nach illegaler Ausfuhr von Kulturgütern", S.127f.; Marc Weber, „Unveräußerliches Kulturgut im nationalen und internationalen Rechtsverkehr", S.412f.

1453 Marc Weber, „Unveräußerliches Kulturgut im nationalen und internationalen Rechtsverkehr", S.413.

1454 Stefan Turner, „Das Restitutionsrecht des Staates nach illegaler Ausfuhr von Kulturgütern", S.134f.

1455 Brigitte Schwadorf-Ruckdeschel, „Rechtsfragen des grenzüberschreitenden rechtsgeschäftlichen Erwerbs von Kulturgütern", S.136.

Ebene Wirkung entfalten. Die doppelte Heranziehung der Kulturguteigenschaft als Datum wird damit begründet, dass das Kulturgut in allen Rechtsordnungen als etwas Besonderes, sich von gewöhnlichen Objekten Unterscheidendes begriffen wird.[1456] Die Kriterien, unter denen die Kulturguteigenschaft als Datum Auswirkungen entfalten und das ausländische Recht berücksichtigungsfähig sein soll, sind jedoch nicht nur im schuldrechtlichen, sondern auch im sachenrechtlichen Bereich bislang ungeklärt. Auch kann selbst eine doppelte Heranziehung auf der kollisionsrechtlichen und materiellrechtlichen Ebene nicht darüber hinwegtäuschen, dass die Kombination zweier Ebenen letztlich die Frage offen lässt, wie der Auslandbezug Wirkung entfalten soll.[1457] Insbesondere dann, wenn die Datum-Therie die Basis für eine Herleitung der lex originis bilden soll, muss auf der sachenrechtlichen Ebene ein weiteres Mal auf die Befürchtung hingewiesen werden, dass die Berücksichtigung von Verstößen gegen ausländische Exportverbote als Datum verdeckt, dass es sich bei der Frage der Anwendbarkeit von ausländischen Rechtsnormen letztlich um eine kollisionsrechtliche Problematik handelt.[1458] Letztlich schafft die Datum-Theorie es damit nicht, die Nachteile rein kollisions- oder rein materiell-rechtlicher Ansätze zu umgehen, sondern führt im Gegenteil zu einer größeren Unsicherheit und ist daher auch im Sachenrecht abzulehnen.

90 Vorbehalt des ordre public Art. 6 EGBGB?

Im Einzelfall könnte der ordre public über Art. 6 EGBGB eine Kontrollmöglichkeit eröffnen.[1459] Fraglich ist, ob durch Heranziehung des nationalen ordre public erreicht werden kann, dass ausländische Zivilrechtsnormen, die den gutgläubigen Eigentumserwerb an gestohlenem Kulturgut oder die Ersitzung innerhalb kurzer Fristen vorsehen, unbeachtet bleiben. Ein Verstoß gegen den deutschen ordre public durch einen zulässigen gutgläubigen Erwerb an gestohlenen Sachen ist zu verneinen, da auch das deutsche Recht keinen absoluten Schutz eines bestohlenen Eigentümers kennt.[1460] Zwar wurde im Wttewael-Fall ein Verstoß gegen den englischen ordre public durch die deutschen Verjährungsvorschriften festgestellt, weil das englische Recht bei bösgläubigem Erwerb keine Verjährung kenne.[1461] Allerdings legt dies für den deutschen ordre public umgekehrt nahe, dass wegen des im deutschen Recht bekannten Schutzes des bösgläubigen Erwerbers durch die Verjährung, ein Verstoß von ausländischen Er-

1456 Florian Kienle und Marc-Philippe Weller, „Die Vindikation gestohlener Kulturgüter im IPR", in: IPRax 2004, S.293.

1457 Ulrich Magnus, in: Staudinger Art. 34 EGBGB, Rn.134f.

1458 Christian Armbrüster, „Privatrechtliche Ansprüche auf Rückführung von Kulturgütern ins Ausland", in: NJW 2001, S.3584; Kurt Siehr, „Ausländische Eingriffsnormen", in: RabelsZ 52 (1988), S.80f.

1459 Christiane Wendehorst, in: MüKo Art. 43, Rn.193.

1460 Hans Stoll, „Sachenrechtliche Fragen des Kulturgüterschutzes in Fällen mit Auslandsberührung", in: Rudolf Dolzer u.a. (Hg.), „Rechtsfragen des internationalen Kulturgüterschutzes", S.56; Brigitte Schwadorf-Ruckdeschel, „Rechtsfragen des grenzüberschreitenden rechtsgeschäftlichen Erwerbs von Kulturgütern", S.173.

1461 Carl-Heinz Heuer, „Die Kunstraubzüge der Nationalsozialisten und ihre Rückabwicklung", in: NJW 1999, S.2564; Anette Hipp, „Schutz von Kulturgütern in Deutschland", S.174f.

sitzungs- und Verjährungsvorschriften gegen den deutschen ordre public, selbst wenn sie die Ersitzung durch den bösgläubigen Erwerber begünstigen, abzulehnen ist.[1462] Hinsichtlich des staatlichen Eigentumserwerbs an Funden ist vom OLG Schleswig ein Verstoß gegen den deutschen ordre public abgelehnt worden, da durch Art. 73 EGBGB auch vergleichbare Kodifikationen der Länder gestattet werden.[1463] Ausländischen Verfallsklauseln ohne Entschädigung steht der deutsche ordre public ebenfalls nicht entgegen, da §16 III KultSchG die entschädigungslose Einziehung ermöglicht.[1464] Diejenigen, welche die Anerkennungsfähigkeit ausländischer Regelungen, welche einen automatischen staatlichen Eigentumserwerb vorsehen, an weitere Erfordernisse koppeln, sprechen jedoch teilweise der ordre public-Klausel eine weiterreichende Kontrollfunktion zu.[1465]
Neben der Heranziehung des nationalen ordre public, ist zur Berücksichtigung der Eingriffsnormen eines ausländischen Staats im Rahmen des Kulturgüterschutzes auch an einen internationalen ordre public gedacht worden.[1466] Selbst solange noch einer Durchsetzung der Vorschriften des UNESCO-Kulturgutübereinkommens als Eingriffsnormen das Erfordernis der Umsetzung in nationales Recht entgegensteht,[1467] schließt dies nicht zwingend aus, die Vorschriften des UNESCO-Kulturgutübereinkommens als Ausfluss einer internationalen Übereinkunft zu interpretieren, dass die Bekämpfung des illegalen Kulturgüterhandels einer international effizienten Durchsetzung von Im- und Exportverboten und einer gegenseitigen Anerkennung der Einordnung von Kulturgütern als res extra commercium bedarf.[1468] Bezüglich der Übereignung gestohlener oder abhanden gekommener Sachen wird die Annahme eines internationalen ordre public-Verstoßes zum Schutz des ursprünglichen Eigentümers aber in jedem Fall ausscheiden müssen, da in anderen Rechtsordnungen das Problem höchst unterschiedlich gelöst wird.[1469]

1462 Hans Stoll, „Sachenrechtliche Fragen des Kulturgüterschutzes in Fällen mit Auslandsberührung", in: Rudolf Dolzer u.a. (Hg.), „Rechtsfragen des internationalen Kulturgüterschutzes", S.56; Brigitte Schwadorf-Ruckdeschel, „Rechtsfragen des grenzüberschreitenden rechtsgeschäftlichen Erwerbs von Kulturgütern", S.173; Anette Hipp, „Schutz von Kulturgütern in Deutschland", S.174f.

1463 OLG Schleswig NJW 1989, S. 3105f.; Anette Hipp, „Schutz von Kulturgütern in Deutschland", S.190; Susanne Spaun, „Der Herausgabeanspruch bei Diebstahl oder illegalem Export von Kulturgütern", S.138.

1464 Christian Armbrüster, „Privatrechtliche Ansprüche auf Rückführung von Kulturgütern ins Ausland", in: NJW 2001, S.3583.

1465 Stefan Turner, „Das Restitutionsrecht des Staates nach illegaler Ausfuhr von Kulturgütern", S.104f. und S.111; Susanne Spaun, „Der Herausgabeanspruch bei Diebstahl oder illegalem Export von Kulturgütern", S.140.

1466 Roberta Clerici, „La protection des biens culturels vis-à-vis des règles italiennes de conflit", in: Riv dir int priv proc 1989, S.805ff.; Marc Weber, „Unveräußerliches Kulturgut im nationalen und internationalen Rechtsverkehr", S.410f.

1467 Haimo Schack, „Kunst und Recht", S.218, Rn. 517.

1468 Albert Bleckmann, „Sittenwidrigkeit wegen Verstoßes gegen den ordre public international", in: ZaöRV, 34 (1974), S.123ff.

1469 Ulrich Magnus, „Winkworth v. Christie Manson und Woods Ltd.", in: RIW 1981, S.203; Hans Stoll, „Sachenrechtliche Fragen des Kulturgüterschutzes in Fällen mit Auslandsberührung", in: Rudolf Dolzer u.a. (Hg.), „Rechtsfragen des internationalen Kulturgüterschutzes", S.56; Brigitte Schwadorf-Ruckdeschel, „Rechtsfragen des grenzüberschreitenden rechtsgeschäftlichen Erwerbs von Kulturgütern", S.173; Anette Hipp, „Schutz von Kulturgütern in Deutschland", S.174f.

91 Korrektur bei fraus legis?

Bei der sog. fraus legis im Bereich des internationalen Privatrechts wird mit Umgehungsabsicht der kollisionsrechtlich relevante Sachverhalt verändert und dadurch eine Anknüpfung hergestellt, welche es ermöglicht, sich einem an sich geltenden Rechtssatz und seinen missliebigen Rechtsfolgen zu entziehen und ein für die Beteiligten günstigeres Sachrecht zum Zuge kommen zu lassen. In solchen Fällen wird in Erwägung gezogen, die hergestellte Anknüpfung unter bestimmten Voraussetzungen zu ignorieren und so die Sachnormen, welche umgangen werden sollen, trotzdem eingreifen zu lassen. Insbesondere der entsprechenden Wahl des Veräußerungsortes könnte durch dieses Institut begegnet werden und so die Berücksichtigung von Kulturgüterschutznormen, aber auch von restriktiven Vorschriften hinsichtlich des Erwerbs gestohlener oder abhanden gekommener Sachen ermöglicht werden.[1470]
Die Feststellung und Sanktionierung einer Gesetzesumgehung ist jedoch insofern schwierig, als lediglich die Voraussetzung einer beiderseitigen Umgehungsabsicht allgemein anerkannt ist, weitere Voraussetzungen und Grenzen der fraus legis jedoch nicht hinreichend geklärt sind.[1471] Auch bleibt offen, ob eine Umgehungsabsicht bei beiden ein gezieltes manipulatives Handeln voraussetzt oder wie im Rahmen des §134 und §138 I BGB eine Kenntnis der maßgeblichen Tatsachen genügen kann oder bereits ein Erwerb in einem gutglaubensfreundlichen Land sie offensichtlich werden lässt.[1472]
Im Gegensatz zu einigen ausländischen Kollisionsrechten – wie dem Art. 21 des portugiesischen und dem Art. 12 IV des spanischen Código civil – ist das Institut der fraus legis im deutschen internationalen Privatrecht nicht normiert.[1473] Teilweise wird eine solche Normierung nicht für notwendig erachtet,[1474] teilweise eine Heranziehung ohne eine ausdrückliche Regelung wegen des vorrangigen berechtigten Geltungsinteresses der neuen lex rei sitae bei der Verbringung von Kulturgütern über die Grenze abgelehnt.[1475] Jedenfalls handhabt die deutsche Rechtsprechung – anders als die französische, ähnlich aber wie die englische und amerikanische – die Beeinflussungsmöglichkeiten der Anknüpfung durch die am Rechtsgeschäft Beteiligten großzügig.[1476]
Da der gutgläubige Käufer gerade deshalb geschützt wird, weil er in die Ordnungsgemäßheit des Erwerbs vertraut, kann die Veräußerung in einem gutglaubensfreundlichen Land für die Umgehungsabsicht noch nicht ausreichen. Bei höheren Anforderun-

---

1470 Brigitte Schwadorf-Ruckdeschel, „Rechtsfragen des grenzüberschreitenden rechtsgeschäftlichen Erwerbs von Kulturgütern“, S.170ff; Sabine Schmeinck, „Internationalprivatrechtliche Aspekte des Kulturgüterschutzes“, S.165.

1471 Sabine Schmeinck, „Internationalprivatrechtliche Aspekte des Kulturgüterschutzes“, S.165.

1472 Brigitte Schwadorf-Ruckdeschel, „Rechtsfragen des grenzüberschreitenden rechtsgeschäftlichen Erwerbs von Kulturgütern“, S.170ff.; Sabine Schmeinck, „Internationalprivatrechtliche Aspekte des Kulturgüterschutzes“, S.166.

1473 Amalie Weidner, „Kulturgüter als res extra commercium im internationalen Sachenrecht“, S.188; Sabine Schmeinck, „Internationalprivatrechtliche Aspekte des Kulturgüterschutzes“, S.165.

1474 Frank Fechner, „Rechtlicher Schutz archäologischen Kulturguts“, S.75; Amalie Weidner, „Kulturgüter als res extra commercium im internationalen Sachenrecht“, S.188; Sabine Schmeinck, „Internationalprivatrechtliche Aspekte des Kulturgüterschutzes“, S.165.

1475 Brigitte Schwadorf-Ruckdeschel, „Rechtsfragen des grenzüberschreitenden rechtsgeschäftlichen Erwerbs von Kulturgütern“, S.170ff.

1476 Jan Kropholler, „Internationales Privatrecht“, S.156ff.; Sabine Schmeinck, „Internationalprivatrechtliche Aspekte des Kulturgüterschutzes“, S.166.

gen kann die Gesetzesumgehungsabsicht jedoch selbst dann, wenn die Wahl des Veräußerungsorts eine solche nahe legt, häufig nicht nachgewiesen werden. Denn auch aus anderen Gründen kann ein Rechtsgeschäft anstelle der an sich berufenen Regeln denen einer anderen Rechtsordnung unterstellt werden, beispielsweise wegen des Wunsches nach einer besser vertrauten Rechtsordnung oder einer Rechtsordnung, welche eine schnellere und problemlosere Abwicklung des Rechtsgeschäfts gewährleistet. Im Einzelfall ist es daher schwierig, den Parteien nachzuweisen, dass sie den Anknüpfungspunkt alleine zu dem Zweck beeinflusst haben, bestimmte unliebsame Regelungen zu umgehen. Dass gerade das internationale Sachenrecht mit der lex rei sitae einen leicht zu verändernden Anknüpfungspunkt bietet und dies vom illegalen Kulturgüterhandel ausgenutzt wird, kann über das Institut der fraus legis nicht zufriedenstellend gelöst werden.[1477]

92 Berücksichtigung ausländischer Eingriffsnormen auf der materiellrechtlichen Ebene

Wenn die lex rei sitae deutsches Recht ist, scheint fraglich, warum Kulturgüterschutznormen eines anderen Staats überhaupt die rechtliche Beurteilung beeinflussen sollen.[1478] Auch hier ist jedoch die Erzwingung der Durchsetzung des ausländischen öffentlichen Rechts von der Frage zu trennen, ob ausländisches öffentliches Recht nicht trotzdem berücksichtigt werden kann.[1479] Daher kann auch hinsichtlich der Einigung als dinglicher Vertrag eine Übertragung der Nigeria-Entscheidung und in der Folge eine entsprechende Berücksichtigung ausländischer Kulturgüterschutznormen über §138 I BGB in Betracht gezogen werden.[1480]

Ob eine entsprechende faktische Berücksichtigung ausländischer Eingriffsnormen als Teil des anwendbaren Sachrechts auch bei ausländischer lex rei sitae möglich ist, ist insofern problematischer, als zunächst §138 I BGB entsprechende, die dingliche Übereignung beieinflussende Verbotsvorschriften bestehen müssen,[1481] welche dann zudem in der ausländischen Rechtsordnung bei Verstößen gegen Kulturgüterschutzvorschriften auch vergleichbar angewendet werden müssen.[1482]

1477 Amalie Weidner, „Kulturgüter als res extra commercium im internationalen Sachenrecht“, S.189; Jan Kropholler, „Internationales Privatrecht“, S.157f.; Sabine Schmeinck, „Internationalprivatrechtliche Aspekte des Kulturgüterschutzes“, S.166; Brigitte Schwadorf-Ruckdeschel, „Rechtsfragen des grenzüberschreitenden rechtsgeschäftlichen Erwerbs von Kulturgütern“, S.170ff.

1478 Daniel Busse, „Die Berücksichtigung ausländischer „Eingriffsnormen“ durch die deutsche Rechtsprechung“, in: ZVglRWiss 95 (1996), S.394f.

1479 Kurt Siehr, „Öffentliches Recht und internationales Privatrecht beim grenzüberschreitenden Kulturgüterschutz“, in: Rudolf Dolzer u.a. (Hg.), „Rechtsfragen des internationalen Kulturgüterschutzes“, S.96; Stefan Turner, „Das Restitutionsrecht des Staates nach illegaler Ausfuhr von Kulturgütern“, S.69.

1480 BGHZ 59, S.82ff.; Brigitte Schwadorf-Ruckdeschel, „Rechtsfragen des grenzüberschreitenden rechtsgeschäftlichen Erwerbs von Kulturgütern“, S.74f.; Haimo Schack, „Kunst und Recht“, S.224, Rn. 531.

1481 Brigitte Schwadorf-Ruckdeschel, „Rechtsfragen des grenzüberschreitenden rechtsgeschäftlichen Erwerbs von Kulturgütern“, S.129.

1482 Daniel Busse, „Die Berücksichtigung ausländischer „Eingriffsnormen“ durch die deutsche Rechtsprechung“, in: ZVglRWiss 95 (1996), S.410.

Teil F
Auswirkungen deutscher Exportverbote im Ausland

Kapitel I
New York

93 Sachrechtliche Besonderheiten im New Yorker Recht

Nachdem die materiell-rechtlichen und kollisionsrechtlichen Besonderheiten im Zusammenhang mit gestohlenen und illegal verbrachten Kulturgütern nach deutschem Recht erörtert und in diesem Zusammenhang insbesondere auch die Auswirkungen ausländischer Kulturgüterschutzregelungen dargestellt wurden, sollen nun umgekehrt die gestohlene und illegal verbrachte Kulturgüter betreffenden Regelungen des ausländischen Sach- und Kollisionsrechts und die Auswirkungen deutscher Exportverbote im Ausland beleuchtet werden. Wegen der besonderen Stellung der Kunstmärkte werden als praktisch wichtiger Exkurs zunächst das New Yorker und anschließend das Schweizer Recht erörtert.

93.1 Besonderheiten bei Kaufverträgen

Da jeder Gliedstaat der USA wegen einer territorialen Rechtsspaltung auf dem Gebiet des Privatrechts Autonomie besitzt,[1483] wird das New Yorker Recht als das für den Kunstmarkt bedeutendste als Bezugspunkt herausgegriffen. Neben der in allen Bundesstaaten bis auf Louisiana erfolgten Umsetzung des Uniform Commercial Code (UCC) ähneln sich jedoch auch viele der ungeschriebenen Grundsätze des common law.[1484]

Wie bereits erwähnt, ist im Bereich des Schuldrechts vor allem die Besonderheit zu erwähnen, dass im Common Law der Schadensersatzanspruch als primärer Rechtsbehelf gilt. Da jedoch specific performance als Erfüllung in Natur nicht mehr nur in equity gewährt wird, wenn ein besonderes Interesse des Käufers gerade an dieser Sache besteht, verliert dieser grundsätzliche Unterschied im Zusammenhang mit Kulturgütern an Bedeutung. Eine vergleichbare, auf das Ermessen des Gerichts abstellende Regelung findet sich ebenfalls in §2-716 (1) UCC verankert – „Specific performance may be decreed where the goods are unique or in other proper circumstances", wobei als „unique" in diesem Sinne insbesondere Kunstgegenstände gelten.[1485]

Bei falschen Angaben hinsichtlich Herkunft oder Alter, aber auch hinsichtlich des Eigentums können Schadensersatzansprüche unabhängig vom Vertrag auf den tort of misrepresentation gestützt werden.[1486] Bei einem Kaufvertrag wird jedoch häufig der UCC Anwendung finden, welcher anders als der tort of misrepresentation auch Ansprüche gegen einen ohne Vorsatz handelnden und gutgläubigen Verkäufer gewährt,

---

1483 Jarste Akkermann, „Internationaler Kulturgüterschutz", in: KUR 2002, S.32.

1484 Lyndel Vivien Prott und Patrick Joseph O'Keefe, „Law and the Cultural Heritage: Volume 3, Movement", S.269, Rn.453; Jarste Akkermann, „Internationaler Kulturgüterschutz", in: KUR 2002, S.32; Susanne Spaun, „Der Herausgabeanspruch bei Diebstahl oder illegalem Export von Kulturgütern", S.83.

1485 Haimo Schack, „Kunst und Recht", S.151f., Rn. 372.

1486 Marie C. Malaro, „A Legal Primer on Managing Museum Collections", S.67f.

wenn das Kulturgut den vertraglich garantierten Eigenschaften nicht entspricht. Nach §2-312 UCC umfasst diese Garantie regelmäßig auch, dass der verkaufte Gegenstand rechtmäßig und frei von Rechten Dritter übertragen werden kann.[1487]
Im Fall Jeanneret versus Vichy blieb offen, ob die Ausführung eines Werks unter Verletzung von Exportbeschränkungen zu einem Rechtsmangel führen kann, wenn Rückgabeansprüche des Herkunftsstaats drohen. Das Vorbringen, dass eine unrechtmäßige Ausfuhr generell zu einem mit einem Makel behafteten Eigentumserwerb führt, der einem Weiterverkauf eines renommierten Kunsthändlers entgegenstehe, ordnete das Gericht jedenfalls als nicht erheblich genug ein, um eine Verletzung der garantierten Eigenschaften des Kunstwerks anzunehmen.[1488]
Dieses Urteil wird in der Literatur als eine vertane Chance angesehen, den illegalen Handel mit Kulturgut dadurch einzudämmen, dass eine Einordnung der Sorge vor einer Geltendmachung eines Rückgabeanspruchs hinsichtlich eines Kulturgutes durch den Herkunftsstaat als Rechtsmangel den Wiederverkaufspreis empfindlich schmälern könnte.[1489] Auch wird darauf hingewiesen, dass spätenstens dann, wenn nicht ein Kunsthändler, sondern ein Museum ein unrechtmäßig ausgeführtes Kulturgut erwirbt und das Museum dadurch gegen in einer Selbstverpflichtung dargelegte ethische Grundsätze verstößt, die Erheblichkeit des Makels angenommen werden müsse.[1490]

93.2 Überblick über den Kulturgüterschutz

Ein besonderer Staatsvertrag wie zwischen den USA und Mexiko sowie anderen lateinamerikanischen Staaten besteht zwischen den USA und Deutschland nicht.[1491] Der bei Fehlen einer Exportgenehmigung des Herkunftsstaats die Einziehung ermöglichende Pre-Columbian Art Act von 1972, ist auf präkolumbianische Kulturgüter beschränkt.[1492] Die USA hat selbst kein eigenes generelles Exportverbot von Kulturgut geschaffen, erschwert jedoch zunehmend die Verbringung von archäologischen Objekten und solchen die als Native American eingeordnet werden.[1493]

1487 Marie C. Malaro, „A Legal Primer on Managing Museum Collections“, S.68.
1488 Jeanneret v. Vichey, 693 F. 2d 259 (2nd Cir. 1982).
1489 Anette Hipp, „Schutz von Kulturgütern in Deutschland“, S.183.
1490 Marie C. Malaro, „A Legal Primer on Managing Museum Collections“, S.69.
1491 Jarste Akkermann, „Internationaler Kulturgüterschutz“, in: KUR 2002, S.31; Lambert Köhling, „Der Eigentumserwerb abhanden gekommener Kunstgegenstände im amerikanischen Recht“, S.24f.
1492 Lambert Köhling, „Der Eigentumserwerb abhanden gekommener Kunstgegenstände im amerikanischen Recht“, S.24f.
1493 Anastasia Grammatikaki-Alexiou, „International Protection of Indigenous Cultural Property“, in: „La protection internationale des biens culturels“,S.110ff.; Jarste Akkermann, „Internationaler Kulturgüterschutz“, in: KUR 2002, S.31; Kate Fitz Gibbon, „Chronology of Cultural Property Legislation“, in: Kate Fitz Gibbon (Hg.) „Who Owns the Past?“, S.6; Steven Vincent, „Indian Givers“, in: Kate Fitz Gibbon (Hg.) „Who Owns the Past?“, S.33ff.; Barbara T. Hoffman, „International Art Transactions and the Resolution of Art and Cultural Property Disputes“, in: Barbara T. Hoffman (Hg.), „Art and Cultural Heritage“, S.159.

93.3 Umsetzung des UNESCO-Kulturgutübereinkommen im Cultural Property Implementation Act

Nach einem zehnjährigen, heftig umstrittenen Gesetzgebungsprozess hat die USA das UNESCO-Kulturgutübereinkommen 1983 angenommen und im selben Jahr durch den Cultural Property Implementation Act (CPIA) – Public Law 97-446, kodifiziert in 19 U.S.C. §§2601-2613 – umgesetzt.[1494] Wegen des Drucks aus Kunsthandelskreisen beschränkt sich der Anwendungsbereich des UNESCO-Kulturgutübereinkommens aber auf eine eingeschränkte Umsetzung der Art. 7 und 9.[1495] Insbesondere Art. 6, welcher die umfassende Anerkennung der Exportbeschränkungen anderer Vertragsstaaten für Kulturgüter zum Ziel erklärt, wurde von den USA nicht umgesetzt, sondern lediglich auf akute Gefahrensituationen beschränkt.[1496] Ziel des CPIA ist die Einfuhrkontrolle von illegal exportierten Kulturgütern.[1497]
Nach §2607 CPIA unterliegen nach dem 12.04.1983 bzw. nach dem Beitrittsdatum des ausländischen Staats zum UNESCO-Kulturgutübereinkommen gestohlene Kulturgüter aus Vertragsstaaten einem Importverbot, wenn sie als Inventar eines Museums bzw. einer staatlichen oder religiösen Institution registriert waren. Bei archäologischen und ethnologischen Kulturgütern ist die Einfuhr ohne ein Dokument, aus dem hervorgeht, dass der Export in Übereinstimmung mit den ausländischen Gesetzen erfolgte, gem. §2606 (1) CPIA unzulässig, wenn auf Verlangen des Vertragsstaats ein Importverbot erlassen wurde. Auf Bitten eines Vertragsstaats kann der Präsident nach §2602 (a) (1) CPIA für bestimmte gefährdete Kulturgüter ein Importverbot anordnen, sowie nach §2602 (a) (2) CPIA in bilateralen und multilateralen Abkommen Einfuhrbeschränkungen regeln.[1498]
Eine Anordnung für gefährdete Kulturgüter ist zeitweise bereits für bestimmte Kulturgüter aus Bolivien, El Salvador, Guatemala, Kambodscha, Mali, Peru und Zypern erfolgt und mündet häufig in den Abschluss entsprechender bilateraler Verträge.[1499]

1494 Jarste Akkermann, „Internationaler Kulturgüterschutz", in: KUR 2002, S.31; Marie C. Malaro, „A Legal Primer on Managing Museum Collections", S.89f; Patty Gerstenblith, „Art, Cultural Heritage, and the Law", S.556f.; Andrea Cunning, „U.S. Policy on the Enforcement of Foreign Export Restrictions", in: Houston JIntL 2004, S.449, S.452;

1495 Elsbeth Wiederkehr Schuler, „Kulturgüterschutz – Freier Kunstmarkt", S.40; Lyndel Vivien Prott und Patrick Joseph O'Keefe, „Law and the Cultural Heritage: Volume 3, Movement", S.797, Rn.1494; Andrea Franscesco Giovanni Raschèr, „Kulturgütertransfergesetz und Globalisierung", S.62.

1496 Andrea Cunning, „U.S. Policy on the Enforcement of Foreign Export Restrictions", in: Houston JIntL 2004, S.457.

1497 Jarste Akkermann, „Internationaler Kulturgüterschutz", in: KUR 2002, S.31; William G. Pearlstein, „Cultural Property, Congress, the Courts, and Customs" in: Kate Fitz Gibbon (Hg.) „Who Owns the Past?", S.14f.

1498 Andrea Cunning, „U.S. Policy on the Enforcement of Foreign Export Restrictions", in: Houston JIntL 2004, S.471f.; Marie C. Malaro, „A Legal Primer on Managing Museum Collections", S.93; Lambert Köhling, „Der Eigentumserwerb abhanden gekommener Kunstgegenstände im amerikanischen Recht", S.25.

1499 Kurt Siehr, „Das UNESCO-Übereinkommen", in: KUR 2005, S.39; Folarin Shyllon, „The Nigerian and African Experience on Looting and Trafficking in Cultural Objects", in: Barbara T. Hoffman (Hg.), „Art and Cultural Heritage", S.141; Kérya Chau Sun, „Angkor Sites, Cultural World Heritage", in: Barbara T. Hoffman (Hg.), „Art and Cultural Heritage", S.153; Elizabeth Torres, „Chronological Overview of Developments in Bolivian and Latin American Cultural

Nachdem 2000 Nicaragua, 2001 Italien, 2002 Zypern und 2004 Honduras der Abschluss bilateraler Verträge ohne vorherige Notfallmaßmahmen zum Schutz der betroffenen Kulturgüter gelungen sind,[1500] streben mehr und mehr Staaten bilaterale Abkommen mit den USA an, um den rechtmäßigen Import in die USA vom Erfordernis einer Exportgenehmigung abhängig zu machen.[1501] Insbesondere, ob ein bilaterales Abkommen mit China geschlossen werden soll, wird kontrovers diskutiert.[1502] Auch diese bilateralen Verträge sind jedoch häufig zeitlich befristet und drohen nach ihrem Ablauf, wie der Vertrag mit Kanada, nicht mehr verlängert zu werden.[1503]
Von §2607 CPIA werden grundsätzlich weder früher gestohlene Kulturgüter noch gestohlene Kulturgüter in Privateigentum noch sonstige lediglich illegal exportierte Kulturgüter erfasst. Während die unter Verstoß gegen §2606 CPIA importierten archäologischen und ethnologischen Objekte gegen Erstattung der Rückgabekosten in den UNESCO-Vertragsstaat zurückgeführt werden können, ist bei den unter Verstoß gegen §2607 CPIA importierten sonstigen Kulturgütern gem. §2609 CPIA eine Rückgabe nur gegen Bezahlung einer gerechten Entschädigung vorgesehen, zumindest dann, wenn das Eigentum wirksam erworben werden konnte. Denn die privatrechtlichen Eigentumsverhältnisse bleiben durch den CPIA grundsätzlich unberührt.[1504] Die Rückgabe wird grundsätzlich vorrangig dem Herkunftsstaat als Eigentümer angeboten. Erfolgt eine solche Rückgabe nicht, kann aber auch ein gutgläubiger Erwerber einen Anspruch auf Herausgabe geltend machen.[1505]
Wegen der seltenen Erwähnungen in der Rechtsprechung wurde die Bedeutung des CPIA bislang als relativ gering angesehen,[1506] allerdings ordnete ein New Yorker Ge-

---

Heritage Legislation", in: Barbara T. Hoffman (Hg.), „Art and Cultural Heritage", S.132; vgl. auch Übersicht bei Barbara T. Hoffman, „International Transactions and the Resolution of Art and Cultural Property Disputes", in: Barbara T. Hoffman (Hg.), „Art and Cultural Heritage", S.177.

1500 Kurt Siehr, „Das UNESCO-Übereinkommen", in: KUR 2005, S.39; James Cuno, „Beyond Bamiyan", in: Barbara T. Hoffman (Hg.), „Art and Cultural Heritage", S.41; Katherine Jane Hurst, „The Empty(ing) Museum", in: Art Antiquity and Law, 2006, S.74ff.; vgl. auch Übersicht bei Barbara T. Hoffman, „International Transactions and the Resolution of Art and Cultural Property Disputes", in: Barbara T. Hoffman (Hg.), „Art and Cultural Heritage", S.177.

1501 James Cuno, „Museums, Antiquities, Cultural Property, and the US Legal Framework for Making Acquisitions", in: Kate Fitz Gibbon (Hg.) „Who Owns the Past?", S.148f.; Juan Carlos Uribe, „The Protection of Cultural Heritage in Columbia", in: Barbara T. Hoffman (Hg.), „Art and Cultural Heritage", S.121ff.

1502 Barbara T. Hoffman, „International Art Transactions and the Resolution of Art and Cultural Property Disputes", in: Barbara T. Hoffman (Hg.), „Art and Cultural Heritage", S.161f.

1503 Kurt Siehr, „Das UNESCO-Übereinkommen", in: KUR 2005, S.39; vgl. auch Übersicht bei Barbara T. Hoffman, „International Transactions and the Resolution of Art and Cultural Property Disputes", in: Barbara T. Hoffman (Hg.), „Art and Cultural Heritage", S.177.

1504 Patty Gerstenblith, „Art, Cultural Heritage, and the Law", S.559f.; Lambert Köhling, „Der Eigentumserwerb abhanden gekommener Kunstgegenstände im amerikanischen Recht", S.25.

1505 Barbara T. Hoffman, „International Art Transactions and the Resolution of Art and Cultural Property Disputes", in: Barbara T. Hoffman (Hg.), „Art and Cultural Heritage", S.162.

1506 United States v. Schultz, 178 F. Supp. 2d 445 (S.D.N.Y. 2002); Autocephalous Greek-Orthodox Church v. Goldberg & Feldman Fine Arts, Inc., 917 f.2d 278; US v. An Original Manuscript Dated Nov. 19, 1778, US Dist. LEXIS 1859 (S.D.N.Y. 1999); Molly A.Torsen, „Cultural Property Dispersion", in: Art Antiquity and Law, 2004, S.151.

richt in dem Fall United States v. A Roman Sculpture 1996 erstmals gestützt auf den CPIA die Rückgabe einer Skulptur an Italien an.[1507]
Besondere Beachtung verdient aber neben den Regelungen des CPIA auch der §312 des Public Law 97-446: Nach diesem entfällt der Anspruch sowohl hinsichtlich gestohlener als auch hinsichtlich unrechtmäßig ausgeführter archäologischer und ethnologischer Kulturgüter nach dreijähriger Belegenheit in den USA, wenn das Kulturgut von einem anerkannten Museum bzw. einer religiösen oder weltlichen Institution gutgläubig erworben wurde und der Erwerb in ausreichender Weise publiziert wurde, das Kulturgut mindestens ein Jahr öffentlich ausgestellt wurde oder nach der Katalogisierung zwei Jahre auf Nachfrage zugänglich war, nach zehnjähriger Belegenheit in den USA, wenn das Kulturgut davon mindestens fünf Jahre öffentlich ausgestellt wurde oder der Vertragsstaat von seinem Aufenthaltsort ausreichende Kenntnis erlangt hat, sonst nach zwanzigjähriger Belegenheit, wenn der Erwerber gutgläubig war. Diese in dieser Auflistung kodifizierten Ausnahmen orientieren sich an dem Rechtsinstitut der adverse possession.[1508]

93.4 National Stolen Property Act

Der National Stolen Property Act – kodifiziert in 18 U.S.C. §§2314-2315 – ist zwar vom Charakter her ein Strafgesetz, wird wegen seiner besonderen Bedeutung im Zusammenhang mit dem Kulturgüterschutz aber in die Darstellung mitaufgenommen. 18 U.S.C. §2314 verbietet den Transport gestohlener Kulturgüter über die Grenzen, einschließlich der innerstaatlichen, sowie 18 U.S.C. §2315 den Erwerb oder Verkauf gestohlener Kulturgüter. Daneben kann ein gleichzeitiger Verstoß gegen ausländische Kulturgüterschutzregelungen, wenn diese einen ausländischen Staat zum Eigentümer bestimmen, ebenfalls als Eigentumstraftat im Sinne des NSPA gewertet werden.[1509]
Dabei entfaltet der NSPA seine besondere Bedeutung insbesondere im Zusammenspiel mit dem gegen ein Objekt geführten zivilrechtlichen Verfahren der sog. civil forfeiture, welches bei strafrechtlichen Verstößen die Beschlagnahme und Einziehung dieses Objektes durch die U.S. Regierung ermöglichen soll, es aber Dritten mit einem rechtlichen Interesse an dem Eigentum ermöglicht, als Antragsteller gegen die forfeiture vorzugehen.[1510] Da im Rahmen der civil forfeiture die Rückgabe eines Kulturgutes, wel-

---

1507 Marc Weber, „Archäologische Objekte vor US-amerikanischen Gerichten“, in: Peter Johannes Weber u.a. (Hg.) „Liber discipulorum et amicorum: Festschrift für Kurt Siehr zum 65. Geburtstag: Band 2“, S.260ff.

1508 Marie C. Malaro, „A Legal Primer on Managing Museum Collections“, S.83f.

1509 United States v. Schultz, 178 F. Supp. 2d 445ff. (S.D.N.Y. 2002); United States v. Pre-Columbian Artifacts, 845 F.Supp. 544 (N.D.Ill. 1993); United States v. An Antique Platter of Gold, 184 F.3d 131 (2d Cir. 1999); Isabelle Fellrath Gazzini, „Cultural Property Disputes“, S.34f.; Mark J. Petr, „Trading Places“, in: Hastings IntCompLRev 2005, S.503; Patty Gerstenblith, „Art, Cultural Heritage, and the Law“, S.568ff.; Kurt Siehr, „Protection of Cultural Property“, in: Eric Schneider und Roseann M. Schneider (Hg.), „Cultural Property Protection“, S.79; Marc Weber, „Archäologische Objekte vor US-amerikanischen Gerichten“, in: Peter Johannes Weber u.a. (Hg.) „Liber discipulorum et amicorum: Festschrift für Kurt Siehr zum 65. Geburtstag: Band 2“, S.255ff.; Ildiko P. DeAngelis, „How Much Provenance Is Enough?“, in: Barbara T. Hoffman (Hg.), „Art and Cultural Heritage“, S.399.

1510 Barbara T. Hoffman, „International Art Transactions and the Resolution of Art and Cultural Property Disputes“, in: Barbara T. Hoffman (Hg.), „Art and Cultural Heritage“, S.163.

ches wegen der Verletzung des NSPA beschlagnahmt worden ist, an den Eigentümer anstelle einer Einziehung zugunsten des Staats verlangt werden kann, sind Verstöße gegen den NSPA von besonderer Relevanz im Zusammenhang mit der Rückgabe von gestohlenen Kulturgütern.[1511] Denn auch wenn der NSPA selbst nicht als forfeiture statute anzusehen ist, können andere Vorschriften wie beispielsweise 19 U.S.C. §1595a (c) herangezogen werden, welcher die forfeiture bei einem gesetzeswidrigen Import von zu diesem Zeitpunkt bekanntermaßen gestohlenen Waren ermöglicht.[1512]
Der Anwendungsbereich des CPIA und des NSPA überschneiden sich, da der CPIA nur die Lücken des NSPA schließen, diesen jedoch nicht ersetzen sollte.[1513] Während Art. 5 des UNESCO-Kulturgutübereinkommens und §2604 CPIA voraussetzen, dass die geschützten Kulturgüter in einem nationalen Verzeichnis aufgelistet werden,[1514] ermöglicht §2314 NSPA den Schutz ausländischer Kulturgüter, selbst wenn sie sich nicht in einem solchen Verzeichnis befinden.[1515] Auch setzt der NSPA nicht voraus, dass sich die gestohlenen Kulturgüter zuvor in einem Museum oder einer ähnlichen Institution befunden haben, wie es §2607 CPIA voraussetzt.[1516] Zwar ist wegen des strafrechtlichen Charakters nach §2315 NSPA die Kenntnis davon, dass das Kulturgut gestohlen oder illegal exportiert worden ist, erforderlich, jedoch ist diese Kenntnis in mehreren Fällen aus den Handlungen der Angeklagten hergeleitet worden, beispielsweise aus der Teilung einer Stele in mehrere, leichter zu schmuggelnde Stücke.[1517]
Bei nicht deklarierten Kulturgütern oder falschen Angaben, die Herkunft und den Wert eines Kulturgutes betreffen, kann der Zoll das Kulturgut deswegen ebenfalls beschlagnahmen, unabhängig davon, ob das Kulturgut gleichzeitig einem Importverbot unterliegt.[1518] Bei Importen „contrary to law" bildet 18 U.S.C. §545 die Grundlage der civil forfeiture, bei falschen Angaben 18 U.S.C. §542. Jedoch wird bei falschen Angaben bezüglich der Herkunft eines Kulturgutes wegen der Customs Directive 5230-15 und der besonderen Bedeutung des Herkunftsstaats für das weitere Vorgehen der Zollbehörden 18 U.S.C. §545 für anwendbar gehalten.[1519]

1511 Jennifer Anglim Kreder, „The Choice between Civil and Criminal Remedies in Stolen Art Litigation", in: VandJTransnL 2005, S.1224f.

1512 United States v. Schultz 333 F.3d 409; Jennifer Anglim Kreder, „The Choice between Civil and Criminal Remedies in Stolen Art Litigation", in: VandJTransnL 2005, S.1224f.; Barbara T. Hoffman, „International Art Transactions and the Resolution of Art and Cultural Property Disputes", in: Barbara T. Hoffman (Hg.), „Art and Cultural Heritage", S.164.

1513 Mark J. Petr, „Trading Places", in: Hastings IntCompLRev, 2005, S.513; William G. Pearlstein, „Cultural Property, Congress, the Courts, and Customs" in: Kate Fitz Gibbon (Hg.) „Who Owns the Past?", S.22.

1514 Andrea Cunning, „U.S. Policy on the Enforcement of Foreign Export Restrictions", in: Houston JIntL 2004, S.461.

1515 Andrea Cunning, „U.S. Policy on the Enforcement of Foreign Export Restrictions", in: Houston JIntL 2004, S.469.

1516 Mark J. Petr, „Trading Places", in: Hastings IntCompLRev 2005, S.513; Andrea Cunning, „U.S. Policy on the Enforcement of Foreign Export Restrictions", in: Houston JIntL 2004, S.487.

1517 United States v. Hollinshead 495 F.2d 1156; Mark J. Petr, „Trading Places", in: Hastings IntCompLRev, 2005, S.503, S.506ff.

1518 Andrea Cunning, „U.S. Policy on the Enforcement of Foreign Export Restrictions", in: Houston JIntL 2004, S.449, S.472; Jennifer Anglim Kreder, „The Choice between Civil and Criminal Remedies in Stolen Art Litigation", in: VandJTransnL 2005, S.1224f.

1519 Barbara T. Hoffman, „International Art Transactions and the Resolution of Art and Cultural Property Disputes", in: Barbara T. Hoffman (Hg.), „Art and Cultural Heritage", S.162ff.

Wenn nicht zugleich ein Importverbot verletzt, das Kulturgut gestohlen oder eine fehlerhafte Zollerklärung abgegeben wurde, ermöglicht die Verletzung reiner ausländischer Exportverbote bei nicht gestohlenen Kulturgütern jedoch keine Rückgabeansprüche, denn nur bei Rechtsverstößen gegen nationales Recht beschlagnahmen die Zollbehörden Kulturgüter.[1520] Straf- und Zollvorschriften bieten zudem nur eine Handhabe gegen bösgläubige, nicht gegen gutgläubige Besitzer.[1521]
Auch ist zu berücksichtigen, dass seit 2000 aufgrund des Civil Asset Forfeiture Reform Act (CAFRA) – kodifiziert in 18 U.S.C. §983 – verschärfte Anforderungen an eine civil forfeiture gestellt werden.[1522] In Bezug auf gestohlene Kulturgüter ist insbesondere der in §983(d) CAFRA verankerte neue innocent-owner defence von Bedeutung, wobei als innocent owner unter anderem derjenige Käufer gilt, welcher nach dem für die forfeiture maßgeblichen unrechtmäßigen Vorgang eine Sache erworben hat und zum Zeitpunkt des Erwerbs gutgläubig war und nicht wusste oder wissen musste, dass die Sache einen Gegenstand der forfeiture darstellen könnte. Dabei können gegen die Gutgläubigkeit bei Kulturgütern neben Umständen des Verkaufs, wie dem Verkauf in einem Hotelzimmer gegen Bargeld, auch ein Verzicht des Käufers auf eine umfassende Recherche und Darlegung der Provenienz durch den Kunsthändler sprechen. Dem Anspruchsteller, welcher den Besitz verloren hat, wird im Rahmen des in in 18 U.S.C. §983 kodifizierten innocent-owner defence die Beweislast auferlegt, von dem für die forfeiture maßgeblichen Vorgang nichts gewusst zu haben. Darüber hinaus ist umstritten, ob er darlegen muss, Herrschaft und Kontrolle über die Sache ausgeübt zu haben oder ein rechtliches Interesse an der Sache zu besitzen.[1523]

93.5 Gutgläubiger Erwerb vom Nichtberechtigten

Grundsätzlich gibt es in keinem Staat der USA den gutgläubigen Erwerb gestohlener Sachen.[1524] In diesem Zusammenhang gilt die römische Rechtsregel fort: „nemo plus iuris ad alium transferre potest quam ipse habet", welche besagt, dass ein Recht, wel-

---

1520 United States v. Schultz, 178 F. Supp. 2d 445 (S.D.N.Y. 2002); United States v. Pre-Columbian Artifacts, 845 F.Supp. 544 (N.D.Ill. 1993); Andrea Cunning, „U.S. Policy on the Enforcement of Foreign Export Restrictions", in: Houston JIntL 2004, S.479f.; John Henry Merryman, „The Free International Movement of Cultural Property", in: John Henry Merryman (Hg.), „Thinking About the Elgin Marbles: Critical Essays on Cultural Property, Art and Law", S.303f.; Kathryn Last, „The Resolution of Cultural Property Disputes: Some Issues of Defintion", in: „Resolution of Cultural Property Disputes", S.67.

1521 Lyndel Vivien Prott und Patrick Joseph O'Keefe, „Law and the Cultural Heritage: Volume 3, Movement", S.378, Rn.719.

1522 Jennifer Anglim Kreder, „The Choice between Civil and Criminal Remedies in Stolen Art Litigation", in: VandJTransnL 2005, S.1205.

1523 US v. An Original Manuscript Dated Nov. 19, 1778, US Dist. LEXIS 1859 (S.D.N.Y. 1999); U.S. v. One Lincoln Navigator 1998, 328 F.3d 1011 (8th Cir.2003); U.S. v. 2001 Honda Accord EX, 245 F.Supp. 2d 602 (M.D.Pa. 2003); Jennifer Anglim Kreder, „The Choice between Civil and Criminal Remedies in Stolen Art Litigation", in: VandJTransnL 2005, Barbara T. Hoffman, „International Art Transactions and the Resolution of Art and Cultural Property Disputes", in: Barbara T. Hoffman (Hg.), „Art and Cultural Heritage", S.162f.

1524 Jarste Akkermann, „Internationaler Kulturgüterschutz", in: KUR 2002, S.33; Marie C. Malaro, „A Legal Primer on Managing Museum Collections", S.73.

ches man selbst nicht habe, man nicht veräußern könne.[1525] Diese ist auch in §2-403 (1) 1 UCC kodifiziert worden.[1526]
Dem Bedürfnis des Rechtsverkehrs wird aber ausnahmsweise dann stärker Rechnung getragen, wenn der Eigentümer den Verkauf der Sache vorwerfbar erleichtert hat. Nach den §§1-101 bis 1-105 gelten auch im Rahmen des UCC die allgemeinen equity und common law Prinzipien. So gilt das equity-Prinzip estoppel als wichtigste Ausnahme, welche zum Rechtsverlust des Eigentümers führt. Vorraussetzung ist, dass der Veräußerer schuldhaft den Schein der Berechtigung hervorgerufen hat.[1527]
Eine andere wichtige in §2-403 (1) 2, 3 UCC kodifizierte Ausnahme ist der voidable title, welcher die wirksame Eigentumsübertragung durch den gutgläubigen Käufer an einen gutgläubigen Dritten ermöglicht, wenn der Kaufvertrag anfechtbar bzw. im nachhinein nichtig ist, jedoch keine Anwendung findet, wenn der Kaufvertrag von Anfang an nichtig ist. Hintergrund der Regelung ist, dass der Eigentümer in diesen Fällen weniger schutzwürdig ist.[1528]
Daneben wurden in §2-403 (2), (3) UCC weitere Ausnahmen vom nemo dat-Grundsatz kodifiziert wie der gutgläubige Erwerb vom Kaufmann, welchem die Sache vom Eigentümer anvertraut worden war und welcher mit Waren gleicher Art handelt.[1529]
Der gute Glaube wird in §1-201 (19) UCC als „honesty in fact in the conduct or transaction concerned" definiert, sodass grundsätzlich nur positive Kenntnis schadet und fahrlässige Unkenntnis nur dann, wenn der Erwerber zumindest Kenntnis von Umständen hat, die ihn zu Nachforschungen hätten veranlassen müssen.[1530] An die Gutgläubigkeit, welche nach amerikanischem Recht nicht vermutet wird, sondern vom Erwerber bewiesen werden muss, werden von der Rechtsprechung hohe Anforderungen gestellt. Insbesondere Kunsthändlern obliegt eine besondere Pflicht, sich über die Eigentumsverhältnisse zu vergewissern.[1531]

1525 Haimo Schack, „Kunst und Recht",S.200f., Rn. 486; Lambert Köhling, „Der Eigentumserwerb abhanden gekommener Kunstgegenstände im amerikanischen Recht", S.28f.; Guido Carducci, „The Growing Complexity of International Art Law", in: Barbara T. Hoffman (Hg.), „Art and Cultural Heritage", S.68.

1526 Hermann J. Knott, „Der Anspruch auf Herausgabe gestohlenen und illegal exportierten Kulturguts", S.32; Susanne Spaun, „Der Herausgabeanspruch bei Diebstahl oder illegalem Export von Kulturgütern", S.83.

1527 Lambert Köhling, „Der Eigentumserwerb abhanden gekommener Kunstgegenstände im amerikanischen Recht", S.29f.

1528 Hermann J. Knott, „Der Anspruch auf Herausgabe gestohlenen und illegal exportierten Kulturguts", S.32f.; Susanne Spaun, „Der Herausgabeanspruch bei Diebstahl oder illegalem Export von Kulturgütern", S.83; Lambert Köhling, „Der Eigentumserwerb abhanden gekommener Kunstgegenstände im amerikanischen Recht", S.30.

1529 Gerte Reichelt, „La dimension de droit privé en matière de la protection des biens culturels", in: „La protection internationale des biens culturels", S.70; Brigitte Schwadorf-Ruckdeschel, „Rechtsfragen des grenzüberschreitenden rechtsgeschäftlichen Erwerbs von Kulturgütern", S.156; Lambert Köhling, „Der Eigentumserwerb abhanden gekommener Kunstgegenstände im amerikanischen Recht", S.30.

1530 Susanne Spaun, „Der Herausgabeanspruch bei Diebstahl oder illegalem Export von Kulturgütern", S.84.

1531 Howley v. Sotherby's, N.Y.L.J. 20.6.1986, 6 (N.Y. 1986); Lambert Köhling, „Der Eigentumserwerb abhanden gekommener Kunstgegenstände im amerikanischen Recht", S.31; Susanne Spaun, „Der Herausgabeanspruch bei Diebstahl oder illegalem Export von Kulturgütern", S.84.

93.6 Ersitzung und Verjährung bzw. Verwirkung

Wie das Recht der meisten Bundesstaaten kennt auch das New Yorker Recht kein der Ersitzung völlig entsprechendes Rechtsinstitut,[1532] jedoch kann der Herausgabeanspruch des Eigentümers gegen den Besitzer verjähren.[1533] Im New Yorker Recht gilt jedoch hinsichtlich des Verjährungsbeginns eine Besonderheit: Auf den Zeitpunkt der Besitzergreifung wird nur bei Bösgläubigen abgestellt, während bei Gutgläubigen die Verjährung erst nach Kenntniserlangung des Eigentümers vom Besitzer der gesuchten Sache, dem Herausverlangen und einer darauf folgenden Weigerung des Besitzers beginnt.[1534] So wurde beispielsweise im Fall Kunstsammlungen zu Weimar v. Elicofon unter Anwendung des New Yorker Rechts entschieden, dass die Verjährungsfrist von drei Jahren nicht bereits beim Kauf 1946, sondern erst nach Forderung und Verweigerung der Herausgabe 1966 begonnen hat und zum Zeitpunkt der Klageerhebung 1969 noch nicht abgelaufen war.[1535]

Ursprünglich sollte diese demand and refusal rule den gutgläubigen Erwerber vor Schadensersatzklagen schützen, bevor ihm eine Gelegenheit zur Herausgabe der Sache eingeräumt worden war.[1536] Gerade bei gestohlenen Sachen erweist sich diese Hemmung der Verjährung bis zur Kenntniserlangung vom Verbleib der Sache jedoch für den Eigentümer als vorteilhaft.[1537]

Auch begünstigt die demand and refusal rule den Eigentümer unabhängig davon, ob er sich um den Verbleib der gestohlenen Sachen sorgfältig kümmert. So wandte der Court of Appeals des Staats New York unter ausdrücklicher Feststellung einer falschen Anwendung des New Yorker Rechts in DeWeerth v. Baldinger,[1538] einer Ansicht, der sich mittlerweile auch der United States Court of Appeals for the Second Circuit angeschlossen hat, die demand and refusal rule zugunsten des Guggenheim-Museums an, obwohl dieses, nachdem es das Verschwinden einer Gouache von Marc Chagall bei einer alle 10 Jahre stattfindenden Inventur des Magazins bemerkte, weder den Kunsthandel noch die Polizei informierte, sondern 1974 das Werk deakzessionierte und erst 1985 nach einem Hinweis hinsichtlich des Verbleibs des mehrfach in einer

---

1532 Lambert Köhling, „Der Eigentumserwerb abhanden gekommener Kunstgegenstände im amerikanischen Recht", S.33.

1533 Lambert Köhling, „Der Eigentumserwerb abhanden gekommener Kunstgegenstände im amerikanischen Recht", S.34.

1534 Menzel v. List, 267 N.Y.S.2d 804 (S.Ct.1966); Marie C. Malaro, „A Legal Primer on Managing Museum Collections", S.75; Lambert Köhling, „Der Eigentumserwerb abhanden gekommener Kunstgegenstände im amerikanischen Recht", S.38f.

1535 Kunstsammlungen zu Weimar v. Elicofon, 678 F.2d 1150 (2d Cir. 1982); Anette Hipp, „Schutz von Kulturgütern in Deutschland", S.178.

1536 Lambert Köhling, „Der Eigentumserwerb abhanden gekommener Kunstgegenstände im amerikanischen Recht", S.38f.

1537 Haimo Schack, „Kunst und Recht", S.204, Rn. 495; Lambert Köhling, „Der Eigentumserwerb abhanden gekommener Kunstgegenstände im amerikanischen Recht", S.104; Marie C. Malaro, „A Legal Primer on Managing Museum Collections", S.77; Lawrence M. Kaye, „Cultural Property Disputes in Foreign Courts", in: Eric Schneider und Roseann M. Schneider (Hg.), „Cultural Property Protection", S.62.

1538 DeWeerth v. Baldinger, 836 F.2d 103 (2d Cir. 1987).

renommierten New Yorker Galerie öffentlich ausgestellten Werkes Herausgabeklage erhob.[1539]

Wegen der Zweckentfremdung und der Benachteiligung des gutgläubigen Besitzers gegenüber dem bösgläubigen Besitzer wird die demand and refusal rule als systemwidrig kritisiert.[1540] Andererseits erfolgt die höhere Gewichtung der Eigentümerinteressen in Übereinstimmung mit dem nemo dat-Grundsatz und hat den rechtpolitischen Vorteil, dass die Verschiebung des Zeitablaufs dem illegalen Handel entgegenwirkt.[1541] Daneben wird aber auch darauf hingewiesen, dass die demand and refusal rule in den Fällen Menzel v. List und Kunstsammlungen zu Weimar v. Elicofon ausgestaltet wurde, die aufgrund ihrer Bezüge zum Zweiten Weltkrieg von besonderen Billigkeitserwägungen geprägt waren und anfängliche Zweifel an der generellen Anwendung erst seit Solomon R. Guggenheim Foundation v. Lubell als endgültig ausgeräumt gelten.[1542]

Auch im common law vernichtet die dem Verfahrensrecht zugerechnete Verjährung grundsätzlich nicht den Herausgabeanspruch, sondern nur seine Durchsetzbarkeit. Dennoch hat sich ihre Wirkung weiterentwickelt und kann den Rechtsverlust und Rechtserwerb des Eigentumstitels bewirken, sog. acquisitive prescription. So ist zunächst aufgrund des im Immobilienrecht entwickelten, anschließend aber auch auf Kunstgegenstände übertragenen Rechtsinstituts der adverse possession die Möglichkeit eröffnet worden, dass im Zusammenhang mit der Verjährung das Eigentum an einer Sache auf den Besitzer übergeht.[1543] Durch diesen aufgrund des Verhaltens des Besitzers ermöglichten Eigentumsübergang entsteht zwar eine gewisse Ähnlichkeit zur Ersitzung. Der Eigentumsübergang hat aber seinen Ursprung in dem mit der Verjährung verknüpften Sanktionsgedanken gegenüber dem Berechtigten, welcher seine Rechte nicht rechtzeitig geltend macht, sondern untätig bleibt.[1544] Mittlerweile ist das lange Zeit bevorzugte Rechtsinstitut der adverse possession trotz des Aufgreifens im CPIA jedoch außerhalb des Anwendungsbereichs des CPIA immer mehr durch andere Rechtsinstitute der Verjährung verdrängt worden. So hat sich im New Yorker Recht der aufgezeigte Sonderweg der demand and refusal rule entwickelt.[1545] Bei den sich

---

1539 Solomon R. Guggenheim Foundation v. Lubell, 569 N.E.2d 426 (N.Y.Ct.App. 1991); Haimo Schack, „Kunst und Recht“, S.204f., Rn. 496; Anette Hipp, „Schutz von Kulturgütern in Deutschland“, S.181.

1540 Lambert Köhling, „Der Eigentumserwerb abhanden gekommener Kunstgegenstände im amerikanischen Recht“, S.103, 106f.

1541 Haimo Schack, „Kunst und Recht“, S.204, Rn. 495; Lambert Köhling, „Der Eigentumserwerb abhanden gekommener Kunstgegenstände im amerikanischen Recht“, S.104ff.

1542 Menzel v. List, 267 N.Y.S.2d 804 (S.Ct.1966); Kunstsammlungen zu Weimar v. Elicofon, 678 F.2d 1150 (2d Cir. 1982); Solomon R. Guggenheim Foundation v. Lubell, 569 N.E.2d 426ff. (N.Y.Ct.App. 1991); Marie C. Malaro, „A Legal Primer on Managing Museum Collections“, S.77ff.; Patty Gerstenblith, „Art, Cultural Heritage, and the Law“, S.194ff.

1543 Stefan Turner, „Das Restitutionsrecht des Staates nach illegaler Ausfuhr von Kulturgütern“, S.116; Lambert Köhling, „Der Eigentumserwerb abhanden gekommener Kunstgegenstände im amerikanischen Recht“, S.35; Marie C. Malaro, „A Legal Primer on Managing Museum Collections“, S.73.

1544 Lambert Köhling, „Der Eigentumserwerb abhanden gekommener Kunstgegenstände im amerikanischen Recht“, S.35ff.

1545 Marie C. Malaro, „A Legal Primer on Managing Museum Collections“, S.83; Lambert Köhling, „Der Eigentumserwerb abhanden gekommener Kunstgegenstände im amerikanischen Recht“, S.41, S.83 sowie S.94.

von der adverse possession unterscheidenden Verjährungsregelungen gilt jedoch als zweifelhaft, ob sie eine dogmatische Basis für den Eigentumsübergang durch Zeitablauf bieten.[1546] Wegen der zeitlichen Verschiebung des Beginns der dreijährigen Verjährungsfrist durch die demand and refusal rule hat der gutgläubige Erwerber nach New Yorker Recht ohnehin vergleichsweise schlechte Chancen, sich auf die Verjährung zu berufen.[1547]

Neben der Verjährung kann aber auch die Verwirkung geltend gemacht werden. Die Verwirkung ist im New Yorker Recht von besonderer Bedeutung. Sie kann auch eingewendet werden, wenn die Verjährung wegen der demand and refusal rule noch nicht begonnen hat.[1548] So kann im New Yorker Recht ein Eigentumsübergang durch Zeitablauf im Zusammenhang mit dem Verwirkungstatbestand laches eintreten.[1549] Dieser gestattet eine Interessenabwägung unter Billigkeitsgesichtspunkten.[1550] Wegen dieser Abwägung wird gegen die New Yorker Lösung jedoch eingewandt, dass der wegen der demand and refusal rule die Verjährung an Bedeutung übertreffende laches defense letztlich nicht funktionsäquivalent ist und nicht das gleiche Maß an Rechtssicherheit gewähren kann.[1551]

Der laches defense hat aber einen Vorteil: Während die Berücksichtigungsfähigkeit von Sorgfaltspflichtverletzungen des ursprünglichen Eigentümers bei der Wiedererlangung seines Kulturgutes im Zusammenhang mit der Verjährung im New Yorker Recht fraglich ist, besteht Einigkeit dahingehend, dass sie im Zusammenhang mit der Verwirkung relevant sein können.[1552]

So war der Court of Appeals im Fall Solomon R. Guggenheim Foundation v. Lubell der Ansicht, dass die Frage der Sorgfaltswidrigkeit des Eigentümers keine Frage der Verjährung, sondern der Verwirkung sei, und wies den Fall für den laches test an die erste Instanz zurück. Eine Klärung erfolgte jedoch nicht, da sich die Parteien zuvor verglichen.[1553] Erfolgreich gelang die Berufung auf laches allerdings im Fall Greek

---

1546 Lambert Köhling, „Der Eigentumserwerb abhanden gekommener Kunstgegenstände im amerikanischen Recht", S.102.

1547 Lambert Köhling, „Der Eigentumserwerb abhanden gekommener Kunstgegenstände im amerikanischen Recht", S.39.

1548 Solomon R. Guggenheim Foundation v. Lubell, 569 N.E.2d 430f. (N.Y.Ct.App. 1991) Lambert Köhling, „Der Eigentumserwerb abhanden gekommener Kunstgegenstände im amerikanischen Recht", S.40; Sue Choi, „The Legal Landscape of the International Art Market After *Republic of Austria v. Altmann*", in: NwJIntL&B 2005, S.194.

1549 Lawrence M. Kaye, „Cultural Property Disputes in Foreign Courts", in: Eric Schneider und Roseann M. Schneider (Hg.), „Cultural Property Protection", S.62f.; Lambert Köhling, „Der Eigentumserwerb abhanden gekommener Kunstgegenstände im amerikanischen Recht", S.98.

1550 Haimo Schack, „Kunst und Recht", S.204f., Rn. 496; Marie C. Malaro, „A Legal Primer on Managing Museum Collections", S.73; Ashton Hawkins und Judith Church, „A Tale of Two Innocent", in: Kate Fitz Gibbon (Hg.) „Who Owns the Past?", S.60.

1551 Ashton Hawkins und Judith Church, „A Tale of Two Innocent", in: Kate Fitz Gibbon (Hg.) „Who Owns the Past?", S.61.

1552 Barbara T. Hoffman, „International Art Transactions and the Resolution of Art and Cultural Property Disputes", in: Barbara T. Hoffman (Hg.), „Art and Cultural Heritage", S.172; Ildiko P. DeAngelis, „How Much Provenance Is Enough?", in: Barbara T. Hoffman (Hg.), „Art and Cultural Heritage", S.403.

1553 Solomon R. Guggenheim Foundation v. Lubell, 569 N.E.2d 426 (N.Y.Ct.App. 1991); Hermann J. Knott, „Neue Tendenzen im Recht des internationalen Kunsthandels in den USA", in: RIW 1991, S.558; Haimo Schack, „Kunst und Recht", S.204f., Rn. 496; Marie C. Malaro, „A Legal Primer on Managing Museum Collections", S.80.

Orthodox Patriarchate of Jerusalem v. Christie's mit der Begründung, dass über 70 Jahre keine erkennbaren Bemühungen stattgefunden hatten, das gestohlene Manuskript aufzuspüren.[1554]
Grundsätzlich genügt es beim laches test für den Besitzer, der die Verwirkung geltend machen will, nicht, wenn er auf die schuldhafte Sorgfaltswidrigkeit des Eigentümers verweisen kann, beispielsweise eine verspätete Benachrichtigung des Künstlers und der Kunsthändlervereinigungen oder eine unterlassene Registrierung in Registern wie dem Art Loss-Register. Er muss darlegen, dass diese Sorgfaltswidrigkeit des Eigentümers für den Schaden kausal war und er daher selbst beim Kauf mit der gebotenen Sorgfalt vorgegangen ist. In diesem Zusammenhang ist bei Kulturgütern insbesondere an Registeranfragen gedacht worden, aber auch an eine Kontrolle von Zeitschriften und Verzeichnissen in zumutbarem Umfang zur Klärung der Eigentumsverhältnisse.[1555]
Nachdem jedoch im Zusammenhang mit der Verwirkung in Guggenheim Foundation v. Lubell einheitliche Verhaltensregeln und Sorgfaltsanforderungen des bestohlenen Eigentümers abgelehnt wurden, werden teilweise auch einheitliche Standards hinsichtlich der Verwirkungsregeln als überholt angesehen.[1556] Da der laches test auf Billigkeitsgesichtspunkten basiert, wird er als zeitaufwendig, teuer und risikoreich, jedoch der Einzelfallgerechtigkeit dienlich und den illegalen Kunstmarkt abschreckend eingeschätzt.[1557]

93.7 Herausgabeansprüche gestohlener Kulturgüter

Grundsätzlich kann derjenige, der ein besseres Besitzrecht, insbesondere das Eigentum geltend machen kann, zwei Ansprüche geltend machen, die beide zu den torts gezählt werden, denselben Voraussetzungen unterliegen, sich aber in der Rechtsfolge unterscheiden.[1558] Da das Negieren des Rechts des Klägers als ein deliktisches Verhalten des Beklagten anzusehen ist, erfüllt eine willentliche, im Widerspruch zum Recht des Berechtigten stehende Besitzausübung den Tatbestand der conversion, wonach aber grundsätzlich nur ein Schadensersatzanspruch gewährt wird.[1559] Zu beachten ist auch hier die demand and refusal Rechtsprechung, die im New Yorker Recht zu der Besonderheit führt, dass ein Anspruch aus conversion nicht besteht, bevor nicht der Besitzer die Herausgabe der Sache verweigert hat.[1560] Gerade wenn es um Kulturgüter geht, hat ein Schadensersatzanspruch jedoch den Nachteil, dass nur Geldersatz, nicht aber die

---

1554 Greek Orthodox Patriachate of Jerusalem v. Christies, 1999 U.S. Dist. LEXIS 13257 (S.D.N.Y. 1999); Lawrence M. Kaye, „Cultural Property Disputes in Foreign Courts", in: Eric Schneider und Roseann M. Schneider (Hg.), „Cultural Property Protection", S.63.

1555 Lambert Köhling, „Der Eigentumserwerb abhanden gekommener Kunstgegenstände im amerikanischen Recht", S.98ff.

1556 Anette Hipp, „Schutz von Kulturgütern in Deutschland", S.181.

1557 Marie C. Malaro, „A Legal Primer on Managing Museum Collections", S.81.

1558 Lambert Köhling, „Der Eigentumserwerb abhanden gekommener Kunstgegenstände im amerikanischen Recht", S.33f.

1559 Stefan Turner, „Das Restitutionsrecht des Staates nach illegaler Ausfuhr von Kulturgütern", S.60; Lambert Köhling, „Der Eigentumserwerb abhanden gekommener Kunstgegenstände im amerikanischen Recht", S.33.

1560 Hermann J.Knott, „Neue Tendenzen im Recht des internationalen Kunsthandels in den USA", in: RIW 1991, S.557.

Herausgabe eines bestimmten Gegenstandes gewährt wird.[1561] Ausnahmsweise kann aber auch Naturalrestitution als eine besondere Form des Schadensersatzes gefordert werden.[1562] Die auf Herausgabe der Sache gerichtete Klage wird im New Yorker Recht recovery of chattel genannt und ist in Art. 71 Civil Practice Law and Rules (CPLR) kodifiziert. Auch auf sie ist die demand and refusal Rechtsprechung mittlerweile übertragen worden.[1563]

93.8 Illegal exportierte Kulturgüter

Insbesondere bei auf öffentlich-rechtliche Normen gestütztem Eigentumserwerb wie bei dem originären staatlichen Eigentumserwerb bei Funden oder dem Eigentumserwerb durch Verfallsregelungen ist problematisch, ob dieser anerkannt wird und als Grundlage für einen zivilrechtlichen Herausgabeanspruch – wie recovery of chattel im New Yorker Recht – dienen kann.[1564] Wegen der dem Territorialitätsprinzip entsprechenden act of state doctrine[1565] müssen auf öffentlich-rechtlichen Normen ausländischer Staaten beruhende Eigentumsansprüche grundsätzlich abgewehrt werden, wenn diese auf extraterritoriale Wirkung ausgelegt sind.[1566]
So bestätigte das Appellationsgericht im Fall Jeanneret v. Vichey, dass eine extraterritoriale Wirkung von Exportverboten jedenfalls dann ausgeschlossen ist, wenn die ausländische Regelung eine Beschlagnahme voraussetzt.[1567] Im Zusammenhang mit einer qualifizierten Verfallsklausel, die automatisch einen gesetzlich fingierten Eigentumsübergang vorsieht, hat das Bundesbezirksgericht in Chicago in dem auf den NSPA gestützten Fall United States v. Pre-Columbian Artifacts den Eigentumsübergang an den Staat hingegen anerkannt, obwohl letztlich auch eine solche Verfallsregelung erst mit erfolgreichem illegalen Export und damit extraterritorial ihre Wirkung zu entfalten droht.[1568] Allerdings wurde diese Entscheidung kritisiert, da eine solch weitgehende Anerkennung von ausländischen Exportbeschränkungen die Entscheidung der Nichtumsetzung hinsichtlich des Art. 6 des UNESCO-Kulturgutübereinkommens außerhalb akuter Gefährdungssituationen unterläuft.[1569]
Hinsichtlich staatlichem Titulareigentums hat die Rechtsprechung zunächst eine mit ausländischen Exportgesetzen und reinen Veräußerungsverboten vergleichbare Berüh-

---

1561 Marie C. Malaro, „A Legal Primer on Managing Museum Collections", S.74.

1562 Haimo Schack, „Kunst und Recht", S.151f., Rn. 372; Lambert Köhling, „Der Eigentumserwerb abhanden gekommener Kunstgegenstände im amerikanischen Recht", S.33.

1563 Lambert Köhling, „Der Eigentumserwerb abhanden gekommener Kunstgegenstände im amerikanischen Recht", S.34 sowie S.39.

1564 Lambert Köhling, „Der Eigentumserwerb abhanden gekommener Kunstgegenstände im amerikanischen Recht", S.158f.

1565 Hermann J. Knott, „Der Anspruch auf Herausgabe gestohlenen und illegal exportierten Kulturguts", S.102; Lambert Köhling, „Der Eigentumserwerb abhanden gekommener Kunstgegenstände im amerikanischen Recht", S.143.

1566 Andrea Cunning, „U.S. Policy on the Enforcement of Foreign Export Restrictions", in: Houston JIntL 2004, S.473f.; Lambert Köhling, „Der Eigentumserwerb abhanden gekommener Kunstgegenstände im amerikanischen Recht", S.158ff.

1567 Jeanneret v. Vichey, 693 F. 2d 259 (2nd Cir. 1982).

1568 United States v. Pre-Columbian Artifacts, 845 F.Supp. 544 (N.D.Ill. 1993).

1569 Andrea Cunning, „U.S. Policy on the Enforcement of Foreign Export Restrictions", in: Houston JIntL 2004, S.457f.

rung des Territorialitätsprinzips abgelehnt. Dies wird jedoch nicht, wie im deutschen Recht, über die gesonderte Anknüpfung der Eigentumsvorfrage nach der lex rei sitae begründet, sondern über den primären Zweck des staatlichen Eigentumserwerbs, welcher bei reinen Export- und Veräußerungsverboten hinter dem Ziel, Kulturgüter im eigenen Land zu halten, erst an zweiter Stelle steht.[1570] Mittlerweile haben die Gerichte jedoch bei staatlichem Titulareigentum erhöhte Anforderungen hinsichtlich der Bestimmtheit des Eigentumserwerbs aufgestellt. So muss eine eindeutige Erklärung von Funden zu Staatseigentum erfolgen. Die Erklärung zum nationalen Erbe reicht nicht aus, wenn die Funde in Privateigentum belassen werden und lediglich Verfügungsbeschränkungen unterliegen.[1571] Auch dürfen Gesetzesanspruch und Rechtspraxis nicht auseinanderfallen, sodass die Geltendmachung eines staatlichen Eigentumsanspruchs im Ausland ausgeschlossen ist, wenn der Staat die betreffenden Kulturgüterbestimmungen im eigenen Land nicht durchsetzt.[1572] So konnte in Peru vs. Johnson zwar auf ein peruanisches Gesetz vom 13. Juni 1929 verwiesen werden, welches vorsah, dass nicht in ein Register eingetragener privater Kulturbesitz nach einer bestimmten Frist in das Eigentum des Staats überging, jedoch fehlte lange Zeit offensichtlich eine Registrierungsmöglichkeit.[1573] Daher kam das Gericht zu dem Schluss, dass die Regelung allenfalls im Ausland Wirkung entfalten sollte und daher vielmehr mit einer reinen Exportregelung vergleichbar sei: „There is no indication in the record that Peru has ever sought to exercise its ownership in such property, so long as there is no removal from that country. The laws of Peru concerning its artifacts could reasonably be considered to have no more effect than export restrictions."[1574] Allerdings ist der generelle Vollzug eines entsprechenden Gesetzes ausreichend, ein Vollzugsakt im Einzelfall wird nicht gefordert, somit auch keine Besitzergreifung.[1575] So stellt das Gericht in United States v.McClain ausdrücklich fest, „possession is but a frequent incident, not the sine qua non of the ownership".[1576] Des Weiteren muss der Staat aber den Nachweis führen, dass das Kulturgut aus dem Geltungsbereich der anspruchsbegründenden Norm stammt, was insbesondere bei illegal ausgegrabenen Funden Schwierigkeiten bereitet.[1577]

1570 United States v. Hollinshead, 495 F.2d 1154 (9th Cir. 1974); United States v. McClain I, 545 F.2d 988 (5th Cir. 1977); Lambert Köhling, „Der Eigentumserwerb abhanden gekommener Kunstgegenstände im amerikanischen Recht", S.165ff.

1571 United States v. McClain I, 545 F.2d 988 (5th Cir. 1977); Stefan Turner, „Das Restitutionsrecht des Staates nach illegaler Ausfuhr von Kulturgütern", S.88; Marie C. Malaro, „A Legal Primer on Managing Museum Collections", S.107.

1572 Government of Peru v. Johnson, 720 F.Supp.810 (C.D.Cal.1989); Lambert Köhling, „Der Eigentumserwerb abhanden gekommener Kunstgegenstände im amerikanischen Recht", S.164; Stefan Turner, „Das Restitutionsrecht des Staates nach illegaler Ausfuhr von Kulturgütern", S.109; Marie C. Malaro, „A Legal Primer on Managing Museum Collections", S.108f.

1573 Stefan Turner, „Das Restitutionsrecht des Staates nach illegaler Ausfuhr von Kulturgütern", S.112; Jack Batievsky und Jorge Velarde, „The Protection of Cultural Patrimony in Peru", in: Barbara T. Hoffman (Hg.), „Art and Cultural Heritage", S.100f.

1574 Government of Peru v. Johnson, 720 F.Supp.814 (C.D.Cal.1989).

1575 Stefan Turner, „Das Restitutionsrecht des Staates nach illegaler Ausfuhr von Kulturgütern", S.109.

1576 United States v. McClain I, 545 F.2d 992 (5th Cir. 1977).

1577 United States v. McClain I, 545 F.2d 988 (5th Cir. 1977); Government of Peru v. Johnson, 720 F.Supp.810, (C.D.Cal.1989); Lambert Köhling, „Der Eigentumserwerb abhanden gekommener Kunstgegenstände im amerikanischen Recht", S.164.

94 Kollisionsrechtliche Besonderheiten im New Yorker Recht

Nachdem die sachrechtlichen Besonderheiten des New Yorker Rechts bereits aufgezeigt wurden, sollen im Folgenden zusammen mit dem Kollisionsrecht kurz auch solche Besonderheiten besprochen werden, die mit der Geltendmachung von Ansprüchen vor amerikanischen Gerichten zusammenhängen, wie die internationale Zuständigekit und die Beschränkungen bei freiem Geleit.

94.1 Internationale Zuständigkeit

Wegen des für den Eigentümer günstigen materiellen Rechts insbesondere gegenüber einem gutgläubigen Erwerber[1578] sind amerikanische Gerichte als Forum bei Rechtstreitigkeiten im Zusammenhang mit Kulturgütern beliebt. Das forum shopping wird jedoch durch den forum non conveniens Einwand begrenzt, bei dem die Rechtsprechung bei Streitigkeiten mit Kulturgütern uneinheitliche Kriterien heranzieht.[1579] Im Sevso-Fall wurde die Zuständigkeit auf das öffentliche Interesse New Yorks am Kunsthandel gestützt, welches dadurch berührt wurde, dass der antike Silberschatz, dessen Herausgabe unter anderem der Libanon begehrte, von Sotheby's in New York ausgestellt worden war.[1580] Ebenfalls förderlich hinsichtlich der Zuständigkeit kann der Lageort des Kulturgutes am Forum sein. Allein der Import eines illegal exportierten Kulturgutes in die USA genügt jedoch nicht.[1581] Kulturgutspezifische Kriterien wie die Herkunft des Kulturgutes oder Aspekte des Kulturgüterschutzes bleiben vielmehr im Rahmen der Zuständigkeitsprüfung häufig unberücksichtigt. So wird bei abweisenden Entscheidungen New Yorker Gerichte in erster Linie auf entgegenstehende Effizienzgesichtspunkte hinsichtlich der Beweiserhebung oder der Anwendung ausländischen Rechts verwiesen.[1582]

94.2 Kollisionsrecht

Auf kollisionsrechtlicher Ebene ist im Bereich des Schuldrechts insbesondere das CISG von Bedeutung. Allerdings wird beklagt, dass das CISG trotz seiner Beliebtheit in Europa in den USA oft zugunsten des UCC abbedungen wird.[1583] Im Zusammenhang mit Herausgabeklagen ist zu berücksichtigen, dass diese deliktisch zu qualifizieren sind, sodass die lex loci delicti commissi gilt. Hinsichtlich Eigentumsfragen, auch wenn sie als Vorfrage von Herausgabeansprüchen zu klären sind, gilt grundsätzlich die

1578 Haimo Schack, „Kunst und Recht", S.204, Rn. 495.

1579 Lyndel Vivien Prott und Patrick Joseph O'Keefe, „Law and the Cultural Heritage: Volume 3, Movement", S.288, Rn.478; Lambert Köhling, „Der Eigentumserwerb abhanden gekommener Kunstgegenstände im amerikanischen Recht", S.11ff.

1580 Republic of Lebanon v. Sotheby's 561 N.Y.S. 2d 566 (1990).

1581 United States v. McClain I, 545 F.2d 988 (5th Cir. 1977); Barbara T. Hoffman, „International Art Transactions and the Resolution of Art and Cultural Property Disputes", in: Barbara T. Hoffman (Hg.), „Art and Cultural Heritage", S.159.

1582 Ernst v. Ernst 722 F.Supp. 61 (S.D.N.Y. 1989); State of Romania v. Former King Michael 622 N.Y.S. 2d 705 (1995); Haimo Schack, „Kunst und Recht", S.208, Rn. 502; Lambert Köhling, „Der Eigentumserwerb abhanden gekommener Kunstgegenstände im amerikanischen Recht", S.115f.

1583 Mathias Reimann, „The CISG in the United States", in: RabelsZ 71 (2007), S.125f.

lex rei sitae. Sowohl die lex loci delicti commissi als auch die lex rei sitae kann jedoch im Rahmen des significant relationship test modifiziert werden. Damit die kollisionsrechtliche Entscheidung den Besonderheiten eines Falls und Partei- und Gemeininteressen Rechnung tragen kann, soll auch ein anderes Recht herangezogen werden können, wenn es zum Sachverhalt die engste Verbindung aufweist.[1584] Auch wenn deutsche Vertreter abweichender kulturgutspezifischer Anknüpfungsregeln aufgrund der Flexibiltät im Rahmen des significant relationship test eine Korrekturmöglichkeit zugunsten der lex originis oder der für den ursprünglichen Eigentümer günstigsten Rechtsordnung eröffnet sehen, so steht dies nicht im Einklang mit der amerikanischen Rechtsprechung. Denn nur in seltenen Ausnahmefällen wie der concurring opinion des Richters Cudahy im Fall Goldberg werden Aspekte des Kulturgüterschutzes im Rahmen der Abwägung überhaupt angesprochen.[1585]

94.3 Sonderregelungen zum freien Geleit

Nach dem bereits 1965 beschlossenen Immunity from Seizure Act (IFSA) können kulturell bedeutende Kulturgüter aus ausländischen Staaten in die USA eingeführt werden, wenn eine zeitlich befristete Ausstellung ohne Gewinnerzielungsabsicht in den USA im nationalen Interesse liegt und ein entsprechender Hinweis im Federal Register veröffentlicht wurde, ohne dass der Erlass oder die Vollstreckung eines Urteils droht. Dabei schließt 22 U.S.C. §2459 selbst auf den CPIA gestützte Ansprüche aus. Nur Verfügungen des Präsidenten bleiben möglich.[1586] Neben diesem Bundesgesetz besteht eine eigene New Yorker Vorschrift, nämlich die des §12.03 Arts and Cultural Affairs Law (ACAL) vom 31.12.1984, deren Wirksamkeit die vorherige Existenz der bundesgesetzlichen Regelung nicht entgegensteht.[1587] Die New Yorker Vorschrift verhindert unter bestimmten Voraussetzungen automatisch den rechtlichen Zugriff auf leihweise importierte Ausstellungsstücke und ermöglicht so unter vereinfachten Voraussetzungen, insbesondere ohne vorherigen Antrag, ein freies Geleit.[1588] Auch schützt sie nicht nur den Leihverkehr mit anderen ausländischen Staaten, sondern auch mit anderen Staaten der USA.[1589] Des Weiteren gewährt sie nicht der Ausstellungsinstitution Im-

---

1584 Hermann J.Knott, „Neue Tendenzen im Recht des internationalen Kunsthandels in den USA", in: RIW 1991, S.555; Sabine Schmeinck, „Internationalprivatrechtliche Aspekte des Kulturgüterschutzes", S.167f.

1585 Lambert Köhling, „Der Eigentumserwerb abhanden gekommener Kunstgegenstände im amerikanischen Recht", S.136ff.

1586 Isabel Kühl, „Der Schutz von vorübergehend importierten Kulturgütern", in: „Kulturgüter: Möglichkeiten und Perspektiven einer gesamteuropäischen Zusammenarbeit", S.124f.; Marie C. Malaro, „A Legal Primer on Managing Museum Collections", S.84; Rebecca Nooan, „Immunity from Seizure", in: Kate Fitz Gibbon (Hg.) „Who Owns the Past?", S.45ff.

1587 Isabel Kühl, „Der internationale Leihverkehr der Museen", S.13; Sue Choi, „The Legal Landscape of the International Art Market After *Republic of Austria v. Altmann*", in: NwJIntL&B 2005, S.179.

1588 Lambert Köhling, „Der Eigentumserwerb abhanden gekommener Kunstgegenstände im amerikanischen Recht", S.112f.; Isabel Kühl, „Der Schutz von vorübergehend importierten Kulturgütern", in: „Kulturgüter: Möglichkeiten und Perspektiven einer gesamteuropäischen Zusammenarbeit", S.124ff.

1589 Stephen W. Clark, „The Schiele Matter", in: Kate Fitz Gibbon (Hg.) „Who Owns the Past?", S.75; Sue Choi, „The Legal Landscape of the International Art Market After *Republic of Austria v. Altmann*", in: NwJIntL&B 2005, S.179.

munität wie der IFSA, sondern dem Kunstwerk selbst.[1590] Ein Nachteil der New Yorker Regelung liegt jedoch darin, dass sie nicht, wie die US-amerikanische Regelung, alle Objekte von kultureller Bedeutung, sondern nur Gegenstände der Schönen Künste erfasst.[1591] Ein weiterer Nachteil der New Yorker Regelung wurde bislang darin gesehen, dass sie lediglich begrenzten Schutz gegen Maßnahmen in bestimmten zivilrechtlichen Verfahren gewährt.[1592] Trotz der Entscheidung des höchsten New Yorker Gerichts, des Court of Appeals, dass nach dem ACAL sowohl zivilrechtliche als auch strafrechtliche Beschlagnahmen grundsätzlich ausgeschlossen sind, hat das Verfahren United States of America v. Portrait of Wally dazu geführt, dass auch weiterhin viele New Yorker Museen ein freies Geleit nach dem IFSA beantragen. Letztlich wurde eines der Gemälde auf Anordnung des US Attorney for the Southern District of New York nicht gleich anschließend zurückgegeben, sondern ein auf eine Verletzung des NSPA gestütztes Verfahren der civil forfeiture, eingeleitet. Dies hatte eine weitgehende Verunsicherung von Leihgebern zur Folge.[1593] Eine auf dem IFSA basierde Zusicherung des freien Geleits ist jedoch ebenfalls problematisch, da im Fall Malewicz v. City of Amsterdam auch das freie Geleit nach dem IFSA einer Klage nicht entgegenstand, da nach Ansicht des Gerichts das freie Geleit nach dem IFSA allein „immunity from seizure“ gewährt, nicht hingegen „immunity from suit for a declaration of rights or for damages arising from an alleged conversion“.[1594] Auch ist die Grenze unklar, ab der bei einer auf ein großes Publikum zielenden Ausstellung die damit zunehmend verbundenen kommerziellen Nebeneffekte die Voraussetzung der Nichtprofitabilität des IFSA entfallen lassen.[1595]

95 Durchsetzbarkeit deutscher Exportverbote nach New Yorker Recht

Durch den Beitritt Deutschlands zum UNESCO-Kulturgutübereinkommen wird insbesondere §2607 CPIA anwendbar, sodass gestohlene registrierte Kulturgüter aus Muse-

1590 Sue Choi, „The Legal Landscape of the International Art Market After *Republic of Austria v. Altmann*“, in: NwJIntL&B 2005, S.179.

1591 Isabel Kühl, „Der Schutz von vorübergehend importierten Kulturgütern“, in: „Kulturgüter: Möglichkeiten und Perspektiven einer gesamteuropäischen Zusammenarbeit“, S.124f.; Anna O'Connell, „Immunity from Seizure“, in: Art Antiquity and Law 2006, S.6.

1592 Isabel Kühl, „Der internationale Leihverkehr der Museen“, S.14.

1593 US v. Portrait of Wally, US Dist. LEXIS 18713 (S.D.N.Y. 2000); Wallace Stuart, „Immunity from seizure of cultural objects“, in: Marc-André Renold und Pierre Gabus (Hg.): „Claims for the restitution of looted art“, S.187; Stephen W. Clark, „The Schiele Matter“, in: Kate Fitz Gibbon (Hg.) „Who Owns the Past?“, S.75f.; Barbara T. Hoffman, „International Art Transactions and the Resolution of Art and Cultural Property Disputes“, in: Barbara T. Hoffman (Hg.), „Art and Cultural Heritage“, S.167f.; Anna O'Connell, „Immunity from Seizure“, in: Art Antiquity and Law 2006, S.6f.; vgl. auch Tabelle in Matthias Weller, „Immunity for Artworks on Loan?“, in:VandJTransnL 2005, S.1019.

1594 Malewicz v. City of Amsterdam 362 F. Supp. 2d 298 (D.C. Cir. 2005); Sue Choi, „The Legal Landscape of the International Art Market After *Republic of Austria v. Altmann*“, in: NwJIntL&B 2005, S.181f.; Barbara T. Hoffman, „International Art Transactions and the Resolution of Art and Cultural Property Disputes“, in: Barbara T. Hoffman (Hg.), „Art and Cultural Heritage“, S.175f.; Anna O'Connell, „Immunity from Seizure“, in: Art Antiquity and Law 2006, S.14f.

1595 Sue Choi, „The Legal Landscape of the International Art Market After *Republic of Austria v. Altmann*“, in: NwJIntL&B 2005, S.183; Anna O'Connell, „Immunity from Seizure“, in: Art Antiquity and Law 2006, S.15.

en und staatlichen und religiösen Institutionen von diesem Zeitpunkt an einem Importverbot unterliegen.[1596] Jedoch werden häufig die Voraussetzungen von §2607 CPIA nicht erfüllt sein. Denn in der Bundesrepublik Deutschland befinden sich viele Kulturgüter, deren Abwanderung für den deutschen Kulturbesitz einen wesentlichen Verlust darstellt, nicht in Museen oder sonstigen Institutionen. Zudem werden die Kulturgüter nicht zwangsläufig vor dem illegalen Export gestohlen.
Des Weiteren erfolgt die Rückgabe gem. §2609 (c) (1) CPIA, anders als bei den von §2606 CPIA erfassten archäologischen und ethnologischen Objekten, nicht gegen die bloße Erstattung der Rückgabekosten, sondern bei einem wirksamen Eigentumserwerb des Rückgabeschuldners grundsätzlich nur gegen Zahlung einer gerechten Entschädigung.
Bei einem Scheitern des Eigentumserwerbs trotz Gutgläubigkeit des Rückgabeschuldners ist zwar grundsätzlich gem. §2609 (c) (1) (A) CPIA eine Kaufpreiserstattung vorgesehen, allerdings kann diese gem. §2609 (c) (1) (B) CPIA entfallen, wenn der Vertragsstaat aufgrund von Gesetzen oder Reziprozität in ähnlichen Situationen eine Rückgabe ohne Entschädigungszahlung gewährt. So lautet §2609 (c) (1):

> „In any action for forfeiture under this section regarding an article of cultural property imported into the United States in violation of section 2607 of this title, if the claimant establishes valid title to the article, under applicable law, as against the institution from which the article was stolen, forfeiture shall not be decreed unless the State Party to which the article is to be returned pays the claimant just compensation for the article. In any action for forfeiture under this section where the claimant does not establish such title but establishes that it purchased the article for value without knowledge or reason to believe it was stolen, forfeiture shall not be decreed unless –
> (A) the State Party to which the article is to be returned pays the claimant an amount equal to the amount which the claimant paid for the article, or
> (B) the United States establishes that such State Party, as matter of law or reciprocity, would in similar circumstances recover and return an article stolen from an institution in the United States without requiring the payment of compensation.“

Wegen der häufig angespannten Haushaltslage von Museen und sonstigen Institutionen kann ein Entfallen der Entschädigungspflicht die Durchsetzung eines Rückgabeanspruches in der Praxis erleichtern. Daher wird auch in dem deutschen KGÜAG die gegenüber einem gutgläubigen Erwerber in §10 I KultGüRückG n.F. vorgesehene Entschädigungspflicht gem. §10 III KultGüRückG n.F. in den Fällen durch eine Pflicht zum Ersatz des Vertrauensschadens ersetzt, in denen der ersuchende Staat schriftlich zusichert, dass die Rechte des Rückgabeschuldners an dem Kulturgut durch die Rückgabe nicht berührt werden.
Während die amerikanische Regelung den Rückgabeschuldner, der kein Eigentum erwerben konnte, gem. §2609 (c) (1) (B) CPIA ausnimmt, wenn der Vertragsstaat aufgrund von Gesetzen oder Reziprozität in ähnlichen Situationen eine Rückgabe ohne

1596 Lambert Köhling, „Der Eigentumserwerb abhanden gekommener Kunstgegenstände im amerikanischen Recht“, S.25.

Entschädigungszahlung gewährt, modifiziert die deutsche Regelung den Erstattungsanspruch gem. §10 III KultGüRückG n.F. gerade in den Fällen, in denen der Rückgabeschuldner das Eigentum erworben hat und das erworbene Eigentum behält.
Dies zeigt nicht nur, dass die Schutzwürdigkeit des Eigentum erwerbenden und nicht erwerbenden Rückgabeschuldners unterschiedlich eingestuft wird, sondern auch, dass keine Gleichwertigkeit der Regelungen gegeben ist, sodass die nach §2609 (c) (1) (B) CPIA eröffnete Möglichkeit eines Entfallens der Entschädigungspflicht wegen Reziprozität von vorneherein ausscheiden wird.
Allerdings kann die Beschränkung der Anerkennung ausländischer Exportverbote durch die Geltendmachung ausgehebelt werden, dass ein Kulturgut zugleich gestohlen wurde.[1597] So ist sowohl das materielle Bundesrecht wegen des NSPA als auch das New Yorker Recht wegen des weitgehenden Ausschlusses des gutgläubigen Erwerbs und des verschobenen Verjährungsbeginns für den Eigentümer günstig. Da in der Bundesrepublik Deutschland jedoch auch solche Kulturgüter, deren Abwanderung für den deutschen Kulturbesitz einen wesentlichen Verlust darstellt, in Privateigentum belassen und nicht zu Staatseigentum erklärt werden, entfallen auf das Eigentum gestützte staatliche Herausgabeansprüche der Bundesrepublik Deutschland.
Eine extraterritoriale Wirkung eines Verstoßes gegen §1 IV KultSchG sowie §4 KultSchG ist unabhängig von dem umstrittenen Urteil des Bundesbezirksgericht in Chicago in jedem Fall ausgeschlossen, da §16 III KultSchG lediglich die Möglichkeit einer Einziehung eröffnet, jedoch keinen automatischen Eigentumserwerb der Bundesrepublik Deutschland bei einem Verstoß gegen das Exportverbot vorsieht.
Auch im Zusammenhang mit den Gesetzesänderungen ist eine Anpassung der deutschen Rechtslage an die von der amerikanischen Rechtsprechung aufgestellten Kriterien nicht beabsichtigt. Trotzdem wäre ein staatlicher Rückgabeanspruch der Bundesrepublik Deutschland sowohl für solche Objekte, die nicht aus Museen oder Institutionen stammen und dort registriert sind, als auch für solche Objekte, die lediglich illegal ausgeführt wurden, wünschenswert. Insofern könnte ein der deutschen Regelung entsprechendes, keinen Verstoß gegen Zollvorschriften voraussetzendes amerikanisches Importverbot und ein entsprechender Rückgabeanspruch erstrebenswert sein.
Fraglich ist, ob die Durchsetzbarkeit einer solchen Regelung durch das neue Kulturgüterrückgabegesetzes erschwert würde, da die Bundesrepublik Deutschland anderen UNESCO-Vertragsstaaten, wie den USA, einen solchen Rückgabeanspruch gewähren will, ohne eine entsprechende Regelung des UNESCO-Vertragsstaats zur Voraussetzung zu erklären oder auf bilaterale Vereinbarungen abzustellen.
Allerdings wird wegen des nur sehr begrenzten Kulturgüterschutzes in den USA und der untergeordneten Rolle solcher Kulturgüter im internationalen Kunsthandel ein nur geringes eigenes Interesse der USA angenommen, die Kulturgüter ausländischer Staaten vor dem illegalen Verbringen zu schützen, um den Schutz eigener Kulturgüter voranzutreiben.
Um den Schutz deutschen Kulturgutes vor Abwanderung in die USA durchzusetzen, erscheint erfolgversprechender, dieses Ziel an die Durchsetzung anderer amerikanischer Interessen zu koppeln, beispielsweise im Wirtschafts- oder Wettbewerbsrecht. So ist es Mexiko gelungen, die amerikanischen Interessen am Kampf gegen den Dro-

1597 Andrea Cunning, „U.S. Policy on the Enforcement of Foreign Export Restrictions“, in: Houston JIntL 2004, S.453.

genhandel für die Durchsetzung eines amerikanischen Importverbots für bestimmte mexikanische Kulturgüter zu nutzen.[1598] Insofern ist die Weite der deutschen Regelung in diesem Zusammenhang wohl als unschädlich anzusehen.

1598 Lambert Köhling, „Der Eigentumserwerb abhanden gekommener Kunstgegenstände im amerikanischen Recht", S.179f.

Kapitel II
Schweiz

96 Sachrechtliche Besonderheiten nach Schweizer Recht

Während die USA das UNESCO-Kulturgutübereinkommen bereits 1982 angenommen und 1983 umgesetzt haben,[1599] hat die Schweiz den Beitritt erst am 03.10.2003 zum 03.01.2004 erklärt. Zur Umsetzung wurde am 20.06.2003 das Bundesgesetz über den internationalen Kulturgütertransfer (KGTG) erlassen, welches zum 01.06.2005 in Kraft getreten ist, sowie am 13.04.2005 eine ausführende Verordnung des Bundesrates (KGTV).[1600] Dabei wird dem Bundesgesetz über den internationalen Kulturgütertransfer die reformierende Kraft zugeschrieben, die Schweiz von ihrem Ruf als Hauptumschlagplatz für die „Wäsche" von Kulturgütern – insbesondere Antiquitäten aus den Mittelmeerstaaten – befreien zu können. So galt wegen der Neutralität der Schweiz der Erlass eigener oder die Anwendung ausländischer Kulturgüterschutzvorschriften lange Zeit gar als so unwahrscheinlich, dass in Auktionskatalogen noch bis 1999 auf den üblichen Hinweis auf Exportverbote verzichtet wurde.[1601]

96.1 Besonderheiten bei Kaufverträgen

Besondere Aufmerksamkeit verdient die Frage nach Veränderungen durch das KGTG, bezüglich des auch in der Schweiz geltenden CISG wird auf die Darstellung im Zusammenhang mit dem deutschen Schuldrecht verwiesen. In einem am 8. April ergangenen Urteil, bei dem noch die alte Rechtslage maßgeblich war, wurde der von Indien geltend gemachte Einwand, der von der Bank Credit Agricole Suisse geschlossene Vertrag sei wegen eines Verstoßes gegen indische Exportbestimmungen zum Kulturgüterschutz und des ordre public sittenwidrig, zurückgewiesen und gleichzeitig angedeutet, dass auch nach dem Beitritt zum UNESCO-Kulturgutübereinkommen und Erlass des KGTG die Wirksamkeit privatrechtlicher Rechtsverhältnisse bei Verstößen gegen ausländische Kulturgüterschutznormen unbeeinträchtigt bleiben soll.[1602]
Auch wenn die Rechtsprechung im Zusammenhang mit dem Schweizer UNESCO-Beitritt einer kulturgüterschützenden Anwendung des Privatrechts gegenüber eher ablehnend scheint, hat der schweizerische Gesetzgeber in den Ziffern 1 und 2 des Art. 32 KGTG eine Anpassung des Bundesprivatrechts angeordnet, obwohl das UNESCO-Kulturgutübereinkommen keine Vorgaben zum Kaufrecht enthält. So ist in diesem

1599 Kate Fitz Gibbon, „Chronology of Cultural Property Legislation", in: Kate Fitz Gibbon (Hg.) „Who Owns the Past?", S.5f.

1600 Peter Max Gutzwiller, „Zum Geltungsbereich des Bundesgesetzes über den internationalen Kulturgütertransfer", in: SJZ 2005, S.517.

1601 Molly A.Torsen, „Cultural Property Dispersion", in: Art Antiquity and Law 2004, S.172; Lyndel Vivien Prott, „Responding to World War II Art Looting", in: „Resolution of Cultural Property Disputes", S.35; Lawrence M. Kaye, „Cultural Property Disputes in Foreign Courts", in: Eric Schneider und Roseann M. Schneider (Hg.), „Cultural Property Protection", S.71f.

1602 Isabelle Fellrath Gazzini, „The Swiss Supreme Court Decides", in: Art Antiquity and Law 2005, S.406.

Zusammenhang die absolute Verjährungsfrist bei Klagen auf Sach- und Rechtsgewährleistung nach Art. 196 a OR, Art. 210 I ^{bis} OR auf 30 Jahre verlängert worden.[1603] Die Sach- und Rechtsgewährleistung gewinnt bei ausländischen Kulturgütern an Bedeutung, wenn Kunsthändler und private Sammler ein Kulturgut erwerben, welches ohne ihr Wissen rechtswidrig in die Schweiz eingeführt wurde und nun wirksame Rückführungsansprüche nach Art. 9 KGTG bestehen. Bei einem Rückführungsanspruch hat der Verkäufer seine in Art. 192 OR normierte Pflicht verletzt, dem Käufer das veräußerte Recht und den unbestrittenen Besitz zu verschaffen. Neben der Pflicht zur Erstattung des Kaufpreises gem. 195 OR droht der Schadensersatzanspruch des Art. 208 III OR.[1604] Die Verlängerung der absoluten Verjährungsfrist bei Sach- und Rechtsgewährleistung auf 30 Jahre trägt der Tatsache Rechnung, dass die gutgläubigen Erwerber eines Kunstwerks gem. Art. 9 IV KGTG während der nächsten 30 Jahre auf Rückgabe verklagt werden können und die Herausgabe gestohlener, dem KGTG unterfallender Kulturgüter nach Art. 934 I ^{bis} ZGB ebenfalls 30 Jahre möglich bleibt.[1605] Zwar wird die nach Art. 192 III OR eingeräumte Möglichkeit eines individualvertraglichen Ausschlusses der Gewährleistung, welcher fehlende Absicht voraussetzt, durch die Aufklärungspflichten des Art. 16 KGTG über bestehende Einfuhr- und Ausfuhrgesetze begrenzt.[1606] Allerdings wird eine vertragliche Abkürzung der Frist wegen Art. 129 OR e contrario als zulässig erachtet, da die Verlängerung im 6. Titel des OR verortet wurde und Art. 129 OR nur Fristen im 3. Titel des Gesetzes betrifft.[1607]

96.2 Gutgläubiger Erwerb vom Nichtberechtigten

Gemäß Art. 933 i.V.m. Art. 714 ZGB tritt der gutgläubige Eigentumserwerb vom Nichtberechtigten ein, wenn der Erwerber entweder hinsichtlich des Eigentums oder hinsichtlich der Verfügungsbefugnis des Veräußerers gutgläubig ist und den Besitz an einer dem Veräußerer anvertrauten Sache erlangt – somit einer Sache, deren Besitz der Eigentümer zuvor bewusst und freiwillig übertragen hat. Wegen des in der Schweiz geltenden Kausalitätsprinzips muss zudem das sog. Titelgeschäft wirksam sein.[1608] Bei den Sorgfaltsanforderungen des gutgläubigen Erwerbs vom Nichtberechtigten ist zu berücksichtigen, dass in- und ausländische Kunsthändler nach Art. 16ff. KGTV formell besonderen Pflichten unterliegen.[1609] So ist neben der Errichtung und Aufbe-

---

1603 Kurt Siehr, „Internationales Sachenrecht", in: ZVglRWiss 104 (2005), S.153, Fn.33; Peter Max Gutzwiller, „Zum Geltungsbereich des Bundesgesetzes über den internationalen Kulturgütertransfer", in: SJZ 2005, S.519.

1604 Felix Siegfried, „Internationaler Kulturgüterschutz in der Schweiz", S.23f.

1605 Michael G. Noth und Evelyne K. Noth, „Schwitzerland's New Federal Act on the International Transfer of Cultural Property", in: Art Antiquity and Law 2005, S.89; Peter Max Gutzwiller, „Zum Geltungsbereich des Bundesgesetzes über den internationalen Kulturgütertransfer", in: SJZ 2005, S.517.

1606 Felix Siegfried, „Internationaler Kulturgüterschutz in der Schweiz", S.24.

1607 Peter Max Gutzwiller, „Zum Geltungsbereich des Bundesgesetzes über den internationalen Kulturgütertransfer", in: SJZ 2005, S.519.

1608 Susanne Spaun, „Der Herausgabeanspruch bei Diebstahl oder illegalem Export von Kulturgütern", S.74f.

1609 Peter Max Gutzwiller, „Zum Geltungsbereich des Bundesgesetzes über den internationalen Kulturgütertransfer", in: SJZ 2005, S.517f; Georg von Segesser und Alexander Jolles, „Schwitzer-

wahrung von Dokumenten über den Erwerbsvorgang die Identifizierung des Verkäufers und seine Versicherung, über ein Kulturgut verfügen zu dürfen, sowie die Information von Kunden über Ein- und Ausfuhrbeschränkungen erforderlich. Ausnahmen bestehen bei nicht archäologischen und paläontologischen Kulturgütern im Wert von weniger als 5000 Schweizer Franken.[1610] Schweizer Bundesinstitutionen unterliegen denselben Sorgfaltspflichten wie in- und ausländische Kunsthändler; ausländische Museen und Sammler formell nicht, sie können aber mittelbar betroffen sein.[1611] Da eine Eigentumsübertragung wegen Art. 16 I und 24 KGTG voraussetzt, dass keine Hinweise einen Diebstahl, ein Abhandenkommen, eine illegale Ausgrabung oder ein illegales Verbringen nahe legen, und jeder fahrlässige Verstoß strafbewehrt ist, wird geraten, sich die einwandfreie Herkunft schriftlich zusichern zu lassen.[1612]
Auch wenn es sich zunächst um strafbewehrte Sorgfaltsanforderungen nach dem KGTG handelt, wird in der Literatur angenommen, dass die Sorgfaltsanforderungen beim gutgläubigen Eigentumserwerb diesen anzupassen sind und besondere Vorsicht gebieten.[1613] Denn die Vermutung des guten Glaubens nach Art. 3 I ZGB wird in Art. 3 II ZGB gesetzlich bereits dann eingeschränkt, wenn der Erwerber die nach den Umständen verlangte Aufmerksamkeit vernachlässigt. Dabei ist der Grad der für die Gutgläubigkeit erforderlichen Aufmerksamkeit nicht generell bestimmbar, sondern eine sich auf die Gesamtwürdigung aller Umstände des konkreten Einzelfalls stützende Ermessensentscheidung.[1614] Schon vor Erlass des KGTG hat die Rechtsprechung die Anforderungen an den gutgläubigen Erwerb dadurch erhöht, dass sie dem Erwerber von Antiquitäten und anderen häufig gestohlenen Objekten eine Nachforschungspflicht auferlegt.[1615] Dabei kann die erhöhte Sorgfaltspflicht auf zwei unterschiedliche Gründe gestützt werden: Zum einen kann auf das besonders hohe Risiko, im Kunst- und Kulturgüterhandel Objekte dunkler Herkunft angeboten zu bekommen, zum anderen auf besondere Kenntnisse und spezielles Wissen der involvierten Personen.[1616]

---

land's New Federal Act on the International Transfer of Cultural Property", in: Art Antiquity and Law 2005, S.180f.

1610 Georg von Segesser und Alexander Jolles, „Schwitzerland's New Federal Act on the International Transfer of Cultural Property", in: Art Antiquity and Law 2005, S.182f.; Andrea Franscesco Giovanni Raschèr und Daniel Zimmermann, „Sorgfaltspflichten im Umgang mit Kulturgut", in: KUR 2006, S.5ff.

1611 Peter Max Gutzwiller, „Zum Geltungsbereich des Bundesgesetzes über den internationalen Kulturgütertransfer", in: SJZ 2003, S.317f; Georg von Segesser und Alexander Jolles, „Schwitzerland's New Federal Act on the International Transfer of Cultural Property", in: Art Antiquity and Law 2005, S.184.

1612 Georg von Segesser und Alexander Jolles, „Schwitzerland's New Federal Act on the International Transfer of Cultural Property", in: Art Antiquity and Law 2005, S.182.

1613 Felix Siegfried, „Internationaler Kulturgüterschutz in der Schweiz", S.23; Georg von Segesser und Alexander Jolles, „Schwitzerland's New Federal Act on the International Transfer of Cultural Property", in: Art Antiquity and Law 2005, S.185.

1614 Andrea Franscesco Giovanni Raschèr und Daniel Zimmermann, „Sorgfaltspflichten im Umgang mit Kulturgut", in: KUR 2006, S.4f.

1615 BGE 122 III 1; BGE 123 II 134; Georg von Segesser und Alexander Jolles, „Schwitzerland's New Federal Act on the International Transfer of Cultural Property", in: Art Antiquity and Law, 2005, S.195.

1616 Andrea Franscesco Giovanni Raschèr und Daniel Zimmermann, „Sorgfaltspflichten im Umgang mit Kulturgut", in: KUR 2006, S.5.

Allerdings zeichnet sich im Hinblick auf Fälle – wie dem zwischen der Türkischen Republik und dem Kanton Basel-Stadt sowie dem zwischen Indien und der Bank Credit Agricole Suisse – bislang eher die Tendenz ab, die Gutgläubigkeit alleine auf die Eigentumsverhältnisse zu beziehen und einen Verstoß gegen ausländische Exportverbote zum Kulturgüterschutz weder hinsichtlich der Wirksamkeit des Veräußerungsgeschäftes noch indirekt im Rahmen der Gutgläubigkeit zu berücksichtigen.[1617]

96.3 Ersitzung

Nach Art. 728 I ZGB setzt die Ersitzung die Gutgläubigkeit des Besitzers voraus.[1618] Die Gutgläubigkeit beim Abschluss des Rechtsgeschäfts reicht nicht, wenn der Erwerber vor Ablauf der fünfjährigen Ersitzungsfrist seinen guten Glauben verliert. Umgekehrt ist die Ersitzung ebenfalls ausgeschlossen, wenn zunächst der gute Glaube fehlt, sich jedoch nachträglich aufgrund eines vermeintlichen Rechtsverhältnisses einstellt. Auch wenn für die Ersitzung nach Art. 728 I ZGB der Erwerb von Eigenbesitz erforderlich ist, welcher vermutet wird, muss der Besitzer während der fünfjährigen Ersitzungsfrist des Art. 728 I ZGB wegen Art. 920 II ZGB den Besitz nicht unbedingt unmittelbar ausüben. Es darf nur keine Unterbrechung stattfinden. Ein unfreiwilliger Verlust führt nach Art. 728 II schadet nicht, wenn die Sache innerhalb eines Jahres wiedererlangt oder Klage erhoben wurde.[1619] Wegen der bei Rückgabeklagen nach Art. 9 I, IV KGTG geltenden Frist von 30 Jahren[1620] ist gem. Art. 32 KGTG durch Einfügung des Art. 728 I ^{bis} ZGB auch die Ersitzungsfrist der geschützten Kulturgüter von 5 auf 30 Jahre erweitert worden.[1621] Die Anrechnung von Besitzzeiten im Ausland an die Frist nach Art. 102 I ZGB, beispielsweise wenn der Eigentumsübergang nach der ausländischen lex rei sitae erfolgt und ein Kulturgut erst anschließend in die Schweiz gelangt, bleibt weiterhin möglich.[1622] Fraglich ist, ob bei vor dem 01.06.2005 erworbenen Kulturgütern, bei denen die fünfjährige Ersitzungsfrist noch nicht vollendet wurde, eine Verlängerung auf 30 Jahre in Betracht kommt. Eine rückwirkende Anwendung auf Erwerbsvorgänge vor dem 01.06.2005 wurde jedoch gem. Art. 33 KGTG ausgeschlossen, der gegenüber Art. 47 ZGB als lex specialis anzusehen ist.[1623]

1617 Isabelle Fellrath Gazzini, „The Swiss Supreme Court Decides“, in: Art Antiquity and Law 2005, S.411, Fn.44.

1618 Peter Max Gutzwiller, „Zum Geltungsbereich des Bundesgesetzes über den internationalen Kulturgütertransfer“, in: SJZ 2005, S.520.

1619 Felix Siegfried, „Internationaler Kulturgüterschutz in der Schweiz“, S.78f.

1620 Peter Max Gutzwiller, „Zum Geltungsbereich des Bundesgesetzes über den internationalen Kulturgütertransfer“, in: SJZ 2005, S.517.

1621 Kurt Siehr, „Internationales Sachenrecht“, in: ZVglRWiss 104 (2005), S.153, Fn.33; Peter Max Gutzwiller, „Zum Geltungsbereich des Bundesgesetzes über den internationalen Kulturgütertransfer“, in: SJZ 2005, S.519.

1622 Peter Max Gutzwiller, „Zum Geltungsbereich des Bundesgesetzes über den internationalen Kulturgütertransfer“, in: SJZ 2005, S.520.

1623 Peter Max Gutzwiller, „Zum Geltungsbereich des Bundesgesetzes über den internationalen Kulturgütertransfer“, in: SJZ 2005, S.518; Georg von Segesser und Alexander Jolles, „Schwitzerland's New Federal Act on the International Transfer of Cultural Property“, in: Art Antiquity and Law 2005, S.196f.

96.4 Herausgabeanspruch und Verjährung

Um die Herausgabe eines Kulturgutes zu erreichen, kommt in erster Linie die Vindikationsklage nach Art. 641 II ZGB in Betracht, daneben aber auch Besitzschutzklagen.[1624] Insbesondere der dem urspünglichen Besitzer gegen den gutgläubigen Erwerber einer abhanden gekommenen Sache gewährte Herausgabeanspruch des Art. 934 I ZGB, welcher insbesondere bei gestohlenen und abhanden gekommenen Kulturgütern eingreift, bestand schon vor Erlass des KGTG.[1625] Dieser bleibt gegenüber einem Bösgläubigen nach Art. 936 ZGB dauerhaft bestehen. Gegenüber einem Gutgläubigen ist die Rückforderung grundsätzlich gem. Art. 934 ZGB nach fünf Jahren ausgeschlossen. Ist vor Ablauf dieser fünfjährigen Frist keine Klage erhoben worden, verliert die Sache den Makel des Abhandenkommens im Interesse der Verkehrssicherheit und geht in das Eigentum des gutgläubigen Erwerbers über. Dies gilt auch weiterhin hinsichtlich der Rückforderung von Kulturgütern, welche dem KGTG nicht unterfallen.[1626]
Die 30-jährige, die Ansprüche nach dem KGTG kennzeichnende Frist ist durch Art. 32 KGTG auch auf den Rückforderungsanspruch eines gestohlenen oder abhanden gekommenen, dem KGTG unterfallenden Kulturgutes gegenüber dem gutgläubigen Erwerber erstreckt worden, in dem ein neuer Art. 934 I ^{bis} ZGB geschaffen wurde.[1627]
In der Schweiz ist als Besonderheit in Art. 934 II ZGB ein sog. Lösungsrecht verankert, welches ein gutgläubiger Erwerber eines Kulturgutes vor Fristablauf dem Herausgabeanspruch des Veräußerers als Einrede entgegenhalten kann, selbst dann, wenn sich zuvor in der Erwerberkette ein Bösgläubiger ohne Lösungsrecht befand. Voraussetzung ist der Erwerb im Rahmen einer öffentlichen Versteigerung, auf einem Markt oder von einem mit vergleichbaren Waren handelnden Kaufmann. Die Höhe bemisst sich nach dem Kaufpreis und den Kosten des Vertrages, wie beispielsweise Versteigerungs- oder Vermittlungsprovisionskosten oder Transportkosten.[1628]

96.5 Rückgabeanspruch und Verjährung

Aufgrund des Art. 9 KGTG besteht zudem ein Rückgabeanspruch bei Kulturgütern, die unter Verstoß gegen Exportbestimmungen in die Schweiz gelangt sind. Allerdings setzt ein solcher von dem ausländischen Staat geltend zu machender Anspruch einen

1624 Felix Siegfried, „Internationaler Kulturgüterschutz in der Schweiz", S.71.

1625 Georg von Segesser und Alexander Jolles, „Schwitzerland's New Federal Act on the International Transfer of Cultural Property", in: Art Antiquity and Law 2005, S.191.

1626 Kurt Siehr, „Internationales Sachenrecht", in: ZVglRWiss 104 (2005), S.153, Fn.33; Felix Siegfried, „Internationaler Kulturgüterschutz in der Schweiz", S.73; Georg von Segesser und Alexander Jolles, „Schwitzerland's New Federal Act on the International Transfer of Cultural Property", in: Art Antiquity and Law, 2005, S.194f.

1627 Peter Max Gutzwiller, „Zum Geltungsbereich des Bundesgesetzes über den internationalen Kulturgütertransfer", in: SJZ 2005, S.520; Haimo Schack, „Kunst und Recht", S.201, Rn. 489; Michael G. Noth und Evelyne K. Noth, „Schwitzerland's New Federal Act on the International Transfer of Cultural Property", in: Art Antiquity and Law 2005, S.89; Bettina Thorn, „Internationaler Kulturgüterschutz nach der UNIDROIT-Konvention", S.203f.

1628 Kurt Siehr, „Das Lösungsrecht des gutgläubigen Käufers im Internationalen Privatrecht", in: ZVglRWiss 83 (1984), S.113f.; Andrea Franscesco Giovanni Raschèr, „Kulturgütertransfergesetz und Globalisierung", S.116; Susanne Spaun, „Der Herausgabeanspruch bei Diebstahl oder illegalem Export von Kulturgütern", S.76.

entsprechenden bilateralen Vertrag voraus. Auch trägt der Staat die Beweislast, dass das Objekt gem. Art. 33 KGTG nach dem 01.06.2005 erworben wurde, zum kulturellen Erbe des Staats zählt und illegal ausgeführt wurde. Anders als in Art. 7 b des UNESCO-Kulturgutübereinkommens vorgesehen, richtet sich der Anspruch nicht gegen den Staat, in den das Kulturgut verbracht wurde, sondern gegen den Besitzer des Kulturgutes. Der Anspruch verjährt gem. Art. 9 IV KGTG innerhalb eines Jahres nach Kenntniserlangung von dem Aufenthaltsort des Kulturgutes und der Identität des Besitzers, spätenstens jedoch 30 Jahre nach der unrechtmäßigen Ausfuhr. Bei Gutgläubigkeit besteht nach Art. 9 V KGTG ein Entschädigungsanspruch.[1629]

96.6 Besonderheiten bei Schweizer Kulturgütern

In Schweizer Bundeseigentum befindliches bedeutendes Kulturgut kann nun in ein Bundesverzeichnis eingetragen werden. Die Aufnahme führt dazu, dass das Kulturgut nicht mehr ohne Genehmigung ausgeführt werden darf und dass der gutgläubige Erwerb ausgeschlossen ist.[1630] Auch herrenlose Altertümer von wissenschaftlichem Wert, an denen gem. Art. 724 I ZGB der Kanton, in dem sie gefunden werden, kraft Gesetzes das Eigentum erwirbt,[1631] sind nun, wie in der Literatur bei der Entwicklung des KGTG vorgeschlagen,[1632] vom Gesetzgeber nach Art. 724 I ^{bis} ZGB zu res extra commercium erklärt worden. Denn Art. 724 I ^{bis} ZGB stellt klar: „Ohne Genehmigung der zuständigen kantonalen Behörden können solche Sachen nicht veräußert werden. Sie können weder ersessen noch gutgläubig erworben werden. Der Herausgabeanspruch verjährt nicht."[1633]

Ansonsten bleiben die privaten Eigentumsverhältnisse durch das KGTG jedoch unberührt. Eine Registrierung von Kulturgütern in Privateigentum ist nicht vorgesehen und damit auch keine Export- und Verfügungsbeschränkungen. Zwar können die Kantone eigene Ausfuhrbeschränkungen vorsehen und in die entsprechenden kantonalen Verzeichnisse auch Kulturgüter in Privateigentum aufnehmen, allerdings nicht ohne die Zustimmung des Eigentümers.[1634] Auch Kulturgüter in Privateigentum können allerdings nach Art. 24 KGTG einem Exportverbot unterliegen, wenn sie gestohlen oder gegen den Willen des vorherigen Besitzers abhanden gekommen sind.[1635]

96.7 Importbeschränkungen bezogen auf ausländische Kulturgüter

Die Einfuhr gestohlener und abhanden gekommener ausländischer Kulturgüter ist nach Art. 16 I KGTG i.V.m. Art. 24 KGTG untersagt. Auch kann bei akuten Gefährdungs- und Ausnahmesituationen nach Art. 8 KGTG ein zeitlich befristetes Importverbot ver-

---

1629 Felix Siegfried, „Internationaler Kulturgüterschutz in der Schweiz", S.41; Georg von Segesser und Alexander Jolles, „Schwitzerland's New Federal Act on the International Transfer of Cultural Property", in: Art Antiquity and Law 2005, S.192.

1630 Kurt Siehr, „Internationales Sachenrecht", in: ZVglRWiss 104 (2005), S.153, Fn.33.

1631 Bruno Glaus und Peter Studer, „Kunstrecht", S.165.

1632 Andrea Franscesco Giovanni Raschèr, „Kulturgütertransfergesetz und Globalisierung", S.108.

1633 Kurt Siehr, „Internationales Sachenrecht", in: ZVglRWiss 104 (2005), S.153; Fn.33.

1634 Georg von Segesser und Alexander Jolles, „Schwitzerland's New Federal Act on the International Transfer of Cultural Property", in: Art Antiquity and Law 2005, S.179f.

1635 Georg von Segesser und Alexander Jolles, „Schwitzerland's New Federal Act on the International Transfer of Cultural Property", in: Art Antiquity and Law, 2005, S.189f.

hängt werden. Des Weiteren ermöglicht Art. 7 KGTG den Abschluss von bilateralen Verträgen mit UNESCO-Vertragsstaaten über Importverbote und Rückgabeansprüche, wenn sie kulturellen oder außenpolitischen Interessen der Schweiz entsprechen und den Schutz des kulturellen Erbes bezwecken. Offen bleibt, ob aus der letzten Voraussetzung das Erfordernis einer besonderen Bedeutung der Kulturgüter für den Vertragsstaat abgeleitet werden muss. Jedenfalls ist der Schutz der Kulturgüter durch Exportbestimmungen im Vertragsstaat und die Garantie von Reziprozität Voraussetzung.[1636] Nach Art. 25 KGTG muss bei der Einfuhr die Art des Objektes und die Herkunft, bei archäologischen und paläontologischen Kulturgütern der Ausgrabungsort angegeben werden, bei aus UNESCO-Vertragsstaaten eingeführten Kulturgütern, dass kein Genehmigungserfordernis hinsichtlich der Ausfuhr besteht. Dabei ist besonders interessant, dass bei Verletzung von Exportnormen der UNESCO-Vertragsstaaten die ausländischen Vorschriften in der Schweiz nicht zwingend durchgesetzt werden, da nicht immer ein bilaterales Abkommen besteht und die kollisionsrechtliche Sonderanknüpfung von einer Entscheidung im Einzelfall abhängt, sodass nur eine wahrheitswidrige Erklärung hinsichtlich des Nichteingreifens, nicht aber eine wahrheitsgemäße Erklärung hinsichtlich des Verstoßes gegen solche Normen zwingend Sanktionen nach sich zieht.[1637] Eine Neuerung ist, dass die bislang beliebte Unterbringung von ausländischen Kulturgütern in den Freilagern, den sog. port francs,[1638] nach Art. 19 III KGTG nun wie ein Import behandelt wird und damit den Regeln des KGTG unterliegt.[1639]

97 Kollisionsrechtliche Besonderheiten nach Schweizer Recht

Auch beim Schweizer Recht soll im Zusammenhang mit der Erörterung des Kollisionsrechts das Augenmerk auf bestimmte Fragen der Geltendmachung von Ansprüchen, wie Zuständigkeit und freies Geleit, gerichtet werden. Dabei stehen die Veränderungen durch das KGTG erneut im Vordergrund.

97.1 Neuregelungen bei der Zuständigkeit

Die Änderungsmöglichkeit bereits bestehender Erlasse durch Art. 32 KGTG hat zur Einführung eines neuen Gerichtsstandes in Art. 98 a IPRG für Klagen auf Rückgabe von Kulturgütern nach Art. 9 KGTG geführt, nämlich alternativ am Wohnsitz bzw. Sitz des Beklagten oder am Belegenheitsort des Kulturgutes.[1640] Die Einfügung dieses

1636 Georg von Segesser und Alexander Jolles, „Schwitzerland's New Federal Act on the International Transfer of Cultural Property", in: Art Antiquity and Law 2005, S.187f.

1637 Georg von Segesser und Alexander Jollès, „Schwitzerland's New Federal Act on the International Transfer of Cultural Property", in: Art Antiquity and Law 2005, S.188f.

1638 Dieter Blumenwitz, „Rechtliche Schwierigkeiten bei der Rückgabe rechtswidrig nach Deutschland verbrachter Kunstschätze an die Herkunftsstaaten und künftige Lösungsansätze", in: Jürgen Bröhmer u.a. (Hg.), „Internationale Gemeinschaft und Menschenrechte", S.5.

1639 Bruno Glaus und Peter Studer, „Kunstrecht", S.158f. sowie 163; Georg von Segesser und Alexander Jolles, „Schwitzerland's New Federal Act on the International Transfer of Cultural Property", in: Art Antiquity and Law 2005, S.191.

1640 Peter Max Gutzwiller, „Zum Geltungsbereich des Bundesgesetzes über den internationalen Kulturgütertransfer", in: SJZ 2005, S.519f; Georg von Segesser und Alexander Jolles, „Schwitzerland's New Federal Act on the International Transfer of Cultural Property", in: Art Antiquity and Law 2005, S.192.

neuen Gerichtsstandes in das IPRG ist insofern problematisch, als dadurch die Rückführungsklage des Art. 9 KGTG als international-privatrechtliche und nicht als international-verwaltungsrechtliche Entscheidung eingeordnet wird und die Anerkennung und Vollstreckung entsprechender ausländischer Rückgabeentscheide in der Schweiz über Art. 25ff. und 108 IPRG als logische Konsequenz anzusehen sein könnte.[1641]

97.2 Auswirkung der Änderungen im Kollisionsrecht

Die Schaffung eines neuen Gerichtsstandes in Art. 98 a IPRG hat jedenfalls nicht die Anwendung der lex fori zur Folge. Da gleichzeitig keine weiteren Änderungen im IPRG vorgesehen wurden, ist daraus abgeleitet worden, dass die in den Ziffern 1 und 2 des Art. 32 vorgesehenen Anpassungen des Bundesprivatrechts nur auf der materiell-rechtlichen Ebene Wirkung entfalten, nicht hingegen auf der kollisionsrechtlichen. Folglich soll es auch an dem erforderlichen Ausdruck eines gesetzgeberischen Anwendungswillens fehlen, welcher nach Art. 18 IPRG zu einer zwingenden Anwendung der schweizerischen Vorschriften als lex fori vor ausländischen Normen führen könnte. Daher greifen die Art. 196a und Art. 210 I ^{bis} OR wohl nur ein, wenn schweizerisches Kaufrecht gewählt wurde oder mangels Rechtswahl der Verkäufer seinen gewöhnlichen Aufenthalt bzw. Sitz in der Schweiz hat und kein Ausschluss vereinbart wurde, vgl. Art. 117 II a IPRG. Auch Art. 728 I ^{bis} ZGB und Art. 934 I ^{bis} ZGB setzen die Anwendbarkeit schweizerischen Sachenrechts nach Art. 100-102 IPRG voraus.[1642]
Von dieser Frage der Einordnung dieser materiell-rechtlichen Schweizer Regelungen als Eingriffsnormen und ihrer kollisionsrechtlichen Berücksichtigungsfähigkeit ist die Frage zu unterscheiden, ob ausländische Kulturgüterschutzbestimmungen, die zweifellos Eingriffsnormen darstellen, kollisionsrechtliche Auswirkung entfalten. Nach Art. 13 IPRG steht der öffentliche Charakter ausländischer Vorschriften deren Anwendung nicht entgegen.[1643] Allerdings kann aufgrund von Art. 13 IPRG kein Rückgabeanspruch als öffentlich-rechtlicher Anspruch entstehen. Vielmehr ermöglicht Art. 13 IPRG nur bei Verweisungen auf das ausländische Privatrecht im Rahmen von privatrechtlichen Ansprüchen wie Herausgabeansprüchen die Berücksichtigung der Einwirkung auch des ausländischen öffentlichen Rechts.[1644]
Ebensowenig lässt sich aus Art. 19 IPRG ein öffentlich-rechtlicher Rückgabeanspruch herleiten.[1645] Jedoch eröffnet Art. 19 I IPRG bei privatrechtlichen Ansprüchen dem Richter einen Entscheidungsspielraum hinsichtlich einer Sonderanknüpfung ausländischen Rechts, wenn die Bestimmung zwingend angewandt sein will und nach schweizerischer Rechtsauffassung schützenswerte und offensichtlich überwiegende Interessen einer Partei die Anwendung gebieten und der Sachverhalt mit jenem Recht einen engen Zusammenhang aufweist, um das von Art. 19 II IPRG umrissene Ziel einer

1641 Felix Siegfried, „Internationaler Kulturgüterschutz in der Schweiz", S.29.
1642 Peter Max Gutzwiller, „Zum Geltungsbereich des Bundesgesetzes über den internationalen Kulturgütertransfer", in: SJZ 2005, S.519f.
1643 Marc Weber, „Unveräußerliches Kulturgut im nationalen und internationalen Rechtsverkehr", S.410f.
1644 Felix Siegfried, „Internationaler Kulturgüterschutz in der Schweiz", S.30.
1645 Felix Siegfried, „Internationaler Kulturgüterschutz in der Schweiz", S.30.

sachgerechten Entscheidung zu erreichen.[1646] Ausländische Exportvorschriften für Kulturgut werden nach überwiegender Auffassung zu den Eingriffsnormen gezählt, die im öffentlichen Interesse in die privatrechtlichen Verhältnisse eingreifen und zwingend auch im Ausland angewendet werden wollen und wegen ihrer weltweiten Verbreitung schützenswerte Interessen verfolgen. Regelmäßig wird auch die Voraussetzung einer engen Verbindung zwischen dem Sachverhalt des illegalen Kulturgüterexports und dem Recht des Herkunftsstaats gegeben sein. Daraus ist daraus gefolgert worden, dass bei der Klage eines ausländischen Staats vor einem Schweizer Gericht auf Rückgabe eines illegal ausgeführten Kulturgutes das angerufene Gericht die verletzten Exportbestimmungen anwenden könne.[1647]
Auch ist davon auszugehen, dass die mittlerweile im KGTG aufgestellten Voraussetzungen dafür, dass ausländische Exportbeschränkungen zu schweizerischen Importverboten werden, nicht zwangsläufig einer Sonderanknüpfung nicht in ein solches Importverbot mündender ausländischer Kulturgüterschutzbestimmungen entgegenstehen. So könnte vielmehr die Annahme nahe liegen, dass nach schweizerischer Rechtsauffassung schützenswerte und offensichtlich überwiegende Interessen einer Partei die Anwendung von ausländischen Kulturgüterschutznormen auch in den Fällen gebieten, in denen der Gesetzgeber kein Importverbot vorgesehen hat. Auch eröffnet Art. 19 IPRG nur einen Ermessensspielraum des Richters, während die Integration in die schweizerische Rechtsordnung die zwingende Anwendbarkeit zur Folge hat. Dies spricht dafür, dass eine Sonderanknüpfung über Art. 19 IPRG auch weiterhin theoretisch in Betracht gezogen werden kann.
Allerdings ist an dieser Stelle auf die eher restriktive Tendenz der Rechtsprechung des Bundesgerichts hinsichtlich der Anwendung und Durchsetzung ausländischer öffentlicher Gesetze zu verweisen,[1648] die sich auch in dem Urteil vom 8. April in dem Rechtsstreit zwischen Indien und der Bank Credit Agricole Suisse im Hinblick auf ausländische Kulturgüterschutznormen widerspiegelt. Auch wenn dieses Urteil noch vor Erlass des KGTG ergangen ist, so lassen sich indirekt auch Hinweise zur neuen Rechtslage entnehmen. Zwar erkannte das Gericht hinsichtlich der Frage, inwieweit aus dem UNESCO-Kulturgutübereinkommen ein internationaler ordre public abgeleitet werden könne, zumindest eine zunehmende Tendenz der Staatengemeinschaft an, stellte aber gleichzeitig klar, dass eine Verletzung von ausländischen öffentlichrechtlichen Exportvorschriften zum Kulturgüterschutz keinen Einfluss auf die privatrechtlichen Rechtsverhältnisse entfalten könne und auch nach dem Erlass des KGTG allein auf dessen Rückgabeverfahren zur Durchsetzung ausländischer Kulturgüterschutznormen zurückzugreifen sei.[1649]
Da die Möglichkeit der Sonderanknüpfung nach Art. 19 IPRG nicht auf das Schuldrecht beschränkt ist, kann auch im Sachenrecht von der Anknüpfung an den Lageort gem. Art. 100 IPRG abgewichen werden, um Bestimmungen eines Rechts anzuwen-

1646 Marc Weber, „Unveräußerliches Kulturgut im nationalen und internationalen Rechtsverkehr“, S.412f.
1647 Marc Weber, „Unveräußerliches Kulturgut im nationalen und internationalen Rechtsverkehr“, S.410f.
1648 Isabelle Fellrath Gazzini, „The Swiss Supreme Court Decides“, in: Art Antiquity and Law 2005, S.411, Fn.44.
1649 Isabelle Fellrath Gazzini, „The Swiss Supreme Court Decides“, in: Art Antiquity and Law 2005, S.406.

den. Auf diese Weise könnten gegebenenfalls auch die Kulturgüter schützenden Bestimmungen des Herkunftsstaats eines illegal in die Schweiz gelangten Kulturguts zur Anwendung gelangen.[1650] Allerdings könnte auch hier der Einwand der Rechtsprechung hinsichtlich der Trennung von privatrechtlichen Herausgabeansprüchen und Rückgabeansprüchen greifen.
Auch wenn in Art. 104 IPRG die Möglichkeit einer begrenzten, inter partes wirkenden Rechtswahl vorgesehen ist, scheidet eine Anwendung des Art. 104 IPRG bei der Frage nach den Eigentumsverhältnissen an gestohlenen oder abhanden gekommenen Kulturgütern aus. Denn neben den Interessen der Parteien des Rechtsgeschäfts sind regelmäßig die Interessen des ehemaligen Eigentümers betroffen. Dritten gegenüber bleibt die Rechtswahlbestimmung jedoch wirkungslos, sodass die lex rei sitae Anwendung findet.[1651]

97.3 Sonderregelungen zum freien Geleit

Das KGTG sieht gem. Art. 10-13 i.V.m. Art. 7 KGTG die Möglichkeit der Zusicherung eines „freien Geleits" für ausländische Kulturgüter vor.[1652] Kritisiert wird jedoch, dass die Pflicht, die Herkunft des Kulturgutes zu veröffentlichen, offen lässt, ob der Name des privaten Leihgebers trotz seines Interesses an Verschwiegenheit zwingend genannt werden muss. Die zunächst vorgesehene Pflicht, dem Antrag eine Kopie des Leihvertrages beizulegen, wurde jedoch im Laufe des Gesetzgebungsprozesses zumindest beschränkt, sodass ein Auszug mit den relevanten Angaben reicht. Auch wird vorgebracht, die Prozedur erscheine vergleichsweise langwierig und umständlich mit dem Erfordernis eines mindestens drei Monate vor der Einfuhr von der Schweizer Institution gestellten Antrages.[1653]

98 Durchsetzbarkeit deutscher Exportverbote nach Schweizer Recht

Mit Ratifikation des UNESCO-Kulturgutübereinkommens durch die Bundesrepublik Deutschland wäre die Geltendmachung von Rückgabeansprüchen theoretisch denkbar. Da jedoch auch solche Kulturgüter, deren Abwanderung für den deutschen Kulturbesitz einen wesentlichen Verlust darstellt, grundsätzlich in Privateigentum belassen werden und nicht immer illegal ausgeführte Kulturgüter zuvor gestohlen wurden oder abhanden gekommen sind, wäre ein staatlicher Rückgabeanspruch gegen die Schweiz bei einem Verstoß gegen §1 IV KultSchG wünschenswert. Allerdings sieht das KGTG einen Rückgabeanspruch nur dann vor, wenn ein bilaterales Abkommen geschlossen wurde. Ohne den Abschluss solcher Abkommen mit anderen Staaten droht die Umsetzung des UNESCO-Kulturgutübereinkommens leer zu laufen.[1654] Mit Mexiko ist ein

1650 Marc Weber, „Unveräußerliches Kulturgut im nationalen und internationalen Rechtsverkehr", S.412f.

1651 Sabine Schmeinck, „Internationalprivatrechtliche Aspekte des Kulturgüterschutzes", S.119ff.

1652 Kurt Siehr, „Protection of Cultural Property", in: Eric Schneider und Roseann M. Schneider (Hg.), „Cultural Property Protection", S.86.

1653 Georg von Segesser und Alexander Jolles, „Schwitzerland's New Federal Act on the International Transfer of Cultural Property", in: Art Antiquity and Law 2005, S.193.

1654 Michael G. Noth und Evelyne K. Noth, „Schwitzerland's New Federal Act on the International Transfer of Cultural Property", in: Art Antiquity and Law 2005, S.91.

entsprechender Vertrag in Vorbereitung.[1655] Anschließend sollen in der so genannten ersten Runde Staatsverträge mit weiteren lateinamerikanischen und mediterranen Staaten folgen, in einer zweiten und dritten Runde dann mit afrikanischen und asiatischen Staaten.[1656] Auch die Bundesrepublik sollte ein entsprechendes bilaterales Abkommen im Zusammenhang mit ihrem Beitritt zum UNESCO-Kulturgutübereinkommen anstreben. Hinsichtlich der vom KGTG aufgestellten Voraussetzungen könnte die Reziprozität in der Hinsicht problematisch sein, als die Bundesrepublik Deutschland ein Importverbot von der Aufnahme der Kulturgüter in einer eigenen Liste abhängig zu machen plant. Dies sollte jedoch keine unzumutbare Erschwernis des Schutzes Schweizer Kulturgüter darstellen, zumal in erster Linie das Bundesverzeichnis der Schweiz übertragen werden müsste.
Nach dem KultGüRückG n.F. werden Rückgabeansprüche in Orientierung an den Voraussetzungen des UNESCO-Kulturgutübereinkommens sehr weitgehend gewährt. Dass der Rückgabeanspruch nach dem KultGüRückG n.F. anders als der nach dem KGTG auch unabhängig von bilateralen Verträgen besteht, verhindert zwar ein Leerlaufen der deutschen Bestimmung, könnte allerdings die Verhandlungsposition Deutschlands beeinträchtigen, zumal mit der Schaffung des neuen Verzeichnisses für in Schweizer Bundeseigentum befindliches bedeutendes Kulturgut und der daraus folgenden Eigenschaft der Kulturgüter als res extra commercium ein wachsendes Interesse der Schweiz am Schutz eigener bedeutender Kulturgüter erkennbar wird.

1655 Georg von Segesser und Alexander Jolles, „Schwitzerland's New Federal Act on the International Transfer of Cultural Property", in: Art Antiquity and Law 2005, S.188; Felix Siegfried, „Internationaler Kulturgüterschutz in der Schweiz", S.180.
1656 Felix Siegfried, „Internationaler Kulturgüterschutz in der Schweiz", S.180.

Kapitel III
Italien als Beispiel eines EU-Staats

99 Zur Wahl von Italien als Beipiel eines EU-Staats

Da im Hinblick auf den Schutz des besonders wertvollen deutschen Kulturgutes trotz der Unterschiedlichkeit der nationalen Rechtsordnungen die weitgehend einheitlichen aufgrund der RL 93/7/EWG und den nationalen Umsetzungsgesetzen gewährten Rückgabeansprüche von besonderer Bedeutung sind, wird auf eine umfassende vergleichende Darstellung der nationalen Rechtsordnungen der Mitgliedstaaten verzichtet und schwerpunktmäßig der Kulturgüterschutz im Rahmen der italienischen Rechtsordnung unter besonderer Berücksichtigung der Änderungen des neu errichteten Testo Unico (T.U.) erörtert. Wegen der engen Grenzen der Ermächtigungsgrundlage erfolgte zwar keine umfassende Reform, sondern in erster Linie eine Vereinheitlichung. Diese gilt jedoch bereits als wesentlicher Fortschritt.[1657] Da das nationale Recht anderer Staaten auch als Inspirationsquelle dienen kann,[1658] erfolgt ein besonderer Fokus auf die Frage nach den Folgen von Verstößen gegen Kulturgüterschutznormen.

100 UNESCO-Kulturgutübereinkommen

Das UNESCO-Kulturgutübereinkommen ist bereits durch die meisten Mitgliedstaaten unterzeichnet worden, nur Belgien, die Niederlande, Luxemburg, Österreich, Irland, Lettland und Malta fehlen bislang noch.[1659] Dabei wird deutlich, dass viele der Mitgliedstaaten, die zu den source states gezählt werden, sich schneller zu einem Beitritt entschließen konnten als diejenigen Mitgliedstaaten, die als market states eingeordnet werden. So hat das Gründungsmitglied Italien das UNESCO-Kulturgutübereinkommen bereits am 02.10.1978 ratifiziert. Allerdings hat Italien im Zusammenhang mit dem Beitritt zum UNESCO-Kulturgutübereinkommen kein Ausführungsgesetz erlassen, sondern lediglich erklärt, dass die zu diesem Zeitpunkt bestehenden nationalen Regelungen im Gesetz Nr. 873/1975 den von dem UNESCO-Kulturgutübereinkommen aufgestellten Verpflichtungen genügen.[1660] Auch ist darauf hingewiesen worden, dass die am 01.04.2000 in Italien in Kraft getretene UNIDROIT-Konvention wegen ihrer unmittelbar anwendbaren Regelungen dazu beiträgt, Italiens Verpflichtungen aus dem UNESCO-Kulturgutübereinkommen zu erfüllen.[1661] Allerdings sind von den Rückgabeansprüchen der UNIDROIT-Konvention nur UNIDROIT-Vertragsstaaten umfasst und von dem in Art. 73f. T.U. umgesetzten Rückgabeanspruch der RL 93/7/EWG nur Mitgliedstaaten. Eine Rückgabe an alle anderen Staaten setzt hingegen eine Enteignung voraus, die mit rechtlichen Schwierigkeiten verbunden ist.[1662] Im Hinblick auf den Schutz deutscher Kulturgüter in Italien werden sich durch den Beitritt

---

1657 Susanne Barbara Ulmar, „Rechtsverkehr und Handel mit Kulturgütern aus Italien", S.371.
1658 Kurt Siehr, „Das UNESCO-Übereinkommen", in: KUR 2005, S.40ff.
1659 Kurt Siehr, „Das UNESCO-Übereinkommen", in: KUR 2005, S.33.
1660 Marc Weber, „Unveräußerliches Kulturgut im nationalen und internationalen Rechtsverkehr", S.397.
1661 Andrea Franscesco Giovanni Raschèr, „Kulturgütertransfergesetz und Globalisierung", S.61.
1662 Jörg Sprecher, „Beschränkungen des Handels mit Kulturgut und die Eigentumsgarantie", S.137ff.

zum UNESCO-Kulturgutübereinkommen somit jedenfalls keine maßgeblichen Änderungen ergeben.

101 UNIDROIT-Konvention

Das am 01.07.1998 in Kraft getretene UNIDROIT-Übereinkommen über gestohlene oder rechtswidrig ausgeführte Kulturgüter vom 24.06.1995 ist von Italien mit dem Gesetz Nr. 213/1999 ratifiziert worden und am 01.04.2000 in Italien in Kraft getreten.[1663]
Das Gesetz Nr. 213/1999 ist in seinen ergänzenden, eine wirksame Anwendung der UNIDROIT-Konvention bezweckenden Vorschriften dem die RL 93/7/EWG umsetzenden Gesetz Nr. 88/1998 nachgebildet worden.[1664]
Das UNIDROIT-Übereinkommen enthält nicht, wie das UNESCO-Kulturgutübereinkommen, nur Vorgaben, sondern eigene Regelungen zum Schutz von Kulturgütern mit religiösem oder weltlichem Charakter, sofern sie für Archäologie, Vorgeschichte, Geschichte, Literatur, Kunst oder Wissenschaft bedeutungsvoll sind und gem. Art. 2 des UNIDROIT-Übereinkommens den im Anhang erwähnten Kategorien angehören, die Art. 1 des UNESCO-Kulturgutübereinkommens entsprechen. Während dieser Schutzbereich für den Rückgabeanspruch gestohlener Kulturgüter nach den Art. 3f. des UNIDROIT-Übereinkommens uneingeschränkt gilt, müssen rechtswidrig ausgeführte Kulturgüter jedoch zusätzlich die Bedingung von Art. 5 III des UNIDROIT-Übereinkommens erfüllen. Der ersuchende Staat muss dann entweder die wesentliche Beeinträchtigung der materiellen Erhaltung bzw. Unversehrtheit eines Kulturguts bzw. seiner Umgebung oder die wesentliche Beeinträchtigung der Erhaltung von wissenschaftlicher Information oder die wesentliche Beeinträchtigung der Erhaltung des traditionellen bzw. rituellen Gebrauchs darlegen oder aufzeigen, dass das Kulturgut von wesentlicher kultureller Bedeutung ist. Nach Art. 7 des UNIDROIT-Übereinkommens werden Werke lebender oder verstorbener Kunstschaffender bis 50 Jahre nach deren Tod nicht erfasst, wenn sie nicht zum traditionellen oder rituellen Gebrauch einer Eingeborenen- oder Stammesgemeinschaft bestimmt sind.[1665]
Da nach Art. 3 II des UNIDROIT-Übereinkommens rechtswidrig ausgegrabene oder rechtswidrig einbehaltene Kulturgüter als gestohlen gelten, können archäologische Fundgegenstände aus Raubgrabungen entweder als gestohlene Kulturgüter nach Art. 3f. des UNIDROIT-Übereinkommens oder als rechtswidrig ausgeführte Kulturgüter nach Art. 5ff. des UNIDROIT-Übereinkommens zurückgefordert werden, sodass es genügt, wenn entweder die illegale Ausgrabung oder die illegale Ausfuhr nachgewiesen werden kann. Als rechtswidrige Ausfuhr gem. Art. 1 lit. b des UNIDROIT-Übereinkommens gilt nicht nur der Vorgang der Verschiebung eines Kulturguts außerhalb von Staatsgrenzen unter Verletzung von kulturgüterschützenden Ausfuhrvorschriften, sondern nach Art. 5 II des UNIDROIT-Übereinkommens auch jede Nichtbeachtung bei der Genehmigung der vorübergehenden Ausfuhr aufgestellter Bedingungen und Auflagen.[1666]

1663 Marc Weber, „Unveräußerliches Kulturgut im nationalen und internationalen Rechtsverkehr", S.8.

1664 Susanne Barbara Ulmar, „Rechtsverkehr und Handel mit Kulturgütern aus Italien", S.294.

1665 Marc Weber, „Unveräußerliches Kulturgut im nationalen und internationalen Rechtsverkehr", S.8, S.399f.

1666 Marc Weber, „Unveräußerliches Kulturgut im nationalen und internationalen Rechtsverkehr", S.8, S.399f.

Die Rückgabe eines Kulturgutes gem. Art.4 ff des UNIDROIT-Übereinkommens kann nicht verweigert werden, weil der Besitzer das Objekt gutgläubig erworben hat. Das UNIDROIT-Übereinkommen sieht jedoch ein Lösungsrecht des gutgläubigen Besitzers vor.[1667]
Art. 3 III des UNIDROIT-Übereinkommens sieht hinsichtlich der Ansprüche auf Rückgabe gestohlener Kulturgüter eine relative Verjährungsfrist von drei Jahren anknüpfend an die Kenntnis des ersuchenden Staats von Lageort des Kulturgutes und Identität des Besitzers und eine absolute Verjährungsfrist von 50 Jahren ab dem Diebstahl vor, die nach Art. 3 V des UNIDROIT-Übereinkommens durch die Erklärung ergänzt werden kann, dass die Ansprüche nach 75 Jahren oder länger entsprechend seinen Rechtsvorschriften verjähren. Der Anspruch auf Rückgabe eines illegal ausgeführten Kulturgutes verjährt ebenfalls nach drei Jahren ab dem Zeitpunkt, an welchem der Lageort des Objektes und die Identität des Besitzers dem ersuchenden Staat bekannt ist. Die absolute Verjährungsfrist von 50 Jahren beginnt entweder im Zeitpunkt der Ausfuhr oder dann, wenn das Kulturgut hätte zurückgeführt werden müssen, vgl. Art. 5 V des UNIDROIT-Übereinkommens.[1668]
Da das UNIDROIT-Übereinkommen nicht nur gem. Art. 1 des UNIDROIT-Übereinkommens einen Anspruch „internationaler Art" voraussetzt, sondern auch, dass das Übereinkommen in dem Staat, in dem Klage erhoben wird, in Kraft getreten ist und das Kulturgut aus einem anderen Vertragsstaat stammt, kann Deutschland als Nichtvertragsstaat in Italien keine Ansprüche geltend machen.
Auch ist das UNIDROIT-Übereinkommen gem. Art. 10 des UNIDROIT-Übereinkommens nicht rückwirkend anwendbar auf Kulturgüter, die vor Inkrafttreten im Herkunftsstaat gestohlen oder illegal ausgeführt wurden oder bereits in einen anderen Staat verbracht wurden, bevor in diesem das Übereinkommen in Kraft getreten ist.[1669]
Nach Art. 9 I des UNIDROIT-Übereinkommens bleiben andere Vorschriften, nach denen die Rückgabe gestohlener oder rechtswidrig ausgeführter Kulturgüter verlangt werden kann, anwendbar. Dies lässt sich damit erklären, dass dieses Abkommen zu einer Intensivierung des Schutzes führen soll und andere Rückgabeansprüche beispielsweise längere Fristen vorsehen können. Art. 13 III des UNIDROIT-Übereinkommens eröffnet den Vertragsstaaten, die gleichzeitig EU-Mitgliedstaaten sind, jedoch die Möglichkeit, der RL 93/7/EWG den Vorrang einzuräumen.[1670] Italien hat diese Möglichkeit genutzt und einen Vorbehalt im Sinne des Art. 13 III des UNIDROIT-Übereinkommens eingelegt.[1671] Auch Art. 7 des Gesetzes Nr. 213/1999 stellt eindeutig klar, dass die Vorschriften der UNIDROIT Konvention im Verhältnis zu anderen Mitgliedstaaten nicht eingreifen, soweit die Bestimmungen der RL 93/7/EWG gelten.[1672]
Im Umkehrschluss ist daraus zu entnehmen, dass wegen des Ziels des größtmöglichen Kulturgüterschutzes ein Rückgriff aber wohl möglich bleibt, soweit der Anwendungs-

1667 Haimo Schack, „Kunst und Recht", S.211, Rn. 507.
1668 Marc Weber, „Unveräußerliches Kulturgut im nationalen und internationalen Rechtsverkehr", S.400f.
1669 Haimo Schack, „Kunst und Recht", S.221, Rn. 525; Marc Weber, „Unveräußerliches Kulturgut im nationalen und internationalen Rechtsverkehr", S.399ff.
1670 Marc Weber, „Unveräußerliches Kulturgut im nationalen und internationalen Rechtsverkehr", S.399ff.
1671 Marc Weber, „Unveräußerliches Kulturgut im nationalen und internationalen Rechtsverkehr", S.8.
1672 Susanne Barbara Ulmar, „Rechtsverkehr und Handel mit Kulturgütern aus Italien", S.294.

bereich des UNIDROIT-Übereinkommens weiter ist und auch die Rückgabe von Kulturgütern erfasst, die lediglich gestohlen, nicht aber unrechtmäßig verbracht worden sind.[1673] Ein Beitritt Deutschlands zur UNIDROIT-Konvention hätte somit beschränkte Auswirkungen im Verhältnis zu Italien.

102 Umsetzung der RL 93/7/EWG

Die die RL 93/7/EWG umsetzenden Vorschriften des Gesetzes Nr. 88/1998 wurden in Art. 73-81 T.U. mit nur wenigen Veränderungen übernommen.[1674] Zu beachten ist, dass nach Art. 75 II T.U. die Klage auf Rückgabe beim Tribunale des Belegenheitsortes zu erheben ist. Damit wird anders als in Deutschland zur Geltendmachung des Rückgabeanspruchs auf den ordentlichen Rechtsweg verwiesen. Dies ist folgerichtig, da die Differenzierung der Rechtswege in der italienischen Rechtsordnung danach erfolgt, ob diritti soggettivi verletzt oder interessi legittimi berührt sind und der Anspruch auf Erhaltung nationalen Kulturguts als subjektives Recht eingeordnet wird.[1675] Während das Gesetz Nr. 88/1998 zwischen der Rückgabeklage illegal aus Italien ausgeführter Kulturgüter und der Rückgabeklage illegal aus einem Mitgliedstaat nach Italien verbrachter Kulturgüter unterschied, sind die Vorschriften im T.U. in einem Abschnitt zusammengefasst worden. Die Anwendungsschwierigkeiten, welche dadurch bedingt waren, dass teilweise schon vorher hinsichtlich des italienischen Anspruchs wegen Regelungslücken ein Rückgriff auf die Vorschriften des Rückgabeanspruchs der Mitgliedstaaten erfolgen musste, sind nun einer Lage gewichen, in der nur feststellbar ist, welche Vorschriften für welchen Anspruch gelten, wenn die Richtlinie zu Hilfe genommen wird.[1676]

Auch die Umsetzung selbst wird teilweise im Hinblick auf ihre Richtlinienkonformität als bedenklich erachtet. Insbesondere im Hinblick auf die Umsetzung des Art. 12 der RL 93/7/EWG wird dem italienischen Gesetzgeber vorgeworfen, seiner Umsetzungspflicht gem. Art. 249 III EG nicht nachgekommen zu sein. Zwar ist, wie bereits aufgezeigt wurde, umstritten, wie genau Art. 12 der RL 93/7/EWG zu verstehen ist. Zumindest soll aber nach der Rückkehr das Recht des ersuchenden Mitgliedstaats maßgeblich sein, sodass die lex rei sitae verdrängt und die lex originis für die Beurteilung der zwischenzeitlichen Veränderungen der Eigentumssituation herangezogen werden soll. Der italienische Gesetzgeber sieht hingegen überhaupt keine Abweichung von der in Art. 51 des Gesetzes Nr. 218/1995 verankerten lex rei sitae vor, welche lautet: „Il possesso, la proprietà e gli altri diritti reali sui beni mobili ed immobili sono regolati dalla legge dello Stato in cui beni si trovano.“[1677]

Vielmehr setzt der italienische Gesetzgeber auf die durch Art. 12 der RL 93/7/EWG mittelbar ebenfalls eingeräumte Möglichkeit, ein staatliches Erwerbsrecht des Kulturgutes nach der Rückkehr einzuführen und so nach der Rückgabe die Eigentumssituation nachträglich zu ändern. Er selbst hat für nach Italien zurückgegebenes Kulturgut

---

1673 Marc Weber, „Unveräußerliches Kulturgut im nationalen und internationalen Rechtsverkehr“, S.400f.

1674 Susanne Barbara Ulmar, „Rechtsverkehr und Handel mit Kulturgütern aus Italien“, S.294.

1675 Susanne Barbara Ulmar, „Rechtsverkehr und Handel mit Kulturgütern aus Italien“, S.310.

1676 Susanne Barbara Ulmar, „Rechtsverkehr und Handel mit Kulturgütern aus Italien“, S.295f.

1677 Marc Weber, „Unveräußerliches Kulturgut im nationalen und internationalen Rechtsverkehr“, S.390; Susanne Barbara Ulmar, „Rechtsverkehr und Handel mit Kulturgütern aus Italien“, S.303f.

ein solches Erwerbsrecht in Art. 81 IV T.U. verankert.[1678] Ist der Staat selbst nicht der Berechtigte, sondern muss der Staat das Kulturgut dem Berechtigten nach Art. 81 I T.U. übergeben, hat dann, wenn der Berechtigte unbekannt ist, eine Mitteilung in der Gazzetta Ufficiale zu erfolgen. Verlangt der Rechtsinhaber innerhalb von fünf Jahren nicht die Übergabe, geht das Kulturgut gem. Art. 81 IV T.U. in den demanio pubblico über und wird einem Museum oder anderen staatlichen Institutionen zur Verfügung gestellt: „Qualora l'avente diritto non ne richieda la consegna entro cinque anni dalla data di pubblicazione nella Gazzetta Ufficiale (...) il bene è acquisito al demanio dello Stato." Diese Möglichkeit des staatlichen Eigentumserwerbs wird wegen der dem Berechtigten eingeräumten Frist für zulässig erachtet.[1679] Eine Ausdehnung auf den Fall, in dem der Rechtsinhaber zwar die Übergabe verlangt, aber die von Art. 81 II T.U. vorgesehenen Ausgaben nicht erstattet, wird hingegen abgelehnt, da es an der Untätigkeit fehlt, aus der ein Verzicht auf das Kulturgut abgeleitet werden kann und der staatliche Erwerb als eine unzulässige Enteignung ohne Entschädigung einzuordnen wäre.[1680]

Daneben ist darauf hinzuweisen, dass die in Art. 81 II T.U. vorgesehene Erstattung der Ausgaben des Staats durch den Berechtigten ohnehin als bedenklich eingeordnet wird, da diese Regelung sich nicht mit den Vorgaben der RL 93/7/EWG deckt und übersieht, dass der Staat bei der Geltendmachung des Rückgabeanspruchs in seinem eigenen Interesse an der Erhaltung seines Kulturgutes handelt. Denn entgegen Art. 11 der RL 93/7/EWG, welcher dem Staat gegenüber dem Verantwortlichen eine Rückforderungsmöglichkeit bezüglich der nach Art. 9 der RL 93/7/EWG gezahlten Entschädigung und der unter Art. 10 der RL 93/7/EWG fallenden Ausgaben einräumt, sieht er eine Rückforderung auch gegenüber dem Berechtigten vor. In der Folge wird befürchtet, dass ein Eigentümer nur versuchen wird, eigene Herausgabeansprüche geltend zu machen und darauf verzichten wird, den Staat zur Geltendmachung seiner Rückgabeansprüche anzuregen, um der Kostentragungspflicht zu entgehen.[1681]

Ignoriert wird zudem in Art. 77 II T.U. die Intention des Richtliniengesetzgebers, die Entschädigungsregelung gerade nicht an die zivilrechtlichen Vorschriften des gutgläubigen Eigentumserwerbs zu knüpfen, da er die von Art. 9 I der RL 93/7/EWG aufgestellte Voraussetzung der erforderlichen Sorgfalt durch die des Besitzerwerbs in buona fede ersetzt.[1682]

Von den von der Richtlinie eingeräumten Gestaltungsmöglichkeiten hat der italienische Gesetzgeber teilweise Gebrauch gemacht. Während eine Ausdehnung der Rückgabepflicht auf andere als die im Anhang aufgeführten Kulturgüter und auf vor dem 1. Januar 1993 illegal verbrachte Kulturgüter gem. Art. 14 der RL 93/7/EWG nicht erfolgt, hat er dafür aber die von Art. 7 der RL 93/7/EWG eingeräumte Möglichkeit auf-

1678 Susanne Barbara Ulmar, „Rechtsverkehr und Handel mit Kulturgütern aus Italien", S.303f.

1679 Susanne Barbara Ulmar, „Rechtsverkehr und Handel mit Kulturgütern aus Italien", S.306f.; Marc Weber, „Unveräußerliches Kulturgut im nationalen und internationalen Rechtsverkehr", S.390.

1680 Marc Weber, „Unveräußerliches Kulturgut im nationalen und internationalen Rechtsverkehr", S.390; Susanne Barbara Ulmar, „Rechtsverkehr und Handel mit Kulturgütern aus Italien", S.306f.

1681 Marc Weber, „Unveräußerliches Kulturgut im nationalen und internationalen Rechtsverkehr", S.390; Susanne Barbara Ulmar, „Rechtsverkehr und Handel mit Kulturgütern aus Italien", S.304f.

1682 Susanne Barbara Ulmar, „Rechtsverkehr und Handel mit Kulturgütern aus Italien", S.312f.

gegriffen, für kirchliche Kulturgüter und solche aus öffentlichen Sammlungen den Rückgabeanspruch für unverjährbar zu erklären.[1683]

103 Nationale Rechtsordnung

Der italienische Codice Civile (C.c.) ist durch die Besonderheit gekennzeichnet, dass er einerseits durch besonders großzügige zivilrechtliche Regelungen zu einer Verlagerung des Erwerbsvorgangs von Kulturgütern nach Italien verleitet, andererseits einige nationale Kulturgüter als res extra commercium völlig dem Rechtsverkehr entzieht.[1684]

103.1 Gutgläubiger Erwerb vom Nichtberechtigten

So gilt als Besonderheit der italienischen Zivilrechtsordnung, dass sie als einige der wenigen Rechtsordnungen den gutgläubigen Erwerb gestohlener und abhanden gekommener Sachen gem. Art. 1153 C.c. zulässt, unabhängig davon, ob der Verkäufer ein Kaufmann ist oder andere besondere Umstände vorliegen. Nur eine Ausnahme greift nach 1154 C.c. ein: Der irrtümliche gute Glaube an einen zwischenzeitlichen Eigentumserwerb des Veräußerers wird bei Kenntnis des Erwerbers über die unrechtmäßige Herkunft einer Sache nicht geschützt.[1685]
Wegen des im italienischen Recht geltenden Konsensualprinzips bewirken grundsätzlich gem. Art. 922 i.V.m. Art. 1376 C.c. die übereinstimmenden Willenserklärungen der Parteien den Eigentumsübergang. Da Art. 1153 I C.c. nicht zwischen freiwilligem und unfreiwilligem Besitzverlust unterscheidet, ist der Erwerb einer Sache möglich, sofern nur das Erwerbsgeschäft wirksam und der Erwerber im Zeitpunkt der Übergabe der Sache hinsichtlich der Eigentumslage gutgläubig ist. Einen Schutz des guten Glaubens an die Verfügungsbefugnis des Veräußerers wird hingegen nicht gewährt. Zur Bestimmung der Gutgläubigkeit wiederum ist Art. 1147 C.c. heranzuziehen, welcher bestimmt, dass der Gutgläubige weder gem. Art. 1147 I C.c. wissen darf, dass er das Recht eines anderen verletzt, noch gem. Art. 1147 II C.c. dies grob fahrlässig verkennen darf. Dabei ist der gute Glaube nach Art. 1147 III C.c. aber grundsätzlich zu vermuten.[1686]

103.2 Ersitzung

Die Ersitzung beweglicher Sachen ist in den Art. 1160 bis Art.1162 C.c. geregelt. Auch wenn dies aus dem Wortlaut des Art. 1161 C.c. nicht hervorgeht, muss für die Ersitzung Besitz im Sinne des Art. 1140 C.c. bestehen, der die Elemente des körperli-

1683 Susanne Barbara Ulmar, „Rechtsverkehr und Handel mit Kulturgütern aus Italien", S.321f.

1684 Susanne Spaun, „Der Herausgabeanspruch bei Diebstahl oder illegalem Export von Kulturgütern", S.63.

1685 Haimo Schack, „Kunst und Recht", S.201, Rn.488; Jarste Akkermann „Internationaler Kulturgüterschutz", in: KUR 2002, S.32; Susanne Spaun, „Der Herausgabeanspruch bei Diebstahl oder illegalem Export von Kulturgütern", S.62f.

1686 Susanne Spaun, „Der Herausgabeanspruch bei Diebstahl oder illegalem Export von Kulturgütern", S.62f.; Felix Siegfried, „Internationaler Kulturgüterschutz in der Schweiz", S.95ff.

chen und willentlichen Besitzes vereint und als Eigenbesitz zu verstehen ist. Gemäß Art. 1163 C.c. ist jedoch die Ersitzung von gewaltsam oder heimlich erlangten Objekten ausgeschlossen, sodass insbesondere gestohlene Sachen nicht ersessen werden können.[1687]
Eine Ersitzung ist aber sogar bei Bösgläubigkeit möglich. Nur die Ersitzungsfrist des Art. 1161 C.c., die bei Gutgläubigkeit 10 Jahre beträgt, verlängert sich bei Bösgläubigkeit auf 20 Jahre.[1688] Für die Fristberechnung finden die Vorschriften über die Verjährung und damit insbesondere auch die Hemmung nach Art. 2941f. C.c. Anwendung. Verliert der Ersitzende den Besitz für länger als ein Jahr, hindert dies die Ersitzung nur dann nicht, wenn er Klage erhebt und infolgedessen den Gegenstand wiedererlangt. Der gute Glaube wird auch bei der Ersitzung nach Art. 1147 C.c. bestimmt, bei der Ersitzung von Mobilien ist der gute Glaube zum Zeitpunkt des Besitzerwerbs ausreichend. Die Wirkung der Ersitzung ist eine rückwirkende, welche den Rechtserwerb zum Zeitpunkt der Besitzergreifung eintreten lässt.[1689]

103.3 Herausgabeanspruch und Verjährung

Der Herausgabeanspruch des Eigentümers verjährt gem. Art. 948 III C.c. nicht. Zwar kennt das italienische Recht kein Lösungsrecht des gutgläubigen Erwerbers, da der Käufer dem ursprünglichen Eigentümer einen gutgläubigen Erwerb der Sache entgegenhalten kann. Dennoch kann der Käufer vom Verkäufer nach Art. 1479 C.c. die Auflösung des Vertrages verlangen.[1690]

103.4 Besonderheiten bei Kulturgütern im demanio culturale

Obwohl, oder vielleicht auch gerade weil, sich in den Regelungen zum Eigentumserwerb ein hoher Stellenwert der Leichtigkeit des Handelsverkehrs widerspiegelt und Italien deshalb gerne als Umschlagsplatz von gestohlenen Kulturgütern gewählt wird, entzieht die italienische Rechtsordnung gleichzeitig viele Kulturgüter dem Rechtverkehr.[1691]
Dabei geht das nationale italienische Recht inhaltlich über die Regelungen der VO Nr. 3911/92 weit hinaus.[1692] So gelten für die Kulturgüter, die in Art. 822 C.c. aufgeführt sind und dem Staat oder sonstigen Gebietskörperschaften gehören, die Vorschriften für den demanio pubblico. Dies hat der Gesetzgeber durch den Verweis in Art. 54 I T.U. nun noch einmal eindeutig klargestellt. Als Folge ergibt sich, dass diese gem. Art. 823 I C.c. absolut unveräußerlich sind und an ihnen keine Rechte zugunsten Dritter begründet werden können. Dadurch soll eine Gefährdung des Interesses der Allgemeinheit an ihrer Erhaltung und Nutzung möglicht umfassend unterbunden werden. Auch Art. 55 I T.U. bestätigt, dass eine Veräußerung von im Eigentum des Staats oder ande-

---

1687 Felix Siegfried, „Internationaler Kulturgüterschutz in der Schweiz", S.96ff.

1688 Bettina Thorn, „Internationaler Kulturgüterschutz nach der UNIDROIT-Konvention", S.215f.; Haimo Schack, „Kunst und Recht", S.201, Rn.488.

1689 Felix Siegfried, „Internationaler Kulturgüterschutz in der Schweiz", S.97ff.

1690 Felix Siegfried, „Internationaler Kulturgüterschutz in der Schweiz", S.96.

1691 Susanne Spaun, „Der Herausgabeanspruch bei Diebstahl oder illegalem Export von Kulturgütern", S.63.

1692 Christoph H. M. Maurer, „Die Ausfuhr von Kulturgütern in der Europäischen Union", S.165.

rer Gebietskörperschaften stehenden Kulturgütern nur dann möglich ist, wenn sie nicht dem demanio storico e artistico angehören. Für bewegliche Kulturgüter gelten diesbezüglich keine Ausnahmen, sodass durch die Veräußerung entweder die demanialità nicht aufgehoben werden darf oder ein Kulturgut ausnahmsweise vor der Veräußerung die Qualität der demanialità verloren haben muss.[1693]
Bei den nach Art. 823 C.c. unveräußerlichen Kulturgütern im demanio culturale und den Kulturgütern, welche wegen ihrer öffentlichen Bestimmung nach Spezialgesetzen für unveräußerlich erklärt wurden, beispielsweise Kulturgüter im öffentlichen Eigentum, bei denen die Veräußerung nach Art. 55 T.U. nicht genehmigt wurde, ergibt sich die Nichtigkeit der gegen diese Vorschriften verstoßenden Rechtsgeschäfte bereits aus der allgemeinen Nichtigkeitsfolge des Art. 1418 I C.c., sodass es eines Rückgriffs auf Art. 135 I T.U. nicht bedarf. Art. 1418 I C.c. bestimmt: „Il contratto è nullo quando è contrario a norme imperative, salvo che la legge disponga diversamente." Dabei ist die Nichtigkeitsfolge bei den nach Art. 823 C.c. unveräußerlichen Kulturgütern im demanio culturale eine absolute. Denn die beni demaniali sind bereits objektiv dem Handel entzogen, da durch Art. 1346 C.c. bestimmt wird: „L'oggetto del contratto deve essere possibile, lecito, determinato o determinabile." Somit schließt die Unveräußerlichkeit neben dem Ausschluss von gutgläubigem Erwerb und Ersitzung auch den Ausschluss einer Verjährung des staatlichen Herausgabeanspruchs mit ein.[1694]

103.5 Die Folgen von Verstößen gegen die Genehmigungs- und Anzeigepflichten

Nach Art. 55 I T.U. unterliegt die Veräußerung von Kulturgütern einer Genehmigungspflicht, wobei Art. 55 T.U. im Folgenden zwischen zwei Genehmigungstatbeständen differenziert: Art. 55 II T.U. für Kulturgüter in öffentlichem Eigentum und Sammlungen sowie öffentliche und private Sammlungen und Art. 55 III T.U. für Kulturgüter juristischer Personen des Privatrechts ohne Gewinnerzielungsabsicht. Dabei ist zu beachten, dass der Anwendungsbereich des T.U. auf bestimmte Kulturgüter beschränkt ist, welche überwiegend auch einen bestimmten kulturellen Wert aufweisen müssen. Werke der Gegenwartskunst sind weiterhin gem. Art. 2 VI T.U. ausgenommen. Ansonsten wird der Anwendungsbereich aber kontinuierlich erweitert und um Kulturgüter wie Fotografien und Werke der Filmkunst ergänzt. Während die Genehmigung des Art. 55 II T.U. im Ermessen der Behörde liegt und nur dann erteilt wird, wenn durch die Veräußerung keine Beeinträchtigung der Erhaltung und Nutzung durch die Allgemeinheit erfolgen wird und kein Interesse für die öffentlichen Sammlungen vorliegt, ist bei Art. 55 II T.U. die Genehmigung zwingend zu erteilen, wenn kein schwerer Schaden im Hinblick auf die Erhaltung und Nutzung durch die Allgemeinheit droht.[1695]

1693 Jarste Akkermann „Internationaler Kulturgüterschutz", in: KUR 2002, S.32; Susanne Barbara Ulmar, „Rechtsverkehr und Handel mit Kulturgütern aus Italien", S.107ff.; James Cuno, „Beyond Bamiyan", in: Barbara T. Hoffman (Hg.), „Art and Cultural Heritage", S.42.

1694 Stefan Turner, „Das Restitutionsrecht des Staates nach illegaler Ausfuhr von Kulturgütern", S.118; Susanne Barbara Ulmar, „Rechtsverkehr und Handel mit Kulturgütern aus Italien", S.127.

1695 Susanne Barbara Ulmar, „Rechtsverkehr und Handel mit Kulturgütern aus Italien", S.111ff., S.266ff. sowie S.371.

Weniger strengen Voraussetzungen als die Veräußerung unterliegt jedoch der in Art. 56 T.U. geregelte Tausch von Kulturgütern, wobei inländische und ausländische Körperschaften, Einrichtungen und Private als Tauschpartner in Frage kommen, somit nun auch eine Tauschmöglichkeit für öffentliche Sammlungen wieder belebt wurde. Während gem. Art. 56 I T.U. beim nationalen Tausch die Bereicherung der beteiligten öffentlichen Sammlung maßgeblich ist, entscheidet bei einem Tausch mit ausländischen Tauschpartnern die Aufwertung des nationalen Kulturerbes. Gerade für ausländische und somit auch deutsche Institutionen können die geringeren Anforderungen interessant sein, welche sich dadurch rechtfertigen lassen, dass beim Tausch von Kulturgütern für ein Kulturgut im Gegenzug ein anderes erlangt wird. Sie zeigen, dass der Tausch eine sinnvolle Lösung darstellt, welche den Schutz des eigenen Kulturgutes mit dem Ziel der Förderung des Kulturaustauschs in Einklang bringt.[1696]

Neben den Genehmigungspflichten ist auf die Anzeigepflicht des Art. 58 T.U. hinzuweisen, welche dazu dient, dass die Verwaltung über alle Änderungen im Zusammenhang mit den Eigentumsverhältnissen an Kulturgütern unterrichtet wird.[1697] Trotz der Kritik an einer fehlenden Differenzierung nach Erheblichkeit des Mangels, Verhalten der Parteien und Nachteile für die Verwaltung wird eine ungenaue oder fehlerhafte Anzeige grundsätzlich auch weiterhin wie eine nicht erfolgte Anzeige behandelt.[1698]

Neben den von Art. 122 T.U. angeordneten strafrechtlichen Sanktionen ordnet, da eine §134 BGB entsprechende, auch Verstöße gegen öffentliche Normen sanktionierende allgemeine Vorschrift fehlt, Art. 135 I T.U. die Nichtigkeit von Vereinbarungen, Veräußerungen und Rechtsgeschäften an, die entgegen der im Gesetz vorgesehenen Verbote oder ohne Befolgung der vorgeschriebenen Bedingungen und Modalitäten vorgenommen werden: „Le alienazioni, le convenzioni e gli atti giuridici in genere, compiuto contro i divieti stabiliti dalle disposizioni di questo Titolo, o senzo l'osservanza delle condizioni e modalità da esso prescritte, sono nulli." Durch die Nichtigkeit sollen durch Rechtsgeschäfte drohende Beeinträchtigungen hinsichtlich der Erhaltung und Nutzung der Kulturgüter verhindert werden. Nicht nur bei einer Verletzung der Genehmigungspflicht des Art. 55 T.U. bei privaten Kulturgütern einer juristischen Person ohne Gewinnerzielungsabsicht oder privaten Kulturgütern als Bestandteil von privaten Sammlungen bestimmt sich die Rechtsfolge nach Art. 135 I T.U. Auch eine Verletzung der Anzeigepflicht des Art. 58 T.U. kann die Nichtigkeitsfolge des Art. 135 T.U. auslösen.[1699]

Da sowohl gegen Verbote als auch gegen Bedingungen und Modalitäten verstoßende Rechtsgeschäfte von der Nichtigkeitssanktion erfasst werden, könnte auf den ersten Blick die Reichweite der Sanktionen weiter als bei §134 BGB erscheinen, bei dem Verstöße gegen Anzeige- und Mitteilungspflichten, die nicht als Verbotsgesetz zu qualifizieren sind, unberücksichtigt bleiben. Doch dieser Anschein trügt. So ist umstritten, ob die von Art. 135 I T.U. angeordnete Nichtigkeit nur im Verhältnis zur Verwaltung wirkt oder ähnlich wie §134 BGB auch zwischen den Parteien des Rechtsgeschäfts. Während die Nichtigkeit des Art. 29 des Gesetzes Nr. 364/1909 noch eindeutig als rein verwaltungsrechtliche Sanktion eingestuft wurde, war im Hinblick auf Art. 61 I des

1696 Susanne Barbara Ulmar, „Rechtsverkehr und Handel mit Kulturgütern aus Italien", S.118f.
1697 Susanne Barbara Ulmar, „Rechtsverkehr und Handel mit Kulturgütern aus Italien", S.119.
1698 Susanne Barbara Ulmar, „Rechtsverkehr und Handel mit Kulturgütern aus Italien", S.126.
1699 Susanne Barbara Ulmar, „Rechtsverkehr und Handel mit Kulturgütern aus Italien", S.126ff.

Gesetzes Nr. 1089/1939 strittig, ob die Vorschrift wegen ihrer Zielsetzung, dem Staat die Kontrolle über ein Kulturgut zu sichern, wie Art. 29 des Gesetzes Nr. 364/1909 nur zu einer Nichtigkeit gegenüber der Verwaltung führen sollte oder ob zumindest in bestimmten Fällen auch die privatrechtlichen Rechtsgeschäfte von der Nichtigkeit berührt werden. Bei der Annahme der Möglichkeiten privatrechtlicher Nichtigkeitsfolgen wurde dann letztlich ähnlich wie in §134 BGB differenziert: Für eine Nichtigkeit einer Veräußerung eines Kulturgutes ohne die erforderliche Genehmigung wurde vorgebracht, dass nur so der ursprüngliche Rechtszustand wiederhergestellt werden könne, während eine Verletzung der erst durch ein wirksames Rechtsgeschäft ausgelösten Anzeigepflicht, welche die Verfügungen des Berechtigten nicht verbietet, sondern erst auf das Rechtsgeschäft folgt, die Wirksamkeit des privatrechtlichen Rechtsgeschäfts zwischen den Parteien nicht berühren sollte.[1700] Da der Wortlaut des Art. 135 I T.U. dem Wortlaut des Art. 61 I des Gesetzes Nr. 1089/1939 entspricht, entspricht Art. 135 I T.U. nach einer Ansicht auch hinsichtlich der Nichtigkeitsfolge Art. 61 I des Gesetzes Nr. 1089/1939.[1701] Teilweise wird aber auf die Einordnung der Vorschrift unter die „sanzioni amministrative" hingewiesen und dies als Entscheidung des Gesetzgebers für eine bloß relative Nichtigkeit gegenüber der Verwaltung gewertet.[1702]

103.6 Das Vorkaufsrecht des Staats bei Veräußerungen

Zwei Rechtsinstitute privilegieren den italienischen Staat beim Erwerb von Kulturgütern: Das in den Art. 59 ff. T.U. geregelte staatliche Vorkaufsrecht sowie das in Art. 68 T.U. verankerte Erwerbsrecht bei der Ausfuhr von Kulturgütern.[1703]
Gem. Art. 59 I T.U. kann das Ministerium im Falle einer entgeltlichen Veräußerung ein Kulturgut zu dem gleichen Preis erwerben, welcher zwischen den Parteien vereinbart wurde.[1704] Allerdings gilt als Ziel der Regelung des Art. 59 I T.U. nicht mehr nur die Verhinderung der Beeinträchtigung der Erhaltung und Nutzung von Kulturgütern durch Veräußerungen. Vielmehr rückt seine Funktion als Mittel der staatlichen Kulturpolitik zur Aufwertung des staatlichen Kulturerbes in den Vordergrund, sodass es sich letztlich von einer reinen Kulturgüterschutzvorschrift entfernt. Da das Vorkaufrecht durch einen Verwaltungsakt ausgeübt wird und eine Zwangsmaßnahme darstellt, wird es, obwohl es letztlich eine Veräußerung und damit eine private Willenserklärung voraussetzt, als hoheitliche Maßnahme eingeordnet, auf die die privatrechtlichen Normen über den Kauf grundsätzlich keine Anwendung finden. Umstritten ist, ob das Vorkaufsrecht durch die Unwirksamkeit der Veräußerung immer, oder nur in den Fällen beeinträchtigt wird, in denen ein rechtlich relevanter Veräußerungswille fehlt.[1705]
In Art. 60 II T.U., welcher regelt, dass die Maßnahme des Vorkaufsrechts innerhalb der Zweimonatsfrist bekanntzugeben ist, hat der Gesetzgeber der Bekanntgabe innerhalb der Frist nun eine konstitutive Funktion zugeschrieben, die zuvor umstritten war.

1700 Stefan Turner, „Das Restitutionsrecht des Staates nach illegaler Ausfuhr von Kulturgütern", S.119; Susanne Barbara Ulmar, „Rechtsverkehr und Handel mit Kulturgütern aus Italien", S.128f.

1701 Stefan Turner, „Das Restitutionsrecht des Staates nach illegaler Ausfuhr von Kulturgütern", S.119.

1702 Susanne Barbara Ulmar, „Rechtsverkehr und Handel mit Kulturgütern aus Italien", S.128f.

1703 Susanne Barbara Ulmar, „Rechtsverkehr und Handel mit Kulturgütern aus Italien", S.129.

1704 Susanne Barbara Ulmar, „Rechtsverkehr und Handel mit Kulturgütern aus Italien", S.158.

1705 Susanne Barbara Ulmar, „Rechtsverkehr und Handel mit Kulturgütern aus Italien", S.130ff.

Art. 60 III T.U, bestimmt, dass während einer zweimonatigen Frist der Veräußerungsvertrag unwirksam und die Übergabe der Sache verboten ist. Die in Art. 32 II des Gesetzes Nr. 1089/1939 noch vorgesehene aufschiebende Bedingung wurde durch eine gänzliche Unwirksamkeit ersetzt, welche zwar nicht zur Nichtigkeit des Rechtsgeschäftes führt, sondern dazu, dass dieses, obwohl es grundsätzlich bestehen bleibt, keine Wirkungen entfaltet. Letztlich sollte durch diese Rechtsfolge eine entsprechende Anwendung der privatrechtlichen Vorschriften über Bedingungen während der Zeit des Schwebezustandes vermieden werden.[1706] Wurde die Anzeigepflicht nicht ordnungsgemäß erfüllt, beginnt die Zweimonatsfrist nicht zu laufen. Dass der Staat dann ohne zeitliche Grenze von seinem Vorkaufsrecht Gebrauch machen kann, wird im Hinblick auf die Rechtssicherheit für bedenklich gehalten.[1707]

103.7 Das Erwerbsrecht des Staats bei Beantragung einer Ausfuhrgenehmigung

Art. 68 T.U. räumt dem Staat bzw. den Regionen zudem ein Erwerbsrecht in Bezug auf Kulturgut ein, welches ausgeführt werden soll. Während das Vorkaufsrecht eine entgeltliche Verfügung zur Voraussetzung hat, ist das Erwerbsrecht unabhängig von einem Verfügungswillen des Eigentümers, sondern setzt stattdessen gem. Art. 68 I T.U. die Beantragung einer Ausfuhrgenehmigung voraus. Das Erwerbsrecht findet folglich auf die Kulturgüter Anwendung, für die eine Genehmigungspflicht gilt. Auch wenn ein Interesse für das nationale Kulturerbe nach dem Wortlaut nicht mehr vorausgesetzt wird, so wird wegen des mit dem staatlichen Erwerbsrecht verbundenen Eingriffs in die Eigentumsrechte eine solche Voraussetzung auch weiterhin angenommen. Ob ein Gegenstand zuvor aber ausdrücklich zum schützenswerten nationalen Kulturgut erklärt wurde, ist irrelevant. Auch erfolgt keine Differenzierung nach der Person des Eigentümers, sodass auch Ausländer von dieser Regelung betroffen sein können.[1708] Die Ausfuhrbehörde prüft neben der Frage, ob eine Genehmigung erteilt wird, auch, ob der Erwerb eines Kulturgutes zweckmäßig wäre. Schlägt sie den Erwerb vor, teilt sie dies dem Betroffenen mit und die Frist für die Erteilung der Ausfuhrgenehmigung verlängert sich auf 60 Tage. Für den Erwerb ist dem Staat bzw. der Region eine Frist von 90 Tagen ab der Anzeige eingeräumt, innerhalb derer auch die Bekanntgabe an den Antragsteller erfolgen muss. Bei einer Vorlage des Kulturgutes nach der Anzeige wird auf die Vorlage abgestellt.[1709]

Wird ein Erwerbsrecht ausgeübt, geht das Eigentum an den Staat bzw. die Region über und es entsteht eine Zahlungspflicht gegenüber dem bisherigen Eigentümer.[1710] Da die Zahlungspflicht auch dann gegenüber dem Eigentümer besteht, wenn die Ausfuhr ein Dritter beantragt hat, kann die Summe dann, wenn der Eigentümer unbekannt ist, bei der Cassa depositi e prestiti hinterlegt werden.[1711]

1706 Susanne Barbara Ulmar, „Rechtsverkehr und Handel mit Kulturgütern aus Italien", S.142ff.
1707 Susanne Barbara Ulmar, „Rechtsverkehr und Handel mit Kulturgütern aus Italien", S.158.
1708 Susanne Barbara Ulmar, „Rechtsverkehr und Handel mit Kulturgütern aus Italien", S.266ff.
1709 Susanne Barbara Ulmar, „Rechtsverkehr und Handel mit Kulturgütern aus Italien", S.268ff.
1710 Susanne Barbara Ulmar, „Rechtsverkehr und Handel mit Kulturgütern aus Italien", S.270.
1711 Susanne Barbara Ulmar, „Rechtsverkehr und Handel mit Kulturgütern aus Italien", S.273.

Art. 39 des Gesetzes Nr. 1089/1939 sah ursprünglich vor, dass der Exporteur an sein Ausfuhrbegehren gebunden war und der Staat an den im Ausfuhrantrag angegebenen Wert, weil davon ausgegangen wurde, dass der Exporteur keinen zu hohen Preis nennen würde, wenn er im Fall der Ausfuhr eine zu hohe Abgabe leisten müsste. Durch die Abschaffung der Ausfuhrabgabe im innergemeinschaftlichen Verkehr wurde dieses Wechselspiel gestört und die relevanten Vorschriften in der Folgezeit mehrfach geändert. Nun ist die Gleichbehandlung von gemeinschaftsinternen Exporten und Ausfuhren in Drittstaaten bestätigt worden. Das zwischenzeitlich im Gesetz Nr. 88/1998 eingeräumte Recht des Exporteurs, von seinem Ausfuhrbegehren Abstand zu nehmen, ist hingegen entfallen. Zwar ist die Behörde grundsätzlich an den in dem Ausfuhrbegehren angegebenen Wert gebunden, prüft diesen aber auf seine Richtigkeit. Kritisiert wird daher, dass von dem Ausfuhrwilligen eine Bindung verlangt wird, obwohl der Staat ein Prüfungsrecht bezüglich der Wertangabe bekommt. Wegen der fehlenden Möglichkeit der Rücknahme des Ausfuhrbegehrens wird auch nicht mehr der Zeitpunkt der Akzeptierung des Preises durch den Exporteur, sondern die Bekanntgabe der Ausübung des Erwerbsrechts für den Eigentumsübergang als maßgeblich erachtet.[1712]
Die Regelung der vorübergehenden Ausfuhr in Art. 69 T.U. bestätigt die Beschränkung des Erwerbsrechts auf Fälle der endgültigen Ausfuhr, was sachgerecht erscheint, da der Verlust für das nationale Kulturerbe nur bei einer endgültigen Verbringung droht.[1713]

103.8 Sinn und Zweck der Einfuhrbescheinigung

Nach Art. 70 I T.U. muß die Einfuhr der in Art. 65 T.U. aufgeführten Kulturgüter aus dem Ausland bescheinigt werden. Dabei handelt es sich aber nicht um eine Importregelung, welche die Einfuhr von Kulturgütern verhindern oder beschränken will. Das Importzertifikat soll vielmehr dazu dienen, die Behörden in Kenntnis von den nach Italien gelangenden Kulturgütern zu setzen und verhindern, dass bei einer Wiederausfuhr die Regelungen hinsichtlich der Ausfuhr unterlaufen werden. Insbesondere soll der Einwand abgeschnitten werden, das Kulturgut sei gerade erst nach Italien gelangt. Dieser Zweck der Ausfuhrkontrolle wird auch durch die Bezugnahme auf die Ausfuhrregelung des Art. 65 T.U. bestätigt.[1714]
Hinsichtlich der Bezeichnung und der Voraussetzungen wird zwischen dem Certificato di avventura spedizione bei einer Einfuhr aus einem Mitgliedssstaat und dem Certificato di avventura importazione bei einer Einfuhr aus einem Drittstaat unterschieden, da bei einer Einfuhr aus einem Mitgliedstaat neben den Angaben zur Identifizierung des Kulturgutes eine Dokumentation über die Herkunft des Objektes verlangt wird, welche von einer Behörde des Herkunftsstaats ausgestellt oder beglaubigt sein muss.[1715]

1712 Susanne Barbara Ulmar, „Rechtsverkehr und Handel mit Kulturgütern aus Italien", S.270ff.
1713 Susanne Barbara Ulmar, „Rechtsverkehr und Handel mit Kulturgütern aus Italien", S.282f.
1714 Susanne Barbara Ulmar, „Rechtsverkehr und Handel mit Kulturgütern aus Italien", S.283f.
1715 Susanne Barbara Ulmar, „Rechtsverkehr und Handel mit Kulturgütern aus Italien", S.284f.

Nach Art. 39 bis IV des Gesetzes Nr. 1089/1939 sollte die Einfuhrbescheinigung eine Ausfuhrgenehmigung für die Dauer von 5 Jahren ersetzen. Nur bei einer fehlenden Identität des Ausfuhrgegenstandes durfte die Ausfuhr bislang verweigert werden. Obwohl eine Ersetzungsmöglichkeit bestehen bleiben sollte, wurde diese Vorschrift jedoch in den T.U. mit der Begründung nicht übernommen, dass die Gültigkeitsdauer der Einfuhrgenehmigung mit 5 Jahren nicht der Gültigkeitsdauer der Ausfuhrgenehmigung von 3 Jahren entspreche. Ob nun eine Ausfuhrgenehmigung eingeholt werden muss, ist umstritten. Auch ist fraglich, ob dann, wenn eine Ersetzungsmöglichkeit weiterhin bejaht wird, nun eine dreijährige Frist zugrundezulegen ist oder ob eine zeitlich unbegrenzte Ersetzungsbefugnis besteht. Greift die VO Nr. 3911/92 ein, so bleibt jedenfalls aber die von dieser geforderte Genehmigungspflicht bestehen.[1716]

104 Auswirkungen der Umsetzung des UNESCO-Kulturgutübereinkommens auf die Durchsetzung deutscher Exportverbote in EU-Staaten

Auch wenn das UNESCO-Kulturgutübereinkommen bereits durch die meisten Mitgliedstaaten unterzeichnet worden ist, werden sich selbst dann, wenn anders als in Italien entsprechende Ausführungsgesetze erlassen worden sind, durch den Beitritt Deutschlands zum UNESCO-Kulturgutübereinkommen hinsichtlich der Durchsetzbarkeit deutscher Exportverbote in anderen EU-Staaten keine wesentlichen Änderungen ergeben. Denn die im dem Verzeichnis national wertvollen Kulturgutes eingetragenen Kulturgüter werden wegen der restriktiven Handhabung und des Eintragungsprinzips überwiegend bereits von der RL 93/7/EWG und den entsprechenden nationalen Umsetzungsgesetzen geschützt.

Daher ist bereits fraglich, ob neben der RL 93/7/EWG für die Anwendung des UNESCO-Kulturgutübereinkommens überhaupt Raum bleibt. Während das UNIDROIT-Übereinkommen in Art. 13 III ausdrücklich Regelungen wie die der RL 93/7/EWG als vorrangig zulässt, lässt das UNESCO-Kulturgutübereinkommen diese Frage offen. Entgegen der Auffassung des deutschen Gesetzgebers, welcher die Rückgabeansprüche in Umsetzung der RL 93/7/EWG als lex specialis gegenüber Rückgabeansprüchen der UNESCO-Vertragsstaaten ausgestalten will, ist wohl zumindest hinsichtlich des Schutzumfangs eine parallele Anwendbarkeit vorzugswürdig, da die Mitgliedstaaten, die zugleich UNESCO-Vertragsstaaten sind, gegenüber anderen UNESCO-Vertragsstaaten nicht benachteiligt werden sollten, im Gegenteil.

Wird ein paralleles Eingreifen für möglich gehalten, könnte das deutsche KultSchG auch Kulturgüter von der Warenverkehrsfreiheit ausnehmen, die nicht von der RL 93/7/EWG erfasst sind, und so die abweichenden Kriterien des UNESCO-Kulturgutübereinkommens und der nationalen Gesetze bei der Durchsetzung deutscher Exportverbote in anderen Mitgliedstaaten an Bedeutung gewinnen. Der Kulturgüterschutz wird in Deutschland jedoch auf die wenigen bedeutenden im Verzeichnis eingetragenen Kulturgüter konzentriert, sodass die Möglichkeit eines weitergehenden Schutzes nahezu aller Kulturgüter, wie ihn beispielsweise Frankreich, Italien und Griechenland praktizieren, als für Deutschland weitgehend bedeutungslos anzusehen ist.[1717]

1716 Susanne Barbara Ulmar, „Rechtsverkehr und Handel mit Kulturgütern aus Italien“, S.285ff.

1717 Christoph H. M. Maurer, „Die Ausfuhr von Kulturgütern in der Europäischen Union“, S.187f.; Kurt Siehr, „Das UNESCO-Übereinkommen“, in: KUR 2005, S.34.

Auch die von dem UNESCO-Kulturgutübereinkommen vorgesehenen Regelungen für aus staatlichen Museen oder ähnlichen Institutionen entwendete Güter werden wegen der im Rahmen des KGÜAG beschlossenen Erweiterung des §18 KultSchG keine wesentliche Bedeutung erlangen, da dadurch auch öffentlich-rechtliche Kulturgüter eintragungsfähig und damit von den auf der RL 93/7/EWG basierenden Rückgabeansprüchen erfasst werden.

Teil G
Gedanke der Reziprozität als Grundlage für eine Berücksichtigung ausländischer Kulturgüterschutznormen und eine Erweiterung der Rückgabeansprüche?

105 Vor- und Nachteile des UNESCO-Kulturgutübereinkommens als Grundlage für eine Berücksichtigung ausländischer Kulturgüterschutznormen und eine Erweiterung der Rückgabeansprüche ausländischer Staaten

Als besonders effektiv wird teilweise die Schaffung eines innerstaatlich unmittelbar anwendbaren Einheitsrechts befürwortet.[1718] Allerdings zeigt die geringe Zahl von 23 Ratifikationen des UNIDROIT-Übereinkommens vom 24. Juni 1995 über die zwischenstaatliche Rückgabe gestohlener oder rechtswidrig ausgeführter Kulturgüter, dass dies langwierig und mit Schwierigkeiten verbunden sein wird.[1719] Solche unmittelbar anwendbaren privatrechtlichen Regelungen könnten eine Anpassung des deutschen nationalen Privatrechts erforderlich machen und auch der Schutz nicht gestohlener, unrechtmäßig ausgeführter Kulturgüter müsste erfasst werden. Das die Einfuhr, Ausfuhr und Übereignung von Kulturgütern erfassende UNESCO-Kulturgutübereinkommen sieht zwar lediglich die Ergreifung bestimmter Mindestmaßnahmen durch die Vertragsstaaten vor, kann dafür aber auf eine deutlich höhere Beitrittszahl verweisen,[1720] nämlich von mittlerweile 113 Staaten.[1721] Dass nun zusätzlich auch Deutschland einem Beitritt zugestimmt hat,[1722] könnte nahe legen, dass letztlich eine schnellere Förderung des weltweiten Kulturgüterschutzes durch innerstaatliche Maßnahmen möglich ist. Auch wenn die eher vagen Vorgaben des UNESCO-Kulturgutübereinkommens gegenüber einer Einheitsrechtslösung als ineffektiv kritisiert werden, erweisen sie sich insofern als günstig, als sie den Vertragsstaaten teilweise ausdrücklich, teilweise durch unbestimmte Rechtsbegriffe breite Umsetzungsmöglichkeiten hinsichtlich der Verwirklichung der vorgegebenen Zielsetzung gewähren und damit die Integration in die innerstaatliche Rechtsordnung erleichtern. Auch gewährt das UNESCO-Kulturgutübereinkommen, anders als die UNIDROIT-Konvention, den Vertragsstaaten die Möglichkeit, gegen einzelne Bestimmungen Vorbehalte einzulegen.[1723]

Das UNESCO-Kulturgutübereinkommen entgeht wegen der Weite der Vorgaben auch dem dem UNIDROIT-Übereinkommen entgegengehaltenen Vorwurf einer nicht hinreichenden Harmonisierung mit europarechtlichen Regelungen. Die der Ausführung des UNESCO-Kulturgutübereinkommens dienenden Regelungen sollen in das ur-

1718 Hermann J.Knott, „Neue Tendenzen im Recht des internationalen Kunsthandels in den USA", in: RIW 1991, S.559; Erik Jayme und Florian David Wagner, „Kulturgüterschutz und Privatrecht", in: IPRax 1997, S.141; Christiane Wendehorst, in: MüKo Art. 43, Rn. 193.

1719 Brigitte Schwadorf-Ruckdeschel, „Rechtsfragen des grenzüberschreitenden rechtsgeschäftlichen Erwerbs von Kulturgütern", S.57; Guido Carducci, „The Growing Complexity of International Art Law", in: Barbara T. Hoffman (Hg.), „Art and Cultural Heritage", S.79f.

1720 Piers Davies, „The Return of Treasures to Indigenous Peoples", in: Art Antiquity and Law 2004, S.88; Jack Tsen-Ta Lee, „Legal Protection of Cultural Objects in Singapore", in: Art Antiquity and Law 2004, S.275; Haimo Schack, „Kunst und Recht", S.218, Rn. 517.

1721 http://portal.unesco.org/la/convention.asp?KO=13039&language=E&order=alpha

1722 BGBl. 2007 II Nr.12 vom 25. April 2007, S.626.

1723 Adrian Parkhouse, „The Illicit Trade in Cultural Objects", in: Barbara T. Hoffman (Hg.), „Art and Cultural Heritage", S.179f.

sprünglich für die Umsetzung der Richtlinie 93/7/EWG des Rates vom 15. März 1993 über die Rückgabe von unrechtmäßig aus dem Hoheitsgebiet eines Mitgliedstaats verbrachten Kulturgütern entwickelte KultGüRückG eingefügt werden. Dadurch wird deutlich, dass sich die Verpflichtungen aus dem UNESCO-Kulturgutübereinkommen in ein einheitliches Konzept mit den gemeinschaftsrechtlich geprägten Regelungen fügen können, was der deutsche Gesetzgeber im Zusammenhang mit der Umsetzung des UNESCO-Kulturgutübereinkommens auch ausnutzen will.[1724]
Als im Zusammenhang mit einer Umsetzung des UNESCO-Kulturgutübereinkommens zu verwirklichende innerstaatliche Maßnahmen kommen auf materiellrechtlicher Ebene insbesondere die Einführung eines Importverbots für unrechtmäßig ausgeführte Kulturgüter und die Schaffung eigenständiger Rückgabeansprüche in Betracht.[1725] Welche theoretisch denkbaren Gestaltungsmöglichkeiten in dieser Hinsicht bestehen und welche Vor- und Nachteile die gewählte Ausgestaltung der Regelungen des KultGüRückG n.F. hat, wird im Folgenden erörtert.

106 Gemeinschaftsrechtliche Vorgaben

Zunächst wird geprüft, inwieweit europarechtliche Vorgaben den Gestaltungsspielraum des Gesetzgebers einschränken. So ist zu beachten, dass Art. 28 EG mengenmäßige Einfuhrbeschränkungen sowie alle Maßnahmen gleicher Wirkung zwischen den Mitgliedstaaten verbietet.[1726] Aufgrund der im Kunstschätze-Urteil entwickelten Rechtsprechung des Europäischen Gerichtshofs ist anerkannt, dass auch Kulturgüter, da sie einen Geldwert haben und deshalb zumindest potenziell Gegenstand von Handelsgeschäften sein können, dem Warenbegriff des Art. 23 EG unterfallen.[1727] Nach Art. 23 II EG sind auch nicht nur aus Mitgliedstaaten stammende Kulturgüter erfasst, sondern auch solche aus Drittstaaten, sofern sie sich im freien Verkehr innerhalb der Mitgliedstaaten befinden. Da dies gemäß Art. 24 EG wiederum voraussetzt, dass die Einfuhrformalitäten erfüllt und Zölle und Abgaben gleicher Wirkung erhoben und nicht ganz oder teilweise rückvergütet worden sind, sind neben in Mitgliedstaaten hergestellten nur aus Drittstaaten ordnungsgemäß importierte Kulturgüter erfasst.[1728] In dieser Hinsicht könnte ein deutsches Importverbot, welches bei Verstößen gegen Exportverbote von Drittstaaten eingreift, die Erfüllung der Einfuhrformalitäten erschweren, sodass Kulturgüter aus Drittstaaten bereits aus dem Anwendungsbereich der Warenverkehrsfreiheit herausfallen könnten.
Bei Gestaltungsformen von Importverboten mit einem Genehmigungsvorbehalt handelt es sich wegen der Überwindbarkeit nicht um eine mengenmäßige Beschränkung, sondern wie bei Exportverboten mit Genehmigungsvorbehalt um Maßnahmen gleicher Wirkung im Sinne der Dassonville-Formel.[1729] Umstritten ist, ob die in der Keck-Entscheidung erörterte Einschränkung des Anwendungsbereichs des Art. 28 EG im Bereich des Kulturgüterschutzes wegen der Einordnung der Regelungen als produkt-

1724 Begründung in Drucksache 155/06, S.24ff.
1725 Brigitte Schwadorf-Ruckdeschel, „Rechtsfragen des grenzüberschreitenden rechtsgeschäftlichen Erwerbs von Kulturgütern“, S.194.
1726 Anette Hipp, „Schutz von Kulturgütern in Deutschland“, S.211.
1727 EuGH RS 7/68, Urteil vom 10.12.1968, Slg. 1968, 633 ff.
1728 Anette Hipp, „Schutz von Kulturgütern in Deutschland“, S.213ff.
1729 Anette Hipp, „Schutz von Kulturgütern in Deutschland“, S.217f.

bezogene Maßnahmen[1730] oder trotz einer Einordnung als verkaufsbezogene Maßnahmen wegen des diskriminierenden Charakters der regelungen[1731] keine Bedeutung entfaltet.

Als eine Einschränkung auf der Tatbestandsebene oder als Rechtfertigungsgrund könnte bereits ein Rückgriff auf die bei Art. 28 EG anwendbare Cassis de Dijon-Formel die durch das Importverbot bewirkte Erschwernis des Zugangs von ausländischen Kulturgütern wegen ihrer Herkunft zum einzelstaatlichen Markt für zulässig erklären,[1732] sofern nicht der Kulturgüterschutz wegen der ausdrücklichen Erwähnung in Art. 30 EG von den zwingenden Erfordernissen im Sinne der Cassis de Dijon-Rechtsprechung auszunehmen ist.[1733] Jedenfalls kann aber der auch auf Importverbote im Sinne des Art. 28 EG anwendbare Art. 30 EG Importregelungen zum Schutz des nationalen Kulturguts von künstlerischem, geschichtlichem oder archäologischem Wert rechtfertigen.[1734]

Fraglich könnte jedoch sein, ob eine solche Rechtfertigung wiederum voraussetzt, dass eine Importbeschränkung selbst nur solche Exportbeschränkungen integriert, die zum Schutz des nationalen Kulturguts von künstlerischem, geschichtlichem oder archäologischem Wert gerechtfertigt sind. Dagegen spricht, dass ein Nichtmitgliedstaat dieses Erfordernis nicht zwangsläufig erfüllen muss und dennoch ein Importverbot eines Mitgliedstaats, welches den Verstoß gegen das Exportverbot des Nichtmitgliedstaats sanktionieren will, aufgrund seiner Ausgestaltung und seiner Zielsetzung gerechtfertigt sein könnte.

Offen bleibt auch, ob der den Mitgliedstaaten bei der Qualifikation von Gegenständen als Kulturgut sowie bei der Bestimmung des künstlerischen, geschichtlichen oder archäologischen Wertes eingeräumte Beurteilungsspielraum auch Nichtmitgliedstaaten gegenüber gilt. Dies ist letztlich entscheidend für die Frage, ob die Mitgliedstaaten eine Qualifikation durch Nichtmitgliedstaaten in ihrem Importverbot übernehmen können oder eine eigenständige Begrenzung vornehmen müssen.[1735]

Hervorzuheben ist auch, dass durch Art. 30 EG nicht nur die Beibehaltung, sondern auch die Neueinführung nationaler Regelungen insoweit möglich bleibt, wie keine gemeinschaftsrechtlichen Regelungen bestehen.[1736]

Aus Art. 2 I, II der VO Nr.3911/92 kann abgeleitet werden, dass die Verordnung einen begrenzten Anwendungsbereich enthält und lediglich die Erteilung von Ausfuhrgenehmigungen für bestimmte Kulturgüter regelt.[1737] Daneben ist aus Art. 2 IV der VO Nr. 3911/92 gefolgert worden, dass die Verordnung den Erlass von Importverboten für Kulturgüter aus Drittländern auch weiterhin ermöglicht. Denn wenn die direkte Ausfuhr in Drittländer auch weiterhin nationalen Bestimmungen unterworfen werden

1730 Anette Hipp, „Schutz von Kulturgütern in Deutschland“, S.223.

1731 Volker Wiese, „Der Einfluß des EG-Rechts auf das internationale Sachenrecht der Kulturgüter“, S.236f.

1732 Anette Hipp, „Schutz von Kulturgütern in Deutschland“, S.223f.

1733 Volker Wiese, „Der Einfluß des EG-Rechts auf das internationale Sachenrecht der Kulturgüter“, S.240f.

1734 Anette Hipp, „Schutz von Kulturgütern in Deutschland“, S.211.

1735 Anette Hipp, „Schutz von Kulturgütern in Deutschland“, S.227ff.

1736 Anette Hipp, „Schutz von Kulturgütern in Deutschland“, S.225.

1737 Frank Kohls, „Kulturgüterschutz“, S.60.

kann, dann kann erst recht die direkte Einfuhr aus Drittländern weiterhin national geregelt werden.[1738]
Kulturgüter, welche sich zum Zeitpunkt der Geltendmachung eines Rückforderungsanspruchs noch in einem Nichtmitgliedstaat befinden, umfasst die RL 93/7/EWG zwar nicht. Jedoch findet sie nicht nur auf Kulturgüter, welche entgegen einem Ausfuhrverbot direkt aus einem Mitgliedstaat in einen anderen verbracht werden, sondern auch auf Kulturgüter Anwendung, welche über einen Nichtmitgliedstaat als Drittland in einen anderen Mitgliedstaat gelangt sind.[1739]
Grundsätzlich könnte die RL 93/7/EWG daher eine Sperrwirkung sowohl dahingehend entfalten, dass die Mitgliedstaaten kein der Richtlinie widersprechendes nationales Recht mehr erlassen, als auch dahingehend, dass die Mitgliedstaaten ihre auf Art. 30 EG gestützten nationalen Vorschriften nicht mehr anwenden dürften. Allerdings lässt sich der RL 93/7/EWG entnehmen, dass sie die Materie nicht abschließend harmonisieren, sondern lediglich einen Mindeststandard einführen wollte. Verstöße gegen nationale Kulturgüterschutzvorschriften werden im Rahmen der Tatbestandsvoraussetzungen neben Verstöße gegen die VO Nr. 3911/92 gestellt. Auch im Hinblick auf Rückgabeansprüche werden zusätzliche nationale Vorschriften gerade nicht ausgeschlossen, wobei die Möglichkeit von Erweiterungen gegenüber Mitgliedstaaten auch aus Art. 14 der RL 93/7/EWG abgeleitet werden kann.[1740] Allerdings wird darauf hingewiesen, dass der Gemeinschaftsgesetzgeber im Zusammenhang mit den durch Art. 14 der RL 93/7/EWG ermöglichten Erweiterungen die Forderung nach Gegenseitigkeit gegenüber Mitgliedstaaten ausschließen wollte.[1741] Die RL 93/7/EWG lässt neben dem Raum für Erweiterungen der Rückgabeansprüche von Mitgliedstaaten auch Raum für die Entwicklung eigenständiger Rückgabeansprüche von Drittstaaten, wobei dahingehend keine Vorgaben bestehen.[1742]
Bei den von einem Importverbot erfassten Kulturgütern muss es sich, damit Art. 30 EG eingreifen kann, zwar um nationale Kulturgüter von künstlerischem, geschichtlichem oder archäologischem Wert handeln. Eine Übereinstimmung mit den Kategorien der RL 93/7/EWG und der VO Nr. 3911/92 und eine Überschreitung der Wertgrenzen ist hinsichtlich des Umfangs jedoch nicht als Voraussetzung zu fordern. Somit können grundsätzlich auch die abweichenden Kategorien des UNESCO-Kulturgutübereinkommens zugrundegelegt oder andere Abgrenzungen hinsichtlich des Schutzbereichs entwickelt werden.

107 Gestaltungsmöglichkeiten hinsichtlich der Tatbestandsvoraussetzungen eines Importverbots

Grundsätzlich bestehen hinsichtlich der Tatbestandsvoraussetzungen zwei Möglichkeiten: Erstens können ausländische Exportregelungen einfach durch eine nationale Vorschrift in ein Importverbot umgewandelt werden, sodass es letztlich mittelbar zu einer

---

1738 Anette Hipp, „Schutz von Kulturgütern in Deutschland“, S.418f.

1739 Anette Hipp, „Schutz von Kulturgütern in Deutschland“, S.418.

1740 Frank Kohls, „Kulturgüterschutz“, S.61; Anette Hipp, „Schutz von Kulturgütern in Deutschland“, S.379f.

1741 Volker Wiese, „Der Einfluß des EG-Rechts auf das internationale Sachenrecht der Kulturgüter“, S.268.

1742 Anette Hipp, „Schutz von Kulturgütern in Deutschland“, S.418.

bloßen Übernahme der in der ausländischen Vorschrift aufgestellten Voraussetzungen kommt. Zweitens besteht die Möglichkeit, eine komplett eigenständige Regelung der Importvoraussetzungen vorzunehmen.[1743] Eine Übernahme der Exportvoraussetzungen scheint in einem Bereich wie dem des Kulturgüterschutzes zunächst nahezuliegen, da letztlich nicht die Durchsetzung nationaler inländischer Interessen im Vordergrund steht, sondern die Durchsetzung der Anliegen von ausländischen Staaten im Rahmen einer international ausgerichteten Zielsetzung verfolgt wird. Bei einer eigenständigen Ausgestaltung der Tatbestandsvoraussetzungen kann der nationale Gesetzgeber jedoch nicht nur nationale inländische Interessen, sondern auch die Durchsetzbarkeit eigener Kulturgüterschutznormen im Ausland sowie die Förderung des Kulturgüterschutzes in den ausländischen Staaten selbst mittelbar beeinflussen. Neben diesen beiden grundsätzlich denkbaren Gestaltungsmöglichkeiten könnte auch eine Ergänzung einer in die inländische Rechtsordnung integrierten ausländischen Exportregelung mit eigenständigen Tatbestandsvoraussetzungen als Mischform in Betracht kommen, um Vor- und Nachteilen der beiden Möglichkeiten besser gerecht zu werden.

107.1 Unmittelbare Integration aller ausländischen Kulturgüterschutznormen in das innerstaatliche Recht

Zunächst wird die Möglichkeit untersucht, über eine nationale Importregelung unmittelbar die ausländischen Kulturgüterschutzbestimmungen in die innerstaatliche Rechtsordnung zu integrieren.[1744] Eine solche einseitige Umwandlung sämtlicher ausländischer Exportverbote in inländische Importverbote ohne zusätzliche Voraussetzungen haben beispielsweise Neu-Guinea und die Phillippinen gewählt.[1745] Auch §14 des australischen Protection of Movable Cultural Heritage Act 1986 betrachtet sämtliches illegal exportiertes Kulturgut als unrechtmäßig eingeführt. Dieses Importverbot ist unabhängig vom Bestehen bilateraler oder multilateraler Verträge und gilt somit auch für Nichtvertragsstaaten des UNESCO-Kulturgutübereinkommens.[1746] Auch wenn nur Vertragsstaaten aus dem UNESCO-Kulturgutübereinkommen Rechte ableiten können, so bleibt es jedoch dem nationalen Gesetzgeber unbenommen, auch Drittstaaten vergleichbare Rechte einzuräumen.[1747]

Dem Einwand, die Feststellung der Verletzung einer Auslandsvorschrift könne in der Praxis problematisch sein, kann entgegen gehalten werden, dass die mit der Ermittlung der maßgeblichen Regelung sowie der Beweisführung verbundenen Schwierigkeiten hinsichtlich der Feststellung eines Verstoßes gegen Exportbestimmungen nicht als außergewöhnlich anzusehen sind und zum Schutz vor unrechtmäßiger Verbringung hingenommen werden könnten.[1748]

1743 Anette Hipp, „Schutz von Kulturgütern in Deutschland", S.418f.

1744 Anette Hipp, „Schutz von Kulturgütern in Deutschland", S.418f.

1745 Amalie Weidner, „Kulturgüter als res extra commercium im internationalen Sachenrecht", S.174.

1746 Craig J. S.Forrest, „The Protection of Cultural Heritage in South Africa, and its Implementation of the UNESCO Convention", in: Art Antiquity and Law 2005, S.23; Patty Gerstenblith, „Art, Cultural Heritage, and the Law", S.555.

1747 Roger O'Keefe, „World Cultural Heritage", in: IntCompLQuart 2004, S.191.

1748 Brigitte Schwadorf-Ruckdeschel, „Rechtsfragen des grenzüberschreitenden rechtsgeschäftlichen Erwerbs von Kulturgütern", S.143.

Wird eine materiell-rechtliche Regelung gewählt, welche ausländische Kulturgüterschutznormen ohne jegliche Modifizierung in die innerstaatliche Rechtsordnung integriert, so ist jedoch fraglich, ob eine kollisionsrechtliche Integration nicht sinnvoller wäre. So wird gegen die Durchsetzung ausländischer Exportverbote im innerstaatlichen materiellen Recht vorgebracht, dass die kollisionsrechtlichen Kontrollmechanismen ausgeschaltet würden, da weder der Anwendungswille des fremden Rechts noch ein ordre public-Verstoß geprüft würde.[1749] Zumindest der Anwendungswille des fremden Rechts wird bei Exportverboten zum Kulturgüterschutz jedoch als unproblematisch erachtet, da diese regelmäßig die unrechtmäßige Verbringung von Kulturgütern ins Ausland auch dann sanktionieren wollen, wenn die Ausfuhr nicht von vorneherein verhindert werden konnte.[1750] Folglich kann bei einer unmittelbaren Integration von ausländischen Exportverboten allenfalls auf das Fehlen einer ordre public-Kontrolle als Argument verwiesen werden. Die Anerkennung des Exportverbots des Herkunftsstaats in der Form, in der es dort erlassen worden ist, wird teilweise als Nachteil gewertet, da in der Folge durch das Importverbot zu viele nach Ansicht des Importstaats nicht schutzwürdige Kulturgüter umfasst werden könnten.[1751] Die Integration in der ursprünglichen Form könnte jedoch auch als Vorteil gewertet werden, da sie davon zeugt, dass die Ausgestaltung des Kulturgüterschutzes in ausländischen Rechtsvorschriften als gleichwertig akzeptiert wird.
Um eine Angleichung des Kulturgüterschutzes in internationaler Hinsicht zu bewirken und mittelbar die Anerkennung deutscher Exportverbote im Ausland zu fördern, könnte es zudem sachgerecht erscheinen, einen vergleichbaren Kulturgüterschutz durch den Herkunftsstaat zur Voraussetzung für ein Wirksamwerden von ausländischen Kulturgüterschutznormen im Inland und damit zur Voraussetzung für ein Importverbot zu machen.[1752]

107.2 Heranziehung der Vorgaben des UNESCO-Kulturgutübereinkommens

Wird ein vergleichbarer Kulturgüterschutz durch den Exportstaat als zusätzliche Voraussetzung für das Eingreifen eines Importverbots angestrebt, sind verschiedene Gestaltungen denkbar. Als erste Möglichkeit könnte an ein Importverbot auf der Grundlage des UNESCO-Kulturgutübereinkommens gedacht werden.[1753] So beschränkt sich im Wesentlichen Art. 33 I des griechischen Gesetzes zum Schutz von Antiquitäten und Kulturgütern vom 28. Juni 2002 darauf, den Import von Kulturgütern für zulässig zu erklären, sofern das UNESCO-Kulturgutübereinkommen und andere Regeln des Völkerrechts nicht verletzt werden. Als einzige Modifikation ist die Anzeigepflicht für

1749 Brigitte Schwadorf-Ruckdeschel, „Rechtsfragen des grenzüberschreitenden rechtsgeschäftlichen Erwerbs von Kulturgütern", S.143.

1750 Marc Weber, „Unveräußerliches Kulturgut im nationalen und internationalen Rechtsverkehr", S.411; Brigitte Schwadorf-Ruckdeschel, „Rechtsfragen des grenzüberschreitenden rechtsgeschäftlichen Erwerbs von Kulturgütern", S.100; Anette Hipp, „Schutz von Kulturgütern in Deutschland", S.196.

1751 Anette Hipp, „Schutz von Kulturgütern in Deutschland", S.418f.

1752 Amalie Weidner, „Kulturgüter als res extra commercium im internationalen Sachenrecht", S.174.

1753 Brigitte Schwadorf-Ruckdeschel, „Rechtsfragen des grenzüberschreitenden rechtsgeschäftlichen Erwerbs von Kulturgütern", S.140.

Kulturgüter vor 1453 n.Chr. in Art. 33 II des griechischen Gesetzes zum Schutz von Antiquitäten und Kulturgütern vom 28. Juni 2002 zu erwähnen.[1754]

Da ein Importverbot nur bei entsprechenden Schutzvorschriften und Exportverboten des Ausfuhrstaats Wirkung entfalten kann, ist der Vorteil des UNESCO-Kulturgutübereinkommens, dass es solche Schutzvorschriften und Exportverbote von den Vertragsstaaten verlangt und damit das Ineinandergreifen von Export- und Importverboten fördert.[1755]

Allerdings ist zu beachten, dass das UNESCO-Kulturgutübereinkommen vom Einfuhrstaat nicht den Erlass eines Importverbots vorsieht, welches den Umfang der vom Ausfuhrstaat zu erlassenden Schutzmaßnahmen aufgreift, sondern nur gem. Art. 7 b (i) des UNESCO-Kulturgutübereinkommens ein Importverbot für nach dem Inkrafttreten der Konvention aus einem Museum oder einem öffentlichen religiösen oder weltlichen Bauwerk oder einer ähnlichen Einrichtung entwendetes Kulturgut, welches zum inventarisierten Bestand dieser Einrichtung gehört. Trotz des vom UNESCO-Kulturgutübereinkommen bezweckten umfassenden Schutzes der Kulturgüter unterliegt das geforderte Importverbot durch das Erfordernis eines bestimmten Diebstahlorts und der Voraussetzung einer Inventarisierung einer doppelten Einschränkung.[1756] Hinsichtlich Art. 7 a des UNESCO-Kulturgutübereinkommens soll hingegen auch eine interne Verwaltungsanordnung genügen, welche staatlichen Museen auferlegt, unrechtmäßig ausgeführtes Kulturgut nicht zu erwerben.[1757]

Art. 9 des UNESCO-Kulturgutübereinkommens verpflichtet die Vertragsstaaten zwar zu Maßnahmen zur Abwendung von dem archäologischen oder ethnologischen Erbe eines Vertragsstaats durch Ausbeutung drohenden Gefahren, gibt aber, obwohl ein Importverbot eine solche geeignete Maßnahme darstellt, nicht zwingend den Erlass eines Importverbots vor.[1758]

Dieser sehr begrenzte Bereich lässt ein an den Beitritt zum UNESCO-Kulturgutübereinkommen gekoppeltes und auf das UNESCO-Kulturgutübereinkommen zurückgehendes Importverbot unzureichend erscheinen.[1759] Die Ansicht, dass der nationale Gesetzgeber fremde und internationale Interessen nur soweit schützen soll, wie er dazu völkerrechtlich verpflichtet ist, ist abzulehnen, auch wenn ein durch Fortbildung des Völkerrechts erreichter Schutz eine gleichmäßige und gleichzeitige Entwicklung und damit die notwendige Reziprozität häufig am besten zu sichern vermag.[1760]

1754 Spyridon Vrellis, „The new Act no 3028/2002 on the Protection of Antiquities and Cultural Heritage in Greece", in: Eric Schneider und Roseann M. Schneider (Hg.), „Cultural Property Protection", S.129.

1755 Brigitte Schwadorf-Ruckdeschel, „Rechtsfragen des grenzüberschreitenden rechtsgeschäftlichen Erwerbs von Kulturgütern", S.141.

1756 Susanne Spaun, „Der Herausgabeanspruch bei Diebstahl oder illegalem Export von Kulturgütern", S.209.

1757 Manlio Frigo, „La protezione dei beni culturali nel diritto internazionale", S.149; Antonio Mansi, „La tutela die beni culturali", S.383; Kurt Siehr, „Das UNESCO-Übereinkommen", in: KUR 2005, S.36.

1758 Susanne Spaun, „Der Herausgabeanspruch bei Diebstahl oder illegalem Export von Kulturgütern", S.210.

1759 Pierre-Laurent Frier, „Droit du patrimoine culturel", S.489; Brigitte Schwadorf-Ruckdeschel, „Rechtsfragen des grenzüberschreitenden rechtsgeschäftlichen Erwerbs von Kulturgütern", S.141.

1760 Albert Bleckmann, „Sittenwidrigkeit wegen Verstoßes gegen den ordre public international", in: ZaöRV 34 (1974), S.131.

107.3 Umfassendes Importverbot für UNESCO-Vertragsstaaten

Denkbar ist aber eine Erweiterung der Anknüpfung an den Beitritt zum UNESCO-Kulturgutübereinkommen dahingehend, dass Exportverbote umfassend in Importverbote umgesetzt werden, sofern es sich bei den Herkunftsstaaten um UNESCO-Vertragsstaaten handelt. Anders als §14 des australischen Protection of Movable Cultural Heritage Act 1986, welcher unabhängig vom Bestehen bilateraler oder multilateraler Verträge sämtliches illegal exportiertes Kulturgut als unrechtmäßig eingeführt ansieht, nehmen Kanada und Südafrika eine vergleichbare Betrachtungsweise nur bei Vertragsstaaten vor.[1761] So hat Kanada seinen ein Jahr später erfolgten Beitritt zum UNESCO-Kulturgutübereinkommen 1977 zum Anlass genommen, in §31 (1), (2) des Canadian Property Export and Import Act den Import eines Kulturgutes zu verbieten, wenn es einem Ausfuhrverbot eines Staats unterliegt, der Vertragsstaat eines bi- oder multilateralen Schutzabkommens ist, wobei in erster Linie das UNESCO-Kulturgutübereinkommen gemeint ist.[1762] Auch der den Beitritt zum UNESCO-Kulturgutübereinkommen vorbereitende südafrikanische National Heritage Resources Act[1763] bestimmt in §33 (2), dass, nachdem ein Kulturgüterschutzabkommen zwischen Südafrika und einem Vertragsstaat in Kraft getreten ist, „no person may import into South Africa any foreign cultural property that has been illegally exported from a reciprocating State“.[1764]

Wird ein Import- und Erwerbsverbot daran gekoppelt, dass auch der Exportstaat Vertragsstaat des UNESCO-Kulturgutübereinkommens ist, so könnte dies die zu den Zielen der Konvention zählende gegenseitige Anerkennung und Durchsetzung nationaler Schutzmaßnahmen fördern. Angesichts der hohen Beitrittszahlen könnten sich auch relativ viele Kulturgüterschutzvorschriften in einem entsprechenden Import- und Erwerbsverbot widerspiegeln. Der Nachteil ist aber, dass das UNESCO-Kulturgutübereinkommen das Erfordernis der gegenseitigen Anerkennung und Durchsetzung von Maßnahmen nur am Rande streift. Dadurch, dass die Konvention nur Mindestmaßnahmen bestimmt, droht letztlich die Reduktion auf den kleinsten gemeinsamen Nenner, nicht aber die Förderung eines stärkeren Schutzniveaus. Selbst dort, wo das UNESCO-Kulturgutübereinkommen die Ergreifung innerstaatlicher Maßnahmen vorsieht, kann es die Umsetzung wegen der fehlenden Möglichkeit, ärmeren Staaten zusätzliche finanzielle Mittel zur Dokumentation oder Überwachung ihrer Kulturgüter zu

---

1761 Craig J. S. Forrest, „The Protection of Cultural Heritage in South Africa, and its Implementation of the UNESCO Convention“, in: Art Antiquity and Law 2005, S.23.

1762 Lyndel Vivien Prott und Patrick Joseph O'Keefe, „Law and the Cultural Heritage: Volume 3, Movement“, S.758, Rn.1442; Robert K. Paterson und Tore Modeen, „Canadian and Finnish Cultural Property Export Controls“, in: Art Antiquity and Law 2004, S.23; Andrea Jaeger, „Internationaler Kulturgüterschutz“, S.38f.; Elsbeth Wiederkehr Schuler, „Kulturgüterschutz – Freier Kunstmarkt“, S.40; Andrea Franscesco Giovanni Raschèr, „Kulturgütertransfergesetz und Globalisierung“, S.61f.

1763 Craig J. S. Forrest, „The Protection of Cultural Heritage in South Africa, and its Implementation of the UNESCO Convention“, in: Art Antiquity and Law 2005, S.1f.

1764 Craig J. S. Forrest, „The Protection of Cultural Heritage in South Africa, and its Implementation of the UNESCO Convention“, in: Art Antiquity and Law 2005, S.23.

gewähren, und wegen mangelnder effektiver Sanktionsmöglichkeiten nicht wirklich sicherstellen.[1765]
Schon gegen die auf der materiell-rechtlichen Ebene verorteten Wirkungen von ausländischen Kulturgüterschutznormen nach der Nigeria-Rechtsprechung ist vorgebracht worden, dass zwar einerseits eine stärkere Berücksichtigung des Kulturgüterschutzgedankens bei der Anwendung des materiellen Rechts wünschenswert ist, andererseits für die Bundesrepublik Deutschland die Gefahr einer fehlenden Gegenseitigkeit besteht.[1766] Dies könnte es sachgerechter erscheinen lassen, nicht nur den Beitritt zum UNESCO-Kulturgutübereinkommen, sondern den Grad der konkreten Umsetzung und Berücksichtigung ausländischer Kulturgüterschutzmaßnahmen in den einzelnen Vertragsstaaten zum Maßstab zu machen.

107.4 Bilaterale Verträge als zusätzliche Voraussetzung für ein Importverbot

Während der Beitritt zum UNESCO-Kulturgutübereinkommen bei Ausgestaltungen genügt, bei denen – wie im Canadian Property Export and Import Act – der Abschluss eines bilateralen Vertrages oder der Beitritt zu einem multilateralen Schutzabkommen alternative Voraussetzung ist, ist auch denkbar, neben dem UNESCO-Kulturgutübereinkommen kumulativ den Abschluss eines bilateralen Vertrages zu fordern. So sieht der amerikanische Cultural Property Implementation Act nur in Bezug auf bestimmte aus UNESCO-Vertragsstaaten unrechtmäßig verbrachte Arten von Kulturgütern, wie beispielsweise gestohlene inventarisierte oder archäologisch-ethnologische Kulturgüter, allgemeine Exportverbote vor.[1767] Abgesehen von weiteren zeitlich befristeten Sonderregelungen bei Gefährdungslagen, ist regelmäßig §2602 (a) (2) CPIA einschlägig, welcher zusätzlich ein bilaterales oder multilaterales Abkommen voraussetzt.[1768] Auch das schweizerische KGTG sieht nur in Ausnahmesituationen ein zeitlich befristetes Importverbot vor, baut aber im Wesentlichen ebenfalls in Art. 7 KGTG auf den Abschluss von bilateralen Verträgen mit UNESCO-Vertragsstaaten über Importverbote und Rückgabeansprüche.[1769] Dabei wird zusätzlich die Voraussetzung aufgestellt, dass solche Verträge nicht nur den Schutz des kulturellen Erbes bezwecken, sondern auch den kulturellen oder außenpolitischen Interessen der Schweiz entsprechen müssen. Dies lässt klar erkennen, dass die Durchsetzung nationaler Interessen gerade auch im Bereich des Kulturgüterschutzes trotz des Beitritts zum UNESCO-Kulturgutübereinkommen möglichst weitgehend gesichert werden und das Interesse anderer Ver-

---

1765 Gitanjali Deb, „Stealing Gods", in: Art Antiquity and Law 2005, S.33; Craig J.S.Forrest, „The Protection of Cultural Heritage in South Africa, and its Implementation of the UNESCO Convention", in: Art Antiquity and Law 2005, S.27; Kurt Siehr, „Das UNESCO-Übereinkommen", in: KUR 2005, S.35 sowie S.38.

1766 Anette Hipp, „Schutz von Kulturgütern in Deutschland", S.207.

1767 Craig J. S. Forrest, „The Protection of Cultural Heritage in South Africa, and its Implementation of the UNESCO Convention", in: Art Antiquity and Law 2005, S.26.

1768 Lyndel Vivien Prott und Patrick Joseph O'Keefe, „Law and the Cultural Heritage: Volume 3, Movement", S.758, Rn.1442; Andrea Cunning, „U.S. Policy on the Enforcement of Foreign Export Restrictions", in: Houston JIntL 2004, S.471f.; Kurt Siehr, „Das UNESCO-Übereinkommen", in: KUR 2005, S.37; Elsbeth Wiederkehr Schuler, „Kulturgüterschutz – Freier Kunstmarkt", S.41; Andrea Franscesco Giovanni Raschèr, „Kulturgütertransfergesetz und Globalisierung", S.62ff.

1769 Georg von Segesser und Alexander Jolles, „Schwitzerland's New Federal Act on the International Transfer of Cultural Property", in: Art Antiquity and Law 2005, S.187f.

tragsstaaten an der Durchsetzbarkeit ihrer Kulturgüterschutznormen auch außenpolitisch nutzbar bleiben soll.[1770]
Für die Bundesrepublik Deutschland hätte eine entsprechende Regelung, welche bilaterale Abkommen mit Deutschland zur Voraussetzung eines deutschen Importverbots macht, den Vorteil, dass sie den Abschluss eines entsprechenden Vertrages für andere Staaten wie die USA oder die Schweiz attraktiver machen könnte. Allerdings kann im Einzelfall eine Koppelung des Schutzes deutscher Kulturgüter an andere gewichtige Interessen der ausländischen Staaten Erfolg versprechender sein. Auch ist nachteilig an der Voraussetzung eines bilateralen Abkommens, dass der Abschluss schwierige und häufig langwierige Verhandlungen voraussetzt, die wohl in nur wenigen Fällen zum Erfolg führen.[1771] Dies hat zur Folge, dass bei der Verletzung von Exportbestimmungen von UNESCO-Vertragsstaaten die ausländischen Vorschriften regelmäßig nicht durchgesetzt werden, sodass die Effizienz einer Integration ausländischer Kulturgüterschutznormen über ein solches Importverbot fraglich ist.[1772]
Das Ziel, den Erlass entsprechender Importverbote und Rückgabeansprüche für unrechtmäßig aus Deutschland verbrachte Kulturgüter zu fördern, könnte aber nicht nur durch die Ankoppelung an den Abschluss eines zusätzlichen bilateralen Vertrages, sondern auch über die Ergänzung durch das Kriterium der Gegenseitigkeit als Voraussetzung eines Importverbotes erreicht werden. Dabei ermöglicht das Kriterium der Gegenseitigkeit im Gegensatz zur Voraussetzung eines zusätzlichen bilateralen Abkommens eine unmittelbare Honorierung des Erlasses ausländischer Regelungen zum Kulturgüterschutz.

107.5 Gegenseitigkeit als Voraussetzung

Eine solche Möglichkeit einer von der Reziprozität abhängigen Integration ausländischer Kulturgüterschutzregelungen zeigt die portugiesische Regelung auf. Art. 31 II des portugiesischen Lei n°13 vom 06.07.1985 erklärt Veräußerungsgeschäfte über fremde Kulturgüter für nichtig, die unter Verstoß gegen Bestimmungen des Herkunftsstaats nach Portugal eingeführt worden sind: „São nulas e nenhum efeito as transacções realizadas em território português sobre bens culturais móveis provenientes de países estrangeiros quando efectuadas com infracção das disposições da respectiva legislação interna reguladora da sua alienação ou exportação.“[1773] Dabei hat Portugal sein die ausländischen Regelungen in ihrer ursprünglichen Form integrierendes Importverbot – im Gegensatz zu der kanadischen, amerikanischen und schweizerischen Regelung – nicht durch die Voraussetzungen der Zugehörigkeit zu bestimmten Schutzabkommen oder bilateralen Verträgen ergänzt, sondern in Art. 31 III die Gegen-

1770 Felix Siegfried, „Internationaler Kulturgüterschutz in der Schweiz“, S.181; Georg von Segesser und Alexander Jolles, „Schwitzerland's New Federal Act on the International Transfer of Cultural Property“, in: Art Antiquity and Law 2005, S.188f.

1771 Juan Antonio Valdés, „Management and Conservation of Guatemala's Cultural Heritage“, in: Barbara T. Hoffman (Hg.), „Art and Cultural Heritage“, S.96; Anette Hipp, „Schutz von Kulturgütern in Deutschland“, S.418f.

1772 Georg von Segesser und Alexander Jolles, „Schwitzerland's New Federal Act on the International Transfer of Cultural Property“, in: Art Antiquity and Law 2005, S.189; Patty Gerstenblith, „Art, Cultural Heritage, and the Law“, S.566f.

1773 Marc Weber, „Unveräußerliches Kulturgut im nationalen und internationalen Rechtsverkehr“, S.372f.

seitigkeit zur Voraussetzung gemacht.[1774] Eine solche Lösung honoriert, ohne den zeitaufwendigen Abschluss bilateraler Verträge vorauszusetzen, dass der Vertragsstaat auch tatsächlich vergleichbare Maßnahmen zum Schutz der Kulturgüter des gesetzgebenden Staats ergreift. Zwar ist als Nachteil dieser Regelung angesehen worden, dass das Merkmal der Reziprozität den faktischen Anwendungsbereich beschränkt und von der Vernetzung aller Staaten durch Verbotsvorschriften abhängig macht.[1775] Diese Vernetzung aller Staaten kann aber letztlich als Ziel des Kulturgüterschutzes angesehen werden, sodass es als Vorteil der Reziprozität gewertet werden muss, dass sie, indem sie diese Vernetzung voraussetzt, sie mittelbar fördert. Die Voraussetzung der Gegenseitigkeit wird daher auch im Hinblick auf eine deutsche Regelung insofern als vorzugswürdig erachtet, als eine Förderung des internationalen Anliegens eines möglichst hohen internationalen Schutzniveaus für Kulturgüter mit einem Schutz des nationalen Interesses an einem vergleichbaren Schutz deutscher Kulturgüter im Ausland einherginge.[1776]
Als Nachteil einer von dem Beitritt zum UNESCO-Kulturgutübereinkommen unabhängigen Regelung könnte angesehen werden, dass ein solches Importverbot als notwendige Voraussetzung zwar ein Exportverbot fordert, dessen Erlass aber nicht fördert. Erstens ist jedoch fraglich, inwieweit es als Aufgabe eines anderen Staats angesehen werden muss, den Erlass von Exportverboten zu fördern.[1777] Zweitens ist in Betracht zu ziehen, dass eine effektive Anerkennung in anderen Staaten mittelbar einen Anreiz für den Erlass solcher Regelungen bieten kann. Drittens könnte theoretisch auch der Beitritt zum UNESCO-Kulturgutübereinkommen mit der Voraussetzung der Gegenseitigkeit kombiniert werden.

107.6 Völlig eigenständiges Importverbot

Ein völlig eigenständig ausgestalteter und von den Regelungen des Exportstaats unabhängiger Tatbestand eines Importverbots für Kulturgüter hat in erster Linie den Vorteil, dass er es ermöglicht, schützenswerte ausländische Kulturgüter dem Handel zu entziehen, selbst wenn der ausländische Staat keine oder nur unzureichende Exportbeschränkungen erlassen hat, etwa weil das kulturelle Erbe nur einen geringen Stellenwert genießt oder zumindest einen geringeren als bestimmte finanzielle Interessen.
Zwar ist auf der materiell-rechtlichen Ebene der kollisionsrechtliche Kontrollmechanismus des Anwendungswillens des fremden Rechts ausgeschaltet.[1778] Zumindest aus internationalen Gesichtspunkten ist jedoch nicht ersichtlich, warum das Kulturgut ausländischer Staaten geschützt werden sollte, obwohl diese Staaten dies selbst nicht oder

1774 Amalie Weidner, „Kulturgüter als res extra commercium im internationalen Sachenrecht", S.176; Erik Jayme, „Kulturgüterschutz in ausgewählten europäischen Ländern", in: ZVglRWiss 95 (1996), S.165; Susanne Spaun, „Der Herausgabeanspruch bei Diebstahl oder illegalem Export von Kulturgütern", S.164.

1775 Brigitte Schwadorf-Ruckdeschel, „Rechtsfragen des grenzüberschreitenden rechtsgeschäftlichen Erwerbs von Kulturgütern", S.143.

1776 Kurt Siehr, „Das UNESCO-Übereinkommen", in: KUR 2005, S.35ff.; Anette Hipp, „Schutz von Kulturgütern in Deutschland", S.419.

1777 Anette Hipp, „Schutz von Kulturgütern in Deutschland", S.419.

1778 Brigitte Schwadorf-Ruckdeschel, „Rechtsfragen des grenzüberschreitenden rechtsgeschäftlichen Erwerbs von Kulturgütern", S.143.

zumindest nicht in einem vergleichbaren Maße tun.[1779] Zweifelhaft ist auch, ob der Gedanke des kulturellen Erbes der Menschheit den Erlass eines solchen von dem ausländischen Staat selbst nicht geregelten Verbringungsverbots von dessen Kulturgut rechtfertigt, da der Gedanke des kulturellen Erbes der Menschheit neben dem Kulturgüterschutz auch das Ziel einer den Kulturaustausch fördernden Zirkulation von Kulturgütern kennt und eine von dem Herkunftsstaat abweichende Abwägung zugunsten eines Verbringungsverbots vom Herkunftsstaat nicht geschützter ausländischer Kulturgüter gewichtiger Gründe bedarf. Daher erscheint eine Lösung vorzugswürdig, welche zumindest das Bestehen eines ausländischen Exportverbots zur Voraussetzung macht und ein solches nur durch zusätzliche Voraussetzungen ergänzt.
Wenn im Rahmen einer originären Ausgestaltung sowohl auf den Beitritt des ausländischen Staats zum UNESCO-Kulturgutübereinkommen als auch die Gegenseitigkeit als Voraussetzung verzichtet wird, besteht die Gefahr, dass die Durchsetzung deutscher Kulturgüterschutzvorschriften in solchen Staaten, die keinen vergleichbaren Kulturgüterschutz kennen, nahezu unmöglich oder zumindest dauerhaft maßgeblich erschwert zu werden droht.[1780]

107.7 Gestaltungsmöglichkeiten hinsichtlich des Umfangs der geschützten Kulturgüter

Als Problem eines Importverbots wird vorgebracht, dass ein solches Verbot notwendigerweise die Frage nach einer allgemeingültigen Definition des Kulturguts beantworten müsse.[1781] Eine feste Begriffsdefinition scheitert aber, wie bereits festgestellt, an der Vielfältigkeit und Offenheit gegenwärtiger und zukünftiger Kultur- und Kulturgüterentwicklung. Allerdings bedarf es, wie zahlreiche andere Kulturgüterschutznormen zeigen, nicht zwingend einer allgemeingültigen Definition von Kulturgut, vielmehr genügt eine Umschreibung der vom Anwendungsbereich einer Norm umfassten Kulturgüter. Nur diese Frage nach dem Anwendungsbereich stellt ein im Zusammenhang mit einem Importverbot zwingend zu lösendes Problem dar. Hinsichtlich des Umfangs der geschützten Kulturgüter ist neben einer eigenständigen Regelung die Anlehnung an den Schutzbereich des UNESCO-Kulturgutübereinkommens denkbar. Auch könnte dann, wenn der Tatbestand des Importverbotes nicht vollständig eigenständig ausgestaltet wird, sondern der Erlass eines ausländischen Exportverbots zumindest den Ausgangspunkt bildet, die Übernahme des zunächst vom Exportstaat in seiner Exportregelung zu bestimmenden Schutzbereichs in Betracht gezogen werden.
Zwar ist der Umfang der geschützten Kulturgüter extrem unterschiedlich: Etwa 600 in Deutschland sollen beispielsweise über 35 Millionen in Italien gegenüberstehen.[1782] Werden die weiteren Exportregelungen der sog. source states auf den in den sog. market states geschützten Bereich reduziert, droht faktisch jedoch eine Reduktion auf den kleinsten gemeinsamen Nenner und eine einseitige Durchsetzung der Interessen der market states. So könnte der Gedanke der generellen Achtung fremder Rechtsordnungen

1779 Anette Hipp, „Schutz von Kulturgütern in Deutschland“, S.419.
1780 Anette Hipp, „Schutz von Kulturgütern in Deutschland“, S.418f.
1781 Brigitte Schwadorf-Ruckdeschel, „Rechtsfragen des grenzüberschreitenden rechtsgeschäftlichen Erwerbs von Kulturgütern“, S.143.
1782 Haimo Schack, „Kunst und Recht“, S.219f., Rn.521.

und der kulturellen Prägung des Rechts[1783] auch dahingehend erweitert werden, dass die eigenständige Bestimmung des geschützten nationalen Kulturguts durch jeden Staat zu respektieren ist.
Auch könnte die Gegenseitigkeit auf den Umfang des geschützten Kulturgüterbereichs bezogen und dadurch eine allgemeingültige Definition besonders konsequent vermieden werden. Eine flexible Bestimmung des Schutzbereiches hat beispielsweise das Europäische Übereinkommen über Straftaten gegen Kulturgüter vorgezogen. Dieses stellt zwar noch eine Kategorienliste als Ausgangspunkt auf, räumt gleichzeitig aber in Art. 2 und 3 jedem Vertragsstaat die Möglichkeit einer einseitigen Erweiterung ein und koppelt diese in Art. 26 an die Bedingung, dass solche Erweiterungen nach Art. 26 nur dann wirksam sind, wenn sie im Gegenseitigkeitsverhältnis stehen.[1784]

108 Gestaltungsmöglichkeiten hinsichtlich der Rechtsfolgen eines Importverbots

Nicht nur im Zusammenhang mit der Gestaltung des Tatbestandes, sondern auch hinsichtlich der Rechtsfolgen bestehen grundsätzlich zwei verschiedene Möglichkeiten: Es könnte entweder die ausländische Rechtsfolge übernommen werden, oder eine originäre deutsche Regelung erfolgen.

108.1 Übernahme der Rechtsfolgen oder originäre Regelung?

Je stärker die Integration des ausländischen Exportverbots in die innerstaatliche Rechtsordnung durch originäre inländische Tatbestandsvoraussetzungen ergänzt oder ersetzt wird, desto näher liegt es, dass der Tatbestand des inländischen Importverbots die typischen inländischen Rechtsfolgen auslöst.[1785] Doch umgekehrt ist trotz des Abstellens auf den Verstoß gegen ausländische Kulturgüterschutznormen im Tatbestand eine originäre Rechtsfolgenregelung nicht ausgeschlossen. Dies zeigt auch die portugiesische Regelung, welche im Tatbestand in erster Linie ausländische Kulturgüterschutznormen integriert und nur um das Merkmal der Gegenseitigkeit ergänzt, jedoch auf der Rechtsfolgenebene ausdrücklich als originäre inländische Rechtsfolge die Nichtigkeit der Rechtsgeschäfte anordnet.[1786]
Wenn die Existenz eines ausländischen Exportverbots als Tatbestandsvoraussetzung mit der Begründung gefordert wird, dass nicht ersichtlich sei, warum der Importstaat das Kulturgut stärker schützen sollte, als es der Erlassstaat tut,[1787] könnte dies auch hinsichtlich der Rechtsfolgen nahe legen, zumindest bei einer schwächeren oder andersartigen Wirkung des ausländischen Gesetzes die ausländischen Rechtsfolgen zu übernehmen. Eine Übernahme auch stärkerer Rechtsfolgen der ausländischen Norm hätte den Vorteil, neben den ausländischen Kulturgüterschutznormen als solchen auch

1783 Erik Jayme, „Die kulturelle Dimension des Rechts“, in: RabelsZ 67 (2003), S.219f.
1784 Brigitte Schwadorf-Ruckdeschel, „Rechtsfragen des grenzüberschreitenden rechtsgeschäftlichen Erwerbs von Kulturgütern“, S.34.
1785 Brigitte Schwadorf-Ruckdeschel, „Rechtsfragen des grenzüberschreitenden rechtsgeschäftlichen Erwerbs von Kulturgütern“, S.139.
1786 Brigitte Schwadorf-Ruckdeschel, „Rechtsfragen des grenzüberschreitenden rechtsgeschäftlichen Erwerbs von Kulturgütern“, S.142f.
1787 Anette Hipp, „Schutz von Kulturgütern in Deutschland“, S.418f.

die normativen Wirkungen des ausländischen Gesetzes zu achten und dem Gebot internationaler Gerechtigkeit und Gleichbehandlung besser zu entsprechen.[1788]
Für die Nichtübernahme zumindest solcher ausländischer Rechtsfolgen, welche über die Nichtigkeit hinausgehen, wie Verfallsregelungen an den ausländischen Staat, könnte jedoch sprechen, dass ihre Anerkennungsfähigkeit und insbesondere die Frage der Vornahme von Beschlagnahmen oder Besitzergreifungsakten für einen ausländischen Staat im Hinblick auf die Souveränität als problematisch eingeordnet werden und die Lösung dieses Problems über die Schaffung von Rückgabeansprüchen vorzugswürdig sein könnte. Besondere Ausgestaltungen der Rechtsfolgen im Herkunftsstaat, wie Vorkaufsrechte des ausländischen Staats vor dem Verbringen, werfen zudem Probleme dahingehend auf, dass sie nicht immer klar erkennen lassen, welche Rechtsfolge nach einem illegalen Verbringen in einen ausländischen Staat eintreten soll.[1789]
Bei ausdrücklicher Anordnung der Nichtigkeit, wie sie die portugiesische Regelung vornimmt, werden hingegen Unsicherheiten im Hinblick auf die Rechtsfolgen von Verstößen gegen ausländische Kulturgüterschutznormen ausgeschaltet und stattdessen Klarheit über die Rechtsfolge eines Verstoßes im Inland erzielt. Allerdings kann dafür bei einer Norm, die eine ausländische Verbotsvorschrift mit inländischen Rechtsfolgen versieht, unklar sein, wie mit materiell-rechtlichen Einwendungen gegen die ausländische Verbotsvorschrift zu verfahren ist, sofern solche bestehen.[1790]
Größtmögliche Klarheit könnte auch hinsichtlich der Rechtsfolgen einer deutschen Regelung dadurch erzielt werden, dass in dem Importverbot selbst die Rechtsfolgen eines Verstoßes mitgeregelt werden. Erfolgt dies nicht, so liegt es im deutschen Recht nahe, bei einem Importverbot für ausländische unrechtmäßig verbrachte Kulturgüter, welches ein inländisches Verbotsgesetz darstellt, zur Bestimmung der Rechtsfolgen auf §134 BGB zurückzugreifen, um dadurch letztlich, wie in der portugiesischen Regelung, zur Nichtigkeit kommen zu können.[1791]
Indem die Anordnung bestimmter Rechtsfolgen eines Verstoßes gegen ausländische Kulturgüterschutznormen im Inland den Schritt von einem bloßen Importverbot zu einer Zivilrechtsbestimmung mit unmittelbarer Inlandswirkung ermöglicht, kann sie auch die kollisionsrechtliche Frage hinfällig machen, inwieweit zwingende Normen eines ausländischen Staats im Inland berücksichtigungsfähig sind.[1792] Da eine eigenständige Ausgestaltung der Rechtsfolgen nicht nur gegenüber einer Übernahme der Rechtsfolgen ausländischer Regelungen im Rahmen eines Importverbotes durch ihre größere Klarheit gekennzeichnet ist, sondern auch gegenüber einer Übernahme der Rechtsfolgen ausländischer Regelungen als Folge einer kollisionsrechtlichen Berücksichtigung, wird dies selbst bei Befürwortern einer kollisionsrechtlichen Lösung als

---

1788 Brigitte Schwadorf-Ruckdeschel, „Rechtsfragen des grenzüberschreitenden rechtsgeschäftlichen Erwerbs von Kulturgütern", S.142f.

1789 Brigitte Schwadorf-Ruckdeschel, „Rechtsfragen des grenzüberschreitenden rechtsgeschäftlichen Erwerbs von Kulturgütern", S.142f.

1790 Brigitte Schwadorf-Ruckdeschel, „Rechtsfragen des grenzüberschreitenden rechtsgeschäftlichen Erwerbs von Kulturgütern", S.142f.

1791 Brigitte Schwadorf-Ruckdeschel, „Rechtsfragen des grenzüberschreitenden rechtsgeschäftlichen Erwerbs von Kulturgütern", S.139; Amalie Weidner, „Kulturgüter als res extra commercium im internationalen Sachenrecht", S.176f.

1792 Brigitte Schwadorf-Ruckdeschel, „Rechtsfragen des grenzüberschreitenden rechtsgeschäftlichen Erwerbs von Kulturgütern", S.142f.

positiver Ausgleich für die Ausschaltung kollisionsrechtlicher Funktions- und Kontrollmechanismen wie der Prüfung eines ordre public-Verstoßes gewertet.[1793]

108.2 Ergänzung durch eine materiell-rechtliche ordre public-Klausel?

Selbst wenn eine ordre public-Kontrolle im Zusammenhang mit der Anwendung ausländischer Kulturgüterschutznormen im Inland für nötig erachtet wird, so spricht dies noch nicht zwingend gegen eine materiell-rechtliche Lösung, da eine Art. 6 EGBGB nachgebildete Ergebniskontrolle der Rechtsfolgen eines Verstoßes gegen ein Importverbot als materiell-rechtliche Klausel ausgestaltet werden könnte.
Eine ordre public-Kontrolle wird teilweise für nötig erachtet, um einer ausufernden Verfolgung nationaler Interessen im Rahmen des Kulturgüterschutzes im Einzelfall entgegen treten zu können. Für die Notwendigkeit eines solchen Kontrollmechanismus wird zwar vorgebracht, dass zwischen reichen kulturimportierenden und ärmeren, kulturexportierenden Staaten teilweise gegensätzliche Interessen bestehen und der Umfang und die Rechtsfolgen von ausländischen Kulturgüterschutznormen sehr unterschiedlich ausgestaltet sind.[1794] Allerdings ist eine Bewertung der kulturellen Verbindung zwischen Staat und Kulturgut durch den Importstaat nicht nur wegen der bereits erörterten Schwierigkeiten der Bestimmung einer solchen kulturellen Verbindung, sondern auch wegen des Gedankens der generellen Achtung fremder Rechtsordnung und der kulturellen Prägung des Rechts abzulehnen.[1795] Auch die Heranziehung des ordre public-Gedankens, um im Ernstfall Gefahren für die Kulturgüter im Exportstaat begegnen zu können, ist problematisch, da eine fragwürdige Fortschreibung alter Rechtfertigungsmuster reicher kulturimportierender Staaten und ein Missbrauch zur Verfolgung eigener Interessen droht.[1796]
Darüber hinaus ist anders als bei der Frage der kollisionsrechtlichen Anwendbarkeit ausländischer Kulturgüterschutznormen bei der Integration im Rahmen eines materiell-rechtlichen Importverbots fraglich, ob die Gestaltungsmöglichkeiten des Gesetzgebers hinsichtlich des Tatbestands und der Rechtsfolgen eines Importverbotes nicht bereits ausreichend sind und ob es folglich einer weiteren Ergebniskontrolle wirklich bedarf. Erfolgt eine bewusste gesetzgeberische Entscheidung im Hinblick auf die Reichweite der Integration der ausländischen Kulturgüterschutznormen, beispielsweise indem als ergänzende Voraussetzung auf den Beitritt zum UNESCO-Kulturgutübereinkommen abgestellt wird, spricht dies für den gesetzgeberischen Willen zur gegenseitigen Respektierung von Kulturgüterschutznormen in gerade diesem Umfang, welcher nicht durch eine erneute Kontrolle des Ergebnisses an deutschen Wertvorstellungen ausgehöhlt werden sollte. Wird Gegenseitigkeit gefordert, liegt es nahe, dass ein umfangreicher Kulturgüterschutz durch den Exportstaat hinzunehmen ist, sofern der Exportstaat seinerseits ebenso umfangreich Exportverbote anderer Staaten anerkennt und durchsetzt. Auch der Vorzug einer völlig eigenständigen Gestaltung eines Importverbots, welcher darin besteht, dass gerade eine möglichst eindeutige materiell-

1793 Brigitte Schwadorf-Ruckdeschel, „Rechtsfragen des grenzüberschreitenden rechtsgeschäftlichen Erwerbs von Kulturgütern", S.151.

1794 Haimo Schack, „Kunst und Recht", S.217ff., Rn.517ff.

1795 Erik Jayme, „Die kulturelle Dimension des Rechts", in: RabelsZ 67 (2003), S.219f.

1796 Brigitte Schwadorf-Ruckdeschel, „Rechtsfragen des grenzüberschreitenden rechtsgeschäftlichen Erwerbs von Kulturgütern", S.45f.

rechtliche Regelung erzielt werden kann, droht durch eine Ergebniskontrollklausel letztlich unterlaufen zu werden.
Entfällt eine ordre public-Kontrolle im Rahmen einer materiell-rechtlichen Regelung, entfällt auch die Frage, inwieweit im Zusammenhang mit einer Anerkennung des deutschen Importverbots im Ausland eine entsprechende Einschränkung über die ordre public-Kontrolle überhaupt vorgenommen werden könnte.[1797]

109 Vor- und Nachteile der Gestaltung des §14 I KultGüRückG n.F. hinsichtlich des Tatbestands

Nach der Darstellung der Regelungsmöglichkeiten gilt es, die Vor- und Nachteile der vom deutschen Gesetzgeber gewählten Ausgestaltung des §14 I KultGüRückG n.F. zu untersuchen.

109.1 Inländisches Verzeichnis wertvollen Kulturgutes der Vertragsstaaten statt unmittelbarer Integration ausländischer Exportverbote

Der Gesetzgeber knüpft in dem Importverbot des §14 I KultGüRückG n.F. das Genehmigungserfordernis an die Eintragung der ausländischen Kulturgüter in ein zu errichtendes Verzeichnis wertvollen Kulturgutes der Vertragsstaaten und nicht unmittelbar an den Verstoß gegen ausländische Exportbestimmungen zum Kulturgüterschutz.
Dass die Vertragsstaaten die von ihnen als national schützenswerte Kulturgüter betrachteten Gegenstände sowie die diese betreffenden Ausfuhrregelungen nach Deutschland melden müssen, damit die zuständige Stelle des Bundes daraus das Verzeichnis national wertvollen Kulturgutes der Vertragsstaaten erstellen und im Bundesanzeiger öffentlich bekannt machen kann, bedeutet für die Vertragsstaaten einen zusätzlichen Aufwand. Dieser zusätzliche Aufwand, welcher durch einen direkten Verweis auf die ausländischen Regelungen vermieden worden wäre, scheint auf den ersten Blick dem Ziel des UNESCO-Kulturgutübereinkommens, der bestmöglichen Förderung des Kulturgüterschutzes, zu widersprechen. Dadurch, dass die deutsche Lösung aber einen zusätzlichen Anreiz zur Dokumentation und Inventarisierung von nationalen Kulturgütern durch ausländische Staaten bietet, fördert sie zumindest mittelbar ein ebenfalls im UNESCO-Kulturgutübereinkommen aufgestelltes Ziel.
Auch kann ein zusätzliches, in einem ausländischen Staat geführtes Verzeichnis ein Problem vermeiden helfen, welches im Zusammenhang mit der Situation im Irak evident geworden ist: Dort sind zwar viele der geplünderten Objekte inventarisiert worden, ein Teil der Inventare aber nicht mehr auffindbar.[1798] Daneben ist das in Deutschland geführte Verzeichnis über die im Ausland geschützten Objekte öffentlich zugänglich. Gerade die Zugänglichkeit eines Verzeichnisses trägt mit der weiten Verbreitung der Informationen über die geschützten Objekte neben Erleichterungen bei der Forschung auch zu einem stärkeren Schutz vor Fälschungen im Zusammenhang mit Ausfuhrgenehmigungen bei.[1799]

1797 Jan Kropholler, „Internationales Privatrecht", S.160 sowie S.258f.
1798 Catherine Phuong, „The Protection of Iraqi Cultural Property", in: IntCompLQuart 2004, S.990f.
1799 Kate Fitz Gibbon, „Alternatives to Embargo", in: Kate Fitz Gibbon (Hg.) „Who Owns the Past?", S.296.

Dennoch wird aus praktischer Sicht kritisch gefragt: „Wie soll man sich die Umsetzung dieser Bestimmungen überhaupt konkret vorstellen? Will man im Bundesanzeiger die etwa 500.000 Einträge des Baghdader Museumsinventars publizieren und der nicht minder umfangreichen Register in Damaskus, Istanbul, Teheran, Kairo, Phnom Pen, Lima?“[1800]

Als der nationalen und internationalen Zugänglichmachung förderlich gelten insbesondere Internetdatenbanken in Ergänzung zu gedruckten Katalogen,[1801] die zudem eine effiziente Suche über geeignete Kategorien und Schlagworte wie Künstler, Titel, Material, Provenienz, Werkbeschreibungen und Bildähnlichkeitsabgleiche gewährleisten können.[1802] Die gesetzlichen Rahmenbedingungen für die Erfassung der Kulturgüter sehen eine solche Datenbank zwar bislang nicht zwingend vor, aus praktischen Gesichtspunkte wäre sie aber wünschenswert.

Ob die UNESCO, wie vom deutschen Gesetzgeber erhofft, die Errichtung einer zentralen Gesamtdokumentation als zweckmäßig erachtet, damit sich Meldepflichten an die einzelnen Staaten erübrigen, ist jedoch fraglich. Denn die überwiegende Anzahl der Vertragsstaaten setzt bei der Gestaltung von Importverboten zum Kulturgüterschutz auf eine direkte Integration der ausländischen Vorschriften in Kombination mit zusätzlichen Voraussetzungen, nicht aber, wie der deutsche Gesetzgeber, auf die Errichtung eines inländischen Verzeichnisses geschützter ausländischer Kulturgüter. Da die Erfassung der Kulturgüter sowohl im Interpol-Register als auch im Art Loss-Register vorrangig auf gestohlene Kulturgüter abzielt und eigenen, im Hinblick auf ein Importverbot nicht sinnvollen Voraussetzungen unterliegt,[1803] hat der deutsche Gesetzgeber eine Bezugnahme auf das Interpol-Register oder das Art Loss-Register jedoch zu Recht abgelehnt.

Als weitere Besonderheit der deutschen Regelung ist darauf hinzuweisen, dass nicht nur für das Importverbot des §14 I KultGüRückG n.F., sondern auch für die Eintragung eines ausländischen Kulturgutes in das Verzeichnis wertvollen Kulturgutes der Vertragsstaaten nach §14 II KultGüRückG n.F. der Schutz dieses Kulturgutes durch ausländische Kulturgüterschutzvorschriften keine Voraussetzung ist. Vielmehr sollen nach §14 II KultGüRückG n.F. alle individuell bestimmbaren, von den Vertragsstaaten als im Sinne von Art. 1 des UNESCO-Kulturgutübereinkommens besonders bedeutsam bezeichneten Gegenstände erfasst werden. Zwar wird darauf hingewiesen, dass die Eintragungspflicht dazu führen kann, dass Kulturgüter, welche nach den Vorschriften des Herkunftsstaats nicht ausgeführt werden dürfen, trotzdem in Deutschland keinem Importverbot unterliegen.[1804] Aufgrund der eigenständigen und von ausländischen Kulturgüterschutznormen unabhängigen Ausgestaltung des §14 KultGüRückG n.F. besteht jedoch gleichzeitig umgekehrt die Gefahr, dass der Importstaat das Kulturgut

1800 Michael Müller-Karpe, „Stellungnahme zum Gesetzentwurf zur Ausführung des UNESCO-Kulturgutübereinkommens“, in: KUR 2006, S.54.

1801 Michael M. Franz, „Beutekunst und www.lostart.de“, in: „Im Labyrinth des Rechts?“, S.49.

1802 Uwe Hartmann, „*Lost Art* – Ziele und Möglichkeiten eines Internetportals“, in: „Im Labyrinth des Rechts?“, S.63, S.67.

1803 Lyndel Vivien Prott und Patrick Joseph O'Keefe, „Law and the Cultural Heritage: Volume 3, Movement“, S.389ff., Rn.735ff.; Marc Weber, „Unveräußerliches Kulturgut im nationalen und internationalen Rechtsverkehr“, S.402; Anette Hipp, „Schutz von Kulturgütern in Deutschland“, S.406f.; Frank Kohls, „Kulturgüterschutz“, S.163.

1804 Michael Müller-Karpe, „Stellungnahme zum Gesetzentwurf zur Ausführung des UNESCO-Kulturgutübereinkommens“, in: KUR 2006, S.54.

letztlich stärker als der Erlassstaat schützen könnte. Aus internationalen Gesichtspunkten ist jedoch nicht ersichtlich, warum vom Herkunftsstaat nicht geschütztes Kulturgut durch ein deutsches Importverbot geschützt werden sollte, zumal neben dem Kulturgüterschutz auch der Kulturaustausch dem Gedanken des kulturellen Erbes der Menschheit entnommen werden kann. Ob die Ausfuhr aus dem Herkunftsstaat aus kulturgüterschutzrechtlichen Gründen verboten ist, wird nicht als Voraussetzung, sondern lediglich als Hinweis mit in das Verzeichnis aufgenommen.
Dem Ziel des UNESCO-Kulturgutübereinkommens, die Entscheidung jedes Vertragsstaats darüber zu achten, welche Gegenstände als Kulturgut zu schützen sind und inwiefern sie Exportregelungen unterliegen, würde die unmittelbare Integration der Exportverbote anderer Staaten besser entsprechen. Der Gefahr, dass der Importstaat das Kulturgut letztlich stärker als der Erlassstaat schützen könnte, will zwar §15 I KultGüRückG n.F. dadurch begegnen, dass ein gebundener Anspruch auf die deutsche Importgenehmigung besteht, wenn die Ausfuhr aus dem Herkunftsstaat nicht verboten ist. Die gewählte Regelung kann aber zur Nichtigkeit von Rechtsgeschäften im Zusammenhang mit im Ausland nicht geschützten Kulturgütern im Sinne des Art. 1 des UNESCO-Kulturgutübereinkommens führen, sofern diese ohne Genehmigung eingeführt werden. Im Hinblick auf die Rechtsfolgen zeigt sich so, dass das Bestehen einer ausländischen Exportregelung als Voraussetzung für das Importverbot oder zumindest für die Aufnahme in das inländische Verzeichnis vorzugswürdig gewesen wäre.
Als Vorteil der gewählten Regelung kann allein angesehen werden, dass dann, wenn aufgrund der gewählten Ausgestaltung der ausländischen Kulturgüterschutzregelung fraglich ist, ob diese tatsächlich ein Exportverbot nach sich ziehen soll, diese Problematik nicht im Rahmen des Tatbestandes des deutschen Importverbots zu lösen ist, sondern im Rahmen des im Zusammenhang mit der Entscheidung über eine Genehmigungserteilung eingeräumten Ermessens eine Einzelfallbetrachtung erfolgen kann.
Grund für die durch den deutschen Gesetzgeber gewählte Gestaltung des Schutzes ausländischer Kulturgüter durch ein deutsches Importverbot in Abhängigkeit von einem in Deutschland geführten Verzeichnis ist in erster Linie, dass das Importverbot aufgrund von §20 I Nr. 3 KultGüRückG n.F. strafrechtliche Relevanz entfalten soll. Die unmittelbare Integration ausländischer Exportregelungen durch einen Verweis auf diese, wie sie beispielsweise die portugiesische Lösung vornimmt, könnte, auch wenn sie dem Gedanken des UNESCO-Kulturgutübereinkommens besser entspricht, in dieser Hinsicht verfassungsrechtlich bedenklich sein. Grundsätzlich müssen strafbewehrte Verbote im Vorfeld für jeden Handelnden hinreichend erkennbar sein. Im Falle eines an das Exportverbot des Herkunftsstaats anknüpfenden Einfuhrverbots werden jedoch sowohl Händler als auch Touristen oft allenfalls mit großer Mühe herausfinden können, ob das Verbringen eines Kulturgut unrechtmäßig ist, und somit auch, ob die Einfuhr nach Deutschland in Deutschland strafrechtlich verfolgt werden kann. Eine solche Regelung kollidiert nicht nur mit dem Rechtsstaatsprinzip, sondern auch mit dem daraus fließenden Bestimmtheitsgrundsatz. Wird der Schutz durch ein deutsches Importverbot von der Eintragung in ein in Deutschland geführtes Verzeichnis abhängig gemacht, kann die für eine strafrechtliche Bewehrung von Importverstößen erforderliche Erkennbarkeit und Rechtsklarheit problemlos herbeigeführt werden.[1805] Damit entgeht

1805 Stephanie Schulz-Hombach und Katrin Schenk, „Der Gesetzentwurf zur Ausführung des UNESCO-Kulturgutübereinkommens", in: KUR 2006, S.51.

der deutsche Gesetzgeber der Kritik, die an dem schweizerischen Ausführungsgesetz hinsichtlich der Unbestimmtheit der von der strafrechtlichen Sanktion des Art. 24 II KGTG umfassten Kulturgüter vorgebracht wird.[1806]

Zwar ist die Deutung der Regelung als „Amnestie“[1807] bzw. „Legalisierung“[1808] für den Handel mit allen nicht erfassten Raubgrabungsfunden zu weitgehend, weist der Gesetzgeber ausdrücklich darauf hin, dass das Verzeichnis wertvollen Kulturgutes der Vertragsstaaten keinen abschließenden Charakter aufweisen und nicht den Umkehrschluss nahe legen soll, nicht erfasstes ausländisches Kulturgut sei nicht schützenswert.[1809] Trotz der Vorzüge eines in Deutschland geführten Verzeichnisses in strafrechtlicher Hinsicht hätte jedoch die Möglichkeit bestanden, strafrechtliche Sanktionen an zusätzliche oder andere Voraussetzungen zu knüpfen als eine zivilrechtlich wirkende Verbotsnorm.

109.2 Maßgeblichkeit des Beitritts zum UNESCO-Kulturgutübereinkommen und Verzicht auf die Voraussetzung der Gegenseitigkeit

Der deutsche Gesetzgeber hat sich im Rahmen des §14 I KultGüRückG n.F. dafür entschieden, den Beitritt des ausländischen Staats zum UNESCO-Kulturgutübereinkommen zur maßgeblichen Voraussetzung zu machen. Dabei hat er einen umfassenderen Schutz von ausländischen Kulturgüterschutznormen in einem inländischen Importverbot gewählt, als dies zur Umsetzung des UNESCO-Kulturgutübereinkommens erforderlich gewesen wäre, welche in erster Linie gestohlene inventarisierte Kulturgüter aus Museen und ähnlichen Institutionen schützt.

Dass der deutsche Gesetzgeber auf bilaterale Verträge als zusätzliche Voraussetzung verzichten will, zeugt von einem umfassenden Respekt gegenüber den von den ausländischen Staaten erlassenen Kulturgüterschutznormen und von der Priorität, die internationalen Anliegen vor nationalen Interessen eingeräumt wird.

Allerdings hätte die Ergänzung des Importverbots durch die Voraussetzung der Gegenseitigkeit ausländischen Staaten einen größeren Anreiz zum Erlass vergleichbarer Regelungen gegeben. Denn zum einen sieht das UNESCO-Kulturgutübereinkommen kein umfassendes Importverbot vor, sondern spiegelt nur den kleinsten gemeinsamen Nenner der Vertragsstaaten wider. Zum anderen kann die Umsetzung der von dem UNESCO-Kulturgutübereinkommen geforderten Maßnahmen wegen mangelnder effektiver Sanktionsmöglichkeit nicht wirklich sichergestellt werden. Bei Gegenseitigkeit könnte hingegen die tatsächliche Berücksichtigung ausländischer Kulturgüterschutznormen in den einzelnen Vertragsstaaten zum Maßstab werden.

Des Weiteren hätte es das Kriterium der Gegenseitigkeit auch ermöglicht, auf die Voraussetzung des Beitritts zum UNESCO-Kulturgutübereinkommen zu verzichten und

1806 Georg von Segesser und Alexander Jolles, „Schwitzerland's New Federal Act on the International Transfer of Cultural Property“, in: Art Antiquity and Law 2005, S.185; Peter Max Gutzwiller, „Zum Geltungsbereich des Bundesgesetzes über den internationalen Kulturgütertransfer“, in: SJZ 2005, S.517ff.

1807 Michael Müller-Karpe, „Stellungnahme zum Gesetzentwurf zur Ausführung des UNESCO-Kulturgutübereinkommens“, in: KUR 2006, S.53.

1808 Michael Müller-Karpe, „Stellungnahme zum Gesetzentwurf zur Ausführung des UNESCO-Kulturgutübereinkommens“, in: KUR 2006, S.54.

1809 Begründung in Drucksache 155/06, S.41.

Kulturgüterschutznormen von Nichtvertragsstaaten als berücksichtigungsfähig zu erachten, wenn diese trotz eines nicht erfolgten Beitritts zum UNESCO-Kulturgutübereinkommen sich in ihrer Rechtsordnung durch ein vergleichbares Maß an Kulturgüterschutz auszeichnen.
Der Verzicht des deutschen Gesetzgebers auf die Voraussetzung der Gegenseitigkeit und die Ankoppelung an den bloßen Beitritt zum UNESCO-Kulturgutübereinkommen ist insofern zu bedauern, als die Voraussetzung der Gegenseitigkeit es besser ermöglicht hätte, die Förderung eines möglichst hohen internationalen Schutzniveaus für Kulturgüter mit dem nationalen Interesse an einem vergleichbaren Schutz deutscher Kulturgüter im Ausland zu verbinden.

109.3 Bestimmung des Umfangs der geschützten Kulturgüter in Anlehnung an das UNESCO-Kulturgutübereinkommen

Die deutsche Regelung bestimmt den Umfang der durch das Importverbot erfassten Kulturgüter durch die Heranziehung von Art. 1 des UNESCO-Kulturgutübereinkommens.
Auch wenn, wie bereits festgestellt, das Kriterium der Gegenseitigkeit das internationale Schutzniveau bestmöglich fördern kann und auch im Hinblick auf den Umfang der geschützten Kulturgüter eine Kulturgüterdefinition in Abhängigkeit vom Kriterium der Gegenseitigkeit möglich ist, so ist das Kriterium der Gegenseitigkeit hinsichtlich des Umfangs der geschützten Kulturgüter jedoch zumindest im Hinblick auf das Interesse an einem vergleichbaren Schutz deutscher Kulturgüter im Ausland wegen des ohnehin restriktiven Umfangs der geschützten deutschen Kulturgüter von geringerer Bedeutung als hinsichtlich der Frage, ob überhaupt vergleichbare Normen zum Schutz deutscher Kulturgüter im Herkunftsstaat eines ausländischen Kulturgutes existieren.
Zumindest kann der Heranziehung des Art. 1 des UNESCO-Kulturgutübereinkommens zugute gehalten werden, dass hinsichtlich des Umfangs der geschützten Kulturgüter eine weitgehende Klarheit erreicht wird. Hingegen wäre beim Abstellen auf die Gegenseitigkeit hinsichtlich des Umfangs dieser Umfang schwieriger zu bestimmen, was im Einzelfall zur Folge haben könnte, dass die Möglichkeit des Eingreifens des Importverbots nur schwer einzuschätzen wäre.
Auch verliert die bei der Übernahme des Schutzumfangs aus ausländischen Rechtsordnungen auftauchende Frage nach der Notwendigkeit einer Einschränkung des Umfangs der geschützten Kulturgüter im Rahmen eines deutschen Importverbots wegen der bewussten Orientierung an Art. 1 des UNESCO-Kulturgutübereinkommens ihre Bedeutung.

110 Vor- und Nachteile der Gestaltung des §14 I KultGüRückG n.F. hinsichtlich der Rechtsfolgen

Eine ausdrückliche Regelung der zivilrechtlichen Rechtsfolgen ist im Rahmen des §14 I KultGüRückG n.F. nicht erfolgt. Zwar schließt sich an das Importverbot des §14 I KultGüRückG n.F. notwendigerweise die Frage nach Folgen eines Verstoßes gegen das Verbot an. Obwohl die strafrechtlichen Konsequenzen in §20 I Nr. 3, II KultGüRückG n.F. ausdrücklich geregelt werden, bleiben die zivilrechtlichen Konsequenzen jedoch offen.

Während die von ausländischen Kulturgüterschutzregelungen losgelöste und allein auf die Eintragung in das in Deutschland geführte Verzeichnis abstellende Ausgestaltung der Tatbestandsvoraussetzungen im Vergleich mit anderen Gestaltungsformen durchaus Nachteile mit sich bringt, so erweist sich diese eigenständige Ausgestaltung des Tatbestandes hinsichtlich der Rechtsfolgen als vorteilhaft.
So kann sie als ein wichtiges Indiz für die Ableitung der Rechtsfolgen eines Verstoßes gegen §14 I KultGüRückG n.F. aus der innerstaatlichen Rechtsordnung gewertet werden. Da das Importverbot des §14 I KultGüRückG n.F. ein inländisches Verbotsgesetz darstellt, erscheint es folgerichtig, zur Bestimmung der Rechtsfolgen §134 BGB heranzuziehen.
Auch wenn die Ableitung der Rechtsfolge eines Verstoßes gegen §14 I KultGüRückG n.F. aus der innerstaatlichen Rechtsordnung gegenüber der Übernahme der ausländischen Rechtsfolge grundsätzlich durch eine größere Klarheit gekennzeichnet ist, wäre die größtmögliche Klarheit hinsichtlich der zivilrechtlichen Folgen durch eine eigenständige Rechtsfolgenregelung im Zusammenhang mit §14 I KultGüRückG n.F. zu erreichen gewesen, da die Heranziehung des §134 BGB die Bestimmung der Rechtsfolgen erst nach Untersuchung des Normzwecks ermöglicht.
Weniger klar sind – im Vergleich mit den Folgen eines Verstoßes – die Voraussetzungen der Genehmigungserteilung. In §15 I KultGüRückG n.F. ist nur ausdrücklich geregelt, dass ein Anspruch auf Erteilung einer Genehmigung besteht, wenn die Ausfuhr eines Kulturgutes aus dem Herkunftsstaat nicht verboten ist. Bei verbotener Ausfuhr durch ausländische Rechtsnormen soll der zuständigen deutschen Behörde jedoch ein Ermessen eingeräumt werden.[1810]
Wegen des Ziels des UNESCO-Kulturgutübereinkommens, welches auch die Achtung der Entscheidung der Vertragsstaaten hinsichtlich der Ausgestaltung von Exportregelungen umfasst, ist die Eröffnung eines solchen Entscheidungsspielraums deutscher Behörden mit Vorsicht zu genießen. Da an den zivilrechtlichen Folgen eines Verstoßes gegen das Genehmigungserfordernis sowohl die bloße Genehmigungsfähigkeit als auch eine nachträgliche tatsächliche Erteilung der Genehmigung wegen der verbleibenden Sanktionswürdigkeit des Verstoßes aber wohl nichts ändern sollten, beeinträchtigen diese Unklarheiten hinsichtlich der Genehmigungserteilung letztlich zumindest die Klarheit der Rechtsfolgen eines Verstoßes gegen das Importverbot nicht.
Auf die Integration einer ordre public-Kontrolle als materiell-rechtliche Klausel ist bei der Ausgestaltung des §14 I KultGüRückG n.F. verzichtet worden, da zu weite Eingriffe in das Territorialitätsprinzip, welche beispielsweise durch die Anerkennung von Verfallsregelungen drohen könnten, durch die eigenständige Ausgestaltung des Tatbestandes und der daraus ableitbaren Übernahme der Rechtsfolgen aus §134 BGB ohnehin von vornherein wirksam verhindert werden. Dadurch wird nicht nur Rechtsfolgenklarheit erzielt, sondern auch die bei ausländischen Kulturgüterschutznormen besonders schwierige Frage vermieden, wann eine Ergebniskorrektur vorzunehmen wäre.

1810 Stephanie Schulz-Hombach und Katrin Schenk, „Der Gesetzentwurf zur Ausführung des UNESCO-Kulturgutübereinkommens“, in: KUR 2006, S.51.

111 Kombinationsmöglichkeit mit einem Rückgabeanspruch

Teilweise werden die Einführung eines Importverbots und die Einführung eines Rückgabeanspruchs als zwei getrennte Lösungsmöglichkeiten erörtert, da beide zu einer effektiven Durchsetzung von ausländischen Exportverboten beitragen können.[1811]
Da ein Rückgabeanspruch aber neben Regelungen wie §134 BGB eine Möglichkeit bieten kann, Verstöße gegen ein Importverbot zu sanktionieren, könnte auch die gesetzliche Verankerung eines solchen Rückgabeanspruchs im Zusammenhang mit der Errichtung des Importverbots in Betracht gezogen werden. Denn ein unabhängig von Eigentumsrechten bestehender öffentlich-rechtlicher Rückgabeanspruch kann die Rückgabe von illegal verbrachten Kulturgütern in die Herkunftsstaaten erheblich vereinfachen, da sonst trotz §134 BGB zumindest ein Folgeerwerb oder eine Ersitzung möglich bleiben wird.[1812]
Im Gegensatz zu isolierten Rückgabeansprüchen verringert ein Importverbot, welches über §134 BGB auch zur Nichtigkeit des dinglichen Vertrages führt, wiederum Konflikte hinsichtlich der Eigentumslage.
Auf das Zusammenspiel eines Importverbots und Rückgabeansprüchen setzt beispielsweise auch §31 des Canadian Property Export and Import Act. So sieht §31 (3) des Canadian Property Export and Import Act neben dem in §31 (1), (2) des Canadian Property Export and Import Act geregelten Importverbot ein eigenständiges Rückgabeverfahren durch den Attorney-General of Canada auf Ersuchen des Ausfuhrstaats vor.[1813] Durch umfassende Bemühungen bei der Bekämpfung des illegalen Kulturgüterhandels will Kanada der Gefahr entgegenwirken, wegen seiner langen Grenze zu dem bedeutenden Kunstmarkt der USA zu einem attraktiven Transitland für geschmuggelte Kulturgüter zu werden.[1814]
Art. 27 des nicaraguanischen Kulturgüterschutzgesetzes vom 29.09.1982 bestimmt in ähnlicher Weise, dass ausländisches unrechtmäßig nach Nicaragua eingeführtes Kulturgut von Nicaragua nach einer Entscheidung der Regierung im Einklang mit internationalen Konventionen und Standards auf Verlangen an den Herkunftsstaat zurückgegeben werden soll.[1815]

111.1 Umfassende Rückgabeansprüche bei Verstößen gegen Import- oder Exportverbote

Nicht nur bei Importverboten, sondern auch bei Rückgabeansprüchen bestehen unterschiedliche Ausgestaltungsmöglichkeiten, von denen einige im Folgenden kurz aufgezeigt werden. Bei der Kombination eines Importverbots und eines Rückgabeanspruchs

1811 Anette Hipp, „Schutz von Kulturgütern in Deutschland“, S.418f.
1812 Amalie Weidner, „Kulturgüter als res extra commercium im internationalen Sachenrecht“, S.175.
1813 Lyndel V. Prott, „Kulturgüterschutz nach der UNIDROIT-Konvention und nach der UNESCO-Konvention“, in: ZVglRWiss 95 (1996), S.188f; Brigitte Schwadorf-Ruckdeschel, „Rechtsfragen des grenzüberschreitenden rechtsgeschäftlichen Erwerbs von Kulturgütern“, S.142.
1814 Robert K. Paterson und Tore Modeen, „Canadian and Finnish Cultural Property Export Controls“, in: Art Antiquity and Law 2004, S.24.
1815 Amalie Weidner, „Kulturgüter als res extra commercium im internationalen Sachenrecht“, S.174, Fn. 365.

könnte es zunächst nahe liegen, den Verstoß gegen das Importverbot zur Voraussetzung des Eingreifens eines Rückgabeanspruchs zu machen. Wenn das Importverbot sich auf eine unmittelbare Integration des ausländischen Exportverbots beschränkt, führt eine solche Lösung zu demselben Ergebnis wie ein Abstellen auf einen Verstoß gegen das ausländische Exportverbot selbst. Wenn das Importverbot jedoch von einem Exportverbot des Herkunftsstaats unabhängig ausgestaltet wurde und strengere Anforderungen aufstellt, könnte jedoch die Gefahr bestehen, dass wegen eines Verstoßes gegen das Importverbot ein Rückgabeanspruch entsteht, das Kulturgut nach der Rückgabe aber mangels eines Exportverbots wieder legal ausgeführt werden könnte. Dies legt zunächst nahe, dass das Eingreifen eines Exportverbots des Herkunftsstaats als Voraussetzung grundsätzlich als sinnvoller zu erachten sein könnte. Daneben bleiben jedoch auch völlig eigenständige Ausgestaltungen eines Rückgabeanspruchs sowie Mischformen mit ergänzenden Voraussetzungen denkbar.

111.2 Heranziehung der Vorgaben des UNESCO-Kulturgutübereinkommens

Auch bei der Ausgestaltung eines Rückgabeanspruchs könnte eine Heranziehung der Vorgaben des UNESCO-Kulturgutübereinkommens in Betracht kommen. Art. 13 b und c sowie Art. 7 b (ii) des UNESCO-Kulturgutübereinkommens sehen Maßnahmen vor, welche die Rückgabe von gestohlenen, verloren gegangenen und unrechtmäßig ausgeführten Kulturgütern erleichtern sollen. Allerdings sind diese Maßnahmen relativ offen umschrieben. Art. 13 b des UNESCO-Kulturgutübereinkommens möchte durch Zusammenarbeit die schnellstmögliche Rückgabe an den rechtmäßigen Eigentümer erleichtern und Art. 13 c des UNESCO-Kulturgutübereinkommens möchte Verfahren zur Wiedererlangung solcher Kulturgüter im Rahmen der innerstaatlichen Rechtsordnung, ohne dass die Konvention festlegt, unter welchen Voraussetzungen Rückgabeansprüche auch tatsächlich Erfolg versprechend sein sollen. Allein Art. 7 b (ii) des UNESCO-Kulturgutübereinkommens deutet an, dass auf Ersuchen des Herkunftsstaats ein Rückgabeanspruch gegen Entschädigung gutgläubiger Erwerber entstehen soll.[1816] Aufgrund des Wortlautes des Konventionstextes ist umstritten, ob der in Art. 7 b (ii) des UNESCO-Kulturgutübereinkommens vorgesehene Rückgabeanspruch sich nur auf die Fälle des Art. 7 b (i) beziehen oder auch die Fälle des Art. 7 a einschließen soll.[1817] Wegen dieser relativ vagen Vorgaben wird eine bloße Orientierung am UNESCO-Kulturgutübereinkommen bei der Gestaltung von Rückgabeansprüchen als unzureichend empfunden.[1818]

Auch wird dem UNESCO-Kulturgutübereinkommen vorgeworfen, die auf Staaten zentrierten Regelungen, insbesondere die nur von Staaten, nicht aber von kulturellen Gruppen geltend zu machenden Rückgabeansprüche würden es Minderheiten und indigenen Völkern erschweren, die für ihre Kultur und Religion zentralen Güter zu er-

---

1816 Gerte Reichelt, „La dimension de droit privé en matière de la protection des biens culturels", in: „La protection internationale des biens culturels", S.70f.; Kurt Siehr, „Das UNESCO-Übereinkommen", in: KUR 2005, S.37; Andrea Franscesco Giovanni Raschèr, „Kulturgütertransfergesetz und Globalisierung", S.57f.; Eva Stumpf, „Kulturgüterschutz im internationalen Recht", S.215.

1817 Felix Siegfried, „Internationaler Kulturgüterschutz in der Schweiz", S.36

1818 Anette Hipp, „Schutz von Kulturgütern in Deutschland", S.418f.; Kurt Siehr, „Das UNESCO-Übereinkommen", in: KUR 2005, S.45f.

halten.[1819] Allerdings wird trotz dieses Mangels auch im Zusammenhang mit der Rückgabe solcher Kulturgüter ein Beitritt zum UNESCO-Kulturgutübereinkommen und die Einführung von Rückgabeansprüchen an die UNESCO-Vertragsstaaten selbst befürwortet, da nach der Rückgabe an den Staat unter Umständen zumindest interne Rückgabeansprüche eingreifen können.[1820]

III.3 Rückgabeansprüche von UNESCO-Vertragsstaaten unter Heranziehung der Vorgaben der RL 93/7/EWG

Angesichts der relativ vagen Vorgaben des UNESCO-Kulturgutübereinkommens ist in der Literatur vielfach vorgeschlagen worden, auch ein Rückgabeverfahren für unrechtmäßig verbrachte Kulturgüter aus Nichtmitgliedstaaten an das bislang auf die Mitgliedstaaten beschränkte Verfahren in Umsetzung der RL 93/7/EWG im KultGüRückG anzulehnen.[1821]

Wegen des gegen Rückgabeansprüche generell vorgetragenen Vorwurfs, der Schutz der Verkehrsinteressen ginge verloren,[1822] sowie im Hinblick auf die Vorgabe einer Entschädigung durch Art. 7 b (ii) des UNESCO-Kulturgutübereinkommens könnte eine entsprechende Heranziehung des in der RL 93/7/EWG vorgesehenen Entschädigungsanspruchs des gutgläubigen Besitzers als Ausgleichsinstrument auch bei Rückgabeklagen von UNESCO-Vertragsstaaten sinnvoll sein.[1823]

Auch könnte dem gegen Rückgabeansprüche generell vorgetragenen Einwand, die internationale Gerechtigkeit und der Entscheidungsgleichklang würden nicht gewahrt,[1824] entgegengehalten werden, dass eine zunehmende Vereinheitlichung zwischen Mitgliedstaaten und UNESCO-Vertragsstaaten erreicht werden könnte.

Um nur mit einer Liste judizieren zu müssen und bestimmte Kulturgüter, wie die Werke zeitgenössischer Künstler, konsequent ausnehmen zu können, ist sogar vorgeschlagen worden, anstelle des Art. 1 des UNESCO-Kulturgutübereinkommens auch bei der Umsetzung des UNESCO-Kulturgutübereinkommens zur Bestimmung des Umfangs der rückgabepflichtigen Kulturgüter den Anhang der RL 93/7/EWG heranzuziehen.[1825] Dies könnte aber einen Vorbehalt beim Beitritt zum UNESCO-Kulturgutübereinkommen in der Art erforderlich machen, wie ihn Großbritannien eingelegt hat, welcher unter anderem bestimmt: „The UK will interpret the term 'cultural property' in Article 1 of the convention as confined to the objects listed in the Annex to EU Regulation 3911/92 on the export of cultural goods and EU Directive 93/7 on the return of cultural objects unlawfully removed from the territory of a Member Sta-

---

1819 Anastasia Grammatikaki-Alexiou, „International Protection of Indigenous Cultural Property", in: „La protection internationale des biens culturels", S.104f.

1820 Piers Davies, „The Return of Treasures to Indigenous Peoples", in: Art Antiquity and Law, 2004, S.90.

1821 Anette Hipp, „Schutz von Kulturgütern in Deutschland", S.418f.; Kurt Siehr, „Das UNESCO-Übereinkommen", in: KUR 2005, S.45f.

1822 Brigitte Schwadorf-Ruckdeschel, „Rechtsfragen des grenzüberschreitenden rechtsgeschäftlichen Erwerbs von Kulturgütern", S.143.

1823 Kurt Siehr, „Das UNESCO-Übereinkommen", in: KUR 2005, S.45.

1824 Brigitte Schwadorf-Ruckdeschel, „Rechtsfragen des grenzüberschreitenden rechtsgeschäftlichen Erwerbs von Kulturgütern", S.143.

1825 Kurt Siehr, „Das UNESCO-Übereinkommen", in: KUR 2005, S.40.

te."[1826] Als Vor- und Nachteil zugleich kann bei einer solchen Angleichung des Anwendungsbereichs angesehen werden, dass sich dann, wenn wegen der Art des Kulturgutes die spezielleren europäischen Regelungen nicht eingreifen, sich die Frage eines Rückgriffs auf die Regelungen des UNESCO-Kulturgutübereinkommens nicht stellt. Letztlich kann der Anwendungsbereich des UNESCO-Kulturgutübereinkommens durch die Angleichung sowohl erweitert als auch beschränkt werden.

111.4 Bilaterale Verträge oder Gegenseitigkeit als (zusätzliche) Voraussetzungen

Schon bevor sich der Beitritt zum UNESCO-Kulturgutübereinkommen abzeichnete, hat die Literatur wegen des eingeschränkten Anwendungsbereichs der RL 93/7/EWG den Abschluss bi- oder multilateraler Abkommen mit Nichtmitgliedstaaten nach dem Vorbild der RL 93/7/EWG in Erwägung gezogen. Dass bei bi- oder multilateralen Verträgen eine Einigung hinsichtlich der rückgabepflichtigen Kulturgüter erfolgen muss, wurde jedoch aufgrund der Entstehungsgeschichte der RL 93/7/EWG als Schwierigkeit eingestuft.[1827] Damit erscheint es auch nicht sinnvoll, den Abschluss bilateraler Verträge zur ergänzenden Voraussetzung von Rückgabeansprüchen der UNESCO-Vertragsstaaten im Rahmen der Umsetzung des UNESCO-Kulturgutübereinkommens zu machen.

Um die Rückgabe in Deutschland geschützter und anschließend unrechtmäßig aus Deutschland in Vertragsstaaten verbrachter Kulturgüter auch ohne einen Beitritt zur UNIDROIT-Konvention zu fördern, erscheint vielmehr das Kriterium der Gegenseitigkeit besser geeignet.

Allerdings ist bei einer Erweiterung des Rückgabeanspruchs auf von der RL 93/7/EWG nicht erfasste Fälle gegenüber mindestens einem Mitgliedstaat zu bedenken, dass der Gemeinschaftsgesetzgeber im Zusammenhang mit Art. 14 der RL 93/7/EWG die Forderung nach Gegenseitigkeit ausschließen wollte und daher nur eine gleichmäßige Erweiterung für zulässig gehalten wird.[1828]

112 Vor- und Nachteile der Gestaltung des §6 II KultGüRückG n.F.

Wie bereits im Hinblick auf das Importverbot des §14 I KultGüRückG n.F. soll nun nach der allgemeinen Darstellung möglicher Kombinationsformen mit Rückgabeansprüchen auch die vom Gesetzgeber gewählte Ausgestaltung des §6 II KultGüRückG n.F. näher beleuchtet werden.

112.1 Ausgestaltung des §6 II KultGüRückG n.F. in Anlehnung an die RL 93/7/EWG unter gleichzeitiger Berücksichtigung der Terminologie des UNESCO-Kulturgutübereinkommens

Der neue §6 II KultGüRückG n.F. greift zwar die vagen Vorgaben des UNESCO-Kulturgutübereinkommens auf, lehnt sich in der Ausgestaltung jedoch stark an die RL

1826 Anthony Browne und Pierre Valentin, „The Art Market in the United Kingdom and Recent Developments in British Cultural Policy", in: Kate Fitz Gibbon (Hg.) „Who Owns the Past?", S.101.

1827 Anette Hipp, „Schutz von Kulturgütern in Deutschland", S.418f.

1828 Volker Wiese, „Der Einfluß des EG-Rechts auf das internationale Sachenrecht der Kulturgüter", S.268.

93/7/EWG an[1829] und verzichtet auf zusätzliche Voraussetzungen wie den Abschluss bilateraler Verträge oder die Gegenseitigkeit.
Dass die Einigung im Rahmen von bi- oder multilateralen Verträgen als schwierig eingestuft wird, könnte eine Ursache dafür sein, dass sich der Gesetzgeber in §6 II KultGüRückG n.F. für die Einführung eines generellen öffentlich-rechtlichen Rückgabeanspruchs für UNESCO-Vertragsstaaten entschieden und auf das Erfordernis bilateraler Verträge verzichtet hat.[1830]
Der Verzicht auf das Erfordernis der Gegenseitigkeit ist nicht nur hinsichtlich des Importverbots, sondern trotz der wohl gegenüber Mitgliedstaaten erforderlichen Ausnahme hinsichtlich der Rückgabeansprüche von Nichtmitglieds-UNESCO-Vertragsstaaten problematisch. So nähert der deutsche Gesetzgeber den Rückgabeanspruch dem der RL 93/7/EWG und damit letztlich auch dem des UNIDROIT-Übereinkommens an. Die Bundesrepublik Deutschland als Nichtvertragsstaat hinsichtlich des UNIDROIT-Übereinkommens kann von entsprechenden Rückgabeansprüchen anderer Nichtmitglieds-UNIDROIT-Vertragsstaaten jedoch nicht profitieren. Das UNESCO-Kulturgutübereinkommen selbst kennt aber keinen so weitgehenden eigenen Rückgabeanspruch. Dies deutet auch §4 KultGüRückG n.F. an, der, anders als §3 KultGüRückG n.F., bei der Geltendmachung von Rückgabeansprüchen der Bundesrepublik Deutschland gegen andere Vertragsstaaten auf den diplomatischen Weg verweist, während in §13 I KultGüRückG n.F. sowohl für Mitgliedstaaten als auch für UNESCO-Vertragsstaaten der Verwaltungsrechtsweg eröffnet und damit eine vergleichbare Klagemöglichkeit für UNESCO-Vertragsstaaten wie für Mitgliedstaaten in Deutschland geschaffen wird.
Darüber hinaus kann das UNESCO-Kulturgutübereinkommen den Erlass der vorgesehenen Maßnahmen nicht sicherstellen. So wird darauf hingewiesen, dass nur wenige Staaten tatsächlich Ausführungsgesetze erlassen haben. Auch wenn teilweise optimistische Erwartungen bestehen, dass in vielen Fällen trotzdem die Rückgabe gelingen könne,[1831] sollte trotzdem dieser Tatsache mehr Bedeutung beigemessen werden.
Obwohl der Rückgabeanspruch auf der Grundlage des UNESCO-Kulturgutübereinkommens einen zwischenstaatlichen Anspruch darstellt, wird als Rückgabeschuldner – ähnlich wie auch in der Schweizer Regelung – die Privatperson benannt, welche die tatsächliche Sachherrschaft über das Kulturgut ausübt. So zeigt die einheitliche Definition in §7 II KultGüRückG n.F. für die Rückgabeanspruch aus §6 I KultGüRückG n.F. und §6 II KultGüRückG n.F., dass an dieser Stelle keine Abweichung von dem auf der RL 93/7/EWG basierenden Rückgabeanspruch erfolgen sollte.
Dies legt nahe, dass insgesamt keine anderen Rechtsfolgen als bei dem auf der RL 93/7/EWG basierenden Rückgabeanspruch des §6 I KultGüRückG n.F. gewollt sind und auch der Rückgabebegriff einheitlich zu verstehen ist. Auch aus dem UNESCO-Kulturgutübereinkommen selbst ergibt sich nicht, dass die Rückgabe neben einer reinen Rückführung auf das Territorium des Herkunftsstaats zwingend eine Übertragung des Besitzes an den Herkunftsstaat selbst beinhalten müsse.
Keine Lösung hat der deutsche Gesetzgeber wegen der Orientierung an dem

---

1829 Stephanie Schulz-Hombach und Katrin Schenk, „Der Gesetzentwurf zur Ausführung des UNESCO-Kulturgutübereinkommens“, in: KUR 2006, S.50.
1830 Begründung in Drucksache 155/06, S.23.
1831 Kurt Siehr, in: Ebling/Schulze, Teil 3, Rn.75.

UNESCO-Kulturgutübereinkommen hinsichtlich des gegen das UNESCO-Kulturgutübereinkommen vorgebrachten Vorwurfs gefunden, die nur von Staaten, nicht aber von kulturellen Gruppen geltend zu machenden Rückgabeansprüche würden es Minderheiten und indigenen Völkern erschweren, die für ihre Kultur und Religion zentralen Güter zurückzuerhalten. Vielmehr sieht §6 II KultGüRückG n.F. allein die Rückgabe von Kulturgütern an den Vertragsstaat selbst vor.
Trotz der starken Anlehnung an die RL 93/7/EWG weicht §6 II KultGüRückG n.F. in entscheidenden Formulierungen von §6 I KultGüRückG n.F. ab. So muss das Kulturgut anstelle der Einstufung als nationales Kulturgut von künstlerischem, geschichtlichem oder archäologischen Wert im Sinne des Art. 30 EG aus religiösen oder weltlichen Gründen als für Archäologie, Vorgeschichte, Geschichte, Literatur, Kunst oder Wissenschaft besonders bedeutsam bezeichnet werden können. Diese abweichende Wortwahl orientiert sich an Art. 1 des UNESCO-Kulturgutübereinkommens. So hat sich der Gesetzgeber entgegen dem Vorschlag der Literatur, bei Umsetzung des UNESCO-Kulturgutübereinkommens auch den Anhang der RL 93/7/EWG heranzuziehen, für einen Verweis auf die Kategorien des Art. 1 des UNESCO-Kulturgutübereinkommens anstelle der Kategorien im Anhang der RL 93/7/EWG entschieden.
Wie schon der gemeinschaftsrechtliche Rückgabeanspruch setzt auch der Rückgabeanspruch für UNESCO-Vertragsstaaten aus Gründen der Rechtssicherheit voraus, dass es sich um individuell bestimmbare und identifizierbare Kulturgüter handelt. Deren besondere Bedeutung soll durch die Aufnahme in ein Verzeichnis zum Ausdruck kommen. Die Koppelung an die Eintragung soll zudem der ausufernden Tendenz von generalklauselartigen ausländischen Kulturgüterschutznormen entgegenwirken, ohne in das aus Art. 1 und 3 des UNESCO-Kulturgutübereinkommens ableitbare Recht der Vertragsstaaten einzugreifen, hinsichtlich der geschützten Kulturgüter selbst die Beurteilung treffen zu dürfen.[1832] Dass der Schutz nicht an die Eintragung in das Interpol-Register oder das Art Loss-Register gekoppelt wurde, verhindert, dass der Einstufung als nationales Kulturgut durch die Mitgliedstaaten ein weitergehender Rückgabeanspruch von UNESCO-Vertragsstaaten gegenüber tritt, welcher abhanden gekommene Kulturgüter unabhängig davon erfasst, ob der Herkunftsstaat das zurückgeforderte Kulturgut als kulturell besonders bedeutsam bezeichnet hat. Er vermeidet aber auch die Problematik, inwieweit die Voraussetzungen der Eintragungen in die bereits bestehenden Register den Besonderheiten der Rückgabeansprüche entsprechen.
Dadurch, dass die Rückgabeansprüche von Vertragsstaaten des UNESCO-Kulturgutübereinkommens die Eintragung in ein Verzeichnis voraussetzen und Art. 5 (b) des UNESCO-Kulturgutübereinkommens die Vertragsstaaten zur Aufstellung und Führung eines Verzeichnisses des Kulturguts verpflichtet, deren Ausfuhr das nationale kulturelle Erbe merklich verringert, werden die Rückgabeansprüche nach Ansicht des Gesetzgebers in der Folge auf diejenigen Kulturgüter beschränkt, deren Ausfuhr einen merklichen Verlust am kulturellen Erbe des Herkunftsstaats im Sinne des Art. 5 (b) des UNESCO-Kulturgutübereinkommens darstellt. Durch die Beschränkung des Rückgabeanspruchs auf Kulturgüter, deren Ausfuhr einen merklichen Verlust am kulturellen Erbe des Herkunftsstaats im Sinne des Art. 5 (b) des UNESCO-Kulturgutübereinkommens darstellt, soll laut der Gesetzesbegründung wiederum eine Parallele zu

1832 Stephanie Schulz-Hombach und Katrin Schenk, „Der Gesetzentwurf zur Ausführung des UNESCO-Kulturgutübereinkommens", in: KUR 2006, S.50.

dem in §6 I KultGüRückG n.F. gebrauchten Begriff des „nationalen Kulturguts" im Sinne von Art. 30 EG entstehen.[1833]
Allerdings setzt §6 II KultGüRückG n.F. nach dem Wortlaut nicht zwingend ein den Anforderungen des Art. 5 (b) des UNESCO-Kulturgutübereinkommens entsprechendes Verzeichnis voraus, sondern lediglich ein Verzeichnis bedeutenden öffentlichen und privaten Kulturgutes, welches im Bundesgebiet ohne unzumutbare Hindernisse öffentlich zugänglich sein muss. Letztlich kann daher nicht wirklich sichergestellt werden, dass von dem Rückgabeanspruch des §6 II KultGüRückG n.F. nur Kulturgüter erfasst werden, deren Ausfuhr einen merklichen Verlust am kulturellen Erbe des Herkunftsstaats im Sinne des Art. 5 (b) des UNESCO-Kulturgutübereinkommens darstellt. Auch ist fraglich, inwieweit zwischen der Formulierung des Art. 5 (b) des UNESCO-Kulturgutübereinkommens und dem in Art. 30 EG gebrauchten Begriff des „nationalen Kulturguts" eine Parallele hergestellt werden kann. So ist darauf hinzuweisen, dass der Kulturgutbegriff des UNESCO-Kulturgutübereinkommens die teilweise den Anhang zur RL 93/7/EWG prägenden Alters- und Wertgrenzen nicht kennt.[1834]
So zeigt diese Gesetzesbegründung vielmehr, dass der deutsche Gesetzgeber mit der Anknüpfung an die Eintragung in ein Verzeichnis eine Klarheit hinsichtlich der geschützten Kulturgüter erreichen und zugleich die problematische Bestimmung von Voraussetzungen wie dem merklichen Verlust am kulturellen Erbe vermeiden will. Auch zeigt sich, dass trotz begrifflicher Abweichungen wie dem merklichen Verlust am kulturellen Erbe des Herkunftsstaats auf der einen Seite und dem nationalen Kulturgut auf der anderen Seite letztlich im Zusammenhang mit Rückgabeansprüchen eine grundsätzliche Gleichbehandlung der Kulturgüter von UNESCO-Vertragsstaaten mit Kulturgütern von Mitgliedstaaten erzielt werden soll.
Nur wenn auf eine Differenzierung hinsichtlich der Voraussetzungen des §6 I KultGüRückG n.F. und §6 II KultGüRückG n.F. wegen der unterschiedlichen in §6 I KultGüRückG n.F. und §6 II KultGüRückG n.F. verwendeten und auf die RL 93/7/EWG bzw. das UNESCO-Kulturgutübereinkommen zurückgehenden Begrifflichkeiten verzichtet wird, erweist sich die Einordnung des §6 I KultGüRückG n.F. als lex specialis zu §6 II KultGüRückG n.F. als folgerichtig, ohne dass die Gefahr einer Schlechterbehandlung von Kulturgütern aus Mitgliedstaaten gegenüber Kulturgütern aus anderen UNESCO-Vertragsstaaten droht. Ist der Anwendungsbereich von §6 II KultGüRückG n.F. als Folge einer Zugrundelegung eines abweichenden Kulturgutbegriffs weiter, könnte dies dafür sprechen, dass Mitgliedstaaten, welche zugleich Vertragsstaaten sind, nicht schlechter gestellt werden sollten, sodass von einer Anspruchskonkurrenz auszugehen wäre.
Wird im Zusammenhang mit Art. 14 der RL 93/7/EWG nur eine gleichmäßige Erweiterung gegenüber allen Mitgliedstaaten für zulässig gehalten,[1835] müsste aus der Tatsache, dass einige Mitgliedstaaten zugleich UNESCO-Vertragsstaaten sind, folgerichtig abgeleitet werden, dass sich alle Mitgliedstaaten parallel auf beide Anspruchsgrundlagen stützen können.

1833 Begründung in Drucksache 155/06, S.36; Stephanie Schulz-Hombach und Katrin Schenk, „Der Gesetzentwurf zur Ausführung des UNESCO-Kulturgutübereinkommens", in: KUR 2006, S.50.

1834 Volker Wiese, „Der Einfluß des EG-Rechts auf das Internationale Sachenrecht der Kulturgüter", S.267.

1835 Volker Wiese, „Der Einfluß des EG-Rechts auf das Internationale Sachenrecht der Kulturgüter", S.267f.

Da die Voraussetzung der Eintragung in ein Verzeichnis die Gefahr birgt, dass Exportverbote in Bezug auf archäologische Gegenstände leer laufen, wird in §6 II KultGüRückG n.F. eine §6 I KultGüRückG n.F. entsprechende, bereits im materiellrechtlichen Teil der Arbeit näher erörterte Sonderregelung vorgesehen. Danach reicht die Bezeichnung als besonders bedeutsam für die Rückgabe aus, wenn diese Bezeichnung innerhalb eines Jahres nach Bekanntwerden des Fundes erfolgt.[1836] Die aufgrund dieser Regelung sich ergebenden Rechtsunsicherheiten sollen durch den Entschädigungsanspruch des gutgläubigen Besitzers ausgeglichen werden, welcher entsprechend den Forderungen der Literatur[1837] auch bei Rückgabeklagen von UNESCO-Vertragsstaaten Anwendung finden wird.
Eine besondere, nicht auf die RL 93/7/EWG zurückgehende Regelung findet sich in §6 II 4 KultGüRückG n.F. Wegen der verfassungsrechtlichen Problematik einer Rückwirkung hat sich der Gesetzgeber der Forderung der Literatur[1838] angeschlossen und den Rückgabeanspruch aus §6 II KultGüRückG n.F. auf zukünftige Sachverhalte beschränkt. Folglich muss der Zeitpunkt der Verbringung in das Gebiet der Bundesrepublik Deutschland nach dem Inkrafttreten des UNESCO-Kulturgutübereinkommens für Deutschland liegen. Trotz des gem. §13 KultGüRückG n.F. geltenden Amtsermittlungsgrundsatzes des verwaltungsgerichtlichen Verfahrens, kann in Einzelfällen die Ermittlung des Zeitpunktes des illegalen Verbringens scheitern, insbesondere wenn die Bezeichnung des Kulturgutes als für die Archäologie, Vorgeschichte, Geschichte, Literatur, Kunst oder Wissenschaft besonders bedeutsam bereits vor dem Inkrafttreten des Gesetzes erfolgt ist. Nach allgemeinen Regeln würde sich die Nichtfeststellbarkeit des Belegenheitsortes des Kulturgutes zum Zeitpunkt des Inkrafttretens des UNESCO-Kulturgutübereinkommens zu Lasten des Herkunftsstaats auswirken. Da der Herkunftsstaat im Gegensatz zum Besitzer jedoch regelmäßig nicht in der Lage ist, den Belegenheitsort des Kulturguts im Zeitpunkt des Inkrafttretens zu dokumentieren, hat es der Gesetzgeber in §6 II 4 KultGüRückG n.F. für gerechtfertigt gehalten, durch eine Vermutungsregelung dem Rückgabeschuldner die Möglichkeit abzuschneiden, sich durch die bloße Behauptung, ein Kulturgut sei schon vor Inkrafttreten nach Deutschland verbracht worden, seiner Rückgabepflicht zu entziehen.[1839]

112.2 Keine vollständige Übereinstimmung mit den Voraussetzungen des §14 I KultGüRückG n.F.

Es ist durchaus interessant, dass, obwohl der Rückgabeanspruch und das Importverbot sich hinsichtlich ihrer Wirkungen durch ihre Kombination unterstützen können, die Voraussetzungen des §6 II KultGüRückG n.F. sich nicht mit denen des Importverbots decken. So genügt bei §6 II KultGüRückG n.F. beispielsweise auch die Eintragung in ein anderes Verzeichnis, sofern dieses im Bundesgebiet ohne zumutbare Hindernisse öffentlich zugänglich ist. Zwar wird nicht jedes von dem Herkunftsstaat selbst in seiner Landessprache geführtes Verzeichnis diesen Anforderungen genügen, jedoch

1836 Stephanie Schulz-Hombach und Katrin Schenk, „Der Gesetzentwurf zur Ausführung des UNESCO-Kulturgutübereinkommens", in: KUR 2006, S.50f.
1837 Kurt Siehr, „Das UNESCO-Übereinkommen", in: KUR 2005, S.45.
1838 Kurt Siehr, „Das UNESCO-Übereinkommen", in: KUR 2005, S.40.
1839 Stephanie Schulz-Hombach und Katrin Schenk, „Der Gesetzentwurf zur Ausführung des UNESCO-Kulturgutübereinkommens", in: KUR 2006, S.51.

könnte ein im Ausland geführtes und in Englisch im Internet veröffentlichtes Verzeichnis ausreichend sein. Eine Meldung an die zuständige Stelle für das Verzeichnis wertvollen Kulturgutes der Vertragsstaaten im Sinne des §15 II KultGüRückG n.F. muss für den Rückgabeanspruch des §6 II KultGüRückG n.F. jedenfalls aber nicht erfolgen.
Auch lässt §6 IV KultGüRückG n.F. erkennen, dass auf die unrechtmäßige Ausfuhr abzustellen ist, sodass die illegale Einfuhr eines Kulturgutes ohne deutsche Genehmigung wohl nicht genügt, wenn der Herkunftsstaat das Kulturgut selbst nicht schützt. Dies ist angesichts der von einem Exportverbot des Herkunftsstaats unabhängigen Ausgestaltung des deutschen Importverbots auch sinnvoll, um Rückgabeansprüche in solchen Fällen zu verweigern, in denen einer anschließenden legalen Wiederausfuhr aus dem Herkunftsstaat nichts im Wege steht.

113 Zur Änderung des §18 KultSchG

Auch wenn der Verzicht auf das Erfordernis der Reziprozität hinsichtlich einer Durchsetzung deutscher Kulturgüterschutznormen im Ausland nicht förderlich ist, so will der deutsche Gesetzgeber die Durchsetzung deutscher Kulturgüterschutznormen im Ausland im Hinblick auf öffentliche Kulturgüter zumindest durch eine gleichzeitige Änderung des §18 KultSchG verbessern.[1840] Durch die Erweiterung des KultSchG durch einen zweiten Absatz will er die schon zuvor von der Literatur[1841] vorgeschlagene Möglichkeit schaffen, auch öffentliches Kulturgut in das Aufnahmeverfahren des Verzeichnisses national wertvollen Kulturgutes einzubeziehen, um so auch für dieses Kulturgut vom Eigentum unabhängige Rückgabeansprüche beim illegalen Verbringen in Mitglieds- oder Vertragsstaaten geltend machen zu können.
Obwohl in der Literatur gefordert wurde, zumindest bestimmte Kulturgüter als res extra commercium zu klassifizieren[1842] oder die Ersitzungsfrist wegen des Zusammenspiels mit den Rückgabefristen auf 30 Jahre zu erweitern,[1843] hat sich der deutsche Gesetzgeber auf weitere Änderung des materiellen Rechts, wie sie beispielsweise der schweizerische Gesetzgeber im Zusammenhang mit der Umsetzung des UNESCO-Kulturgutübereinkommens vorgenommen hat, nicht eingelassen.[1844]

1840 Stephanie Schulz-Hombach und Katrin Schenk, „Der Gesetzentwurf zur Ausführung des UNESCO-Kulturgutübereinkommens", in: KUR 2006, S.49f.

1841 Astrid Müller-Katzenburg, „Internationale Standards im Kulturgüterverkehr und ihre Bedeutung für das Sach- und Kollisionsrecht", S.127f.; Kurt Siehr, „Das UNESCO-Übereinkommen", in: KUR 2005, S.40.

1842 Kurt Siehr, „Das UNESCO-Übereinkommen", in: KUR 2005, S.41.

1843 Kurt Siehr, „Das UNESCO-Übereinkommen", in: KUR 2005, S.42.

1844 Stephanie Schulz-Hombach und Katrin Schenk, „Der Gesetzentwurf zur Ausführung des UNESCO-Kulturgutübereinkommens", in: KUR 2006, S.52.

Teil H
Zusammenfassung und Ausblick

114 Zusammenfassung

Mit der Ratifizierung des UNESCO-Kulturgutübereinkommens 1970 erlangt die Frage, wie Kulturgüterschutznormen als öffentlich-rechtliche Vorschriften die Wirksamkeit von zivilrechtlichen Rechtsgeschäften beeinflussen können, zusätzliche Aktualität. Auch wenn der Kulturgüterschutz lange rein dualistisch als Interessenkonflikt zwischen kulturexportierenden und –importierenden Staaten verstanden wurde, rückt mittlerweile das internationale Anliegen, Kulturgüter vor Ort zu schützen und ihren uneingeschränkten Entzug aus bestimmten Regionen zu verhindern, in den Vordergrund. Auch gilt es, den illegalen Handel und die mit den illegalen Praktiken einhergehenden Schäden einzudämmen. Da durch präventive Maßnahmen sowie strafrechtliche Sanktionen Kulturgüter nur unzureichend vor dem illegalen Verbringen geschützt werden können, verdienen gerade die zivilrechtlichen Rechtsfolgen Aufmerksamkeit, die die Lukrativität des illegalen Handels in besonderem Maße beeinflussen.
Ein erstes Problem entsteht bei allen Kulturgüterschutznormen bereits dadurch, dass eine abschließende Definition des Begriffs des Kulturgutes bei einem offenen und dynamischen Kulturverständnis zum Scheitern verurteilt ist. Dies scheint auch der Gesetzgeber erkannt zu haben, welcher im Rahmen der Begriffsbestimmungen im KultGüRückG n.F. auf eine allgemeine Definition des Begriffes „Kulturgut" verzichtet und lediglich auf die Umgrenzungen des Anwendungsbereiches der RL 93/7/EWG sowie des UNESCO-Kulturgutübereinkommens in seinen Formulierungen Bezug nimmt.
Als ein weiteres Problem hat sich die von Jayme angeregte Erarbeitung nationaler Zuordnungskriterien von Kulturgütern entpuppt, welche einem Staat erst das Recht zum Schutz der jeweiligen Kulturgüter einräumen sollen. Nicht nur ist die Wertigkeit unterschiedlicher Anhaltspunkte wie der Staatsangehörigkeit des Künstlers oder des Fundorts eines Kulturguts bei Konflikten unklar, vielmehr wird die Zuordnung selbst der Komplexität kultureller Identitäten nur unzureichend gerecht. Allerdings bietet das Abstellen auf die Belegenheit des Kulturguts in dem jeweiligen Staat eine einfache und klare Alternative, die bereits die RL 93/7/EWG kennzeichnet und auch das daran angelehnte KultGüRückG n.F. prägt.
Auf der materiell-rechtlichen Ebene ist §134 BGB von besonderer Bedeutung, welcher nicht nur bei Verstößen gegen strafrechtliche Normen, sondern auch bei Verbringungsverboten mit und ohne Genehmigungsvorbehalt zum Kulturgüterschutz wie §§1 IV, 4 KultSchG sowie den unmittelbar in Deutschland anwendbaren gemeinschaftsrechtlichen Vorschriften der Art. 2 der VO Nr. 3911/92 und Art. 3 der VO Nr. 1210/2003 eingreifen kann.
Dass weder Verpflichtungs- noch Verfügungsgeschäfte direkt untersagt werden, sondern allein auf das Verbringen von Kulturgütern und damit die physische Änderung des Aufenthaltsorts abgestellt wird, schließt die Anwendung des §134 BGB nicht von vorneherein aus. Allerdings ist im Einzelfall kritisch zu prüfen, ob von einem hinreichenden Zusammenhang zwischen Verbotsgesetz und Rechtsgeschäft auszugehen ist, der es rechtfertigt, dass das Verbotsgesetz die Wirksamkeit des Rechtsgeschäfts beeinflusst. Nur Art. 3 der VO Nr.1210/2003 wird in Abs. I lit. c um ein allgemeines Handelsverbot ergänzt, welches auch alle Folgegeschäfte umfasst.

Hinsichtlich der Rechtsfolgen ist nach Sinn und Zweck der einzelnen Vorschriften und den Besonderheiten des Einzelfalls zu differenzieren: Bei beiderseitiger Umgehungsabsicht ist ein schuldrechtliches und dingliches Rechtsgeschäft wegen der Wertung des §138 I BGB von Anfang an nichtig.
Anders als bei absoluten Verbringungsverboten kommt bei Genehmigungsvorbehalten in allen Fällen ohne beiderseitige Umgehungsabsicht grundsätzlich eine schwebende Unwirksamkeit bis zu einer unanfechtbaren Entscheidung über die Genehmigungserteilung oder der illegalen Verbringung des Kulturguts in Betracht. Während auf der schuldrechtlichen Ebene dann, wenn keine Genehmigung beantragt wurde, beispielsweise weil der Verkäufer ohne Wissen des Käufers eine illegale Verbringung des Kulturguts plant, durch die schwebende Unwirksamkeit bis zum illegalen Verbringen ein Anspruch des Käufers gegen den Verkäufer, auf die Erteilung einer Genehmigung hinzuwirken, erhalten bleiben kann, genügt auf der dinglichen Ebene die schwebende Unwirksamkeit bis zur illegalen Verbringung jedoch nicht, da in dem maßgeblichen Moment des Grenzübertritts regelmäßig ein Statutenwechsel eintritt und nur durch ein endgültiges Scheitern des Eigentumserwerbs noch im Geltungsbereich des deutschen Rechts ein anschließender Eigentumserwerb nach den Voraussetzungen der ausländischen Rechtsordnung wirksam verhindert wird.
Nach dem illegalen Verbringen gebietet aber selbst im Schuldrecht der Schutz der redlichen Vertragspartei es nicht, auf ein Eintreten der Nichtigkeit ex tunc zu verzichten, da eine Differenzierung nach der Kenntnis oder nach der Person, welche das Kulturgut tatsächlich über die Grenze verbracht hat, dem Zweck der Allgemeininteressen schützenden Kulturgüterschutzregelungen widerspricht.
Auch wenn eine explizite Regelung der Rechtsfolgen in den einzelnen Gesetzen zum Kulturgüterschutz fehlt und sich die Herleitung über §134 BGB nicht einfach gestaltet, bleibt festzuhalten, dass im Rahmen der deutschen Rechtsordnung zumindest eine Norm besteht, welche es ermöglicht, den genannten Verbringungsverboten zivilrechtliche Wirksamkeit zukommen zu lassen. Allerdings können als Verbotsgesetze im Rahmen des §134 BGB nur Normen der deutschen Rechtsordnung herangezogen werden. Verstöße gegen ausländische Kulturgüterschutznormen können, sofern sie nicht zugleich über im Inland unmittelbare anwendbare Regelungen wie die VO Nr. 3911/92 Wirkung entfalten, nur über §138 I BGB berücksichtigt werden. §138 I BGB setzt jedoch eine beiderseitige Umgehungsabsicht voraus.
Während Art. 3 des UNESCO-Kulturgutübereinkommens weder self-executing noch hinreichend bestimmt genug ist, um als Verbotsgesetz zu fungieren, erweitert die Umsetzungsvorschrift des §14 I KultGüRückG n.F., die als Verbotsgesetz einzuordnen ist, den Anwendungsbereich von §134 BGB.
Der Gesetzgeber hat das Importverbot mit Genehmigungsvorbehalt des §14 I KultGüRückG n.F. jedoch nicht unmittelbar an den Verstoß gegen ausländische Kulturgüterschutzbestimmungen gekoppelt, sondern an eine Eintragung ausländischer Kulturgüter in ein zu errichtendes Verzeichnis wertvollen Kulturguts der Vertragsstaaten. Dies kann zu Lücken beim Schutz nicht eingetragener ausländischer Kulturgüter führen. Andererseits setzt die Eintragung wiederum nicht zwingend voraus, dass das eingetragene Kulturgut unter eine ausländische Kulturgüterschutzbestimmung fällt und kann so zur Nichtigkeit von Rechtsgeschäften über im Ausland nicht geschützte Kulturgüter führen.

Als Vorteil der gewählten Regelung kann allein angesehen werden, dass dann, wenn aufgrund der gewählten Ausgestaltung der ausländischen Kulturgüterschutzregelung fraglich ist, ob diese tatsächlich ein Exportverbot nach sich ziehen soll, diese Problematik nicht im Rahmen des Tatbestandes des deutschen Importverbots zu lösen ist, sondern im Rahmen der Genehmigungserteilung. Die eigenständige Ausgestaltung bildet zudem ein wichtiges Indiz gegen eine Übernahme der Rechtsfolgen aus den ausländischen Gesetzen und für eine Ableitung aus §134 BGB.

Auch wenn ausländische Kulturgüterschutznormen weiterhin im Rahmen des §134 BGB nicht anwendbar bleiben, so wird §14 I KultGüRückG n.F. bewirken, dass Verstöße gegen ausländische Kulturgüterschutznormen in bestimmten Fällen zu einem Verstoß gegen eine inländische Vorschrift führen. Mittelbar wird damit auch die Durchsetzungskraft ausländischer Kulturgüterschutznormen verstärkt. Trotz der hohen Zahl der Vertragsstaaten bleiben die Kulturgüter von Drittstaaten, welche weder Mitgliedstaaten noch UNESCO-Vertragsstaaten sind, weiterhin aber nur über 138 I BGB erfasst.

Dem Ziel des UNESCO-Kulturgutübereinkommens, die Entscheidung jedes Vertragsstaats darüber zu achten, welche Gegenstände als Kulturgut zu schützen sind und inwiefern sie Exportregelungen unterliegen, würde die unmittelbare Integration der Exportverbote anderer Staaten besser entsprechen. Über das Kriterium der Gegenseitigkeit hätte die tatsächliche Berücksichtigung ausländischer Kulturgüterschutznormen in anderen Staaten zum Maßstab gemacht und die Förderung eines möglichst hohen internationalen Schutzniveaus für Kulturgüter mit dem nationalen Interesse an einem vergleichbaren Schutz deutscher Kulturgüter im Ausland verbunden werden können, wodurch auch eine Ausweitung des Importverbots auf Drittstaaten unproblematisch gewesen wäre.

Grund für die gewählte Koppelung an die Eintragung in ein in Deutschland geführtes Verzeichnis ist in erster Linie, dass das Importverbot aufgrund von §20 KultGüRückG n.F. strafrechtliche Relevanz entfalten soll. Trotz der Vorzüge eines in Deutschland geführten Verzeichnisses in strafrechtlicher Hinsicht hätte jedoch die Möglichkeit bestanden, strafrechtliche Sanktionen an zusätzliche oder andere Voraussetzungen zu knüpfen als eine zivilrechtlich wirkende Verbotsnorm.

Um die Rückgabe eines Kulturgutes durchzusetzen, kommen sowohl privatrechtliche als auch öffentlich-rechtliche Ansprüche in Betracht, wobei zwischen Herausgabe- und Rückgabeansprüchen zu differenzieren ist. Während von den zivilrechtlichen Herausgabeansprüchen schuldrechtliche Ansprüche eher selten relevant werden, ist der aus dem Eigentum abgeleitete dingliche Anspruch des §985 BGB von besonderer Bedeutung. Gerade bei gestohlenen Kulturgütern verspricht dieser wegen der Wertung des §935 BGB Erfolg. Greifen bei Kulturgüterschutznormen weder §134 BGB noch §138 I BGB ein, bleibt ein gutgläubiger lastenfreier Eigentumserwerb nationaler und ausländischer Kulturgüter möglich. Zwar wird durch das neue Gesetz auch der Kreis der Fälle erweitert, in denen Verstöße gegen Kulturgüterschutznormen über §134 BGB zur Nichtigkeit des dinglichen Geschäfts führen. Anders als bei gestohlenen Kulturgütern wird die Geltendmachung solcher zivilrechtlichen Herausgabeansprüche aber dadurch erschwert, dass zumindest ein gutgläubiger lastenfreier Folgeerwerb möglich bleibt.

Der Erwerb deutscher Kulturgüter wird weder durch öffentlich-rechtliche Widmungen ohne gesetzliche Grundlage noch durch Eintragungen in das Verzeichnis national wertvollen Kulturgutes beeinträchtigt. Wegen ihres öffentlich-rechtlichen Charakters ist auch eine Fortwirkung ausländischer Verfügungsbeschränkungen und Ausfuhrverbote als dingliche Rechte in Deutschland abzulehnen. Ein nach ausländischen Vorschriften vollendeter Eigentumserwerb ausländischer Staaten an Funden und aufgrund von Verfallsregelungen kann zwar anerkannt werden, wenn kein Vollzugsakt mehr erforderlich ist, schließt aber einen gutgläubigen Folgeerwerb ebenfalls nicht aus. Mit dem Beitritt zum UNESCO-Kulturgutübereinkommen ist keine Einstufung deutscher Kulturgüter als res extra commercium oder die Erschwerung des gutgläubigen Erwerbs durch die privatrechtlichen Vorschriften erfolgt, wie sie beispielsweise der schweizerische Gesetzgeber im Zusammenhang mit der Umsetzung vorgenommen hat.

Anstelle einer Stärkung der zivilrechtlichen Herausgabeansprüche setzt der deutsche Gesetzgeber im Hinblick auf illegal verbrachte Kulturgüter auf eine Erweiterung der öffentlich-rechtlichen Rückgabeansprüche der Herkunftsstaaten. Diese weisen den Vorteil auf, dass sie lediglich an eine Eintragung gekoppelt werden und von einem früheren Eigentum oder Besitz des Herkunftsstaates selbst unabhängig sind. Dafür ermöglichen sie aber zunächst auch nur die Rückführung in das Territorium des Herkunftsstaates. Solche Rückgabeansprüche ausländischer Staaten wurden aufgrund der RL 93/7/EWG bereits für die Mitgliedstaaten in dem aktuellen §5 KultGüRückG umgesetzt. Sie sind auch in §6 KultGüRückG n.F. übernommen und ausgebaut worden.

Dabei sind zwei geplante Erweiterungen hervorzuheben: Durch die erste werden bislang noch bestehende Schutzlücken durch die Möglichkeit einer rückwirkenden Unterschutzstellung und Eintragung archäologischer Objekte verringert. Gerade Raubgrabungen führen zu besonders schwerwiegenden Folgen, weil mit der Entfernung der Objekte vom Fundort regelmäßig auch eine unwiederbringliche Zerstörung des Fundzusammenhangs und der darin verborgenen Erkenntnisse einhergeht. In diesem besonders sensiblen Bereich führt das Eintragungserfordernis dazu, dass Rückgabeansprüche bezogen auf solche Kulturgüter entfallen, welche unmittelbar nach der illegalen Ausgrabung über die Grenze verbracht werden, ohne dass der Mitgliedstaat die Chance erhält, sie zu erfassen und als nationales Kulturgut einzustufen. Zwar kann lediglich der Verlust des Kulturgutes durch die Rückgabe beseitigt werden, da häufig der Fundkontext nicht mehr zu rekonstruieren ist. Dennoch gebietet sowohl der Gesichtspunkt der Schadensbegrenzung als auch die abschreckende Wirkung eine Rückgabe. Zwar werden Rechtssicherheit und Verkehrsschutz eingeschränkt, die Begrenzung durch eine Jahresfrist und die bei Gutgläubigkeit eingreifenden Entschädigungsregelungen schützen jedoch den zur Rückgabe Verpflichteten.

Die zweite große Änderung führt dazu, dass auch im Hinblick auf Kulturgüter aus UNESCO-Vertragsstaaten ein entsprechender Rückgabeanspruch geschaffen wird. Dieser vereinfacht nicht nur die Rückführung von illegal verbrachten Kulturgütern in die Herkunftsstaaten, sondern greift auch bei einem durch §134 BGB nicht verhinderten Folgeerwerb oder einer Ersitzung ein. Da ein aus dem Recht auf das nationale Erbe abgeleiteter allgemeiner völkerrechtlicher Rückgabeanspruch abzulehnen ist, fehlen allerdings weiterhin Rückgabeansprüche von Drittstaaten.

Im Hinblick auf die Rückgabeansprüche bezüglich deutscher Kulturgüter im Ausland ist mit der Umsetzung des UNESCO-Kulturgutübereinkommens §18 KultSchG um einen zweiten Absatz ergänzt und eine Eintragungsmöglichkeit für öffentliche Kulturgüter in das Verzeichnis national wertvollen Kulturguts geschaffen worden. Diese Regelung kann den Schutz des öffentlichen Kulturguts vor Abwanderung unterstützen,

jedoch weiterhin keine Rückgabe an den öffentlichen Kulturträger selbst gewährleisten.
Ansonsten werden sich zumindest im Hinblick auf deutsche Kulturgüter in den Mitgliedstaaten, bei denen bereits Rückgabeansprüche nach den Umsetzungsgesetzen der RL 93/7/EWG bestehen, durch den Beitritt zum UNESCO-Kulturgutübereinkommen keine wesentlichen Änderungen ergeben.
Gegenüber den UNESCO-Vertragsstaaten werden aber die entsprechenden Umsetzungsnormen anwendbar, welche Rückgabeansprüche gestohlener registrierter Kulturgüter aus Museen und staatlichen und religiösen Institutionen vorsehen. Nicht immer werden in den UNESCO-Vertragsstaaten jedoch illegal verbrachte Kulturgüter vollumfänglich von den Rückgabeansprüchen erfasst. So sehen beispielsweise das Recht New Yorks und der Schweiz das Erfordernis eines zusätzlichen bilateralen Vertrags vor. Insofern könnte die Einräumung eines weitgehenden Anspruchs ausländischer Staaten in Deutschland ohne das Erfordernis der Gegenseitigkeit die Verhandlungsposition zur Durchsetzung einer entsprechenden Regelung für deutsche Kulturgüter im Ausland erschweren.
Auch wenn die Regelungen des geplanten Importverbots und der Rückgabeansprüche auf der materiell-rechtlichen Ebene angesiedelt sind, ergeben sich auch Auswirkungen des Umsetzungsgesetzes auf der kollisionsrechtlichen Ebene. Im Schuldrecht können die Kulturgüterschutznormen der §§1 IV, 4 KultSchG, des Art. 2 der VO Nr. 3911/92 und des Art. 3 der VO Nr. 1210/2003 als Eingriffsnormen über Art. 34 EGBGB unabhängig vom Vertragsstatut Anwendung finden.
Da Art. 34 EGBGB nur die Sonderanknüpfung inländischer Eingriffsnormen ermöglicht und sowohl eine ungeschriebene Sonderanknüpfung ausländischer Kulturgüterschutznormen als auch eine Berücksichtigung über die Schuldstatutstheorie abzulehnen sind, können gegen ausländische Kulturgüterschutzvorschriften verstoßende Verträge nur auf der materiell-rechtlichen Ebene über §138 I BGB sanktioniert werden. Dies setzt aber bei ausländischem Vertragsstatut eine §134 oder §138 I BGB entsprechende Verbotsvorschrift voraus, was, wie die italienische Rechtsordnung zeigt, nicht selbstverständlich ist.
Auch wenn es streng genommen bei dem Grundsatz bleibt, dass nur innerstaatliche, nicht aber ausländische Eingriffsnormen über Art. 34 EGBGB berücksichtigt werden, können über das geplante Importverbot des 14 I KultGüRückG n.F. unabhängig vom Vertragsstatut Verträge über illegal verbrachte ausländische Kulturgüter in ihrer Wirksamkeit beeinträchtigt werden.
Im Sachenrecht geht mit der Erweiterung der Rückgabeansprüche auch eine Erweiterung der Sonderkollisionsnormen der §§4 I, 8 KultGüRückG in den §§5 I, 9 KultGüRückG n.F. einher, wobei die Kopplung an das Rückgabeverfahren erhalten bleibt.
Schon jetzt ist umstritten, welche Wirkungen diese Sonderkollisionsnormen entfalten. Nach der materiell-rechtlichen Theorie wird die Wirksamkeit sämtlicher nach der unrechtmäßigen Verbringung nach dem ausländischen Recht erworbenen Rechtspositionen verhindert. Nach der öffentlich-rechtlichen Theorie bleibt grundsätzlich die lex rei sitae anwendbar, nur der Schutz durch öffentlich-rechtliche Vorschriften, die ein Kulturgut als res extra commercium klassifizieren oder einen Verfall des Eigentums an den Staat anordnen, soll nicht beseitigt werden können. Nach der kollisionsrechtlichen Theorie sollen die sachenrechtlichen Vorgänge, welche nach dem unrechtmäßigen

Verbringen außerhalb des ersuchenden Mitgliedstaats stattgefunden haben, rückwirkend nach der lex originis auf ihre Wirksamkeit überprüft werden.
Dass die Ergebnisse nicht immer deckungsgleich sind, zeigt sich beispielsweise, wenn ein Kulturgut im Herkunftsstaat gestohlen, illegal verbracht, im Ausland veräußert und dann zurückgegeben wurde. Nach der materiell-rechtlichen Theorie ist der status quo ante herzustellen, sodass der ursprüngliche Eigentümer sein Eigentum zurückerhält. Nach der öffentlich-rechtlichen Theorie bleibt regelmäßig die im Ausland eingetretene Rechtslage unberührt. Nach der kollisionsrechtlichen Theorie ist nach dem Recht des Herkunftsstaats zu differenzieren: Nur sofern dieses Recht den gutgläubigen Erwerb, die Ersitzung oder die Verjährung nicht oder nur aufgrund anderer, nicht erfüllter Voraussetzungen zulässt, erlangt der ursprüngliche Eigentümer den Gegenstand wieder.
Im Hinblick auf die materiell-rechtliche Theorie ist fraglich, ob der ursprüngliche Eigentümer tatsächlich vor allen zwischenzeitlichen Rechtsänderungen geschützt werden soll. Letztlich ist dieser Ansatz selbst inkonsequent, da Verfallsregelungen, die ebenfalls einen zwischenzeitlichen staatlichen Eigentumserwerb nach der illegalen Verbringung vorsehen, angewendet werden sollen. Auch sehen die Entschädigungsregelungen eine geringere Höhe vor, wenn der zwischenzeitliche Erwerber Eigentümer bleibt, was gegen die Negation sämtlicher Rechtspositionen spricht. Gegen die öffentlich-rechtliche Theorie wird vorgebracht, dass ihre Auslegung angesichts der bereits gemeinschaftsweit verbreiteten lex rei sitae zu einem weitgehenden Leerlauf der Norm führt. Die kollisionsrechtliche Theorie führt zwar durch die rückwirkende Beurteilung sachenrechtlicher Vorgänge nach der lex originis anstelle der lex rei sitae zu einer gewissen Unsicherheit. Allerdings ist diese dadurch begrenzt, dass zumindest gemeinschaftsweit die Umsetzung der RL 93/7/EWG zu einer gleichmäßigen Verdrängung der lex rei sitae führen sollte. Jedoch ist einschränkend darauf hinzuweisen, dass tatsächlich die Umsetzung in den einzelnen Mitgliedstaaten höchst unterschiedlich und unvollständig erfolgt ist und das UNESCO-Kulturgutübereinkommen für Vertragsstaaten keine entsprechende Regelung fordert. Umstritten ist auch, ob die rückwirkende Anwendung einer milderen lex originis einem nach einer strengen lex rei sitae gescheiterten Eigentumserwerb zur Wirksamkeit verhilft, oder ob dies durch eine teleologische Reduktion verhindert werden kann.
Wegen der geringsten Bedenken kann die kollisionsrechtliche Lösung zwar zurecht als vorzugswürdig erachtet werden. Dennoch wäre eine klarere gesetzliche Regelung wünschenswert. Obwohl der Anwendungsbereich der Sonderkollisionsnormen mit der Umsetzung des UNESCO-Kulturgutübereinkommens erweitert wird, hat der Gesetzgeber leider nicht die Chance ergriffen, in dem Streit um die Wirkungsweise Stellung zu beziehen.
Aufgrund der Übernahme der bisherigen, an das Rückgabeverfahren anknüpfenden Formulierung bleibt auch offen, inwieweit die §§4 I, 8 KultGüRückG bzw. §§5 I, 9 KultGüRückG n.F. analog anzuwenden sind. Eine analoge Anwendung der §§4 I, 8 KultGüRückG bzw. §§5 I, 9 KultGüRückG n.F. ist zu bejahen, um in den Fällen außergerichtlicher Rückgaben und zufälliger Rückkehr der Kulturgüter einen Staat, welcher aufgrund dessen keinen Rückgabeanspruch geltend machen will oder kann, nicht zu benachteiligen. Die Schaffung einer Sonderkollisionsnorm mittels Analogie, die auch ohne Rückgabe oder Rückkehr des Kulturguts das Recht des Staats, aus dem das Kulturgut unrechtmäßig verbracht wurde, für anwendbar erklärt, ist wegen des abschließenden gesetzgeberischen Willens, der Unsicherheiten hinsichtlich der Rechts-

folgen, welche der Meinungsstreit zwischen der materiell-rechtlichen, der öffentlich-rechtlichen und der kollisionsrechtlichen Theorie mit sich bringt, sowie der Folgeproblematik des Eingreifens der Entschädigungsregelungen abzulehnen.
Die Versuche, trotz des in §43 I EGBGB verankerten Grundsatzes der lex rei sitae durch eine zeitliche Modifikation zur lex furti bei gestohlenen Kunstwerken oder zur lex originis bei unrechtmäßig ausgeführten Kulturgütern zu gelangen, bergen die Gefahr einer Umgehung der gesetzgeberischen Entscheidung zugunsten der Verkehrssicherheit, auch wenn diese mit der Ausweitung der Sonderkollisionsnormen zunehmend fraglich wird. Nicht zwingend kann jedoch die geplante Ausweitung der Sonderkollisionsnormen als Kodifikation eines allgemeinen Prinzips angesehen werden. Sie könnte auch den Umkehrschluss nahe legen, dass es der Kodifikation nicht bedurft hätte, wenn eine zeitliche Abweichung ohnehin eingreifen könnte. Das Argument, dass eine Abweichung von der lex rei sitae dem Interesse an einem möglichst weitgehenden äußeren Entscheidungseinklang entgegensteht, wird jedenfalls merklich aufgeweicht.
Als Anknüpfungspunkt im Gesetz ist zwar an die Ausweichklausel des Art. 46 EGBGB gedacht worden. Eine generalisierende Heranziehung der lex furti oder der lex originis bei bestimmten Gegenständen und Sachverhaltskonstellationen widerspricht jedoch dem zentralen Begriff der „wesentlich engeren Verbindung“, welcher in erster Linie auf eine Einzelfallbetrachtung zugeschnitten ist.
Da eine dem Art. 34 EGBGB vergleichbare Norm im allgemeinen Sachenrecht fehlt und eine Sonderanknüpfung abzulehnen ist, ist die Berücksichtigung von Kulturgüterschutznormen nur im Rahmen des anwendbaren Sachrechts möglich.

115 Ausblick

Die Ratifizierung und Umsetzung des UNESCO-Kulturgutübereinkommens durch die Bundesrepublik zeugt von einem begrüßenswerten Wandel im Bereich des Kulturgüterschutzes in Friedenszeiten in Deutschland.[1845]
Da der Gesetzgeber sich in der Neufassung stark an dem Wortlaut des bisherigen Umsetzungsgesetzes der RL 93/7/EWG orientiert hat, erscheint es eher unwahrscheinlich, dass er in näherer Zukunft die im Zusammenhang mit der Umsetzung des UNESCO-Kulturgutübereinkommens versäumte Chance ergreifen wird, die vielen, im Zusammenhang mit der Umsetzung der RL 93/7/EWG aufgeworfenen Fragen im Zusammenhang mit der Umsetzung des UNESCO-Kulturgutübereinkommens einer Klärung zuzuführen, sondern dies auch weiterhin Literatur und Rechtsprechung überträgt.
Dass das Importverbot in §14 I KultGüRückG n.F. auf der materiell-rechtlichen Ebene indirekt zu einer stärkeren und von der beiderseitigen Umgehungsabsicht der Parteien unabhängigen Durchsetzungsfähigkeit ausländischer Kulturgüterschutznormen in Deutschland, aber auch zu Rechtsfolgen, welche im Ausland anerkennungsfähig sein können, führt, zählt neben dem erweiterten Rückgabeanspruch des §6 II KultGüRückG n.F. von UNESCO-Vertragsstaaten in Deutschland, welcher über die Vorgaben des UNESCO-Kulturgutübereinkommens weit hinaus geht, zu den wesentlichen Fortschritten, die sich im Rahmen des Kampfes für den Kulturgüterschutz und gegen den illegalen Handel abzeichnen.

1845 Spyridon Vrellis, „La Convention d'Unidroit sur les biens culturels volés ou illicitement exportés“, in: „La protection internationale des biens culturels“, S.45.

Denn selbst eine Erwägung einer analogen Anwendung der §§4 I, 8 KultGüRückG bliebe zur Zeit unzureichend, sofern sie nur Kulturgüterschutznormen von Mitgliedstaaten erfasst, welche der RL 93/7/EWG unterfallen. Zwar könnte zumindest eine analoge Anwendung der §§5 I, 9 KultGüRückG n.F. auch die kollisionsrechtliche Berücksichtigung der Kulturgüterschutzregelungen von Nichtmitgliedstaaten ermöglichen. Eine solche analoge Anwendung bringt jedoch insbesondere im Hinblick auf die Rechtsfolgen viele Unsicherheiten mit sich. Solche Unsicherheiten vermeidet die Integration ausländischer Exportverbote im Rahmen eines inländischen Importverbots mit einer eigenständigen Rechtsfolgenregelung unter Heranziehung von §134 BGB.
Als ernst zu nehmende Gefahr einer bloßen materiell-rechtlichen Lösung wird aber darauf hingewiesen, dass bei Lösungsversuchen internationaler Rechtsprobleme durch nationales materielles Recht dadurch Lücken entstehen können, dass den Tatbeständen mit Auslandsberührung das Sachrecht nicht vollständig gerecht werden kann.[1846] Über Art. 34 EGBGB kann das Importverbot des §14 I KultGüRückG n.F. im Vertragsrecht aber auch bei ausländischem Vertragsstatut als nun inländische Eingriffsnorm Berücksichtigung finden und damit in den kollisionsrechtlichen Bereich hineinwirken. Im Sachenrecht fehlt zwar eine Art. 34 EGBGB entsprechende Sonderanknüpfungsnorm. Wird jedoch die lex rei sitae für in Deutschland belegene Kulturgüter herangezogen, so ist grundsätzlich ohnehin deutsches Sachrecht anwendbar, sodass dann auch keine maßgeblichen Lücken durch die Beschränkung auf eine materiell-rechtliche Regelung drohen.
Ein Nachteil des Importverbotes des §14 I KultGüRückG n.F. besteht jedoch darin, dass trotz der dadurch erfolgenden mittelbaren Anerkennung eines ausländischen Exportverbotes das illegal exportierte Kulturgut nicht vor weiteren Verfügungen in Deutschland geschützt wird. Ein gutgläubiger Folgeerwerb bleibt möglich und kann allenfalls bei Rückkehr in den Herkunftsstaat über die Sonderkollisionsnormen in Frage gestellt werden. Somit kann das Importverbot des §14 I KultGüRückG n.F. die Gefahr durch Folgegeschäfte eintretender ungewünschter Rechtsfolgen nicht wirksam bannen.
Insofern könnte neben der vorgeschlagenen Anpassung der Normen des BGB insbesondere eine kollisionsrechtliche Lösung wünschenswert sein, welche nicht, wie die jetzigen Sonderkollisionsnormen, an eine Rückgabe des Kulturgutes gekoppelt ist, die Problematik gestohlener Kunstwerke miteinbezieht und im Hinblick auf Kulturgüter aus Drittstaaten ausgedehnt und vereinheitlicht wird.
Während Drittstaaten hinsichtlich des Importverbots und des Rückgabeanspruchs einerseits völlig ausgeschlossen werden und damit trotz der hohen Beitrittszahlen zum UNESCO-Kulturgutübereinkommen letztlich keine umfassende einheitliche Lösung erreicht wird, versäumt es der Gesetzgeber auf der anderen Seite durch die Koppelung des Importverbots und des Rückgabeanspruchs an das Kriterium der Gegenseitigkeit, die Differenzierung tatsächlich dazu zu nutzen, wirksame Anreize für ausländische Staaten zu setzen, ihre Maßnahmen zugunsten des Kulturgüterschutzes zu verbessern und sich eine bessere Verhandlungsposition im Ausland bei der Durchsetzung des Schutzes deutscher Kulturgüter vor Abwanderung zu verschaffen. Allerdings ist zu hoffen, dass die zunehmende und umfassende Anerkennung des Kulturgüterschutzes

1846 Brigitte Schwadorf-Ruckdeschel, „Rechtsfragen des grenzüberschreitenden rechtsgeschäftlichen Erwerbs von Kulturgütern", S.152.

als gesetzgeberisches Ziel in Deutschland zumindest einen Impuls setzt, der auch in anderen Staaten zu verbesserten und umfassenderen gesetzgeberischen Maßnahmen führt.

Literaturverzeichnis

Akkermann, Jarste, „Internationaler Kulturgüterschutz", in: Kunstrecht und Urheberrecht, 2002, S.29-33.

Alibrandi, Tommaso und Pier Giorgio Ferri, „Il diritto dei beni culturali: La Protezione del patrimonio storico-artistico", Rom, 1988.

Armbrüster, Christian, „Privatrechtliche Ansprüche auf Rückführung von Kulturgütern ins Ausland", in: Neue Juristische Wochenschrift, 2001, S.3581-3587.

Bar, Christian von und Peter Mankowski, „Internationales Privatrecht: Band I – Allgemeine Lehren", 2. Auflage, München, 2003.
(zit.: Bearbeiter, in: v. Bar/Mankowski I)

Barker, Ian, „Thoughts of an Alternative Dispute Resolution Practitioner on an International ADR Regime for Repatriation of Cultural Property and Works of Art", in: Barbara T. Hoffman (Hg.), „Art and Cultural Heritage: Law, Policy, and Practice", Cambridge, 2006, S.483-487.

Batievsky, Jack und Jorge Velarde, „The Protection of Cultural Patrimony in Peru", in: Barbara T. Hoffman (Hg.), „Art and Cultural Heritage: Law, Policy, and Practice", Cambridge, 2006, S.100-104.

Bazil, Christoph und Nikolaus Kraft, „Aktuelle Überlegungen zur Ausfuhr von Kulturgut", in: Gerte Reichelt (Hg.), „Österreichischer, Europäischer und Internationaler Kulturgüterschutz, Ringvorlesung", Wien, 2004, S.9-31.

Berndt, Joachim, „Internationaler Kulturgüterschutz: Abwanderungsschutz, Regelungen im innerstaatlichen Recht, im Europa- und Völkerrecht", Köln u.a., 1998.

Bernsdorff, Norbert und Andreas Kleine-Tebbe, „Kulturgüterschutz in Deutschland: Ein Kommentar", Köln u.a., 1996.
(zit.: Bearbeiter, in: Bernsdorff/Kleine-Tebbe)

Bila, Jacqueline, „Nationaler Kulturgüterschutz in der Europäischen Union", Bonn, 1997.

Bitterich, Klaus, „Kollisionsrechtliche Absicherung gemeinschaftsrechtlicher Standards im Bereich des Verbraucherschutzes: Der Vorschlag für eine Rom I-Verordnung", in: Recht der Internationalen Wirtschaft, 2006, S.262-270.

Bleckmann, Albert, „Sittenwidrigkeit wegen Verstoßes gegen den ordre public international: Anmerkungen zum Urteil des BGH vom 22. Juni 1972", in: Zeitschrift für ausländisches öffentliches Recht und Völkerrecht, 34. Band, 1974, S.112-132.

Blumenwitz, Dieter, „Rechtliche Schwierigkeiten bei der Rückgabe rechtswidrig nach Deutschland verbrachter Kunstschätze an die Herkunftsstaaten und künftige Lösungsansätze“, in: Jürgen Bröhmer, Roland Bieber, Christian Calliess u.a. (Hg.), „Internationale Gemeinschaft und Menschenrechte: Festschrift für Georg Ress zum 70. Geburtstag am 21. Januar 2005“, Köln u.a., 2005, S.3-14.

Boguslavskij, Mark M., „Die internationalen Verträge über die Verbringung von Kulturgütern und die Regelung der Ein- und Ausfuhr von Kulturgütern in der Europäischen Union“, in: Ministerium für Kultur der Russischen Föderation, Staatliche Bibliothek für Ausländische Literatur Rudominio, Secco-Pontanova-Stiftung zur Förderung des Dialogs in Wissenschaft und Kultur (Hg.), „Kulturgüter: Möglichkeiten und Perspektiven einer gesamteuropäischen Zusammenarbeit“, Berlin, 2004, S. 72-83.

Brinkman, Manus, „Reflexions on the Causes of Illicit Traffic in Cultural Property and Some Potential Cures“, in: Barbara T. Hoffman (Hg.), „Art and Cultural Heritage: Law, Policy, and Practice“, Cambridge, 2006, S.64-67.

Brodie, Neil, „An Archaeologist's View of the Trade in Unprovenanced Antiquities“, in: Barbara T. Hoffman (Hg.), „Art and Cultural Heritage: Law, Policy, and Practice“, Cambridge, 2006, S.52-63.

— „Historical and Social Perspectives on the Regulation of the International Trade in Archaeological Objects: the Examples of Greece and India“, in: Vanderbilt Journal of Transnational Law, 2005, S.1051-1066.

— „The illegal trade in antiquities“, in: Kunst und Recht, 2006, S.26-28.

— „Smoke and Mirrors“, in: Eleanor Robson, Luke Treadwell und Chris Gosden (Hg.), „Who Owns Objects? The Ethics and Politics of Collecting Cultural Artefacts“, Oxford, 2007, S.1-14.

Brown, Michael F., „Who Owns Native Culture?“, Cambridge, 2003.

Browne, Anthony und Pierre Valentin, „The Art Market in the United Kingdom and Recent Developments in British Cultural Policy“, in: Kate Fitz Gibbon (Hg.) „Who Owns the Past? Cultural Policy, Cultural Property and the Law“, New Brunswick, New Jersey, und London, 2005, S.97-107.

Brox, Hans und Wolf-Dietrich Walker, „Allgemeiner Teil des BGB“, 30. Auflage, Köln, 2006.

Busse, Daniel, „Die Berücksichtigung ausländischer „Eingriffsnormen“ durch die deutsche Rechtsprechung“, in: Zeitschrift für Vergleichende Rechtswissenschaft, 95. Band, 1996, S.386-418.

Canaris, Claus-Wilhelm, „Gesetzliches Verbot und Rechtsgeschäft“, Heidelberg, 1983.

Carducci, Guido, „La restitution internationale des biens culturels et des objets d'art: Droit commun, Directive CEE, Conventions de l'Unesco et d'Unidroit“, Paris, 1997.

— „The Growing Complexity of International Art Law: Conflict of Laws, Uniform Law, Mandatory Rules, UNSC Resolutions and EU Regulations“, in: Barbara T. Hoffman (Hg.), „Art and Cultural Heritage: Law, Policy, and Practice“, Cambridge, 2006, S.68-85.

Carl, Michael H., „Legal Issues Associated with Restitution – Conflict of Law Rules Concerning Ownership and Statutes of Limitation“, in: The International Bureau of the Permanent Court of Arbitration (Hg.), „Resolution of Cultural Property Disputes“, Den Haag, 2004, S.185-192.

Chau Sun, Kérya, „Angkor Sites, Cultural World Heritage“, in: Barbara T. Hoffman (Hg.), „Art and Cultural Heritage: Law, Policy, and Practice“, Cambridge, 2006, S.148-156.

Chechi, Alessandro, „Cultural Matters in the Case Law of the European Court of Justice“, in: Art Antiquity and Law, 2004, S.281-298.

Choi, Sue, „The Legal Landscape of the International Art Market After *Republic of Austria v. Altmann*“, in: Northwestern Journal of International Law & Business, 2005, S.167-200.

Clark, Stephen W., „The Schiele Matter“, in: Kate Fitz Gibbon (Hg.) „Who Owns the Past? Cultural Policy, Cultural Property and the Law“, New Brunswick, New Jersey, und London, 2005, S.71-82.

Clerici, Roberta, „La protection des biens culturels vis-à-vis des règles italiennes de conflit“, in: Rivista di diritto internazionale privato e processuale, 1989, S.799-808.

Cornu, Marie, „Le droit culturel des biens: L'intérêt culturel juridiquement protégé“, Brüssel, 1996.

Crewdson, Richard, „Hypothetical on the Enforcement of Export Prohibitions and a Commentary on the Hypothetical“, in: Barbara T. Hoffman (Hg.), „Art and Cultural Heritage: Law, Policy, and Practice“, Cambridge, 2006, S.194-196.

Cunning, Andrea, „U.S. Policy on the Enforcement of Foreign Export Restrictions on Cultural Property & Destructive Aspects of Retention Schemes“, in: Houston Journal of International Law, 2004, S.449-506.

Cuno, James, „Beyond Bamiyan: Will the World Be Ready Next Time?“, in: Barbara T. Hoffman (Hg.), „Art and Cultural Heritage: Law, Policy, and Practice“, Cambridge, 2006, S.41-46.

— „Museums, Antiquities, Cultural Property, and the US Legal Framework for Making Acquisitions“, in: Kate Fitz Gibbon (Hg.) „Who Owns the Past? Cultural Policy, Cultural Property and the Law“, New Brunswick, New Jersey, und London, 2005, S.143-157.

Daly, Brooks W., „Arbitration of International Cultural Property Disputes: The Experience and Initiatives of the Permanent Court of Arbitration“, in: Barbara T. Hoffman (Hg.), „Art and Cultural Heritage: Law, Policy, and Practice“, Cambridge, 2006, S.465-474.

Das, Hans, „Claims for Looted Cultural Assets: Is There a Need for Specialized Rules of Evidence?“, in: The International Bureau of the Permanent Court of Arbitration (Hg.), „Resolution of Cultural Property Disputes“, Den Haag, 2004, S.193-249.

Davies, Piers, „The Return of Treasures to Indigenous Peoples“, in: Art Antiquity and Law, Special Issue – A Blueprint for the Development of Cultural Heritage Law, 2004, S.78-98.

DeAngelis, Ildiko P., „How Much Provenance Is Enough? Post-*Schutz* Guidelines for Art Museum Aquisition of Archeological Materials and Ancient Art“, in: Barbara T. Hoffman (Hg.), „Art and Cultural Heritage: Law, Policy, and Practice“, Cambridge, 2006, S.398-408.

Deb, Gitanjali, „Stealing Gods: Illegal Trade in Indian Antiquities“, in: Art Antiquity and Law, 2005, S.29-62.

Dietrich, Reinhard, „Cultural Property on the Move – Legally, Illegally“, in: International Journal of Cultural Property, 2002, S.294-304.

Duret-Robert, François, „Droit du marché de l'art“, Paris, 2004.

Dwyer, Edward, „Critical Comments on the Draft Principles to Govern a Licit International Traffic in Cultural Property“, in: John Henry Merryman (Hg.), „Thinking About the Elgin Marbles: Critical Essays on Cultural Property, Art and Law“, London, 2000, S.231-235.

Eberl, Wolfgang, „Probleme und Auswirkungen der EG-Vorschriften zum Kulturgüterschutz“, in: Neue Zeitschrift für Verwaltungsrecht, 1994, S.729-736.

Ebling, Klaus und Marcel Schulze (Hg.), „Kunstrecht“, München, 2007.
(zit.: Bearbeiter, in: Ebling/Schulze)

El-Bitar, Julia, „Der Schutz von Kulturgut als *res extra commercium* in Frankreich: Ein Vorbild für Deutschland?“, in: Koordinierungsstelle für Kulturgutverluste Magdeburg und der Beauftragte der Bundesregierung für Kultur und Medien (Hg.), „Im Labyrinth des Rechts? Wege zum Kulturgüterschutz“, Magdeburg, 2007, S.175-207.

Elsen, Albert E., „Full Disclosure by Museums to Improve the Licit International Traffic in Trade“, in: John Henry Merryman (Hg.), „Thinking About the Elgin Marbles: Critical Essays on Cultural Property, Art and Law“, London, 2000, S.247-249.

Emmerich, André, „Improving the Odds: Preservation through Distribution“, in: Kate Fitz Gibbon (Hg.) „Who Owns the Past? Cultural Policy, Cultural Property and the Law“, New Brunswick, New Jersey, und London, 2005, S.247-253.

Fechner, Frank, „Der Hamburger Stadtsiegelfall“, in: Juristische Schulung, 1993, S.704.

— „Rechtlicher Schutz archäologischen Kulturguts: Regelungen im innerstaatlichen Recht, im Europa- und Völkerrecht sowie Möglichkeiten ihrer Verbesserung“, Berlin, 1991.

— „Die Vorhaben der EG zum Kulturgüterschutz“, in: Die öffentliche Verwaltung, 1992, S.609-618.

Finkenauer, Thomas, „Zum Begriff der Rechtsnachfolge in §221 BGB“, in: Juristenzeitung, 2000, S.241-247.

Fiedler, Wilfried, „Kulturgüterschutz – eine neue Dimension des internationalen Rechts“, in: Archiv des Völkerrechts, 34. Band, 1996, S.237-244.

— „Zwischen Kriegsbeute und internationaler Verantwortung – Kulturgüter im Internationalen Recht der Gegenwart: Plädoyer für eine zeitgemäße Praxis des Internationalen Rechts“, in: Gerte Reichelt (Hg.), „Neues Recht zum Schutz von Kulturgut: Internationaler Kulturgüterschutz – EG-Richtlinie, UNIDROIT-Konvention und Folgerecht“, Wien, 1997, S.147-160.

Fitschen, Thomas, „Internationaler Schutz des kulturellen Erbes der Welt – Erläuterungen zum Übereinkommen zum Schutz des Kultur- und Naturerbes der Welt vom 23.11.1972“, in: Wilfried Fiedler (Hg.), „Internationaler Kulturgüterschutz und deutsche Frage: Völkerrechtliche Probleme der Auslagerung, Zerstreuung und Rückführung deutscher Kulturgüter nach dem Zweiten Weltkrieg“, Berlin, 1991, S.183-208.

Fitz Gibbon, Kate, „Alternatives to Embargo“, in: Kate Fitz Gibbon (Hg.) „Who Owns the Past? Cultural Policy, Cultural Property and the Law“, New Brunswick, New Jersey, und London, 2005, S.291-303.

— „Chronology of Cultural Property Legislation“, in: Kate Fitz Gibbon (Hg.) „Who Owns the Past? Cultural Policy, Cultural Property and the Law“, New Brunswick, New Jersey, und London, 2005, S.3-8.

— „The Elgin Marbles: A Summary“, in: Kate Fitz Gibbon (Hg.) „Who Owns the Past? Cultural Policy, Cultural Property and the Law“, New Brunswick, New Jersey, und London, 2005, S.109-121.

Forrest, Craig J. S., „The Protection of Cultural Heritage in South Africa, and its Implementation of the UNESCO Convention“, in: Art Antiquity and Law, 2005, S.1-27.

Francioni, Francesco, „Beyond State Sovereignty: The Protection of Cultural Heritage as a Shared Interest of Humanity“, in: Michigan Journal of International Law, 2004, S.1209-1228.

Francioni, Francesco und Federico Lenzerini, „The Obligation to Prevent and Avoid Destruction of Cultural Heritage: From Bamiyan to Iraq“, in: Barbara T. Hoffman (Hg.), „Art and Cultural Heritage: Law, Policy, and Practice“, Cambridge, 2006, S.28-40.

Frank, Rainer, „Der Anspruch Griechenlands auf die „Elgin Marbles“ im Britischen Museum in London“, in: Rainer Frank (Hg.), „Recht und Kunst: Symposium aus Anlass des 80. Geburtstages von Wolfram Müller-Freienfels“, Heidelberg, 1996, S.1-17.

Franz, Michael M., „Beutekunst und www.lostart.de – Praktische Aspekte der Arbeit der Koordinierungsstelle für Kulturgutverluste“, in: Koordinierungsstelle für Kulturgutverluste Magdeburg und der Beauftragte der Bundesregierung für Kultur und Medien (Hg.), „Im Labyrinth des Rechts? Wege zum Kulturgüterschutz“, Magdeburg, 2007, S.47-57.

Frier, Pierre-Laurent, „Droit du patrimoine culturel“, Paris, 1997.

Frigo, Manlio, „La protezione dei beni culturali nel diritto internazionale“, Milano, 1986.

Fuchs, Angelika, „Kulturgüterschutz im Kulturgutsicherungsgesetz“, in: Praxis des internationalen Privat- und Verfahrensrechts, 2000, S.281-286.

David Gaimster, „Recent UK Measures against the International Illicit Trade in Cultural Objects: Examining the New Regulatory Framework“, in: Eleanor Robson, Luke Treadwell und Chris Gosden (Hg.), „Who Owns Objects? The Ethics and Politics of Collecting Cultural Artefacts“, Oxford, 2007, S.91-103.

Gazzini, Isabelle Fellrath, „Cultural property diputes: the role of arbitration in resolving non-contractual disputes“, Ardsley, New York, 2004.

— „The Swiss Supreme Court Decides: *India v. Credit Agricole Suisse*", in: Art Antiquity and Law, 2005, S.401-413.

Geißdorf, Michael, „Sorgfaltspflichten des öffentlich bestellten Auktionators und ihre fehlende Schutzwirkung für die Eigentümer abhanden gekommener Kunst- und Kulturgüter", in: Kunst und Recht, 2006, S.93-96.

Genius-Devime, Barbara, „Bedeutung und Grenzen des Erbes der Menschheit im völkerrechtlichen Kulturgüterschutz", Baden-Baden, 1996.

Gerstenblith, Patty, „Art, Cultural Heritage, and the Law: Cases and Materials", Durham, North Carolina, 2004.

Glaus, Bruno und Peter Studer, „Kunstrecht: Ein Ratgeber für Künstler, Sammler, Galeristen, Kuratoren, Architekten, Designer, Medienschaffende und Juristen", Zürich, 2003.

Goepfert, Alexander, „Haftungsprobleme im Kunst- und Auktionshandel", Berlin, 1991.

González-Campos, Julio D., „La technique conflictuelle et les objectifs et valeurs du droit matériel: le rattachement des biens culturels à la lex originis", in: „La protection internationale des biens culturels: Regard dans l'avenir – Colloquium Athens, 23 November 2001", Athen, 2003, S.47-64.

Grammatikaki-Alexiou, Anastasia, „International Protection of Indigenous Cultural Property: A Growing Problem", in: „La protection internationale des biens culturels: Regard dans l'avenir – Colloquium Athens, 23 November 2001", Athen, 2003, S.95-113.

Gutzwiller, Peter Max, „Zum Geltungsbereich des Bundesgesetzes über den internationalen Kulturgütertransfer", in: Schweizerische Juristen-Zeitung, 2005, S.517-520.

Haag, Maximilian, „Der strafrechtliche Schutz von Kulturgütern", in: Kunstrecht und Urheberrecht, 2004, S.136-147.

Hailbronner, Kay, „Frachtgut gesunkener Schiffe und Kulturgüterschutz vor deutschen Gerichten", in: Juristenzeitung, 2002, S.957-963.

Hall, Stuart, „Kulturelle Identität und Globalisierung", in: Karl H. Hörning und Rainer Winter (Hg.), „Widerspenstige Kulturen: Cultural Studies als Herausforderung", Frankfurt am Main, 1999, S.393-441.

Hanisch, Hans, „Der Fall Liotard und die nationale Zuordnung eines Kunstwerks", in: Rainer Frank (Hg.), „Recht und Kunst: Symposium aus Anlass des 80. Geburtstages von Wolfram Müller-Freienfels", Heidelberg, 1996, S.19-36.

Hartmann, Uwe, „*Lost Art* – Ziele und Möglichkeiten eines Internetportals", in: Koordinierungsstelle für Kulturgutverluste Magdeburg und der Beauftragte der Bundesregierung für Kultur und Medien (Hg.), „Im Labyrinth des Rechts? Wege zum Kulturgüterschutz", Magdeburg, 2007, S.59-78.

Hawkins, Ashton und Judith Church, „A Tale of Two Innocent: The Rights of Former Owners and Good-Faith Purchasers of Stolen Art", in: Kate Fitz Gibbon (Hg.) „Who Owns the Past? Cultural Policy, Cultural Property and the Law", New Brunswick, New Jersey, und London, 2005, S.57-69.

Heilmeyer, Wolf-Dieter, „Schutz archäologischer Kulturgüter aus der Sicht der Archäologie", in: Zeitschrift für Vergleichende Rechtswissenschaft, 95. Band, 1996, S.117-126.

Héritier, Annie, „Genèse de la nation juridique de partimoine culturel 1750-1816", Paris, 2003.

Heuer, Carl-Heinz, „Die Kunstraubzüge der Nationalsozialisten und ihre Rückabwicklung", in: Neue Juristische Wochenschrift, 1999, S.2558-2564.

Hipp, Anette, „Schutz von Kulturgütern in Deutschland", Berlin und New York, 2000.

Hirsch, Burkhard, „Die Bedeutung der Zusage „freien Geleits" für Kulturgüter", in: Neue Juristische Wochenschrift, 2001, S.1627.

Hladik, Jan, „The UNESCO Declaration concerning the Intentional Destruction of Cultural Heritage: a new instrument to protect cultural heritage", in: Art Antiquity and Law, 2004, S.215-236.

Hönes, Ernst-Rainer, „Das Gesetz zum Schutz deutschen Kulturgutes gegen Abwanderung vom 6. August 1955", in: Bayerische Verwaltungsblätter, 1989, S.38-42.

Hoffman, Barbara T., „European Union Legislation Pertaining to Cultural Goods", in: Barbara T. Hoffman (Hg.), „Art and Cultural Heritage: Law, Policy, and Practice", Cambridge, 2006, S.191-193.

— „International Art Transactions and the Resolution of Art and Cultural Property Disputes: A United States Perspectives", in: Barbara T. Hoffman (Hg.), „Art and Cultural Heritage: Law, Policy, and Practice", Cambridge, 2006, S.159-177.

Hoffmann, Bernd und Karsten Thorn, „Internationales Privatrecht einschließlich der Grundzüge des Internationalen Zivilverfahrensrechts", 8. Auflage, München, 2005.

Hugger, Heiner, „Rückführung nationaler Kulturgüter und internationales Recht am Beispiel der Elgin Marbles", in: Juristische Schulung, 1992, S. 997-1004.

Hurst, Katherine Jane, „The Empty(ing) Museum: Why a 2001 Agreement between the United States and Italy is Ineffective in Balancing the Interests of the Source Nation with the Benefits of Museums Display“, in: Art Antiquity and Law, 2006, S.55-83.

Jaeger, Andrea, „Internationaler Kulturgüterschutz: Rechtslage – Rechtspraxis – Rechtsentwicklung“, Köln u.a., 1993.

Jayme, Erik, „„Entartete Kunst“ und Internationales Privatrecht“, Heidelberg, 1994.

— „Das Freie Geleit für Kunstwerke“, Wien, 2001.

— „Globalisation in Art Law: Clash of Interests and International Tendencies“, in: Vanderbilt Journal of Transnational Law, 2005, S.927-945.

— „Die kulturelle Dimension des Rechts – ihre Bedeutung für das Internationale Privatrecht und die Rechtsvergleichung“, in: Rabels Zeitschrift für ausländisches und internationales Privatrecht, 67. Band, 2003, S.211-230.

— „Kulturgüterschutz in ausgewählten europäischen Ländern“, in: Zeitschrift für Vergleichende Rechtswissenschaft, 95. Band, 1996, S.158-169.

— „Kunstwerke als Kriegsbeute: Restitution und Internationales Privatrecht im deutsch-französischen Rechtsverkehr“, in: Praxis des internationalen Privat- und Verfahrensrechts, 1995, S.260-261.

— „Neue Anknüpfungsmaximen für den Kulturgüterschutz im internationalen Privatrecht“, in: Rudolf Dolzer, Erik Jayme und Reinhard Mußgnug (Hg.), „Rechtsfragen des internationalen Kulturgüterschutzes“, Heidelberg, 1994, S.35-52.

— „Rechtsbegriffe und Kunstgeschichte“, in: Gerte Reichelt (Hg.), „Neues Recht zum Schutz von Kulturgut: Internationaler Kulturgüterschutz – EG-Richtlinie, UNIDROIT-Konvention und Folgerecht“, Wien, 1997, S.11-27.

Jayme, Erik und Christian Kohler, „Das Internationale Privat- und Verfahrensrecht der EG 1993 – Spannungen zwischen Staatsverträgen und Richtlinien“, in: Praxis des internationalen Privat- und Verfahrensrechts, 1993, S.357-371.

— „Europäisches Kollisionsrecht 2006: Eurozentrismus ohne Kodifikationsidee?“, in: Praxis des internationalen Privat- und Verfahrensrechts, 2006, S.537-550.

Jayme, Erik und Florian David Wagner, „Kulturgüterschutz und Privatrecht: Die UNIDROIT-Konvention von 1995“, in: Praxis des internationalen Privat- und Verfahrensrechts, 1997, S.140-141.

Junker, Abbo, „Empfiehlt es sich, Art. 7 EVÜ zu revidieren oder aufgrund der bisherigen Erfahrungen zu präzisieren?“, in: Praxis des internationalen Privat- und Verfahrensrechts, 2000, S.65-73.

— „Schadensersatzpflicht bei einem Verstoß gegen ein ausländisches Embargo“, in: Juristenzeitung, 1991, S.699-702.

Kaltenborn, Markus, „Die Plünderung des Irakischen Nationalmuseums und das Völkerrecht: Zu den Rechtsgrundlagen des Schutzes von Kulturgütern in internationalen bewaffneten Konflikten“, in: Kunstrecht und Urheberrecht, 2004, S.97-101.

Kaye, Lawrence M., „Cultural Property Disputes in Foreign Courts“, in: Eric Schneider und Roseann M. Schneider (Hg.), „Cultural Property Protection: Istanbul Conference Summer 2004“, Berlin, 2005, S.43-75.

Kegel, Gerhard und Klaus Schurig (Hg.), „Internationales Privatrecht: Ein Studienbuch“, 9. Auflage, München, 2004.
(zit.: Bearbeiter, in: Kegel/Schurig)

Kienle, Florian und Marc-Philippe Weller, „Die Vindikation gestohlener Kulturgüter im IPR“, in: Praxis des internationalen Privat- und Verfahrensrechts, 2004, S.290-294.

Kistenmacher, Tim, „Art-Napping in der aktuellen Rechtsprechung“, in: Kunst und Recht, 2006, S.85-88.

Knott, Hermann J., „Der Anspruch auf Herausgabe gestohlenen und illegal exportierten Kulturguts: Internationalprivatrechtliche und rechtvergleichende Aspekte zum Herausgabeanspruch des privaten Eigentümers und des Herkunftsstaates“, Baden-Baden, 1990.

— „Neue Tendenzen im Recht des internationalen Kunsthandels in den USA“, in: Recht der Internationalen Wirtschaft, 1994, S.553-559.

Koch, Arnd, „Schatzsuche, Archäologie und Strafrecht – Strafrechtliche Aspekte so genannter „Raubgräberei““, in: Neue Juristische Wochenschrift, 2006, S.557-560.

Köhling, Lambert, „Der Eigentumserwerb abhanden gekommener Kunstgegenstände im amerikanischen Recht“, Münster, 1999.

Köhler, Helmut, „BGB Allgemeiner Teil: Ein Studienbuch“, 30. Auflage, München, 2006.

Kohls, Frank, „Kulturgüterschutz: Wirkungen von Verstößen gegen Ausfuhrverbote und Möglichkeiten der Rückführung illegal verbrachter Kulturgüter – Eine vergleichende Untersuchung mit den Rechten Dänemarks, Norwegens und Schwedens“, Frankfurt am Main, 2001.

Koldehoff, Stefan, „Ende der Schonzeit für Maulwürfe“, in: art, Heft 8, 2006, S.60-63.

Kowalski, Wojciech W., „Claims for Works of Art and Their Legal Nature“, in: The International Bureau of the Permanent Court of Arbitration (Hg.), „Resolution of Cultural Property Disputes“, Den Haag, 2004, S.31-51.

Kreder, Jennifer Anglim, „The Choice between Civil and Criminal Remedies in Stolen Art Litigation“, in: Vanderbilt Journal of Transnational Law, 2005, S.1199-1252.

Kreuzer, Karl, „Die Vollendung der Kodifikation des deutschen Internationalen Privatrechts durch das Gesetz zum Internationalen Privatrecht der außervertraglichen Schuldverhältnisse und Sachen vom 21.5.1999“, in: Rabels Zeitschrift für ausländisches und internationales Privatrecht, 65. Band, 2001, S.383-462.

Krinzinger, Friedrich, „Schutz von archäologischem Kulturgut – Betrachtungen zur Kontextarchäologie“, in: Gerte Reichelt (Hg.), „Neues Recht zum Schutz von Kulturgut: Internationaler Kulturgüterschutz – EG-Richtlinie, UNIDROIT-Konvention und Folgerecht“, Wien, 1997, S.45-54.

Kropholler, Jan, „Internationales Privatrecht“, 6. Auflage, Tübingen, 2006.

Kühl, Isabel, „Der internationale Leihverkehr der Museen“, Köln, 2004.

— „Der Schutz von vorübergehend importierten Kulturgütern“, in: Ministerium für Kultur der Russischen Föderation, Staatliche Bibliothek für Ausländische Literatur Rudominio, Secco-Pontanova-Stiftung zur Förderung des Dialogs in Wissenschaft und Kultur (Hg.), „Kulturgüter: Möglichkeiten und Perspektiven einer gesamteuropäischen Zusammenarbeit“, Berlin, 2004, S. 123-128.

Kühn, Bernhard, „Die Sachmangelgewährleistung des Kunst- und Antiquitätenhandels“, München, 1987.

Kurpiers, Olaf Rafael, „Die lex originis-Regel im internationalen Sachenrecht – Grenzüberschreitende privatrechtliche Ansprüche auf Herausgabe von abhanden gekommenen und unrechtmäßig ausgeführten Kulturgütern“, Frankfurt am Main, 2005.

Larenz, Karl und Manfred Wolf, „Allgemeiner Teil des Bürgerlichen Rechts“, 9. Auflage, München, 2004.

Last, Kathryn, „The Resolution of Cultural Property Disputes: Some Issues of Defintion“, in: The International Bureau of the Permanent Court of Arbitration (Hg.), „Resolution of Cultural Property Disputes“, Den Haag, 2004, S.53-84.

Leible, Stefan, „Außenhandel und Rechtssicherheit“, in: Zeitschrift für Vergleichende Rechtswissenschaft, 97. Band, 1998, S.286-319.

— „Internationales Vertragsrecht, die Arbeiten an einer Rom I-Verordnung und der Europäische Vertragsgerichtsstand“, in: Praxis des internationalen Privat- und Verfahrensrechts, 2006, S.365-371.

Looschelders, Dirk, „Internationales Privatrecht – Art. 3-46 EGBGB“, Berlin und Heidelberg, 2004.
(zit.: Bearbeiter, in: Praxiskommentar IPR)

— „Der zivilrechtliche Herausgabeanspruch des Eigentümers auf Rückgabe von abhanden gekommenen Kulturgütern nach deutschem Recht“, in: Koordinierungsstelle für Kulturgutverluste Magdeburg und der Beauftragte der Bundesregierung für Kultur und Medien (Hg.), „Im Labyrinth des Rechts? Wege zum Kulturgüterschutz“, Magdeburg, 2007, S.102-127.

Lorenz, Stephan, „Fünf Jahre ‚neues‘ Schuldrecht im Spiegel der Rechtsprechung“, in: Neue Juristische Wochenschrift, 2007, S.1-8.

Magnus, Ulrich, „25 Jahre UN-Kaufrecht“, in: Zeitschrift für Europäisches Privatrecht, 2006, S.96-123.

— „Winkworth v. Christie Manson und Woods Ltd. a.a. [1980] 2 W.L.R. 937 (Ch.D.): Statut der Eigentumsübertragung bei gestohlener Ware“, in: Recht der Internationalen Wirtschaft, 1981, S.203.

Malaro, Marie M., „A Legal Primer on Managing Museums Collections“, 2. Auflage, Washington, 1998.

Mankowski, Peter, „Art. 5 des Vorschlags für eine Rom I-Verordnung – Revolution im Internationalen Vertragsrecht?“, in: Zeitschrift für Vergleichende Rechtswissenschaft, 105. Band, 2006, S.120-163.

— „Der Vorschlag für die Rom I-Verordnung“, in: Praxis des internationalen Privat- und Verfahrensrechts, 2006, S.101-113.

Mansel, Heinz-Peter, „Die Bedeutung des internationalen Privatrechts in Bezug auf das Herausgabeverlangen des Eigentümers bei abhanden gekommenen Kulturgütern“, in: Koordinierungsstelle für Kulturgutverluste Magdeburg und der Beauftragte der Bundesregierung für Kultur und Medien (Hg.), „Im Labyrinth des Rechts? Wege zum Kulturgüterschutz“, Magdeburg, 2007, S.129-173.

— „De Weerth v. Baldinger – Kollisionsrechtliches zum Erwerb gestohlener Kunstwerke“, in: Praxis des internationalen Privat- und Verfahrensrechts, 1988, S.268-271.

Mansi, Antonio, „La tutela die beni culturali: Analisi e commento della legge 01.06.1939 N. 1089 e di tutte le altre norme di tutela con ampi riferimenti di dottrina a giurisprudenza; nonché sulla circulazione delle opere d'arte nel diritto interno, in quello comunitario ed in quello internazionale; sul commercio die beni culturali e sulla figura dell'artista“, 2. Auflage, Mailand, 1998.

Mantl, Wolfgang, „Internationale Aspekte des Kunst- und Kulturrechts“, in: Dietmar Pauger (Hg.), „ART Goes LAW: Dialoge zum Wechselspiel zwischen Kunst und Recht“, Wien u.a., 2005, S.23-39.

Matsuda, David, „Subsistence Diggers“, in: Kate Fitz Gibbon (Hg.), „Who Owns the Past? Cultural Policy, Cultural Property and the Law“, New Brunswick, New Jersey, und London, 2005, S.255-265.

Maurer, Christoph H. M., „Die Ausfuhr von Kulturgütern in der Europäischen Union“, Frankfurt am Main, 1997.

Merryman, John Henry, „A Licit International Trade in Cultural Objects“, in: John Henry Merryman (Hg.), „Thinking About the Elgin Marbles: Critical Essays on Cultural Property, Art and Law“, London, 2002, S.176-226.

— „Cultural Property Ethics“, in: John Henry Merryman (Hg.), „Thinking About the Elgin Marbles: Critical Essays on Cultural Property, Art and Law“, London, 2002, S.286-297.

— „The Free International Movement of Cultural Property“, in: John Henry Merryman (Hg.), „Thinking About the Elgin Marbles: Critical Essays on Cultural Property, Art and Law“, London, 2002, S.300-311.

— „The Nation and the Object“, in: John Henry Merryman (Hg.), „Thinking About the Elgin Marbles: Critical Essays on Cultural Property, Art and Law“, London, 2002, S.158-173.

— „The Public Interest in Cultural Property“, in: John Henry Merryman (Hg.), „Thinking About the Elgin Marbles: Critical Essays on Cultural Property, Art and Law“, London, 2002, S.94-120.

— „The Retention of Cultural Property“, in: John Henry Merryman (Hg.), „Thinking About the Elgin Marbles: Critical Essays on Cultural Property, Art and Law“, London, 2002, S.122-156.

— „Thinking About the Elgin Marbles“, in: John Henry Merryman (Hg.), „Thinking About the Elgin Marbles: Critical Essays on Cultural Property, Art and Law“, London, 2002, S.24-63.

— „Two Ways of Thinking About Cultural Property“, in: John Henry Merryman (Hg.), „Thinking About the Elgin Marbles: Critical Essays on Cultural Property, Art and Law“, London, 2002, S.66-91.

Moustaira, Elina N., „International Protecton of Cultural Property in the Event of Armed Conflict“, in: „La protection internationale des biens culturels: Regard dans l'avenir – Colloquium Athens, 23 November 2001“, Athen, 2003, S.115-128.

Müller-Karpe, Michael, „Stellungnahme zum Gesetzentwurf zur Ausführung des UNESCO-Kulturgutübereinkommens“, in: Kunst und Recht, 2006, S.53-56.

Müller-Katzenburg, Astrid, „Besitz- und Eigentumssituation bei gestohlenen und sonst abhandengekommenen Kunstwerken“, in: Neue Juristische Wochenschrift, 1999, S.2551-2558.

— „Erste Erfahrungen des Kunsthandels mit der Schuldrechtsreform“, in: Neue Juristische Wochenschrift, 2006, S.553-557.

— „Internationale Standards im Kulturgüterverkehr und ihre Bedeutung für das Sach- und Kollisionsrecht“, Berlin, 1995.

Musielak, Hans Joachim, „Grundkurs BGB: Eine Darstellung zur Vermittlung von Grundlagenwissen im bürgerlichen Recht mit Fällen und Fragen zur Lern- und Verständniskontrolle sowie mit Übungsklausuren“, 10. Auflage, München, 2007.

Mußgnug, Reinhard, „Die Staatsangehörigkeit des Kulturguts“, in: Jürgen Bröhmer, Roland Bieber, Christian Calliess u.a. (Hg.), „Internationale Gemeinschaft und Menschenrechte: Festschrift für Georg Ress zum 70. Geburtstag am 21. Januar 2005“, Köln u.a., 2005, S.1531-1542.

Nafziger, James A. R., „A Blueprint for Avoiding and Resolving Cultural Heritage Disputes“, in: Art Antiquity and Law, Special Issue – A Blueprint for the Development of Cultural Heritage Law, 2004, S.3-20.

Nooan, Rebecca, „Immunity from Seizure“, in: Kate Fitz Gibbon (Hg.) „Who Owns the Past? Cultural Policy, Cultural Property and the Law“, New Brunswick, New Jersey, und London, 2005, S.45-55.

Noth, Michael G. und Evelyne K. Noth, „Schwitzerland's New Federal Act on the International Transfer of Cultural Property“, in: Art Antiquity and Law, 2005, S.73-91.

O'Connell, Anna, „Immunity from Seizure: An Overview", in: Art Antiquity and Law, 2006, S.1-22.

Odendahl, Kerstin, „Kulturgüterschutz: Entwicklung, Struktur und Dogmatik eines ebenenübergreifenden Normensystems", Tübingen, 2005.

O'Keefe, Patrick J., „Historic Complexes", in: Art Antiquity and Law, Special Issue – A Blueprint for the Development of Cultural Heritage Law, 2004, S.35-42.

O'Keefe, Roger, „World Cultural Heritage: Obligations to the International Community as a Whole?", in: International and Comparative Law Quarterly, 2004, S.189-209.

Palandt, Otto, „Bürgerliches Gesetzbuch mit Einführungsgesetz (Auszug), Allgemeines Gleichbehandlungsgesetz, BGB-Informationspflichten-Verordnung, Unterlassungsklagengesetz, Produkthaftungsgesetz, Erbbaurechtsverordnung, Wohnungseigentumsgesetz, Hausratsverordnung, Vormünder- und Betreuervergütungsgesetz, Lebenspartnerschaftsgesetz, Gewaltschutzgesetz (Auszug)", 66. Auflage, München, 2007.
(zit.: Bearbeiter, in: Palandt)

Pallas, Nadine Christina, „Maritimer Kulturgüterschutz", Berlin, 2004.

Palmer, Norman, „Adrift on a Sea of Troubles: Cross-Border Art Loans and the Specter of Ulterior Title", in: Vanderbilt Journal of Transnational Law, 2005, S.947-995.

— „Litigation: The Best Remedy?", in: The International Bureau of the Permanent Court of Arbitration (Hg.), „Resolution of Cultural Property Disputes", Den Haag, 2004, S.265-290.

— „Painting the Wayside Flower: Law, Ethics and Regulation in the Art and Antiquities Market: A common law perspective", in: Koordinierungsstelle für Kulturgutverluste Magdeburg und der Beauftragte der Bundesregierung für Kultur und Medien (Hg.), „Im Labyrinth des Rechts? Wege zum Kulturgüterschutz", Magdeburg, 2007, S.355-382.

Parkhouse, Adrian, „The Illicit Trade in Cultural Objects: Recent Developments in the United Kingdom", in: Barbara T. Hoffman (Hg.), „Art and Cultural Heritage: Law, Policy, and Practice", Cambridge, 2006, S.178-184.

Paterson, Robert K. und Tore Modeen, „Canadian and Finnish Cultural Property Export Controls as the Basis for a Model Law", in: Art Antiquity and Law, Special Issue – A Blueprint for the Development of Cultural Heritage Law, 2004, S.21-34.

Pearlstein, William G. „Cultural Property, Congress, the Courts, and Customs: The Decline and Fall of the Antiquities Market?" in: Kate Fitz Gibbon (Hg.) „Who Owns the Past? Cultural Policy, Cultural Property and the Law", New Brunswick, New Jersey, und London, 2005, S.9-31.

Petr, Mark J., „Trading Places: Illicit Antiquities, Foreign Cultural Patrimony Laws, and the U.S. National Stolen Property Act after *United States v. Schultz*", in: Hastings International and Comparative Law Review, 2005, S.503-518.

Peya, Andreas, „Die Ausfuhr von Kulturgütern im Nationalen und Gemeinschaftsrecht", Frankfurt am Main, 2002.

Pfeiffer, Thomas, „Der Stand des Internationalen Sachenrechts nach seiner Kodifikation", in: Praxis des internationalen Privat- und Verfahrensrechts, 2000, S.270-281.

Phuong, Catherine, „The Protection of Iraqi Cultural Property", in: International and Comparative Law Quarterly, 2004, S.985-998.

Pieroth, Bodo, „Außenhandelsbeschränkungen für Kunstgegenstände", in: Neue Juristische Wochenschrift, 1990, S.1385-1390.

Pieroth, Bodo und Bernd J. Hartmann, „Rechtswegbeschränkungen zur Sicherung des Leihverkehrs mit ausländischen Kulturgütern", in: Neue Juristische Wochenschrift, 2000, S.2129-2135.

Piltz, Burghard, „Neue Entwicklungen im UN-Kaufrecht", in: Neue Juristische Wochenschrift, 2005, S.2126-2131.

Ploil, Ernst, Das österreichische Ausfuhrverbot von Kulturgütern – eine vergebene Chance", in: Gerte Reichelt (Hg.), „Österreichischer, Europäischer und Internationaler Kulturgüterschutz, Ringvorlesung", Wien, 2004, S.65-71.

Prott, Lyndel Vivien, „Kulturgüterschutz nach der UNIDROIT-Konvention und nach der UNESCO-Konvention", in: Zeitschrift für Vergleichende Rechtswissenschaft, 95. Band, 1996, S.188-202.

— „Responding to World War II Art Looting", in: The International Bureau of the Permanent Court of Arbitration (Hg.), „Resolution of Cultural Property Disputes", Den Haag, 2004, S.113-137.

Prott, Lyndel Vivien und Patrick Joseph O'Keefe, „Law and the Cultural Heritage: Volume 1, Discovery and Excarvation", Abingdon, Oxon, 1983.

— „Law and the Cultural Heritage: Volume 3, Movement", London und Edinburgh, 1989.

Rack, Reinhard, „Die Rolle der Europäischen Union für die Kultur“, in: Dietmar Pauger (Hg.), „ART Goes LAW: Dialoge zum Wechselspiel zwischen Kunst und Recht“, Wien u.a., 2005, S.99-115.

Rauscher, Thomas, „Internationales Privatrecht: Mit internationalem und europäischem Verfahrensrecht“, 2. Auflage, Heidelberg, 2002.

Raschèr, Andrea Franscesco Giovanni, „Kulturgütertransfergesetz und Globalisierung: UNESCO-Konvention 1970 – Unidroit-Konvention 1995 – EG-Verordnung 3911/92 – EG-Richtlinie 93/7 – Schweizerisches Recht“, Zürich, 2000.

Raschèr, Andrea Franscesco Giovanni und Daniel Zimmermann, „Sorgfaltspflichten im Umgang mit Kulturgut: Die UNESCO-Konvention 1970 und das Schweizer Kulturgütertransfergesetz“, in: Kunst und Recht, 2006, S.4-8.

Rebmann, Kurt, Franz Jürgen Säcker und Roland Rixecker, „Münchner Kommentar zum Bürgerlichen Gesetzbuch, Band 10, Einführungsgesetz zum Bürgerlichen Gesetzbuche (Art.1-46), Internationales Privatrecht,“ 4. Auflage , München, 2006.
(zit.: Bearbeiter, in: MüKo)

Reichelt, Gerte, „La dimension de droit privé en matière de la protection des biens culturels“, in: „La protection internationale des biens culturels: Regard dans l'avenir – Colloquium Athens, 23 November 2001“, Athen, 2003, S.65-81.

— „Kulturgüterschutz und Internationales Privatrecht“, in: Praxis des internationalen Privat- und Verfahrensrechts, 1986, S.73-75.

— „Kulturgüterschutz und Internationales Verfahrensrecht“, in: Praxis des internationalen Privat- und Verfahrensrechts, 1989, S.254-255.

— „Die Unidroit-Konvention 1995 über gestohlene oder unerlaubt ausgeführte Kulturgüter – Grundzüge und Zielsetzungen“, in: Gerte Reichelt (Hg.), „Neues Recht zum Schutz von Kulturgut: Internationaler Kulturgüterschutz – EG-Richtlinie, UNIDROIT-Konvention und Folgerecht“, Wien, 1997, S.55-67.

Reichelt, Gerte und Franz Smola, „Zur Restitution spanischer Vogeleier“, in: Praxis des internationalen Privat- und Verfahrensrechts, 1997, S.290-294.

Reimann, Mathias, „The CISG in the United States: Why It Has Been Neglected and Why Europeans Should Care“, in: Rabels Zeitschrift für ausländisches und internationales Privatrecht, 71. Band, 2007, S.115-129.

Remien, Oliver, „Außenwirtschaftrecht in kollisionsrechtlicher Sicht: Zur internationalen Reichweite von Ausfuhr- und Einfuhrverboten“, in: Rabels Zeitschrift für ausländisches und internationales Privatrecht, 54. Band, 1990, S.431-480.

— „Vindikationsverjährung und Eigentumsschutz – Oder: Welche Rechte bestehen an vor langer Zeit abhanden gekommenen Sachen, insbesondere Kunstwerken?“, in: Archiv für die civilistische Praxis, 201. Band, 2001, S.730-756.

Renold, Marc-André, „Stolen Art: The Ubiquitous Question of Good Faith“, in: The International Bureau of the Permanent Court of Arbitration (Hg.), „Resolution of Cultural Property Disputes“, Den Haag, 2004, S.251-263.

Roberts, Paul, „Barriers or Bridges? Museums and Acquisitions in the Light of New Legal and Voluntary Codes“, in: Eleanor Robson, Luke Treadwell und Chris Gosden (Hg.), „Who Owns Objects? The Ethics and Politics of Collecting Cultural Artefacts“, Oxford, 2007, S.47-60.

Roth, Wulf-Hennig, „Angleichung des IPR durch sekundäres Gemeinschaft“, in: Praxis des internationalen Privat- und Verfahrensrechts, 1994, S.165-174.

Rüthers, Bernd und Astrid Stadler, „Allgemeiner Teil des BGB“, 14. Auflage, München, 2006.

Rugullis, Sven, „Die Rechtswahl nach Art.27 I EGBGB- Sachnorm- oder Gesamtverweisung?“, in: Zeitschrift für Vergleichende Rechtswissenschaft“, 106. Band, 2007, S.217-227.

Säcker, Franz Jürgen und Roland Rixecker, „Münchner Kommentar zum Bürgerlichen Gesetzbuch, Band 1, Allgemeiner Teil, §§1-240, ProstG“, 5. Auflage , München, 2006.
(zit.: Bearbeiter, in: MüKo)

Schack, Haimo, „Kunst und Recht: Bildende Kunst, Architektur, Design und Fotografie im deutschen und internationalen Recht“, Köln, 2004.

Schiffer, Jan, „Sonderanknüpfung ausländischen „öffentlichen“ Rechts durch Richterrecht in der Internationalen Handelsschiedsgerichtsbarkeit?“, in: Praxis des internationalen Privat- und Verfahrensrechts, 1991, S.84-87.

Schlechtriem, Peter, „25 Jahre CISG – Bewährung und Bewahrung“, in: Zeitschrift für Europarecht, 2005, S.26-31.

Schlechtriem, Peter und Ingeborg Schwenzer, „Kommentar zum Einheitlichen UN-Kaufrecht: Das Übereinkommen der Vereinten Nationen über Verträge über den internationalen Warenkauf – CISG“, 4. Auflage, München, 2004.
(zit.: Bearbeiter, in: Schlechtriem/Schwenzer)

Schmahl, Stefanie, „Die Kulturkompetenz der Europäischen Gemeinschaft“, Baden-Baden, 1996.

Schmeinck, Sabine, „Internationalprivatrechtliche Aspekte des Kulturgüterschutzes", Berlin, 1994.

Schoen, Susanne, „Kulturgüterschutz bei – illegaler – Rückkehr kriegsbedingt verbrachter Kulturgüter aus Russland nach Deutschland", in: Neue Juristische Wochenschrift, 2001, S.537-543.

— „Der rechtliche Status von Beutekunst: Eine Untersuchung am Beispiel der aufgrund des Zeiten Weltkriegs nach Russland verbrachten deutschen Kulturgüter", Berlin, 2004.

— „Die rechtsverbindliche Rückgabezusage – Das „Freie Geleit" für Kulturgut", in: Koordinierungsstelle für Kulturgutverluste Magdeburg und der Beauftragte der Bundesregierung für Kultur und Medien (Hg.), „Im Labyrinth des Rechts? Wege zum Kulturgüterschutz", Magdeburg, 2007, S.79-102.

Schorlemer, Sabine von, „Internationaler Kulturgüterschutz: Ansätze zur Prävention im Frieden sowie im bewaffneten Konflikt", Berlin, 1992.

Schulz-Hombach, Stephanie und Katrin Schenk, „Der Gesetzentwurf zur Ausführung des UNESCO-Kulturgutübereinkommens: Der Regierungsentwurf eines Gesetzes zur Ausführung des UNESCO-Übereinkommens von 1970 über Maßnahmen zum Verbot und zur Verhütung der rechtswidrigen Einfuhr, Ausfuhr und Übereignung von Kulturgut", in: Kunst und Recht, 2006, S.47-52.

Schumann, Stefan und Götz Schmidt-Bremme, „Zur Rückführung eingeschmuggelter Kunstwerke in ihre Herkunftsstaaten", in: Neue Juristische Wochenschrift, 2002, S.574-577.

Schurig, Klaus, „Zwingendes Recht , »Eingriffsnormen« und neues IPR", in: Rabels Zeitschrift für ausländisches und internationales Privatrecht, 54. Band, 1990, S.217-248.

Schwadorf-Ruckdeschel, Brigitte, „Rechtsfragen des grenzüberschreitenden rechtsgeschäftlichen Erwerbs von Kulturgütern", Frankfurt am Main, 1995.

Schwarze, Jürgen, „Der Schutz nationalen Kulturgutes im europäischen Binnenmarkt", in: JuristenZeitung, 1994, S.111-117.

Schweizer, Heinrich, „Die Position der Bundesrepublik Deutschland während der diplomatischen Konferenz zur Annahme des Entwurfs der Unidroit-Konvention über die internationale Rückgabe gestohlener oder illegal ausgeführter Kulturgüter von 1995 unter besonderer Berücksichtigung deutschen Verfassungsrechts", in: Kunstrecht und Urheberrecht, 2003, S.25-41.

Scovazzi, Tullio, „The 2001 UNESCO Convention on the Protection of the Underwater Cultural Heritage“, in: Barbara T. Hoffman (Hg.), „Art and Cultural Heritage: Law, Policy, and Practice“, Cambridge, 2006, S.285-292.

Segesser, Georg von und Alexander Jolles, „Schwitzerland's New Federal Act on the International Transfer of Cultural Property: An Update and a Perspective from Collectors and the Art Trade“, in: Art Antiquity and Law, 2005, S.175-200.

Shyllon, Folarin, „The Nigerian and African Experience on Looting and Trafficking in Cultural Objects“, in: Barbara T. Hoffman (Hg.), „Art and Cultural Heritage: Law, Policy, and Practice“, Cambridge, 2006, S.137-144.

Siegfried, Felix, „Internationaler Kulturgüterschutz in der Schweiz: Das Bundesgesetz über den internationalen Kulturgütertransfer (Kulturgütertransfergesetz, KGTG)“, Zürich, 2005.

Siehr, Kurt, „Ausländische Eingriffsnormen im inländischen Wirtschaftskollisionsrecht“, in: Rabels Zeitschrift für ausländisches und internationales Privatrecht, 52. Band, 1988, S.41-103.

— „Die EG-Richtlinie von 1993 über die Rückgabe von Kulturgütern und der Kunsthandel“, in: Gerte Reichelt (Hg.), „Neues Recht zum Schutz von Kulturgut: Internationaler Kulturgüterschutz – EG-Richtlinie, UNIDROIT-Konvention und Folgerecht“, Wien, 1997, S.29-43.

— „Globalization and National Culture: Recent Trands Toward a Liberal Exchange of Cultural Objects“, in: Vanderbilt Journal of Transnational Law, 2005, S.1067-1096.

— „Handel mit Kulturgütern in der EWG“, in: Neue Juristische Wochenschrift, 1993, S.2206-2209.

— „Internationales Sachenrecht: Rechtsvergleichendes zu seiner Vergangenheit, Gegenwart und Zukunft“, in: Zeitschrift für Vergleichende Rechtswissenschaft, 104. Band, 2005, S.145-162.

— „Kulturgüterschutz innerhalb der Europäischen Union“, in: Zeitschrift für Vergleichende Rechtswissenschaft, 95. Band, 1996, S.170-187.

— „Das Lösungsrecht des gutgläubigen Käufers im Internationalen Privatrecht“, in: Zeitschrift für Vergleichende Rechtswissenschaft, 83. Band, 1984, S.100-118.

— „Öffentliches Recht und internationales Privatrecht beim grenzüberschreitenden Kulturgüterschutz“, in: Rudolf Dolzer, Erik Jayme und Reinhard Mußgnug (Hg.), „Rechtsfragen des internationalen Kulturgüterschutzes“, Heidelberg, 1994, S.83-104.

— „Protection of Cultural Property: Reforms and Developmants in the Member States of the European Union and in Some Other Countries“, in: Eric Schneider und Roseann M. Schneider (Hg.), „Cultural Property Protection: Istanbul Conference Summer 2004“, Berlin, 2005, S.77-96.

— „The Protection of Cultural Objects on a Regional Basis“, in: „La protection internationale des biens culturels: Regard dans l'avenir – Colloquium Athens, 23 November 2001“, Athen, 2003, S.83-94.

— „Das UNESCO-Übereinkommen vom 14.11.1970 über Maßnahmen zum Verbot und zur Verhütung der unzulässigen Einfuhr, Ausfuhr und Übereignung von Kulturgut – Inhalt des Übereinkommens und dessen geplante Umsetzung in Deutschland“, in: Kunstrecht und Urheberrecht, 2005, S.33-46.

— „Vereinheitlichung des Mobiliarsachenrechts in Europa, insbesondere im Hinblick auf Kulturgüter“, in: Rabels Zeitschrift für ausländisches und internationales Privatrecht, 59. Band, 1995, S.454-468.

— „Völkerrecht und Internationaler Kulturgüterschutz vor Gericht“, in: Rainer Frank (Hg.), „Recht und Kunst: Symposium aus Anlass des 80. Geburtstages von Wolfram Müller-Freienfels“, Heidelberg, 1996, S.57-71.

Sigmond, J. P., „Some Thoughts on the Importance of Cultural Heritage and the Protection of Cultural Goods“, in: Art Antiquity and Law, 2005, S.63-71.

Soergel, Hs. Th., „Bürgerliches Gesetzbuch mit Einführungsgesetz und Nebengesetzen, Band 2, Allgemeiner Teil 2, §§104-240“, 13. Auflage, Stuttgart, 1999. (zit.: Bearbeiter, in: Soergel)

Solomon, Andrew, „Art in Jeopardy“, in: Kate Fitz Gibbon (Hg.) „Who Owns the Past? Cultural Policy, Cultural Property and the Law“, New Brunswick, New Jersey, und London, 2005, S.239-245.

Sonnenberger, Hans-Jürgen, „Eingriffsrecht – Das trojanische Pferd im IPR oder notwendige Ergänzung?“, in: Praxis des internationalen Privat- und Verfahrensrechts, 2003, S.104-116.

Spaun, Susanne, „Der Herausgabeanspruch bei Diebstahl oder illegalem Export von Kulturgütern“, Frankfurt am Main, 2003.

Spencer, Ronald D., „The Expert and the Object“, in: Kate Fitz Gibbon (Hg.) „Who Owns the Past? Cultural Policy, Cultural Property and the Law“, New Brunswick, New Jersey, und London, 2005, S.159-163.

Sprecher, Jörg, „Beschränkungen des Handels mit Kulturgut und die Eigentumsgarantie“, Berlin, 2004.

— „Beschränkungen der Segesserschen Ledermalereinen nach New Mexico", in: Peter Johannes Weber, Marc Weber, Riccardo Seitz, Hans Rainer Künzle (Hg.) „Liber discipulorum et amicorum: Festschrift für Kurt Siehr zum 65. Geburtstag: Band 2", Zürich, 2001, S.207-214.

Staudinger, Julius von, „J. von Staudingers Kommentar zum Bürgerlichen Gesetzbuch mit Einführungsgesetz und Nebengesetzen, Buch 1, Allgemeiner Teil §§134-163 (Allgemeiner Teil 4)", 13. Bearbeitung/ Neubearbeitung 2003, Berlin, 2003.
(zit.: Bearbeiter, in: Staudinger)

— „J. von Staudingers Kommentar zum Bürgerlichen Gesetzbuch mit Einführungsgesetz und Nebengesetzen, Einführungsgesetz zum Bürgerlichen Gesetzbuch/ IPR", 13. Bearbeitung, Berlin, 2002.
(zit.: Bearbeiter, in: Staudinger)

— „J. von Staudingers Kommentar zum Bürgerlichen Gesetzbuch mit Einführungsgesetz und Nebengesetzen, Eckpfeiler des Zivilrechts", Bearbeitung 2005, Berlin, 2005.
(zit.: Bearbeiter, in: Staudinger)

Stoll, Hans, „Probleme des Statutenwechsels nach Erwerb eines Lösungsrechts an einer gestohlenen Sache", in: Praxis des internationalen Privat- und Verfahrensrechts, 1987, S.357-360.

— „Sachenrechtliche Fragen des Kulturgüterschutzes in Fällen mit Auslandsberührung", in: Rudolf Dolzer, Erik Jayme und Reinhard Mußgnug (Hg.), „Rechtsfragen des internationalen Kulturgüterschutzes", Heidelberg, 1994, S.53-66.

— „Zur gesetzlichen Regelung des internationalen Sachenrechts in Artt. 43-46 EGBGB", in: Praxis des internationalen Privat- und Verfahrensrechts, 2000, S.259-270.

Stuart, Wallace, „Immunity from seizure of cultural objects – The experience in the United States", in: Marc-Andrè Renold und Pierre Gabus (Hg.): „Claims for the restitution of looted art", Genf, 2004, S.183-189.

Stumpf, Eva, „Kulturgüterschutz im internationalen Recht unter besonderer Berücksichtigung der deutsch-russischen Beziehungen", Frankfurt am Main, 2003.

Symeonides, Symeon C. „A Choice-of-Law Rule for Conflicts Involving Stolen Cultural Property", in: Vanderbilt Journal of Transnational Law, 2005, S.1177-1198.

Thomas, Heinz und Hans Putzo, „Zivilprozessordnung mit Gerichtsverfassungsgesetz, den Einführungsgesetzen und europarechtlichen Vorschriften, Kommentar“, 28. Auflage, München, 2007.

Thorn, Bettina, „Internationaler Kulturgüterschutz nach der UNIDROIT-Konvention“, Berlin, 2005.

Tompa, Peter K., „Ancient Coins as Cultural Property: A Cause for Concern?“, in: Journal of International Legal Studies, 1998, S.69-104.

Torres, Elizabeth, „Chronological Overview of Developments in Bolivian and Latin American Cultural Heritage Legislation with a Special Emphasis on the Protection of Indigenous Culture“, in: Barbara T. Hoffman (Hg.), „Art and Cultural Heritage: Law, Policy, and Practice“, Cambridge, 2006, S.124-133.

Torsen, Molly A., „From the Aegean to the Baltic and Beyond: An Analysis of Cultural Property Dispersion“, in: Art Antiquity and Law, 2004, S.143-177.

Truslow, Frederic J., „Putting the IFAR Cuzco Inventory to Work“, in: Barbara T. Hoffman (Hg.), „Art and Cultural Heritage: Law, Policy, and Practice“, Cambridge, 2006, S.109-113.

Tsen-Ta Lee, Jack, „Treaties, Time Limitsand Treasure Trove: The Legal Protection of Cultural Objects in Singapore“, in: Art Antiquity and Law, 2004, S.237-280.

Turner, Stefan, „Bemerkungen zur Restitutionspraxis nach dem 2. Weltkrieg, insbesondere zur Restitution von Kulturgütern“, in: Peter Johannes Weber, Marc Weber, Riccardo Seitz, Hans Rainer Künzle (Hg.) „Liber discipulorum et amicorum: Festschrift für Kurt Siehr zum 65. Geburtstag: Band 2“, Zürich, 2001, S.215-224.

— „Das Restitutionsrecht des Staates nach illegaler Ausfuhr von Kulturgütern: Eigentumsordnung und völkerrechtliche Zuordnung“, Berlin und New York, 2002.

— „Die Zuordnung beweglicher Kulturgüter im Völkerrecht“, in: Wilfried Fiedler (Hg.), „Internationaler Kulturgüterschutz und deutsche Frage: Völkerrechtliche Probleme der Auslagerung, Zerstreuung und Rückführung deutscher Kulturgüter nach dem Zweiten Weltkrieg“, Berlin, 1991, S.19-108.

Ulmar, Susanne Barbara, „Rechtsverkehr und Handel mit Kulturgütern aus Italien unter Berücksichtigung europarechtlicher und internationalprivatrechtlicher Aspekte“, Baden-Baden, 2005.

Uribe, Juan Carlos, „The Protection of Cultural Heritage in Columbia“, in: Barbara T. Hoffman (Hg.), „Art and Cultural Heritage: Law, Policy, and Practice“, Cambridge, 2006, S.119-123.

Valdés, Juan Antonio, „Management and Conservation of Guatemala's Cultural Heritage: A Challenge to Keep History Alive“, in: Barbara T. Hoffman (Hg.), „Art and Cultural Heritage: Law, Policy, and Practice“, Cambridge, 2006, S.94-99.

Vincent, Steven, „Indian Givers“, in: Kate Fitz Gibbon (Hg.) „Who Owns the Past? Cultural Policy, Cultural Property and the Law“, New Brunswick, New Jersey, und London, 2005, S.33-43.

Vitelli, Karen D., „An Archaeologist's Response to the Draft Principles to Govern a Licit International Traffic in Cultural Property“, in: John Henry Merryman (Hg.), „Thinking About the Elgin Marbles: Critical Essays on Cultural Property, Art and Law“, London, 2000, S.237-240.

Vrellis, Spyridon, „La Convention d'Unidroit sur les biens culturels volés ou illicitement exportés: Un aquis culturel“, in: „La protection internationale des biens culturels: Regard dans l'avenir – Colloquium Athens, 23 November 2001“, Athen, 2003, S.17-46.

— „The new Act no 3028/2002 on the Protection of Antiquities and Cultural Heritage in Greece“, in: Eric Schneider und Roseann M. Schneider (Hg.), „Cultural Property Protection: Istanbul Conference Summer 2004“, Berlin, 2005, S.97-132.

— „UNIDROIT-Konvention 1995 über gestohlene oder unerlaubt ausgeführte Kulturgüter: Bedeutung der lex originis“, in: Gerte Reichelt (Hg.), „Neues Recht zum Schutz von Kulturgut: Internationaler Kulturgüterschutz – EG-Richtlinie, UNIDROIT-Konvention und Folgerecht“, Wien, 1997, S.69-93.

Walker Tubb, Katherine, „Thoughts in Response to the Draft Principles to Govern a Licit International Traffic in Cultural Property“, in: John Henry Merryman (Hg.), „Thinking About the Elgin Marbles: Critical Essays on Cultural Property, Art and Law“, London, 2000, S.241-245.

Weber, Marc, „Archäologische Objekte vor US-amerikanischen Gerichten“, in: Peter Johannes Weber, Marc Weber, Riccardo Seitz, Hans Rainer Künzle (Hg.) „Liber discipulorum et amicorum: Festschrift für Kurt Siehr zum 65. Geburtstag: Band 2“, Zürich, 2001, S.225-264.

— „Unveräußerliches Kulturgut im nationalen und internationalen Rechtsverkehr“, Berlin und New York, 2002.

Weidner, Amalie, „Kulturgüter als res extra commercium im internationalen Sachenrecht“, Berlin und New York, 2001.

Weller, Matthias, „Immunity for Artworks on Loan? A Review of International Customary Law and Municipal Anti-seizure Statutes in Light of the *Liechtenstein* Litigation“, in: Vanderbilt Journal of Transnational Law, 2005, S.997-1039.

Westermann, Harm Peter, „Erman – Bürgerliches Gesetzbuch: Handkommentar mit EGBGB; ErbbauVO, HausratsVO, LpartG, ProdHaftG, UklaG, VAHRG und WEG, Band II“, 11. Auflage, Köln, 2004.
(zit.: Bearbeiter, in: Erman)

Wiederkehr Schuler, Elsbeth, „Kulturgüterschutz – Freier Kunstmarkt: Zwei internationale Konventionen: Unidroit und UNESCO 70“, Zürich, 2000.

Wiesand, Andreas Johannes, „Kunst ohne Grenzen? Kulturelle Identität und Freizügigkeit in Europa“, Köln, 1987.

Wiese, Volker, „Der Einfluß des EG-Rechts auf das Internationale Sachenrecht der Kulturgüter“, Tübingen, 2005.

Zachariae, Jörg und Natasa Hadzimanovic, „Die Ersitzung einer rechtsgrundlos geleisteten beweglichen Sache nach schweizerischem Recht“, in: Peter Johannes Weber, Marc Weber, Riccardo Seitz, Hans Rainer Künzle (Hg.) „Liber discipulorum et amicorum: Festschrift für Kurt Siehr zum 65. Geburtstag: Band 2“, Zürich, 2001, S.303-313.

Zimmer, Daniel, „Ausländisches Wirtschaftsrecht vor deutschen Zivilgerichten: Zur Unterscheidung zwischen einer normativen Berücksichtigung fremder zwingender Normen und einer bloßen Beachtung ihrer tatsächlichen Folgen“, in: Praxis des internationalen Privat- und Verfahrensrechts, 1983, S.65-69.

Anhang

Gesetz[1847] zur Ausführung des UNESCO-Übereinkommens vom 14. November 1970 über Maßnahmen zum Verbot und zur Verhütung der rechtswidrigen Einfuhr, Ausfuhr und Übereignung von Kulturgut[1848]

Der Bundestag hat ***(entfallen: mit Zustimmung des Bundesrates)*** das folgende Gesetz beschlossen:

Artikel 1
Gesetz zur Ausführung des UNESCO-Übereinkommens vom 14. November 1970 über Maßnahmen zum Verbot und zur Verhütung der rechtswidrigen Einfuhr, Ausfuhr und Übereignung von Kulturgut und zur Umsetzung der Richtlinie 93/7/EWG des Rates vom 15. März 1993 über die Rückgabe von unrechtmäßig aus dem Hoheitsgebiet eines Mitgliedsstaats verbrachten Kulturgütern (Kulturgüterrückgabegesetz – KultGü-RückG)

Abschnitt 1
Allgemeine Vorschriften

§ 1
Begriffsbestimmungen

(1) Kulturgutübereinkommen ist das UNESCO-Übereinkommen vom 14. November 1970 über Maßnahmen zum Verbot und zur Verhütung der rechtswidrigen Einfuhr, Ausfuhr und Übereignung von Kulturgut **(BGBl. 2007 II S.626)**.

(2) Vertragsstaat ist jeder Staat, der das Kulturgutübereinkommen ratifiziert hat, ihm beigetreten ist oder es angenommen hat.

(3) Geschütztes deutsches Kulturgut sind Gegenstände, die nach dem Gesetz zum Schutz deutschen Kulturgutes gegen Abwanderung in der Fassung der Bekanntmachung vom 8. Juli 1999 (BGBl. I S. 1754), geändert durch Artikel 71 des Gesetzes vom 29. Oktober 2001 (BGBl. I S. 2785), in der jeweils geltenden Fassung durch Eintragung in das Verzeichnis national wertvollen Kulturgutes oder in das Verzeichnis national wertvoller Archive geschützt sind oder für die ein Eintragungsverfahren eingeleitet und die Einleitung des Verfahrens öffentlich bekannt gemacht worden ist.

1847 Grundlage ist das abgedruckte Gesetz im BGBl. 2007 I Nr.21 vom 23. Mai 2005, S.757-763. Fett hervorgehoben sind die Änderungen im Gesetzgebungsverfahren, die sich ergänzend auch den Drucksachen 16/1371 und 92/07 entnehmen lassen, gegenüber der in der Drucksache 155/06 veröffentlichten ersten Entwurfsfassung.

1848 Artikel 1 dieses Gesetzes dient der Umsetzung der Richtlinie 93/7/EWG des Rates vom 15. März 1993 über die Rückgabe von unrechtmäßig aus dem Hoheitsgebiet eines Mitgliedstaats verbrachten Kulturgütern (ABl. EG Nr. L 74 S. 74), zuletzt geändert durch die Richtlinie 2001/38/EG des Europäischen Parlaments und des Rates vom 5. Juni 2001 (ABl. EG Nr. L 187 S.43).

§ 2
Zentralstellen

Der Bund und die Länder benennen **jeweils** ihre Zentralstellen.

Abschnitt 2
Geltendmachung des Rückgabeanspruchs für geschütztes deutsches Kulturgut

§ 3
Rückgabeanspruch gegen andere Mitgliedstaaten der Europäischen Union

Die Länder machen den Anspruch auf Rückgabe von Kulturgut, das unrechtmäßig in das Hoheitsgebiet eines anderen Mitgliedstaats der Europäischen Union verbracht wurde, im Benehmen mit der Zentralstelle des Bundes im jeweiligen Mitgliedstaat der Europäischen Union im Rahmen der dort geltenden Vorschriften außergerichtlich und gerichtlich geltend.

§ 4
Rückgabeanspruch gegen andere Vertragsstaaten

Der Anspruch auf Rückgabe von Kulturgut, das unrechtmäßig in das Hoheitsgebiet eines anderen Vertragsstaats gebracht wurde, wird auf diplomatischem Weg geltend gemacht.

§ 5
Eigentum

(1) Das Eigentum an geschütztem deutschem Kulturgut, das nach den Bestimmungen dieses Gesetzes auf Verlangen in das Bundesgebiet zurückgegeben wird, richtet sich nach den deutschen Sachvorschriften.

(2) Bürgerlich-rechtliche Ansprüche und Rechte auf das Kulturgut werden durch Rückgabeansprüche im Sinne des § 6 nicht berührt.

Abschnitt 3
Rückgabeansprüche anderer Staaten

§ 6
Voraussetzungen der Rückgabepflicht

(1) Ein unrechtmäßig nach dem 31. Dezember 1992 aus dem Hoheitsgebiet eines anderen Mitgliedstaats der Europäischen Union in das Bundesgebiet verbrachter Gegenstand ist diesem Mitgliedstaat auf sein Ersuchen zurückzugeben, wenn

> 1. dieser Gegenstand vor der Verbringung oder im Fall von archäologischen Gegenständen, die vor der Verbringung unbekannt waren, innerhalb eines Jahres, nachdem die zuständige Behörde des betroffenen Mitgliedstaats von dem

Gegenstand **Kenntnis erlangen konnte** ***(anstatt: Kenntnis erlangt hat)***, von dem ersuchenden Mitgliedstaat durch Rechtsvorschrift oder Verwaltungsakt als nationales Kulturgut von künstlerischem, geschichtlichem oder archäologischem Wert im Sinne des Artikels 30 des Vertrags zur Gründung der Europäischen Gemeinschaft öffentlich eingestuft wurde oder seine Einstufung als nationales Kulturgut eingeleitet und die Einleitung des Verfahrens öffentlich bekannt gemacht wurde und

2. der Gegenstand entweder

a) unter eine der im Anhang der Richtlinie 93/7/EWG des Rates vom 15. März 1993 über die Rückgabe von unrechtmäßig aus dem Hoheitsgebiet eines Mitgliedstaats verbrachten Kulturgütern (ABl. EG Nr. L 74 S. 74), zuletzt geändert durch die Richtlinie 2001/38/EG des Europäischen Parlaments und des Rates vom 5. Juni 2001 (ABl. EG Nr. L 187 S. 43), genannten Kategorien fällt oder

b) als Teil einer öffentlichen Sammlung in ein Bestandsverzeichnis eines Museums, eines Archivs, einer religiösen Einrichtung oder in das Bestandsverzeichnis der erhaltungswürdigen Bestände einer Bibliothek eingetragen ist und die Sammlung selbst oder die Einrichtung, zu der sie gehört, nach der für sie gültigen Rechtsordnung einer öffentlichen Einrichtung gleichsteht.

(2) Ein unrechtmäßig nach dem **26. April 2007** aus dem Hoheitsgebiet eines Vertragsstaats in das Bundesgebiet verbrachter Gegenstand ist dem Vertragsstaat auf sein Ersuchen zurückzugeben, wenn

1. dieser Gegenstand vor der Verbringung oder im Fall von archäologischen Gegenständen, die vor der Verbringung unbekannt waren, innerhalb eines Jahres, nachdem die zuständige Behörde des betroffenen Vertragsstaats von dem Gegenstand **Kenntnis erlangen konnte hat** ***(anstatt: Kenntnis erlangt)***, von dem ersuchenden Vertragsstaat aus religiösen oder weltlichen Gründen als für die Archäologie, Vorgeschichte, Geschichte, Literatur, Kunst oder Wissenschaft besonders bedeutsam bezeichnet wurde oder ein Verfahren zur Bezeichnung eingeleitet und die Einleitung des Verfahrens öffentlich bekannt gemacht wurde und

2. der Gegenstand einer der in Artikel 1 des Kulturgutübereinkommens genannten Kategorien angehört.

Als „besonders bedeutsam bezeichnet" im Sinne von Satz 1 Nr. 1 gilt ein Gegenstand, wenn er individuell identifizierbar von einem anderen Vertragsstaat in ein Verzeichnis des bedeutenden öffentlichen und privaten Kulturgutes aufgenommen worden ist. Das Verzeichnis muss im Bundesgebiet ohne unzumutbare Hindernisse öffentlich zugänglich sein. Lässt sich nicht klären, ob ein Gegenstand, der vor dem **26. April 2006** als besonders bedeutsam im Sinne des Satzes 1 Nr. 1 bezeichnet worden ist, vor oder nach diesem Tag ins Bundesgebiet verbracht worden ist, so gilt er als nach diesem Tag ins Bundesgebiet verbracht.

(2a) Ist der ersuchende Staat durch innere Unruhen, kriegerische Auseinandersetzungen oder vergleichbare Umstände gehindert, innerhalb der in Absatz 1 Nr. 1 oder der in Absatz 2 Satz 1 Nr. 1 genannten Frist das Verfahren zur Einstufung oder Bezeichnung einzuleiten oder die Einleitung des Verfahrens öffentlich bekannt zu machen, so beginnt die Frist erst mit dem Wegfall dieser Umstände.

(3) Vom Besitzer oder Dritten auf Grund rechtsgeschäftlicher Verfügung oder Verfügung im Wege der Zwangsvollstreckung oder Arrestvollziehung erworbene Rechte stehen der Rückgabepflicht nicht entgegen.

(4) Kulturgut ist unrechtmäßig aus einem anderen Staat verbracht worden, wenn bei seiner Ausfuhr gegen die dort gültigen Rechtsvorschriften für den Schutz von Kulturgütern verstoßen worden ist.

(5) Als unrechtmäßiges Verbringen gilt auch jede nicht erfolgte Rückkehr nach Ablauf der Frist für eine vorübergehende rechtmäßige Verbringung und jeder Verstoß gegen eine andere Bedingung für diese vorübergehende Verbringung.

(6) Die Kosten der Rückgabe und der zur Sicherung und Erhaltung des betroffenen Kulturgutes erforderlichen Maßnahmen trägt der ersuchende Staat.

§ 7
Rückgabegläubiger, Rückgabeschuldner

(1) Der Rückgabeanspruch steht dem Mitgliedstaat der Europäischen Union oder Vertragsstaat zu, aus dessen Hoheitsgebiet das Kulturgut unrechtmäßig in das Bundesgebiet verbracht worden ist.

(2) Rückgabeschuldner ist, wer für sich selbst oder für einen anderen die tatsächliche Sachherrschaft über das Kulturgut ausübt.

§ 8
Durchführung und Sicherung der Rückgabe

(1) Für die erforderlichen Maßnahmen zur Ermittlung des rückgabepflichtigen Kulturguts, seiner Sicherung und seiner Rückgabe sind die Länder zuständig.

(2) Erhalten die für die Rückgabe des Kulturgutes zuständigen Behörden Kenntnis von Kulturgut, bei dem der dringende Verdacht besteht, dass es unrechtmäßig aus einem anderen Mitgliedstaat der Europäischen Union oder Vertragsstaat in das Bundesgebiet verbracht worden und an diesen Staat zurückzugeben ist, so ordnen sie seine Anhaltung an oder veranlassen die Anordnung durch die dafür zuständige Behörde. Die Anhaltung ist unverzüglich der Zentralstelle des Bundes zu melden.

(3) Das angehaltene Kulturgut darf nur mit schriftlicher Zustimmung der zuständigen Zentralstelle des Landes an andere Personen oder Einrichtungen weitergegeben werden.

(4) Es ist verboten, nach Absatz 2 angehaltenes Kulturgut auszuführen, der zuständigen Stelle vorzuenthalten, zu beschädigen oder zu zerstören.

(5) Die Anhaltung ist aufzuheben, wenn keiner der von den nach § 12 zuständigen Zentralstellen zu unterrichtenden Mitgliedstaaten der Europäischen Union oder Vertragsstaaten fristgemäß um die Rückgabe des angehaltenen Kulturgutes ersucht. Das Rückgabeersuchen ist innerhalb von zwei Monaten bei der zuständigen Zentralstelle zu stellen. Die Frist beginnt mit dem Eingang der Mitteilung über die Anhaltung bei der zuständigen Behörde des Mitgliedstaats der Europäischen Union oder Vertragsstaats, aus dessen Hoheitsgebiet das Kulturgut unrechtmäßig verbracht worden ist. Der Rückgabeanspruch ist glaubhaft zu machen.

(6) Das angehaltene Kulturgut ist nach Maßgabe landesrechtlicher Vorschriften sicherzustellen, sofern zu befürchten ist, dass seine Rückgabe an den ersuchenden Staat verhindert werden soll oder dass es Schaden erleidet.

§ 9
Eigentum an zurückgegebenem Kulturgut

Das Eigentum an Kulturgut bestimmt sich nach erfolgter Rückgabe nach den Sachvorschriften des ersuchenden Staats.

§ 10
Entschädigung

(1) Der Rückgabeschuldner ist zur Rückgabe nur Zug um Zug gegen eine angemessene Entschädigung verpflichtet, wenn nicht der ersuchende Staat nachweist, dass dem Rückgabeschuldner bei Erwerb des Kulturgutes die unrechtmäßige Verbringung aus dem Hoheitsgebiet des ersuchenden Staats bekannt oder infolge grober Fahrlässigkeit unbekannt war. Bei der Bemessung der Entschädigungshöhe ist die Entziehung der Nutzung des Kulturgutes unter gerechter Abwägung der Interessen der Allgemeinheit und des Rückgabeschuldners zu berücksichtigen. Für entgangenen Gewinn und für sonstige Vermögensnachteile, die nicht in unmittelbarem Zusammenhang mit dem Entzug der Nutzung stehen, ist dem Rückgabeschuldner eine Entschädigung zu zahlen, wenn und insoweit dies zur Abwendung oder zum Ausgleich einer unbilligen Härte geboten erscheint.

(2) Die Entschädigung ist von dem ersuchenden Staat zu entrichten.

(3) Sichert der ersuchende Staat schriftlich zu, dass die Rechte des Rückgabeschuldners an dem Kulturgut durch die Rückgabe nicht berührt werden, so hat er diesem nur die Kosten zu erstatten, die ihm daraus entstanden sind, dass er darauf vertraut hat, das Kulturgut im Bundesgebiet belassen zu dürfen.

(4) Ist das zurückzugebende Kulturgut dem Rückgabeschuldner geschenkt, vererbt oder vermacht worden, so fallen ihm die Sorgfaltspflichtverletzungen des Schenkers oder Erblassers zur Last.

§ 11
Verjährung und Erlöschen des Rückgabeanspruchs

(1) Der Rückgabeanspruch des ersuchenden Staats verjährt in einem Jahr von dem Zeitpunkt an, in dem dessen Behörden von dem Ort der Belegenheit und der Person des Rückgabeschuldners Kenntnis erlangen. Die Vorschriften des Bürgerlichen Gesetzbuchs über die Hemmung und den Neubeginn der Verjährung sind entsprechend anzuwenden. Der Rückgabeanspruch erlischt jedoch spätestens 30 Jahre nach dem Zeitpunkt, in dem das Kulturgut unrechtmäßig aus dem ersuchenden Staat ausgeführt worden ist.

(2) Bei Kulturgut, das Teil einer öffentlichen Sammlung des ersuchenden Staats im Sinne von § 6 Abs. 1 Nr. 2 Buchstabe b ist, erlischt der Rückgabeanspruch nach 75 Jahren. Dieser Rückgabeanspruch erlischt jedoch nicht, wenn und soweit er auch nach dem Recht des um die Rückgabe ersuchenden Staats keiner Verjährung und keinem durch Zeitablauf bedingten Erlöschen unterliegt.

(3) Erteilt die zuständige Behörde des ersuchenden Staats für unrechtmäßig ausgeführtes Kulturgut nachträglich eine wirksame Ausfuhrgenehmigung, so kann seine Rückgabe nicht mehr gefordert werden. Das Gleiche gilt, wenn die Ausfuhr auf Grund einer nach ihr in Kraft getretenen Rechtsänderung Rechtmäßigkeit erlangt.

§ 12
Aufgaben des Bundes und der Zentralstellen der Länder

(1) Die Zentralstellen der Länder nehmen im Zusammenhang mit der Rückführung rechtswidrig in das Bundesgebiet verbrachten Kulturgutes der Mitgliedstaaten der Europäischen Union oder Vertragsstaaten insbesondere folgende Aufgaben wahr:

1. die von dem ersuchenden Staat beantragten Nachforschungen nach einem bestimmten Kulturgut, das unrechtmäßig aus seinem Hoheitsgebiet verbracht wurde, und nach der Identität seines Eigentümers oder Besitzers. Dem Antrag sind zur Erleichterung der Nachforschungen alle erforderlichen Angaben beizufügen, insbesondere über die Veröffentlichung als national wertvolles Kulturgut und den tatsächlichen oder vermutlichen Ort der Belegenheit des Kulturgutes;

2. die Erleichterung der Überprüfung durch die zuständigen Behörden des ersuchenden Staats, ob der betreffende Gegenstand des ersuchenden Staats ein Kulturgut darstellt, sofern die Überprüfung innerhalb von zwei Monaten nach der Unterrichtung nach Absatz 2 Nr. 1 oder einer Unterrichtung auf dem diplomatischen Weg erfolgt. Wird diese Überprüfung nicht innerhalb der festgelegten Frist durchgeführt, so entfallen die Verpflichtungen nach den Nummern 3 und 4;

3. die Durchführung und erforderlichenfalls die Anordnung der notwendigen Maßnahmen für die physische Erhaltung des Kulturgutes in Zusammenarbeit mit dem betroffenen Staat;

4. den Erlass der erforderlichen vorläufigen Maßnahmen, um zu verhindern, dass das Kulturgut dem Rückgabeverfahren entzogen wird.

(2) Die Zentralstellen der Länder nehmen in Bezug auf Rückgabebegehren von Mitgliedstaaten der Europäischen Union außerdem folgende Aufgaben wahr:

1. die Unterrichtung der betroffenen Mitgliedstaaten der Europäischen Union im Fall des Auffindens eines Kulturgutes, wenn begründeter Anlass für die Vermutung besteht, dass das Kulturgut unrechtmäßig aus dem Hoheitsgebiet eines anderen Mitgliedstaats der Europäischen Union verbracht wurde;

2. die Wahrnehmung der Rolle eines Vermittlers zwischen dem Eigentümer oder Besitzer und dem ersuchenden Mitgliedstaat der Europäischen Union in der Frage der Rückgabe. Das Landesrecht kann vorsehen, dass, unabhängig von der Erhebung der Klage, der Rückgabeanspruch zunächst im Schiedsverfahren geklärt wird, sofern zwischen Rückgabegläubiger und Rückgabeschuldner hierüber Einvernehmen besteht.

(3) In Bezug auf Rückgabebegehren von Vertragsstaaten, die nicht Mitgliedstaaten der Europäischen Union sind, nimmt das Auswärtige Amt in Zusammenarbeit mit der Zentralstelle des Bundes insbesondere die in Absatz 2 beschriebenen Aufgaben auf diplomatischem Weg wahr.

§ 13
Rückgabeklage des ersuchenden Staats

(1) Unabhängig von der Möglichkeit, eine gütliche Einigung über die Rückgabe anzustreben, kann der ersuchende Mitgliedstaat der Europäischen Union oder Vertragsstaat den Rückgabeschuldner auf dem verwaltungsgerichtlichen Rechtsweg auf Rückgabe verklagen.

(2) Drei Monate nach Eingang des Rückgabeersuchens bei der zuständigen Zentralstelle kann Klage erhoben werden. Ihr sind eine Beschreibung des streitbefangenen Gegenstandes und die zum Nachweis der Voraussetzungen erforderlichen Urkunden und Erklärungen beizufügen.

(3) Die Beweislast für das Bestehen des Rückgabeanspruchs, den Entschädigungsanspruch des Rückgabeschuldners und die für die Höhe der Entschädigung maßgeblichen Umstände bemisst sich nach deutschem Recht.

(4) Gibt das Gericht der Klage statt, so entscheidet es zugleich über die dem Beklagten zu gewährende Entschädigung.

(5) § 6 Abs. 6 bleibt unberührt.

(6) Dem Berechtigten steht es frei, unbeschadet des Vorgehens des Staats seine Rechte gegen den Besitzer auf dem ordentlichen Rechtsweg durchzusetzen.

Abschnitt 4
Vorschriften zum Schutz von bedeutendem Kulturgut anderer Staaten

§ 14
Genehmigungspflicht

(1) Das Verbringen von Gegenständen, die im Verzeichnis wertvollen Kulturgutes der Vertragsstaaten geführt werden, in das Bundesgebiet bedarf der Genehmigung.

(2) Das Verzeichnis wertvollen Kulturgutes der Vertragsstaaten wird von der oder dem Beauftragten der Bundesregierung für Kultur und Medien erstellt und nach Bedarf ergänzt. Die Aufgabe kann der Zentralstelle des Bundes übertragen werden. Es enthält die individuell bestimmbaren, von den Vertragsstaaten als im Sinne von Artikel 1 des Kulturgutübereinkommens besonders bedeutsam bezeichneten Gegenstände und den Hinweis darauf, ob die Ausfuhr aus dem Herkunftsstaat aus kulturgutschutzrechtlichen Gründen grundsätzlich verboten ist. Jede Eintragung und ihre Veränderung wird im Bundesanzeiger bekannt gemacht.

(3) Die Bundesregierung wird ermächtigt, durch Rechtsverordnung ohne Zustimmung des Bundesrats Vorschriften zu erlassen, die das Verfahren und die Voraussetzungen bei der Erstellung, Führung und Aktualisierung des Verzeichnisses regeln.

§ 15
Genehmigung

(1) Die Genehmigung ist zu erteilen, wenn die Ausfuhr des Gegenstandes aus dem Herkunftsstaat nicht verboten ist.

(2) Zuständig für die Erteilung der Genehmigung ist die Zentralstelle des Bundes.

§ 16
Mitwirkung der Zollbehörden

(1) Das unmittelbare Verbringen von Gegenständen aus Drittländern sowie die Ausfuhr von Kulturgut, welches

1. dem Gesetz zum Schutz deutschen Kulturgutes gegen Abwanderung oder

2. einer von den Europäischen Gemeinschaften erlassenen Ein- oder Ausfuhrregelung

unterliegt, werden im Geltungsbereich dieses Gesetzes zollamtlich überwacht.

(2) Das Bundesministerium der Finanzen wird ermächtigt, im Einvernehmen mit dem für Kultur und Medien zuständigen Mitglied der Bundesregierung durch Rechtsverordnung ohne Zustimmung des Bundesrates die Einzelheiten des Verfahrens nach Absatz 1, insbesondere über die Pflichten zu Anzeigen, Anmeldungen, Auskünften und zur Leistung von Hilfsdiensten sowie zur Duldung der Einsichtnahme in Geschäftspapiere und sonstige Unterlagen und zur Duldung von Zollbeschauen und von Entnahmen unentgeltlicher Muster und Proben zu regeln.

§ 17
Beschlagnahme und Einziehung durch die Zollstellen

(1) Ergeben sich im Rahmen der zollamtlichen Überwachung nach § 16 Abs. 1 Zweifel, ob das Verbringen von Gegenständen nach § 14 Abs. 1 einer Genehmigung bedarf oder ob die vorgelegte Genehmigung rechtmäßig ist, kann die zuständige Zollstelle die Gegenstände auf Kosten des Verfügungsberechtigten bis zur Klärung der Zweifel in Verwahrung nehmen oder einen Dritten mit der Verwahrung beauftragen. Zur Klärung der Zweifel kann die Zollstelle vom Verfügungsberechtigten die Vorlage einer Bescheinigung einer von der oder dem Beauftragten der Bundesregierung für Kultur und Medien anerkannten unabhängigen sachverständigen Stelle oder Person darüber verlangen, dass es sich nicht um Gegenstände handelt, die in dem Verzeichnis im Sinne von § 14 Abs. 2 enthalten sind.

(2) Wird bei der zollamtlichen Behandlung festgestellt, dass Gegenstände ohne die vorgeschriebenen Genehmigungen in das Bundesgebiet verbracht wurden, werden sie durch die zuständige Zollstelle beschlagnahmt. Werden die vorgeschriebenen Genehmigungen nicht innerhalb eines Monats nach der Beschlagnahme vorgelegt, ordnet die zuständige Zollstelle die Einziehung an; die Frist kann angemessen verlängert werden, längstens bis zu insgesamt sechs Monaten.

(3) Werden Gegenstände beschlagnahmt oder eingezogen, so werden die hierdurch entstandenen Kosten, insbesondere für fachgerechte Aufbewahrung, Beförderung oder Rücksendung, dem Einführer auferlegt. Kann dieser nicht ermittelt werden, werden sie dem Absender, Beförderer oder Besteller auferlegt, wenn diesem die Umstände, die die Beschlagnahme oder Einziehung veranlasst haben, bekannt waren.

(4) Die oder der Beauftragte der Bundesregierung für Kultur und Medien gibt die unabhängigen sachverständigen Stellen und Personen im Sinne von Absatz 1 Satz 2 im Bundesanzeiger bekannt.

§ 18
Aufzeichnungspflichten im Kunst- und **Antiquitätenhandel** ***(anstatt: Antikenhandel)*** sowie im Versteigerergewerbe

(1) Der Betreiber eines Kunst- oder **Antiquitätenhandels** ***(anstatt: Antikenhandels)*** oder eines Versteigerungsunternehmens hat bei Erwerb und Veräußerung **von Kulturgut gemäß Absatz 2** ***(anstatt: bedeutsamen Kulturgutes)*** folgende Aufzeichnungen zu machen:

1. eine zur Feststellung der Identität des ***(entfallen: bedeutsamen)*** Kulturgutes geeignete Beschreibung,

2. die Angabe seines Ursprungs, soweit bekannt,

3. Name und Anschrift des Veräußerers, **des Einlieferers,** des Erwerbers und des Auftraggebers sowie

4. Preise für den An- und Verkauf.

Dabei hat er die einliefernde Person und den Erwerber zu identifizieren. Die Aufzeichnungen mit den dazugehörigen Unterlagen und Belegen sind in den Geschäftsräumen für die Dauer von zehn Jahren aufzubewahren.

(2) **Als Kulturgut im Sinne von Absatz 1 Satz 1 gilt ein Gegenstand im Wert von mindestens 1.000 Euro,** ***(anstatt: Ein Gegenstand gilt als bedeutsames Kulturgut, wenn)***

1. **der** ***(anstatt: er)*** zu einer der Kategorien gehört, die in Teil A des Anhangs zur Verordnung (EWG) Nr. 3911/92 des Rates vom 9. Dezember 1992 über die Ausfuhr von Kulturgütern (ABl. EG Nr. L 395 S. 1, 1996 Nr. L 267 S. 30), die zuletzt durch Verordnung (EG) Nr. 806/2003 des Rates vom 14. April 2003 (ABl. EU Nr. L 122 S. 1) geändert worden ist, in der jeweils geltenden Fassung aufgeführt sind, und

2. **dessen** ***(anstatt: sein)*** Wert mindestens den in Teil B des Anhangs zur Verordnung (EWG) Nr. 3911/92 aufgeführten Wertgruppen entspricht.

(3) Eine Aufzeichnungspflicht nach Absatz 1 entfällt, soweit bereits auf Grund allgemeiner Buchführungspflichten nach dem Handelsgesetzbuch oder der Abgabenordnung Aufzeichnungen geführt und aufbewahrt werden, die den in Absatz 1 bezeichneten Anforderungen entsprechen.

§ 19
Auskunfts- und Zutrittsrecht

Die Auskunfts- und Zutrittsrechte, die den zuständigen Behörden und ihren Beauftragten zur Durchführung dieses Abschnitts zustehen, bestimmen sich nach der Gewerbeordnung.

Abschnitt 5
Straf- und Bußgeldvorschriften

§ 20
Strafvorschriften

(1) Mit Freiheitsstrafe bis zu drei Jahren oder mit Geldstrafe wird bestraft, wer

1. entgegen § 8 Abs. 4 angehaltenes Kulturgut ausführt oder der zuständigen Stelle vorenthält,

2. entgegen § 8 Abs. 4 angehaltenes Kulturgut beschädigt oder zerstört, ***(entfallen: wenn die Tat nicht in § 304 des Strafgesetzbuches mit höherer Strafe bedroht ist,)*** oder

3. ohne Genehmigung nach § 14 Abs. 1 einen Gegenstand in das Bundesgebiet verbringt.

(1a) In den Fällen des Absatzes 1 Nr. 2 bleibt die Strafbarkeit nach §304 des Strafgesetzbuches unberührt.

(2) Mit Freiheitsstrafe bis zu fünf Jahren oder mit Geldstrafe wird bestraft, wer in den Fällen des Absatzes 1 gewerbs- oder gewohnheitsmäßig handelt.

§ 21
Bußgeldvorschriften

(1) Ordnungswidrig handelt, wer vorsätzlich oder fahrlässig

1. entgegen § 18 Abs. 1 Satz 1 ***(entfallen: in Verbindung mit einer Rechtsverordnung nach § 18 Abs. 2)*** eine Aufzeichnung nicht, nicht richtig, nicht vollständig oder nicht rechtzeitig macht oder

2. entgegen § 18 Abs. 1 Satz 3 ***(entfallen: in Verbindung mit einer Rechtsverordnung nach § 18 Abs. 2)*** eine Aufzeichnung nicht oder nicht für die vorgeschriebene Dauer aufbewahrt.

(2) Die Ordnungswidrigkeit kann mit einer Geldbuße bis zu fünfzigtausend Euro geahndet werden.

§ 22
Befugnisse der Zollbehörden

Die zuständigen Verwaltungsbehörden und Staatsanwaltschaften können bei Verdacht von Ordnungswidrigkeiten und Straftaten nach diesem Gesetz und dem Gesetz zum Schutz deutschen Kulturgutes gegen Abwanderung Ermittlungen (§161 Satz 1 der Strafprozessordnung) auch durch die Hauptzollämter und die Zollfahndungsämter vornehmen lassen. § 37 Abs. 2 bis 4 des Außenwirtschaftsgesetzes gilt entsprechend.

Artikel 2
Änderung des Gesetzes zum Schutz deutschen Kulturgutes gegen Abwanderung

Das Gesetz zum Schutz deutschen Kulturgutes gegen Abwanderung in der Fassung der Bekanntmachung vom 8. Juli 1999 (BGBl. I S. 1754), geändert durch Artikel 71 der Verordnung vom 29. Oktober 2001 (BGBl. I S. 2785), wird wie folgt geändert:

1. § 18 wird wie folgt geändert:

a) Der bisherige Wortlaut wird Absatz 1.

b) Nach Absatz 1 wird folgender Absatz 2 angefügt:

„(2) Im öffentlichen Eigentum befindliches national wertvolles Kulturgut und Archivgut, auf das das Gesetz nach Absatz 1 keine Anwendung findet, kann **von Amts wegen, auf Grund einer Anmeldung durch den jeweiligen Eigentümer oder auf Antrag der oder des Beauftragten der Bundesregierung für Kultur und Medien** ***(anstatt: der jeweilige Eigentümer zur Aufnahme)*** in das Verzeichnis national wertvollen Kulturgutes oder das Verzeichnis national wertvoller Archive **eingetragen werden** ***(anstatt: anmelden)***. Über die ***Eintragung (anstatt: Aufnahme)*** entscheidet die oberste Landesbehörde nach diesem Gesetz."

2. § 19 Abs. 2 Satz 1 wird wie folgt gefasst:

„Die Kirchen und die als Körperschaften des öffentlichen Rechts anerkannten Religionsgemeinschaften können in ihrem Eigentum **stehendes Kulturgut** ***(anstatt: stehende Kunstwerke und anderes Kulturgut)*** im Sinne dieses Gesetzes sowie Archivgut zur Aufnahme in das Verzeichnis national wertvollen Kulturgutes oder Verzeichnis national wertvoller Archive anmelden."

Artikel 3
Änderung der Gewerbeordnung

Die ***(anstatt: § 29 Abs. 1 der)*** Gewerbeordnung in der Fassung der Bekanntmachung vom 22. Februar 1999 (BGBl. I S. 202), zuletzt geändert durch Artikel 1 des Gesetzes vom 19. Dezember 2006 (BGBl. I S. 3232) ***(anstatt: die zuletzt durch Artikel 3a des Gesetzes vom 6. September 2005 (BGBl. I S. 2725) geändert worden ist)***, wird wie folgt geändert:
In § 29 Abs. 1 wird folgende Nummer 6 angefügt: „6. im Sinne von § 18 Abs. 1 Satz 1 KultGüRückG." ***(anstatt: 1. In Nummer 3 wird das Wort „oder" durch ein Komma ersetzt. 2. Nach Nummer 4 werden das Wort „oder" und folgende Nummer 5 angefügt: „5. die ein Gewerbe nach § 18 Abs. 1 Satz 1 des Kulturgüterrückgabegesetzes betreiben".)***

Artikel 4
Gesetz zur Ausführung der Konvention vom 14. Mai 1954 zum Schutz von Kulturgut bei bewaffneten Konflikten

§ 1
Rückgabepflicht

(1) Kulturgut im Sinne von Artikel 1 der Konvention zum Schutz von Kulturgut bei bewaffneten Konflikten vom 14. Mai 1954 (BGBl. 1967 II S. 1233) aus einem besetz-

ten Gebiet eines Vertragsstaats ist nach Beendigung der Feindseligkeiten an die jeweils zuständigen Behörden des früher besetzten Gebietes zurückzugeben, wenn

1. es nach dem 11. November 1967 während eines bewaffneten Konflikts aus dem Hoheitsgebiet dieses Staats in das Bundesgebiet verbracht wurde und

2. die Behörden des Vertragsstaats das Auswärtige Amt auf dem diplomatischen Weg um Rückgabe ersuchen.

(2) Deponiertes Kulturgut im Sinn von Abschnitt II Nr. 5 des Protokolls zu der Konvention vom 14. Mai 1954 (BGBl. 1967 II S. 1233, 1300) ist nach Beendigung der Feindseligkeiten zurückzugeben, ohne dass die weiteren Voraussetzungen des Absatzes 1 erfüllt sein müssen.

(3) Die Kosten der Rückgabe trägt der ersuchende Staat.

(4) Derjenige, der für sich selbst oder für einen anderen die tatsächliche Sachherrschaft über das Kulturgut ausübt (Rückgabeschuldner), ist zur Rückgabe nur Zug um Zug gegen eine angemessene Entschädigung verpflichtet. Eine Entschädigungspflicht entfällt, wenn der ersuchende Staat nachweist, dass dem Rückgabeschuldner bei Erwerb des Kulturgutes bekannt oder infolge grober Fahrlässigkeit unbekannt war, dass der Gegenstand aus einem besetzten Gebiet verbracht oder zu Schutzzwecken deponiert wurde.

(5) Ist das zurückzugebende Kulturgut dem Rückgabeschuldner geschenkt, vererbt oder vermacht worden, so fallen ihm die Sorgfaltsverpflichtungen des Schenkers oder Erblassers zur Last.

§ 2
Verbringungsverbot und Beschlagnahme

(1) Jede Verbringung von Kulturgut im Widerspruch zu Abschnitt I Nr. 2 des Protokolls aus einem besetzten Gebiet eines Vertragsstaats während eines bewaffneten Konflikts in das Bundesgebiet ist verboten. Dies gilt nicht für Kulturgut, das im Sinne von Abschnitt II Nr. 5 des Protokolls zum Schutz vor den Gefahren eines bewaffneten Konflikts im Bundesgebiet deponiert werden soll.

(2) Das Verbringen von Kulturgut nach Absatz 1 in das Bundesgebiet im unmittelbaren Warenverkehr mit Drittländern wird zollamtlich überwacht.

(3) Das Bundesministerium der Finanzen wird ermächtigt, im Einvernehmen mit dem für Angelegenheiten der Kultur und der Medien zuständigen Mitglied der Bundesregierung durch Rechtsverordnung ohne Zustimmung des Bundesrates die Einzelheiten des Verfahrens nach Absatz 2 zu regeln; dabei kann es auch Pflichten zu Anzeigen, Anmeldungen, Auskünften und zur Leistung von Hilfsdiensten sowie zur Duldung der Einsichtnahme in Geschäftspapiere und sonstige Unterlagen und zur Duldung von Zollbeschauen und von Entnahmen unentgeltlicher Muster und Proben vorsehen.

(4) Ergeben sich im Rahmen der zollamtlichen Überwachung Zweifel, ob es sich um Kulturgut eines besetzten Gebietes eines Vertragsstaats handelt, kann die zuständige Zollstelle den Gegenstand auf Kosten der Person, die den Gegenstand in das Bundesgebiet verbringt oder in ihrem Namen verbringen lässt (Verfügungsberechtigter), bis zur Klärung der Zweifel in Verwahrung nehmen oder einen Dritten mit der Verwahrung beauftragen. Zur Klärung der Zweifel kann die Zollstelle vom Verfügungsberechtigten die Vorlage einer Bescheinigung einer von der oder dem Beauftragten der Bundesregierung für Kultur und Medien anerkannten und nach § 17 Abs. 4 des Kulturgüterrückgabegesetzes **vom 18. Mai 2007 (BGBl. I S.757)** bekannt gemachten unabhängigen sachverständigen Stelle oder Person darüber verlangen, dass der Gegenstand nicht ein Kulturgut aus einem besetzen Gebiet eines Vertragsstaats ist.

(5) Kulturgut, das entgegen dem Verbot in Absatz 1 unmittelbar aus einem Drittland in das Bundesgebiet verbracht wird, unterliegt der Beschlagnahme durch die zuständigen Zollstellen. Die Beschlagnahme ist unverzüglich dem Auswärtigen Amt und der oder dem Beauftragten der Bundesregierung für Kultur und Medien zu melden.

(6) Das Auswärtige Amt unterrichtet unverzüglich die Behörden des Vertragsstaats von der Beschlagnahme.

(7) Beschlagnahmte Gegenstände werden nach Ende der Feindseligkeiten an den Verfügungsberechtigten zurückgegeben, wenn der Vertragsstaat auf Rückfrage erklärt, kein Ersuchen zu stellen. Die Rückgabe an den Verfügungsberechtigten erfolgt auch, wenn der Vertragsstaat sich binnen eines Jahres nicht äußert. Die Kosten der Lagerung nach Beschlagnahme trägt der Verfügungsberechtigte. Die Rückfrage und Entscheidung über die Rückgabe erfolgt durch das Auswärtige Amt im Einvernehmen mit der oder dem Beauftragten der Bundesregierung für Kultur und Medien, die die zuständige Zollstelle von der Entscheidung in Kenntnis setzen.

(8) Die besetzten Gebiete der Vertragsstaaten werden vom Auswärtigen Amt im Bundesanzeiger bekannt gegeben.

§ 3
Durchführung der Rückgabe und Sicherstellung

(1) Die zur Ermittlung des rückgabepflichtigen Kulturgutes, seiner Sicherung und seiner Rückgabe erforderlichen Maßnahmen fallen in die Zuständigkeit der Länder. Die Aufgaben, die im Zusammenhang mit der Rückführung stehen, werden in entsprechender Anwendung von § 12 des Kulturgüterrückgabegesetzes von den dort bezeichneten Zentralstellen wahrgenommen.

(2) Die nach § 1 zurückzugebenden Gegenstände, die nicht bereits nach § 2 Abs. 5 beschlagnahmt wurden, sind nach Maßgabe der landesrechtlichen Vorschriften sicherzustellen, sofern zu befürchten ist, dass ihre Rückgabe an den ersuchenden Staat verhindert werden soll oder dass sie Schaden erleiden. Die Kosten für die Sicherstellung trägt der ersuchende Staat.

(3) Die Sicherstellung ist unverzüglich dem Auswärtigen Amt und der oder dem Beauftragten der Bundesregierung für Kultur und Medien zu melden.

(4) Die Länder sind auch für die erforderlichen Maßnahmen zur Entgegennahme, Verwahrung und Rückgabe von nach Abschnitt II Nr. 5 des Protokolls deponiertem Kulturgut zuständig. Die damit im Zusammenhang stehenden Aufgaben werden in entsprechender Anwendung von §§ 8 und 12 des Kulturgüterrückgabegesetzes wahrgenommen.

Artikel 4a
Einschränkung von Grundrechten

Durch Artikel 3 dieses Gesetzes wird das Grundrecht der Unverletzlichkeit der Wohnung (Artikel 13 des Grundgesetzes) eingeschränkt.

Artikel 5
Inkrafttreten, Außerkrafttreten

(1) Artikel 1 § 14 Abs. 3 und § 16 Abs. 2 sowie Artikel 2 und 4 treten am Tag nach der Verkündung in Kraft.

(2) Im Übrigen tritt dieses Gesetz an dem Tag in Kraft, an dem das Übereinkommen vom 14. November 1970 über Maßnahmen zum Verbot und zur Verhütung der rechtswidrigen Einfuhr, Ausfuhr und Übereignung von Kulturgut **(BGBl. 2007 II S.626)** für die Bundesrepublik Deutschland in Kraft tritt; gleichzeitig tritt das Kulturgüterrückgabegesetz vom 15. Oktober 1998 (BGBl. I S. 3162), geändert durch Artikel 80 der Verordnung vom 29. Oktober 2001 (BGBl. I S. 2785), außer Kraft.

(3) Der Tag, an dem das Übereinkommen vom 14. November 1970 über Maßnahmen zum Verbot und zur Verhütung der rechtswidrigen Einfuhr, Ausfuhr und Übereignung von Kulturgut nach seinem Artikel 21 für die Bundesrepublik Deutschland in Kraft tritt, ist im Bundesgesetzblatt bekannt zu geben.

STUDIEN ZUM VERGLEICHENDEN UND INTERNATIONALEN RECHT

Herausgeber: Bernd von Hoffmann, Erik Jayme und Heinz-Peter Mansel

Band 1 Ferdinand Henke: Die Datenschutzkonvention des Europarates. 1986.

Band 2 Peter Czermak: Der express trust im internationalen Privatrecht. 1986.

Band 3 Peter Kindler: Der Ausgleichsanspruch des Handelsvertreters im deutsch-italienischen Warenverkehr. Eine rechtsvergleichende und kollisionsrechtliche Untersuchung. 1987.

Band 4 Wilhelm Denzer: Stellung und Bedeutung des Engineers in den FIDIC-Bauvertragsbedingungen. 1988.

Band 5 Marijan-Maximilian Lederer: Die internationale Enteignung von Mitgliedschaftsrechten unter besonderer Berücksichtigung der französischen Enteignungen 1982. 1989.

Band 6 Rainer Esser: Klagen gegen ausländische Staaten. 1990.

Band 7 Chang Jae-Ok: Auf dem Weg zu einer Materialisierung des Immateriellen? Personen-, Persönlichkeitsschutz und Geldersatz des immateriellen Schadens in rechtsvergleichender Hinsicht am Beispiel des koreanischen und japanischen Zivilrechts unter besonderer Berücksichtigung des deutschen Rechts. 1990.

Band 8 Paul-Frank Weise: Lex mercatoria. Materielles Recht vor der internationalen Handelsschiedsgerichtbarkeit.1990.

Band 9 Werner Born: Der Auftrittsvertrag für Musikgruppen im Bereich der Rock- und Popmusik. 1990.

Band 10 Ralf Erich Jürgens: IPR und Verfassung in Italien und in der Bundesrepublik Deutschland. 1990.

Band 11 Rainer Gildeggen: Internationale Schieds- und Schiedsverfahrensvereinbarungen in Allgemeinen Geschäftsbedingungen vor deutschen Gerichten. 1991.

Band 12 Klaus Grabinski: Die kollisionsrechtliche Behandlung des Durchgriffs bei rechtlich verselbständigten Unternehmen in privater oder öffentlicher Hand. 1991.

Band 13 Dieter Stummel: Konkurs und Integration. Konventionsrechtliche Wege zur Bewältigung grenzüberschreitender Insolvenzverfahren. 1991.

Band 14 Joachim Güntzer: Die Rechtsstellung des Geschäftsführers im spanischen Aktienrecht. Die Neuregelung des spanischen Aktienrechts nach dem Beitritt Spaniens zur EG. 1991.

Band 15 Sabine Isenburg-Epple: Die Berücksichtigung ausländischer Rechtshängigkeit nach dem Europäischen Gerichtsstands- und Vollstreckungsübereinkommen vom 27.9.1968. Untersuchungen zum Anwendungsbereich von Art. 21 EuGVÜ unter schwerpunktmäßiger Behandlung der Frage nach der Bestimmung eines europäischen Streitgegenstandsbegriffs. 1992.

Band 16 Ulrich Nickl: Die Qualifikation der culpa in contrahendo im Internationalen Privatrecht. 1992.

Band 17 Theo Rauh: Leistungserschwerungen im Schuldvertrag. Eine rechtsvergleichende Untersuchung des englischen, US-amerikanischen, französischen und deutschen Rechts unter besonderer Berücksichtigung der gerichtlichen Praxis. 1992.

Band 18 Bernadette Chaussade-Klein: Vorvertragliche "obligation de renseignements" im französischen Recht. 1992.

Band 19 Josef Sievers: Verbraucherschutz gegen unlautere Vertragsbedingungen im französischen Recht. Vom Code civil zum "Code de la consommation" – die Entstehung eines Sonderprivatrechts für Verbraucher. 1993.

Band 20 Achim Schäfer: Grenzüberschreitende Kreditsicherung an Grundstücken, unter besonderer Berücksichtigung des deutschen und italienischen Rechts. 1993.

Band 21 Eugenio Hernández-Breton: Internationale Gerichtsstandsklauseln in Allgemeinen Geschäftsbedingungen. Unter besonderer Berücksichtigung des deutsch-südamerikanischen Rechtsverkehrs (dargestellt am Beispiel Argentinien, Brasilien und Venezuela). 1993.

Band 22 Ingo Reng: Unterhaltsansprüche aufgrund nichtehelicher Lebensgemeinschaft – Internationales Privatrecht und ausländisches materielles Recht. 1994.

Band 23 Stefanie Roloff: Die Geltendmachung ausländischer öffentlicher Ansprüche im Inland. 1994.

Band 24 Katharina Ludwig: Der Vertragsschluß nach UN-Kaufrecht im Spannungsverhältnis von Common Law und Civil Law. Dargestellt auf der Grundlage der Rechtsordnungen Englands und Deutschlands. 1994.

Band 25 Malte Diesselhorst: Mehrparteienschiedsverfahren. Internationale Schiedsverfahren unter Beteiligung von mehr als zwei Parteien. 1994.

Band 26 Manfred Kost: Konsensprobleme im internationalen Schuldvertragsrecht. 1995.

Band 27 Wolff-Heinrich Fleischer: Das italienische Wettbewerbsrecht und die Probleme des selektiven Parfümvertriebs unter Berücksichtigung der Rechtslage in Frankreich und Deutschland. 1995.

Band 28 Angelika Fuchs: Lateinamerikanische Devisenkontrollen in der internationalen Schuldenkrise und Art. VIII Abschn. 2 b) IWF-Abkommen. 1995.

Band 29 Jacques Matthias Aull: Der Geltungsanspruch des EuGVÜ: "Binnensachverhalte" und Internationales Zivilverfahrensrecht in der Europäischen Union. Zur Auslegung von Art. 17 Abs. 1 S. 1 EuGVÜ. 1996.

Band 30 Hartmut Ost: EVÜ und fact doctrine. Konflikte zwischen europäischer IPR-Vereinheitlichung und der Stellung ausländischen Rechts im angelsächsischen Zivilprozeß. 1996.

Band 31 Stefan Wagner: Die Testierfähigkeit im Internationalen Privatrecht. 1996.

Band 32 Wolfgang Jakob Hau: Positive Kompetenzkonflikte im Internationalen Zivilprozeßrecht. Überlegungen zur Bewältigung von *multi-fora disputes*. 1996.

Band 33 Markus Schütz: UN-Kaufrecht und *Culpa in contrahendo*. 1996.

Band 34 Volker Geyrhalter: Das Lösungsrecht des gutgläubigen Erwerbers. Ein "vergessener" Kompromiß und die Auswirkungen auf das heutige deutsche Recht unter besonderer Berücksichtigung des internationalen Sachenrechts. 1996.

Band 35 Andreas Kramer: Abwicklungsstörungen bei Kaufverträgen. Die Lieferung vertragswidriger Sachen im deutschen und italienischen Recht. 1996.

Band 36 Petra Krings: Erfüllungsmodalitäten im internationalen Schuldvertragsrecht. 1997.

Band 37 Tonja Gaibler: Der rechtsgeschäftliche Irrtum im französischen Recht. 1997.

Band 38 Dirk Otto: Rechtsspaltung im indischen Erbrecht. Bedeutung und Auswirkungen auf deutsch-indische Nachlaßfälle. 1997.

Band 39 Gregor W. Decku: Zwischen Vertrag und Delikt. Grenzfälle vertraglicher und deliktischer Haftung dargestellt am Beispiel der Berufs- und Expertenhaftung zum Schutze des Vermögens Dritter im deutschen und englischen Recht. 1997.

Band 40 Gregor W. Decku: Zwischen Vertrag und Delikt. Grenzfälle vertraglicher und deliktischer Haftung dargestellt am Beispiel der Berufs- und Expertenhaftung zum Schutze des Vermögens Dritter im deutschen und englischen Recht. 1997.

Band 41 Ulrike Höpping: Auswirkungen der Warenverkehrsfreiheit auf das IPR unter besonderer Berücksichtigung des Internationalen Produkthaftungsrechts und des Internationalen Vertragsrechts. 1997.

Band 42 Helene Boriths Müller: Die Umsetzung der europäischen Übereinkommen von Rom und Brüssel in das Recht der Mitgliedstaaten. Dargestellt am Beispiel Deutschlands und Dänemarks. 1997.

Band 43 Bernd von Hoffmann / Myong-Chang Hwang (eds.): The Public Concept of Land Ownership. Reports and Discussions of a German-Korean Symposium held in Seoul on October 7-9, 1996. 1997.

Band 44 Oliver Heeder: Fraus legis. Eine rechtsvergleichende Untersuchung über den Vorbehalt der Gesetzesumgehung in Deutschland, Österreich, der Schweiz, Frankreich und Belgien unter besonderer Berücksichtigung des Internationalen Privatrechts. 1998.

Band 45 Heinrich Schütt: Deliktstyp und Internationales Privatrecht. Dargestellt an grenzüberschreitenden Problemen der Arzthaftung. 1998.

Band 46 Axel Steiner: Die stillschweigende Rechtswahl im Prozeß im System der subjektiven Anknüpfungen im deutschen Internationalen Privatrecht. 1998.

Band 47 Martina Schulz: Der Eigentumsvorbehalt in europäischen Rechtsordnungen. Rechtsvergleichende Untersuchung des deutschen, englischen und französischen Rechts unter besonderer Berücksichtigung von Erweiterungen und Verlängerungen. 1998.

Band 48 Karin Dreher: Die Rechtswahl im internationalen Erbrecht. Unter besonderer Berücksichtigung des italienischen IPR-Reformgesetzes N. 218 vom 31. Mai 1995. 1999.

Band 49 Giuliano Gabrielli: Das Verhältnis zwischen der Anfechtung wegen Eigenschaftsirrtums und den Gewährleistungsansprüchen im deutschen, österreichischen und italienischen Recht. 1999.

Band 50 Bernd von Hoffmann / Myong-Chan Hwang (eds.): Developments in Land Law. Reports and Discussions of a German-Korean Symposium held in Berlin and Trier on July 21-24, 1997. 1999.

Band 51 Volker Heidbüchel: Das UNCITRAL-Übereinkommen über unabhängige Garantien und Standby Letters of Credit. Vergleiche mit den Richtlinien der Internationalen Handelskammer, dem deutschen, englischen und US-amerikanischen Recht. 1999.

Band 52 Jan Christoph Nordmeyer: Pflichtteilsansprüche und Wiedervereinigung. Eine systematische Analyse der Ausgleichsansprüche nach BGB-Pflichtteilsrecht unter besonderer Berücksichtigung der durch den Wiedervereinigungsprozeß eingetretenen Wertveränderungen. 1999.

Band 53 Bettina Linder: Vertragsabschluß beim grenzüberschreitenden Verbraucherleasing. 1999.

Band 54 Almontasser Fetih: Die zivilrechtliche Haftung bei Vertragsverhandlungen. Eine rechtsvergleichende Studie zum deutschen, französischen, ägyptischen und islamischen Recht. 2000.

Band 55 Sona Rajani: Die Geltung und Anwendung des Gemeinschaftsrechts im Vereinigten Königreich von Großbritannien und Nordirland. Der Grundsatz der Parlamentssouveränität im Wandel. 2000.

Band 56 Joachim Kayser: Gegenmaßnahmen im Außenwirtschaftsrecht und das System des europäischen Kollisionsrechts. Eine Analyse der EU-Abwehrverordnung gegen die Auswirkungen extraterritorialer Rechtserstreckung eines Drittlandes. 2001.

Band 57 Albrecht Conrad: Qualifikationsfragen des Trust im Europäischen Zivilprozeßrecht. 2001.

Band 58 Bernd Borgmann: Die Entsendung von Arbeitnehmern in der Europäischen Gemeinschaft. Wechselwirkungen zwischen Kollisionsrecht, Grundfreiheiten und Spezialgesetzen. 2001.

Band 59 Aleksandar Jaksic: Arbitration and Human Rights. 2002.

Band 60 Islamisches und arabisches Recht als Problem der Rechtsanwendung. Symposium zu Ehren von Professor Emeritus Dr. iur. Omaia Elwan. Veranstaltet vom Institut für ausländisches und internationales Privat- und Wirtschaftsrecht der Universität Heidelberg und der Gesellschaft für Arabisches und Islamisches Recht e.V. Herausgegeben von Herbert Kronke, Gert Reinhart und Nika Witteborg. 2001.

Band 61 Patrick Fiedler: Stabilisierungsklauseln und materielle Verweisung im internationalen Vertragsrecht. 2001.

Band 62 Werner Mangold: Die Abtretung im Europäischen Kollisionsrecht. Unter besonderer Berücksichtigung des spanischen Rechts. 2001.

Band 63 Eike Dirk Eschenfelder: Beweiserhebung im Ausland und ihre Verwertung im inländischen Zivilprozess. Zur Bedeutung des US-amerikanischen discovery-Verfahrens für das deutsche Erkenntnisverfahren. 2002.

Band 64 Bernd Ehle: Wege zu einer Kohärenz der Rechtsquellen im Europäischen Kollisionsrecht der Verbraucherverträge. 2002.

Band 65 Heiko Lehmkuhl: Das Nacherfüllungsrecht des Verkäufers im UN-Kaufrecht. 2002.

Band 66 Jochen Nikolaus Schlotter: Erbrechtliche Probleme in der Société Privée Européenne. IPR-Harmonisierung im einheitlichen Europäischen Rechtsraum. 2002.

Band 67 Konrad Ost: Doppelrelevante Tatsachen im Internationalen Zivilverfahrensrecht. Zur Prüfung der internationalen Zuständigkeit bei den Gerichtsständen des Erfüllungsortes und der unerlaubten Handlung. 2002.

Band 68 Tobias Bosch: Die Durchbrechungen des Gesamtstatuts im internationalen Ehegüterrecht. Unter besonderer Berücksichtigung deutsch-französischer Rechtsfälle. 2002.

Band 69 Ursula Philipp: Form im amerikanischen Erbrecht. Zwischen Formalismus und harmless error. 2002.

Band 70 Christian Stefan Wolf: Der Begriff der wesentlich engeren Verbindung im Internationalen Sachenrecht. 2002.

Band 71 André Fomferek: Der Schutz des Vermögens Minderjähriger. Ein Vergleich des deutschen und des englischen Rechts unter Berücksichtigung des schottischen und irischen Rechts. 2002.

Band 72 nicht erschienen

Band 73 Markus Dreißigacker: Sprachenfreiheit im Verbrauchervertragsrecht. Der Verbraucher im Spannungsfeld zwischen kultureller Identität und Privatautonomie. 2002.

Band 74 Vassiliki Myller-Igknay: Auskunftsansprüche im griechischen Zivilrecht. Auswirkungen im deutsch-griechischen Rechtsverkehr sowie im deutschen internationalen Privat- und Verfahrensrecht. 2003.

Band 75 Stefan Bruinier: Der Einfluss der Grundfreiheiten auf das Internationale Privatrecht. 2003.

Band 76 Nika Witteborg: Das gemeinsame Sorgerecht nichtverheirateter Eltern. Eine Untersuchung im soziologischen, rechtsgeschichtlichen, verfassungsrechtlichen, rechtsvergleichenden und internationalen Kontext. 2003.

Band 77 Peter Stankewitsch: Entscheidungsnormen im IPR als Wirksamkeitsvoraussetzungen der Rechtswahl. 2003.

Band 78 Jan Wilhelm Ritter: Euro-Einführung und IPR unter besonderer Berücksichtigung nachehelicher Unterhaltsverträge. Eine Untersuchung mit Blick auf das deutsche, französische und schweizerische Recht. 2003.

Band 79 Wolf Richard Herkner: Die Grenzen der Rechtswahl im internationalen Deliktsrecht. 2003.

Band 80 Ira Ditandy: Internationale Zuständigkeit. Neuregelung durch die LOPJ 1985. Vergleich mit dem europäischen Vorbild und Auswirkungen auf das spanische internationale Zivilverfahrensrecht. 2003.

Band 81 Andrea Verena Schefold: Werbung im Internet und das deutsche Internationale Privatrecht. 2004.

Band 82 Klaus Herkenrath: Die Umsetzung der Richtlinie 93/13/EWG über missbräuliche Klauseln in Verbraucherverträgen in Deutschland, dem Vereinigten Königreich, Frankreich und Italien. Auswirkungen nationaler Umsetzungstechniken auf dem Harmonisierungserfolg. 2003.

Band 83 Alexander Thünken: Das kollisionsrechtliche Herkunftslandprinzip. 2003.

Band 84 Barbara v. Daumiller: Die Rechtswahl im italienischen internationalen Erbrecht: und ihre Auswirkungen im deutsch-italienischen Rechtsverkehr. 2003.

Band 85 Robert Mödl: Macht, Verantwortlichkeit und Zurechnung im Konzern. Eine rechtsvergleichende Untersuchung auf der Grundlage des deutschen, spanischen und US-amerikanischen Rechts. 2003.

Band 86 Ursula Kerpen: Das Internationale Privatrecht der Persönlichkeitsrechtsverletzungen. Eine Untersuchung auf rechtsvergleichender Grundlage. 2003.

Band 87 Barbara Ploeckl: Umgangsrechtsstreitigkeiten im deutsch-französischen Rechtsverkehr. Bestehende internationale und nationale Regelungen und der geplante *europäische Besuchstitel*. 2003.

Band 88 Katrin Wannemacher: Die Außenkompetenzen der EG im Bereich des Internationalen Zivilverfahrensrechts. Der räumliche Anwendungsbereich des Art. 65 EGV am Beispiel der EuGVO und der EheVO. 2003.

Band 89 Maren B. Eilinghoff: Das Kollisionsrecht der ungerechtfertigten Bereicherung nach dem IPR-Reformgesetz von 1999. 2004.

Band 90 Patrick Niehr: Die zivilprozessuale Dokumentenvorlegung im deutsch-englischen Rechtshilfeverkehr nach der deutschen und der englischen Prozessrechtsreform. 2004.

Band 91 Anna Christina Gördes: Internationale Zuständigkeit, Anerkennung und Vollstreckung von Entscheidungen über die elterliche Verantwortung. Die VO(EG) Nr. 1347/2000, ihre geplanten Änderungen und das Verhältnis beider zum Minderjährigen- und Kinderschutzabkommen. 2004.

Band 92 Martin Rädler: Rechtsbehelfe des Käufers eines Unternehmens oder einer unternehmerischen Beteiligung gegen den Verkäufer im deutschen und französischen Recht. 2004.

Band 93 Marc-Yngve Dietrich: Rechtsstellung und Beteiligung der Gläubiger im französischen Insolvenzverfahren. 2004.

Band 94 Katia Niemann: Die rechtsgeschäftliche und organschaftliche Stellvertretung und deren kollisionsrechtliche Einordnung. Deutschland und England im Vergleich. 2004.

Band 95 Daniel Ludwig: Neuregelungen des deutschen Internationalen Insolvenzverfahrensrechts. Eine Untersuchung unter vergleichender Heranziehung der Europäischen Insolvenzverordnung. 2004.

Band 96 Cordelia Faulenbach: Der gemeinschaftsrechtliche Vorbehalt im europäischen Wettbewerbsrecht. Die Herkunftslandanknüpfung der E-Commerce-Richtlinie unter dem Einfluss der Grundfreiheiten. 2004.

Band 97 Ulf Dörner: Der Vertragsgerichtsstand nach dem Protokoll von Buenos Aires. 2004.

Band 98 Martin Schmidhuber: Verhaltenskodizes im nationalen und grenzüberschreitenden elektronischen Geschäftsverkehr. Zur Frage der Integration der Selbstregulierung durch Private in die staatliche Rechtsordnung. 2004.

Band 99 Florian Kienle: Die fehlerhafte Banküberweisung im internationalen Rechtsverkehr. Unter besonderer Berücksichtigung des Artikels 4A US Uniform Commercial Code. 2004.

Band 100 Thomas Alexander Brandt: Die Adoption durch eingetragene Lebenspartner im internationalen Privat- und Verfahrensrecht. 2004.

Band 101 Florian Pulkowski: Subunternehmer und Internationales Privatrecht. Der Subunternehmer als Quasi-Verbraucher im Europäischen Kollisionsrecht. 2004.

Band 102 Ulrich Becker: Grundrechtsschutz bei der Anerkennung und Vollstreckbarerklärung im europäischen Zivilverfahrensrecht. Bestimmung der Grenzen für die Einführung eines europäischen Vollstreckungstitels. 2004.

Band 103 Thomas Badelt: Aufrechnung und internationale Zuständigkeit unter besonderer Berücksichtigung des deutsch-spanischen Rechtsverkehrs. 2005.

Band 104 Florian D. Wagner: Vorvertragliche Aufklärungspflichten im internationalen Franchising. Zur Harmonisierung von Delikts- und Vertragsstatut im internationalen Privatrecht unter besonderer Berücksichtigung der Franchise-Gesetzgebung des US-Bundesstaates Kalifornien. 2005.

Band 105 Vera Heine: Die Umsetzung der *EG-Richtlinie über missbräuchliche Klauseln in Verbraucherverträgen* im englischen und deutschen Recht. 2005.

Band 106 Alexander Franz: Überregionale Effektentransaktionen und anwendbares Recht. Eine kollisionsrechtliche Untersuchung unter besonderer Berücksichtigung der Vorschrift des § 17 a DepotG. 2005.

Band 107 Hanna-Maria Uhlenbrock: Gesetzliche Regelungen für nichteheliche Lebensgemeinschaften in Deutschland und Frankreich. Ein Vergleich des Unterhaltsrechts bei der eingetragenen Lebenspartnerschaft und beim Pacte civil de Solidarité. 2005.

Band 108 Katrin Stieß: Anknüpfungen im internationalen Urheberrecht unter Berücksichtigung der neuen Informationstechnologien. 2005.

Band 109 Hendrik Otto: Der gesetzliche Abschlussprüfer im italienischen Recht. Eine rechtsvergleichende Untersuchung unter besonderer Berücksichtigung der zivilrechtlichen Haftung. 2005.

Band 110 Frauke Stuphorn: Bankhaftung für Kreditauskünfte im deutschen und französischen Recht. 2005.

Band 111 Nina Fürer: Die zivilrechtliche Haftung für Raucherschäden. 2005.

Band 112 Giovanni B. Barillà: *Contratto autonomo di garanzia* e *Garantievertrag*. Categorie civilistiche e prassi del commercio. 2005.

Band 113 Timo Torz: Gerichtsstände im Internationalen Insolvenzrecht zur Eröffnung von Partikularinsolvenzverfahren. 2005.

Band 114 Martina Schmid: Die Grenzen der Auslegungskompetenz des EuGH im Vorabentscheidungsverfahren nach Art. 234 EG. Dargestellt am Beispiel der überschießenden Richtlinienumsetzung. 2005.

Band 115 Stephan Lesage-Mathieu: Dispositives Kollisionsrecht im prozessualen Kontext. 2005.

Band 116 Jürgen Görtz: Die subjektiven Grenzen der Rechtskraft US-amerikanischer Urteile. 2005.

Band 117 Vera Hoppe: Die Einbeziehung ausländischer Beteiligter in US-amerikanische class actions. Unter Berücksichtigung des Class Action Fairness Act 2005. 2005.

Band 118 Silke Pütz: Parteiautonomie im internationalen Urhebervertragsrecht – Eine rechtsdogmatische und rechtspolitische Betrachtung der Grenzen freier Rechtswahl im internationalen Urhebervertragsrecht unter besonderer Berücksichtigung des neuen deutschen Urhebervertragsrechts. 2005.

Band 119 Alice Nieroba: Die europäische Rechtshängigkeit nach der EuGVVO (Verordnung (EG) Nr. 44/2001) an der Schnittstelle zum nationalen Zivilprozessrecht. 2006.

Band 120 Jan Kayser: Alternative Formen gerichtlicher und außergerichtlicher Streitbeilegung im deutschen und französischen Zivilprozess. Les modes alternatifs judiciaires et extrajudiciaires de résolution des conflits en procédure civile allemande et française. 2006.

Band 121 Mirko Ehrich: Der internationale Anwendungsbereich des deutschen und französischen Rechts gegen irreführende Werbung. Freie Wahl von Form und Mittel, Rom II und Herkunftslandprinzip. 2006.

Band 122 Daniel Thelen: Die Haftung des Sekundärschädigers für Gewalttaten anderer im US-amerikanischen Deliktsrecht ausgehend von dem Problem rechtsextremistisch motivierter Gewalttaten. 2006.

Band 123 Anne Winterling: Die Entscheidungszuständigkeit in Arbeitssachen im europäischen Zivilverfahrensrecht. 2006.

Band 124 Sarah Gerling: Die Gleichstellung ausländischer mit inländischen Vollstreckungstiteln durch die Verordnung zur Einführung eines Europäischen Vollstreckungstitels für unbestrittene Forderungen. Im Vergleich zum bisherigen Recht und zur Rechtslage in den USA. 2006.

Band 125 Christian Bank: Präventivmaßnahmen börsennotierter Gesellschaften zur Abwehr feindlicher Übernahmeversuche in Deutschland und Großbritannien. Eine rechtsvergleichende Untersuchung des deutschen und britischen Rechts unter Berücksichtigung der Europäischen Übernahmerichtlinie. 2006.

Band 126 Christian Weis: Kaufrechtliche Gewährleistung und Garantievergabe in Deutschland und Spanien. Unter besonderer Berücksichtigung des Unternehmenskaufs. 2006.

Band 127 Emilio Maus Ratz: Der Nacherfüllungsanspruch nach UN-Kaufrecht. Im Lichte der deutschen, spanisch-mexikanischen und US-amerikanischen Rechtswissenschaft. 2006.

Band 128 Constanze Jacobs: Die Sachmängelgewähr im deutschen und belgischen Kaufrecht nach Umsetzung der Verbrauchsgüterkauf-Richtlinie. 2006.

Band 129 Ulrike Teichert: Lückenfüllung im CISG mittels UNIDROIT-Prinzipien – Zugleich ein Beitrag zur Wählbarkeit nichtstaatlichen Rechts. 2007.

Band 130 Sascha Reichardt: Internationale Zuständigkeit im Gerichtsstand der unerlaubten Handlung bei Verletzung europäischer Patente. 2006.

Band 131 Bilgehan Cetiner: Die Sachmängelhaftung des Verkäufers im UN-Kaufrecht und im neuen deutschen Schuldrecht. Eine rechtsvergleichende Studie. 2006.

Band 132 Jan Streer: Die Umsetzung der Verbrauchsgüterkaufrichtlinie im englischen Recht durch die Sale and Supply of Goods to Consumer Regulations 2002. 2007.

Band 133 Kathrin Wannenmacher: Einstweilige Maßnahmen im Anwendungsbereich von Art. 31 EuGVVO in Frankreich und Deutschland: Eine Betrachtung ausgesuchter Verfahren des einstweiligen Rechtsschutzes im internationalen Zivilverfahrensrecht – gerichtliche Zuständigkeit, Anerkennung und Vollstreckung. 2007.

Band 134 Wim Kreytenberg: Die individuelle Schwerpunktbestimmung internationaler Schuldverträge nach der Ausweichklausel des Artikel 4 Absatz 5 Satz 2 EVÜ. Ein Beitrag zur Förderung von Rechtssicherheit und Einzelfallgerechtigkeit im europäischen Kollisionsrecht der Schuldverträge. 2007.

Band 135 Nikolaus Geiben: Der Vorvertrag im Internationalen Privatrecht. Unter besonderer Berücksichtigung des Immobilienerwerbs im portugiesischen und brasilianischen Recht. 2007.

Band 136 Predrag Maksimovic: Der Kapitalschutz im europäischen, serbischen und deutschen Recht der Gesellschaft mit beschränkter Haftung. 2007.

Band 137 Alexander Rathenau: Die Anwendung des EuGVÜ durch portugiesische Gerichte unter Berücksichtigung des autonomen internationalen Zivilverfahrensrechts. 2007.

Band 138 Matthias Creydt: Die Besicherung von Weltraumvermögenswerten. Ein neues einheitliches internationales Sicherungsrecht und dessen Vergleich zum US-amerikanischen Mobiliarsicherungsrecht. 2007.

Band 139 Oliver Borkhardt: Registerpublizität und Kollisionsrecht besitzloser Mobiliarsicherheiten nach dem neuen Art. 9 UCC. 2007.

Band 140 Jens Engelmann-Pilger: Deliktische Haftung für das Fehlverhalten Dritter im Common Law. 2007.

Band 141 Bastian Rotmann: Der Schutz des Dritten in der europäischen Mobiliarzwangsvollstrekkung. Eine rechtsvergleichende Untersuchung vor dem Hintergrund der Verordnung (EG) Nr. 805/2004 zur Einführung eines Europäischen Vollstreckungstitels für unbestrittene Forderungen. 2007.

Band 142 Oliver Ratzel: Die Präklusion isolierter Unterhaltsverfahren durch den ausländischen Scheidungsverbund. Zugleich ein Beitrag zur internationalen Verbundszuständigkeit im Lichte der Quellenveränderung. 2007.

Band 143 Bettina Maria Stade: Die Konstitutionalisierung des Zivilprozessrechts in Spanien und Deutschland vor dem Hintergrund der Europäisierung des Zivilprozessrechts. 2007.

Band 144 Julia El-Bitar: Der deutsche und der französische Kulturgüterschutz nach der Umsetzung der Kulturgüterrückgaberichtlinie. Eine materiellrechtliche und kollisionsrechtliche Untersuchung. 2007.

Band 145 Aris Kaschefi: Sachmängelhaftung im französischen Kaufrecht nach Umsetzung der Verbrauchsgüterkaufrichtlinie. Mit rechtsvergleichenden Hinweisen zum deutschen Recht unter besonderer Berücksichtigung von Weiterfressersachverhalten. 2007.

Band 146 Isabel Roth: Die internationale Zuständigkeit deutscher Gerichte bei Persönlichkeitsrechtsverletzungen im Internet. 2007.

Band 147 Theresa Wilhelmi: Das Weltrechtsprinzip im internationalen Privat- und Strafrecht. Zugleich eine Untersuchung zu Parallelitäten, Divergenzen und Interdependenzen von internationalem Privatrecht und internationalem Strafrecht. 2007.

Band 148 Alice Halsdorfer: Privat- und kollisionsrechtliche Folgen der Verletzung von Kulturgüterschutznormen auf der Grundlage des UNESCO-Kulturgutübereinkommens 1970. 2008.

Peter Lang · Internationaler Verlag der Wissenschaften

Felix Heinz Siegfried

Internationaler Kulturgüterschutz in der Schweiz

Das Bundesgesetz über den internationalen Kulturgütertransfer (Kulturgütertransfergesetz, KGTG)

Frankfurt am Main, Berlin, Bern, Bruxelles, New York, Oxford, Wien, 2006.
XXIX, 306 S.
Schriftenreihe zum Urheber- und Kunstrecht.
Herausgegeben von Thomas Hoeren. Bd. 4
ISBN 978-3-631-55494-4 · br. € 56.50*

Diese Arbeit thematisiert die Ratifikation der UNESCO-Konvention von 1970 durch die Schweiz und deren Umsetzung mittels des Bundesgesetzes über den internationalen Kulturgütertransfer (Kulturgütertransfergesetz, KGTG) sowie der dazugehörenden Verordnung. Der Schwerpunkt der Arbeit liegt in der Darstellung der Umsetzung der Konvention in nationales Recht sowie in den internationalen Standards des Kulturgüterschutzes. Dabei vergleicht der Autor das Kulturgütertransfergesetz mit dem Völkerrecht, dem Europäischen Gemeinschaftsrecht und der Umsetzung der UNESCO-Konvention von 1970 durch die USA und zeigt die jeweiligen Parallelen und Unterschiede auf. Ein besonderes Augenmerk richtet die Arbeit auf die Anpassung des Sachenrechts unter Berücksichtigung der Rechtsordnungen von Deutschland, Frankreich, Italien und Österreich.

Aus dem Inhalt: UNESCO-Konvention 1970 · UNIDROIT-Konvention 1995 · Richtlinie 93/7/EWG · Kulturgütertransfergesetz (KGTG) · Schutz fremder Kulturgüter · Schutz eigener Kulturgüter · Rückgabe geschmuggelter Kulturgüter · Rückgabe gestohlener Kulturgüter · Schutz bei erlaubter Einfuhr · Rückgabegarantie

Kolibri 360 GmbH
Ferdinand-Jühlke-Straße 7
99095 Erfurt, Deutschland
produktsicherheit@kolibri360.de

Druck:
CPI Druckdienstleistungen GmbH
im Auftrag der
Kolibri 360 GmbH
Ferdinand-Jühlke-Str. 7
99095 Erfurt